简要目录

上册详细目录

绪论

我的自杀研究

距离拙著《浮生取义》初版已十年有余，不断有朋友提到，希望能够出个新版。这次承蒙上海三联书店、中国人民大学出版社、生活·读书·新知三联书店的慷慨协作，以及黄韬、徐建新先生的辛勤努力，我三本研究自杀的专著《浮生取义：对华北某县自杀现象的文化解读》《自杀与美好生活》《自杀作为中国问题》合刊为一，方便读者参阅对照。十多年过去，这些旧著本来应已随时间速朽，却承蒙诸位朋友不弃，认为还略有参考价值，我是非常感激的。

自杀研究，是我从 1999 到 2009 年十年之间从事的主要工作。1999—2005 年在美国读书期间，导师凯博文教授希望我以中国自杀问题为博士论文题目，我在认真了解了费立鹏大夫的研究之后，决定接受这个题目。随后，一边准备回国做田野研究，一边广泛阅读关于自杀的理论著作。前者是这项人类学研究必备的材料，后者是理解自杀问题的理论思路。在相当长的时间内，我无法从现有的自杀学理论中找到一个解释入口，虽然在田野研究中陆续收集了不少自杀案例，对如何下笔仍然一筹莫展。经过了广泛阅读之后，我发现了奥古斯丁，意识到，是奥古斯丁在《上帝之城》第一卷中的自杀论述，开启了现代西方自杀学的基本倾向。无论是神学、法学、医学的，还是社会学的自杀论述，都可在奥古斯丁那里找到根源。而奥古斯丁之前希腊、罗马的自杀论述，反而和东方社会如中国、日本、印度对自杀相当正面的态度颇为相似。中国社会中的自杀之所以不能完全被现有自杀学理论所解释，应与这种差异有关。我意识到，要对中国自杀问题有一个恰当的解释，应该首先对现代西方自杀思想的源流有一个深入研究，理解其基本精神，然后再看中国自杀现象为什么无法用它来解释，并在对照中找到中国自杀现象的解释方式。

由于奥古斯丁是西方自杀思想的真正转折点，我决心认真研究奥古斯丁的思想，而那时我也刚刚学习了拉丁语，于是就决定翻译奥古斯丁的《上帝之城》，一边练拉丁语，一边深入研究自杀思想转折的深度原因。这是我奥古斯丁研究的起点。在哈佛的几年，除了完成自杀研究的博士论文外，我主要的用力方向是西方古典政治哲学和基督教思想，而所有这些多多少少都与理解西方自杀学相关。我整理思路，其间也杂七杂八写了一些东西。在对西方自杀问题有了一个基本理解之后，我开始思考中国自杀现象的理论解释，特别认真地阅读了余华的《活着》，并完成一篇解读，由此逐渐找到了门径，最后通过"过日子"与"做人"这两个中国式概念，对主要发生于家庭中的中国自杀现象有了一个解释框架。我提交给哈佛大学的博士论文题目是 The Elegy for Luck，对应的中文题目是《福殇》，围绕命运和幸福问题展开。毕业之后，虽然已经有加州大学出版社的编辑和我联系，但我并没有马上想出版，而仍然在进一步思考相关问题。就在我完成了博士论文的 2005 年，《上帝之城》也译出了一个初稿，对奥古斯丁思想有了初步的理解。

2005 年初，我回到北大哲学系做博士后。那年春季的一天，甘阳老师在清华大学做了著名的"通三统"演讲，演讲结束后，和甘阳、汪晖老师以及若干位朋友到五道口的"雕刻时光"小聚。两位老师我虽然此前都有联系，但这回是第一次深度交流。当时，我向他们讲了自杀研究的基本情况，汪晖老师觉得这题目非常重要，他当时任《读书》杂志主编，就邀请我写一系列文章，我后来写了"自杀研究"札记四则，在《读书》上连载。北大博士后的发表要求是四篇核心期刊论文，而此前我还没有任何发表，这连续四篇文章正好满足了要求。但更重要的是，这给我一个机会系统梳理自杀研究的基本想法，为进一步修改打开了思路。随后，甘阳老师准备在生活·读书·新知三联书店组织"文化：中国与世界新论"丛书，我便以这四篇文章为主体，略作扩充，将我为农家女项目写的报告和此前曾写过的解读《活着》的《死也要活着》编在一起，以《自杀作为中国问题》为题出版。

在完成四篇札记之后，我开始全面整理自己的思考。按照当初思考的顺序，首先还是梳理西方自杀学的历史，于是完成了《自杀与美好生活》一书，写作此书的同时也在修改《上帝之城》的翻译。此书与《上帝之城》上册同时在上海三联书店出版。这项工作为我后来的西方思想研究提出了很多重要线索。

然后，我再回过头来整理中国自杀的田野研究，思路发生了不小的变化，决定以正义问题为中心完成这本中文书稿，遂将题目改为《浮生取义》。完成之后，也相应地调整了英文稿，由加州大学出版社换到了鲁特里奇出版社，我的本意，英文题目译为 Justification by Living，既与中文题目对应，又借用"因信称义"（Justification by Faith）之说而形成中西思想的对照，但英文编辑认为这个题目太晦涩，于是改成一个更直观的题目：Suicide and Justice：a Chinese Perspective。中英文版基本同时出版，但由于题目并非完全对译，曾有不少朋友以为是两本不同的书，这是此处必须澄清的，两个版本基本相同，只是因为英文版字数限制，加上编辑有一些特别的要求，故略有删改。

我一边整理书稿，也一边在思考，这项研究完成之后，该做什么研究？自杀研究已经使我意识到，家庭是理解中国文化的一个关键。其间经历了我姥姥的去世和女儿的出生（相差只有五天，因而未能参加姥姥的丧礼，甚为遗憾），我突然意识到，要理解家庭文化，礼是关键。书稿交上去不久，我就试图去做民间丧礼的田野研究，虽然很快就发现，丧礼与自杀是相当不同的研究领域，似乎很难以相同的方式去研究。

总之，自杀研究对我的重要意义，远较此前曾做的天主教研究要大，因为它不仅开启了我中西平行研究的工作方式，而且为后来的各种思考确立了基本问题意识。我后来所做的各项研究，都是按那时候开启的思路进行的。

虽然远离自杀研究已经很久了，但还有不少朋友会提到十多年前我的一些观点，甚至仍有一些媒体希望我谈自杀问题，但我尽可能婉拒。这并不是因为我对自杀问题不再关心，而是因为我对自杀问题的关注本来就是文化和理论性的，现在已经有三本处理自杀问题的著作，针对此一问题已经没有更多可说的了。此后许多朋友在自杀研究领域继续努力，不仅深度跟踪了这一问题的现实变化，而且还在为解决现实问题献计献策。加拿大医生费立鹏二十年如一日地关注着中国自杀和其他精神医学问题；身在纽约的张杰教授解释自杀问题的扭力理论得到越来越充分的发展；年轻学者刘燕舞先生对自杀问题的深入研究得到了社会各界的广泛关注；徐凯文教授对大学生自杀问题的分析与干预都做出了令人尊敬的贡献。对他们的工作，我都抱有深深的敬意。

必须提到的是，中国自杀率很快就降了下来，当然，这既不是因为精神医学的效果，也不是因为任何自杀干预的作用，应该也并非因为农村的农药控制，而是现代中国社会精神文化变迁的结果，恐怕不可给以简单的评判。无论是城里还是乡下，我们的国家依然在非常复杂的文化语境下，完成着其现代性的建构。虽然离开了自杀研究，我希望通过对其他问题的研究，推进我对现代性和中国文化的理解，服务于这种建构。

这次非常感谢上海三联书店的善意。借此机会，我再次阅读了三本书的书稿，改正了一些字句和明显错误的地方。我的朋友舒炜多年前就告诫过，对于旧作，不应"给小孩脸上画胡子"，因而，我并没有特别修改书中的主要观点。其中最大的改动，是将阿甘本的 *homo sacer* 的译法由"神圣的人"改为"牲人"。我很长时间都拒绝"牲人"的译法，直到今年，读到吾友张旭教授的《什么是 *homo sacer*？》一文。张旭令人信服地指出，如果将 *homo sacer* 译为"神圣的人"，那就是完全没有读懂阿甘本。虽然他应该不是针对我说的，但我读之非常汗颜，并且仔细思考了他的论证，承认他是对的，深感学术净友之可贵，并以终究能够纠正自己的错误而喜悦。

多年以来，很多师友对我做着类似的批评与鞭策，是我得以不断修正错误的真正原因。在此，特别感谢凯博文、曼斯菲尔德两位教授对我在美国学习的支持，感谢甘阳、刘小枫、汪晖、陈来等老师多年来的提携与教诲，感谢李猛、吴增定、张旭、杨立华、唐文明、张志强、冯金红、赵晓力、渠敬东、周飞舟、强世功、陈壁生等朋友的鼓励与批判，感谢我的学生们与我的深度讨论，也特别感谢我家人的宽容与支持，尤其是内子卢奕，对我这次修订提供了很多建议和帮助，使我愈加体会到人伦生活的沉重与可贵。希望我未来的研究，能够对得起他们所有人的付出。

吴飞

2022 年 10 月 20 日于仰昆室

浮生取义

对华北某县自杀现象的文化解读

前言与鸣谢

　　在我们家乡的方言中，"过日子"被称为"过晌"。我大概 5 岁的时候，跟着我姥姥到她的娘家村去服侍她的母亲。当时我姥姥刚过 70 岁，我的太姥姥 96 岁。我总是听姥姥说"过晌"、"过晌"的，就禁不住问，到底什么是"过晌"呢？面对这样幼稚的问题，大人们自然会哄堂大笑，却也难以给出一个让我满意的答案。我的困惑自然不会打消，不过时间久了，这个词听得多了，好像就忘了我的疑问。直到开始这项研究的时候，我忽然又想起了当年的那个问题，这个时候，我姥姥的年纪也和当年的太姥姥一样大了。

　　在日常生活中，总是有一些司空见惯的词汇和说法，我们从来不去思考它背后的意义，因而也不会觉得有什么探讨的价值。但我们一旦认真对待这些词，就会发现，恰恰是这些看上去最平常的词，才有着巨大的力量。"过日子"和"做人"都是这样的词。我在 2002 年要下田野的时候，姥姥身体还非常好，没有什么病，知道我要到农村去做研究，就和我讲起老家很多很多的事，使我恍惚间回到了 20 多年前。到了农村，我母亲不断帮我克服一个又一个的困难，帮我理解一个又一个自杀背后的理由，我也不断品味着姥姥讲给我的那些事情和道理，"过日子"这个词就在我脑子里逐渐清晰了起来。我最终决定把它当作理解自杀问题最重要的概念工具，因为它能使我最好地理解这些普通人的生与死。

因此，面对那么多自杀者的悲惨故事，我一直以我姥姥的人生当作参照系；甚至在理解西方思想中的人生理论时，姥姥的一生都成为我最根本的思想源泉。但没想到，在我回国半年后，姥姥病倒在了床上；就在我的书写到最后关头的时候，她未能等到看一眼，就在自己99岁生日前几天，驾鹤西去了；而且，最为遗憾的是，我女儿的出生竟然与此凑到了一起，使我无法抽身赶回。

在研究和写作当中，我以前一直觉得很平凡的姥姥，却显得伟大起来。姥姥1908年出生在一个读书人家，历尽了人世沧桑，以及日本侵华、大饥荒、"文化大革命"。20世纪60年代，丈夫和公公相继辞世时，她50多岁，带着5个未成年的女儿，我母亲是老四。我的太姥爷，也就是她的公公，走前的最后一句话是，一定要让几个女孩子读书。当时正是60年代初，生活状况很不好，但她牢牢记住了这句话，变卖家产，甚至卖掉了祖上传下的珍宝，宁愿让邻里讥嘲她不过日子，也要使自己的5个女儿都读书成才。

姥姥一生虽遭际坎坷，而言谈举止未尝逾礼，乐观豁达，宠辱不惊，侍奉翁姑尽心尽力，教育后辈有张有弛，在远近乡里更是扶危济困，善名远播。最终求仁得仁，福寿百年。一个世纪的沧桑变幻，在她和她的家庭面前都变得苍白无力，烟消云散。中国人过日子的方式究竟有怎样的力量，在这位普通农妇的身上表现得淋漓尽致。

在姥姥生病的这一年多，我母亲就慢慢写下了姥姥的一生。我之所以要把她写的一些内容附在本书的最后，不仅是为了纪念她老人家，更重要的是，希望能从正面，而不仅仅是从自杀者这样的反面，来窥见现代中国人过日子的智慧和境界。我的美国朋友在读了我的这本书之后，常常慨叹："怎么每个人都活得这么艰难!"或许是研究的角度，使得书中充满了悲伤和眼泪。但这绝不是我写作此书的目的。

正是因为姥姥对我的思考的重要意义，我违反了一般鸣谢的惯例，把自己家的人放在了最前面而不是最后，希望读者能够谅解。人到中年，在经历了一些事情，读了一些书之后，才会慢慢体会到中国思想的深厚，才知道日常生活是一部最值得读的书。希望此书在终结我的自杀研究的同时，开启对"过日子"的更多思考。

当然，如果没有这些年读书的经验，特别是西学的思考，那些日常生活的力量还是很难显露出来的。在我的过日子和做人的过程中，诸多师友的提携与警醒都是必不可少的。正如本书一再表明的，除了亲人之外，我们还需要师友和国家，才能为自己建构一个立体的人生格局，才能为过日子添加更多的味道。因此，我必须把崇高的敬意献给我的老师：慷慨豪爽的凯博文（Arthur Kleinman）教授和她的夫人凯博艺（Joan Kleinman），温文尔雅的曼斯费尔德（Harvey Mansfield）教授，随和宽厚的屈佑天（James Watson）教授和他的夫人，体贴的华屈若碧（Rubie Watson）教授，博学的卡顿（Steve Caton）教授，和蔼的古德（Byron Good）教授，他们使我在康桥的日子充满了各种色彩；而杜维明教授不仅直接为我提供了经济支持，也让我深深理解了中华文明在世界上的地位和困难。国内的王守常教授、刘小枫教授、甘阳教授、王铭铭教授、杨念群教授、萧国亮教授、景军教授则使我的一切思考都无法和中国问题割断。

　　若是一一列举给过我帮助的朋友，势必成为一个极为冗长的名单。但我还是要提到，李猛一如既往地和我一同深入对每个问题的思考，如果没有他，这本书的完成是不可能的，应星、王利平、徐晓宏则曾经和我同下田野，与我一起体会了实地研究的艰难与收获。吴增定、渠敬东、赵晓力、周飞舟、毛亮、强世功、汪庆华、郭金华、张跃宏、李诚等与我做了多次讨论，帮我修正了很多问题。此外，不得不提到的是，与我一同赴美的同学胡宗泽和我共同度过了初到美国最艰难的阶段，那是我永远不会忘记的；而林国华和郑文龙二兄使我没有陷入美国专业教育的泥沼中，也令我感激不尽。我特别还要感谢我的师妹何江穗。她曾经费尽辛苦，帮我将我姥姥口述的十几盘磁带录成文字。

　　回国之后，北京大学哲学系的赵敦华、陈来、张志刚、孙尚扬、尚新建、冀建中、徐凤林、王博、李四龙、杨立华等教授为我新的研究和教学生活提供了极大的便利。更重要的是，初为人师的我逐渐开始进入一种新的伦理关系。得天下英才而教之已经成为我生活中极大的快乐。能够让学生们有所收获，已经成为我现在继续研究的主要动力。感谢我所有学生的理解和支持。

　　此外，还要感谢哈佛-燕京学社、弗里德曼基金会、香港中文大学研究基金、中国博士后科学基金、中国教育部留学回国人员科研启动基金对我的研究的经济支持。

　　本书中的一些章节曾陆续在一些刊物上发表过，在此感谢这些刊物允许此处重刊：第一章第一节以《自杀中的"正义"问题》刊于《社会学家茶座》第 18 辑，第二章的第一节和第三节以《论"过日子"》刊于《社会学研究》2007 年第 6 期，第四章第二节以《夫

妇之礼与家庭之义：一个个案分析》刊于《乡土中国与文化自觉》
（生活·读书·新知三联书店，2007）。

吴　飞

2008 年 7 月于北京回龙观

主要人名表

说明：

1. 本书出现的人名较多，而且很多人名反复提及，所以在此制作一张简表，以便读者查阅。但此中收录的，只包括孟陬的自杀者和自杀未遂者。

2. 为保护被访者，这里的人名、地名都经过了技术处理。

3. 为便于查找，人名按照首人笔画顺序排列。

4. 为简明起见，下面表格中及本书后面的行文中用阿拉伯数字表示章节，如 2.2 表示第二章第二节，5.1 表示第五章第一节，依此类推。

自杀者	地名	主要出现章节	性别与自杀时年龄	时间	简要原因	方式	结果	个案中的其他人名
卜居	仙家楼村	2.2	男 21	1968	被批斗，开除党籍	上吊	未遂	
二姚	水周村	7.2	女 70	2002	儿媳妇没给留饭	喝农药	死亡	
三秀	仙家楼村	5.1	女 20	2002	抑郁症，工作压力	吃安眠药	死亡	
长友	九河乡	8.1	男 30	1990	不会干活，被父亲责备	喝农药	死亡	
木兰	娘娘庙村	5.3	女 26	1976	婆婆说她坏话	喝农药	未遂	"大个子"（木兰丈夫），何喜（一个年轻人）

自杀者	地名	主要出现章节	性别与自杀时年龄	时间	简要原因	方式	结果	个案中的其他人名
云容	高阳府村	10.1	女 28	1993	与婆婆争执，被丈夫责备	喝农药	死亡	
木根	娘娘庙村	4.2	男 40	1992	瘫痪，妻子外遇	上吊	死亡	落蕊（木根妻子），江中、昌披、大招子（合伙造酒者），幽昧（东北人，江中第二个妻子）
目成	兰皋村	6.2	男 30 多	2000	头疼，疑为脑瘤	上吊	死亡	
玉英	武都村	6.2	女 46	1998	抑郁症	吃安眠药	死亡	
兰枝	李村	3.2	女 30	2001	儿子打游戏机	喝农药	死亡	沐虎（兰枝儿子）
四荒	武都村	6.3	男 43	1990	精神分裂症	喝农药	死亡	
玄渊	娘娘庙村	7.2	男 80	1990	儿媳妇不给吃荷包蛋	上吊	死亡	
白露 方仲 方林	水周村	2.4	女 42 男 20 男 28	1985 1990 1997	与丈夫口角 慢性病得不到医治 妹妹向丈夫屈服	药 喝农药 喝农药	死亡 死亡 死亡	
匡建雄	九河乡	2.3	男 46	1996	工作压力，权力斗争	上吊	死亡	
好朋	冯村	1.1	男 14	1998	赌博输钱	上吊	死亡	
江离	戴庄乡	2.1	男 28	1997	和妻子的冲突	喝农药	死亡	宿莽（江离之父）
何芳	娘娘庙村	3.1	女 27	1997	丈夫打她	吃安眠药	未遂	康回（何芳丈夫）
沐芳	守真村	5.1	女 18	1980	没有考上高中	喝农药	死亡	

自杀者	地名	主要出现章节	性别与自杀时年龄	时间	简要原因	方式	结果	个案中的其他人名
求美	兰皋村	6.1	女 19	2001	被一男人勾引后遭母亲斥责	喝农药	死亡	
灵雨	李村	10.1	女 30 多	2000	与丈夫吵架后赌气	喝农药	死亡	
陈竽瑟	七坡村	5.2	男 30	1999	妻子与母亲的矛盾	喝农药	死亡	芙蓉（陈竽瑟之妻）
扶桑	段庄	10.1	女 27	1997	外遇被丈夫发现	喝农药	死亡	梁津（扶桑丈夫），干良（天主教会长）
陆离	冯村	5.1	男 24	1978	父亲指责他不挑水	喝农药	死亡	陆曼（陆离妹妹）
来福	仙家楼村	3.3	男 20	2000	被父亲骂	喝农药	死亡	
杜衡 石兰	于村	9.1—9.2	男 31 女 36	1994 2002	受母亲辱骂 与丈夫争吵	上吊 喝农药	未遂 未遂	
芳馨	渐离村	10.1	女 30 多	1998	与丈夫口角	喝农药	死亡	
坠露	戴庄乡	1.1	女 30	1998	被丈夫打骂	吃安眠药	死亡	
青云	渐离村	6.2	女 32	1998	与婆婆吵架，抑郁症	喝农药	未遂	
若木	李村	5.1	男 30	2000	不详	喝农药	死亡	拂日（若木前对象，见下）
拂日	李村	5.1	女 20	1991	与父亲争吵	上吊	死亡	
所明	娘娘庙村	6.1	男 18	2001	抑郁症	割腕	未遂	
所厚	七坡村	3.3	男 70	2002	得病，儿子不管	上吊	死亡	

自杀者	地名	主要出现章节	性别与自杀时年龄	时间	简要原因	方式	结果	个案中的其他人名
周流	县城	8.1—8.2	男 64	2002	由富变穷，小媳妇出走	吃安眠药/喝农药	未遂/死亡	于成言（周流好友），长勤（周流徒弟），齐信芳（周流女徒弟）
弥章	韩村	7	男 64	1999	儿子不孝	自焚	死亡	
国富	渐离村	7.2	男 70	1980	儿媳妇偷藏馒头	上吊	死亡	
秉德	武都村	9	男 70	2000	得病，被儿子取笑	上吊	死亡	
幽兰	七坡村	5.2	女 18	2001	父亲干涉婚姻自由	喝农药	未遂	宁正言（幽兰之父，算命先生）
秋兰	龙堂村	6.2	女 30 多	2001	得肾炎	上吊	死亡	
信美	娘娘庙村	4.2	女 30	1993	丈夫不正干，与丈夫口角	喝农药	死亡	
胡素枝	蒋村	10.2	女 42	2002	丈夫被撞死，索赔不成	喝农药	未遂	
树蕙	嘉树村	8.1	女 73	1991	家庭穷了，儿子不争气	喝农药	死亡	
茹蕙	七坡村	6.2	女 40 多	1999	精神障碍	上吊	死亡	
桂枝	李村	10.1	女不到 30	1999	与邻居争执，与丈夫赌气	喝农药	死亡	二狗（桂枝丈夫），无波、灵宝（桂枝邻居）
高岩	渐离村	10.3	男 38	2002	在监狱中，原因不详	上吊	死亡	
素荣	娘娘庙村	4.2	女 40	1994/1995	丈夫责备她借钱/丈夫玩钱	吃安眠药	未遂	康娱（素荣丈夫），落蕊（康娱情人）

自杀者	地名	主要出现章节	性别与自杀时年龄	时间	简要原因	方式	结果	个案中的其他人名
萝生	西堂村	2.3	男 21	2000	被父亲冤枉偷钱	卧轨	死亡	
望舒	于村	2.1	女 60 多	1982	和丈夫争吵	喝农药	未遂	
飞廉			男 31	2000	找不到媳妇，被父亲骂	喝农药	未遂	
椒兰	西堂村	7.1—7.2	女 45/65	1982/2002	葬礼纠纷/与儿子口角	喝农药/吃安眠药	未遂/未遂	
滋兰	西堂村	4.3	女 32	2000	被丈夫打	喝农药	未遂	
韩安居	韩村	8.1	男 33	2000	韩安居之妻秋菊与韩少留靠着	喝农药	死亡	
秋菊			女 27			喝农药	死亡	
曾华	守真村	2.5	女 29	1999	与丈夫口角	喝农药	死亡	
超远	兰皋村	6.3	男 20 多	2001	被表哥扇巴掌	喝农药	死亡	
琼枝	水周村	2.3	女 22	2000	没看管好录音机，被丈夫责备	喝农药	死亡	
葛曼	县城	4.1	女 20 多	2001	"小姐从良"不成	喝农药	死亡	石磊（葛曼情人）
童糕玉	南庙村	8.1	男 60	1999	由富变穷	割腕/上吊	未遂/死亡	
愁予	娘娘庙村	6.2	女 30	1995	丈夫入狱，精神失常	喝农药	死亡	
慕之	娘娘庙村	4.2	男 40	1998	话赶话	喝农药	未遂	
慕予	仙家楼村	10.1	男 30 多	2001	因妻子要离婚，杀死妻子后自杀	喝农药	死亡	女萝（慕予妻子）

第一部分

导　言

隐隐约约出现了平常人诞生的故乡

北方的七座山上

有我们的墓画和自尊心

农业只有胜利

战争只有失败

为了认识

为了和陌生人跳舞

隐隐约约出现了平常人诞生的故乡

———海子

第一章　死与生

一、困惑

　　1998 年的 5 月，在刚刚腾起的燥热中，娘娘庙①中学的孩子们都被眼前的景象吓坏了。

　　在他们学校的两座教学楼中间，赫然摆着一口棺材。5 月的天气已经很热，因此棺材不仅散发出令人难以忍受的臭气，而且淌出黏糊糊的黑汤。一个中年妇女坐在棺材旁边整日哑着嗓子哀号："我的儿呀，你死得好惨呀，你叫娘可怎么过呀？"在她身边，几个精壮结实的小伙子虎视眈眈地看着早已乱作一团的校园，不时地吼上几声，以壮声威。校园中的一间办公室里，一个 30 多岁的干瘦的女老师低着头，一句话也不说。她对面的校长愁眉苦脸地抽着烟。那女老师

---

① 娘娘庙村是娘娘庙镇政府所在地，该镇是孟陬县较大的一个镇，曾有一座纪念汉钩弋夫人的大庙，新中国成立后被拆毁。据说钩弋夫人出生在该镇的渐离村。渐离村因战国高渐离得名，据传现在该村的高家是高渐离之后。

偶尔嗫嚅着："我确实没有打他，也没有罚他钱，我怎么知道他会上吊呢？"校长没有回答她，过了好一会才说："现在重要的是尽快叫他们把棺材弄走。学校已经停课好几天了，这样下去怎么可以？"

这是我在孟陬县公安局信访科的档案里读到的一个故事。一个叫好朋的男生在这一年的五一国际劳动节吊死在学校的一个小屋里。

虽然好朋确实不是一个很听话的学生，老师也常常因为各种原因而惩罚他，但在他死前的 1 个多月中，好朋并没有挨过老师的批评。五一长假前一天的上午，有 6 名学生因为上课捣乱而被罚站，其中还包括班长，但公安局的调查显示，这当中没有好朋。

那天上的最后一堂课是体育课，上课的时候就不见了好朋，但由于临近放假了，老师和学生都没有太在意。第二天上午，负责学校后勤工作的一位大爷偶然发现学校里一个久已弃置不用的小屋里好像有人，进去一看，才发现好朋已经吊死在里面了。公安局的档案里有当时现场的详细照片。这些照片让我有些吃惊。好朋的姿势和一般上吊的姿势很不一样。他的头套在由绿色窗纱拧成的一个绳套里，看上去拴得并不怎么牢。而最令人不可理解的是，好朋的双脚根本就没有离地。也许正是由于现场的这种状况，在好朋案发生几年之后，还常常有人说："那个孩子根本不是上吊死的，一定是什么人把他打死以后挂上去的。他松松垮垮地挂在那里就能吊死？这个案子一定是冤枉的。"

不过，这种说法被法医明确否定了。档案中的法医鉴定清楚地表明，好朋确实死于窒息，而且现场没有别人的脚印。那个小屋好久不用了，积了厚厚的尘土，因此只要有人来过，是一定会留下脚印的。

好朋父母不依不饶并不是因为他们怀疑好朋没有上吊。据说，在好朋的上衣口袋里有一张纸条，这张纸条好朋的父母并没有见到。他们声称纸条上明明白白地写着好朋所受的委屈和他自杀的缘由，学校的人在发现尸体之后很快就把纸条销毁了。公安局的档案里有相当一部分口供和这个纸条有关。那位最先发现尸体的大爷说根本不知道有这张纸条。学校里的几位老师和最先派往现场的干警说确实有这么一张纸条，而且后来把它找到了，上面是好朋随便涂写的一些东西，似做数学题的草稿之类，基本上和他的死无关。但是好朋家里的人争辩说，这根本不是当时的那张纸条，那张纸条早就被销毁了，上面有很多不利于学校的话。

面对好朋莫名其妙的死，学校和好朋父母一下子都被弄得不知所措。公安局做了很细致的工作，首先，证明好朋确系自杀；其次，学校确实和好朋的死没有直接的关系。好朋父母勉强接受了好朋死于自杀的法医鉴定，但对于好朋的死和学校毫无关系这种说法却很难接受。即便如此，他们最初也没有怎么样，而是尽快准备给好朋办丧事。不过很快有亲戚给他们出主意，说事情不该这么不明不白地了结。于是他们听从建议，把丧事停了，把棺材抬到娘娘庙中学的校园里，整天大吵大闹，搅得学校不得不停课，便出现了我们开头看到的那一幕。

谈到这件事情，学校的老师和公安局的人都说："好朋他娘脑子有些问题，在村子里也是一个不要命的主。她就跟你这么干耗，谁也没有办法。"但一些同情好朋的村民却说："这个世道，哪有什么公平可言？好朋死的背后一定有问题。可是任他父母怎么折腾，也没人来给讲理。毕竟人死不能复生了。"

好朋的案子使我感到无可索解的神秘感和自杀背后所牵连的很多问题。在这个扑朔迷离的自杀案中，问题的焦点当然是好朋为什么自杀。在无论学校、好朋的家人还是公安局都不能给出满意答案的前提下,一般人似乎认定好朋受了某种程度的冤枉。尽管大部分人接受了好朋死于自杀的说法,但在他们看来,这种自杀和被杀并没有根本的不同。"学校害死好朋"、"学校逼迫好朋自杀"和"好朋自杀在学校里"这三种似乎不同的情况有着相同的意义:学校都应该为好朋的死负责。这一点就是娘娘庙中学的校长也没有办法否认的,不论他对好朋母亲的死缠烂打有多么反感。

在这个谁都说不清楚的案子里,好朋的父母曾经有两种对待好朋之死的态度。第一种是认倒霉。在好朋刚刚死去的时候,由于没有人能解释清他的死因,他的家人一度都快把丧事办完了。这在学校和公安局看来是一种比较理性的做法。但是在精明的人看来,这样太窝囊,不是最好的处理办法。于是有的亲戚建议好朋的父母把棺材抬到学校去,让学校把事情解释清楚。这是他们的第二种态度,被村里人称为"讨说法",但却被学校和公安局称为"耍无赖"和"敲竹杠"。人们说:"他们不过就是想要点钱拉倒,还真能找出这是谁的责任吗?"

那些感到认倒霉不是最好解决办法的人当然认为好朋的父母完全可以利用这个机会好好敲学校一笔钱。但如果仅仅把他们这场折腾理解为为钱财而争却未免失之偏颇。他们毕竟把这叫作"讨说法"。如果"认倒霉"的解决方式仅仅错在失去了一个很好的赚钱机会,那也就没有很大的倒霉可认,后来也就没有什么说法可讨了。"就这么认倒霉倒不在于拿不到钱,但孩子就这么死了不是死得太窝囊、太委屈了吗?"抬棺静坐的真正意义在于为好朋出一口气,尽管人们并不知道他到底是为什么自杀的。虽然这场折腾不能找出究竟是谁害了好朋,也无法使好朋的委屈真正得到伸张,但他们毕竟替好朋喊了一声冤枉。在他们看来，无论好朋的自杀还是好朋父母的"讨说法"，都是对好朋所受的"冤枉"的一种反抗，是寻求"公正"的一种出气的行为。即使在那些不喜欢好朋母亲的人看来，她这种"讨说法"出气的行为，还是完全有理的。而自始至终都没有一个人提到，好朋是否因为他自己的什么原因，乃至某种精神障碍而上吊的。在公安局有关此案的 30 多页档案中，没有一个字提到这种可能。

就在被好朋的案子弄得恍恍惚惚之后，我又被带入了另外一个扑朔迷离的场景。

好朋上吊那年的冬天，在守真村的一个农家院落里，一个 70 多岁的老人正在默默地准备大年三十的烧纸。这年的除夕，他不仅要给他死去多年的儿子和别的亲人烧纸，而且还要为自己的孙女坠露准备一刀纸钱。儿子 20 年前就死了，儿媳出了门，孙女是自己一手带大的。他亲眼看着她长大成人，出落成一个俊俏的姑娘，还为她找了婆家，原指望她从此就能过上红红火火的日子，自己这一辈子的心愿也就完成了，谁知道才 20 多岁的坠露竟然会这么突然地离他而去呢？他真恨自己为什么会瞎了眼没打听清楚就把坠露嫁给了那小子，恨不得亲手杀死那个逼他孙女寻了短见的畜生。

就在他这么想着的时候，老伴却急慌慌地跑了进来："你知道吗？化验结果出来了。"老头却没有她那么急切："那又能怎么样？反正坠露是活不过来了。""可是，"老太太说道，"那化验结果说，坠露吃的药片里边没毒。"老头一下子抬起头来："没毒？那么坠露不是因为吃了药片死的？""那谁知道呢？"老头来了精神："不管坠露是怎么死的，我可不能放过那小子。这事咱们没完。"

在公安局的信访科，我读到了这位老人六七封内容差不多的告状信，都是控告坠露的丈夫害死了她又伪造了自杀现场，请求一定要严查凶手。

老人信中的描述和公安干警的介绍使我知道了事情的大概经过：坠露几年前嫁到了孟陬县东部的戴庄，婚后才发现丈夫是个不过日子的小混混。他整天游手好闲，在城里泡"小姐"（当地民间对妓女的通称），还动不动对坠露拳打脚踢，甚至威胁说要杀了她。半年前他因为偷油田里的石油还被抓起来关了几个月。在坠露死前不久，她回到了爷爷家里，哭诉说她越来越无法忍受丈夫了。爷爷后悔把她嫁到了戴庄，就劝她和丈夫离婚。当时坠露都下决心不再回婆家了。但是，几天之后丈夫找了来，说如果坠露不回去就打死她。坠露没有办法，和爷爷商议说慢慢地准备和他离婚，于是跟着丈夫回到了戴庄。几天后的一个晚上，丈夫聚集了一帮哥们儿在外屋打麻将，坠露一个人待在里屋。她当时觉得很难受，就去找住得不远的大姑子聊天。在那里说了一会话，她又回到家里，看到丈夫那群人还在外屋打麻将，就很不高兴地进了里屋。丈夫觉得她的表情不太对劲，就也跟着她进了屋。他见坠露手里攥着一个药瓶，就问她出什么事了，坠露一声不出。于是他慌了，就大声问她："你是不是吃药了？"这一声外面的人都听到了，就都走到屋里来。坠露点了点头，人们都吓坏了，就忙着帮她丈夫把她抬到一个"三码子"上，送到附近的一个镇医院。医生护士赶快给她洗胃，洗出来几个大药片。医生说："这药片我们没有见过，不是一般的安眠药。我们可能没办法，你们赶快把她送到大点的医院去吧。"于是人们又连忙把她往大医院拉。路上她就越来越不行了，等拉到医院，坠露已经断了气。不过那个大医院的大夫也不认得那些大药片是什么，于是就把它们送到上一级医院去化验。当时谁也没有把这化验太当真。那么多人在场，坠露死于自杀几乎是没有什么疑问的了，于是很快就把她埋葬了。

但是，谁也没想到的是，在坠露死后 1 个多月，化验结果竟然证明，那些大药片没有毒性，不能致人死命。凭着这个化验结果，坠露的爷爷不断上告，一口咬定是坠露的丈夫害死了她。公安局的干警和我谈到此事时说："这里有很多可能。也许坠露除去这些药片以外还吃了别的什么药，也有可能她当时发了别的什么病。如果俺们能化验她的胃部组织就好了。可是人已经埋了这么长时间了，俺们根本不可能取样化验。现在看起来，当时那么多人在场，她丈夫杀她的可能性是不大的，可俺们根本没有证据说服那老人。他就一遍又一遍地写信，要求伸张正义。这可真是一个麻烦的案子呀。"

依照法律程序，干警无权处置坠露的丈夫；但是谈到这个案子的时候，他们却无一例外地对坠露和她的爷爷抱以同情的态度。虽然坠露具体的死因已经成为一道无解的难题，但不论她是自杀，是被杀，或者是因为某种疾病突发而死亡，她的丈夫都对她的不幸负有不可推卸的责任。也许坠露的爷爷自己很清楚，坠露被谋杀的可能性其实是微乎其微的。但他就是要用这种方式来报复他，就是要使他受到惩罚。细读他写给信访科的那些信，我发现，他用来证明坠露是被谋杀的理由都不能成为法律的证据，而是对坠露丈夫的道德控诉，包括他如何在别人面前辱骂坠露，他如何游手好闲、胡作非为，他如何打骂坠露甚至威胁说要杀死她，以及坠露在戴庄如何受罪，如何向他哭诉。这当中很多事情更能证明坠露早有自杀的想法，却无法证明她丈夫真的有要杀死她的动机。

和好朋的父母一样，坠露的爷爷也是从无可奈何地认倒霉变成了竭尽全力地讨说法。而比起好朋父母对学校的讹诈，坠露爷爷的控诉显得更加缺乏法律依据，但却获得了更多的同情。这里的原因很容易理解。好朋的父母并没有什么理由证明学校确实对好朋的死负责；坠露的爷爷却很清楚地知道孙女在她丈夫那里受过多少委屈。坠露所受的委屈是不言而喻的，但好朋却从来不是个好孩子，学校也不必然与他的死有关。

但是，不怎么有理的好朋父母和备受同情的坠露爷爷却得到了完全相反的结果。娘娘庙中学赔了好朋家 4000 元钱，他们也终于把棺材抬走了；坠露一案却最终不了了之。这是因为好朋父母的手段更加无赖吗？恐怕并没有这么简单。

我走访了公安局的一个法医。他把他掌握的本县从 1995 年到 2000 年之间的所有非正常死亡记录都给我看了。其中有 40 多起自杀。而从我的经验判断，这几年中的自杀远不止这么多。法医说："确实不准确。我们不可能记录所有的自杀案件。只有有人报案的时候，我们才会记录。比如，要是有人发现了一具无名尸体，要是对死亡的真实原因发生争执，或者是有别的和法律相关的事情，我们才记录下来，去做调查。我们没有责任记录和调查每一个自杀，因为这不是法律问题。说白了，我们只负责区分自杀和他杀。只有发现不是自杀，而是他杀，或是有别的纠纷的时候，我们才会继续调查。要是明确就是自杀，而且没有什么争执，我们就不管了。""那你们有自杀的统计数字吗？""没有。我们有每个村的户数和人口数。我们也掌握每年的死亡数字和出生人口数字，但是基本上不会管死亡原因。那我们怎么会知道每年有多少人自杀了呢？"

法医在他杀和自杀之间做了一个明确区分。可是我们在好朋的案子里看到，自杀有时候和他杀的区别并不是那么大。尽管人们都承认好朋是自杀的，但学校的责任并未因此而减轻。如果好朋真的是因为在学校遭受了不公而自杀的，这和他杀只有程度上的区别。相反，虽然人们都知道坠露在家里遭受了不公，可是这些不公越明显，越能证明她是自杀而死的，她就越不可能是被他杀致死的，她爷爷的指控也就越无力。由此可见，好朋和坠露遭受的不公，有着非常不同的逻辑。好朋所遭受的不公，和他杀中牵涉到的不公非常相似；但坠露所遭受的不公，一般被认为很容易导致自杀，却不大可能导致他杀。在这项研究中，我们分别用"冤枉"和"委屈"描述这两种不公。在实际的日常语言中，这两个词并没有这种严格的区别。但我们为了讨论的方便，把"冤枉"界定为，在家庭之外的公共生活中遭受的不公正待遇；将"委屈"界定为，遭到诸如家庭成员等有亲密关系的人的不公正待遇。那么，他杀和好朋这样的自杀所牵涉到的，就是冤枉；而坠露的自杀所牵涉到的，就是委屈。当然，这种委屈也会被人们，特别是娘家人，转化成冤枉，像坠露的爷爷就是在这么做。对于这个问题，我们在本书的第十章会回过头来细看。

我还没有实地研究自杀问题的时候，在报纸上看到的自杀故事大多是农民工因为被拖欠工资而自杀，农民因为公粮纠纷而自杀，还有好朋这类的学生自杀，等等。这些都可以归入冤枉的范畴。但我在深入实地后，却发现，这样的自杀实在是太少了，大多数自杀是坠露这样由于受委屈导致的自杀，这样的自杀不仅不在法医和警察的管辖范围之内，而且也是新闻记者不会感兴趣的，因为这种自杀不是什么公事，确实没有什么新闻价值。

公安局既然名为"公安"局，所负责的，就是平息公共领域内的不公，即冤枉，而不是解决家庭领域中的委屈。公安局之所以会处理好朋的案件，就是因为好朋的事情涉及的是他与学校之间的关系，威胁到了公共秩序，虽然无法确定好朋受到了什么冤枉，甚至不能明确说，那是不是能算冤枉；而坠露所遭受的不公远远大于好朋所遭受的，也明确得多，但就是因为这仅仅是委屈，仅仅威胁到了家庭秩序，没有威胁到公共安全，所以公安局无法去管。

但这当然并不意味着自杀中的公正问题就不如刑事案件中的正义问题重要。对于一般的老百姓来说，杀人放火毕竟是不经常遇到的特殊事件，但是尊严和公正却是日常生活中随时都会碰到的问题。日常琐事中的公正和委屈是人们都会关心在意的东西，甚至常常会夺人性命。对于大多数人来说，不是仅仅靠保全性命、消灭剧烈的公共纠纷就可以过日子的，也许家庭中的生活秩序更加重要。而自杀给我们提出的问题就是：如何理解当代中国家庭秩序中的委屈和公正？

为了获得更多有关自杀的资料，我从公安局出来，就去走访了孟陬的县医院。在县医院的急诊室里，因为喝农药而被送来的病人三天两头常有。总体上，医院关于自杀的记录比公安局的更系统。比如 2000 年一年，急诊室中共有 499 位病人住院治疗，其中有 114 位是自杀未遂者，没有自杀死亡者。再如 2001 年的前 6 个月，共有 357 位病人住院治疗，其中有 65 位自杀未遂者，4 位自杀成功者。我问医生，为什么自杀成功者的比例这么少。医生说，并不是所有自杀者都会被送到医院。无论是伤势过轻不必施治的，还是伤势过重没有生还机会的，都不会送到医院来。而如果有那根本没有治好机会的来了，医生无法可施，也就不会做住院记录了。只有在医院住过一段时间、用过药的患者，医院才会记录。而自杀未遂者只要住进医院，死的可能性就不大了。医生说："我们的技术又不是摆设。大部分人只要抢救治疗，就不会死了。"

我再细看他们的住院记录，发现其中没有自杀原因的记录。而所谓自杀案例，也都是我们推测出来的。实际写的病情都是"一六零五中毒"、"氧化乐果中毒"，或"农药中毒"等。一般情况下，这些就是喝农药自杀的案例。但在夏季的时候，有些案例很难说是主动喝了农药，还是在田间喷洒农药时不慎沾到了身上。既然如此，自杀原因就更不会记录了。医生说："这不是我们的职责。我们的职责是救死扶伤。至于为什么喝药，那是不必问的。"虽然有些医生和护士也会和病人聊天或者做某种程度的劝解，但就他们的职责而言，这些都不是分内之事。他们主要负责为病人洗胃，把病人救活，至于病人是因为什么而喝农药的，以及他们以后是否还会喝农药，这些都不是他们关心的问题。

　　急诊室的医生同意让我采访一些病人，并让我穿上白大褂，以医生的名义走进病房。我遇到的那个病人是个30多岁的少妇，当时已经基本恢复正常。她的母亲和丈夫陪在旁边。得知我想了解她喝农药的过程之后，她还是很爽快地讲了起来："我喝药的时候是因为听到一个声音，叫我喝药，我就喝了几口乐果。"我问："那叫你喝药的声音是谁的?"她回答说："好像就是家里去世的老人的声音。"于是她讲起了她经常到一个庙里上香，这声音就和她进这个香门相关。我问她什么时候加入的这个香门，她想了一会说："大概是三年前吧。"她的丈夫在一边纠正说是两年前，她的母亲却在旁边坚持说是三年前。就在这时，又有一些人来看她，有娘家人也有婆家人，还有村里别的人。在一番寒暄之后，他们听到了我们的对话。不知为什么，他们关于她加入香门时间的争论逐渐上升为十分认真的争吵。她的母亲疾言厉色地责问她丈夫的姑姑："我们闺女在你们家有什么好? 你们这么欺负她!"病人自己并没有加入这场争吵，但是我的采访已经无法进行了。在这争吵的混乱中，我实在无法理出头绪，不知道加入香门的时间之争怎么就升级为病人在婆家的地位之争。旁边有人开始怀疑我的身份："你真的是大夫吗？我们怎么没有见过你！""大夫哪有这么问问题的？怎么像记者一样！"那边双方仍然争吵不休，我就被当作了挑起争端的罪魁祸首："你在这里瞎挑什么？你看这样子怎么收拾？"一个老人很严肃地指责我："家务事你管得了吗？你问这些问题干什么？"显然我的任务无法完成了，我只好落荒而逃。

和医生谈起来，我说希望能在没有家属探视的时间来访谈，但他们说，在这个没有严格探视规定的县医院，这是不可能的。看起来，在医院里采访自杀者是很难完成的。

不过，这个未成功的访谈还是引发了我的很多思考。如果仅仅根据病人的说法，她的喝农药就是因为参加香门之后的宗教体验，或者用精神医学的术语说就是作为精神分裂的症状的一种幻听。但当时我的第一感觉是，这有可能不是真正的或主要的原因。更加重要的也许是某种家事之争，而这种家事也许和加入香门有关系，也许这就是人们争论的原因；但同样有可能的是，病人自己也许就是因为幻听而喝的农药，但她的娘家人却不肯接受这个原因，而一定要让她的婆家人为她的委屈负责。

不论是哪种情况，医院都把她当作一般的农药中毒患者来对待，而她的家人和乡亲却想当然地把她的喝农药当作家庭纠纷。不仅医生，就是她的家人也认为理解她的自杀是在医生职责之外的事情，因此当我认真地问起那些问题的时候，他们立即就发现我不可能是真正的医生。其实大家都清楚，她的喝农药很可能有某种程度的委屈在内，和家庭内部的公正有关。这种家庭中的公正是医生这样的外人所无法插手的，却是她的娘家人随时都要为她争取的。

也许有人会怀疑，这家医院之所以不关心自杀问题本身，是不是因为它没有精神科呢？起初我也这么认为。但后来我知道，从2000年开始，孟陬县已经成立了一个精神病诊所。这个诊所和我在县城住的地方离得很近，所以我经常到那里去。诊所是两兄弟开的，他们受过相当专业的精神医学训练。看起来，他们确实比县医院里的医生远为关心自杀问题；但进一步的观察使我发现，他们和那些医生并无本质的不同。他们会关心自杀病人的精神状态，但也同样不大关心自杀背后的那些家庭纠纷，即使谈到，也只是为了进一步了解其精神状态。因此，无论哪家医院，其中的医生对自杀的关心，都和老百姓自己的关心非常不同。这倒不是因为医生玩忽职守，而是因为，委屈不是一个医学问题。

公安局的职责是社会公正，而医院负责的是人们的健康。他们之所以会和自杀问题发生关系，是因为自杀经常和社会公正与健康问题发生关系，而不是因为他们关心自杀本身。当然，社会公正和健康是一般人幸福生活的两个重要方面，但这二者都落在了自杀问题的外面。换句话说，尽管社会安全和身体健康是幸福生活的基本保障，但这两点绝不等于幸福生活。人们不仅需要不突遭横祸，而且要安顿自己的日常生活；不仅要没有疾病，而且要活得有条有理、堂堂正正。而日常生活中的秩序和条理，却是公共机构的职责所无法达到的，这当然也使那些以预防和减少自杀为己任的社会工作者大伤脑筋。私人琐碎的委屈似乎既不足以让公安人员插手，也不会大到让医生来诊断的程度，甚至自杀者的亲人也不愿意这些外人来管自己的家事，但这外人管不着的烦恼却在吞噬着很多人的性命。

自杀问题之所以不是公安局和医院应该处理的事情，是因为自杀所涉及的委屈和公正不是这些公共机构的权限所在；但这些问题所牵连的却是每个人最关心的幸福问题。这样说来，老百姓的日常生活既不是一个公共安全问题，也不是一个公共卫生问题，更不是其他任何的社会公共问题。

但是很多自杀问题的研究者却说，自杀在中国不是一个医学问题，而是一个社会问题。我们为什么似乎得出完全相反的结论呢？那些研究者之所以说中国的自杀是社会问题，是因为自杀者大多不是因为疾病而自杀，而是因为不公、纠纷和争吵等带有社会和政治色彩的原因而自杀。但是，这些具有社会和政治色彩的问题却常常不发生在任何公共的社会空间中，不涉及任何社会公正问题，不需要一个公共的权威来插手解决。那么，自杀就是社会空间之外的一个社会问题，是公共政治领域以外的政治问题，所涉及的是私人的公正与冤屈，与私人的幸福生活有关。这样，理解自杀问题的关键就变成了：人们在日常生活中最在意的公正是什么？

二、田野

上面描述的几个场景，都是我在对孟陬县的自杀研究中发现的。我于2000年6月到8月、2001年6月到8月、2002年9月到2003年8月，在孟陬县共做了18个月的田野调查。

孟陬位于华北，是一个不大的县，2002年的人口是32万。该县共辖9个乡镇，娘娘庙镇是其中之一。该县建于战国，汉代的城墙尚依稀可见。在抗日战争中，孟陬是八路军在华北最早攻占的县城之一，而且该县的红色政权从此就没有失去过，因此应该算很早的解放区。孟陬距离京津都很近，虽不算很富裕，但人均收入高于全国农村的平均水平。近年来又有两条新修的铁路线在县内交叉，其经济发展非常迅速。

2000年夏天，我最早来到了孟陬的公安局和县医院。虽然我在这两个单位读到了一些有价值的档案，但我也逐渐意识到，只有深入考察家庭秩序和"委屈"，才能理解自杀问题。而要如此深入别人的家庭，研究家庭生活中的难言之隐，倘若没有一些私人关系和渠道，实在是一件无法完成的任务。幸好，我的母亲曾经在娘娘庙镇待过很长时间，在娘娘庙镇和孟陬别的乡镇都有很好的人际关系。于是，在公安局和县医院遇到困难之后，我只好求助于我的母亲帮助我在村子里打开局面。2000年夏季在娘娘庙镇的研究进行得很好，使我对孟陬的自杀问题得到了一个初步的印象。

2001年夏天，我在孟陬县城一些朋友的帮助下，进行了第二个阶段的研究，这个阶段的调查也比较顺利。但我还是很担心，不知道以后如何继续发掘。让人们讲述他们的亲戚的自杀故事实在是一件难事，我不止一次激怒村民，遭到严词拒绝。每次我终于让人们愿意对我讲的时候，他们总是说："就是因为这关系，我才跟你说这事。要是别人，我才不说呢。"显然，如果中间没有一个面子大的介绍人，是根本不可能完成这项研究的。而我在娘娘庙镇的研究之所以那么顺利，就是因为我母亲在那里的人缘极好。但我的研究毕竟不能仅限于娘娘庙镇。所以，我们只好在其他的乡镇寻找熟人，然后再让他们寻找他们的熟人，再通过这些人寻找自杀故事。

当我在2002年回到孟陬之后，我们就按照这样的策略展开研究。当时我母亲刚刚退休，有时间而且有兴趣帮我完成这项研究。

从 2002 年到 2003 年的一年之中，她多数时间陪我在孟陬。有时候，我们住在县城的一个朋友家里，有时候待在娘娘庙镇一个朋友的房子里（当时正好有一个朋友搬到了县城里，房子空了出来，我们就住在他家的空房子里）。以这两个地方为根据地，我们不断地到别的乡镇去研究，基本上涵盖了孟陬的所有村子。因为我们在孟陬有一个较大的院子和一套房子，有时候，我的父亲和我妻子也会到孟陬来参与。我的这项研究，名副其实地成了我们的"家庭政治"。

我们在娘娘庙镇的主要村子中的每一个，和孟陬的另外 8 个乡镇中的每一个，都找到了一个人缘好又诚实可靠的向导。这些人在各自的村子都是德高望重、很受尊重的人物，往往出自自己村子里影响最大的家族，并且有较高的文化水平（其中很多是当地的中小学教师）。这样，他们就有足够的面子让别人讲那些自杀的故事。我们要求每位向导至少要提供两个自杀或自杀未遂案例。多亏他们的帮助，我得以调查了很多自杀个案。在这三次田野调查中，我于 2000 年夏天调查了 33 个个案，于 2001 年夏天调查了 21 个，于 2002 年到 2003 年之间调查了 150 个，一共是 204 个。

除去在县公安局和县医院的档案研究和这些田野调查之外，我也粗略算出了孟陬县近年的自杀率。在娘娘庙镇，我得以亲自到每个村子，以最原始的办法挨个问，因而能够得到 2001 年和 2002 年比较准确的自杀死亡的数字。[①] 在另外 8 个乡镇，我难以做到去村村

---

① 在娘娘庙镇，2001 年共有 6 个自杀个案［高阳府—35 岁女，魏庄—37 岁女，李村—30 岁女（即兰枝，参见 3.2），水州—70 岁女，徐村—75 岁男，李村—20 岁男］，2002 年有 8 个个案［水州—70 岁女（二姚，参见 7.2）、仙家楼村—20 岁女（三秀，参见 5.1）、余村—30 岁女，宋庄—22 岁女，七坡村—70 岁男（所厚，参见 1.3）、柴村—60 岁男、王村—60 岁男，渐离村—38 岁男（高岩，参见 10.3）］。

调查，只能让向导帮助我统计了各乡镇 2002 年的数字。① 根据这些统计，2002 年整个孟陬县共有 61 个个案，其中有 33 女，28 男。妇女的平均年龄是 37.7 岁（11 个 20—29 岁，15 个 30—39 岁，2 个 50—59 岁，1 个 60 多岁，3 个 70—79 岁，1 个 80 多岁），男子的平均年龄是 40.1 岁（2 个 10 多岁，10 个 20—29 岁，3 个 30 多岁，1 个 40 岁，4 个 50—59 岁，6 个 60—69 岁，2 个 70—79 岁）。孟陬 2002 年的人口是 32 万，那么，这一年的自杀率就是 19/100000。另外，我相信在另外 8 个乡镇的数字很可能不够准确，可能会漏掉几个，那么，实际的自杀率可能比这个数字稍高，约为 20/100000，比回龙观医院估算的全国平均数字（23/100000）② 稍低。至于男女比例，确实是女比男高。但差距并不是那么大。费立鹏的统计数字是，女比男高 25%，而我的计算数字是 17%。当然，和西方国家男人自杀数比女人的多二到三倍的情况相比，这个数字已经非常不同了。③ 但我们也不能过分夸大"妇女"自杀的特殊性。因此，在本研究中，我还是把自杀当作男女中的一个普遍现象来看待。

---

① 2002 年，守真乡有 5 个自杀个案〔一 20 岁男，一 39 岁女，一 21 岁男（萝生，参见 2.3），一 22 岁女，一 38 岁女〕，城关镇有 7 个个案〔一 51 岁男，一 65 岁男，一 25 岁女，一 21 岁男，一 15 岁男，一 64 岁女（周流，参见 8.2—8.3），一 35 岁男〕，戴庄乡有 6 个〔一 51 岁男，一 23 岁男，一 65 岁男，一 50 岁男，一 72 岁男，一 39 岁女〕，钟庄乡有 8 个〔一 32 岁女，一 83 岁男，一 57 岁女，一 29 岁男，一 26 岁女，一 12 岁男，一 27 岁女，一 67 岁女〕，前楼镇有 7 个〔一 36 岁男，一 22 岁男，一 26 岁女，一 32 岁女，一 33 岁男，一 24 岁女，一 26 岁女〕，杜佐乡有 8 个〔一 40 岁男，一 20 岁男，一 30 岁女，一 26 岁女，一 20 岁女，一 35 岁男，一 38 岁女，一 50 岁男〕，九河乡有 6 个〔一 22 岁男，一 37 岁女，一 23 岁女，一 35 岁女，一 30 岁女，一 32 岁女〕，夏村镇有 6 个〔一 60 岁男，一 50 岁男，一 72 岁女，一 32 岁女，一 76 岁女，一 20 岁女〕。

② 参见 Michael Phillips, Xianyun Li, Yanping Zhang, "Suicide Rate in China, 1995—1999", in *The Lancet*, March, 2002, vol. 359, issue 3909, pp. 835 840.

③ 参见 Michael Phillips, Xianyun Li, Yanping Zhang, "Suicide Rate in China, 1995—1999"; 拙文 "Gambling for Qi", in *The China Journal*, July, 2005, no. 54, pp. 7 27.

至于这些自杀的具体原因，当然非常复杂，包括家庭冲突、情感纠纷、社会不公、教育问题、严重的疾病，等等。但在 2002 年的这 61 个当中，只有一个（即渐离的高岩）可以算死于公共领域的冤枉（当然，在我掌握的全部 204 个个案中，还有更多）。其他人的死直接间接总和家庭冲突有关。而这些家庭纠纷中，包括公婆媳妇之间、夫妻之间、兄弟之间、父母与子女之间的冲突。

　　这样的一个自杀研究，必然会涉及相互关联的两种可能。第一，是研究关于自杀的社会和文化话语；第二，是寻找导致自杀的真实原因。而在实践上，要精确地找到已死者自杀的原因是不可能的。尽管如此，我还是通过对比尽量多的描述，来尽可能还原自杀的真实原因。人们自己的选择，往往受到社会文化和社会观念的影响。社会对自杀的看法，也会影响人们自杀的动机。在此，我对自杀的理解遵循了道格拉斯（Jack Douglas）的方法，即：尽量揭示社会和不同的人对自杀的文化意义的理解。[①] 当然，很可能某人自杀的真实原因与人们讲述的都不同。比如，好朋的父母就不知道好朋自杀的真实原因，他们的反应完全来自周围的亲戚的推测和对自杀问题的一般理解。而很可能，好朋是因为与学校毫无关系的原因死的，这个原因只有他自己才知道。所以，我不会说我得到了这些自杀个案的绝对真实的原因；但我却可以比较自信地说，对于孟陬社会理解自杀的逻辑和背后的观念，我有了基本的把握。对于解释自杀在这个社会中的意义，这样一种把握已经够了。

---

① 参见 Jack Douglas，*The Social Meanings of Suicide*，Princeton：Princeton University Press，1967。

三、文献

在掌握了这些个案之后，我开始寻找中国自杀研究的范式和理论解释的可能性。

答旦曾经梳理过 1949 年到 1999 年之间中国大陆自杀研究的发展，并分为三个阶段：一，从 1949 年到 1976 年，基本上没有自杀研究；二，从 1977 年到 1989 年，随着自杀现象的增加，自杀研究也间接发展起来；三，从 1990 年到 1999 年，自杀研究发展迅速。[①] 1997 年，何兆雄出版了百科全书式的《自杀病学》；同年，翟书涛出版了《危机干预与自杀预防》。何兆雄和翟书涛的研究对后来的中国自杀学影响很大。自 1999 年以后，中国的自杀研究又发生了新的变化。1999 年，谢丽华主编的《中国农村妇女自杀报告》出版，引起了很大反响。以前的自杀研究，大多是理论上的思考，对中国现实的自杀状况没有系统调查和思考。但谢丽华主编的这本书代表了《农家女》杂志几年来的实地研究成果，第一次揭示了中国农村妇女自杀问题的严重性。同年，费立鹏等人在《文化、医学，与精神医学》上发表了《自杀与中国的社会变迁》的英文版（该文的中文版是《中国农村妇女自杀报告》的前言）。2002 年，费立鹏等人在《柳叶刀》杂志全面发表了他们的研究成果，向世界公布了中国的自杀率是 23/100000 到 30/100000 之间[②]，同年年底，"北京生命危机研究与干预中心"在

---

① 参见答旦：《中国自杀研究五十年》，载《医学与社会》，2001（4），15～17 页。

② 参见 Michael Phillips, Xianyun Li, Yanping Zhang, "Suicide Rate in China, 1995 1999"; He Zhaoxiong and David Lester, "What is the Chinese Suicide Rate", in *Perceptual and Motor Skills*, 1999, vol. 89, issue 3, p. 898; Michael Phillips, （转下页）

回龙观医院成立。从此以后，中国的自杀研究在基于"农家女"和回龙观医院两家的系统工作之上，迈入了一个新的阶段。

在这个阶段，国内外关心中国自杀问题的学者集中在了这样几个核心问题上：一，中国年轻妇女中的自杀率为什么比男子高？[①]二，中国农村的自杀率为什么比城市高？[②] 三，中国的主要自杀方式——喝农药，到底意味着什么？[③] 四，最根本的问题是，中国自杀与精神疾病之间是什么关系？这些都是中国的自杀现象独特的方面。[④]

学者们发现，中国的自杀者很多与抑郁症和其他精神疾病没有直接关系。[⑤] 费立鹏等人算出，中国的自杀者中最多 63% 患有精神

（接上页）"Overview of Suicide in China", in *Psychiatric Times*, 2003, vol. 20, issue 11；赵梅、季建林：《中国自杀率研究》，载《临床精神医学杂志》，2002（3）。

[①] 参见 He Zhaoxiong and David Lester, "Sex Ratio in Chinese Suicide", in *Perceptual and Motor Skills*, 2002, vol. 95, issue 2, p. 620；George Dominio, Marisa Dominio and Annie Su, "Psychosocial Aspects of Suicide in Young Chinese Rural Women", in *Omega：Journal of Death and Dying*, 2001 2002, vol. 44, issue 3, pp. 223 240；Veronica Pearson and Meng Liu, "Ling's Death：An Ethnography of a Chinese Woman's Suicide", in *Suicide and Life-Threatening Behavior*, 2002, vol. 32, issue 4, pp. 347 358。

[②] 参见李献云、许永臣、王玉萍、杨荣山、张迟及惠郁、卞清涛、马振武、何凤生、费立鹏：《农村地区综合医院诊治的自杀未遂病人的特征》，载《中国心理卫生杂志》，2002（10），681—684 页；张艳平、李献云、费立鹏、卞清涛、许永臣及惠郁、杨荣山、张迟、何凤生：《农村地区有、无精神障碍自杀未遂者及其自杀特征的比较》，载《中华精神科杂志》，2003（4）；黄行土：《农村精神病患者自杀相关因素分析》，载《现代使用医学》，2001（4），198 页；张敬悬、翁正、秦启亮、马登岱、柴新生：《城乡社区自杀死亡率前瞻性观察》，载《中国行为医学杂志》，2001（4），330~332 页。

[③] 参见 Michael Eddleston and Michael Phillips, "Self Poisoning with Pesticides", in *British Medical Journal*, 2004, pp. 42 44, 328；江永华、朱红、吴成银、张怀寅、夏碧磊、贺敬义：《强化农药管理对农村自杀的影响》，载《中国心理卫生杂志》，2003（12）。

[④] 参见 Institute of Medicine, *Reducing Suicide*, Washington DC, National Academies Press, 2002；Qin Ming, and Preben Bo Mortensen, "Specific Characteristics of Suicide in China", in *Acta Psychiatrica Scandinavica*, 2001, vol. 103, issue 2, pp. 117 121。

[⑤] 参见 Michael Phillips, Huaqing Liu and Yanping Zhang, "Suicide and Social Change in China", in *Culture, Medicine and Psychiatry*, 1999, vol. 23, no. 1。

疾病，而多数西方国家 90% 以上的自杀者有精神疾病。[①] 对于受过西方医学训练的精神科医生而言，这个数字之所以重要，或许在于中国为什么那么多自杀者没有精神疾病；但我们也不能忽视这个数字中的另一层含义：毕竟，有半数以上的自杀者是有精神障碍的。显然，中国的自杀并不是和精神疾病毫无关系；但这种关系一定和西方的不同。因此，需要问的不仅是为什么中国的自杀者不都有精神疾病，而且是，对于有精神疾病的中国自杀者而言，这些疾病意味着什么。

费立鹏和他的同事们的一项研究发现，不能依据单一因素来看待中国的自杀者。他们发现了 8 个有统计学意义自杀预测变量，按其重要性排列，为：抑郁程度重，有自杀未遂史，死亡时急性应激强度大，生命质量低，慢性心理压力大，死前两天有严重的人际关系冲突，有血缘关系的人有过自杀行为，朋友或熟人有自杀行为。

"自杀的危险性随着暴露于危险因素的数目增多而显著增加：暴露于上述 1 个危险因素或不暴露于危险因素的 265 例中没有一个死于自杀，而暴露于上述 2 至 3 个危险因素者中 30%（90/299）、暴露于 4 至 5 个危险因素者中 85%（320/377）、暴露于上述 6 个或更多危险因素者中 96%（109/114）死于自杀。"[②]

这个结果告诉我们，抑郁症确实和自杀有关，但它往往不会单独出现在自杀者身上，而是伴随着其他因素一起出现。那么，这些

---

① 参见 Michael Phillips，Xianyun Li，Yanping Zhang，"Suicide Rate in China：1995 1999"；Institute of Medicine，*Reducing Suicide*。

② Michael Phillips，Gonghuan Yang，Yanping Zhang，Lijun Wang，Huiyu Ji，Maigeng Zhou，"Risk Factors for Suicide in China：A National Case-control Psychological Autopsy Study"，in *The Lancet*，2002，vol. 360，issue 9347，pp. 1728 1736。

自杀者身上的抑郁症与同时出现的其他问题之间是什么关系呢？那些有抑郁症的自杀者和那些没有抑郁症的自杀者之间，到底有何不同呢？中国的自杀问题不仅仅是一个医学问题，这已经是学者们普遍认可的事实。[①] 但问题是，我们该如何理解这个所谓的"社会问题"，而其中的抑郁症因素又起到了什么作用？

从社会角度进行的自杀研究也已经出现了一些。[②] 比如，李诚和凯博文把它当成一种反抗行为。[③] 皮尔森等通过对一位农村妇女的田野研究，得出结论说，她的自杀是家庭中一系列复杂的权力斗争导致的结果。[④] 我对家庭政治的研究大大得力于前人的这些初步结论，立足于这样的基本观念：中国的自杀问题首先和正义有关，这种正义体现在复杂的家庭政治当中。这两点是理解自杀问题的核心。当然，精神疾病因素并非不重要，但必须与家庭政治结合起来，才能看出它的意义，这就是费立鹏等人所谓"多重因素"对我的启发。

四、自杀理论

但如何在理论上解释中国的自杀现象呢？我们首先要对经典的

---

① 参见 Jianlin Ji，Arthur Kleinman，Anne Becker，"Suicide in Contemporary China：A Review of China's Distinctive Suicide Demographics in Their Sociocultural Context"，in *Harvard Review of Psychiatry*，2001，vol. 9，issue 1，pp. 1 12。

② 参见杨镇涛：《正常人自杀问题与危机干预初探》，载《健康心理学杂志》，2000（6），675—676 页；翟书涛：《社会因素与自杀》，载《医学与社会》，2001（6），4～5、21 页；翟书涛：《自杀的发生机制》，载《临床精神医学杂志》，2002（2），97～100 页。

③ 参见 Sing Lee and Arthur Kleinman，"Suicide as Resistance in Chinese Society"，in Elisabeth Perry ed.，*Chinese Society*，London，Routledge，2003。

④ 参见 Veronica Pearson and Meng Liu，"Ling's Death：An Ethnography of A Chinese Woman's Suicide"。

自杀理论做一梳理，看是否可以用到中国现象上来。

涂尔干（Emile Durkheim）的《自杀论》无疑是最著名的自杀学著作。涂尔干在此书中把自杀当作一个社会事实来理解。他把自杀分成利己型、利他型、失范型三类，并在结论中指出，社会整合的缺乏导致了利己型自杀，过度的社会整合导致了利他型自杀，而社会危机则导致了现代社会中经常出现的失范型自杀。[1] 有趣的是，虽然涂尔干把自杀当成一个社会现象，但在他看来，自杀恰恰发生在不那么"社会"的时候，也就是社会性表现得不那么恰到好处的时候，无论是缺乏、过度，还是社会危机。涂尔干在此假定有一个最恰当的社会状态，自杀就是在偏离这种中庸状态时发生的。可以说，此后对自杀的社会学研究，大多遵循了这一基本思路。

涂尔干的学生哈布瓦赫（Maurice Halbwachs）进一步发展了涂尔干的方法和解释，形成了现代社会学自杀研究的主流。虽然不乏社会学家试图超越涂尔干的解释模式，但他们"基本上没能在涂尔干的理论上添加什么重要的东西"[2]。学者们批评涂尔干忽视了个体体验和当下的社会语境[3]，关于社会道德的概念和分类模式过于抽象[4]，对文化意义过于简化[5]，等等。但是，这些批评都不足以颠覆涂尔干的整体框架。很多据说比涂尔干更具体的研究，只不过是对

---

① 参见［法］迪尔凯姆（涂尔干）：《自杀论》，北京，商务印书馆，1996 年；Anthony Giddens，"A Typology of Suicide"，in *The Sociology of Suicide*，London，Cass.，1971。

② Anthony Giddens，"Theories of Suicide"，in *The Sociology of Suicide*.

③ 参见 Jack Douglas，*The Social Meanings of Suicide*。

④ 参见 Jack Gibbs and Walter Martin，*Status Integration and Suicide*，Eugene：University of Oregon Press，1964。

⑤ 参见 Jack Douglas，*The Social Meanings of Suicide*；John Atkinson，*Discovering Suicide*，London，Macmillan，1978。

涂尔干模式的简化、改造和具体应用而已。① Gibbs 和 Martin 所做的研究把自杀归于社会整合的缺乏，Henry 和 Short 的研究把自杀和他杀都归结于外部限制。② 这是涂尔干之后最重要的两个自杀社会学研究，而且试图走出涂尔干的模式。虽然他们的努力值得钦佩，但他们的最后结论只不过重新强调了涂尔干的主要观点。③

道格拉斯著名的《自杀的社会意义》一书批评涂尔干以来的自杀研究忽视了自杀的文化意义。这一批评确实更有力一些。后来的一些人类学研究试图在应用涂尔干的理论的同时，注意文化意义的分析。比如，在对非西方文明中的自杀的研究中，人们广泛运用"利他型自杀"的概念。Leighton 和 Hughes 对爱斯基摩人的研究④、Jeffreys 对非洲自杀的研究⑤等都是这样做的。但这些研究只不过是对涂尔干概念的另外一种应用而已。此外的一些人类学研究虽然没有过分倚重涂尔干的范式，但其意义只限于对特殊文化模式的描述，无法给出一个更具普遍性的理论解释。⑥

另外一个研究传统，即精神医学的自杀研究，可以说是当前统

---

① 参见 Steve Taylor，*Durkheim and the Study of Suicide*，London：Macmillan，1982；Steve Taylor，"Suicide，Durkheim，and Sociology"，in *Current Concepts of Suicide*，Philadelphiae，Charles Press，1990；W. Pickering and Geoffrey Walford eds.，*Durkheim's Suicide：A Century of Research and Debate*，London：Routledge，2000。

② 参见 Gibbs and Martin，*Status Integration and Suicide*；Andrew Henry and James Short，*Suicide and Homicide*；*Some Economic*，*Sociological and Psychological Aspects of Aggression*，New York：Free Press of Glencoe，1964。

③ 参见 Jack Douglas，*The Social Meanings of Suicide*，p. 91；Giddens，"Theories of Suicide"，p. 55。

④ 参见 Alexander Leighton and Charles Hughes，"Notes on the Eskimo Patterns of Suicide"，in *The Sociology of Suicide*。

⑤ 参见 Mervyn Jeffreys，"Samsonic Suicides：or Suicides of Revenge among Africans"，in *The Sociology of Suicide*。

⑥ 参见 Raymond Firth，"Suicide and Risk Taking in Tikopia Society"，in *The Sociology of Suicide*；Mamoru Iga and Kenshiro Ohara，"Suicide Attempts of Japanese Youth（转下页）

治性的研究模式。其基本观念是，自杀是精神疾病导致的。其实在涂尔干的著作发表之前很久，西方人就从精神疾病的角度理解自杀。19世纪法国著名医生埃斯奎罗（Esquirol）确定了自杀与精神疾病的关系。涂尔干的研究，很大程度上基于埃斯奎罗的资料，并试图改变精神医学在自杀研究中的一言堂局面。但涂尔干并未扭转精神医学的统治地位。他的社会学研究只不过在人文社会科学中有很大影响，但在面对自杀的社会政策和基本话语中，精神医学的地位比以前更加牢固。而今，多数精神科医生仍然相信，自杀是由抑郁症、双向障碍、精神分裂症、酒精中毒等精神障碍导致的。自杀行为经常与这些疾病相伴，这一观察是没错的；但是，这些精神因素究竟如何影响了自杀，仍然是一个广泛争论的问题。[3]

精神分析学派在20世纪前期的精神医学中曾占统治地位。而今，它的影响虽已式微，但它对自杀的研究角度仍然值得重视。[4] 弗洛伊德自己并没有写关于自杀的研究，但按照Litman的说法，他后期发展的"死的本能"的观念，与对自杀问题的思考非常相关。[5] 从精神分析角度研究自杀的最好著作，当然要算莫宁格（Karl Menninger）的《反对自己的人》。[6] 莫宁格认为，自杀就是死的本

（接上页）and Durkheim's Concept of Anomie", in *The Sociology of Suicide*；Paul Bohannan, *African Homicide and Suicide*, New York, Atheneum, 1967。

参见 Georges Minois, *The History of Suicide*, Baltimore, John Hopkins University Press, 1998, p. 320；Ernest Sprott, *The English Debate on Suicide*, La Salle, Ill. , Open Court, 1961, p. 158。

[3] 参见 Institute of Medicine, *Reducing Suicide*, pp. 70 100。

[4] 参见 Karl Menninger, *Man against`Himself*, New York, Harcourt, 1938；Robert Litman, "Sigmund Freud on Suicide", in *Essential Papers on Suicide*, New York University, 1996；James Hillman, *Suicide and the Soul*, Zurich, Spring Publications, 1976。

[5] 参见 Litman, "Sigmund Freud on Suicide"。

[6] 参见 Karl Menninger, *Man against Himself*。

能战胜了生的本能。

　　自杀研究者都不可能忽略精神科医生施奈得曼（Edwin Shneidman）的名字。他从事了几十年的自杀学研究，并创立了美国自杀学会，是当之无愧的美国自杀学之父。20世纪50年代，他从精神分析的角度指出，自杀来自一种"后我"（post-self，或postego），是人们对自己的死后状态的看法。[①] 施奈得曼虽然是从心理学角度谈这个问题的，但其中有着深刻的哲学思考，与当时的现象学和存在主义的工作相呼应。他认为，虽然人们无法体验自己的已死状态，但人们对于自己死后的状态往往有一个错误的想法。让人真的相信有一个自己根本不存在的状态，其实很难。他和法博罗（Norman Farberow）共同指出，自杀者常常会犯一种逻辑错误。人们若是这么想："谁若自杀了，就会引起别人的注意；我(主) 去自杀，那么，我(宾) 就会引起别人的注意；所以，我(主) 要自杀。"在这个三段论中，大前提和小前提都没有错，错的在于，此人忘记了，那个要自杀的"我"是主我，而被注意的"我"是宾我。这个人假定自己在死后，还能作为主我存在，可以受到别人的注意，而忘记了，他自杀以后，主我已经不存在了。后来，施奈得曼又提出了"情痛"（psyache）这个概念来解释自杀。他把这理解为情感上的疼痛。[②]"后我"和"情痛"两个概念对现代自杀学的影响很大。

---

① 参见 Edwin Shneidman and Norman Farberow，"The Logic of Suicide"，in Edwin Shneidman and Norman Farberow eds.，*The Clues to Suicide*，New York：McGraw-Hill，1957；Edwin Shneidman，"Suicide, Sleep, and Death：Some Possible Interrelations among Cessation, Interruption, and Continuation Phenomena"，in *Journal of Consulting psychology*，1964，vol. 28，no. 2；*The Deaths of Man*，Baltimore：Penguin Books，1974；*Definition of Suicide*，Northvale，J. Aronson，1994。

② 参见 Edwin Shneidman，*Suicide as Psychache*，Northvale，J. Aronson，1993；Edwin Shneidman，*The Suicidal Mind*，New York：Oxford University Press，1996。

20世纪后半期，随着克莱蒲林（Kreaplin）的生物学导向的精神医学取代精神分析，对自杀的精神药理学研究开始发展。20世纪50年代，科学家发现了一种叫色洛托宁（serotonin）的精神传递素，认为它与自杀行为相关。[1] 20世纪70年代，斯德哥尔摩的Marie Asberg和尼德兰的Hermanvon Pragg同时但分别发现，色洛托宁过少与临床中的抑郁症紧密相关，因而证明色洛托宁可以导致自杀。[2] 这些学者想当然地认为，自杀与抑郁症是必然相关的。他们一发现色洛托宁与抑郁症的关系，就认为发现了它与自杀的关系。但事实上，在自杀与色洛托宁之间，仍然找不到生物学上的相关性。

　　美国专家编辑的《减少自杀》一书中列出了与自杀相关的十多种精神障碍。作者宣称："几乎所有精神障碍，包括酒精或其他毒品的使用，都和自杀相关。"[3] 在最权威的《精神障碍诊断与统计手册》（第四版）（DSM-IV）中，自杀意念已经被当成了抑郁症的判断标准之一。[4]

　　虽然社会学和精神医学看上去非常不同，涂尔干表面上还在批评精神医学的自杀研究，但两者来自相同的文化假定。他们都认为，自杀是某种紊乱导致的。社会学家认为，自杀来自社会秩序的紊乱；而精神医学家认为，它来自精神紊乱。所谓的紊乱，就是偏离了某种正常状态。他们对自杀的态度，都基于对这种正常状态的看法。

---

[1] 参见 Sermon Perlin，*A Handbook for the Study of Suicide*，New York：Oxford University Press，1975，pp. 113 129；Howard Kushner，*Self-destruction in the Promised Land*，New Brunswick N. J.，Rutgers University Press，1989，pp. 82 83。

[2] 参见 Institute of Medicine，*Reducing Suicide*，pp. 123 127；Howard Kushner，*Self-destruction in the Promised Land*，pp. 83 84。

[3] Institute of Medicine，*Reducing Suicide*，pp. 70 100.

[4] 参见 DSM-IV（*Diagnostic and Statistical Manual of Mental Disorders，Fourth Edition*），Washington DC：American Psychiatric Association，1994，p. 327。

五、自杀状态

涂尔干的学生哈布瓦赫就曾谈到，社会学的自杀研究和精神医学的研究不是相互冲突的，而是相互补充的。[1] 吉登斯（Anthony Giddens）则把不同的自杀类型与不同的心理状态联系起来，认为罪感往往导致利己型自杀，通常是自杀未遂；羞感会导致失范型自杀，往往是自杀成功。[2] 涂尔干自己也从未否定自杀者会有精神障碍，他只是不赞同把精神疾病当作自杀的决定性因素。

上述关于自杀的精神医学诸家都认为，自杀是某种精神紊乱导致的，无论把这种紊乱归结于死的本能、抑郁症、色洛托宁过少、逻辑错误，还是情痛。而涂尔干认为，当社会性运行过弱或过强，使生活失去了秩序、变得紊乱时，就容易发生自杀。因此，自杀要么是个体发生紊乱，要么是社会发生紊乱时的事情。社会学家和精神医学家都把自杀当成了一种非正常状态，这背后又隐含着一种基本假定：求生是人的本能，凡是主动求死的人，一定是陷入了混乱，要么是个人的混乱，要么是社会的混乱。但是，这个看似不言自明的假定，即使在西方也不是自古如此的。

对自杀的精神医学理解是在启蒙时代以后才确立起来的。在中世纪晚期和现代早期，自杀被当作一种不虔诚和非法的行为处罚。布莱克斯通（William Blackstone）谈到，自杀不仅是对上帝的背

---

[1] 参见 Maurice Halbwachs，*The Causes of Suicide*，London：Routlege and K. Paul，1978，p. 263。

[2] 参见 Anthony Giddens，"A Typology of Suicide"。

叛，而且是对国王和主权的伤害。① 在英国都铎王朝时期，自杀者的
尸体遭到非常羞辱的惩罚和埋葬，但是有精神疾病的自杀者被排除
在外。由于精神失常者不知道自己在做什么，他们的自杀不是故意
的犯罪，所以可以免于处罚。② 因此，虽然自杀在宗教上是渎神的，
在法律上是违法的，但在医学上并不被当作病态的，那些因病导致
的自杀不被当作典型的自杀看待。

不过，随着精神医学的逐渐发展，也随着法律制度的逐渐完善，
自杀这种特殊的罪也逐渐变成了一种疾病。霍布斯（Thomas
Hobbes）在《一位哲学家与英格兰普通法学者的对话》中借哲学家
之口谈道："我不明白人们怎么会对自己如此 *abimum felleum*（拉
丁文'恶意'），以至于自愿伤害自己，更不用说杀死自己了；因为
从本性上讲，每个人必定要追求对自己有利的东西，并旨在保存自
己。因此我认为，如果有人杀死自己，那就是假定他并非 *compos
mentis*（拉丁文'心智健全'），而是由于某些比死亡更甚的内心痛
苦或忐忑不安而神经错乱了。"③ 霍布斯并不反对对自杀的法律处罚，
但他坚持求生是基本人性，不想活的人一定是精神出了毛病。这为
自杀的精神医学解释提供了哲学基础。几乎同时，罗伯特·伯顿
（Robert Burton）在他广受赞誉的《忧郁的解剖》（*The Anatomy of*

---

① 参见 William Blackstone，*Commentaries on the Laws of England*（in four volumes），
Chicago：Callaghan，1899，vol. 4，chapter14。
② 参见 Minois，*The History of Suicide*；Michel MacDonald and Terrence Murray，
Sleepless Souls：Suicide in Early Modern England，New York：Oxford University Press，
1990；Louis Dublin，*Suicide：A Sociological and Statistical Study*，New York：Ronald，
1963；Henry Fedden，*Suicide：A Social and Historical Study*，London：P. Davies
Limited，1938。
③ ［英］托马斯·霍布斯：《一位哲学家与英格兰普通法学者的对话》，第 88 页，上海：
上海人民出版社，2006 年。

Melancholy）中更明确地把自杀与精神疾病联系起来。以后，越来越多的人用精神失常来解释自杀。在 16 世纪的英国，因为精神疾病而被免于处罚的自杀者只是极少数的例外。到了 17 世纪，对它的医学解释逐渐出现。而到了 1735 年，所有的自杀者就被认为是疯子了。到了启蒙时代后期，对自杀的法律惩罚已经彻底让位给了社会和医学的自杀解释。[①]

这一转变过程，并不能简单地理解为科学取代了迷信，文明取代了野蛮，我们更应该把它看作西方文明中自杀观念的一个自我发展过程。精神医学的解释并没有更多的科学依据，但它以更科学的语言表达了诞生于基督教文明的自杀观念。霍布斯和伯顿虽然并不赞同以法律形式处罚自杀，但他们对待自杀的态度和那些法学家并没有根本的不同。霍布斯仍然认为，如果谁真的主动杀害自己，那还是一项大罪，只是按照他的理论，人们是不会这么做的。同样，伯顿也并不认为自杀是合法的，而只是认为法律惩罚是没有必要的，因为犯了这种大罪的人，死后自然会遭到地狱之火的处罚。[②] 当时的人们对自杀的种种态度，都没有超出托马斯·阿奎那的简洁概括：自杀是反自然、反社会、反上帝的。这三点构成了现代自杀学的基本推动力，而其中的核心一点是，自杀是反自然的，即：自杀是违背人的本性的。[③]

托马斯把"自我保存"当成第一条自然法，认为自杀者违背了这条基本本性。而正是因为违背了这一点，自杀者也违背了神法

---

① 参见 Minois，*The History of Suicide*，pp. 85，139，297，301；拙著《自杀与美好生活》，收入本书，第 707—709 页。

② 参见 Robert Burton，*The Anatomy of Melancholy*，New York：Tudor Publishing Company，1921，pp. 373 374。

③ 参见拙著《自杀与美好生活》，第四章。

（因为他违背了上帝为人确立的自然）和人法（因为他擅自杀了人）。基督教谴责自杀者，是因为他违背了神法；世俗国家之所以处罚自杀者，就是因为他违背了托马斯所说的人法；而同样把"自我保存"当作第一条自然法的霍布斯则认为，违背了这一点的人是病态的。

约翰·洛克（John Locke）更加系统地表达了现代国家禁止自杀的理由：由于人的生命是神圣不可侵犯的，人若被允许侵犯这一神圣物，那么别人和国家就也有可能侵犯它，那就违背了生命神圣不可侵犯这最基本的自然权利。因此，禁止人有自杀的自由，正是为了保护人的基本自由。这个自由是如此神圣，以至包括自己在内的任何人都绝对不能侵犯。[①] 在现代文明体系中，对人的神圣性的保护不再以宗教禁忌的形式出现，而是先表现为法律的形式，后又表现为心理健康的形式。人性的神圣不可侵犯，表现为身心健康的神圣不可侵犯。对这一神圣性的侵犯，就是涂尔干所说的"失范"，精神医学家所说的心智不健全、抑郁症、色洛托宁过少、逻辑谬误、情痛。简言之，自杀，就是对神圣的求生法则的侵犯，因而是有罪的或病态的。

不过，仅仅看到自杀是对神圣生命的侵犯，还只是看到了这个问题的一个方面。虽然人在本性上都是神圣的，但是，西方的思想家们同样承认，人是有固有的欠缺和弱点的，因而并不是总能维护和提升这一神圣生命。基督教的"原罪"就是对这一观念的极好概括：人是上帝按照自己的形象造的，因而生来就是神圣的；但由于人们都继承了亚当的罪，所以无力自己达到至善。很多现代思想家

---

① 参见 David Glenn，"Inalienable Rights and Locke's Argument for Limited Government：Political Implications of a Right to Suicide"，in *The Journal of Politics*，vol. 46，issue 1，Feb.，1984，pp. 80 - 105。

表面上否定了原罪的说法，却以另外一种方式表达了类似的观念。比如霍布斯就认为，自然状态中的人虽然都有求生的欲望，但是因为陷入人与人的战争，其实无法求生；洛克虽然在理论上认为人可以凭理性认识自然法，但人的固有缺陷使人不可能真正靠自己认识自然法，而必须靠基督教的启示。康德认为，虽然按照纯粹理性无法推出宗教的合理性，但人的固有缺陷使人们必须依靠宗教的指引。① 在此意义上，人们必须依靠某种外在的力量（社会契约、启示，或宗教）来克服自然中的固有缺陷，以实现自然中的神圣性。那么，自杀又可以理解为，冲破了外在的限制，使人的自然缺陷重新抬头。

莫宁格从精神分析角度做的研究相当集中地体现了对自杀的这种理解。精神分析的基本观念是，人有爱（或生）与死两个本能，社会规范限制住这两个本能，使它们达到一定的平衡。而在莫宁格看来，自杀就是死的本能超过和战胜了爱的本能所导致的，即：是人性中的固有缺陷过于强大导致的。

涂尔干对自杀的研究同样可以从这个角度理解。涂尔干对人性有过非常系统的思考。他在《孟德斯鸠与卢梭》中谈到："因此，我们必须从个体的本性出发，并必须返回到个体的本性。"② 他说自己对自然状态的看法是卢梭与霍布斯的一个结合。他认为，人的自然状态既有卢梭所说的"高贵的野蛮人"的特征，也有霍布斯所讲的"战争状态"的特点。而社会性则帮助人们抛弃战争状态，维护高贵的状态。在《人性的两重性及其社会条件》这一文中，涂尔干更清

---

① 参见［德］康德：《单纯理性限度内的宗教》，北京：中国人民大学出版社，2003 年。
② ［法］涂尔干：《孟德斯鸠与卢梭》，第 50 页，上海：上海人民出版社，2006 年。

楚地讲出了他的人性观。他认为，各个文化都把身心当作人性的两个组成部分，这来自普遍的圣俗二分的文化倾向。他最后得出结论说："这种两重性对应于同时引向的双向存在：一个是扎根于我们有机体内的纯粹个体存在，另一个是社会存在。"① 在他看来，人性不仅包括生物性的个体本能，而且，社会因素的内在化形成了第二重本能。正是这种社会性，构成了人性中神圣的部分。涂尔干虽然说这一部分来自社会，但他又谈到，社会性是人性中固有的，即：虽然各个文化中社会性的表现形式都不同，但人们都有社会性这一点，却是所有人都共同的。于是，每个文化中的每个个体的人性中都既有一个神圣的社会性，也有一个世俗的个体性。而自杀就发生在这二者之间的平衡被打破的时候。

在《自杀论》的结论部分，涂尔干运用这一人性观来解释三种自杀的起源："当然，只要我们成为群体的一分子，和群体生活在一起，我们就会受到群体的影响；相反，由于我们有截然不同于群体的个性，所以我们不服从群体的制约，并且设法避开群体。但是由于没有人不同时过着这种双重生活，所以我们每个人都同时受一种双重运动的推动……两种力量相互对峙。一种力量来自集体，力求征服个人；另一种力量来自个人，并且排斥前一种力量。"②

他继续谈道："因为社会生活既意味着个人有一定的个性，又意味着个人准备放弃这种个性，如果社会有此要求的话，还意味着个人在某种程度上对某种进步敏感。因此，没有一个民族不同时存在着这三种思潮，这些思潮把人引向不同的甚至相反的方向。当这三

① ［法］涂尔干：《人性的两重性及其社会条件》，见《乱伦禁忌及其起源》，第187页，上海：上海人民出版社，2006年。
② ［法］迪尔凯姆（涂尔干）：《自杀论》，第343～344页。

种思潮相互克制时，道德因素处于一种使人不受自杀念头侵袭的均衡状态。但当其中之一的强度超过其余二种一定程度时，由于已经说过的那些原因，它便在个体化时成为自杀的诱因。"①

自杀不仅是对神圣生命的一种侵害，而且这侵害就来自人性自身。它是人性中固有的缺陷对帮助人获得安全的外在约束的侵害，同时也由此构成了对人性中神圣部分的破坏。在这个意义上，我们可以说，涂尔干笔下的自杀状态就是回到自然状态，是另外一种战争状态（人对自己的战争状态）。

不过，涂尔干的复杂说法还提醒我们，这仍然不是自杀问题的全部。自杀不仅包括社会性过弱或失常导致的利己型自杀与失范型自杀，而且包括社会性过强导致的利他型自杀。利他型自杀并不是因为缺陷过强导致的，反而是因为神圣部分过强而导致的。这又该如何来理解呢？

涂尔干在后文更清楚地表达了这一观点。对于自杀这种悲剧，涂尔干并没有简单地予以谴责和否定，而是认为它有积极意义。他是从两个方面来谈自杀的积极意义的。首先，自杀可以是一个社会的安全阀："这是一个安全阀，有必要把它打开。归根结底，自杀有这样一个极大的好处：使我们可以在不用社会干预的情况下以最简单、最经济的办法摆脱一定数量无用或有害的人。"②

其次，自杀也可以是高贵的和值得赞美的："人如果完全不受忧郁的影响，就不可能活下去。……正像我们已经在另一部著作中说过的，最文明的民族的伟大宗教比古代社会最简单的信仰更充满了

---

① ［法］迪尔凯姆（涂尔干）：《自杀论》，第 346 页，译文有改动。
② ［法］迪尔凯姆（涂尔干）：《自杀论》，第 371 页。

忧伤，这至少是显而易见的事实。……不过，悲观的倾向要能存在和保持下去，必须在社会上有一种特殊的机制作为其基础，必须有一些个人群体特别代表这种集体情绪。但是扮演这种角色的那部分人口必然是容易产生自杀念头的。"①

涂尔干在此所指的，当然首先是那些利他型自杀。这些倾向于利他型自杀的人情感丰富、生性忧郁，体现了社会中所崇尚的悲剧性的价值。他们把这些价值看得比生命更重要，在这些价值受到威胁的时候，他们宁愿选择自杀。如果哪个社会中完全没有自杀，从而根本不存在这样的人，人们不会认为有什么价值比生命还重要，那么，这个社会比完全没有自杀的社会还要危险。

涂尔干并不是一个头脑机械的医生或社会学家，而是和施奈得曼一样，有着相当深的哲学反思。他对自杀的这一保留态度同样是一个久远哲学传统的延续。对自杀的赞美和肯定，是早在古希腊罗马时代就非常流行的态度，特别是在斯多亚哲学当中。基督教虽然彻底否定了自杀，但仍然没有完全抹杀自杀可能有的积极意义。自杀之所以是罪，是因为自杀者在彻底自我否定和忏悔的同时，并没有保留对救赎的希望；但自杀所代表的忏悔，仍然是值得肯定的。

到了现代，伴随着对自杀的严厉否定，对自杀的肯定和张扬也成为一股强劲的思潮。早在约翰·西姆（John Sym）发表第一部彻底批判自杀的著作《保存生命反自戕书》（*Life's Preservative against Self-killing*）之前，约翰·多恩（John Donne）已经完成了为自杀辩护的《论暴死》（*Biathanatos*）。罗密欧与朱丽叶、少年维特、安娜·卡列尼娜更不断成为著名的自杀英雄。陀斯妥耶夫斯基

---

① ［法］迪尔凯姆（涂尔干）：《自杀论》，第400～401页。

的《群魔》中的基里洛夫不仅认为自杀是值得肯定的，而且认认真真地实行自杀，以此证成自己精神的高贵和自由。

对自杀的这种肯定并不难理解。既然人性中有神圣的因素，也有固有的缺陷，二者的张扬都有可能突破社会规则的约束。这种被赞美的自杀，就是神圣的因素突破了社会的约束，为了获得绝对的自由和生命意义而舍弃血肉的躯壳。对自然状态的理解从来就有两个传统，一个像霍布斯那样把它描述成可怕的战争状态，一个像卢梭那样把它描述成美好的黄金时代。综合了卢梭与霍布斯的涂尔干同时考虑到了这两个方面，所以会把自杀分成不同的类型。由此，我们更可以明确，自杀就是回到自然状态中的行为，既有可能是回到自然状态中最低的部分，也有可能回到最神圣的部分。

自然状态，是对人性的一种形象描述。我们追踪对自杀的哲学表述，就是为了追溯自杀学背后的人性论假定。由上面的层层推演可见，这些自杀学话语都建立在对人性的一种理解之上：人作为一种存在，其本性中既有神圣的因素，也有固有的缺欠。求生的一般规则是保护和张扬其神圣因素，限制其固有欠缺的必要制约，而自杀就是其中的一个方面的过分张扬，突破了这种制约。

在此，生命的自然状态可以借助阿甘本（Giorgio Agamben）的bare life 来描述。Bare life，就是没有一切社会束缚的本源生命状态。① 这个生命状态虽然还没有任何外在限制，但是既有天生的神圣性，也有固有的欠缺；这个状态中的人，作为一种最根本意义上的人，也是神性与罪性的结合。而自杀这个问题之所以显得重要，就

---

① 笔者对人性的思考受阿甘本教授的《牲人》（*Homo Sacer*：*Sovereign Power and the Bare Life*）影响很大。但是在思考过程中，笔者对一些具体问题的理解与阿甘本教授的理解越来越不同。所以此处对阿甘本的概念只是有保留的引用。

在于它结合了人性中的这两个基本特点。自杀可能是以一种不恰当的方式表达了一种美好的价值，也可能是以一种勇敢的方式表达了一种错误的观念。①

　　西方诸贤对自杀问题的思考，无疑会对我们理解中国的同样问题有巨大裨益；特别是现代以来的自杀讨论，对我们理解中国的自杀问题尤为切身，因为中国的自杀问题同样结合了好与坏之间的这对基本悖谬。不过，中国人对人性的观念与西方有着本质的不同，我们必须在充分考虑这一区别之后，才能够将西方的这些文化遗产，有效地运用在对中国自杀的独特性的解释上。

————————————

① 参见收入本书的《自杀与美好生活》。

第二章 命与义

我们在第一章开头好朋和坠露的故事里已经看到，中国的自杀问题涉及的往往是正义问题，而不是精神疾病或社会失范。中国文化中找不到神法来约束人间的是非，也没有自然法来管理自然状态中的人，那么，正义的根据来自哪里呢？首要的一步，我们就要理解当地人关于生命和人格的观念，从而看到，他们所理解的正义和不公究竟是什么意思。

一、过日子

若在中文中找到一个与 bare life 大体相当的词，我想莫过于"过日子"。简单说来，过日子就是在出生、成长、成家、立业、生子、教子、年老、寿终这样一辈子中生活的状态。和 bare life 一样，"过日子"这个概念中同样不包含任何附加的好坏善恶，是每一个活人都必须经历的过程，是一个无法再化约的生活状态。不过，它也和 bare life 所指示的自然状态有着巨大的差异。"过日子"的状态，并不是西学意义上的自然状态，或者说，不是通过把人褫夺了任何社会属性之后，假定的一种赤裸裸的生命状态，因而其基本特点就不是神性和罪性的那种结合。在中国人看来，"过日子"这个过程才是生活的常态，过不好日子的人，就是这个过程中的某个环节出了问题。

这样一个过程都是以家庭为背景展开的，因此，家庭在"过日子"这个概念中有着核心的地位。当然，在漫长的一生中，一个人所在的家庭会发生变化（因为家长发生了变化），先是在父母家，然后是在自己家，最后是在儿女家。正如希腊人一定要在城邦中理解生活和人性，基督徒一定要在上帝之下理解生活和人性一样，中国人则主要在家庭中理解生活和人性。由此我们可以看到，家庭之所以重要，并不仅仅因为它是社会学意义上的一个基本社会单位，而更在于它是过日子这一生命过程发生的场所。这样说，并不是指单身的人就不在过日子。一个没有成家立业的人，也可以说"一个人过日子"，但这其实假定了他生活在由一个人组成的家庭里面。而由于他的家庭没有儿女，难以享受子孙满堂的天伦之乐，一般说来，他很难过得幸福。①

明白了在家庭中过日子的基本含义，我们还要进一步看这种生活方式究竟意味着什么。滋贺秀三教授的《中国家族法原理》中有一个有趣的片段：日本"满铁"的调查员想了解中国农民怎样称呼

---

① 许烺光先生的《祖荫下》（台北：南天书局，2001 年）同样非常重视家庭对中国人人格的塑造，对笔者这一概念影响颇深。不过，与许先生最大的不同是，笔者认为这不但是中国人性格的一个特点，而且是从中国文化出发对人性的一种普遍性的理解，因而在很多具体问题的诠释上就和许先生不大相同。

继承制度，因而问道："比如我是家长，任先生作为我的长男，我死后任先生代替成为下一任家长的事情叫做什么？"农民似乎觉得这个问题莫名其妙，于是回答："叫做料理家务。"调查员对这个回答不死心，于是又进一步问："料理家务一般叫做什么呢？"农民回答："不叫做什么，叫过日子。"①

无论调查员还是滋贺秀三教授，对"过日子"这个词都没有兴趣，而是把它当成一个打岔的错误忽略了过去。但在我们看来，"过日子"与滋贺秀三教授所关心的家族制度有着极为密切的关系，而且那个被访问的农民的回答也恰到好处，"过日子"就是料理家务，而且，家族中一代一代传承下去，这个过程就表明，过日子仍然在延续。当我们从中国文化的角度思考生命的基本概念的时候，不能忘了，一个人生下来就在家庭之中，而不是在"自然状态"之中。剥夺了人的各种社会关系，把人赤裸裸地抛到一个什么也没有的"自然状态"，是一种相当人为的假定。

滋贺秀三教授虽然没有进一步阐述过日子的含义，但他的讨论对我们理解中国人的生命观念仍有极大助益。他谈到，旧中国家族制度的一个核心观念是，"作为故人的人格的连续延长"。因而，人、祭祀、财产这三个方面的不断延续，使得一个家族得以传承下去，死去的人的生命也就通过后代的繁衍和祭祀活动而延续下去。② 父子（母子）一体、夫妻一体、兄弟一体构成了理解中国家族制度的基本原则。③

当代的中国家庭和滋贺秀三教授研究的古代家族已经有了巨大

---

① 转自 [日] 滋贺秀三：《中国家族法原理》，第 122 页，北京：法律出版社，2003 年。
② 参见 [日] 滋贺秀三：《中国家族法原理》，第 96～97 页。
③ 参见上书，第 104～110 页。

不同，因此，滋贺秀三教授的一些具体结论已经不再适用。不过，其中的基本理念仍然是一贯的，即，人们仍然要在全家一起过日子的背景下来理解自己的人生。虽然人们不再认为需要用祭祀和传宗接代来延续自己的生命，但父子（母子）一体、夫妻一体仍然是最基本的观念。虽然在当代的家庭成员之间不再有明确规定的权力关系，但家庭成员之间的相扶相依仍然是每个人生活中最核心的方面，而且各地在新的社会环境下已各自发展出家庭之中一套新的交往规则和礼仪，成为过日子的规范。

在以核心家庭为主的现代中国，任何一个家庭成员的存在对整个家庭都有重要意义，每个成员的喜怒哀乐都会影响到整个家庭的气氛，而整个家庭的兴衰荣辱也会影响到其中每个成员的生活。因此，家庭对每个人的生命有着根本的生存论意义，即：生命是作为家庭的一部分存在的。过日子，就是管理家庭，并在管理家庭的过程中安顿自己的生活。只有自己所在的家庭整体过得好了，一个人才谈得上安顿了自己的生活，也就是过上好日子了。

为人子女者，在没有成家立业的时候，其生命是以父母为首的家庭的一部分。在这个家庭中，父母把子女当作自己生命的延续，对子女的抚养教育成为家庭生活中非常核心的一部分，以致家长常常说："日子就是为孩子过的。"孩子们有没有出息，决定了这个家庭的日子过得好不好。孩子长大成人之后，就会独自成家立业。在他（她）自己的核心家庭中，他（她）的日子是否过得好，就是指由他（她）与配偶和孩子组成的核心家庭生活过得好不好。我们说他（她）可以过自己的日子了，是说他（她）可以顶门立户，作为一家之长，把自己的生命延伸到配偶和孩子之上了。如果他（她）没有成家，但独立去生活了，也并不是说他（她）不能过日子，而是说，他（她）仍然作为一家之长，掌管只有自己一个成员的家庭。而每个人在年老之后，都要依靠子女的赡养，享受天伦之乐，直到最后在风光体面的葬礼中辞别人世。

这个过程看似简单，但要平平安安走下来，却并不容易，需要满足一些基本要素。滋贺秀三教授说，人、财产、祭祀是维持中国一个旧家族的三个因素。当代中国家庭虽然与此已有很大不同，但其基本精神仍然是连续的。一个家庭要过日子，仍然离不开人、财产、礼三个基本因素。家庭首先是由有亲缘关系的人组成的，而这个生活单位同时也是一个经济单位。生活在同一家庭中的人，需要以适当的规则维系家庭的存在，这就是日常生活中的基本礼仪。出生、婚姻、丧葬的仪式，同样是维护其存在和稳定的重要因素。中国人看重的主要节日，包括春节、清明节、中秋节，同样以家庭生活为核心。一个人组成的家庭虽然要简单得多，但仍然不能缺乏独立的财产和基本的礼仪（即使没有人和人之间的礼仪，春节总是要过的）。

严格说来，只有具备了这三个基本特点，我们才说是一个家庭，也就是过日子的一个单位。不过，在每个同居共财的家庭单位的周围，也会衍生出一系列次单位。比如，子女的核心家庭是一个过日子的单位；这个小家庭与父母的大家庭之间，并不是同一个过日子的单位；但是，两个核心家庭之间仍然存在人、财产、礼方面的一些关系，比如，彼此往往存在一些经济关系，在春节等重要节日的时候，可能还要一起过；两个家庭之间的喜怒哀乐也会互相影响，那么，这两个家庭的日子之间也会相互作用。这样，一个人所过的日子，也就以核心家庭为中心，逐渐延伸到单过的父母、兄弟、亲戚，以及亲密的朋友。这就是费孝通先生所说的差序格局。^① 对于差序格局核心的人来说，这层层的差序的意义，就在于与他的过日子的关系。

财产是过日子的三个基本特点中的一个重要方面，没有财产基础，是谈不上过日子的；而礼仪是较有弹性的东西，外人很难做出评价。于是，过日子好坏的最客观评价标准，就成了财产。财产的多少当然会决定日子是否红火；但是，面对同样的收入，如何处理和安排家庭用度，会有很大的差别。就是在这个意义上，日常语言会把能否勤俭持家当成"过日子"的基本内涵。一般而言，一个"会过日子"的人就是会精打细算的人。因此，这个词甚至会衍生出负面的意义，即"会过日子"成为吝啬的代名词。

因为过日子是家庭生活的过程，是一个人的生命在家常日用中的展开，只要生命还在延续，谁也无法确定地说，某个人的日子就过得好了。过日子的过程，有可能受到任何偶然事件的干扰：家中若有谁突遭横祸，全家的日子就可能完全改观。因此过日子又可以理解为，依靠全家人与命运不断博弈的过程。生命/生活的过程，就是一个人命运的展开。只有寿终正寝之后，别人才能评价说，某人一生的日子过得究竟如何。

既然过日子总是一个在不断变化的过程，人们总是在过日子的过程中创造着自己的命运。"过日子"与"混日子"有时候很难完全区别开来。当人们评价某人"混日子"时，往往是指此人游手好闲，不认真过日子。这是"混日子"的本来意义。但笔者在田野中也经常听到人们说自己"凑合着过"、"混日子呗"这样的说法，说这话

<hr>

① 参见费孝通：《乡土中国　生育制度》，第24～30页，北京：北京大学出版社，1998年。

的人未必就是不认真过日子的人。

比如，我在采访一位叫宿莽的老人时，他说："怎么着不是几十年呀？"这位老人本来有一个独子江离，但那个儿子不正经过日子，整天拈花惹草，和自己的妻子自然不会过得好。老两口和儿子媳妇关系都很糟糕。后来这个儿子因为和妻子的冲突，喝农药自杀了。宿莽老人当然非常悲伤。但此后，他和老伴开了个小卖部，日子过得还算体面，而且还省去了和儿子生的那么多闲气。我问起他当时的日子如何，他对我说了上面的话，眼里似乎有些湿了。这话说得我颇为迷惑。他这话到底是什么意思呢？他是满足，还是悲伤，或者是仅仅在自我安慰呢？

再比如，我采访过一个 81 岁的老太太望舒。她 60 多岁时曾经喝过一次农药。望舒有三个儿子，在一般人看来，应该是很享福的老人了，于是我恭维她说："你有三个孩子，活这么大年纪，可是享福了。"望舒却淡淡地一笑，说："你觉得我挺享福吗？我这命啊，不忒强呀。"她随后和我讲起来，她的三儿子飞廉那么大了，却找不着个媳妇，还喝过一次农药。她又说起大儿子和二儿子过得都不好，尤其是二儿媳妇和她总是不对付。她最后总结："凑合着瞎过呗。"

另外一个例子是 66 岁的妇女椒兰。比起前面两个老人来，她的日子应该是过得更好的。她有文化，很能干，家里一个儿子，也挺富裕。但是，她也喝过一次农药，和儿子关系也很不好。她说，别人都觉着她过得挺好的，所以她一般不愿意跟人说这些，因为"爱面儿"。她和别人在一起，就挺高兴的，可是一回到家，就心里难受，即使是现在，还想着死呢。最后，她谈到了一些高兴的事，然后笑着说："就凑合着过呗。我还能再活个 66 年吗？"（参见 7.1—7.2）

这三位老人说"凑合着过"，可不是因为他们不重视过日子，不重视幸福美满的家庭生活。宿莽有很多难言之隐，一辈子实在不幸。望舒是个很婆婆妈妈的人，在周围的人们看来，她与儿媳妇的矛盾未必就没有她自己的责任。按照一般的标准，椒兰的日子过得非常好了；她之所以也说凑合着过，正是因为她的标准很高，认为当时的日子还不够满意。他们说"凑合着过"的时候，好像一种自嘲和解脱："虽然日子过得不满意，我不还是活了这么大岁数吗?"

而在一些别的场合下，当我恭维某个很富裕的人的时候，他会咧开嘴笑着说："瞎混日子呗。"意思是在表达一种谦虚："虽然过得很红火，不过就是在瞎过而已。"

"混日子"一词之所以可以用在几乎所有人的身上，就是因为"过日子"是一个弹性太大的过程。但这并不意味着，人们各自所过的日子之间就真的没有区别。这区别不仅来自经济状况、家庭关系、人们的寿命和机遇，而且很大程度上取决于过日子的态度和干劲。当然，由于各种偶然因素，往往不是某个人因为认真过日子了，就真能过上好日子。在我遇到的众多自杀者中，完全混日子的人为数很少；绝大多数是认认真真过日子，但是又无法过上好日子的人。像宿莽、望舒、椒兰这样的人，并不是闲散浪荡、不过日子，但因为日子总也不能称心如意，最后只好并不心甘地满足于混日子的浑浑噩噩之中。

作为一种生存状态，"过日子"之所以常常是艰难的，并不仅仅在于人与外在命运的斗争。意外的事故、疾病、遭遇固然可能根本改变一家人的生活；但对于自杀者来说，命运的不可测度不止此。我们上面提到的三个老人，其根本问题都在于"修下了不孝儿孙"。儿女的脾气、配偶的秉性、公婆的好恶，都有着很大的随机性，但这些人一旦成为自己家庭中的一个成员，其生命就会与自己绑在一起，影响到自己过日子的质量。

家庭固然是自己生命的一种延伸，但这并不是一种机械的延伸，而毕竟会牵涉到秉性各异的独立的人。因此，哪怕是再有权威的家长，也不能完全按照自己的意愿，像控制自己的身体器官或运用机器一样管理家庭和生活。"过日子"一词与 bare life 最根本的不同在于，它既是一种生存状态，又是一种政治状态。人从一生到家庭里面，就处在人与人的关系当中。而只要是政治，就会受到各种偶然因素的影响，就要处理微妙的人际关系。过日子，永远是人们的个体努力与外在命运的博弈过程；而且，这种博弈的结果又会不断变成新的命运，影响到以后的生活。我们上面提及的三位老人好像都颇为委屈，好像不孝儿孙是命运的不公待遇；但我们焉知他们自己的言传身教不是这种命运的原因呢？当然，我们也不会因此就把不幸的原因完全归结到他们身上。像坠露（参见 1.1）那样的不幸，就主要是因为遇到了一个不过日子的丈夫，而并不是她自己造成的。

对大多数家庭而言，过日子就是在幸与不幸之间摇摆的"混日子"，充满了各种喜悦和欢乐，也总有一本难念的经。真正能把日子过得很好，没有一点不顺心的家庭，我还没有遇见过一个。说所有人都是在混日子，并不仅仅因为过日子是艰难的，而且在于，过日子永远是一个"过"的过程。这就意味着，人们一般不会因为日子中有困难就不再过了；即使困难能够解决，也不可能立竿见影地换来好日子。命运是在一天一天的转换中慢慢展开，生命的意义也在这逐渐地展开中渐渐显露出来。无论一生混得多么艰难，最终若能顺利完成了一生中的每个任务，父母送了终，儿子成家立业有出息，一家人虽然难免琐碎纠纷，还能和睦地过下去，日子就算过得不错了。

二、人格

过日子决定了一个人的幸福与不幸。但这并不意味着，一个人的价值就完全取决于日常的家庭生活。过日子只是体现了中国人生活的一个方面。另外一个重要方面是"人格"。一般说来，一个人格健全的人，就是有资格、有能力过日子的人；而且也只有能过正常日子的人，才能成就人格。不过，日子过得好不好与人格高不高，却并不完全相同。日子过得好，未必就是好人；日子过得不幸，也未必就是坏人或失败的人。

正如日子必须以家庭为单位过起来，"人格"也要在不断的生活和交往中成就。因此，一个初生的婴儿往往不被当作完全意义上的"人"。在日常的玩笑之中，人们常常说小孩"不算个人"，而孩子的成长过程，就是学做人的过程，只有长大之后才能"成人"。一个懂事的孩子能做得"像个人似的"，而成家立业却仍然不懂得过日子的成人则"不成人"。

那么，怎样才算完整意义上的"人"呢？一个最直观的标准是年龄。只有长大之后，才可成"人"。不过，在实际生活中，并不是每个成人都被当成"人"的。比如，我在兰皋的一位向导谈到他的一个表弟时说，"他是个傻子，没人把他当个人，都拿他打哈哈"。（参见6.1，6.3）人们往往不把傻子当成"人"看待，可以拿他随便取笑。如果他因为人们的取笑生气了，人们也不会道歉或愧悔，反而乐于看他生气的样子，就像对待不懂事的小孩子一样。他的表兄谈到他的自杀时，甚至都不当成一件多么了不起的事。在孟陬的农村，"傻子"、"疯子"、"光棍"往往会受到这样的待遇。甚至这几个词也会混用，比如对上面这个"傻子"，也有人把他称为"疯子"或"光棍"。在县城，人们也会把"小姐"当成这种不算人的人。在过去，倒插门的女婿因为地位非常低，也常常不被当正常人看。

本项研究的目的不是评价这种歧视，而是考察其背后的观念。这些人和小孩一样，都是没有正常生活、没有社会地位的人。所不同的是，小孩还在逐渐长成人的过程中，但这些人已经注定难以变成"人"了。这些人的一个最直观的共同特点是，他们都没有自己的家庭，也就是，不能过正常的日子。有些时候，一个人精神上并没有什么毛病，但就是总不成家，老大了还靠父母养着，周围的人往往就窃窃私语起来，认为此人定然有什么毛病。乡下的一些所谓"疯子"、"傻子"，在我看来其实挺正常的，并没有医学意义上的疾病，但就是因为没有正常的家庭生活而被当作边缘人看待。① 于是，我们大体可以看到，一个合格的、成熟的"人"，就是能够有自己的独立家庭，能够过正常日子的人。在当地的婚礼中，有些仪式必须"全乎人"才能参加，所谓"全乎人"，就是身体健康，没病没灾，父母、公婆、丈夫、孩子都健在的妇女；简单说来，就是有健全美满的家庭生活的人。如果谁的父母中有一个去世了，就不算"全乎人"了。"全乎人"这个称呼非常形象地体现了对"人"的基本理解。"成人"的基本要求，就是要建立一个美满健全的家庭。连父母

---

① 许烺光先生在《祖荫下》（第 216 页以下）中谈到过"庇荫边缘的人"，与我们这里所说的边缘人很类似。他当时把这些人归为不受祖荫庇护的人，当然非常恰当。但在半个多世纪之后，这类人仍然存在，但已经不能用许先生的概念来解释。我把他们解释成家庭秩序边缘的人，与许先生的研究既有连续性，也体现了现代革命带来的变化。当然，地域的不同也可能造成了这些细节的差异。

不全的人都不能算是"全乎人",一生没有自己的家庭的人,自然就不被当作"人"来看待了。

不过,是否有健全的家庭毕竟只是"人"的一个最外在的评价标准。一个有父母、配偶、孩子的人虽然有了健全的家庭,但也未必就一定被当成"人"来看待。比如,在"文化大革命"中,那些每天被游街批斗的"黑五类",哪怕家庭完整,也常常不被当成"人"。我所采访的卜居因为在"文化大革命"中遭到迫害,非常痛苦。他说,就在被开除党籍的那天晚上,他在院子里拴了一个绳套,犹豫着是不是上吊。后来他决定:"我明天要去看看,别人是不是还拿我当个人;要是都不拿我当人了,我再上吊。"他后来发现,他的亲戚朋友都挺尊重他,没有因为他被批斗就看不起他,于是就决定活下去。"丢脸"与"丢人"同义。脸面是人之为人的重要方面。只有得到别人尊重,才算是完满意义上的"人"。

是否得到别人的尊重,就既不是年龄大小的问题,也不只是家庭是否健全的问题了,而要取决于是否会"做人"或"为人"。我采访过的石兰抱怨她的婆婆说:"你看,她自己不把自己当人,儿女们怎么把她当人?"(参见9.1—9.2)石兰的婆婆经常办一些没有道理的事,挑拨儿子和媳妇的关系,随便就骂自己的孩子,结果孩子们对她也不尊重。这就是因为她做人没有做好。在这个层面上,做人,就是能够处理好家庭内外的复杂人际关系,成为一个有尊严、有地位、受人敬重的人。

在卜居和石兰婆婆两个个案中,我们可以看到人格的两方面含义。一方面,它是需要聪明地处理人际关系来维护;另一方面,它也会受到变幻不定的命运的左右。像在卜居的事情中,他觉得自己丢了人,并不是因为他做人没有做好,而是莫须有的罪名和对手的有意迫害侮辱了他，让他觉得自己在人们面前抬不起头来。因此，和"过日子"一样，做人也是个人的努力与命运之间的博弈。而人的尊严和价值，往往取决于这场博弈的胜负。

在日常用语中，"做人"也并不总是正面的意思。比如，人们会把善于阿谀奉承、见风使舵、王熙凤式的八面玲珑的人物称为"会做人"。这样的概念与我们上面所说的对"人"的理解并不冲突。这里的问题在于，"人"并不只是一个外在地位的概念，即：一个人的人格是否伟大高尚，并不仅仅取决于是否得到了别人的看重。

综合上述的几个层面，我们可以简单地说，一个完整意义上的"人"，就是成年、有自己的家庭、受到尊重、在人群中享有相当地位的个体。其中年龄、家庭健全、外在地位等是相当外在的标准，往往不受人的主观支配；但在这些条件之上，如何使自己成为一个真正受人尊重的人，就要取决于个人的努力了。

我前面说，过日子是人的一种生存状态，家庭生活是个体生命的展开；同样，人格也并不只是一个外在地位的观念，而是对人的一种价值肯定。正如人们需要通过经营家庭生活来证成生命的意义，他们也要在与他人的交往中实现人的价值。但这种肯定并不是只取决于他人的外在肯定。围绕人格修养的这个问题，中国哲学中有丰富的讨论，可能肯定人的内心自省，也可能肯定外在的格物致知。我们的经验研究不会过多进入这些纯理论的探讨。不过，需要清楚的是，这些哲学思考都建立在日常生活中对人格价值的理解之上，或肯定其中的某个方面，或批判日常生活中的一般理解；但若是脱离了这样一个基本语境，我们就很难理解那些哲学思考了。

虽然"做人"与"过日子"有很多相通的逻辑，但二者所代表的观念并不一样。其中最重要的一个区别在于，做人虽然和过日子一样，也和家庭有很多关系，但它更多强调的是个体的价值和尊严。一个人很难自己把日子过好，但人格必须立足于个体。比如在夫妻二人之间，如果一个能力很差，依赖另外一个，还是有可能把日子过得很红火的。但是，要使自己获得尊严，被别人"当个人似的"来看待，却只能通过自身的努力。"做人"虽然也是政治性很强的概念，需要在与别人的交往中实现，但做人的目的，却是成就自己的人格和尊严，这是别人无法代替的。

三、委屈

在理解了"过日子"和"做人"这对基本概念之后，我们可以回到具体的自杀问题了。我们在 1.1 中已经看到，自杀往往是"委屈"这种不公导致的。而为了研究方便，我已经把"委屈"界定为家庭中的不公，区别于公共领域中的"冤枉"。

明白了家庭的生存论意义，我们就会看到，对于一个现代中国人来说，委屈和冤枉的区别绝不仅仅在于其发生地点不同。人的生命要在家庭生活中展开，人格要通过建立家庭来实现。但另一方面，家庭并不是一个机械的地点，而是包含着各种复杂的人际关系。可以说，每个头脑健康的人都愿过上好日子，也都愿受人尊敬，但并不是每个人都能过上好日子，都能不丢人，哪怕在自己的家里，也可能出现复杂的问题。结果，人们以各种心态说："凑合着过吧。"因此，家庭同时又是一个政治性的存在；或者说，人生在世，无论他的基本生活还是人格，都具有政治性。委屈就是家庭政治中的不公和挫败，同时也往往意味着一个人的生活和人格的失败。从这个角度讲，家庭中的不公和挫败是至关重要的。

不过，真要谈到家庭政治，人们又往往觉得那不会是大事："两口子过日子，能有多大的事呀？""磕磕绊绊、吵吵闹闹是家常便饭，过去就过去了。"说家里的冲突不是什么大事，一方面是因为，谁的家里都很难避免大大小小的争吵，因此没什么大不了的；另一方面是因为，家里的争吵不是真正来自敌意，似乎总可以被相亲相爱的家庭生活抵消掉，甚至可能正是争吵，使家庭生活显得丰富多彩。比如夫妻之间的吵架，就常常很难和撒娇区分开来。因此，家庭中争吵的存在往往不被当成什么了不起的不幸，并不被认为是应该刻意避免的。

结合这看似矛盾的两方面，家庭生活应该是至关重要，又非常微妙的。要理解导致自杀的委屈，我们需要进一步理解家庭在中国文化中的位置。前面在强调家庭的重要性的时候，我几乎要以"神圣"这个词来形容它。一个正常的中国人即使不以国家为念，即使亵渎神明，也很难让他否定自己的祖宗和家庭。哪怕人们会对自己家中的生活方式或某个家庭成员不满，也很难从总体上否定属于自己的家。如果谁真的弃父母妻儿于不顾，变成彻底的浪荡子，那就和疯子、傻子差不多，最普通的人也不会把他当正常人看待了。从这个意义上讲，家庭是一个神圣的概念。不过，家庭这种"神圣"的地方，和中西宗教中一般所谓的神圣概念都不同，因为它恰恰又是最世俗甚至可以包容坏事的地方。虽然很难有人不重视家庭，但人们大多不会以对待神明那样的戒慎恐惧来对待它，反而会把很多隐私藏在其中。很多不能登大雅之堂、无法公之于众的事情，都可以发生在家里，隐藏在家里。家庭的神圣性，往往就体现在它的世俗性上——正如孔子所说的，"父为子隐，子为父隐"不仅不会破坏家庭的神圣性，而且是家庭生活所要求的。① 因此，以"神圣"和"世俗"来形容家庭，都不很确切。我们还是按照日常生活中的理解，把家庭生活当作"过日子"和"做人"的核心场所，即：家庭是不能用外在的价值标准（如神圣、世俗、道德、法律）来衡量的，因为它本身就是最初的标准。一个有了美满家庭的人，既有了生活的主心骨，也有了基本的人格价值。他可以从家庭生活出发，来与外人交往，取得事业上的成功；反过来，事业上的成功，又应该通过进一步促进家庭生活而润泽生命与滋养人格。

由于家庭的这个核心地位，"父为子隐，子为父隐"的态度虽看似姑息养奸，但其真实含义在于，它从基本的人情出发，而不在于家庭就要和法律对抗——如上所述，法律与国家，是不能作为家庭生活的衡量标准的。人情是使家庭得以证成生活与人格价值的根本出发点和最终归宿。而正是"情"这个核心含义，使家庭同时成为最"神圣"的和最"世俗"的：家庭之所以神圣，就在于要在家中培养温厚的情感；家庭之所以世俗，是因为这种情感应该是无所不包的。同样，仍然是这个核心含义，使家庭政治既至关重要，又不那么严格冷酷。即：正是因为家中有情，人们才会把最根本的生命与人格托付给家庭；也正是因为家中有情，再大的吵闹都应该被化解和抵消。

但家庭政治之所以重要，是因为"情"并不是家庭中的唯一维度。仅仅依靠情感，并不能真正化解人和人之间必然存在的分歧和冲突。家庭生活虽然来自情，归于情，却不能依赖于情。家庭成员

---

① 近年来，对这一问题的争论很多，参见郭齐勇主编：《儒家伦理争鸣集：以"亲亲互隐"为中心》，武汉：湖北教育出版社，2004 年。

之间，必须依靠另外一套规则来过日子和做人。"过日子"既要处理人和人之间的关系，又要管理经济收支；在家庭中做人不仅要与亲人相互敬爱，而且要相互尊重、维护一定的权力平衡。这些方面，都是政治。既然是政治，当然会有公正与否的问题，于是就会有"委屈"问题的存在。

另一方面，恰恰因为是在家庭之中，政治不可避免地会和情感纠缠在一起，人们无法彻底按照一般的政治逻辑来处理亲人之间的各种交往和纠葛。这不仅是因为处理家事时很难避免情感的考虑，而且因为亲人之间的预期本来就和公共政治中的预期不同。我们前面在好朋和坠露两个故事的对比中，已经看到公共领域中的"冤枉"和家庭生活中的"委屈"非常不同（参见 1.1）；不过，那里还是仅就公安机关的态度看待这种区别的。我们可以通过另外的两个例子来看"委屈"这种不公到底有什么特殊之处。

萝生是一个 21 岁的小伙子。有一次，他的姥爷家没有人，他一个人进到了屋子里，还吃了里面放着的几根香蕉。谁知道，等老人回家后，竟然发现有 800 元钱不见了。他姥爷就觉得是萝生拿了那 800 元钱。萝生的父亲本来非常溺爱萝生，突然听说儿子偷了姥爷的钱，觉得很没面子，就狠狠训了萝生一顿。萝生觉得受了委屈，一气之下，跑到火车道那里，卧轨自杀了。

再如琼枝，是个刚结婚没两年的少妇，和丈夫非常恩爱，几乎从不吵嘴。在她的陪嫁中，有一台录音机。有一天家里失盗，录音机被小偷偷走了。琼枝当时就在家里，却没有看到小偷进来。琼枝的丈夫知道后，狠狠数落了琼枝一顿，责怪她看管不严。琼枝觉得非常委屈，因为丈夫从未这样对待过自己，于是一气之下，喝下一瓶农药死了。

在我调查过的自杀故事中，有相当多是这类因为非常小的纠纷和吵嘴导致的悲剧。自杀发生之后，人们首先有两个反应。第一，死者一定是受了委屈。比如萝生，他的自杀这个结局就表明他一定没有偷钱。琼枝的情况会有所不同，因为这里没有什么错怪或误解，但丈夫的批评一定和她的预期有很大的距离。第二，人们又会觉得非常惋惜。这不仅仅是因为引发自杀的争端太小，而且因为，在这种"委屈"发生之前，这些家庭是过得很好的。本来萝生和他爸爸关系那么好，怎么就受不了一点批评呢？虽然萝生是被错怪了，但难道这就犯得着去死吗？而在琼枝的故事里，还不涉及这样的误解和错怪。琼枝明明在家里，录音机还失盗，她本来是难辞其咎的；如果说她受了什么委屈的话，就是因为丈夫说话太重了。仅仅因为一句重话，这对恩爱的夫妻就会闹到这样的下场吗？

　　如果同样的事情发生在家庭之外，比如同事或朋友之间发生这样的错怪或是有点严厉的批评，当然也会算得上冤枉。不过，一般情况下，人们不会因此自杀。不仅不会因此自杀，而且如果谁真的因此而自杀了，人们一般不会认为死者是被冤枉了，反而可能怀疑他确实有错，甚至可能有比这更大的错，要不然怎么会畏罪自杀呢？冤枉和委屈的重要区别在于，像萝生这样的受委屈者一旦自杀，人们马上就知道，他一定没有偷钱；但反过来，如果一个有类似罪名的人在公共生活中自杀了，那人们往往会认为他不是清白的。比如，1996年九河乡的乡党委书记匡建雄因为迫于工作压力和权力斗争，上吊死了，人们就觉得非常奇怪。很多人猜测，他一定是犯下了什么难以启齿的错误，所以才畏罪自杀的。人们不大相信，他真的仅仅因为工作压力，就会去上吊。

　　由此可见，人们是以非常不同的逻辑来理解家庭生活与公共生活中的正义的。公安机关对待好朋和坠露的不同态度，只是一个例子而已。那么，这种不同究竟体现在什么地方呢？

如上所述，家庭生活首先是情感与政治的一种混合。一方面，家庭成员之间有相当密切的情感依赖；另一方面，家庭生活又是一种政治生活。而且这两方面不能相互分开。谁也不希望家庭成员之间以陌生人之间那样的模式相互交往，也不希望家庭像一个工作单位那样公事公办。于是，家庭中的正义总是以亲密关系为出发点。我们说的这种"亲密关系"，并不一定只在关系好的家庭中才会存在，而是存在于所有家庭之中，是过日子所必需的，是使个体生命与家庭成员联结起来的相互依赖的关系。

我们可以把家庭中的正义分成两个层面来理解。

首先，是一种形式上的正义，即过日子的制度框架。家庭中要有一定的权力结构和每个人各自的义务。父母应该爱护子女，子女应该孝敬父母；夫妻之间男主外，女主内。在这种权力结构之上，会有基本的相互尊重和平等关系，比如，夫妻之间要有一定的权力平衡，包括各自的相互尊重，也包括婆家和娘家各自的地位和力量；再比如，兄弟姊妹之间要平等相待，有大体相当的权利义务等。每个人在一个家庭中得到自己该得的一份，根据自己的角色生活，就可以把日子过下去。如果谁得不到这样公平的待遇，那就会遭受委屈。

其次，是在形式正义的基础上的公平交往，即把形式正义中相互尊重、彼此平等的原则贯彻到日常交往之中。在形式正义基本确立的家庭里，家庭成员之间应该按照既定的名分和原则，亲密、尊重、平等地相互交往。父当严，母当慈，子女当孝，兄弟之间当悌，夫妻之间当爱。不过，这一点要比形式正义复杂很多。因为每个家庭情况不同，人们对于如何把握公平交往的度有各自的理解。比如，一些父亲经常批评儿子，那么，批评就会被当作父子之间正常的关系；再如，夫妻之间如果本来就经常有小的冲突和摩擦，那么，彼此拌拌嘴也就不算什么大的问题了。但在萝生父子之间，父亲很少训斥儿子，一旦训斥，就会被当成难以承受的委屈；在琼枝夫妻之间，因为本来极为恩爱，丈夫指责两句，就是意料之外的。

那些因为琐碎小事引起的自杀，大多是因为这种公平交往受到了威胁。可见，家庭政治中的委屈，常常并不在于一般的正义或公平原则受到了挑战，而是指所依赖和预期的某种相互关系没有达到。在此，所谓的公平，就是一种亲密和尊重的关系。归根结底，如果不从亲密关系出发，并以亲密关系为目的，家庭中的政治是没有意义的。

不过，情感和政治毕竟是两回事，会遵循不同的规律。二者虽然在起点和终点上合一了，我们还是不能把它们混为一谈。家庭中最重要的亲密关系，为家庭政治提供了基本前提和最终目的，但并不能代替政治本身。我们可以说，萝生父子的关系本来是一种溺爱式的亲密，在萝生看来，仍然要维持这种亲密；但因为没能达到这种亲密关系，所以他自杀了。琼枝夫妇之间是一种如胶似漆的亲密，琼枝也希望达到这种亲密，但因为这种关系被破坏了，所以自杀而死。"委屈"，其实就来自情感与家庭政治之间的张力，在于家庭政治以情感为出发点和目的，却不可能完全按照情感的逻辑发展。

情感与政治之间的这对基本张力，成为家庭政治区别于公共政治的关键。以现代官僚体制为基本特征的公共政治既不从亲密关系出发，也不以亲密关系为目的，而是自始至终都按照政治的逻辑运行。公共领域中的冤枉，就是纯粹政治意义上的不公，是一般的分配正义或交往正义①受到的挑战。如果在公共领域中爆发政治斗争，其最终目的是击败敌人，保存自己。

因为其出发点和目的都是亲密关系，严格说来，家庭政治中并不存在真正的敌人，或者说，这种特殊的政治应该永远不以消灭敌人、保存自己为原则。哪怕在某个具体场景下战胜对方，也是为了维护一定形态的亲密关系，是为了一家子按照大家希望的方式过日子。如果真的像公共政治中那样彻底消灭了对方的有生力量，结果也不可能给自己带来好处。

由此，我们为了讨论的方便，可以把家庭政治理解为一系列的权力游戏。② 这样的权力游戏起于亲密关系，终于亲密关系，所以并不是你死我活的权力"斗争"。不过，其中毕竟还是有政治斗争的一些基本特点，我们可以从这几个方面来理解：

一、围绕家庭生活中的某个事件，人们都希望自己有更大的发言权，或至少得到更多的尊重。权力游戏是就此展开的角逐。共同过好日子仍然是最终的目的，但在过日子中发挥更大的权力，也可以成为一个次要的目的。

二、虽说权力游戏的最终目的是维护一种亲密关系，但权力关系同样会渗到对这种亲密关系的理解当中。比如，一方如果得不到所预期的尊重和对待，也会认为自己应有的权力受到了侵害。委屈，既可以理解为没有达到预期的亲密关系，也可以理解为没有达到预期的尊严和权力。

---

① 参见［希］亚里士多德：《尼各马科伦理学》，1130b30～1131a3。
② "权力游戏"的概念，受到黄光国先生的影响，但又与他不尽相同。参见 Hwang Kwang-Kuo, "Face and Favor: The Chinese Power Game", in *The American Journal of Sociology*, 1987, vol. 92, no. 4. 中文译文为黄光国：《人情与面子：中国人的权力游戏》，见黄光国等：《面子：中国人的权力游戏》，北京：中国人民大学出版社，2004 年。

三、虽然是权力游戏，但这游戏并不是玩过就完了，而是一场游戏有可能带来道德资本的重新分配，从而影响到以后的游戏。因此，家庭政治常常是环环相扣的一系列权力游戏。

四、基于这样的权力游戏，我们可以把家庭政治中的形式正义理解为常态的权力平衡。而交往中的正义，就是一场又一场的权力游戏。通过家庭政治达到家庭中的公平和正义的过程，就是不断维护这种权力平衡的过程。家庭政治是一种动态的权力平衡。

五、由于全家的利益是公认的目的，在这样的权力游戏中，决定胜负的不仅是力量高低，而且是道德资本。"道德资本"指的是一个家庭中被公认为对全家有益的言行或地位。这种资本会使人在权力游戏中取得上风；而一场权力游戏的结果，又会为下一场权力游戏准备道德资本。

在这一系列权力游戏中，我们就可以把委屈理解为权力游戏中的挫败；而自杀，就可以看做对这种委屈的一种报复或矫正手段。萝生受了委屈，但又无法辩明自己的清白，就是在与父亲的权力游戏中失败了。他为了纠正这一失败，就去卧轨自杀。虽然他已经死了，但父母都会马上明白，他一定没有偷钱，先前是委屈了他，于是他在新的一轮权力游戏中又扳了回来。琼枝的故事和萝生有些不同，因为她没有什么可以辩白的。但是，在她自杀之后，她的丈夫会后悔不该对她那么粗暴，也算是琼枝的一种报复。自杀的人常常会说："看我死了你们怎么办"，"我死了你就后悔了"。在他们期待的结果无法得到的时候，萝生和琼枝会采取极端的方式，以期在家庭中得到更多的尊重和权力。他们虽然明明知道家庭政治的目的是亲密关系，而不是敌对关系，却忘记了，如果自己死了，这种胜利是没有价值的。

如果仅仅把家庭生活理解为权力之争，我们不能说萝生和琼枝的自杀是完全无意义的；而人们之所以为他们惋惜，根本原因在于，他们把家庭中的权力游戏当成了真正的权力斗争，不惜牺牲自己的性命来赢得胜利，把权力游戏中的胜利看得比过日子本身还重要。

谈到这里，我们就涉及自杀研究中经常碰到的一个问题：如何看待自杀未遂与自杀成功之间的关系？萝生和琼枝都没有精心计划自己的死，而是在吵架吵到一定程度的时候，突然想到要自杀。如果他们被及时救过来了，他们的目的还是能够达到，就真的赢了那场权力游戏。于是，有些人会认为，他们的自杀，其实只是做做样子，不是真的为了死；只是因为一些偶然因素，他们没能被救过来。因此，他们的死就被说成"失败的自杀未遂"。这样的说法并不是没有道理。但传统自杀学对自杀与自杀未遂的区分，是基于对人性与生命相当不同的理解之上的。我们不能简单地把中国这些自杀当成失败了的自杀未遂。我问起有些没有死成的人，他们是否真的想死，很多人的说法颇有些矛盾："那么多人在呢，反正死不了，所以我就喝了药。"可是，要是真死成了呢？"死了也就死了，豁出去了。""豁出去"是这些人以死相拼的主要动机。他们既不是死志已定，也不是根本不想死，而是介于两者之间，救过来当然更好，但死了也无所谓。"豁出去"，就是把性命当筹码拼一把，如果赢了，就在家庭政治中占了一次上风；如果输了，毕竟证明了自己的清白。对此，我在第七章还会有更详细的讨论。

四、做人

如果把自杀主要归因为家庭政治中所受的委屈，我们必须以此来解释中国自杀者的心理状态。我们在第一章已经看到，中国的自杀现象并没有普遍地与精神疾病，尤其是抑郁症，相关起来；但是毕竟还有半数以上的自杀者有精神疾病的症状。而对这个问题的回答，不仅是要解决困扰自杀学家们的独特中国现象，而且要帮助我们窥见当代中国人的精神状况。

既然还是颇有一些自杀者患有精神疾病，我们就不能把问题集中在自杀者是否"有"精神疾病上，而要更深一步追问，精神疾病对中国的自杀者来说，意味着什么。

针对这个问题，我的基本观点是，除去一些器质性的或先天性的精神病患者外，大部分患有精神疾病的自杀者的病，同样是家庭政治中的委屈的一个结果。即使从心态上理解，自杀涉及的核心问题仍然是正义，而不是疾病。长期的委屈感会使一个人陷入抑郁之中，也可能导致他的自杀。这样，自杀和抑郁症是同一个原因（委屈）的两个结果，而不能认为，抑郁症是自杀的最终原因。

在西方观念中，自杀常常是绝望和自我否定导致的，而绝望又是抑郁症的一个主要特征。我并不否认，在中国同样存在以绝望和自我否定为主要特征的抑郁症患者，而且这些患者有可能选择自杀。特别是在学生当中，这样的自杀者越来越多。但从总体上来看，这只占很小的一部分；而且即使在这些人当中，也有相当多自杀的最终原因不是疾病。农村中的大部分自杀现象，更是以争取正义为主要目的。而对于他们自杀的心理过程，我们最好不要用精神医学的概念来生搬硬套。

我在田野中遇到的精神病人的自杀也颇有几例，但使我吃惊的是，人们在谈到他们时往往会说："那不算自杀，他是精神病。""那是个傻子，你研究他有什么意思呀？"人们对自杀有一个相对固定的观念，并不认为所有自己杀死自己的行为都算自杀。这与西方精神医学的文化观念刚好相反。他们不把自杀当成精神失常导致的不正常行为，反而认为自杀是正常人享有的一种特权。疯子、傻子，乃至"小姐"、乞丐的自杀，他们都认为不能算自杀，不值得我研究。

对于他们认为属于自杀者的人们，当地农民有一些日常概念来描述他们的心理状态。其中最重要的有三个：赌气、丢人、想不开。本书的第三部分，将集中分析这三个概念。

在当地人的词汇中，"赌气"也可以称为"憋气"、"闹气"、"恼气"、"赌气子"。《现代汉语词典》上对"赌气"的解释是："因为不满意或受指责而任性（行动）。"[1]《现代汉语大词典》上的解释是："用任性行动来表示心中有气。"[2] 我不知道这个词是何时进入中国人的词汇的。至少在《红楼梦》中，其用法已经和现在差不多了。[3]在权力游戏中，经受一时的挫败，因而一赌气，采取自杀之类的过激手段来回应，是极为常见的现象。

比如，一个叫方林的年轻人[4]，因为家里穷，一直没有结婚。他

---

[1] 中国社会科学院语言研究所词典编辑室编：《现代汉语词典》，第 5 版，第 337 页，北京：商务印书馆，2005 年。

[2] 王同亿主编：《现代汉语大词典》，第 318 页，海口：海南出版社，1992 年。

[3] 《红楼梦》中用到"赌气"的地方很多，如第二十九回"便赌气向颈上抓下通灵宝玉"，第三十三回"便知金钏儿含羞赌气自尽"。

[4] 方林一家的遭遇略述于此。方林的父亲是朝鲜战场上的残废军人，虽然长得丑，因有残废军人津贴，一度算得上比较富裕。20 世纪 60 年代，他还在城里的时候，一个漂亮的姑娘白露嫁给了他，生了两个儿子、三个女儿。方林是其中的大儿子。复员回到农村后，白露和村里很多男人有来往，据说他们的女儿中有的就不是方林父亲的亲骨肉。但她在世的时候，家里还算比较富裕。但因为她的外遇，夫妻两个经常吵架。20 世纪 80 年代中期，在一次吵架之后，白露赌气喝了农药。在送往医院的路上，她就后悔，说："我这一死，几个孩子怎么办呢？"白露死后，一个老头带着几个孩子，渐渐穷了下来。方林的弟弟方仲有慢性病，长期得不到医治，又找不到媳妇，后来在庄稼地里喝农药死了。方林是方家的第三个自杀者。

的妹妹嫁出去了，和丈夫经常有点小口角。方林和他父亲都很忌讳自己的家境，生怕妹妹的婆家因为他们家穷而欺负她。有一次，夫妻俩又吵架了，方林父子怕她势单力孤，就都跑去助阵。最后双方闹僵了，方林就说："咱们跟他离婚。"于是他们把妹妹带回了娘家，把她的东西也都拉了回来。方林对他妹妹说："要是两个星期里边他还不来求你回去，就真的跟他离婚。你要是轻易跟他回去了，你在家里的地位就更低了。咱们不能让人这么看不起咱们家。有什么事，哥在后边给你撑着呢。"她丈夫真的两个星期都没露面，又过了好些天才来，但是一点也没有求她的意思，反而居高临下地叫她跟着回去。妹妹竟然全忘了哥哥的嘱咐，二话没说，就跟着丈夫回去了。方林特别难受，说："俺们家再穷，也不该这么低三下四地让人欺负呀。"当天晚上就赌气喝农药死了。

赌气确实是一种任性、轻率的做法，但又会被当作勇敢、有骨气的表现。有人评价说："只有刚强的人才会赌气自杀呢，'软骨头'说什么也不会这么赌气，就是受了再多的窝囊，他也愿意活着。"要理解因为赌气导致的自杀，必须回到人格的概念。

前面谈到，一个完整意义上的人，是成年、有自己的家庭、受到尊重、在人群中享有相当地位的个体。而这里所说的刚强的人，就是指尤其看重自己的人格、希望得到别人尊重的人。"软骨头"就是不看重自己的人格，随便别人怎么欺负和作践的人。疯子和傻子这些不被当正常人看的社会弃民，是因为外在的缺陷，使别人可以随便欺负和嘲弄；"软骨头"则是因为自己不尊重自己，而导致别人也不把他当正常人看待。方林的故事非常集中地体现了人格概念的这几层含义。方林家里穷，没钱娶媳妇，作为光棍，本来就有些低人一等。他唯恐妹妹因为出自这样的家庭而受欺负，于是极力以其他的方式弥补。在妹妹与丈夫吵架的时候，方林和父亲一起去助阵，以显示娘家这边不容她受欺负。在双方僵持不下的时候，他叫妹妹要体现出自己的尊严，不可轻易屈服。在这些努力都失败了的时候，方林觉得自己和自己的整个家庭都受到了侮辱，于是赌气自杀。

赌气的概念帮助我们看到，委屈感的背后，往往是人格价值的受挫。在这个故事中，严格说来，方林并没有遭受什么委屈。无论他的妹夫还是妹妹，都没有故意伤害他，但他之所以要以死相争，是因为他觉得自己乃至全家的人格受到了莫大的羞辱。之所以很多人因为小小一点争执就赌气自杀，乃是在于，委屈背后的人格价值感比造成委屈的原因更重要。一件一般认为不会造成很大不公的事，在一些人看来就是天大的不公，是因为这些事情触动了他们对人格价值的敏感。而在家庭政治中，之所以很多琐事会导致自杀，就是因为人们更看重家庭生活中的人格。

因此，自杀所体现出的正义问题，根本上是个人格问题。人们孜孜以求的"义"，指的就是，每个人的人格得到充分实现，有尊严、有乐趣、有劲头地过日子。

"丢人"和"丢面子"同样涉及的是人格价值。面子的概念，在中外学者之中都有很丰富的讨论。但笔者很少见到对"丢人"的相关分析。[①]"丢人"是"丢面子"、"丢脸"的另外一种说法，而且在笔者看来，它更深地揭示了面子观念背后对"人"的理解。面子仍然是人格的一种反映。丢面子的实质，就是丧失人格，使自己失去本应享有的尊重。丢人可以是因为自己的不当行为导致的人格丧失，

---

① 除了胡先缙简略提到了"丢人"的概念外，多数学者没有分析它。参见 Hu, Hsienchin, "The Chinese Concepts of 'Face'", in *American Anthropology*, 1944, vol. 46, no. 1，中文译文见黄光国等：《面子：中国人的权力游戏》。

也可以是别人的言行导致的侮辱。我们在 2.2 里面谈到的卜居，就是因为红卫兵给了他很多侮辱人格的惩罚，所以觉得别人可能不把他当正常人看了，因而才有了上吊的想法。后来他发现自己的人格还在，即别人还把他当成一个人物，热情地招呼他，他就放弃了自杀的念头。同样，方林也觉得妹妹的行为丢了方家本来就不怎么强的尊严，所以才喝农药自杀。而 2.2 中谈到的石兰婆婆，则因为做人做得不好，得不到儿女的尊重，总是办一些丢人的事。人们说："好面的人容易赌气自杀。""要强的人最爱自杀。"其中的含义，与说"刚强的人爱赌气"，含义非常接近。刚强的人，同时也是珍视自己的人格的人，也往往就是好面子的人。完全没脸的人，就是行尸走肉，算不上一个值得尊重的人。

我要考察的最后一个概念，是"想不开"。"想不开"是人们对自杀的心理原因最常见的说法。如果说，"赌气"和"丢人"都从正面解释了自杀与人格观念之间的联系，"想不开"则从反面批评了自杀者究竟在什么方面不符合做人与过日子的智慧。自杀者在面对危害其人格的负面事件的时候，可能出于维护自己的尊严和骨气，以死相拼；但在微妙的家庭生活和人格完善的过程中，这被当成了想不开的不智之举。从过日子的角度来说，与家里人赌气任性，害了自己也害了全家，哪怕赢得了空洞的尊重，其实谁也过不上幸福的日子；从做人的角度看，自杀者逞一时意气，在死后并不能成就更完美的人格。"想得开"，就是彻底了悟了过日子的道理，懂得只有理性地处理家庭冲突，按照礼仪整合家庭关系，使全家人不仅公正，而且和睦、喜乐、充满干劲地维护和发展共同的家庭，才能最终成就自己的人格价值。

过日子与做人，代表了中国人基本生存状态的两个方面。二者都涉及一个"义"的问题。在家庭生活中，使谁也不受委屈，每个人各得其所，就是正义的；对每个人而言，张扬人格，做一个有尊严的人，就是"义"。自杀是对家庭生活中的委屈的反抗，也是对人格价值的张扬，因此其核心是"义"。不过，自杀这种极端行为是不是真的能赢回正义与尊严呢？将赌气、丢人、想不开这三个方面联系起来，我们可以更全面地看到，自杀行为的问题主要不在于它是病态的，而在于，它并不是赢得正义的应有之道。虽然这三者在一定程度上都可能导致抑郁症的症状，我们却不能仅仅在病床上埋葬那些自杀者的灵魂，而要在通向正义与幸福的道路上去祭奠他们，才能帮助人们同时看清楚这条道路上的陷阱与希望。

五、家国

从对过日子和人格的理解，我们逐渐看到了正义对于家庭政治和人格价值的意义。那么，这个层面上的正义又与公共政治中的正义和冤枉有什么关系呢？

我们虽然强调冤枉与委屈的逻辑非常不同，但二者毕竟出于同样的正义观。公共政治中的正义的目的，仍然是使每个个体的人格价值得到保障，从而使人们都能和睦、喜乐地过日子。人们之所以对待委屈和冤枉有不同的态度，是因为在公共政治中，人与人毕竟不存在家庭中的那种亲密关系。但对于极为看重公共政治、看重公共领域的人际关系的人来说，一个小小的冤枉同样可能导致自杀。因而，公共政治的目的，不能仅仅满足于平息纠纷，更重要的是，要让多数人的人格价值得到实现。对这个问题，第十章会有较详细的讨论。

在这样的框架下，当代中国的自杀问题在更宏观的层面上揭示了什么问题呢？显然，这么高的自杀率说明很多人觉得自己的人格价值无法得到实现。而这可能有两个原因：第一，公共政治没能有效地维护或教会人们维护人格价值；第二，人们对人格价值变得过于敏感了。

在田野研究中，一个场面给我的触动非常大。我为了采访一个少妇曾华几年前的自杀，找到了她的娘家，和她的父母聊了一上午。他们告诉我，他们的女儿是因为和丈夫吵架而喝农药的。讲完这些以后，他们又提供了村子里几个别的自杀的案例。然后，老太太评论说："你说现在这小闺女，多大的事，就犯得着去死吗？"老头在旁边说："现在呀，妇女的地位忒高了，所以才有那么多女的自杀。"

两位老人的评价不仅不是绝无仅有，而且具有相当大的代表性。在我考察的个案中，虽然不能说完全没有因为妇女地位低下导致的自杀，但绝大部分与此无关。正如皮尔森所说的，妇女自杀多是因为家庭中一系列的博弈过程导致的。妇女在权力游戏中采取自杀的方式，未必表明她是弱者。人们常常评价说："人们气性太大了，所以那么爱喝药。""现在动不动就喝药，都是脾气太大了呀。"

在这样一项努力做到客观的研究中，我并不准备接受人们那些政治不正确的说法。而且，妇女地位过高毕竟不是一个充分的解释。不过，我们确实应该认真看待老百姓自己提出的这些解释，才能把中国的自杀者放回他们的生存状态中，理解他们的生死祸福。

在对中国社会、农村、妇女的传统研究中，也不乏对自杀的讨论。其中一个经常出现的解释是，父权社会中的性别差异，是导致妇女容易自杀的根本原因。[①] 但田野研究中的情况却告诉我们，现实远比这复杂得多。在费立鹏等人的研究之前，我们一直没有确切的自杀率，连 20 世纪 80 年代都无法妄测，更不用说新中国成立以前的社会了。因此我们不能确切地讲，中国的自杀率究竟是一直这样高，还是现在有所提高，甚至是否可能以前比现在还要高。不过，在数据不足的情况下，孟陬的老人们还是可以大体回忆出身边的情况来："过去的时候，没怎么听见说多少人寻死觅活的。就是 80 年代以后，这样的事多起来了。特别是 1985、1986 年以后，大概到 1995 年，老是听见谁家喝药了，这几年还挺多，不过比前些年少点了。"按照人们的回忆，20 世纪 80 年代中期到 90 年代中期，应该是自杀发生最频繁的阶段。20 世纪 90 年代中期以来，自杀相对较少，但并没有很大的下降。这样一种简单的回忆确实没有多少精确性，但在比较了很多人的不同说法后，我认为还是有一定参考价值的。大体看来，自杀在 20 世纪 80 年代之后增多，应该是给人们留下了很深印象的一个现象。而这个现象告诉我们，当代中国自杀率的增加，不可能主要是因为父权制，除非能够证明，20 世纪 80 年代的父权社会比以前还要严重。

对这样的现象，人们也给出了自己的解释："以前的人老实，想不到自杀。像当媳妇的，到了婆家就挨打受骂，谁都忍着，一般不会去寻死。人们都觉得这是应当的；而且等生了孩子，自个在家里地位高了，也就不受气了。现在可不是了。一个个都了不得了。当媳妇的受婆婆的气？婆婆不受人家的气就是好事。一不顺心，就寻

---

① 参见 Margery Wolf，"Women and Suicide in China"，in Margery Wolf and Roxane Witke eds.，*Women in Chinese Society*，Stanford：Stanford University Press，1975。

死觅活的。"

在我的调查样本中，媳妇自杀和婆婆自杀的个案都很多，而婆媳吵架导致的丈夫（儿子）的自杀，也不在少数。以父权社会来解释，是说不通的。接着上一节的讨论，也许更可能的解释是，家庭政治变得越来越复杂和敏感，使得人们越来越容易感到遭受了委屈，因而以自杀的方式来反抗。

因此，我们就必须重新思考中国进入现代以来的家庭变迁。不可否认的是，现代中国的家庭革命，是现代革命中最成功、最彻底的一个方面。旧式的家族制度被打破了，男女平等基本上实现了，家庭中的父权统治也不复存在了，自由、平等、独立，成为人们普遍认可的观念。[1] 比照中国历史上一直没有根本变化的家庭制度，这确实是几千年未有之大变局。滋贺秀三教授针对传统家族制度做出的一些非常精辟的概括，在民国之前的历朝历代基本都是适用的，但在中华人民共和国的阶段，却已经不再适用了。比如，今天的多数中国人已经不再把家族的延续和祭祀当作至关重要的事情，不再把香火的接续当成自己生命的延伸。

不过，这并不意味着中国人对生命、人格、家庭的理解就已经彻底西方化了。在本研究中，我之所以仍然如此强调家庭的地位，就在于，中国人仍然把家庭生活当作过日子和做人的核心内容，仍然看重家庭中的政治游戏和亲密关系。这样一种基本的文化观念并没有遭到根本的转变；改变了的，是家庭中的权力结构和稳定机制，或者说，家庭政治的基本模式被改变了。正如阎云翔先生所说的，

---

[1] 参见阎云翔：《私人生活的变革：一个中国村庄里的爱情、家庭与亲密关系》，上海：上海书店出版社，2006 年；王跃生：《社会变革与婚姻家庭变动：20 世纪 30—90 年代的冀南农村》，北京：生活·读书·新知三联书店，2006 年。

随着家庭制度的变迁，家庭关系的主轴已经由父子的纵向关系变成了夫妻之间的横向关系。① 颇有一些研究者指出，中国其实从很早就是以核心家庭为主的，聚族而居的大家族只是少数贵族乡绅才有。这点确实没错。不过，传统中国即使在核心家庭中，人们所看重的仍然是垂直的父系传承。现代中国也许没有使核心家庭在统计学意义上变成主导的家庭模式，但在价值观念上使核心家庭中的过日子，特别是夫妻之间的横向关系，变成了家庭生活中最核心的关系，并且与之相应的爱情观念也变得重要起来。在家庭政治中，爱情和亲密关系的被强调，并不意味着家庭中政治关系的削弱。二者并不是此消彼长的关系。人们并不会因为更强调感情了，就不再在乎自己在家庭中的地位了。伴随着自由爱情的强调，人们也更加强调人格的独立性。对独立性的强调，就可能使很多本来并不激烈的冲突变得非常敏感。

因此，这些改变所导致的，并不是家庭地位的削弱，也没有使今天的中国人可以在家庭之外实现自己的美好生活。恰恰相反，因为家庭中没有了过去的父权制度来维护其基本的稳定结构，反而使家庭政治变得更加复杂、微妙和不可预期。妇女们有了更大的平等权和自由空间，对不公就极为敏感，更容易反抗一点点委屈。我想，这就是那位老人所说的那句话背后更深层的社会问题。

由于现代中国的家庭革命，家庭关系变得更加微妙，人们对自己的人格价值也看得更重。从人格价值的角度理解个体自由，不仅构成了现代中国人的一种精神气质，而且是中国现代思想的奠基者

---

① 参见阎云翔：《私人生活的变革：一个中国村庄里的爱情、家庭与亲密关系》，特别是第四章。

对自由的基本理解。这种新的观念导致了中国家庭关系的现代转型。

　　面对这样的精神气质，从理论上讲，国家不仅要维护国家和平、创造物质财富、提高医疗水平和惩罚违法犯罪而且要为人们提供过日子必要的外在条件，并积极地维护人们的人格价值。要解决自杀背后更重要的文化与社会问题，就不能只有司法和医疗来面对自杀者的灵魂，而必须更积极地帮助人们过上有尊严的好日子。

第二部分

家 之 礼

旧社会，有个当媳妇的，特别受气，就想要上吊。她把绳子在房梁上拴好了，在地下摞了几块砖头，上去试试，砖头不够高，这时候却听见有个声音说："我给你码砖。"她看看旁边没人，那砖头竟然自动往上码。她明白了，鬼也想让她死啊，就一赌气："谁都想让我死，我偏不死了。"她就没有死。

——孟畈一传说

第三章　人伦

　　过日子是人的基本生存状态，而过日子又必须在各种家庭关系中展开。家庭中的这些关系，就构成了主要的人伦：夫妇之间的爱，是人伦之始，在现代家庭中尤其处在核心位置；父母对子女的慈和子女对父母的孝，则成为另外两种基本的人伦。此外，兄弟之间的悌，婆媳之间、祖孙之间以及所有其他的亲戚关系，都是由这三种基本人伦衍生出来的。

　　但这三种最基本的人伦，不仅是三种亲密关系，而且是三种政治关系。其中不仅涉及亲情，而且关系到正义问题。即使在夫妻父母子女之间，关系处理不好，也会导致自杀这样的悲剧。我们对过日子与自杀关系的研究，就首先从这三种最基本的人伦谈起。

一、爱

　　与古代相比，现代中国家庭中强调最多的，可以说是夫妻之爱。

阎云翔先生指出，年轻人的独立性和夫妻之间的情感表达，是当代农村中的重要特征。① 充满浪漫色彩的爱同样与权力游戏复杂地交织在一起，甚至"过日子"这个词常常就特指夫妻之间的日常生活。我们随后就通过一个个案，来考察爱与家庭政治的关系。

何芳是娘娘庙村康回的媳妇，2001年夏天我采访时她27岁，年轻漂亮。她向我讲述了几个月前一次自杀未遂的经历：

"我那次吃药是因为他打我了。我特别后悔跟他结婚。跟他认识的时候我在一个杂技团里边当演员。他在那个杂技团里当电工。有一次我病了，团里边别的人都出去玩，谁也不管我。只有他留在团里，他就照顾我，甚至还帮我洗被子，我特别感动。有人看见俺们老在一块，就风言风语地说俺们俩在搞对象。他比我大十多岁，那些人都好奇，想知道俺们俩到底要怎么着。我一赌气，说：'我怎么就不能嫁给他？'我是这么赌气跟他好的，要不我才不会找他这么个男人呢。

"后来俺们那个杂技团解散了，俺们都回家了。我家里边特别反对这门亲事。俺娘脾气不好，她说：'你要是跟了他就别再回这个家。'不回就不回。不管他们怎么反对，我到底还是和他结婚了。好几年我都没回娘家去，后来我跟父母的关系才慢慢有点恢复。要是俺娘当时不这么反对，也许我不会那么早就结婚。怎么也得等几年呀。我当时就是赌气，想让俺娘看看我自个找的对象肯定对我好。

"我跟娘吵了那次之后十天就办了事了，娘家谁也没来。刚开始他确实对我挺好的，把我当个小姑娘看待。他脾气特别好，我生气他就千方百计地哄我。有时候他说：'你要是生气了就打我。'刚开

---

① 参见阎云翔：《私人生活的变革：一个中国村庄里的爱情、家庭与亲密关系》。

始我也就轻轻拍他几下，像闹着玩一样。等我生了孩子以后，有时候就真想打他了。结婚时间长了，谁也不像以前那么照顾对方了，矛盾就越来越多。

"他太老实，不是一个行了的人，不像人家一样想办法去挣钱。我老是为这个生气。他过日子也没有什么计划。你看这几天，他刚买了一辆摩托。其实俺们欠着别人很多钱呢，他一点也不考虑怎么还，还买摩托。我因为这个打他，难道我没有理吗？他从来都不打算打算怎么过日子，老是花钱买那些个没用的东西。他又爱抽烟，还老是买好烟。他一在我身边抽烟我就不舒服，我觉着恶心，老是因为这个吵。我第一次真想打他就是因为抽烟。

"他有这么多毛病，又不会过日子，俺们的关系就越来越不好了。他现在在北京打点工，一天挣个二十多块。我的一个小子一个闺女都上学了，这点钱哪够他们用的？要是我有两个闺女，没个儿子，我早就跟他离婚了。

"他有点怕我，老是不知道怎么着哄我。有时候别人问他身上的伤是哪来的，他就说实话说是我打他了。他跟别人说我老是打他，你说这叫人多丢人呀。他也丢人我也丢人。要是个聪明点的，就说是栽个跤摔的，不就完了吗？

"有一回他跟他姐夫喝酒。他听说他姐姐也是有时候打他姐夫，就叹口气说：'你跟我差不多，也老是受俺姐姐的气。'你看，他老是跟别人说我欺负他。精明的男的都瞒着这种事，哪有他这样的呀？

"他生气了就老出去喝酒，根本就不管我。有一次他酒喝得多了，回来就睡。我玩了一会麻将回到家，看见屋里有好多鸡屎，气就不打一处来。他回来什么也不管，门大开着，鸡都跑到屋里去了。我照着他就是一巴掌。他醒了，也特别生气。他抓住我的头发，没命地打。我当时抓起旁边的一个安眠药瓶就吃。他吓坏了，酒全醒了，忙把我送到医院。他保证说，以后我打他的时候他再也不还手了。

"那回以后俺们还是老吵架，我生气了就想到死。可是我要买安眠药的时候，人家都不卖给我，因为知道我吃过药。他们最多卖给我几片。我就这么攒着，几片几片地买，时间长了不就多了吗？我现在已经有120片了。我有时候吓唬他，说他要是再对我不好我就把这120片药全吃了。我不喝农药，喝农药太难受，死相也难看。"

我问她是不是认真地想到过离婚，她说："没有。虽然有时候我也这么说，我其实不是真的想离婚。一混就是一辈子，就这么过吧。"

和本书中别的自杀故事比起来，何芳的更像一个喜剧，甚至闹剧。和娘娘庙村别的人谈起来，人们的评价都是："何芳的脾气忒不好了，老是打她男的。她男的脾气好，不还手，可是谁都有急的时候。她老这么打，他男的可不就急了吗？结果她还受不了，寻死觅活的。"

虽然人人都觉得何芳夫妻之间没什么大不了的矛盾，只不过就是因为一些鸡毛蒜皮怄气闹事，但这些小事导致的冲突却是实实在在的。2003年，我再次来到娘娘庙村。人们说，何芳变得越来越不讲理了。再发生冲突的时候，康回也不敢还手了，但他也不那么甘心窝囊下去。据人们私下议论，一向老实的康回竟然也在县城里找"小姐"了，也不知道是真是假。我每次碰到康回，都看到他忙忙碌碌地干活。真不敢想象，这样一个老实巴交的人，竟然会去找"小姐"。康回和何芳是娘娘庙村不多的几对自由恋爱结婚的，如今却落了个这样的结局。村里的一些老人常常用这个例子来告诫年轻人：

"搞对象有什么好？看，这就是自己搞的，最后是个什么结果？"

有些人常常这样对比自由恋爱和媒人介绍的婚姻："搞对象的时候，人们都看不清楚对方的缺点，可是一块过日子就不一样了。过日子得整天面对柴米油盐这些小事，还有不好处理的人际关系。这时候，缺点就都暴露出来了。所以，搞对象的夫妻，只能是缺点越来越多，矛盾越来越大。别人说的媒就不一样了。那时候，人们都考虑得周全，出身呀、家庭呀、文化程度呀、脾气秉性呀，都好好想想，就容易找着合适的，不容易发现以前没考虑过的缺点。什么叫'爱'呀？爱是靠不住的，变化无常。生活变得不那么浪漫了，就什么都不是了，剩下的就只有打架了。康回跟何芳刚搞对象的时候，是个人就知道他们差距太大，过不到一块去。可是何芳什么也看不出来，一门心思就是那一个人了。她一点也不能静下心来想一想呀。"

好多人同意，何芳和康回的自由恋爱对他们的日子只有坏处，没有什么好处。何芳就是因为恋爱瞎了眼，才不顾人们的议论，甚至不顾父母的反对，嫁给了康回，结果变成这个样子。从何芳对康回的态度越来越不好这个事实看来，上面的分析非常有道理。而要更深地理解这一点，我们需要细致分析他们家的权力游戏。

在康回和何芳的这个小家庭中，夫妻二人都有相当程度的道德资本，谁都觉得对方欠了自己什么似的。在何芳父母的眼里，仅仅凭何芳比康回小那么多岁这一点，康回就不可能成为何芳的好丈夫。何芳和她的父母赌气，宁可与娘家断绝关系，也要嫁给康回。在何芳看来，她什么也不在乎，做出了巨大的牺牲，下嫁康回，就是因为坚信康回一定能成为一个好丈夫。康回对何芳确实很好，而且勤勤恳恳地干活，在一般人看来，实在是没什么可以挑剔的。这个老实人虽然吃苦耐劳，却并不擅长挣钱（不过，这也是在何芳看来如此。和一般人家比，康回家的情况还算比较富裕的），而且有些何芳非常讨厌的嗜好。结果，婚后的实际情况证实了人们原来的反对意见。何芳越发觉得康回欠了自己，觉得自己做出的牺牲不仅太大，而且没有什么价值。康回让她完全失望了，因为他并不是她理想中的丈夫。康回的憨厚木讷给了何芳指责他的权利。在这个家庭的权力结构中，何芳说话算数，有足够的地位和尊严，但她对此还是不满足。她还希望自己家能更加富裕，受到人们更多的尊重，特别是原来那些反对这桩婚事的人。

虽然康回一开始也认为何芳是做出了牺牲而下嫁他的，但他并不总觉得自己欠她的，而是同样积累起了自己的道德资本。他把何芳当成个小女孩看待，对她极为温柔，甚至允许她在生气的时候打自己几下。这种打本来不过是充满柔情蜜意的撒娇，但渐渐力道越来越重。康回一般会忍受这些，不还手。康回之所以有这种大度的姿态，当然是因为他爱何芳，但同时也意味着，他希望何芳能同样对他更好些。他宁可牺牲自己的尊严，也要维护家庭的和谐完满。而康回这种顾全大局的想法，也在渐渐为自己积累着反抗的道德资本。何芳打他越厉害，他越是有还手的理由；他现在越是不还手，也就在为以后的还手积累越多的理由。

何芳把她为了爱情付出的牺牲当成了最大的道德资本，而康回则把出于爱的容忍与原谅当成了道德资本。两个爱着对方的夫妻都变得一肚子气，都觉得对方对不起自己。尤其是在何芳打康回的时候，双方都在积累抱怨，都觉得在受委屈，因而也都在积累道德资本。于是，家庭中维持着非常危险的权力平衡。

在发生冲突的那一天，康回终于爆发了，他已经不能继续维持这种权力平衡了。通过不断容忍何芳，他已经积累了足够的道德资本，因而觉得自己已经有权利还手了。而何芳却没有想到丈夫居然会还手，因为她觉得自己指责丈夫完全是有道理的。在这场激烈的权力游戏中，何芳的自杀未遂使她还是取得了胜利。

直接引发冲突的导火索是琐事，但琐事背后有着更深的原因。康回与何芳的爱情不仅没有化解他们之间的抱怨和冲突，反而使矛盾大大强化了。本来很不起眼的小问题，正是因为爱和双方积累的道德资本，被夸张成了尖锐的冲突，以致几乎酿成自杀的惨祸。

由此看来，那些批评自由恋爱的人不仅有道理，好像说得还不够。爱情不仅无法化解冲突，看来还会强化冲突，使家庭中的和谐陷入更大的危机。夫妻之间过日子，所面临的不仅是极为琐碎的柴米油盐，而且还要在不断的冲突和权力游戏中来处理这些小事。通过媒人介绍的男女，直接针对的，就是过日子。他们会考虑双方的能力、品性、出身，也会注意一下相貌。其最核心的标准是，男女双方要基本上般配，也就是，两人的大体特点要差不多。一个男人不应该娶与自己相差太悬殊的女子，不论是太好还是太差，都不合适。过大的差异往往会导致家庭权力结构的失衡。如果一个比较富裕的女子嫁给一个穷小子，丈夫就很可能长期低声下气。当然，任何计划和考察都很难保障以后必然会形成权力平衡，因为人的性格和命运的变迁总是难以测度的，但谨慎的人们会尽量在外在的条件上形成平衡，避免可能造成的权力不平衡。那些重视这些外在条件的人并不是不知道亲密关系在家庭生活中的重要作用。他们也清楚，夫妻之间不仅应该达成较好的权力平衡，而且最好能够彼此处得好，相互关心。但他们的逻辑是，这些客观条件既然会形成权力平衡的外在基础，也就有可能促成长期的亲密关系。但是如果夫妻之间不能形成权力平衡，那就根本过不到一起，也就根本谈不上爱了。他们会充满不屑地教训那些主张自由恋爱的人："什么是爱呀？你们在一起过，也就有爱了。居家过日子比什么都重要。"一句话，过日子不能建立在爱情的基础上。

面对这样的批评，主张自由恋爱的人会有更多的考虑。他们会说，爱情确实不是过日子的基础，但家庭应该由爱出发，以维护和滋养爱情为目的。爱情不是因为能成为家庭的基础而重要的，而是本身就很重要。他们继续了现代中国的家庭革命以来的一贯逻辑，把自由恋爱当成了人格自由的一个重要方面。而父母包办的婚姻所导致的自杀被当成对传统婚姻制度的有力攻击。在田野工作中，我也确实遇到过两个女孩因为争取婚姻自由而自杀的事情。何芳则完全不顾父母的反对，自己做主嫁给了康回。

但何芳的父母对我谈到此事时说，他们所反对的，并不是"自由恋爱"本身。如果女儿能过好日子，通过什么方式找对象有什么重要的？他们真正关心的，是更加实际的问题。他们知道康回同何芳相差太大了，彼此都不清楚对方的脾气秉性，不太可能长期过日子。而何芳在结婚之后，也不可能仅仅从"自由恋爱本身重要"这样的角度想问题。她仍然要过日子。并且，只有过上好日子，她才能向人们证明，她的选择是对的。何芳虽然比她父母有更多关于自由恋爱的理想，但她还是陷入了同样的逻辑，还是要把最终的宝押在能否过上好日子上。

结果，过日子变得和她原来想得非常不同。在家庭中处好关系，还是要通过一系列的权力游戏来达到权力的平衡。而彼此相爱的人未必就能达到这种权力平衡。以爱情为基础的过日子不仅不能维护和滋养爱情，反而彻底葬送了爱情，也使最基本的幸福变得不可能。

二、慈

李村是娘娘庙村附近的一个小村，兰枝是李村一个 30 岁的少妇。这一天是星期天，也是娘娘庙镇的集，兰枝起得非常早。虽然这一天注定将是她在人世的最后一天，但她此时并不知道，显然也没有准备好辞别人世。她的丈夫是个开"三码子"的，早早地就出去拉活了，可能要两天后才能回来。兰枝起床后，准备上集上转转，可是想到了自家的韭菜还没割呢，正好看见一个关系不错的婶子过来，兰枝就去问她："婶子，明儿有事没有？要没事帮我割了那点韭菜啊？"那婶子很爽快地答应了。兰枝很高兴，提起篮子就到娘娘庙镇去了。那时候，她 13 岁的儿子沐虎还睡觉呢。今天是周末，他不用去上学。

兰枝在集上转了一圈，只给自己买了一身衣服（后来人们说，这意味着她在给自己买寿衣），转累了，就回家了。

她回到家里时，天还挺早的，但她已经不见了儿子沐虎："这小子上哪儿去了？"她在家里找了一个遍，都不见沐虎的踪影。正好看见沐虎大伯家的儿子过来，于是就问他："你见俺们家沐虎了吗？这么早，他上哪儿去了？"那孩子说："我见着他了。他上娘娘庙去打游戏机了。我刚从那儿回来。"

娘娘庙镇上有一家游戏厅，好多孩子常上那儿去玩电子游戏。兰枝教训过沐虎不知道多少回了，还总威胁他说，他再去打游戏就要挨打，但沐虎就是抵挡不住诱惑。上一个星期，沐虎赌咒发誓，说他再也不打游戏机了。谁知道刚过一个星期，他就又跑去了。兰枝在柜里看了一下，发现放在那儿的十块钱没了。沐虎每次去打游戏，都要拿点钱走，这让兰枝特别生气。"我要是在游戏厅找到他，非得好好教训教训这小子不可。"

当时，沐虎玩得正起劲呢，一个同伴对他耳朵边说："你妈来了，小心点。"沐虎偷眼一看门口，他妈正往里走呢。沐虎连忙往后门跑，半路上就让他妈揪住了领子。

沐虎耷拉着脑袋，跟着兰枝回到了李村。一路上，兰枝已经骂得沐虎不出声了，可她觉得还是不够。她又叫沐虎保证再也不去打游戏了，沐虎就嘟嘟囔囔地说他再也不去了，可是这样的话他已经不知说了多少次，兰枝根本就不相信了。她知道沐虎说这话根本就没谱，还得想点别的办法，让沐虎记住这个教训。于是她顺手抄起一个笤帚疙瘩，照着沐虎的身上打了几下。没想到，这笤帚疙瘩绑得太松了，没几下就打坏了。兰枝就又找到一个短鞭子打沐虎。她越是打沐虎，心里的气就越大，于是一边打一边叫嚷着："我看你还敢不敢去了。我看你还听不听话。你老是往那里跑，以后上什么中学，还上什么大学？你真是让我失望，没出息。我这回非打死你不可。"

沐虎被打得一声也不敢出。可是兰枝觉得自己一点也不解气，而且好像越来越伤心，越来越生气，最后扔下鞭子，自己呜呜地哭了起来。沐虎站在那里，呆呆地不知所措。兰枝就跑到厕所里去，过了一会出来了，手里拿着一个农药瓶子。她对沐虎大嚷："你把我气死了！"

沐虎的大伯家就在隔壁。当时，他大伯正在家里锄鸡屎，起初听见这边吵吵闹闹的，也没有介意。但后来，他听着这声音越来越不对劲了，就走了进来。他看见兰枝手里拿着一瓶农药，就觉得坏事了，问她："你干什么了？你是不是喝了药了？"兰枝抽搭着说："这孩子又去打游戏了，他可把我气死了。"大伯走近前来，见兰枝口吐白沫，她的衣服上隐隐还有农药味，知道不好了。他赶快出去叫了几个人来，把兰枝抬上一辆"三码子"，往娘娘庙镇医院拉去。上了"三码子"，兰枝就说不出话来了。而又因为那天正好是娘娘庙镇的集，街上挤不动，"三码子"根本就没有办法往前走。他们好不容易来到了医院，可是兰枝在路上就断了气。

这个个案，可以算我所遇到的最令人吃惊、最令人惋惜的一个。由于兰枝的自杀实在不可思议，她的故事很快传遍了周围的十里八村。人们都一脸惊愕地说："李村那个女的，为了教训儿子不打游戏机，喝了药死了。你说这值得吗？"

一开始，我怀疑兰枝的喝农药是不是有别的原因。李村的人告诉我，兰枝的婆婆早就死了，他们一家就三口人，关系不错。沐虎的大伯说，夫妻之间平时总会有点口角，但是没有出过大的问题。至少在兰枝喝农药之前的一段，夫妻俩没有闹过别扭。除采访了兰枝的婆家人和别的李村人之外，我还特意到了她的娘家。兰枝娘家的姐姐告诉我，兰枝和她的丈夫关系没什么问题。她的喝农药不太可能是因为和丈夫有什么矛盾。而且她说，兰枝从小就脾气好，不是那么容易着急上火的人，谁知这一回怎么就这么想不开呢？"也许都是该着的吧，"她说，"在这前几天，我妹妹家里的厕所里出了一条长虫，特别长。你说多奇怪？也许就应着这回事呢。"

兰枝的一位初中同学，当时是娘娘庙村小学（也就是沐虎所在的小学）的老师，对我说："兰枝是个脾气挺好的人，不是那么容易动肝火的。可是，她最大的遗憾是自己初中毕业就不上学了。所以她就一心希望孩子将来能考上学，对他的学习特别在意。谁知道这个孩子就是不争气，叫她一点办法也没有。"

我们已经没有什么疑问，兰枝的死没有别的隐情。她就是在教训孩子的时候，一气喝农药而死的。那么，兰枝的一切行为都是出于对沐虎的爱。但是，爱子之情为什么会导致如此让人吃惊的悲剧结局呢？

人们虽然对此表示惊讶，但他们并非不能理解兰枝生气和喝农药的理由与逻辑。真正让人们难以接受的是，这样一个好的目的，母子之间这样一个再正常不过的争执，怎么会变得如此可怕，以至要了兰枝的性命。

如前所述，亲密关系是家庭政治的起点和终点，而父母对子女的慈爱，可以说是所有亲密关系中最无保留、最没有私心的。但亲密关系并不是一切，甚至慈爱也不能取代一切。沐虎是兰枝唯一的儿子，兰枝非常疼他，也把自己最大的希望寄托在了他身上。因为自己上学不多，兰枝希望儿子能争气，弥补她一生的遗憾。但问题在于，教育儿子成了一个政治过程。即：小小年纪的沐虎并不明白兰枝的良苦用心，即使明白了，也未必就能管束住自己，即使能管束住自己，也未必知道怎么去学习。兰枝很少让儿子在家干活。沐虎在家唯一要做的事就是写作业，只在地里活特别忙的时候才去干一点。谁知道，沐虎的学习还是搞不好。

我和沐虎也有过一段长谈。当时距离他母亲去世已经有两年了，沐虎有了一个后妈，后妈还带来了一个小妹妹。据说，自从兰枝死了以后，沐虎就再也不去打游戏了，而且只要听见别人谈打游戏的事就不说话。谈到他母亲的事，沐虎说，妈妈总是因为他打游戏的事生气，督促他好好学习，但他并不知道母亲希望他将来考大学（虽然他爸爸、大伯、兰枝的同学，以及沐虎的老师都很清楚兰枝的这个愿望），自己也从未想过这类事情。而且他说，他只去过两三次游戏厅，每次都不是自己打，而是看着别的孩子打。只有那一回，他是第一次真正打游戏，就被母亲看到了。他还说，他只是拿了两块钱。但经常和沐虎一起打游戏的同学告诉我，根本不是这么回事。沐虎早就迷上了游戏，而且每次差不多都花十块钱。从和他的交谈里，我明显能够感到，沐虎闪烁其词，虽然明知是自己气死了妈妈，却总想把自己的责任推卸掉。在他看来，他和妈妈之间就是一场猫捉老鼠的游戏。他只是想去玩游戏，妈妈只是不肯让他去玩，至于这都是为什么，他并没有深想过。虽然他为母亲的死而难过，但这并没有改变他对母子关系的看法。

因此，虽然兰枝的出发点和目的都是关心儿子的学习，虽然她每次教育沐虎的时候都在考虑这一点，但由于沐虎并不清楚这一点，母子二人在处理每个具体事情的时候，这好像变得非常不重要，甚至可以被遗忘。他们似乎只是在进行一场纯粹的权力之争。沐虎只是要玩游戏，兰枝只是不想让他玩，看看究竟谁能战胜谁。

沐虎有着要玩游戏的强烈愿望，他当然希望兰枝能放任他去玩，可是他知道是不可能达到这个目的的，于是就以赌咒发誓的方法来稳住母亲，等母亲不大管了或大意的时候，偷偷地去玩。那天上午，他趁兰枝去集上买东西的时间，又溜到了游戏厅去。本来还高高兴兴的兰枝发现上周的战果完全化为乌有，沐虎根本没有放弃玩游戏，变得非常生气，就亲自去游戏厅把沐虎揪了回来。鉴于以前的办法都不管用，她不能满足于沐虎的保证发誓，于是以体罚的方式，希望沐虎能记住这次教训。但即使体罚也不能保证沐虎以后就再也不去了。兰枝还是无法彻底实现自己的愿望，一气之下喝了农药。

关于兰枝为什么喝农药，我也问过沐虎的看法。他认为，妈妈喝药的意思就是为了吓唬他，让他以后不要再打游戏了。当时他还以为妈妈进厕所是去解手了，谁知道她出来就口吐白沫。他家的农药一般都放在厕所里，不知道妈妈进厕所的时候就是要喝农药呢，还是看见农药才要喝的。

不管兰枝进厕所时的动机是什么，我们确实可以把喝农药看成兰枝进一步教训沐虎的一招。但她究竟只是想吓唬一下沐虎，还是要以死来教训他，我们不可能有更多的证据了。从常理推断，兰枝因此就要死的可能性是不大的；但若说她完全只是吓唬一下沐虎，那她并没有必要冒这么大的风险。一个更合理的推断是，气头上的兰枝处在两种可能性之间。一方面，她是想好好教训一下沐虎；另一方面，她来不及细想这样做的后果会是什么。

那么，在这场权力游戏之中，究竟是谁胜了呢？兰枝的死不仅使沐虎再也不去玩游戏了，而且还彻底毁了那家游戏厅的生意。自从兰枝出事以后，附近几个村的家长都不准孩子们再去打游戏了，过了一段时间，那家游戏厅就关了门。如果完全从权力之争的角度看，沐虎似乎彻底失败了。无论让他赌咒发誓还是打他，都起不到以死相逼所起的这种警示作用。

不过，这样的胜利又有多大意义呢？我们先不谈兰枝的死这个不可弥补的损失，且看此事对沐虎的作用。如果兰枝的死促使沐虎好学上进，那也不失为一种有益的牺牲。我们前面看到了，虽然沐虎为气死母亲而后悔，虽然他因为这个教训而再也不打游戏了，但是，兰枝的真正目的，即督促沐虎学习上进，却根本没有达到。自从沐虎有了后妈，再也没人死乞白赖地督促他学习。沐虎虽然不再打游戏机了，学习一点也没有变好，反而因为失去了督促而更加糟糕。他根本没有理解母亲禁止他玩游戏的用意，完全没有把学习上进当作自己的目标。无论从什么角度来说，兰枝都是白死了。她宁愿以死相激的儿子，反而被她抛入了既无温暖、又无管教的泥潭中。

三、孝

像兰枝这样因为管教孩子而自杀的事情并不很多见，但反过来，因为孝顺问题导致的悲剧却非常多。我们来看七坡村所厚的故事。

我最初知道所厚的事，就是在采访兰枝故事的时候，沐虎的一个老师和我讲的，后来，我又在七坡村得到了别人的印证。我们首先来看沐虎老师的讲法：

"所厚上吊的时候，有 70 岁了。他有三个儿子、两个女儿。这个老头脾气不好，爱生气。他常为点小事就会和儿子们闹一顿，所以跟他们关系一直都不怎么好。他家庭条件也不好，还跟老伴分开住，分开吃饭。他的死，就是因为得了一场病，孩子不管，老伴不照顾。

"这老头还有个古怪的地方。他从 50 多岁就不上地里干活了。近 20 年，老头总是这么着。他从每年正月初几开始，就卖冰棍。一天卖上几箱冰棍，一直到天冷了，不卖了，挣了些个钱，然后就开始赌博玩钱，不到过年，就把挣的那点钱输光了。几个孩子也都不给他钱，老伴也不给他做饭，他就自个给自个做饭。那老伴不管三个儿子的孩子，但是帮着两个女儿看孩子。

"后来所厚年纪越来越大了，到底是一天不如一天，就长期住在了二儿子家里。老二家院子里有个小南屋，窄窄憋憋的，就让老头住在那里边。可是他们关系还是特别不好。老头跟他的几个儿子都不怎么说话。有一次，他们有个亲戚去广州，回来了，老头的老二和老三都来坐着。这时候老头进来了。他们家老三看见他爹进来了，一句话也不说，过了一会就走了，把老头气坏了。他说：'什么东西呀，见了我不言声就走了。'

"有一次，我赶集回来，那时候是中午 12 点多了，我正好路过所厚的老二的家门口。老头看见我了，就跟我说：'我跟你说点事。'我正骑在车子上呢，就用脚一支车子，说：'说吧。'老头说：'你下来我跟你说。'我说：'有什么事呀，这么着说怎么就不行呢？'我就下了车子。谁知道，老头还不愿意说。他说：'你把车子支上，跟我进来。'我就支上车子，跟着老头进了他住的那个小破房。进了屋子之后，我一看就明白了。他那屋里中间的两根檩条都折了。老头说，这也有好长时间了。他本来想找大队（村委会），可是大队都散了，没干部了，也不会有人来管这事。他去找公社（镇政府），公社的干部也没时间管这事。老头跟我说的意思是，他想让我跟他们家老二说说，让他来帮着把这两根檩条修好了。我明白了。过了两天，我在街上碰见他二儿子了，就叫住他，跟他说：'你父亲那屋子都快倒了。'他说：'知道。'我就又说：'你们哥儿们帮着他弄弄，比如叫你哥出木头，你跟你弟弟哥儿俩出力气给他搭上。'他说：'不管，倒了活该。'我说：'这么着就不对了。他到底是你爹呀。'老二说：'粮食我还不给呢，还管这个？俺们该他管的时候他不管。'这几个儿子年轻的时候，该老头帮着，他从来没管过，没有帮他们带过孩子，这是让他们记恨上了。

"打这件事以后一两年，所厚就得了肺结核。几个儿子也不愿拿钱给他治。后来是所厚的一个侄子看着这样不好，就给他们说和，让他们勉强都出了点钱，用来给老头治病。至于后来这钱花了没花，我就不知道了。他没过多长时间就吊死了。其实肺结核不怎么花钱。防疫站上有药，可以免费去拿。他就不知不觉地在自己那个小破屋子里吊死了。"

在七坡村的人们看来，所厚和他的老伴首先不是很好的父母。他们不仅脾气不好，动不动就和孩子们吵闹，而且还不照顾自己的孙辈。父母对儿女的爱不仅体现在幼年时的抚养和关怀，在儿女成家立业之后，又体现在对儿女家庭的支持，特别是对孙辈的照顾。孩子刚刚出生之后，往往是一个家庭最忙乱的时候，因而老人的照顾就成了促进两代人的两个家庭之间关系的重要因素。所厚夫妇在这个重要关口没有支持孩子们，落下了终生的埋怨。

同我所遇到的很多与孝顺相关的个案不同，所厚之死的主要原因不能直接归给他的儿子们。儿子们固然是非常不孝，但是他们认为自己的不孝是有理由的。所厚当初既然待儿子们不好，儿子们是否就可以对他也同样不好呢？当然，我们不能仅仅从伦理道德的角度来看待此中的是非对错，而要理解人们行事的理由和逻辑。

那位小学老师的描述给我们提供了一个非常生动的例子，可以帮助我们理解所厚和他二儿子之间的关系。所厚住在二儿子家的院子里。他的小屋坏了，他找村里和乡里，可都没有人帮他处理这件事。而最可能帮他，最方便帮他，同时也最应该帮他的，还是近在咫尺的二儿子。所厚显然急切地希望二儿子来帮他搭一下房子，但是他自己却不肯开口，而是请别人去帮他说。在此，所厚和他的二儿子进入了一场权力游戏中。因为父子之间一直维持着冷淡僵持的关系，所厚不愿意主动去求二儿子，二儿子也不愿意主动来帮父亲。谁要是先开了口，谁就在气势上输了一招，就好像向对方投降了。所以，虽然所厚的二儿子明明知道父亲的房子坏了，他也不肯示弱去主动帮助父亲；同样，所厚本来说一句话就可以办到的事情，却一定得求外人去说。

所厚不肯单刀直入把问题挑明，而一再遮遮掩掩地不肯向小学老师说实话，直到后者亲自进到屋里，看到了檩条折断的场景。可见，所厚应当是颇花了一些精力来思考如何讲出这个事情的。所厚这样让小学老师看实景，让他对儿子的不孝有了一个直观的印象，使他更愿意为自己去当说客。同时，这样形成的二儿子不孝的舆论压力，使他在这场权力游戏中得到了更多的道德资本，使二儿子遭受的压力就更大。

不过，既然这"不孝"的名义只有道德资本的作用，只是权力游戏中的砝码和武器，那它的作用也就非常有限了。所厚的二儿子看出了父亲的这个用意，根本就不管他这一套，而是拿出了自己的武器，告诉小学老师说，他之所以如此，并不是因为他多么不孝，而是因为老头咎由自取。既然他当初对自己家里没有尽到父亲的义务，他也要如法炮制。不管他的这个说法能否说服小学老师，他并没有屈服于父亲搬救兵的策略。他还是不去修理所厚的小屋，虽然可能仍承担着不孝的骂名，却在这场权力游戏中取得了胜利。

那位小学老师评价这件事说："要是所厚直接跟他儿子好好说说，他儿子倒真不见得就不给他修。他这么通过中间人去说，反而把事弄得不好了。"如果所厚真的服了软，好好和二儿子说，那就完全变成了另外一种权力游戏，二儿子得到了面子，也许倒真有可能去帮助父亲修屋子，而一旦这样发生了，以后的父子之间的权力游戏也就会换个样子，双方的关系就可能慢慢好起来了。

七坡村的村民还跟我谈到所厚死后的情况。在所厚死后，他的老伴成了一个孤老太太，三个儿子还是谁也不愿意管她。但她大儿子觉得这样说出去总归不好听，就把母亲接到了自己家里。谁知，这位老太太到了儿子家里，一点也不帮着儿媳妇干活，就连饭也不做一顿。邻居有人劝她说："你看他们都挺忙的，等他们都不在家的时候，你就帮他们做做饭。"这位老太太却说："我可不给他们打下这个例。"

在此，大儿子做出了一个让步，好像在权力游戏中屈服了一下；但这样一个姿态其实是新的一招。按照邻居们的说法，如果老太太接了这一招，并以更好的态度来帮助儿子媳妇，那么儿子媳妇也就会以更好的态度来对待她，这样，以后的权力游戏的主题就成了看谁给的帮助更多，那就会是良性的。但老太太并不这么理解。她认为，如果她做了一次饭，以后就会不断地去做饭，那她就被套住了。于是，她这种死不屈服的态度，终使家里的关系越来越僵。老太太与儿子之间的权力游戏，同所厚与儿子之间的权力游戏很像。两个老人在每件小事上都不肯轻易让步，结果使家里的权力游戏越来越复杂，亲情关系也越来越淡薄。这样，即使他们在这种小事上赢了权力游戏，他们以后的生活也很难过好。

我们再来看与孝顺相关的另外一个个案，这是兰枝的姐姐最先讲给我的。兰枝姐姐的婆家是仙家楼村。她除了向我介绍兰枝的情况，还顺便给我讲了本村的一件事。

来福是仙家楼村的一个青年，2000 年死的时候刚 20 岁，还没有结婚，有一个弟弟。他母亲长期有病，是个没什么本事的人。而来福的父亲却是个铁嘴。据说，任何人都赊不出账来的店铺，他两句话就能赊出来；他凡是遇上一个陌生人，很快就能把人家说得晕头转向。他自己没读过什么书，但是哪怕遇见有文化的人也能说上一阵子。他没有别的挣钱的本事，但就凭这嘴皮子，就总是能从亲戚朋友那里蒙来万儿八千的；不过，他很快就会把这些钱挥霍光。据说，他也是凭了这两张嘴皮子，说得村里几个娘儿们灵魂出窍，和他靠着（靠着，方言，即有男女关系的意思）。

但来福可不像他爹这么不过日子。按照仙家楼村人们的说法，来福是一个非常不错的小伙子。他人长得精神，干活也利索实在，懂得过日子，跟街坊邻居关系都处理得非常好。家里就仗着有他，日子才能过下去。

虽然来福支撑着整个家，但他挣的钱却经不起父亲那样折腾。结果家里欠了人家很多钱，有街坊邻居的，有亲戚朋友的，还有来福的盟兄弟①的。他总是希望父亲能有所改变，但又没有办法。

有一段时间，父亲靠上了一个寡妇，老往她那里跑，来福就特别生气。有一次，他看着父亲去找那个寡妇了，就在后边跟着。父亲进了寡妇的屋，他在后边不知道该怎么办好。他突然看到院子外边有些枯藤，就想了一个办法。他把那墙头的枯藤点着，然后就跑了。他爹和那个寡妇从里边看见这火光，出来救火，这也就坏了他们的好事。他爹明白，这一定是来福用来警告他的。

过了两天的一个早晨，来福的父亲把那个寡妇带到家里来玩。当时来福的娘也在家里，来福觉得他爹这么做非常不对，就极为生气，对那女的爱答不理的。他爹却责备他没有礼貌，教训他以后不能这样对待她。这使来福更生气了。他嚷着说："好啊，你把家里的钱都给了她，还嫌我不理她。哼，我看要是没了我，你们怎么过！"来福气得浑身发抖，抄起一瓶子农药就跑了出来，在院子外边把农

---

① 拜盟兄弟在此地早已经蔚然成风。一个人有没有本事，人缘好不好，一个重要标准就是看他有多少盟兄弟。

药喝了。人们发现之后，赶快送来福去医院，没等送到医院，来福就死了。当时还是上午，从来福父亲把女人带到家里到来福死，总共不过两三个小时。

在来福的葬礼上，他的很多盟兄弟都来了。他们哭得非常伤心。来福欠了他们中好几个人的钱，但他们觉得来福死得冤，一直都没有跟他们家要账。

来福的死，是父子之间的权力游戏造成的又一个悲剧。来福关心整个家庭的日子，关心他母亲，同时也关心父亲。他之所以不愿意父亲出去靠人，是希望父亲能和大家一起好好过日子，这样他母亲会高兴，全家也都快乐。而因为他父亲所做的那些事，家里的钱省不住，还要不断借债，母亲因为父亲的靠人而伤心，全家人的日子都没法过。因此，他想出种种手段来阻止父亲出去靠人，而在父亲死不悔改的时候，只能失望生气。面对父亲领进家来的寡妇，他当然会表示出不满的态度。

但在这个过程中，我们在表面上看到的，仍然是一系列的权力游戏。来福的爹未必不理解来福的真正用意，但为了维护自己当下的利益和面子，他和来福必须争一个高低。

放火示警是来福在这场权力游戏中取得的一次胜利。而且，他的这一招也是经过了精心考虑的。来福并不想直接闯进去捉奸在床，那样当然会彻底占了父亲的上风，但对父亲的羞辱未免过大。为了给父亲留点面子，同时也使他能知难而退，来福采取了放火示警这个非常隐讳的办法。

但父亲还是认为这是自己的一次挫败。他并没有因此而悔改，反而希望能在新的权力游戏中把面子赢回来——至少是在寡妇面前挣回面子。于是，他不顾全家的感受，把那个寡妇带回了家里。这样的举动无异于向全家示威，对来福和他的母亲都是一个巨大的侮辱。来福见自己的良苦用心完全泡了汤，父亲不仅不改，反而还变本加厉，于是以消极的抗拒来回应父亲的这一招，即冷淡地对待那个寡妇。而父亲竟然想把这微弱的反抗也镇压下去，公然要求来福礼貌地对待他的情妇。来福终于无法忍受，将他的撒手锏拿了出来，告诉父亲，他所做的一切不是为了自己，更不是为了侮辱父亲，而是为了全家过日子，当然也是为了父亲过得更好。

"看要是没了我，你们怎么过"，这是赌气自杀者很爱说的一句话，意在以自己的牺牲，来使对方认识到自己的重要性。来福所做的一切都是出于过日子的考虑，目的也是为了全家过得更好，父亲却完全从权力之争的角度理解这一切，甚至以很不光明的手段来谋求这种权力之争的胜利。那么，来福的自杀，就成为他最终在权力游戏中取得胜利的一张王牌。吊诡的是，来福出于全家过日子考虑这一点，恰恰同样成为权力之争中的筹码，他既然把它抛出来，就永远也不可能再过上好日子了。来福感到了无比大的委屈，觉得自己为全家人的考虑都被忽略了，他却违背了自己一贯的为人之道。这个关键的举动恰恰没有为全家考虑，没有以过日子为最终的目的，也没有理智地思考自己的幸福与生活，而是把他这最宝贵的孝顺拿来做了孤注一掷，抛进了权力游戏之中。

无论在所厚的还是来福的故事中，我们都不能简单地说，人们忘记了"孝"这种亲密关系。所厚的儿子并不是不懂得做儿子的义务，但是对父母不慈的记恨使他们与父亲陷入了僵持状态。所厚逼儿子孝顺，儿子则为自己的不孝找出种种借口，在此，一切都成了权力游戏中的砝码。同样，来福父亲一直在和儿子玩权力游戏。来福本来是顾全大局，而且关心父母的，但被父亲一逼再逼，最后也无法承受一再的委屈，彻底把自己葬送在了权力游戏当中，甚至他的孝顺本身也不再有意义，而成了这个游戏中最大的筹码。

四、综论

在这一章，我们通过四个个案，讨论了家庭生活中的三种主要关系：爱、慈、孝。四个故事都没有太复杂的情节，几个家庭的结构都相对简单，但每一个谈起来都足以令人震惊。这几个悲剧发生的具体原因有很大差别，但又有着许多相通的地方。

如我们在第二章所说的，对每个中国人来说，家庭并不只是一种简单的社会制度，而是有着至关重要的生存论意义，即：人们的命运必须在家庭的过日子中展开。因而传统中国有父子一体、兄弟一体、夫妻一体的说法。虽然现代中国家庭和人们的观念都有了巨大的不同，但这种基本理念并没有根本变化。何芳和康回之间虽然有那么大的差距，但他们的生活还是紧紧地联系在了一起；兰枝把儿子看成了自己生命的延伸，想让儿子实现自己没能达到的愿望；所厚虽然对儿子不好，但如果没有儿子的孝顺和尊敬，他的生活只能陷入凄惨悲凉中；来福再有本事，如果父亲整天鬼混，他也不可能真正快乐。

但是，由于这些结为一体的毕竟是各自不同的个体，毕竟有着不同的想法和关心，他们很难真的像一个人那样去做事。爱、慈、孝不仅是对亲密关系的一种表达，而且是维持这种亲密关系的一种政治方式。在传统中国，一个家庭要过日子，就必须通过明确的等级秩序来维护家庭成员之间的这种亲密关系。家庭生活中的基本正义，就是使每个家庭成员在家庭政治中既得到应有的尊重和看待，也因而感受到应该享受的亲密关系。而家庭中的不义，就是对这种伦常关系的违背。

现代家庭已经没有了这种严格的等级秩序，却不可能取消这些亲密关系。而且，由于人与人之间的必然差异，这些亲密关系仍然需要政治过程来维护。这样的政治过程，不再是森严的等级秩序下强制性的礼教，而成了人际关系中微妙的权力游戏；亲密关系不仅是出发点和要达到的目的，而且成为权力游戏中的道德资本。何芳不会谨守纲常而嫁鸡随鸡，兰枝无法仅仅通过母亲的威严来强令沐虎学习，所厚也不能以孝顺的义务来迫使儿子照顾自己，来福更不会慑于父亲的权威而唯唯诺诺。于是，人们对家庭中的不义的理解也变得有了极大的弹性。每个人若是觉得自己的愿望没有实现，自尊心受到打击，预期的亲密关系遭到破坏，即感到在权力游戏中失败了，都有可能觉得受了委屈，甚至会采取自杀这样的极端方式来赢得权力游戏，挣回愿望、尊严、亲密关系。家庭革命对礼教的破坏本来是为了让人们更自由地追求情感和人格的完善，但现代在那没有礼教的家庭中情感和自由并不容易获得。

农村中的多数家庭有着比这更复杂的结构和关系。很多自杀成功和自杀未遂的故事有着更多样的原因，往往会有一系列更多的权力游戏。但其基本机制大体如此。在下一章，我们将会更详细地看待这种更复杂的家庭政治。

第四章　礼义

基于上面所谈人情伦常的冲突，我们在这一章就三个不同的个案更详细地讨论家庭政治中的正义问题。其中第一个，我们围绕一个"小姐"的自杀，考察使人进入正常家庭生活的标准；第二个，我们会考察一对夫妻之间的权力游戏，来分析夫妻关系这一现代家庭的轴心关系中的一系列问题；第三个，我们会进入一个族大人多，而且还算比较富裕的大家庭，来看待其中的家庭政治。

一、"从良"

2001 年 5 月的第一周，孟陬县城的大街小巷都在议论一件新鲜事：一个叫葛曼的"小姐"喝农药自杀了。大家谈到这事的语气都很含糊，似乎既充满了不屑又捎带着一丝同情。

在孟陬县，20 世纪 80 年代中后期就出现了一些色情行业，90 年代初开始公开，以后越来越猖獗。1998 年，当地公安部门加大力度打击卖淫嫖娼。

　　葛曼的尸体是在我到达孟陬的前一天埋的，距离她的死已经快一个月了。所以，我对她的第一印象来自关于她的尸体的争执。葛曼死后，尸体一直冷冻在县医院的太平间里。冷冻尸体是当地的一种特殊职业，有专人管理冰柜，是要收费的。一般的价格是，冷冻一天 300 元。大约在这个"小姐"死了五六天后，她的父母从东北老家来到了孟陬。他们此行的目的，本来是想把葛曼的死因再查清楚一些，但是那个管冷冻的人却想借机讹他们外地人，就要一天 500 元。此外，医院太平间也要收一天 150 元的保管费。这样他们就得出至少 3000 多块钱。他们被这个数字吓坏了，没有再问什么就离开了孟陬，女儿的尸体也不管了。尸体又在医院里放了二十多天，管冰柜的人特别后悔。他又去找当地政府和公安局，可是政府和公安局怎么可能交这笔费用呢？他白开了一个月的冰柜，这下可亏了。看起来葛曼的父母也不可能再回孟陬，当地派出所就打算把她给埋了。他们盘算了一下该把葛曼埋在哪儿。谁也不愿意给这个"小姐"花钱，所以他们就没有给她买棺材。甚至什么容器也没有，就那么光着身子埋了。"刚从太平间出来，"派出所所长对我说，"冻得梆梆硬，像石头一样。"不过他们还是担心万一以后需要再挖出来怎么办，总得做个记号，到时候也好辨认。"我们准备把她埋在过去枪毙人的那块荒地里。那里正好有个干了的水沟，也好认，就把她埋在那里了。说也奇怪，昨天不声不响地埋了，谁也不知道。今天土地局就有人来找我：'你们是不是在那里埋人了？'也不知道他们怎么知道的，还得有一番交涉。"葛曼的故事就这么结束了。虽然很多人都传说那个干了的水沟里埋了一个"小姐"，但是人们还是很快就忘记了这个"小姐"的故事。

当我在医院里碰到那个管冰柜的人的时候，他正抱怨亏了一大笔钱呢。我问他："你知道这个'小姐'为什么喝药吗？"他说："人们差不多都知道一点。她靠着一个人，那人早起打了她了。晌和隔壁住的另外一个'小姐'听见她的手机老是响，可是没人接，怀疑出什么事了。她把门撞开，看见葛曼早就死了。那时候身体都冰凉了。""她和什么人靠着？""小磊。""这个小磊在她死后也没说什么？""他像什么也没发生一样。谁也没见到他。"

在听派出所所长和管冰柜的介绍了这些情况后，我对葛曼的故事产生了很大的兴趣。几天之后，我在孟陬县商贸城附近找了个小旅馆住下。葛曼的住所就在商贸城里。我花了一个多星期的时间访谈那里的民警、商贩和别的"小姐"，了解葛曼的故事。

商贸城建于 2000 年，有几排商业店铺，是各种商贩聚集的地方。它的南边是长途汽车站，西边是派出所。这里和火车站附近是孟陬的"小姐"们最集中的两个区域。最开始我是通过派出所一个副所长的介绍，认识了商贸城里的一些商贩的。看起来很多警察对于商贸城中的各种人物都很熟悉，那个副所长从穿着上一眼就能判断一个女人是不是"小姐"。

他先向我介绍了葛曼的一些情况："那个'小姐'的名字叫葛曼，不过谁知道这是不是她的真名？她是东北人，俺们县里大部分'小姐'是从东北来的。她四五年前到孟陬来，最开始在一个美容院里做。葛曼化妆化得特别重，咱们这个小地方的人看不惯这么重的妆，所以她就特别打眼。从在美容院的时候开始，她就和那个小磊有来往了。这情况俺们也都知道。小磊是个出租车司机，结了婚了。因为他跟这个'小姐'的关系，他父母和媳妇特别生气，老是跟他吵。家里边的关系就不好了。小磊姓石，一天石磊的弟弟带了一帮人上美容院来，砸了个稀巴烂，把一个特别大的镜子也砸碎了。美容院的人报了警，所以那次我就跟他们打交道了。俺们罚了他们一些钱，叫他们重新买一块大镜子。美容院重新开张了，但是葛曼在里边待不下去，就到商贸城来。这也就是她死前三四个月的事，是冬天。葛曼在商贸城里租了一间房子卖鞋。她妈妈还来和她一起卖鞋。她原来就吃过一次安眠药，大概是她死前一个多月。她就是在这个诊所里洗胃救过来的。"这时候我们走到一个小诊所旁边，副所长指着它向我介绍。"那你知道她那次是为什么吃安眠药吗？""她和石磊吵架了。他们老是吵。葛曼想和他结婚，可是小磊不愿离婚。葛曼觉着没有希望，就想死了。她第一次吃安眠药的时候，她妈妈也正好在这里，就帮着把她救过来了。后来她妈妈回去了，她再跟石磊吵架，一赌气就要了自个的命。"

副所长带着我来到一个卖衣服的摊点。他告诉我葛曼的住所就在楼上。我们就问那个摊点的主人是否了解葛曼。她说她和那个死了的"小姐"是同一个房东，但是和她接触得特别少："她很少跟俺们说话。她跟这儿住的人都不太熟，俺们只知道她屋里成天吵呀打呀。她搬进商贸城来没有多长时间就死了。谁也不知道她到底是为什么死的。"

我们又找到了另外一个卖西服的摊位。一个光着上身、干干瘦瘦的矮个男人来招呼。副所长好像和他很熟，就问他："你认识那个刚刚喝药死了的'小姐'吗？""认识。""你知道她是为什么喝药的吗？"那个小贩叹口气，说："不为别的，就是太痴情了，想不开。"显然这个小贩很了解葛曼。我们找了个凉快的地方，就开始聊起来。后来，我又单独找了他好几次，他还介绍我认识了商贸城中别的一些人。在后来的几次聊天中，因为身边没有那个警察了，大家谈起来就更加随便。他说："我有几个哥们儿，常常跟他们去捉奸。一次我跟一个哥们儿在街上，看见前边有一男一女。他知道那个男的是个大款，那个女的是个'小姐'，就想趁机敲他们一笔，跟着他们到了一个房子。估计他们该上了床了，俺们一下把门撞开，逮个正着，把他们吓死了。罚了他们一大笔钱，又把他们给放了。哈哈。要是下次还有这事，我把你也叫去。真过瘾。"他还和我讲了很多他和人打架的事，看起来他在这县城里打架挺出名的，也很热心帮助朋友。县里各个阶层的人，他都认识不少，总是很慷慨地帮助各种各样的朋友。

他说他在五年前就认识了葛曼，他们俩都是很久以后才搬到商贸城来做生意的。

按照这个小贩的说法，葛曼1994年就到孟陬来了，根本不是在美容院的时候才到的这里。"刚开始的时候，她跟她的一个姐姐在火车站那里开饭馆。""她在餐馆里的时候就是'小姐'了吗？""那我不太清楚。当时我还不认识她呢。不过我认识的'小姐'大部分不是自愿当'小姐'卖身的。她们也都是受害者。住在葛曼隔壁的那个'小姐'我也很熟。她就是为了给她爸爸还债当的'小姐'。她爸爸打了一场官司，花了一大笔钱，还不起，这个女孩就来这儿当'小姐'了，那时候她还特别小呢。从东北来的这些'小姐'家里都不富裕。她们大多是来打工的，可是后来有人骗她们，拉她们下水，不得不当了'小姐'。有的女孩学历很高，看不起干这个的，可是时间长了也就控制不了自己。我不知道葛曼是不是一来这里就是'小姐'。我猜是她那个姐逼她或是骗她的。谁知道那是不是她的亲姐呀？"

葛曼在1996年认识了石磊。从那时候起，她就在美容院里干了。石磊是县城旁边一个村里的，开出租车，有点钱，常去泡"小姐"。刚开始他老找葛曼，在她身上花了不少钱。我问那个小贩石磊是怎样一个人。他想了想，轻蔑地说："他是第三流的混混。""什么意思呢？""我佩服第一流的混混。孟陬就有这样的人：他喝了酒，顺着大街走，见人打人，一路打过去，不管你是谁都不放过。他谁也不怕，对朋友两肋插刀。二流的混混光打跟他有仇的人，不怕当官的。三流的混混就是那种软的欺负硬的怕的了。石磊也许连第三流的混混都算不上。我和他不太熟，但我知道他窝窝囊囊的，没什么本事。"

虽然他这么说，葛曼毕竟被石磊迷住了。据说她在死之前为石磊花了不少钱。小贩说："我觉着应该是这么个过程。最开始是石磊为葛曼花钱，后来他们在一起了，就有一段时间两人都花钱。再后来，就是葛曼为石磊花钱了。""那葛曼也很富了？""当'小姐'的一般都攒了一点钱。葛曼漂亮，而且在孟陬也待了好几年了，有一点钱。"小贩没有说一般嫖娼的价格是多少。

葛曼当"小姐"挣了不少钱，她和石磊在一起也花得很多。他们常常到外地去玩，多数情况下是葛曼出钱。两个人的关系发展得很快，已经不是一般的泡"小姐"的关系了。小贩说："一般的'小姐'们钱挣多了就到大城市去。她们大部分是穷人家出身的，羡慕大城市的生活。不过其中也有一些挣了钱就结婚，当一个贤妻良母。葛曼对石磊确实动了真情，想跟他结婚。这给石磊家里带来了很大的麻烦。""石磊对她是什么态度呢？""石磊也对她有感情，不过我觉着他不是真想娶葛曼。他老是许诺说要娶她，可是根本实现不了。"

在很多人看来，葛曼到商贸城去卖鞋就是想为结婚做准备。"她那段时间不当'小姐'了。"不过，商贸城的人都说，他们经常听到葛曼的屋里又吵又打，叽里咣当，差不多每天都不安静。住在葛曼旁边的一个人说："有一次他们还摔坏了一个尿盆。不知道是谁用尿盆砸谁的脑袋，摔破了。"

在搬到商贸城以后，葛曼差不多花光了她的全部积蓄。据说，她从隔壁的"小姐"那里借了150元钱，好长时间还不了。一次那个"小姐"从她的摊位上拿了一双鞋走，大约值50元。几天后她又借了葛曼一块钱。小贩说："她死了以后，我帮助整理她的东西，发现了她的记录：150－50－1。"

在葛曼死前一个月，她曾经吃过一次安眠药，但是被救活了。小贩说："她后来跟我讲过这次自杀的原因。那次她和石磊吵起来了，石磊说他不能离婚。她那次死的决心并不是很坚决，吃的药量也不多。她还是抱有一些希望。"

4月底，葛曼和石磊一起去北京玩了一次。名义上她是去北京进货，但是一周以后她回来的时候一双鞋也没有带回来。他们在北京光玩了，葛曼花了很多钱。

"从北京回来的当天晚上，葛曼就接客了，"小贩说，"价钱还特别低。她拿着一张50的票找我来换零钱，看来她也就要了二三十。那以后她疯了一样接客。一方面，她想这样着报复石磊；另外，她那时候也确实没钱了。"

人们都说葛曼是因为石磊老是不离婚才自杀的，但是小贩说："其实最后石磊已经离婚了。""是吗？"我感到很惊讶，"那她怎么还要死？""他确实离婚了，因为他媳妇实在忍受不了他和这个'小姐'的关系了。当时葛曼就把这事告诉我了，我就劝她赶快抓紧机会和石磊结婚。石磊的媳妇给他生了两个闺女。葛曼要是能生个小子，她就有希望了。要不然，她就是嫁给了石磊，在家里也不会有什么地位。从我的印象看，葛曼能当个好媳妇。她能干，性格也好，不过她不会玩心眼子。结婚以后石磊一定会欺负她。""这么说来，葛曼自杀不是因为石磊不愿意离婚，而是因为他就是离了婚也不能娶她？""是。她死的那天上午，他们又大吵了一顿。我估计那时候葛曼知道她无论如何也不能嫁给石磊了。"

小贩说："葛曼肯定是早就有死的想法了。她从北京回来以后，说话做事就和以前不大一样了。大概是她死前两三天，我有个哥们儿坐车去邻县，她也坐那辆车，就在他的座位后边。他听见后边的手机响，然后听见葛曼在电话里说：'我要让你后悔一辈子，你再也看不见我了。'然后她就把电话挂了。"

葛曼在租房子的时候预付了半年的房租。她死前几天，她跟房东说准备退房。葛曼死的意志很坚决。她不光吃了整整一瓶安眠药，而且还喝了很多蚊子药，最后又喝了一杯凉水，据说，这样毒药就行得快了。

小贩参与了整理葛曼的遗物。他说她屋里总共才有 207 元钱。她死后房东把她的东西全拿了，包括她的那些鞋，她的手机，还有好多值钱的东西，价值大概在 1 万多以上。"因为葛曼提出要退房，房东在她死之前就开始找房客了。我本来也想租他一间房，但是他要求我一定要租葛曼的那间，所以我知道她早提出退房了。不过我还没交押金葛曼就死了。房东急忙把它租给了外县的一个人。因为里边刚死了人，那房子特别难租，房东就把什么都瞒着。后来那个房客知道了，可是他已经交了押金，也没办法了。你要是能在报纸上写篇文章，题目就可以叫：《'小姐'殉情自杀，真惨；房东没收遗物，真黑》。"

葛曼的特殊身份使她跟我考察过的多数个案都非常不同。严格说来，导致她自杀的原因并不是家庭政治中的委屈。不过，她和石磊之间的冲突却是始终围绕家庭问题展开的。小贩把葛曼的死概括为"殉情自杀"，但对于身为"小姐"的葛曼来说，所殉的不仅是浪漫的爱情，而且是她成家的希望。她更关心的，也许不是与石磊的爱情，而是借此进入正常的家庭生活；但是，石磊与她的关系却导致了他的家庭中的一系列问题。而石磊家中发生的事使他越来越不可能真正娶葛曼。因此，通过葛曼这个在家庭生活的门槛上挣扎的"小姐"，我们可以从外部理解家庭政治。

　　首先，葛曼的一切悲剧都来自于她作为"小姐"的低下地位。由于她的这个地位，葛曼属于那种为一般人所不齿，甚至不被当作人来对待的人。那些日子，我每天都到商贸城去找小贩聊天，让很多朋友颇为不解。虽然当时很多人对这个"小姐"的自杀很好奇，但是当我提出想调查她的故事的时候，人们还是觉得很奇怪："这种人也值得调查吗？""据说她跟一个人靠着，后来那个人不理她了，她就喝药死了。这种人死了正好，还值得研究吗？"当我问人们是否知道更详细的情况时，他们说："俺们怎么会知道这种人的事呢？俺们从来没管过这种乌七八糟的事。"在葛曼刚死的时候，很多人还知道她的一些故事。可是过了一年，当我再次来到商贸城的时候，问起里面的一些人，他们这么回答我："都说那个干了的水沟里埋着一个'小姐'，但不知道她是什么人，她是商贸城的吗？俺们不知道啊。"从葛曼的死开始，她就变成了好奇的人们的谈资。但是除了商贸城中那几个同样被人当作混混的小贩外，没有谁愿意去理解和讲述她的故事。当我试图告诉人们葛曼的死其实有很复杂的原因的时候，他们便如同照顾我的情绪似的笑着说："哦，原来这种人也有好的呢。"

葛曼的自杀就像很多疯子、傻子的自杀一样，被人们认为"不算"自杀，"不值得研究"，因为她本来就不被当作人来看待。但是我们不能简单地指责那些不以葛曼为然的人们，就像我们不能仅仅以简单的义愤来对待嘲笑祥林嫂的人们一样。在谈到"人格"的概念的时候，我们曾经提到，并不是每一个血肉之躯都被自然地当成人。葛曼之所以不被当作人来尊重，是因为她是以卖淫为业的"小姐"。"小姐"们无法以自己的人格价值来面对社会，当然就很难要求别人把自己当作一个人来尊敬。我们在第二章谈到过，一个正常人的外在标志，就是有一个自己的家庭，能够独立过日子。而"小姐"们之所以不被当成人看待，除了其职业不能维护其尊严之外，还在于，她们没有一个正常的家庭。因此，通过"从良"（"从良"一词的字面意思本来就是，跟随一个正常人，摆脱为人们不齿的低下地位）建立家庭，就成为很多"小姐"摆脱这种低下地位的最重要途径。

而葛曼也并没有逆来顺受地把自己当成非人来看待。因而，她努力地想把自己变成一个能够享受家庭生活的女人。比如她不再继续当"小姐"，而是改为以卖鞋为生，就是一个改变自己的措施；不过，由于人们已经很了解她的过去，这样做并没有什么效果。

对于葛曼与石磊那么如胶似漆的动机，人们也有各种说法。那位派出所的副所长就认为，她对石磊未必有什么真情，但希望利用他达到自己摆脱低下地位的目的。对于葛曼的真实动机，我们没有什么根据来随便猜测。不过，从社会地位的角度看，这不会造成根本的区别。像葛曼这样的"小姐"，既没有过家庭生活的权利，也没有享受爱的资格。而进入一个正常家庭和坚持一个有尊严的人才能有的爱，对于她来说，有着相近的意义。因此，与石磊结婚，对葛曼来说将是一个非常重要的转折点。

但反过来，对于石磊的家庭来说，石磊与葛曼的关系已经大大影响了家中的和谐，而要娶进一个"小姐"，那更是不可想象的事。在别的个案中，我遇到过不少来自相反一方的哭诉。很多妻子因为丈夫泡"小姐"而陷入绝境，甚至自杀。而葛曼的故事是一个很难得的，让我从"小姐"的角度理解这种冲突的机会。但我们不能因为将视角集中在葛曼这一方，就忘了这对石磊家造成了怎样的影响。

在石磊的家中，他的妻子同样处在很委屈的位置；而流连于"小姐"当中的石磊当然就被当作了不过日子的混混。在一般人看来，这样不正干的人自己几乎就已经处在家庭秩序的边缘了。正是因为石磊和葛曼的事给家里带来了很大的麻烦，他的弟弟才会带人去砸美容院。如果石磊真的和一个"小姐"一起建立家庭，他在家中乃至全村的地位就可想而知了。特别是在石磊的弟弟砸了美容院之后，葛曼应该明白，自己在石家人的眼中究竟是个什么形象。因此，石磊迟迟不能与葛曼结婚不是因为他多么绝情，而是因为他自己同样处在一个很尴尬的处境当中。即使在石磊和他的妻子离婚以后，她也仍然没有机会嫁进这个家庭。

我们无法知道石磊家冲突的细节，但是从偶尔露出的一些片段可以看出，他的妻子和他离婚根本不是承认失败，自动为葛曼让出位子。虽然石磊的行为对她造成了极大的伤害，但在她与石磊的冲突中，她反而占有了足够的道德资本，离婚是她对不过日子的丈夫的进一步反抗。而且，石磊的父亲和弟弟都站在她的一边谴责石磊。离婚这件事，只能表明，石磊在自己家里和村里的地位进一步下降，会遭到更多的指责和不齿。他如果在这个时候和葛曼结婚，就只能更加加剧自己这个浪荡子的形象，更加遭到父亲和弟弟的排斥。因此，在石磊离婚后，葛曼反而更没有可能嫁给石磊了。在这样的情况下，除非石磊有着蔑视一切社会规范的勇气，否则葛曼就没有摆脱"小姐"身份的任何希望。

小贩假定石磊在离婚之后，能够不顾一切地娶葛曼。即便是这样，葛曼以后在石家也不会有好日子过。她逼得石磊离了婚，使石家丢了人，石磊的父亲和弟弟早已恨她入骨，怎么可能接受她呢？可以想见，葛曼即使能做个好媳妇，也一定会处在被人看不起的地位。而她提高自己地位的唯一希望，就是为石磊生一个儿子，这样母以子贵，她也许会慢慢建立自己的地位。但这种希望实在是太渺茫了。

由此可见，葛曼通过"从良"变成一个受人尊重的女人的可能性，是微乎其微的。她的失败已经是她的地位注定了的命运，不论石磊在向她许诺的时候是否真诚，"从良"一直就是个虚幻的泡影。但她还在不断地向石磊争取这个不可能的结果，她的自杀，就是这一系列的斗争中最后的努力。

正是由于葛曼没有正常的家庭生活，她和石磊之间的冲突和矛盾，不能算严格意义上的家庭政治，甚至和一般情侣之间的冲突都不同。但我们还是可以把这看成一种"准家庭政治"，因为她的次次斗争的目的，也是为了建立一种有尊严的亲密关系，从而能够和石磊在一起过日子。在这种关系中出现的不公，和家庭中的委屈有类似的地方。

但葛曼和石磊之间的权力游戏，和一般情侣之间的权力游戏还是很不同。情侣虽然不生活在一个家庭里，但彼此之间有婚约，在心理上、道德上和社会舆论上都有约束力，从而使双方有一定的道德资本。于是彼此之间可以撒娇，可以期待一种亲密关系，这是真正的"准家庭政治"。葛曼或许把她和石磊之间的关系等同于这种情侣关系，但他们之间并不是这样的关系，葛曼几乎没有任何道德资本。她能够用来当武器的，只有她和石磊的爱以及石磊对她的许诺，但这些并没有什么政治力量。无论是从彼此所处的情势来说，还是从周围人的舆论来看，都没有什么足以使石磊向她屈服。石磊不仅对她没有任何社会义务和责任，而且多数人认为石磊应该尽快离开她，更没有必要信守对她的承诺。至于爱，虽然会给石磊的良心带来一点负担，但既无道德约束力，也没有社会舆论的力量。而道德与社会舆论都要求石磊对他的妻子更好些。同情葛曼的，只有那些小贩和混混。

按照商贸城中人们的说法，葛曼和石磊每天都在打。他们之间应该有过非常激烈的争吵。我们可以推测，他们争吵的核心，就是葛曼逼石磊娶她。其间应该有过很多较量，但我们已不得而知了。在葛曼发现自己与石磊结婚的希望很渺茫以后，她曾经采取了一些措施来刺激石磊，但每一次都使她更进一步失去希望。我们可以来看他们的权力游戏中的几个回合。

第一个就是葛曼的头一次自杀企图。按照人们的说法，她那次要死的决心并不是很坚决，因而吃的安眠药药量很少，很快就被救了过来。或许她希望通过这次威胁，让石磊能认真考虑娶她的承诺。如果是在家庭政治或真正的情侣之间，比如何芳与康回（参见 3.1）之间，这样的策略可以使对方改变不少，因为彼此都很在乎对方。但很显然，葛曼的这次自杀威胁并没有给石磊造成多大触动，没有带来他实质上的改变。他们仍然成天吵架，没有结婚的可能。

第二个是他们从北京回来之后，葛曼用很低的价格卖淫。按照小贩的说法，这是对石磊的一种报复，是用自甘堕落的方式来激起石磊的嫉妒，促使他尽快拿主意。但是这样做的实际效果却只能使自己变得离正常生活更远，使自己更像一个下贱的女人。"从良"本来是为了使自己变得更高贵；但无计可出的葛曼却以贱卖自己的方式来追求高贵。这种本来就很悖谬的做法注定不会有什么效果。

在最后失望的边缘，葛曼又用"我要让你后悔一辈子，你再也看不见我了"的话来威胁石磊。这可以看做又一个回合。这明显暗示自杀的话应该又是在刺激石磊突然回心转意。石磊并没有一辈子再也见不到葛曼。他很快又出现在葛曼的房里，甚至在她自杀之前的几个小时，他们还在大吵。也许石磊确实曾经试图阻止葛曼自杀，但他应该不会给她什么实质的许诺。同前一次的自杀威胁一样，葛曼的这次威胁还是没有奏效。

在所有这几个回合都失败以后，葛曼应该彻底放弃了嫁给石磊的希望。她终于下定了死的决心。比起第一次的吃安眠药来，她这次确实已经存了必死之志。但是她有这个必要吗？如果仅仅是对石磊失望，她难道不能回到从前的生活，仍然当一个卖淫的"小姐"？她前些日子不是还用二三十元的低价贱卖自己了吗？为什么现在就不行了？

葛曼的自杀也并不只是对自己的失败的认可，而是对石磊的又一次报复，是对自己的尊严的又一次展示。和以前的自杀企图与"从良"努力一样，这次自杀仍然是葛曼与石磊的权力游戏中的一个回合。就像她在电话里说的那样，她以为自己对自己的折磨可以唤起石磊的良心和同情。虽然已死的自己不能看到石磊的悔恨，但毕竟可以在他的悔恨中获得一丝或有或无的尊严。正是因为葛曼相信，石磊到底还是对自己有感情的，因而她的这一举动将会让石磊后悔一辈子。

我们不知道石磊到底是怎么想的，因而也就无法猜测他是不是真的有一丝后悔。但从人们看到的情况来判断，石磊似乎并不在乎葛曼的死，甚至可能感到了一些轻松。人们没有看到石磊有什么悲伤的样子；他也不会去处理葛曼的遗物和尸体。这件事情，似乎与他毫无关系。葛曼从此只能赤裸裸地躺在那个干涸的水沟里，成为被人们遗忘了的一则笑话。她的财产全部被房东占有，甚至连她的亲生父母都不肯调查她的死因。葛曼就连死后的尊严都没有得到。她的每一次努力都注定要失败，都会使她在本来的命运中陷得更深，甚至包括这次拼出性命的努力。在孟陬的人们看来，不要说自由地去爱，就连她的自杀，都不值得我这个自杀研究者去调查。

比起我们前面考察过的几个自杀个案来，这一个的最大不同在于，葛曼与石磊之间的权力游戏没有发生在家庭政治中。石磊有自己的家庭，有自己的父母、妻子、女儿。决定他的生活的根本因素，在于他所属的家庭日子过得怎么样。不论他和葛曼有多少感情，他们之间的关系只会使他的生活越来越混乱，使他背上不过日子的恶名。只有彻底斩断与这个"小姐"的关系，石磊才能回到正常的生活中来。但葛曼和石磊处在一个非常不同的地位。她是一个下贱的"小姐"，只能通过"从良"来摆脱这个地位，于是，石磊成为她的全部希望，也成为她所依赖的一切。因此，从一开始，石磊和葛曼之间就不存在什么权力平衡。没有这样的权力平衡，葛曼就没有资格要求石磊尊重她和信守对她许下的诺言，她也就没有道德资本来玩权力游戏。因此，她与石磊的每次较量都对石磊构不成真正的威胁，最多不过让石磊愧疚一下而已。葛曼总是误以为自己可以用石磊的爱来威胁他，却忘记了，她的这个地位使她根本无法与石磊进行那样的权力游戏。

葛曼这种毫无希望的地位，可以帮助我们理解，权力平衡和道德资本都是家庭政治中的权力游戏得以进行的重要前提。人们把葛曼的自杀当成非典型的自杀并不是毫无理由的。更典型的自杀者，往往像石磊的妻子那样，处在家庭政治当中，在遭受委屈的同时又享有明确的道德资本的人，也就是，在过日子的人。

二、夫妇

康娱是康回的本家，都属于娘娘庙村北头的康家。但我听说康娱和素荣的故事，却不是在康家，而是娘娘庙村南头的木兰在谈到她的自杀未遂时带出来的（木兰的故事，参见5.3）。木兰在谈了她自己喝农药的经历后，又引出了一连串的自杀故事。她告诉我，她的亲哥哥木根是上吊而死的。在进入康娱和素荣的故事之前，我们需要先简单谈一谈木根的事。

在"文化大革命"期间，木根在一个宣传队里当演员，非常红。在同一个宣传队里，有一个总演阿庆嫂的漂亮姑娘落蕊吸引了他。他们两个自由恋爱结了婚。落蕊有个表弟叫江中。20世纪80年代初，江中、昌披、大招子三个年轻人开始一起做生意。他们在江中的家里造酒卖酒。后来，有一个东北的女人幽昧来到了孟陬，据说她擅长造酒，他们就同幽昧合作。三个人都和幽昧鬼混。这下激怒了江中的媳妇。她和江中打架，不准他们在家里造酒了，最终还和江中离了婚。在他们还没有离婚之前，几个人已经不能在江中家造酒了，就必须另外找一个地方。因为江中和落蕊是亲戚，他们就挪到了木根和落蕊家造酒。那个时候，康娱也正好想做酒生意，就和他们合作，也到落蕊家来造酒。康娱和落蕊熟了之后，就和她靠着。当时木根得了病，下肢瘫痪。由于落蕊整天和康娱鬼混，一点也不管他，他在一个冬天，在自己家里上吊而死。后来，这群混混酒也做不成了，就散了。江中娶了幽昧。他们开了个饭店，目前是娘娘庙村最挣钱的饭店之一。但大招子和康娱依然很穷，昌披运气比较好，现在到城关镇当干部去了。

　　木兰在讲了这些事之后，告诉我，就在康娱和落蕊靠着的时候，康娱家里也闹翻了天，他媳妇素荣也喝过一次农药。后来我到了北头，和素荣谈起来。她很爽快地承认，她确实自杀过，而且还不止一次，但不是喝的农药。我花了一下午的时间，听她讲她的故事：

　　"我跟康娱结婚，全是因为我家庭条件不好。要不，我才不会到娘娘庙村来呢。我14岁就死了娘了，从小没娘，俺爹还不是俺爷的亲儿，是过继来的。家里边忒乱了。俺们跟大伯大娘一起住，大娘特别坏，挑拨得俺奶奶要离婚。在娘家过得不好，俺哥老早就想叫我嫁出去。我不愿上远处去，愿意在近处里找个婆家。开头有人给说了一个，听说出身不好，小时候让娘领着要饭吃，后来娘死了，让人收养了。那介绍人不安好心，我打听出来是这么回事，说什么也不同意。

　　"后来有人来说娘娘庙，我说：'家里边兄弟还小呢，不想这时候结婚，过几年再说。'我知道她说的是康娱。我打听说，康娱的娘和他爹离婚了，又跟当院的结了婚，就不愿意。[①] 她说，康娱他娘嫁

[①] 康娱的父亲年轻时在山西当干部，和女人鬼混，康娱的娘就和他离了婚，又在娘娘庙村嫁了一个人家；康娱的父亲又娶了一个女人，所以素荣后面说："你们这是祖传。"后文除注明的以外，素荣谈到的"我婆婆"、"孩子的奶奶"都是指康娱的亲生母亲。据说，康娱夫妇对待继母非常不好。有人说她是吃老鼠药死的，但素荣否认这一点。

的不是当院。俺哥也非得让我答应，不愿我老在家里待着，我就同意了，到年下了，就登记结婚。

"那时候，俺公公还在山西上班呢。俺们办了事，就上山西去看他。俺公公给了一床被子，还有五块钱。俺们是腊月二十四走的，正月初二回来。康娱领着我，先不进家，说是先上他娘院里去。按说是该去，可就这么空着手去见婆婆呀？那老人倒是挺好的，说话挺和气。我说：'娘，你看这空着手就来了。我就给你拜个年吧。'磕了个头，婆婆给了十块钱，还有一身衣服。俺们在那里吃了几个饺子，就回去了。这就结了婚了。我随后就回了娘家，婆家这些事都没跟爹说，怕他惦记着。

"第二年，俺们有了个闺女。快过年的时候了，有人来找他，说有事，他正好没在家。我猜那准是要钱的，等他回来就问他是不是要钱的。他说不是，就出去玩钱去了。我心里挺别扭，刚生了孩子，又快过年了，还没买年货呢。家里这事他什么也不管，只知道玩钱。我一赌气，就回了娘家了。正碰见康回。他问我为什么家走，我说不为什么，就是家里去看看。也许康回跟孩子他奶奶说了，她叫人来叫我。我说，过几天再回去。又过了几天，康回也来叫了。那是腊月二十六了，我看不回去不好，就回来了，跟俺爹也没说这些个事。谁家过年这样呀？他还是天天去玩钱，除了初二那天去拜年。你说我这活着有什么劲呀？他比我大 12 岁，本来就没愿意跟他，结果来了什么也没有。穷倒也算不上什么，他还一点也不正干。

"后来有了俩孩子了，大概是 1981 年，他觉着这样混不下去了，也说：'不能再玩钱了，混不下去了。'他就不玩钱了，种了点西瓜。刚过得好点了，他就又去玩钱了。这一天，俺们娘儿仨晌和也没吃饭，他玩了一天钱，晚上才回来，弄了点炒饼。那天又是风又是雨的。他见俺们没吃，自个也不好意思吃，就叫俺们吃了炒饼，又跑出去玩钱了，一直到天明。等明了他回来，我气坏了，跟他说：'我不跟你一块混了。你别回家来了，光玩钱去吧。'你猜他说什么呀？他说：'钱是贱种，越花越勇。'他还说，要是没钱了，就把房卖了。我坚决不干。我说，哪怕是离婚，也该分给我两间房吧。要是卖了房，我跟他去住牲口棚啊？我不干，不能卖房。

"他也觉着实在不行了，就打算去北京干点活。第一次他去了50多天，挣了600多块钱。第二年又去，挣了点钱，后来就不去了。我一个人在家，俩孩子弄不了，得叫他跟我弄孩子。

"到了老二5岁多的时候，俺们说要离婚了。那一段正演一个电视剧，叫《蛙女》，挺好看。俺们没电视，他就老带着孩子上别人家看电视去。孩子在人家扑腾，他们也有孩子，孩子们光打架。他后来不去了，不去可也不在家待着，就又上昌披家去，整宿整宿的。回到家，倒头就睡，也不铺炕。我就说他：'谁这么一宿一宿不在家呀，丢了东西怎么办？'俺们为这个吵了一晚上，把他说烦了。他说：'你要愿意在这就在这，不愿意，就去蛋去。'说良心话，我还真不愿意跟他过呢，还这么横。离婚就离婚。那时候，俺们家里有了2万多块钱了。我也不要孩子，也不要钱，给我一千块钱、一床被子就行。我说：'你要是能接受这个条件，咱们明天就去办。散了你好我也好。'第二天早晨，俺们支走了婆婆（此处指康娱的继母——作者），就去公社要离婚。公社的人还说和，说：'不离不行吗？'不离不行，没条件，都商量好了。办完了，我就家走了。

"娘家问：'怎么舍得回来呀？'我说：'这回家来不走了，这回回来可得在自个家待长些。'我跟他们说，要是娘娘庙来人，一概不见。要问，就说我上舅家去了。我就去睡觉了，钻了被窝了。

"娘娘庙来了好多人，来叫我回去，我都不见。还有个人来，说我欠他100斤柴油。我想起来了，我还没还人家的油呢。这不能不见啊，我就见了他了，说我这时候没法还油，第二天一定还上，到时候找人给他送去。那时候下午5点多了。我跟这个要油的说着话，别人也就都进屋去了。我的俩孩子都来了，连孩子他奶奶也都来了。她说：'你要不回去，我就给你跪着。'我说：'娘，快别价。这几年你待我不错，俺们虽然离婚了，我还认你是娘。我从小就没娘了，就认你当干娘吧。可是我不能回去。'后来，两个孩子都回去了，可是他们的奶奶还是不走，非得叫我回去不行。我觉着老这样下去，这面上也不好看。算了，我也不要什么条件了，看在孩子分上，就给老太太个面子吧，别让当街的笑话。我就跟着她回到娘娘庙来了。

"回来以后，俺们又盖了两间房，可是没复婚。我跟他说：'你要对我再不好，我还走。'他也认错，说我愿意走就走。后来把房子盖上了，可他还老是玩钱，改不了了，不打我不骂我倒是。

"俺们是过了六七年，才又复的婚。那是他跟那个小蕊跑了时候的事。他们跑了，过了两个月又回来了。他们跑的这段时间，我一点也没闲着，在家看着牛，把牛卖了230块钱，还给他照顾爹娘。我跟孩子他奶奶说，牛卖了230块钱，给你30，打打麻将什么的，200给俺们用。我还在家里养着鸡，种着地。那时候手边有七八千块钱。大伯子都不帮我，什么都是我自个干的。头四月十八①，他们回来了。他们回来，还住在俺们家里。那时候木根还没死呢。家里边是三间房子。孩子他爷在东屋住，我在中间那间屋，他们在西屋。

---

① 四月十八，是钩弋夫人庙的庙会。钩弋庙是娘娘庙村和整个娘娘庙镇的大庙，因此四月十八就成了当地的重要节日。

实在不像话了，书记就来干涉了，说了说，小蕊就走了，康娱跟着她出去了。孩子他爷还问呢：'走了？谁跟着她走的?'我说：'你们那畜类。'他急了：'这是怎么说话?'我说：'不是你们的畜类，是当街的畜类。不是畜类吗？你们这是祖传。'他气得要跟我撞头。这时候，谁怕谁呀？后来，康娱又回来了。他问我：'怎么着?'我说：'你爱怎么着就怎么着。你要觉得孩子跟她叫娘不抱屈，就跟她登记去。我就还走。'他说：'你要看孩子抱屈，就跟我登记去。我要跟她登记，你就告我重婚罪。'我就跟他去办了复婚手续。可是他也没变多好。你说，我活着有什么意思呀？

"我第一次喝药是两年以后的事。是这么个原因。俺兄弟给人家卖了个孩子。那一家穷得实在过不了了，要把孩子卖了，俺兄弟就帮他介绍，做中间人把孩子卖了。要是犯了事呢，就说孩子死了，还堆了个小坟头，找人做证，说见着埋了。可是结果还是被查出来了，公安局查出来，把他抓了。俺们那媒人也抓起来了。她也一块卖的，他们得了 5000 多块钱，媒人拿了 2000，俺兄弟有 3000。这就要坐法院。俺们连忙找人托关系，得给他拿钱出来呀。俺们给人送了礼了，又退赃，还得罚钱，总共得拿出 5000 来。我跟俺姐商量好了，说是一人拿一半。我没跟康娱说要拿钱，光跟他说得找人跑，不用他管。那时候俺们正没钱呢。我好不容易凑了点钱，就去找俺姐，叫俺们村的可喜开着车。谁知道，俺姐说没钱，说钱都使着买了东西了。我怎么说好话，也是没钱。我往家走的这一路上就哭啊。可喜就问我怎么了，我把这个经过跟他一说，他说他有点钱，借给我点。他拿了 2000，我又找人借了点，这算凑够了，俺兄弟这才出来。我说：'兄弟，往后这种事可别干，可没钱弄你出来了。'最后这借钱的事还是叫康娱知道了。他这回可找着理了：'你说我不过日子，你这叫过日子呀？'他就老是这么说我。你说，得这么揭我一辈子呀？不光他，连孩子们也说。孩子们上学跟我要钱，我没钱给，他们就说：'你有钱给俺舅，就没钱给俺们？'那时候，俺们村里边的信美，刚刚因为男的不正干喝药死了，俺们当院里也有人喝药死了。俺们看信美出殡，有人可惜她，说：'怎么这么着死呀？我可不这么死法。'我心里说：'我早晚也得走这条道。'

"那时候，他还是天天晚上去玩钱。俺们分屋睡，他也不去干活。我就盘算着要死，找机会就都跟康娱交代了，都借了谁多少钱，叫他别忘了还，可喜借给的也说了。那天吃药谁也不知道。早晨起来，吃了饭了，我就上街买了安眠药来，又买了新鞋新袜子。我准备穿上那好衣裳，可一想，这样就让人猜出来了，也就没有穿。我把被子、裤衩、里边的衣裳都洗了，搭在绳上，我怎么也得穿着干净衣服死呀。那时候正好有人来要借洗衣盆，我说：'你没看我洗衣服呢吗？快找别人借去。'这话是笑着说的，谁也看不出来我正打算死呢。我就一件一件地想这些事，越想越生气，越想越生气，也不等衣裳干了，舀了一瓢凉水，把一瓶子安眠药吃了，就迈上炕去。俺们是这么住着。一共三间屋，我在中间这间，炕在南边，西屋有一张床，在北边。本来我想脱了鞋上去，可是要是有人坐在西屋的床上，就能看见我的鞋。我就没脱鞋，穿着衣服上去躺着，十分钟都没有，就糊糊迷迷的了。谁知道这时候康娱进来了，说：'你不干活去呀？大白天还睡觉？'我说：'不干。'他说：'别一天价吵吵着要走。愿走就走，这回可不怨我，是你们家自个的事。'他说着，就要送我回娘家，抱起我来要把我放上车子，以为我闹脾气呢。我一使劲，就从车子上掉下来了。我说：'我哪里也不去。'我回到屋里上炕，这时候就不会说话了，糊糊迷迷的。药已经行开了。他一看这样，也有点明白了，就慌了，问我：'你不得劲？'我含含糊糊地说：'不不得劲。'他就又把我抱到车子上，送我上医院去，出门的时候我脑袋撞到门框上，撞了个大包，我当时一点也不知道。一会就到了医院，很快没事了。第二天早晨，我醒过来了。他稍微好了点。

"后来又过了一年多，他一点也不好，还是老玩钱，说也不听，玩起来不吃饭、不干活。我又想死了，实在是不想活了。那是六月里，挂着蚊帐呢。那天他又去打了一晚上麻将，快早晨的时候，我吃了药。他不知道，还睡着呢。正在这个时候，可喜来了。他是个小孩，也没什么忌讳。要是个辈大一点的，我这回就死成了。他进来说：'姊子，借我小推车使使。'我说：'推车没在家。'他出去了，可能觉着不对劲，又回来了：'这么晚了，怎么还睡觉呀？'小孩也不管别的，就伸手一摸，我早不知道事了。他连忙叫康娱，一块送我上医院，救过来了，等回来天就黑了。

"这就是我两次吃药的过程。你说我这么着活着有什么劲呀？到这时候，我还常想着死呢。人家都说我没囊没气，跟这么个人过，有什么意思呀？"

在听了素荣的故事之后，我觉得最不可理解的是，在康娱和落蕊靠着的时候，她不仅没有自杀，反而和康娱复了婚。本来，康娱与落蕊的事应当是对她最大的伤害，但她的自杀好像与康娱的这件事没有什么关系，反而是她娘家的弟弟的事引起的。我们应该如何来理解这对夫妻之间的复杂关系以及素荣所遭受的一系列委屈呢？

从结婚一开始，素荣对康娱就不怎么满意。康娱不好好过日子，整天在外边赌博和靠人，对素荣还态度蛮横。他既不能为家里的生活日用打算，也不能对妻子以礼相待。不过，恰恰是因为他不过日子这一点，素荣在家里有充分的道德资本，足以理直气壮地批评康娱的种种毛病。而且，康娱还不像康回那样，不是因为妻子过于挑剔而起的矛盾。不仅街坊邻居人人知道康娱的这些毛病，他自己也很清楚。因此，在一般的家庭冲突中，康娱是没有什么道理可讲的。

素荣之所以不愿意把家里的这些事情告诉自己的父亲，是因为害怕老人家担心。虽然家中的种种不幸说起来也没有什么荣耀的，但她毕竟还是常常和村里人抱怨，也愿意向我倾诉，因为她自己没有理亏的地方，她的委屈都不能由她自己负责。她深知，我们都会比较同情她。在家里的那些斗争中，她随时可以反抗，从来都不仅仅是个被动的受害者。

康娱和素荣之间很早就开始了这样的权力游戏。他们结婚一年之后，素荣因为对康娱不满，在年底赌气回到了娘家。虽然康娱不太在乎此事，但他的母亲和本家的康回都知道，年是不能这么过的。他们也深知，错一定是在康娱那里。素荣回娘家是对不过日子的康娱的一个惩罚，而且是有道理的。如果康娱顾及整个家庭的生活，就应该向素荣赔礼道歉，请她回来。但他并不想这么做，于是这场权力游戏就无法终结。康娱母亲和康回从大局考虑，代替康娱向素荣道歉，不断叫人去请素荣回来。素荣虽然对康娱依然不满，却不能不领他们的情；如果她仍然坚持不回来，那就是不给他们面子，把自己变成没道理的一方了。所以，她在腊月二十六回到了娘娘庙村。这场权力游戏虽然以素荣回到娘娘庙村结束，但素荣与康娱的关系并未缓和；相反，素荣反而积累了更多的道德资本。

无论是从娘娘庙村乡亲们的口碑中，还是通过她自己的叙述，我们都可以看出来，素荣是个比较能干的媳妇。像她第一次见婆婆的时候，虽然康娱把她陷入了一个尴尬的境地，她还是能够巧妙地化解了自己空手而去的无礼，博得了老太太的欢喜。虽然康娱整天在外面胡混，她还是省吃俭用，攒出了 2 万多块钱，这在 20 世纪 80 年代已经是相当大的一笔钱了。在每个回合的权力游戏中，素荣也能看准时机，聪明地抓住丈夫的把柄，知道什么时候可以积累道德资本，什么时候可以充分利用这些资本，什么时候可以愤怒地指责，什么时候可以用回娘家相威胁，什么时候又应该适可而止，不落下把柄。康娱是个混混，无法放弃他的那些坏毛病，但在家庭政治中，他一直没有占过上风。他在只有一点炒饼的时候，只能不情愿地让给素荣母子吃；素荣坚持说不能卖房子，康娱也一句话都说不出来；素荣需要他在家帮助照顾孩子的时候，他也必须从北京回到娘娘庙村。在整个家里，素荣说了算，康娱自知理亏，根本说不上话。

不过，素荣在权力游戏中的这些胜利并不能给她带来多大的幸福。康娱虽然在权力游戏中无法取胜，但他不会有什么改进；而他越是胡混，素荣的道德资本越多，但她并不会为此而希望康娱继续混下去。正如我在第二章所说的，家庭政治的根本目的是进一步的亲密关系和好好过日子。如果无法达到这个目的，再多的胜利也没有意义。

素荣反抗康娱的高潮无疑是离婚。当我们回过头来看这件事的时候，很难说素荣的目的是否真的是要离婚。谈到此事时，木兰甚至怀疑他们是不是假离婚，因为村里有过为了多生一个孩子而假离婚的事。虽然素荣与康娱的离婚肯定和计划生育无关，我们还是很难相信，如果她真的坚决不想和康娱过了，怎么会要求那么少的财产，而且一天之内就被劝了回来？

虽然素荣从一开始就对康娱不满，而且总是和康娱打架，但导致他们离婚的那件事确实非常微不足道，以致像木兰这样的人都不相信这是他们离婚的真实原因。

　　我至少可以肯定的是，素荣那天晚上在指责康娱的时候，一定没有想到要离婚。在一夜的争吵之后，两个人才话赶话说到了离婚这件事。"话赶话"是家庭政治中一种常见的权力游戏。特别是气头上的两个人，越吵越激烈，双方都互不相让，至少在口头上不能服输，于是说话就像拍卖一样，最后出现一个谁也没有预料的结果。比如，娘娘庙村的慕之就是因为一件小事和妻子吵架，结果互不相让，妻子指着地上的农药说："你横什么横！药就在这儿，你有能耐就喝，你敢吗？"完全没有想过死的慕之毫不示弱，抄起瓶子来就喝。

　　不能说素荣与康娱的离婚真的是有意的策略，但至少可以看做话赶话赶出来的结果。素荣本来觉得自己批评丈夫很有道理，于是在权力游戏中就有充分的道德资本。康娱老是一晚上一晚上地在人家，给人家带来很大麻烦，自己家也不安生，素荣批评康娱完全是理直气壮的，因为她这里的焦点是究竟谁更有理。康娱知道他没有道理，但是面对素荣的严厉指责，他一点也不想屈服容让。他没有更好的道理来还击，但他更关心的不是谁有理，而是谁在权力游戏中占上风。于是，没理但又不肯服输的他非常蛮横地扔出了让素荣走这句话。康娱和素荣都清楚，虽然两个人有很多矛盾，虽然两个人吵得很厉害，但现在的这个争执根本不至于导致离婚。康娱以为，提出这个完全不恰当的解决方案，可能会吓退素荣的气焰，让她有所收敛，因而就能结束这场权力游戏。但是明知自己有理的素荣，却不愿意屈服于康娱的这句话。她被康娱这句话激怒了，而且她这时候想起来原来的各种矛盾。为了不在权力游戏中失败，她也意外地答应了离婚的提议。她的这一决定，和慕之喝农药的决定非常像，都是话赶话导致的意外结果。而素荣既然这么说了，康娱也不肯向她屈服，不会说软话来劝解素荣，反而要坚持这个决定。于是，他们决定去办离婚手续。

但权力游戏并没有就此结束。在这场"话赶话"的权力游戏中，两个人都为取胜付出了巨大的代价。素荣未必真想要和康娱永远分开。如果她和康娱永远分开，那就结束了俩人之间的权力游戏，她的胜利也没有什么意思了。而只有康娱向她屈服和道歉，她的这种胜利才有意义。那天晚上两个人都在气头上，康娱没有屈服，但他事后想想，一定觉得后悔。后来发生的事情证明，康娱确实并不愿意离婚，只是他和素荣一样，在权力游戏中都不肯服输。但素荣却赢得了更大的胜利——她婆婆和孩子都来道歉并劝她回去。这些都是那天晚上的权力游戏的继续。

康娱的母亲知道他们是因为小事争吵离婚的，不可能坐视不管。正如上次过年的事一样，她深知自己的儿子没有道理，而素荣如果这样离开了康家，他们的脸就丢大了。她也清楚，离婚不过是话赶话的结果，素荣最后很可能被她说服，回到家里。而看起来，素荣也知道这一点。她在回到娘家的时候说："这回家来不走了，这回回来可得在自个家待长些。"但这话里说的意思是不一致的。她先是说回来就不去娘娘庙村了，后来又说最终还得回娘娘庙村，只是要待长些。如果她真的下决心不回去了，后半句话还有必要吗？而且，就在娘娘庙村还没有人来的时候，她就嘱咐家里人，娘娘庙村来了人不让进屋。她知道，权力游戏并未就此结束，她很可能还是会回到娘娘庙村，但如果没人来道歉，她是不可能回去的；而她从情势判断，知道很可能会有人来的。

康娱母亲的来访是夫妻二人的权力游戏的继续。她低声下气地来为儿子求情，试图以此调和二人的关系。面对二人的权力游戏，康娱的母亲处在非常尴尬的境地。一方面，她关心的是儿子的日子和家庭；但另一方面，她明明知道儿子错了，又不可能袒护他，而必须代他向素荣道歉。她只有通过指责儿子，才能帮他赢回素荣。她虽然是在乞求素荣，但她这个举动却在逐渐赢回权力游戏。

老太太的来访把权力游戏从关于胜负的意气之争重新变成了关于谁有理的游戏。康娱虽然没有向素荣屈服，但他的蛮横态度对整个家庭和他自己都没有好处。他的母亲知道，如果没有和谐的家庭，他是不可能过好的。她的来访给了素荣一个大面子；她甚至要向素荣下跪，其诚意可想而知。这样的谦卑之礼补偿了康娱对素荣的伤害，反而使素荣有了巨大的道德压力，不能再任性赌气。随后，焦点就转回到了家庭生活中的理上面，而这正是那天晚上素荣批评康娱时最关心的问题。素荣此时如果还不回去，就是得理不让人，不给老太太面子，那她就会输掉此前积累的道德资本。当然，如果她真的下了决心不再和康娱过，此时还是可以坚持不回去的，那样就彻底结束了这场权力游戏。但她没有这样做，可见她仍然关心自己与康娱的家庭以及他们在一起的日子。

于是，素荣回到了娘娘庙村，取得了全面的胜利，但她仍然要继续与康娱过那并不舒心的日子；康娱在这场权力游戏中彻底输掉了，但保全了家庭。康娱全面认错和投降。这次权力游戏的一个战果就是，二人达成协议，暂不复婚。于是，素荣在以后的权力游戏中会处于更有利的位置，可以随时回娘家。康娱再也不能打她骂她了，因为他必须顾忌这一点。但是，为什么在康娱靠着落蕊的时候，他明明给素荣带来了巨大的伤害，他们反而复婚了呢？

在康娱和落蕊私奔的时候，素荣并没有回娘家。相反，她不仅待在了婆家，而且还任劳任怨地完成了所有家务。这并不意味着素荣不在乎康娱的外遇，而恰恰表明，她精明地利用一切机会为自己积累道德资本。我们可以从她对康娱的爹说的那番话知道，她已经被康娱的举动气坏了。那么，如何来理解她的任劳任怨和对老头说的这话呢？

作为一个精明的女人，素荣运用理性思考，是不会轻言离婚的。虽然这个家庭并不和睦，但孩子是她的，财产她占有一半，这毕竟是她的家。她尤其不会在一个不合适的时候离婚，因为那样她会失去一切，但除了一肚子气之外，什么也得不到。比如，江中的妻子就是因为江中和幽昧鬼混而闹翻了天，最终和他离婚。她固然维护了自己的尊严，但什么也没有得到。她后来又嫁了一个人，关系并不好；而江中和幽昧却靠开饭店发了财。因此，素荣有鉴于江中妻子的结果，不会轻易认输。她向我强调在康娱私奔期间自己那么努力工作，甚至容忍落蕊和康娱住在自己家里，目的就是要告诉我，她是多么讲理，同时又多么委屈。这样，她会积累更多的道德资本，因而才能那么理直气壮地指责她的公公。

康娱和落蕊的事闹得沸沸扬扬，就连书记都来干涉。于是素荣以退为进，让康娱去和落蕊登记。她很清楚，丈夫虽然可以靠着落蕊，但绝不会冒险和落蕊结婚。素荣的那番话，不仅揭露了丈夫的短处，而且充分展示了自己的道德资本。康娱果然不敢不顾整个家庭，去和落蕊结婚。

一个家庭，并不只是夫妻之间的结合而已。夫妇与孩子共同组合成一个过日子的整体，各人的生命和命运相互依赖。当康娱和素荣谈到孩子的时候，他们就是在谈整个家庭和其中每个成员的命运。康娱虽然和落蕊有苟且之合，但对于已经有家有室的康娱而言，落蕊无论如何难以给他的孩子当好后妈，更不可能在真正的意义上和他过日子。两个人之间只可能是玩玩而已，不可能组成共同过日子的家庭。

木兰和我讲了此事的另外一个侧面。当时木根已死，木兰听说素荣非常生气，还扬言，如果落蕊再到她家去，非杀了她不可。木兰虽然憎恨导致哥哥上吊的落蕊，但此时更心疼自己的外甥们。她让外甥给落蕊传了张纸条，上面写着："你要再敢到北头去，俺们先宰了你。"她之所以这样做，是担心气头上的素荣若真是动粗，落蕊有个三长两短没关系，但她的外甥若是父母双亡，岂不是更抱屈了？落蕊虽然不好，但她是木根的孩子们的妈，只有她能疼孩子们。同样，康娱的孩子们也不能轻易离开素荣。素荣和康娱都懂得此理，所以，素荣绝不会输给落蕊。

对于素荣来说，复婚并不意味着她和康娱言归于好，而是她在展示对落蕊的绝对优势，表明她在这个家里的地位是不可取代的。在康娱的外遇之后的权力游戏中，素荣又获得了更多道德资本，取得了重大胜利。虽然康娱在靠人，虽然她对公公说了那些不敬的话，但她无可争议地成为家里真正说了算的人。

素荣的地位是靠她的道德资本巩固的。但这绝不意味着，这样得来的胜利就等于幸福生活。虽然素荣可以理直气壮地指责丈夫，丈夫根本不敢说个不字，但他们的家庭并不和睦，她根本就不快乐。她的那些策略并不足以带来舒心的生活。而且，她一旦自己做错了什么，道德资本没有了，她的这个地位也就保不住了。正是在这样的情况下，素荣吃了安眠药。

由于她兄弟的事情，素荣不得不到处借债，给本来并不富裕的家庭带来了负担。虽然这些都自有原因，但毕竟是个把柄。本来在家庭政治中永远处在下风的康娱，这下终于找到了反攻的借口，她原来的那些道德资本也不再起作用了。既然她自己都不考虑全家过日子，那她凭什么责备康娱呢？康娱得理不让人，充分利用这个机会，不断地数落和讽刺素荣。更糟糕的是，就连孩子们都站在父亲一边，也觉得妈妈为舅舅花的钱太多了。

有的村民评价此事说："要是素荣一开始就别瞒着康娱，也许不会这样。"可是，在那样的紧急情况下，她必须尽早借钱，告诉康娱或许会带来更大的麻烦。焉知素荣姐姐的出尔反尔不是和丈夫商量的结果？

不管怎样，素荣在这场权力游戏中是输了，家里的权力平衡被打破了。康娱再也不必害怕她的指责了。她在观看信美的葬礼时，也萌生了自杀的想法。

就在康娱走进素荣屋里的时候，他仍然在使用刚刚得到的道德资本。他不仅在言辞上讽刺她，还通过行动要把她送回娘家。素荣坚持不回娘家，她宁愿死在那里。这又是一个小的权力游戏。素荣在看到康娱的时候，已经知道自己死不成了；但是她既不会回娘家，也不会亲口承认自己吃安眠药了，因为那都是示弱的表现。她就要躺在那里等死。素荣虽然这次是输了，但她不会因为这个小小的错误就承认失败，更不会认为自己真的危害了全家的日子。她认为自己一片苦心、操持家务，完全都是为了家里好，而今仅仅因为这一点小的错误，就遭到丈夫的奚落。她觉得自己受了委屈，但在当时的情境下又无理可说。她的坚持去死，是在这种情况下的消极反抗。当家庭政治完全变成了权力之争的时候，即使像素荣这样精明的人也有失败的时候，因为谁都难免失误。如果人们整天都在寻找可资利用的道德资本，以战胜对方为目的，那日子是无论如何过不好的。

素荣的委屈和两次自杀未遂，正是由于这样的原因。

素荣和康娱过得那么不好，为什么不真离婚呢？这样的问题，是很多人可能会想到的。特别是在我和美国朋友谈到这类的自杀个案时，这往往是他们难以理解的一点。我们在上面的分析中，已经基本上谈到了这个问题。而在我们前面讲过的个案中，不仅素荣，何芳也面临类似的问题。而石磊和江中的妻子都和他们离了婚。因此，我们不能认为，她们对自己丈夫不满意时，都不会想到离婚。但素荣在康娱和落蕊私奔时的表现，很好地告诉了我们，在那个时候，不离婚是一个非常明智的选择。对于他们来说，离婚意味着权力游戏的彻底终结，虽然可以结束一段痛苦的生活，但不会给她们带来什么好处，也无法惩罚那些曾经伤害她们的人，反而会增加新的困难。相反，她们如果坚持不离婚，而是继续把这场权力游戏玩下去，反而可以增加道德资本，可以惩罚伤害了她们的丈夫。包括那些喝农药的妇女，喝农药可以是有效地赢得权力游戏、惩罚丈夫的一种方式，但以离婚的方式结束权力游戏，却要付出更大的代价。我们说过，一家子过日子是一种生存状态，其中有快乐也有冲突，人们宁愿在这反反复复的权力游戏中混日子，也不愿意破坏一个家庭，再费劲去重建一个家庭，开始一系列新的权力游戏。因此，如果没有无法忍受的大问题，人们一般不会离婚，当然，如何理解这个忍受的限度，是因人而异的。

三、齐家

2001年6月初的一个傍晚，我第一次采访了滋兰，西堂村一个

32 岁的少妇。那次我觉得滋兰是个开朗聪明的女子。她住的院子很大，有一大片种着菜。看得出，她一定是能干而且爱交往的。她的丈夫在外面打工，不常回来。她和我讲起半年前的一次喝农药经历：

"我喝药那次其实是因为挺小的一件事，也没有什么值得说的。俺们家那个人在浮阳的一个建筑队上开车。他给经理开车，不怎么回家。那一天他回来就不高兴。别笑我啊，那就是一次吵架。是腊月二十七，快过年了，他回来了。那天晚上我做好了饭了，正盛饭呢，听见好像有人敲门。我占着手呢，就跟他说：'你去看看是不是有人敲门呀？'他说不去，叫我去。我有点急了：'你没看我干着活吗？'俩人都有点着急，就吵起来了。他坐在饭桌旁边，手里边拿着筷子。这么一敲，那筷子弹起来跳得老高，差一点没打上我的脸。'你怎么着，想扎瞎我的眼呀？'我可急了，'你以后干脆别回来。你一回来就打我骂我。'他也急了，于是就真的开始打我，打得特别狠。人家那时候就揪着我的头发，往墙上撞脑袋呀，我的鼻子都出血了。我说：'你们家都这么不讲理呀？你一点也不比你爹强。'我这么一说，他就更急了。平时急了他也打我，不过闹闹也就算了，可没有这一回这么狠，没完了一样。他把我推到地上就打，我又哭又喊，半天他才停下来，出去了。一整晚上他都没回来，后来我知道他是上他们经理那里去了，打了一晚上麻将。第二天早晨，我还生着气呢，又看见孩子们哭，心里特别烦，我一赌气，就失去理性，喝了药了。后来左邻右舍把我送到医院，算好了。这事就这么简单。"

我问她丈夫是不是老打她，她说："也不是老打。有时候急了就打。我的脾气也不好，他的脾气也不行。他老是不回家来，一回来就吵。"第一次访谈就这样结束了，我对此很不满意，总希望能够有机会更多了解滋兰的故事。我注意到她说的这句话："你们家都这么不讲理呀？你一点也不比你爹强。"我相信这句话背后一定有别的含义。

第二天早晨，一个对他们家更了解的向导带着我再次找到了滋兰家。我们走进她家的大院子，她的两个儿子正准备吃早饭。她说这个大院子不算她的，而是她小叔子的。她的丈夫刚刚在不远的地方盖了一座新房。

说到她的小叔子，我单刀直入地问："你跟你公公婆婆的关系怎么样？"她笑了笑说："俺们这个家庭特别复杂，说出来你也不懂。"和我同去的那个人解释说："他们家人口多。他不光有公公婆婆，还有公公爷和婆婆奶奶呢。"滋兰接着他的话说："是呀。俺们那个人不在家。什么事都得我自己干。这几天天这么热，我只好自个浇水。就前几天，一大早我公公爷就来敲门，说叫我去浇地。一开始我婆婆奶奶跟我一块浇，后来我就叫她回来了。我一直干到下午四点。都进了六月了，我整天都在大太阳底下干活。头晒得特别疼，累得走不动道了。我都不知道自个是怎么回来的。我一气吃了四片止痛片。天那么热，俺们家的鸡都受不了，趴在地上一动不动。连续几天我都没再出门。"

我的向导说："是呀，有的时候你们家这几个老人是太固执，不好处。你姨说你喝了药以后她上你公公爷家里去了。他们提到你还吵起来了呢。""他们说么了？"滋兰一下子严肃了起来。"没说什么，"我的向导的表情有些尴尬，连忙否认，"那个老头就是不会说话。你姨是去帮你说理去的，你婆婆奶奶还说你好呢。"

"嗯，"滋兰叹了口气说，"那个老头呀，老是干些个没用的事。俺们家里边这些个老人们真是又糊涂又固执。你没看见俺小叔子那事吗？他刚放了，可是俺公公又起诉了。你说这不是太糊涂了吗？他要求警察赔偿损失。他不认识人，他能打赢这官司？他们觉着自己忒能耐呀，觉着什么事都能办成。别人谁都看得出来这是糊涂事，谁知道他那是怎么想的呀？"

听到这里，我有些不明白起来。我的向导解释说："她的小叔子刚刚从监狱里边放出来。他关进去3年了。她公公呢，觉着在这个案子上花的钱太多了，想把钱要回来，就起诉了。这是他们家里边的一件大事，他们老是为了这个吵。她那次喝药也和这个有点关系。"

滋兰又笑了笑说："在这个案子上，俺公公别提犯了多少错了。本来好多冲突都不会有的，就是因为他老处理不好，才出来些个矛盾。不过这还是太复杂了，也不好跟你解释。就是因为这个家庭太大太复杂，在这里边处理各方面的关系实在是太难了。"

这时候她的两个儿子吃完饭了，她站起来去收拾桌子刷碗。我的向导就问她："你这个小的罚钱了吗？""罚了。罚了5000块钱呢。""你不是不用罚了吗？""嗨，结果还是罚了。人家发现了，非得叫交钱不可。"我的向导见我又有些不明白，就解释说："那个大的9岁了，这个小的6岁。那时候他们想要第二个孩子，得不到批准，因为第一胎就是小子了。他们就想了个办法：迁户口。当时她男的在浮阳上班，他们就说要把户口挪到浮阳去。可是他们在销了这边的户口以后呢，也没有在浮阳上户口。这样他们就把户口悬起来了，哪边都管不着，谁也不负责他们的计划生育。这样他们就生下这个小的了。""真是一个聪明的办法。"我说。"可是俺们还得给他上户口呀，"滋兰一边收拾桌子一边说，"要不他就老是黑人呀。一上户口，人家就罚款了。"她把桌子收拾好了，重新坐了回来：

"不过，我在浮阳待的那一年真是好。那时候他在浮阳煤矿上班，他有个姑在那里，我也跟他在那边住了一年。煤矿上的工人都特别好，工人之间的关系也特别简单。俺们在浮阳的时候从来不吵架，可是跟农村里不一样。在那儿我根本就不用担心什么，一点压力也没有。在家里边我就得随时小心翼翼，压力太多太大了。一回到家俺们就吵，甚至是打。真是太不一样了。在这儿又得照顾家里边的各种关系，又得考虑到家庭外边的关系。谁都得依靠别人，你根本不可能不考虑别人。有个什么事呀什么的，不是需要街坊邻居的帮忙吗？你看，那西院里（她指公公婆婆家——笔者注）从来都不管这些事，根本不考虑跟别人处好关系。不过俺们到底是一家，我还得照顾他们，为了他们也得跟里里外外的别人处好关系。他们就这么大撒手，把什么事都交给我了。我是又累又烦。我从浮阳一回来，脾气立马就变坏了，吵架马上就多起来了。这是家里边这种情况叫我这样的。

"不过现在好一点了。从那次喝药以后，我学会了好多东西。就是不该想得太多。爱怎么着怎么着去。怎么着不是过那么几十年呀？为什么这么委屈自己呢？没这个必要。头年秋天正忙的时候他没回来。我挺生气。可是现在我不怎么管这个了。前几天他回来，我叫他第二天跟我一块儿上地里去。有好些个活等着干呢。他答应得好好的，可是后来就去喝了一整天的酒。那是五一放假的时候。后来他经理的儿子结婚，他又是两天没回来。那正是地里边最忙的时候呀，我只好自个去干那些活。不过现在我不为这些事生气了。爱怎么着吧。我对地里边的那些活也不是那么想不开了。反正他能挣钱回来，我又不是完全靠地里的收成生活。我就是做我能做的。我要是累了，就什么也不管了，这根本就没什么关系。"

我的向导说："是呀，别太想不开。两口子吵架有什么呀？我和你婶子还老是吵呢。吵过就过了。我看你好多事处理得很好的，村里边人们也都跟你挺好的，你跟人们也走得不错。在家里也想开点，学乖一点。"她笑着说："我要是不高兴，怎么乖得起来？我跟他们家里这老人呀，就不是一种人，脾气不一样，性格差得太远了。俺公公和俺公公爷都不会交朋友。他们不是坏人，确实是好人。也没人说他们不好，可是他们就是没有几个知己的朋友。他们从来不知道跟人一起吃吃喝喝，跟谁也不拉近乎。我是不喜欢这样的情况。这就是俺们之间的区别。我是特别爱交朋友的个人。要是有人来借什么东西呀，我只要有，从来都不犹豫一下。只有这样，等我也想跟别人借点东西的时候，人家才会借给。这样才能跟人走得开。前几天，我公公爷打牌的时候输了 6000 多。为什么呀？就是因为他一个朋友都没有，谁也不想帮他。他那么老了，别人欺负他，偷着看他的牌他一点也不知道。人家别人都联合起来糊弄他，所以他就老是输，赢不了。"

　　这次访谈终于使我弄清楚了滋兰家里的一些基本情况和冲突，但我还是不知道这些究竟和她的喝农药有什么直接的关系，也不知道她和她丈夫之间的争吵是否仅仅是因为没有开门。走出她家的院子以后，我请我的向导再解释一下。

　　我意识到滋兰小叔子的案子应该是挺重要的一个环节，不过她好像总不愿意细讲这件事。我的向导告诉我，说这件事在村子里谁都知道。她小叔子被抓起来是因为一起强奸案。说起来，他强奸的那个女孩还是他们一家子。他的爷爷和那个女孩的爷爷是亲兄弟。这样他们就是不很远的叔伯兄妹。不过实际上他们之间没有血缘关系，因为那个女孩的妈妈是带着她改嫁到这个村里的。女孩不是在村里生的。不过，人们还是觉得这是一起乱伦案，滋兰的小叔子实在不是什么好人。

我的同伴说："他们一共是三个人。滋兰的小叔子也是司机，开长途汽车。其中一个人就把那女孩骗到车里去，然后他们帮着他强奸了她。她的衣服都给撕烂了。现在她家里还保存着那烂衣服呢，这就是最好的证据呀。滋兰的公公爷还说呢：'我前几天做了一个梦，梦见他们俩睡在一块。我还觉着奇怪，他们怎么会在一块睡呢？没有几天就出了这件事。'"

因为是本家，那女孩家里也不愿把事情闹大，说出去谁都不好看。于是他们就建议私了。他们要求男方赔偿 1 万元，他们也就不去告了。可是那个固执的老头就是不同意。他说 1 万太多了，坚持说他只能出 3000。那个女孩家也想妥协，就把价码降到了 5000。可是那个老头还是不同意，就是只能出 3000。最后女孩的父母起诉了滋兰的小叔子，他被关进去了。他的父母也急了，求爷爷告奶奶，花了一大笔钱，才算使他的刑期减到了 3 年。他们为这个花的钱可是远远不止 1 万。

滋兰的小叔子有一个男孩一个女孩。自从他进了监狱，她妻子的日子也就过得特别难了。就是因为他在监狱里，滋兰的公公婆婆觉得他的孩子可怜，就对他们特别好。也是为了减轻他们的母亲的负担，老两口就让两个孩子到爷爷奶奶这边来住。对此，滋兰很不高兴。因为她也有两个孩子，而且她的丈夫也不在家。怎么公公婆婆就从来没特别照顾她的孩子？她老是为了她的孩子们和公公婆婆吵。

我的同伴说："有一次我从他们门口经过，就听见门里大声嚷嚷。我知道里面一定是在吵了，就推开门，看到滋兰的公公正在打她呢。他揪着滋兰的头发，打得也真狠。滋兰在那里大声地哭叫。

我连忙过去劝架。即使滋兰真的不对了，她也不是公公该打的人呀。'这不是你打的个人。'我对她公公说。那个老头还生着气呢，说：'我知道。可是她快把你嫂子气死了。我不打她怎么着？'这就发生在她喝药前的几天。我猜她男的听说了这回事肯定挺生气，正要找机会打她呢。"

我想起来他说滋兰的姨的话头，当时他因为说错话显得挺尴尬，我想这里面也应该有别的原因，就问："滋兰的公公爷对她姨说什么了？"他说："我刚才差点说漏了。她嫁到这村里就是她姨做的媒。因为她姨的婆家在这村，就把她介绍来了。她老是觉得应该对这个外甥女负责。她那次喝药以后，她姨就去滋兰的公公爷那里，想把事说开，帮着调解一下。你知道那个老头说什么吗？他说：'你还说这事呢。要是我呀，我早打死她了。'她姨气坏了。'你打死她？你怎么能打她呢？你这么大年纪了，怎么会说出这种不合适的话来？'从那以后，她再也不跟这个老头说话了。就是滋兰的婆婆也好长时间没和滋兰说话。最近她们的关系才有点缓和，又走动起来了。"

表面看上去，滋兰喝农药的原因和何芳很像，都是因为夫妻之间的一次小争吵，也都是因为丈夫打了妻子。但滋兰喝农药的更深原因，却与何芳的非常不同。她虽然也偶尔抱怨一下丈夫，但夫妻之间的矛盾并不是最根本的。关于开门的那个小小争吵，也只不过是一个非常不重要的导火索。而更重要的，是在小叔子坐牢之后滋兰与公婆之间的争执；再进一步，则是滋兰与公婆乃至公公爷、婆婆奶奶之间长期的不和。在那散漫的谈话中，滋兰对婆家有各种各样的抱怨。其中最根本的是哪一个呢？

滋兰所谈到浮阳的生活与乡下的生活的对比，颇能帮助我们理解她真正关心、真正气愤的到底是什么。滋兰说她很怀念在浮阳的那段日子，因为煤矿工人之间关系简单。可是，她转过头来又在吹嘘自己如何会处理人际关系，在村里人缘如何好。其实，滋兰之所以喜欢在浮阳的生活，并不只是在于那里的人际关系简单，更是因为一个非常具体的原因，即：她婆家的这些人不在那里，她和当地人没有什么利害冲突。反过来，我们这些长期住在城里的人反而可能觉得农村里的生活更简单、更舒适，那是因为，农村不是我们真正的生活圈子，我们和当地人没有利害冲突，不必在那里过日子。在浮阳，滋兰只需要关心她的丈夫和儿子。而在滋兰夫妇之间，并没有什么真正的冲突，所以她就会过得很舒心。对于滋兰而言，浮阳之行就像一次超然世外的旅游一样；只是因为那里不是自己的家，需要关心的事情也就少了。倘若他们真的在浮阳安下家过起日子来，恐怕又不同了。

滋兰夫妇一旦回到孟陬，争吵就多了起来，那并不仅仅是因为孟陬的人际关系更复杂，而更在于，孟陬的生活是滋兰真正关心的。虽然滋兰抱怨说，村里的人际关系和她婆家的关系都太复杂了，但真正的焦点仍然不在这里。她说："谁都得依靠别人，你根本不可能不考虑别人。有个什么事呀什么的，不是需要街坊邻居的帮忙吗？你看，那西院里从来都不管这些事，根本不考虑跟别人处好关系。不过俺们到底是一家，我还得照顾他们，为了他们也得跟里里外外的别人处好关系。他们就这么大撒手，把什么事都交给我了。"

这几句话包含着几层意思。第一，滋兰抱怨农村里关系复杂，不像城里那么简单；第二，她虽然如此抱怨，却并没有彻底否定这种人际关系，而是相当认同这种处世方式；第三，她不仅认同这种处世方式，而且话里话外颇以精于此道为荣；第四，她对婆家的抱怨，在于他们根本就不懂这些道理；第五，她在吹嘘自己的处世之道的同时，又抱怨婆家把处理人际关系的任务全都交给了自己。

从滋兰的整个故事中，我们可以看到，她对婆家最大的抱怨，就是他们不会处理事情；而这当中最让她气愤的，不是他们不会处理与别人的关系，而是他们不会处理与她的关系。

如果细究滋兰的抱怨和村里人的评价，我们会发现，谁都不认为滋兰婆家的这些人是什么坏人。按照我的向导的说法，他们的根本问题在于"不会处理事"、"不会说话"，就是不懂得如何赢得权力游戏。可以说，滋兰家的一系列矛盾，大多是这一点引起的。在有些情况下，滋兰并不很占理，或者说，她并没有多少道德资本。但是婆家人一旦采取粗暴蛮横的处理方式，就会把本来自己很占理的事处理得更糟，反而给了滋兰进一步争执的道德资本。我们可以通过两件事来看这个问题。

首先，滋兰的公公打滋兰，就是一件非常失身份的无礼之举。不论滋兰多么不讲理，不论她做得多么过分，就像我的向导所说的，"这不是你打的个人"。公公不能打骂儿媳妇，已经成为现代中国家庭中一个基本的规矩。第一，在现代家庭中，虽然公婆与儿媳妇之间常常有冲突，但这些冲突往往是在权力游戏中，以委婉的方式进行的。谁若打破了这个规矩，公然以打骂相对，谁就打破了家庭政治的游戏规则，就被认为是输掉了这一局权力游戏；第二，与婆婆相比，公公尤其不能与儿媳妇发生这种暴力冲突。婆婆可以和儿媳妇有更亲密的关系，也可能发生更直接的冲突；而公公既不应该与儿媳妇关系过于密切，也不应该与儿媳妇有直接冲突。

滋兰抱怨公公对小叔子的孩子更好一些，在很多人看来，是没有什么道理的。在兄弟姊妹之间，父母往往会多照顾家庭状况不太好的一个，这是非常可以理解的。她的小叔子因为坐了监狱，母子过日子就有一些困难，因此父母多照顾他们一些。这完全在情理之中。一个度量稍微大一点的儿媳妇应该能够理解老人心疼身陷囹圄的儿子的心。滋兰抱怨说，她的丈夫也常年不在家，自己也是一个人带着两个孩子过日子，一点也不容易。但她毕竟有丈夫在外打工的一笔收入。兄弟两人虽然都不在家，状况毕竟还有不小的区别。滋兰的抱怨，被很多人看做斤斤计较。她向公婆抱怨这一点，公婆完全有道理可讲；即使他们不像滋兰那么能说会道，无法在口头上取胜，还是能赢得周围人们的同情。但公公没有和她讲道理，反而采取打的方式，破坏了权力游戏的基本规则，失去了本来可能拥有的任何道德资本，在这场权力游戏中自然就落在了下风。而滋兰反而成了受人同情的弱者，赢得了更多的道德资本，可以更理直气壮地指责她的公公。她虽然挨了打，受了委屈，但并没有输掉这场权力游戏。

另外一个例子，就是滋兰的公公爷对滋兰的姨说的那句话："要是我呀，我早打死她了。"比起滋兰的公公来，这位老人更长一辈，更有身份，因而也应该更知道尊重自己。谁知，他却说出了如此粗鲁的话来，更何况是对滋兰的姨说的。滋兰的姨来找他，就是因为他是这个家族中的长者，有资格和权力处理这件事。同样，滋兰的姨是滋兰娘家的长者，也比较有身份。她又是滋兰的媒人，和两家都有一定的关系，对滋兰在婆家的生活负有责任。也许她从自己的立场出发，确实偏袒滋兰些，但她拜访滋兰的公公爷的这个举动表明，她愿意协商处理此事，这是相当友好的一个姿态。如果滋兰的婆家认为滋兰有什么地方做得不对，她公公爷应该借这个机会讲出来，也就是把自己享有的道德资本充分使用出来，就可以在权力游戏中取得更大的优势，使滋兰迫于她姨和周围人的压力，有所收敛，这样就可能真正有助于解决家中的矛盾。可是，在她姨认真谈这件事以前，老头的一句充满敌意的话就把她的一切善意都打消了，使她姨不可能再平心静气地和他说话。本来，滋兰的姨是最适合说和双方的人，而老头却把她得罪了，使滋兰与婆家和解的可能性更小。老头这样一做，就是滥用了自己拥有的道德资本，反而为滋兰增加了更多的道德资本，使她受害者的形象更加鲜明，而引起争论的那个问题本身中的道理，却成为次要的了。

于是，问题变得越来越复杂。滋兰的婆家会坚持本来的道理，认为滋兰是无理取闹；但他们的做法所制造出来的更多委屈反而使滋兰越来越得到人们的同情，使她越来越有资本和他们抗争。这样，问题不仅不可能解决，而且双方都越来越觉得自己有道理，反而使矛盾更加剧了。虽然随着时间的推移，人们会慢慢淡忘此事，关系也可能逐渐有所缓和，但这并不是因为解决了问题，而只是大家把问题暂且搁下了。由于问题并没有得到解决，以后一旦再出现矛盾，这些道德资本就有可能被用到新的权力游戏当中，形成更加激烈的冲突。

在滋兰与婆家矛盾的背景下，我们再来分析她与自己丈夫的争执和喝农药这件事本身。按照我的向导的说法，这同样是因为滋兰丈夫不会处理事情，使本来未必那么难以解决的家庭矛盾变得更加复杂。

滋兰第一次跟我讲的关于开门的那个小争执实在算不得什么争吵，只不过是一个直接的导火索而已。滋兰在家里与公公的冲突才是真正的关键。当时，她丈夫已经了解了整个事情的经过，就想着要惩罚滋兰一顿，只不过还没有找到借口教训她。丈夫此时已经陷入了一个很尴尬的境地。在父母与妻子的冲突中，他一方面不能明确站在妻子一边，必须帮助被气坏的父母教训妻子；另一方面，他也知道，滋兰之所以和公婆发生冲突，是为了他们的孩子，乃至他们的整个家庭考虑。虽然他没有明说，谁都知道他当时的心境非常矛盾。这个开门事件所体现出来的，并不是夫妻之间的什么矛盾，而是滋兰与老人之间的权力游戏在丈夫身上的继续。父母逼着儿子教训滋兰，妻子也认为他应该代表一家四口向父母讲理。丈夫一方面要对父母尽孝，不忍看到他们被气成那样；另一方面也并不希望妻子因为自己的孩子挨打。他想帮助父母教训滋兰，但是又不能直接讲出这个原因，所以只能找另外的借口。

于是，开门事件引起的纠纷成为一个新的权力游戏。而这个根本不能算借口的借口，使滋兰丈夫在冲突中表现得非常蛮横，一开始就没有任何道德资本。滋兰当然觉得受了委屈。同时，滋兰并不是不知道丈夫打她的真实原因。她很清楚，丈夫根本不是因为开门这件小事而打她，所以她才会故意说："你们家都这么不讲理呀？你一点也不比你爹强。"这句话一方面是对丈夫当时的态度的点评，另外，也有意揭露丈夫打她的真实原因，故意以此来显示丈夫的无理和她自己所拥有的道德资本。虽然她挨了打，但无论从哪方面来说，她都没有落在下风，都没有输掉这场权力游戏。丈夫越是用这种蛮横的方式处理，越在为滋兰积累道德资本，这不仅无助于问题的解决，而且在激化矛盾。从这个意义上说，他的暴力也是一种不会处理事情的表现。

我的向导和别的村民谈起这件事都说，在这样的事情中，一个聪明的丈夫确实应该责备妻子，但是不能以这种蛮横的态度打她，而应该好好和她讲道理，或者哪怕是拿出权威来给她下命令，都不该做出无理的事来。这样，他就可以有效地利用手中的道德资本，一方面平息了纷争，一方面没有输掉权力游戏。有些精明的丈夫，会在父母面前责备妻子，在妻子面前哄她，当然也不失为一种可行的办法。

滋兰的丈夫采取暴力的方式，不仅不会使妻子服输，连自己的气也不能消。结果，他气得跑出去，一晚上没有回来。而大感委屈的滋兰则越想越难受，第二天早晨一气之下喝了农药。她之所以喝农药，正是因为她感到自己拥有道德资本，但是却时时处处遭受委屈。不仅公公婆婆对她不好，连丈夫都这样对待她。她的自杀尝试，是对家庭政治中这种不公的反抗。从某种意义上说，这同样是她在权力游戏中使出的一招。在无法可想的时候，她没有采取公公和丈夫那种暴力相向的办法，而是把自己当成一个受害者，采取了自我惩罚的策略。无疑，这样一个方式又赢得了人们的同情。而滋兰的公公爷之所以对她姨说出那样的话，正是因为他对滋兰这种取胜的方式感到非常不忿。

在一场场的权力游戏中，滋兰的婆家人一再失利，而滋兰却一再取胜，哪怕自杀这件事，因为她没有死成，也使她以后有了更多可以利用的道德资本。不过，就像素荣的故事中一样，这并不意味着，她的这些胜利就可以为她带来更多幸福和快乐。

我们在第二章里已经谈到过，家庭政治与公共政治的重要区别在于，家庭政治并不是以消灭敌人、保存自己为最终目的的，哪怕在滋兰与婆家如此激烈的斗争中，真正对她最有好处的，仍然是和和睦睦过日子，而不是在权力游戏中取得胜利。滋兰在权力游戏中的胜利，往往是以她身体上的痛苦为代价的。她因为挨了公公的打，而获得了更多的道德资本；因为挨了丈夫的打也获得了更多的道德资本；后来喝农药自杀，几乎以死亡为代价，换回了新的道德资本；

在她公公爷那句不合适的话之后，虽然她以后也会得到更多的道德资本，却几乎以注定与婆家永远无法和解为代价。虽然这些都会为她赢得人们更多的同情，也会使她在未来的冲突中更加理直气壮，但就家庭政治的总体而言，这只能使她和婆家的关系更僵，使本来就已经激化的矛盾更加无法解决。因此，滋兰不会因为婆家人不会处理事从而总是白送自己道德资本而高兴，反而同样要抱怨这一点。权力游戏的胜利，并不是决定家庭幸福的最根本因素。

同时，滋兰的丈夫、公公、公公爷所采取的基本策略，则是不买滋兰的账，即不管她有多少道德资本，就是不肯向她服软，不愿意俯就她来讲讲道理。他们总是希望以强硬的态度逼迫滋兰认输，在暴力威逼之下，使滋兰不敢反抗。但他们越是这样做，滋兰就越觉得委屈。他们的蛮横为滋兰提供了道德资本，而他们的压制态度，则使滋兰遭受着越来越大的不公。这两个方面结合起来，就让滋兰更可能以极端的方式反抗。

也许，这个家庭之中的关系本来就不是很好，矛盾和冲突时有发生。即便如此，家庭成员之间仍然不能以战胜对方为最终目的。他们真正想要的，还是大家一起过日子。依靠暴力和对抗，是永远无法达到这个目的的，无论对于施加暴力的人而言，还是对被施加暴力的人而言。

而这就是这个家庭的各种矛盾的根源，也就是人们所谓的"不会处理事"的真实含义。从亲密关系出发，以亲密关系为目的的家庭政治，是由一系列权力游戏组成的，不是以权力斗争为其本质的。决定了这些权力游戏的胜负的，往往不是暴力的强弱，而是道德资本的多寡；但决定日子过得好坏的，又不仅仅是权力游戏的胜负，而是权力游戏是否有助于实现家庭的和睦。这个家庭的人之所以

"不会处理事"，就在于，他们既不懂得如何取得权力游戏的胜利，又不知道如何过上真正的好日子，而在遇到矛盾的时候总是意气用事、暴力相向，结果谁都觉得不公，使家庭政治陷入了恶性循环之中，甚至可能造成自杀的结果。

四、综论

　　通过以上三个个案，我们可以看到家庭正义中的三个基本特点。第一，家庭虽然以亲密关系为出发点和目的，但情感不能取代家庭中的权力结构和道德资本，因此，家庭中一定存在"正义"问题；第二，这种权力关系不能化约为赤裸裸的权力斗争，其根本原则是全家过日子；第三，处理家庭中的正义问题，不能通过冷冰冰的法律，必须通过礼，因为其根本目的不是惩恶扬善，而是形成更理性的亲密关系。

　　如我们在葛曼的故事中看到的，仅有葛曼与石磊的爱，而没有家庭生活的保障，葛曼根本无法得到公平的对待。她没有任何道德资本可以利用，一场权力游戏都赢不了。即使在家庭之中，像我们在上一章看到的几个个案，特别是何芳与康回的例子，充分说明，仅仅依靠情感，是远远不够的。在家庭政治中，道德资本有着至关重要的作用。只有双方都得到一定的道德资本，才可能有彼此的顾忌和尊重，维持家庭政治中的权力平衡。

　　但是，如果道德全部变成了资本，人们的目的仅仅是如何在权力游戏中获胜，那道德就被彻底工具化了，失去了本身的意义。像本章中素荣和康娱的家庭就沦为了这种状况。而上一章中的几个个案，也或多或少发生了这种转变。由此可见，在权力游戏中失败虽然往往意味着不公，但权力游戏的胜利也未必就会使人得到正义。一切道德若是都被用作资本，那就谈不上什么正义的问题，连亲人之间都变成了弱肉强食的敌对关系，只有强弱胜负的区别，而没有了好坏善恶的不同。但道德之所以会被用为资本，还是因为人们有基本的道德感，即知道过日子中的基本是非。委屈来自于这种是非观遭受挫折。这样，家庭中的基本正义观念，就是这种基本是非观。而这种正义观的最终原则，是一家人好好过日子。符合整个家庭的利益，是正义的，反之是不义的。例如，虽然康娱能够在一次权力游戏中取胜，但他仍然没有获得家庭生活中的正义。

而另一方面，家庭生活中的这一目标，又不可能简单地通过惩罚不义来达到。滋兰一家的状况就很清楚。滋兰的婆家认为滋兰斤斤计较，非常不讲道理；但是，当他们以蛮横的方式惩罚滋兰时，不仅没有解决问题，反而使滋兰有了很多道德资本，让她觉得更委屈。双方的关系越弄越僵。这样下去不仅不可能惩罚不义，而且使过日子越来越难。因此，家庭中的这种正义虽然至关重要，却必须通过礼来成就，不能用法律那样的暴力手段。

无论就其理论上是为了全家过日子，还是就其实践上不可能通过暴力达到而言，家庭政治中的正义都与公共政治中的正义不同。基于上面这三个特点，我们可以把这种靠礼来实现的正义称为"礼义"，以区别于通过惩善扬恶的法律实现的"法义"。礼义，就是建立在情感的基础上，并且以和睦过日子为基本目的，依靠道德资本，通过家庭成员之间的权力游戏，使人们各得其所，达到权力平衡和相互尊重。家庭中的委屈和自杀，往往是因为礼义遭到了破坏。要么像何芳那样，因为对情感的过分要求，而丧失了良性的权力平衡；

要么像康娱那样，因为把家庭生活变成了更纯粹的权力之争，而失去了情感的依托和是非的判断；要么像滋兰的婆家那样，依仗道德资本，而不能通过以情感和睦为目的的权力游戏来逐渐达到齐家的目的。

从亲情出发，通过礼来维护家庭正义，从而形成更和谐的亲密关系，礼义的这个过程可以概括为：缘情制礼，因礼成义。

第五章　命运

　　我们在第二章谈到，家庭中的过日子就是命运的展开。在理解了家庭中的伦常和礼义之后，我们来看自杀牵涉到的命运问题，从而进一步思考，这样的生活方式及其中的问题对人们的生存状态和命运意味着什么。

　　从命运的角度理解自杀，大体会有三种可能：第一，将本来人为造成的灾难当作鬼神的外在插手，就像车祸和自然灾害一样，是人不能控制的；第二，如果进一步追问鬼神如何干涉人间的事，这种灾难并不是不可更改的"命定"，而是人鬼之间的权力游戏导致的；第三，将不断出现的厄运理解为过日子的悖谬结果，即人们明明总想过上有尊严的生活，却总是陷入更糟糕的命运当中，最终导致自杀。

　　归根结底，自杀是反抗委屈、求取更多正义和幸福的行为，但却给人带来最大的不幸。自杀最集中地反映了人们为追求更好命运所做的苦苦挣扎。对自杀者命运的解释，都是理解过日子中的这种悖谬的不同努力。

一、寿夭

如果每个人按照常规过日子，出生、成长、结婚、成家、生子、教子，再为孩子盖房、嫁娶，赡养父母，为他们送终，到最后自己也养老、寿终，平平常常，这就是一般人过日子的整个过程。一个一般的中国人所面对的，不是自然状态中的混乱和无常，而是从生到死这样一个自然的过程。能够完满地走完这一生，不见得多么享福，但算是尝到了过日子当中应该尝到的一切，完成了一个负责任的人应该完成的任务。若是谁真能平平安安过完一生，享受了应有的富贵尊荣，父母、兄弟、配偶、子女以及更多后辈对自己都很好，自己也心情舒畅，得享天伦，就算是幸福的人了；即使一生中过得很窝囊，家庭关系也未必融洽，倘能庸庸碌碌混完一生，该尽的义务都尽了，也不算可怜。但如果在这个过程中，家里有人遭受了无妄之灾，犯法入狱，英年早逝；或是父不父、子不子、夫妻反目、兄弟成仇，就算是不幸了。我们在第二章谈到的宿莽就是这样一个不幸的人（参见 2.1）。谁若是因为什么问题而轻生自杀，那当然是更大的不幸。

孟陬人对待自杀者葬礼的态度，需要从对命运的这个基本观念来理解。确实，很多自杀者也无法被埋入祖坟的主体，但这和欧洲人对待自杀者的处罚含义非常不同。如果是有儿孙的老人自杀，人们自然会责备儿孙不孝，但老人还是会按照一般规矩，埋入祖坟的主体；即使年轻人去世，如果他或她已经结婚，那也会埋入祖坟的主体；但是，如果谁未婚夭折，则不能入祖坟的主体，一般埋在祖坟的边缘，与其他坟头隔开；但如果父母为夭折的孩子找了冥婚，则又可以入祖坟的主体了。因此，人们并未把自杀作为专门的一项来对待，而是要根据自杀者是否已成家生子，来决定如何埋葬。自杀者，特别是年轻夭折的自杀者，之所以会得到不同的对待，是因为他们没能按照一般人的方式，完满地过完一生，而是短寿暴死。从这个角度看，自杀这种死法，与车祸、恶疾、凶杀等导致的横死并无不同。

李村的一个30岁的男人若木无缘无故地自杀了。人们实在找不出他自杀的原因，只知道，他在死前不久经过了他原来的对象拂日的坟。那女孩已经死了9年了。那时候，他们谈了对象，关系很好，但还没有定亲。拂日因为和父亲有一些口角而上吊自杀，和若木没有任何关系。他当时听说了此事，非常痛苦，不过过了一段还是逐渐缓了过来，几年之后就和别人结了婚。而在自杀前，他和自己的妻子没有闹什么矛盾。人们一般就认为，若木是在经过拂日的坟时，叫她的魂跟上了。虽然别人也在猜测他们夫妻之间可能存在矛盾，但家里人都愿意接受这个说法，而不愿再追究其他。于是，拂日的鬼魂对若木的袭击，就如同疾病与灾难的袭击一样，造成了他的意外死亡。

显然，这样的解释有一个明显的用意，即减轻活人的罪责，掩盖家中可能存在的矛盾。不论谁对谁错，活人还要继续过日子，不能没完没了地追究责任。

再比如仙家楼村的小姑娘三秀，本来在县城里的重华大酒店上班，在2002年八月十五前吃安眠药自杀。从她的表现来看，三秀应该是有抑郁症的。她在重华大酒店当了服务员之后，一直无法集中注意力，心情压抑。附近某村的一个小伙子几年前去世了。她的母亲在一天晚上做了个梦，梦见儿子前来托梦，高兴地对她说："娘，我要娶媳妇了。俺那个新娘子老穿个黄裙，忒俊啊。"据说，这个女人的姐姐也做了同样的梦。三秀就是喜欢穿黄裙的。她死后,这个女人就请人来提亲,于是两家结了冥亲。她的丧事完全按照聘闺女来举行。她直接和那个男孩埋在了一起。

全村的人都知道三秀是自杀而死的,但三秀的父母却不肯承认。可他们又找不到别的理由,于是就说,三秀死得非常蹊跷。我问他们,是否相信人们传说的那个故事,他们说根本没有托梦那回事。他们只是依照习俗,给三秀找了个鬼亲而已。不过,既然这个说法能帮他们找到一种解释,他们一般也就不坚持说那是假的。三秀的叔叔解释了这种模糊态度:"他们要是承认三秀自杀了,人们就会猜他们对自己的女儿不好。他们不愿意让人觉得自己家里有什么问题,就不愿承认她自杀了。他们确实不相信托梦那个说法,可是这个故事可以用来解释,他们就不坚持说那是假的。"

无论是因为心理障碍,还是因为家庭纠纷自杀,都会使家人觉得丢人。当我问到一些不太熟悉的人,附近有无自杀的事,他们常常回答:"这里没什么打架闹事的,没那事。"自杀往往意味着有冲突,意味着日子过得不和睦,是丢人的事。

不过,我并不认为,这些神秘的解释方式,仅仅是人们为了挽回脸面而编造的。在这种维护家庭和睦的努力中,仍然体现了人们对命运和过日子的一种理解:本来应该是维护亲密关系的家庭,为什么会导致亲人的惨死?本来人人都愿意过日子,怎么会突然对自己下毒手?人们往往说,自杀都是"小事"导致的:"一家子过日子,能有什么大事呀?"说这些事是小事,并不只是说规模小。导致兰枝(参见 3.2)和何芳(参见 3.1)自杀的事确实非常小;但素荣(参见 4.2)和滋兰(参见 4.3)家里那长期的矛盾和冲突,不能说是很小的事。人们之所以把这些矛盾说成小事,就在于,家庭本来是以亲密关系为基本特征的，即使旷日持久的冲突，也往往和对亲密关系的渴望与诉求纠缠在一起。而自杀者往往并没有丧失生活的希望，反而是更加看重自己的尊严的人。自杀，就是通过不恰当的暴力方式，寻求亲密关系和别人的尊重导致的。这种为了追求更大的福分导致的灾祸，是自杀反映的一对基本悖谬。

2003 年春天，我来到了我在七坡村的一个向导家里，向她询问了所厚（参见 3.3）和别的几个个案的情况。我们正聊着天，门外进来了一个少妇和一个老太太。那个少妇是我的向导的儿媳妇陆曼，那老太太是她的母亲。陆曼的母亲病了，但是她自己的儿媳妇根本不管。于是，陆曼带她去了医院。我们也问到陆曼，她是否知道一些自杀个案。她起先说不知道，后来说，她的鬼嫂子沐芳就是自杀死的。[①] 她讲了沐芳的故事以后，我问她，为什么把沐芳叫"鬼嫂子"。她解释说，她哥哥陆离在沐芳死前两年喝农药而死，沐芳死后就和他结了冥亲。她好像无意中透露了陆离喝农药这件事，而我再继续问她时，她已经不能再瞒了。她看了母亲一眼，就简单告诉了我陆离自杀的经过："俺哥哥那时候给家里干活特别卖力。那天晚上他回家来太累了。俺爹还叫他去挑水去，他不愿意去。俺爹急了，俺哥就上俺奶奶他们院里去了。第二天早起他才回来，那时候俺爹还生着气呢。他说：'别当我儿了，爱上哪儿去就上哪儿去。'俺哥就跑出去了，在外边喝了药。"

---

① 陆离的鬼妻沐芳，1980 年死时 18 岁，应该考高中了。她是个学习很好的学生，也很好强。她爸爸向她许诺说，如果她考过了，上了高中，就给她买一辆自行车和一台录音机。沐芳学习非常刻苦，但可惜还是没能考过，她爸爸就没有给她买任何东西。那年除夕，全家包饺子的时候，她就喝了农药。她喝过之后非常害怕，就对她奶奶说："奶奶，我喝了药了。"她奶奶以为她在瞎说，就说："大过年的，别说这种不吉利的话。"过了一会，沐芳瘫倒了，她奶奶才知道那是真的。还没送到医院，沐芳就死了。

讲到这里，陆曼的母亲把话头接了过来："那天早起就开始下雨。陆离从他奶奶院里回来，又出去了，正下着小雨。我觉着他准是挺冷，就叫他妹妹拿件褂子给他。她跑着去追她哥，又跑回来，就喊：'俺哥喝了药了！'好多人来了，忙着送他去娘娘庙镇医院，雨就下大了。他叔扶着他，一边走一边问他：'你为什么喝药呀？'他说：'俺爹不要我了，我还活着干什么？'雨越下越大，路上特别难走。到了医院，陆离就支持不住了，说：'我是活不了了。'他都走不动道了，他叔就背着他进了医院。他过了一会就咽了气。他这一死，雨立马就停了。我不知道他是不是把晚上的事跟他奶奶说了。不管怎么着，老的叫你去挑桶水，算是忒不对吗？他怎么就受不了他爹的这几句话呢？"

陆曼又接着讲："其实他死前几天，俺哥就有点预见。他的几个朋友说，他头几天就有点烦，跟别的时候不一样。我觉着，他就是预见到要出事。俺哥不是特别外向的人，可是也不算忒不爱说的。所以他一旦不一样了，别人看得出来。他又壮又能干，15 岁上就出去挖河去了。"

陆曼的这个解释让我颇为不解。她所谓的"预见"是什么意思呢？如果陆离几天前就已经不高兴了，这是不是证明，他也许已经在想自杀了呢？他妹妹为什么把这说成"预见"呢？虽然陆曼明明知道陆离是因为和父亲的口角自杀的，她却用了"预见"这样的词，好像自杀不是他自己能控制的事，而就像天灾事故一样，完全是意外的，他不能计划或想到，反而要"预见"。这样，自杀就不是不高兴、痛苦等导致的个人的决定，而是一种不可预期的事故，可以用某种神秘的力量来预见。

她母亲的话或许能解释陆曼这种说法的逻辑："不管怎么着，老的叫你去挑桶水，算是忒不对吗？他怎么就受不了他爹的这几句话呢？"老太太真正疑惑的，不是陆离为什么会因为他父亲的话而不高兴，而是，为什么这样一个小小的口角就会那么严重，以至要了儿子的命。她说"忒不对"，也就是，她知道老伴在陆离那么累了的时候叫他去挑水，确实是"不对"，陆离有理由生气，只不过还没有"忒"不对，不至于去自杀。她当然理解，陆离的自杀是对父亲的态度的反抗，但她不能理解的是，他怎么会以如此激烈的方式反抗这么小的一个错误。陆离生气的逻辑是可以理解的，但是自杀这样的严重后果，却是不可理解的。

对因小事而自杀的困惑，常常反映了人们的深切哀痛和遗憾。他们完全清楚事件的前因后果，也知道自杀者的心理动机，而且未必像三秀的父母那样有所隐瞒或有所顾忌，但仍然无法把亲人之间的日常口角与生离死别联系起来。正如我们在兰枝的故事中看到的，人们都清楚兰枝被儿子气死这件事的逻辑，但就是无法接受管教孩子会死人这样一个事实（参见 3.2）。同样，虽然陆离的父母对儿子确实过于严厉，但他们毕竟没有把儿子当成敌人。他们还是疼陆离的，从来不可能要让他死，但家庭中的权力游戏竟然无意中导致了陆离的死。他们怎么会逼爱子去自杀呢？正是家庭政治中的亲密关系与矛盾冲突之间的悖谬，使人们要用神秘力量来解释自杀。

因此，这种对自杀的命运解释，就是对过日子中的悖谬的另一种理解。我们已经不断谈到，一方面，家庭之中免不了吵吵闹闹，无论多么幸福的家庭，日子都是这样过的；但另一方面，"一家子有什么解决不了的矛盾呀？"

原则上，因为亲密关系是家庭政治的基本特征，家中实在不该出现死人的悲剧；但事实上，家庭政治确实经常使人自杀，而且，有时候并不是因为家庭成员之间关系不好。虽然素荣和滋兰都是直接因为家庭矛盾而试图自杀的，但兰枝与何芳都与此相反。兰枝过于关心儿子，何芳长期享受丈夫的极度溺爱。在她们这里，亲密关系没有缓解矛盾，反而激化了矛盾。正是因为亲密关系是家庭政治的出发点和目的，本来也许很微小的矛盾，在家庭政治中就成了莫大的委屈，人们会誓死抵抗。被一个亲爱的人骂一句，远比被一个陌生人追杀更令人难以接受。陆离之所以不能忍受父亲的话，正是因为他期望父母对他更好些。他对他叔叔说的话再明白不过了，就是因为他父亲说不让他当儿子了，他才喝农药自尽。

一方面，亲密关系本应该化解家庭矛盾；另一方面，亲密关系反而可能激化家庭矛盾。这是过日子中最大的悖谬，也是亲密关系必须靠礼义来实现的根本原因。当人们说家事总是小事的时候，他们的意思是，家里永远没有真正的敌意。因此，即使人们充分理解导致自杀的具体原因，他们还是很困惑，自杀为什么会发生。

或许正是因为这种困惑，陆离的母亲一直在强调那天的雨。一开始，我还以为她只是在讲那天的天气，但当她强调，陆离一死雨就停了，我终于明白了她的意思。我的向导，也就是陆曼的婆婆，解释说："陆离一定是龙王的个童子。他该回去了，龙王来叫他回去了。"这使我想起了七坡村的算命先生宁正言的话："龙王的童男童女都跑下界来了，早晚得回去。"三秀死后，一个村民谈到她的故事说："她一定是观音菩萨的一个童女，这时候叫回去了。要不，她怎么那么俊呢？"人们常常用这种方式来解释年轻人的意外夭亡。一个跳大神的说："我可以看出一个孩子是不是童子。是童子的孩子，可以捐出一个木头的童子。要是仙家接受了那个童子，孩子就不用回去了，可以活得长一点。"

如果这样理解，那就是一种超自然的力量杀了陆离。这样一来，陆离的死就被转化成了另外的含义。所以陆曼说陆离"预见"了他的自杀，自杀就如同车祸和暴病一样，成了一种无法控制的、完全外在的灾祸。于是，陆离的求死意志变得不重要了，他父亲的罪责也显得不重要了。

　　虽然陆离的母亲和妹妹把他的自杀归为龙王的召唤，但这毕竟不是意外的死亡事故。其实，早在我在七坡村遇到陆曼之前，我已经从他们村的一些人那里知道了这个故事。那天在七坡村的邂逅，只不过使我亲眼见到了陆家的人。了解他们家的人都说，陆离的父亲过于严厉，他的母亲太爱唠叨。人们说陆离的母亲是"破锅子煮屎"。陆离是父母的第一个孩子，他下面又有六个妹妹和一个小弟弟。这个小弟弟比他小20岁。陆离已经24岁该娶媳妇的时候，他娘又生了一个小姑娘，这让陆离特别不高兴。有的朋友嘲笑他说："你现在又有个小妹妹了，你是不是一辈子得打光棍啊？你爹娘什么时候给你攒钱娶媳妇呀？"这是陆离那些天不高兴的真正原因。他婶子说："没有当爹娘的对自个的孩子那么狠的。"据说，在给陆离办事的时候，他母亲找了一条带补丁的裤子和一件特别小的褂子给他穿上。出殡的时候，他们连一滴眼泪都没有掉。因为陆离不顾父母自杀而死，他们还在和这不争气的孩子赌气。

　　虽然他们在陆离死后不肯原谅他，可是后来却受不了了。每次提到他的时候，他们总是眼泪吧嗒的。因为后悔对大儿子不好，他们对小儿子就完全变了一个态度，特别娇惯。但是，这个孩子在长大成家之后，却非常不孝。他父亲在他结婚后不久就去世了，他母亲身体不好。陆曼告诉我，她的小弟弟在北京打工，留下媳妇在家。可是这个媳妇不想着照顾有病的婆婆，不久前竟然也到北京去了。因此，她才把母亲接到婆家来照顾。提起这些来，老太太非常伤心。陆离的自杀不仅是他自己的不幸，更是他父母的不幸，甚至一直影响到了几十年后。难道龙王把陆离召回，就是要给陆家这样一个结局吗？

二、人鬼

人们虽然可以用各种神秘的故事来解释自杀，但各种神秘故事涉及的神仙鬼怪，并不是一个超验的绝对力量，而是和人一样，身上会发生各种偶然事件。于是，那种决定人生祸福的外在力量，本身也是不确定的。或者说，神秘力量的影响根本就不是一种无可改变的"决定"，而只是人力之外的外在干预而已。因此，这些外在力量不仅不是必然发生的，而且未必都是邪恶的。他们和人的关系，也不是不可改变的命运与必朽的生命之间的决定关系，而是同样处在不断的权力游戏当中。如果改变人的命运的不是龙王神仙，而是鬼怪，甚至死去的亲人，就更是这样了。我在访谈了陆曼等人之后，又得知了七坡村的另外一件事，它可以帮助我们理解命运问题。

陈竽瑟是个 30 岁的年轻人，在 1999 年喝农药自杀。七坡村著名的算命先生宁正言给我讲了他的故事：

"竽瑟的自杀没原因，谁也不知道他为什么喝药。可那些天不是光他一个死了呀。他家里出了一连串的怪事。竽瑟是他爷爷叫走的。

"他爷爷有个兄弟。老哥俩都是好多年前死的，两个坟离得特别近。他们俩在阴间都有挺大的家业，没有分家。后来，他们老闹矛盾，在一块过不下去了，准备分家。可是家大业大，不好分呀。他们就准备找个聪明人，来帮他们分家。竽瑟是个聪明人，就给叫去当中间人了。

"竿瑟死前不多几天，竿瑟的大嫂子得了撞疬。她说话办事都变得特别奇怪，老是在半夜突然醒了，跳起来就耍。她拿着把菜刀，嘟嘟囔囔，乱跳乱跑。那声音都不是她自己的了，就是她公公爷的声音。她结婚的时候，公公爷就早死了，她没见过他，怎么会学他呢？那是她公公爷附在她身上，说那些话。有一天晚上，她又变成这样了，说：'我为什么得死呢？'她男的早就烦死了，这回什么也不顾了，就冲她大喊一声：'谁说你得死呀？你要是再这么闹我扇你。'她一下子吓坏了，木在那儿，说不出话来了。等她再一说话，就变好了。她一点也不知道刚才自个干什么，说什么了。她完全变好了，再也没闹过这种事。要不说鬼怕恶人呢？可是没过几天，竿瑟就死了。

"这还没完呢。竿瑟死了几天以后，他二爷的孙子媳妇也死了。那就是老哥俩里边那个老二家的人，算是竿瑟的个叔伯嫂子。这个女的有俩小子，一个8岁，一个6岁。他们一家子过得一直挺好。那一天，村里有一家盖房，男的就去帮忙盖房；正好也有一家结婚，女的就去人家的喜事上了。她晌和回了家，觉着男的还没吃晌和饭呢，就做了点饭，去叫他回来吃。她到了盖房的那儿，正好那儿有一堆木头。她正走过去呢，那堆木头突然倒了，推着她就往后倒。你说巧不巧，在她背后正好停着一辆'三码子'。那堆木头没有砸着她，可是把她推倒了，她的脑袋正好磕在三轮后边的一个角上，那角是铁的，一下就把脑袋磕破了，当时就死了。你说这怪不怪？我还没听说过别人这么死的呢。整个'三码子'上就那么一点硬铁，她的脑袋怎么就正好磕在那儿？她跟竿瑟一样，也是叫去帮着分家了，一家一个。"

按照宁正言的说法，事情的根本原因是老哥俩的分家纠纷。陈家发生的一系列怪事都源于这场纠纷，陈竽瑟的自杀只是其中之一。本来有 3 个人有可能被召去。陈竽瑟的嫂子逃过了这一劫，但他和他的叔伯嫂子都没逃过，就是因为他们没能像他哥那样，斗过他爷爷的魂。于是，阴间的家庭纠纷导致了人鬼之间的权力游戏，只有在这场权力游戏中取胜，才能保住性命。

在民间的各种传说中，有可能造成灾害的超自然力量不一定是坏的。就像我们在陆离的例子里看到的，把童子叫走的，是龙王或别的神仙。父母常常会有意给孩子起难听的名字，在孟陬有"臭粪"、"二丑"、"狗蛋"等等，这样阎王爷就不会喜欢他们，孩子就可能好养活。比如在陈竽瑟的例子里，杀死他的，是他十分尊重的爷爷。鬼神之所以有可能给人间带来灾难，不是因为他们是坏的，而是因为他们在人间社会之外。在葬礼当中，很多仪式的目的，是防止死者的鬼魂回家。人们相信，阴阳两界的分离能够保障两界中的和平。要防止鬼神给人们带来厄运，人们也往往要和他们玩权力游戏。那些难听的名字、陈竽瑟哥哥的大喊，还有向庙里捐的木头童子，都是这种权力游戏中的技术。

而且，不仅在人和鬼神之间会有权力游戏，就是鬼神相互之间也会有。陈竽瑟的爷爷在阴间不仅有很大的家庭，而且这个家庭里还会出现家庭矛盾，还要分家。正如很多学者指出的，阴间往往是对阳世生活的一种复制。[①]

---

① 参见 Arthur Wolf，"Gods，Ghosts，and Ancestors"，in Arthur Wolf ed.，*Religion and Ritual in Chinese Society*，Stanford，Stanford University Press，1974；James Watson，"The Structure of Chinese Funerary Rites：Elementary Forms，Ritual Sequence，and the Primary of Performance"，in James Watson and Evelyn Rawski eds.，*Death Ritual in Late Imperial and Modern China*，Berkeley：University of California Press，1988；Stephan Feuchtwang，*The Imperial Metaphor*：*Popular Religion in China*，London：Routledge，1992；许烺光：《祖荫下》。

一方面，阴阳两界要基本分开；另一方面，两界的结构是类似的。人们并不认为，彼岸世界比现实世界更好、更重要。和基督教文化不同，神鬼若是爱某个凡人，那有可能是非常不祥的事。在必要的时候，人们可以服从鬼神，也可以愚弄鬼神，甚至与鬼神抗争。虽然鬼神可能带来不幸，但他们并不是人类命运的决定性因素。鬼神之间的权力游戏，以及人鬼之间的权力游戏，都可能改变命运。[①]

不过，究竟是把这种不幸当成家中的权力游戏的结果，还是人鬼之间的权力游戏的结果，还是非常不同的。我在听了宁正言的讲述之后，当然不会满意于此，于是进一步追问："你确信竿瑟不是因为别的原因自杀的吗？"他说："人们说，竿瑟和他娘吵了。也许是他娘因为一点小事说他了，他就跑到菜窖里头去，在那儿喝了药了。我就知道这么点。他娘说了他两句，怎么就会让他去喝药呢？谁都知道，是他爷爷把他叫走了。要不，你没法解释。"可见，在这个个案里，神秘故事仍然是用来解释家庭冲突为什么会导致自杀这个问题的。人们把陈竿瑟的自杀归结为人鬼之间的事，这样一来他和母亲的冲突就非常不重要了。但我在进一步调查陈竿瑟家的情况之后，发现陈竿瑟当时的艰难处境还是非常可以理解的。

虽然宁正言说，陈竿瑟是他爷爷叫走的，毕竟有很多七坡村人还是不相信这种解释。陈竿瑟自己家的亲人就有人不信。有人说："那是胡说。你怎么能信这样的瞎说呢？"有人说："那也是一种说法，也不能说就是错了。"陈竿瑟的二嫂子给我讲了他自杀那天的故事。

---

① 许烺光先生对鬼神世界以及人与祖先的关系谈了很多。他指出，祖先的鬼魂对后代没有危害，人们一点也不害怕他们（参见许烺光：《祖荫下》，第143页）。在理论上，祖先确实对子孙不会有恶意，但说祖先的鬼魂绝对不会危害后代，却并不恰当。

陈竽瑟是三兄弟中最小的一个。他和他媳妇与父母住在一个院里。他媳妇芙蓉和婆婆的关系非常不好。芙蓉管家还可以，但她太爱花钱，存不下。她还老抱怨，嫌婆婆待她家不如待两个哥哥家好。因为她老是和陈竽瑟唠叨，夫妻两个也常常因为这些小事吵。就是过年的时候他们还吵呢。

　　三个兄弟每月给母亲一些钱，但连续几个月里，芙蓉都没让陈竽瑟给钱。那时候陈竽瑟的父亲病了，他母亲一天上午就问芙蓉，能不能拿出点钱来给公公治病。芙蓉说她没钱。她说："你要是那么急着要钱，我可以出去借点。我怎么也可以借 10 块钱呀。竽瑟回来我就叫他借钱去。"

　　陈竽瑟回到家，还没见到芙蓉，但已经知道这事了。他就上母亲的屋里去，把一沓子钱放在桌子上，叫他娘拿着。他娘不拿那钱，反而问他："你从哪里来的这钱呀？你媳妇说你们没钱。你怎么一下子有了这么多钱呀？"陈竽瑟想趁着芙蓉不在屋里，赶快把事情解决了；万一芙蓉看见他在给钱，又不知道会惹出多少麻烦来。他就急急地让母亲赶快把钱拿起来。可是他母亲也变得严肃了，说："我跟你爹是需要钱，可是也没有愣逼着你们给。你们要是有呢，俺们也愿意拿；你们要是没有，俺们也理解。"陈竽瑟不愿意承认他媳妇说谎了，就说："我就是为了给你跟我爹，才借的这些钱。"他娘更生气了，说："那我更不能要了。把钱拿走。"陈竽瑟不想和母亲吵，就求她说："拿着吧，娘。"他知道，芙蓉很快就会进来，就怕变得更麻烦。他娘说："这钱是你借的，你赶快还了。我可不想让你们因为我背上债。"陈竽瑟让他娘弄烦了，就说："你要不想要，那就算了。"他娘听了这话，反而更生气，就说："你跟你媳妇在这院里住着吧，我搬出去。我就知道指不上你。"陈竽瑟受不了她说的这话。

他当时脾气也上来了，随手就把桌上的钟扔了，砸碎了一面大镜子，喊着说："俺们不在这院里待，你也别在这里待，谁也别在这院里待。"局面一下子变得不可控制，他娘也慌了，连忙让人去叫老大和老二。

陈竿瑟很怕他的两个哥哥。他以前跟他娘吵架的时候，他们总是说他。他知道，哥哥们来了，一定又得骂他。要是芙蓉也回来了，事情就更复杂了。陈竿瑟左手拿着一瓶油，右手拿着一瓶农药，从屋子里走出来。他喊着说，他要先烧了房子，再喝农药。这个时候，芙蓉回来了，看见陈竿瑟拿着两个瓶子。她哭着说："你要是喝了药，叫我可怎么过呀？"陈竿瑟说："我没喝药。我光这么说，为的是吓唬咱娘。我先走开了，要不俺哥他们来了，非打死我不可。"

过了一会，他的两个哥哥来了。他们知道出了什么事以后，先说母亲，责备她逼陈竿瑟逼得太厉害了。然后他们才发现，找不到陈竿瑟了。他娘害怕陈竿瑟真的喝了农药，可是芙蓉说他不可能喝农药。他们找了半天，才发现陈竿瑟在菜窖里。他们问陈竿瑟："你喝药了没有？俺们把你弄上来。"陈竿瑟说："我没喝。我自个可以上来。"他上来以后，人们闻着他嘴里不光有农药味，还有酒味。他哥哥问："你喝了药，又喝酒了？"陈竿瑟不能不承认了。

他哥哥连忙叫人，要把陈竿瑟抬上一辆"三码子"送医院。陈竿瑟不要人抬，自己爬上了"三码子"，在"三码子"上还给人们递烟呢。他们到了医院，他又给大夫递了根烟，还给点着了。虽然他看上去没事似的，但大夫说情况已经很严重了："洗胃也不见得有用。"他两个哥哥打来一桶水，说试试。开始洗胃的时候，陈竿瑟还很清醒。他见大哥的儿子在床头，就问他："你婶子呢？"孩子回答说："在家呢。""你弟弟呢？""也在家。"然后，陈竿瑟就咽了气。

他的哥哥恨弟弟糊涂，啪啪打他的嘴巴，但他已经活不过来了。

陈竽瑟的嫂子讲完这个故事以后，我问她信不信陈竽瑟是被他爷爷叫走的。她说："人们都那么说。谁知道是真是假呀？我知道是陈竽瑟和他娘那次争吵让他喝的药。你看，他喝了药还那么清醒，是挺奇怪的。陈竽瑟怕他哥哥说他，其实他们到了根本没说他。他们知道，这回不是陈竽瑟的错。也许说俺公公爷的那话有点影，可我是不全信。俺公公爷跟他弟弟活着的时候特别好。直到现在，过去这么几辈了，这两支还来往特别多，说是叔伯的，俺们走得就跟亲兄弟一样。"我问她，她大嫂是不是真的得过撞疴，她说确实是有那回事。

在陈竽瑟的嫂子看来，他的死不是那么难以理解。她说，她婆婆和芙蓉都不是好脾气。陈竽瑟在家里和芙蓉吵得也很多。家里边的这些矛盾，足以使他自杀。

在婆媳关系中，丈夫的角色常常非常关键。我们在滋兰的故事中看到（参见 4.3），滋兰的丈夫就不太善于调节自己的父母和媳妇之间的关系，结果反而激化了家中的矛盾。相比起来，陈竽瑟家的关系同样复杂，但陈竽瑟就比滋兰的丈夫更讲方法，更努力地平衡婆媳之间的关系。他既不想伤害母亲，也不想让妻子不高兴，于是瞒着妻子给母亲钱。在多数情况下，这是丈夫处理婆媳关系一个非常巧妙的办法。可惜，他母亲在气头上，不想接受这个办法，而是逼着陈竽瑟一定要承认芙蓉说了谎。她希望陈竽瑟能和自己站在一起责备芙蓉，从而使自己能在与芙蓉的权力游戏中获胜。

在早晨的那场权力游戏中，芙蓉巧妙地占了上风。她根本不想给婆婆钱，但不会明说。相反，她假装很想帮公婆，还说要是有必要，她愿意去为他们借点钱。双方都知道她是在说谎，但谁也不愿意捅破这层窗户纸。芙蓉的婆婆只能同样在言辞上取胜才行。正如芙蓉不会明说不给钱，她也不能直接暴露她在说谎。这是家庭政治中的常规：双方首先要假装相信对方的话，在这个前提之下再开始权力游戏。像滋兰公公那样大打出手的，非常少见（参见4.3）。

陈竿瑟回家以后，也依照同样的规则和母亲玩权力游戏。谁都知道，芙蓉不是没钱，而是在说谎，但又都要假装她说的是真的，因而，尽管双方都知道陈竿瑟有钱，却都要假装他没有钱。陈竿瑟知道母亲知道实情，但又不愿明说芙蓉在撒谎，希望母亲接过钱去就完了。如果她接受了这钱，那就是暗中原谅了芙蓉，结束了这场权力游戏。如果他承认芙蓉在撒谎，那就会使母亲得到更多道德资本，以后就可以指责芙蓉了。这样就会打破家中的权力平衡，带来更多的麻烦。

但是，他母亲却因为芙蓉不肯拿钱而非常生气，一定要在这场权力游戏中取胜，因此不肯失去获得道德资本的这个机会。她假装不知道芙蓉在说谎，而且坚持以芙蓉所说的为前提，即他们没有钱。既然承认芙蓉说的是事实，陈竿瑟不可能有钱，只能向别人去借。而陈竿瑟若是为了给他们钱而背了债，老太太当然不肯接受那钱。她不肯接受这钱，就暴露了芙蓉说的话是多么荒谬。于是，陈竿瑟只有两个选择，要么把钱撤回去，那就是对母亲的伤害；要么承认芙蓉说了谎，那就伤害了妻子。在这种情况下，母子都知道是怎么回事，陈竿瑟很难当面再把钱拿回去，那么，他母亲就是在逼他承认芙蓉说了谎。但陈竿瑟并没有让步，反而要把钱撤回去。这当然把母亲激怒了。

在陈竿瑟和他母亲之间的权力游戏中，他的母亲更有道德资本，因为芙蓉首先做错了，而且母子都默认她做得不对。陈竿瑟既想弥补芙蓉的错误，又不肯亲口说出她的错误。只有母亲肯和他配合，他的这一招才会成功。但母亲不肯配合，反而坚持充分利用自己手中的道德资本。陈竿瑟就被逼到了个死胡同里。

见他要把钱撤回，陈竿瑟的母亲更生气了，抛出了更狠的话。这使陈竿瑟的反应更加激烈。她见当时的形势已无法控制，就派人去叫陈竿瑟的哥哥们。按照陈竿瑟嫂子的说法，每当芙蓉和婆婆吵得不可开交，他的哥哥们都会责备他。因此，陈竿瑟很怕他哥哥们。这一回，他以为，哥哥们要是来了，他会更倒霉。而芙蓉要是知道了他试图偷偷给母亲钱，也会不依不饶。于是，他面临着母亲、两个哥哥、妻子的共同指责，会被母亲逼得里外不是人。这是他喝农药的原因。

但陈竿瑟喝农药这件事，却改变了家中的权力游戏。陈竿瑟的嫂子说，他哥哥们没有说陈竿瑟，而是批评了他们的母亲，好像和平时的情况不大一样。但我认为，如果陈竿瑟没有喝农药，他们未必就不会责备他。陈竿瑟的过激行为，使他们意识到，他们的母亲这次太过分了。

毕竟，在整场权力游戏中，陈竿瑟并不是毫无道德资本。他想同时照顾母亲和妻子的面子，不愿让任何一个受伤，尽量维护整个家庭的和睦。这种很有公心的考虑，就是他最大的道德资本。但在母亲逼他的时候，他却无法使用这种道德资本。陈竿瑟之所以感到委屈，是因为他明明一片好心，最后却变得里外不是人。他那激烈的反应，就是对得理不让人的母亲的反抗。他以这种方式，向他的哥哥们展示了自己的道德资本，使他们不能再指责他。在去医院的路上，虽然离死不远了，陈竿瑟还表现得那么清醒平静，甚至给人递烟。这也许就是因为，他到底没有受到责备，最终还是赢了这场权力游戏，虽然以生命的代价。他哥哥打他耳光的时候，已经不是在责备他气坏了母亲，而是怪他为何如此轻生。

这样看来，陈竿瑟的情况和我们看到的多数自杀者没什么两样。他有一定的道德资本，但是在权力游戏中，又无法运用这资本来取胜，委屈感导致了他的自杀。

那个关于陈竿瑟爷爷的故事，把活人家中的权力游戏转化成了与先祖之间的冲突和权力游戏。这一转化虽然可能在一定程度上减轻了活人的罪责，但并未改变命运变迁的性质。发生在陈竿瑟爷爷和他弟弟之间的权力游戏，与人间家庭中的权力游戏完全相同。陈竿瑟爷爷毫无伤害陈竿瑟和他两个嫂子的意思，只不过因为自己那边的兄弟之争相持不下，必须从人间找个明白人来做仲裁。是因为阴阳之间的悬隔，人鬼之间这种很一般的权力游戏才在人间造成了惨祸。而陈竿瑟的大嫂子却因为他哥哥的奋力抗争，赢了这场权力游戏。这些是中国民间司空见惯的故事。但我们需要进一步问的是，对于活人来说，这种故事和解释究竟意味着什么。

我们从这故事里看到，即使在鬼神插手的情况下，人间的祸福都不是前定的，而会在各种权力游戏中被塑造和改变，因而永远充满了不确定性。创造命运的过程，永远就是进行各种各样的权力游戏的过程。求仙拜佛、谄神佞鬼，并不是俯伏于一种至高无上的力量，而是侥天之幸，希望通过外力改变目前的权力游戏。所以，那种呵斥鬼神的恶人做法，也可能带来好的效果。说命运是鬼神决定的，只是以另外一种方式说，命运是永远不确定的。真正有可能改变命运的，还是认真过日子，是人力。最精通命理吉凶的人，不仅要洞察鬼神之情状，而且必须精通人间的礼义。宁正言虽然口口声声说竿瑟的死是因为鬼，但他自己在临到事情时，却不会一味求神拜佛。

陈竽瑟死后两年，宁正言的女儿幽兰因为父母干涉她的婚姻，也喝了一次农药。她说，她每次路过陈竽瑟家的时候，都看到陈竽瑟从窗户里向她笑，所以她会喝农药。宁正言虽然没有否认这一说法，却很清楚自己该做什么。他终于允许了女儿的婚事，女儿再也不想死了。

三、祸福

从鬼神的插手来理解命运，不仅没有为命运变迁找到一个坚实的外在根据，反而更加突出了命运的随意性和主观性。虽然总是有很多不确定因素会影响人的命运，但要过得好一些，人首先应该把自己能做的做好，尽量避免人为因素导致的厄运，自求多福。很多人不断在厄运中转圈，并不是因为外在的灾难，而是因为自己永远也调整不好过日子的方法，无法面对不断变幻的权力游戏，每次改变命运的企图都使自己进一步陷入厄运之中。与其说自杀是一种外来的横祸，不如说是自己造成的这种轮回的最集中的反映。我们在葛曼的故事中（参见 4.1）能够最清楚地看到这种宿命的作用。每个自杀者都希望与不断纠缠自己的厄运告别，但他们的自杀往往是这种厄运的最深反映。

木兰的故事，可以帮助我们进一步理解，过日子作为命运的展开，究竟是什么含义。

木兰就是木根的妹妹（参见 4.2），我见到时已经 50 多岁了。她喝农药发生在 1976 年，已经很多年了。她很坦诚地讲出了全部经过：

"我喝药是怀着俺们二闺女的时候。她今年 24 了，就应该是 24 年前，1976 年，对不对？我是娘娘庙第一个喝药的人，以后喝药的就多了，这之前没有听说有谁喝过药。

"你要想了解整个过程，我就得从头说起。我这一辈子，命不好呀。你知道吗，我结过两次婚呢！我第一个男的，是高阳府的，那个村离娘娘庙特别近。他是我一个小学老师的外甥，我跟他生了个孩子。俺们离婚的时候，俺家大闺女才 3 岁。我不愿离高阳府太远，为的是能常见着闺女，就找的当村的婆家。这样，闺女就能常来看我。

"我第一次结婚受了骗了。我就是命不好呀，老碰不见好人。我从初中毕业以后，村干部说要推荐我上浮阳卫校。那是个好机会，可是俺爹他们不愿给我交学费。他们也知道，我不想失去这个机会。他们什么也没说，叫我自己决定。我把通知书拿在手里，一步一步地就往屋外走。我要决定去了呢，就上大队去跟干部们说。我知道，俺爹俺娘正看着我的脚步呢，他们就盼着我突然改变了主意。我是真想去啊，可是也不愿意给父母带来麻烦。我都走出屋，到了院里头了，突然说：'爹，我不去了。'我就回了屋了。我知道他们等的就是这句话，这下满意了。那时候，俺爷在一个医院里上班。他退了休了，有个指标，可以让我顶替，可就是因为我年纪小，他也没叫我去，又一个机会没了。

"我就是不愿意留在村里种地，可是好机会都没了。我有个老师知道我的想法，就说能帮我。他说，我要是能跟他外甥结婚，我就能在城里找份工作。这就是工作和婚姻的个交易，我觉着这不好。可是好多人帮他劝我，俺爹娘糊涂，还觉得挺好，就叫我答应。我就跟我那个老师说：'我是不想嫁他。你得先告诉我，你能给我找什么工作。'那个老师贼精啊。他说找什么样的工作还没准，但是，'咱们要成了亲戚，那还不容易吗?'村干部们也劝我，我到底还是跟他结婚了。可是我很快就知道，那是个圈套。

"我嫁的那个家伙差不多是个文盲，是个混混。他虽然有钱有权，可是不好找媳妇，所以他那个舅好说歹说把我蒙住了。我后来发现，他跟他一个姑的闺女还不清不楚的。有一回在他们家里，我一进门，正看见他抓着那闺女的一只手。这小子没脸没皮，可是那闺女脸红了。我当时就急了，摔了几个盘子，就回娘家了。有个人说：'你得想办法让他们别再来往了。'我去找他那个舅，问他找着工作没有，他支支吾吾的，说我脾气不好，没人敢给我活干。我真是上了当了。我回家又去吵，他过了一段就没再跟那个表妹来往。

"后来，他上武垣县的火车站上工作去了，离家挺远。这时候俺们有了个闺女了。他每次给我写信来，我都觉得不够热情，好像有什么事似的。我就带着闺女去武垣去看他。我到了那儿，他不在。他一个同事说，他一会就回来了。他说，俺这个男的跟人们关系都很好，特别是跟女的。他还给俺闺女好多吃的。我找了个电话，把他叫回来了。他来了就把闺女吃的东西抓过来，扔在当地了。我跟他急了：'你这是干什么呢?'他什么也没说，领着俺们就进宿舍了。他们单位的领导知道俺们娘儿俩来了，就准他歇个假。可是他说，他不能歇，有好多事等着他干呢。他屋里有好多箱子柜子，都锁着，他拿着钥匙。有一天，他把钥匙落在屋里了。我就把一个箱子打开，看见里边有好几个娘们儿的相片。我一下就想到离婚了。我找着他爹，那时候他也在武垣上班。他爹狠狠说了他一顿。我已经决定了，就得打离婚，没别的可说的了。他们家很快就帮我找了份工作，我说不去了，就得离婚。他们说，为了闺女也得留下，我说那也不行。就算能在城里工作，我也跟他过不下去了。

"我离婚以后，俺爹俺娘托亲戚再给我找个婆家。因为我离过婚，出身好的人家不愿要。我又想我闺女，不愿嫁得忒远。我就想在当村找个主，离高阳府不远，能常见着俺闺女。媒人是挺熟的个人，她给我找了个婆家。我第二个丈夫个儿忒矬（外号叫'大个子'），又比我大 10 岁。他都这么大了，也找不着媳妇。他家里一开始也不愿意他找我；就是因为他忒矬忒大了，才同意了这门亲事。因为这些情况，他们一开始就对我没好气。俺们跟俺婆婆一块住，他们家有兄弟姊妹六个。这个家庭又大又复杂。他大哥把他当成家里的主要劳动力，结了婚就不能老干那么多活了。他大嫂子是个残疾。他哥是在山西认识的她。她虽然是个残疾，可是长得漂亮，有文化，又精明，老多人去提亲。他大哥好不容易让她挑上了。那时候他大哥在家里还有个媳妇，就跟那个媳妇离了婚，娶了这个山西女的回来。这女的比他大哥小好多岁。她来了就在娘娘庙中学里当老师。她也能把家管得特别好。这个家庭真是复杂，里边好多人脾气都忒怪，真不好伺候。

"他们开始不愿要我，对我一直就不怎么满意。他娘、他哥、他嫂子，还有他妹妹，都看不起我。他大哥的闺女才比我小儿岁，就连她都指责我。结了婚没多长时间，一次他大姐回娘家来。我在外边做晌和饭，就听见她在里边跟俺婆婆咬着耳朵说：'行了，这事也就这样了。就这一堆这一块了，她只要不偷东西不养汉就行了。'我知道他们是说我呢。好啊，这么不把我当人呀！我站起来就跑回娘家了。我一边跑一边呜呀呜地哭，差点背过气去。

"我在娘家的时候，跟家里人和朋友们提到了他姐的话，他们都特别生气，这让我更觉着委屈了。一个朋友说：'不养汉，不养汉，不养汉怎么生孩子呀？问问她！'他们都觉得，这个家庭太大太复杂了。俺娘找到他们去说理去，让他们把我叫回去。可是一直没人来。好几天以后，'大个子'才来了。别人是没有管我的呀。这件事是我喝药的直接原因。我回到婆家，就想着死了。

"这之前我也想过喝药。他们对我不好了，我就压抑得慌，想着死。我在炕底下放了一瓶敌敌畏。不过，这一回，我没回到婆家的时候，还一直没想到死呢。我回去的时候，他姐还在娘家。那天晚上，一群人都到一块聊天，谁也没提我这回事，就像什么事也没出一样。好几个钟头，他们都说别的事，又说又笑。我就慢慢想着死了。可是我表面上还装着挺高兴。后来俺们都上床睡觉了。'大个子'一会就睡着了，可是俺婆婆上这屋里来，坐在炕头上。她说她觉着有点不得劲。谁知道真的假的？你说有这样当婆婆的吗？两口子睡觉呢，你过来坐着。她老是这样，常是俺们睡觉呢，她过来坐着。她儿从来都不说她，无论什么事都不说。我觉得特别委屈特别孤单。在这个家里，谁也不站在我这边，我是不想活了。

"等俺婆婆走了，我就找着敌敌畏喝了。许是'大个子'听见我拿瓶放瓶的声音了，也许他闻见药味了，他立马就醒了，跑到街上去找人。幸好，他找着何喜了。他们把我送到医院的时候，我早没有知觉了。他们说我那时候都快死了。我喝了快一瓶子敌敌畏。

"我算没落下病根。我喝药那时候，已经怀了孕了，不过孩子也没事，生下来挺好的。我喝药以后，还是那样，什么也没变。今儿个我还跟孩子们说到这件事了呢，偏偏你就又问。我常常跟'大个子'说：'咱们要是没孩子呀，我早不跟你过了。'那时候，俺们忙死忙活地给整个家挣工分。过日子不容易呀。"

我问木兰，她丈夫是不是打她，她说："打。有一回，地里活忒多，我晌和回去做饭晚了，俺婆婆就急了，说：'我饿死啦。她不想做饭了。'他就上地里来找我，在路上碰见我了。他抓起我的头发来，就没命地打。

"别看我喝了一回药，什么也没变化，他们还是那么对我。'大个子'人倒挺好，就是忒听他娘的话了。他娘叫他干什么他就干什么，一点自个的主意也没有。他也不知道怎么着让媳妇欢喜。俺们跟他娘一块住了 7 年，直到她没了。我对她一直特别好。后来，就慢慢好起来了。

"我想俺大闺女想得厉害。她在 11 岁上，来娘娘庙跟俺们住了。"

我问她："那她现在结婚了吧?"谁知道，木兰叹了口气说："我说我命不好呢。这又是一件倒霉事。我提起这事就难受。她 16 上那年，她、俺大哥的闺女，还有俺大姐的闺女，三个闺女看人家出殡。不知道是因为好奇呀，还是别的什么原因，她们仨跑了，还牵着一条狗。三个闺女跑到天津去了，把钱都花光。她们正准备回来的时候，让人家骗了，结果叫人贩子给卖了! 俺们都不知道这个呀，谁也不知道她们上哪里去了。直到 3 年以后，一天我收到一封信，是从石门那儿的一个村寄来的。里边说，俺闺女在那边结婚了，生了个孩子。他们是怕她跑回来，不生了孩子不叫她跟家里联系呀。等生了孩子，他们知道这闺女是不会跑回来了。那怎么着呀，既然这样了，也得承认这门亲事，也得当亲戚走呀。我就去了一趟，看他们真把她当买来的，对她不怎么样呀。俺哥俺姐也有了那俩闺女的消息了。

"我今天 50 多了，这一辈子命不好啊。就这几年，慢慢变得好点了。'大个子'有时候也后悔，说他年轻的时候忒粗暴。他说：'我要是更懂家庭生活一点，也就没那么多架吵了。'我现在的所有希望，都在两个孩子身上。我二闺女在北京打工呢，儿子在北京上大学。他们今天刚回北京。我看着他们走就心里难受。我是命不好，可是这个家过得还算好了。几年前，我躲过一场车祸。我坐的车差点就翻到河沟子里去了。幸亏有一棵树挡着，没有滚下去。沿着河这一溜，只有那一棵树。别的树都砍光了，就剩下这一棵没砍。也不知道为什么没砍这棵树，你说悬不悬？人们说，我是忒幸运了，赶快回去烧香吧。"

整整一晚上，木兰讲了好多不幸的事，可是到了最后，突然变成了她特别幸运，应该去烧香。命运究竟是怎样转化的，她的喝农药在这一生的故事中到底是何含义？

按照木兰的说法，有这么几件事使她显得特别命苦：她没能离开农村，她的两桩不如意的婚姻，她与大女儿的分离。不过，她并没有在自己最艰苦的时候喝农药。

第一桩婚姻远比第二桩糟糕得多。就是因为她急于离开农村，她的老师才能骗得她嫁给自己的外甥。木兰在发现自己受了骗，她的丈夫是个混混之后，坚决要求离婚，虽然他们两个有个女儿，她也没有犹豫。我们在上一章略微谈到了离婚问题。一般情况下，人们不会轻易离婚。如果谁在家庭政治中受了委屈，但对家庭生活还是认真的，他或她有可能以自杀来抗争，但往往不会选择离婚。离婚总是意味着，人们不仅受了很多委屈，而且对于继续过下去没有兴趣了。我们在后面的9.1—9.2会看到，石兰因为发现丈夫有一种怪病而离婚。这种怪病使石兰不可能与他过有尊严的正常日子，所以她会坚决离婚。如果人们认为配偶的重大缺陷使自己不能过正常人的生活，往往会考虑离婚；同样，这样的毛病在择偶中也有重大影响。石磊不可能娶葛曼（参见 4.1），素荣不会嫁给要过饭的男孩（参见 4.2），如果康娱的母亲嫁给了亲戚，素荣也不会嫁给康娱；而康娱虽然有各种各样的毛病，但和他的日子还是能过下去的，只不过充满矛盾，因而素荣并不认真要和他离婚。

虽然木兰的第一个丈夫没有这样的严重缺陷，但在好强的木兰看来，他与表妹和其他女人的关系，已经使她没法和他过下去了。而她受骗这一节，也使她觉得，他们两个之间已经不是家庭内部过日子的矛盾。她根本不能继续和他过下去了。既然这桩婚姻毫无希望可言，她自然不会以死抗争，而要坚决终结这桩婚姻。

第二桩婚姻虽然也不那么如意，但在一个关键的地方和第一桩不同：她的第二个丈夫虽然矮一点，但还是认真过日子的。木兰自己的话总结了自己在这个家庭中的生活状况："'大个子'人倒挺好，就是忒听他娘的话了。他娘叫他干什么他就干什么，一点自个的主意也没有。他也不知道怎么着让媳妇欢喜。"第二桩婚姻的问题在于如何达到权力平衡。木兰之所以感到委屈，是因为她丈夫不懂得如何使母亲和妻子都高兴，这一点和滋兰的丈夫有些像（参见 4.3）。两个女人如果出现了冲突，"大个子"总是粗暴地惩罚妻子。这种委屈虽然也很难忍受，但她仍然认同这个家庭，仍然希望继续过日子，而不会认为过不下去。

可见，人们如果以亲密关系为出发点，并以亲密关系为目的，就可能以自杀来反抗，以求改变家中的权力结构。即使像康娱和素荣这样的夫妻，也仍然以一起过日子为最高原则。相反，如果人们不以亲密关系为出发点和目的，而不能继续过日子，就有可能选择离婚。这种情况下的权力冲突，已经不再是家庭政治中的权力游戏。

这样，我们就可以理解，木兰为什么在第一桩不幸的婚姻中不会自杀，但是在第二桩婚姻中，却因为小得多的事情喝了敌敌畏。她虽然对那个复杂的大家庭并不满意，但仍然希望在里面过下去。所以，她一旦听到婆婆和大姑子那样谈论自己，就觉得受了莫大的委屈，跑回了娘家。她的回娘家，当然是一种反抗的策略。她希望婆家人能因此而向她道歉。

"大个子"虽然还是来了她娘家，但在她回去之后，婆家人却丝毫没有歉意的表示，反而像什么也没发生一样，对她完全漠不关心。这让木兰尤其感到不忿，好像她回娘家这一招丝毫没有奏效。于是，她决定以更剧烈的方式来反抗，喝农药就成了她反抗的又一招。虽然木兰口口声声说她不想活了，但在丈夫找到何喜时，她却说"幸好"。她虽然觉得自己受了极大的委屈，但她对家庭生活并没有完全绝望。正是因此，她才会选择自杀，而不是离婚；也正是因此，她还是希望自己可以活下去。死并不是她的目的，而是她追求尊严和家庭幸福的手段，因此她庆幸自己活了下来。在整个叙述中，这是木兰第一次积极地谈自己的命运。

对木兰而言，她并不想结束的这桩婚姻，既包含着她对命运的种种希望，也可能带来对命运的种种威胁。她要在这个家庭中生儿育女，完成一生之中的很多大事；而恰恰是在她非常在乎的这个家庭中，夫妻与婆媳之间的争执威胁着她的幸福。她的自杀企图，既表明了这个家庭给她带来的伤害极深，也说明她非常在乎这个家庭中的生活。这是她为争取有尊严的幸福生活的一次努力。

但正如木兰所说，这次自杀未遂并没有改变她的命运，没有使她过上更好的生活。只是到了木兰的婆婆去世后，家里的日子才过得越来越好了。家庭关系简单了，"大个子"不必再调节两个女人之间的关系。"大个子"非常老实，是个脾气很好的人，所以夫妻之间的权力平衡更容易达到。我见过"大个子"几次，他很少为鸡毛蒜皮的事情计较。有几回，木兰因为小事当着我的面非常严厉地训斥"大个子"，"大个子"一声不出，最后一笑了之。尤其使木兰感到宽慰的，是她的二女儿和小儿子的前途。虽然大女儿被拐卖了，但她的这两个孩子非常懂事，有出息。而今，木兰和"大个子"老两口住在娘娘庙村，经常在集上卖鞋和别的杂货。虽说不是很富裕，但他们的日子毕竟过得越来越不错了。

木兰一家命运的转换，不是因为她的自杀威胁或别的特定事件，也不能简单归结到她婆婆的去世，而是一个非常自然的过程，或者可以说，就是一家人"过"出来的。经过几十年的共同生活，夫妻二人的脾气都没有什么大的变化，但二人共同经历了很多酸甜苦辣，共同完成了成家、立业、生子、教子、养亲、送终的过程。虽然一直充满了坎坷，但在顺利完成了这些重大的人生责任之后，他们已经没有了什么负担，虽然彼此之间仍然不乏琐碎的争吵，但日子算是过得很圆满了。

严格说来，这一家的命运甚至没有什么转变，即：我们看不到从命不好到命好的过渡标志。在漫长的时日中，一家人一直在创造着幸福生活。虽然在这过程中有一些不和谐，甚至发生过以死相争的事情，但因为一家人都认真过日子，所以不会出现木兰第一桩婚姻中那样的冲突，而且挺过了所有的矛盾，等到老年再平静地回头看的时候，一切就都变得幸福起来了。只要理解了孟陬人的命运观念，我们就很容易看出，木兰的祸福转换究竟是怎样发生的。

在木兰家里谈起来，"大个子"似乎很满足于当前的生活。他从未像木兰那样抱怨过命不济。但他给出的原因，却是木兰从未谈到过的："为什么过得越来越好？就是因为这个房子是风水宝地。这地方，原来是娘娘庙的地方，那娘娘庙里供奉的，是个皇后奶奶。俺们哥们儿多，就是因为俺娘常来娘娘庙里烧香。老辈子，俺们家的院在这庙东边，就隔着一道墙。后来政府拆庙，我才几岁，还爬着玩呢。大概这庙拆前四五天的时候，我正在当屋的一条长凳上玩。我坐在那儿，正好面对着当院，院里什么都看得见。大人们都背对着当院。俺们的茅子在墙角，就是隔开娘娘庙的那道墙。我就看见，从大约茅子那个方向，走过来一个穿黑衣裳的妇女。那张脸呀，跟庙里娘娘的塑像一模一样，显得又慈悲又富贵，不是一般人。看着那样，她是真不愿意离开，就这么犹犹豫豫地走了。当时我也说不清楚，也不知道她是谁；可是长大了猜，那应该就是娘娘走了。走了以后，庙就拆了，娘娘也就不保佑这个村了。后来俺们在庙的这块地上盖了房。这块地方是有灵气的，所以还是跟别处不一样。"

"大个子"所说的娘娘，就是汉武帝的钩弋夫人。虽然正史无考，但当地人说，她是渐离村的人，后遇汉武帝巡幸，张开从未张开过的拳头，手里攥着一个玉钩，故名钩弋夫人。渐离村和娘娘庙村都有钩弋娘娘的大庙，尤以娘娘庙村的规模大。虽然新中国成立后不久这个庙就被毁掉了，但四月十八的庙会至今仍是当地人的重要节日。"大个子"说自家得到钩弋夫人的保佑，殊不知，钩弋夫人自己却卷入了中国古代最复杂的家庭纠纷之中，无辜就戮。汉武帝在与卫太子母子反目之后，欲立钩弋夫人之子为储，却要先杀钩弋夫人，以免外戚坐大。[①] 此于钩弋夫人实为不幸，而于汉家天下，却

---

① 参见《史记·外戚世家》褚少孙续；《汉书·外戚传》。

是英明之举。钩弋夫人故事中的这种无奈与悖谬，似乎暗示着，她所保佑的人们的命运同样充满了无奈与悖谬。他们的厄运的降临可能毫无征兆；但他们的好运，也会在不知不觉中到来。

在我们看到的这些故事中，命运的转换同样像钩弋夫人的那样不可把捉。陆离一家和陈竽瑟一家虽然都有些矛盾，但日子过得并不很糟糕。他们如果不自杀，或是自杀没有成功，等到再过上几十年，很可能也会像木兰一家一样，不知不觉中日子就变得很幸福了。但他们的死却给全家人带来了永远的不幸。幸福生活没有别的诀窍，只能靠认真过日子。

四、综论

我们以本章对命运的讨论，结束本书的第二部分，从而进一步思考过日子中的矛盾对每个个体的生存论意义。我们前面已经一再强调，不能仅仅把家庭当作最基本的社会单位来理解，而要把家庭生活中的过日子当作更根本性的生存状态。中国人的命运观，就取决于这一生存状态。

人一出生就在家庭里面，以后还要建立和管理自己的家庭。命运的展开，首先是家庭生活的展开。最基本的命运模式，是一家人平平安安过完一生。幸福，就是这一生过得很圆满；不幸，就是这一过程中发生什么问题。夭丧暴死之为不幸，根本上在于它使人不得善终，打断了过日子的正常过程；年轻人的自杀之为不幸，则首先在于它是一种夭丧。

自杀这种夭丧，本来和车祸、暴疾、自然灾害等导致的夭丧非常不同，因为它是人们主动选择的死亡。但它看上去又和这些不幸很像，因为那些主动选择死的人没有一个真的愿意死，因而自杀也显得像飞来横祸一样。自杀和所有这些不幸一样，是一种不能确定的厄运。

但自杀的不确定性的真正原因在于，过日子是一个家庭政治过程，幸福与否不是单个人的事，而要取决于整个家庭生活的好坏。虽然人人都愿意活得有尊严，但人们并不是想有尊严就能有尊严的；人人都愿意过上好日子，但并不是人人都能过上好日子。一个人的命运，根本上取决于其能否在权力游戏中把生活逐渐过好。一个想过好日子的人却选择自杀，并不是因为他的头脑有毛病，而是因为权力游戏的结果总是违背他的期望：他越是想得到更大的尊严，却越是遭受更多的委屈。自杀，是过日子中的这个悖谬的集中体现。

家庭生活的基本特点是亲密关系，似乎本来不应该存在不公的问题。但恰恰是以亲密关系为起点和目的的日常生活，时刻充斥着争吵和口角，时刻都存在一个正义问题。于是，家庭生活成为极其微妙复杂的政治生活。自杀者的种种努力，甚至包括自杀行为本身，都是对正义和幸福的追求。但这些努力不仅没有使人们过上有尊严的幸福生活，反而让人们越来越深地陷入既有的命运模式当中，直到最后死去。

关于自杀者命运的种种说法，都是在解释，为什么人们追求有尊严生活的努力却总是使自己陷入更深的委屈。孟陬人会用神鬼的插手和人鬼之间的权力游戏来理解这对矛盾，但这些解释都没有提供一个真正超出过日子之上的哲学理由。木兰的丈夫"大个子"用钩弋夫人的保佑来解释人间的命运，最终把我们引回了家庭政治本身。钩弋夫人既然根本无法保障自己的幸福，那她以什么方式来保佑孟陬的人们的幸福呢？

　　还是木兰与"大个子"的家，虽然日子过得平平常常，但在我们迄今所看到的所有家庭中，是唯一一个自认为过得比较好的。而这一家人之所以最终能走出厄运的笼罩，似乎没有任何诀窍，而完全取决于一天一天的苦熬，等到终于熬过一个个艰难环节，一生该做的事也就做得差不多了，生活自然而然就显得幸福起来。

　　木兰一家虽然也经历了各种矛盾，但他们确实代表了多数中国家庭的命运。不过，这绝不意味着，只要消极等待，就能等到好的命运。毕竟，命运中太多的不确定因素，无法向任何人保证幸福；一个人自身的努力，也未必能改变与自己一起生活的家人。生命的价值，虽然需要在过日子中得到实现，但人的价值并不完全等同于过日子的好坏。要进一步思考自杀和相应的文化问题，我们需要进入另外一个层面的考察：人格。

第三部分

人之宜

他们把那死人抬来，忙忙乱乱的，路上就丢了一只鞋。找不着那只鞋了，他们就这么着把死人烧了。从那天开始，俺们每天晚上就听见门外边有人喊："我那只鞋呢？我那只鞋呢？"让人吓得打激灵，谁也不敢出屋。这么着过了好几天，俺们大着胆，就想去看个究竟。几个人就着伴，走出屋去，才看明白，那是这一带的一个疯子。他在路上拾了那只鞋了，上火葬场来找另外一只。

——孟陬火葬场某职工

第六章　边缘人

　　我们在考察了家庭政治中的礼义和委屈之后，还要进一步来看，这种正义观念对每个人意味着什么。义者，宜也。家庭生活若能做到因礼成义，就要让每个人各得其所。

　　那么，人人各得其所是什么意思呢？简单说来，就是让每个人实现其人格的价值，按照一个人应有的方式过日子，使他在更完全的意义上成为一个人。如何成为一个人，我们在第二章已经简略谈到了。首先，在家庭生活中过日子，是人格的最基本要求，可概括为"以家成人"；因为赌气自杀，是通过赌气来实现自己的人格价值，可以概括为"以气成人"；为了面子而自杀，则是通过挣面子这种外在方式，实现人格价值，可以概括为"以面成人"；而通过想清楚过日子的道理，按照礼义，在日常的过日子中实现人格，则是"以理成人"。我们在第三部分会分别讨论对人格的这四种理解。在本章，我们就首先来看，当地人如何理解一些边缘人的自杀。

一、疾病

　　研究边缘人的自杀，可以帮助我们理解，在中国的自杀者当中，精神疾病究竟意味着什么。研究者发现，中国的自杀人群中有大约63%的人患有精神疾病。这个数字虽然不如西方国家的 90% 以上那么高，但毕竟超过了半数，也不能算很低了。因此，我们不能简单地说中国的自杀者有无精神疾病，而要深入到精神疾病的文化意义。

　　我们在第一章已经看到，在西方精神医学中，自杀一般被认为是精神疾病导致的；在《精神障碍诊断与统计手册（第四版）》（DSM-IV）中，有无自杀意念，甚至被当作判断有无抑郁症的指征之一。而在孟陬，我却看到，精神疾病患者的自杀，往往被当成自杀的例外。在一般人的眼中，多数自杀不是精神疾病导致的；即使这些自杀者患有精神疾病，他们的自杀也往往不被当作精神疾病的一个结果。要理解当地文化对自杀与精神疾病关系的看法，我们首先要考察几个典型的精神疾病患者的自杀。

　　我在田野研究中遇到过好几个有明显精神疾病的自杀个案，但总难以了解他们的详细情况。我的受访者往往对这样的个案不感兴趣，甚至也推测我不会对他们感兴趣。当我问起这样的自杀来，他们会说："那不算，是个疯子。"比如，兰皋的一位向导向我讲了一个叫求美的女孩的自杀，告诉我，她是因为被一个男人勾引，后来又遭到父母的责备而喝农药死的，随后我又问他，村里还有没有别的自杀个案。他想了想说："也有，可是不像求美这一个这么有教育意义。比如，我的表弟就喝药死了。可他是个傻子，不算。"（参见6.3）同样，武都的一个人跟我讲了好几个个案后，几乎忘了他亲弟弟就是自杀死的。我问起他来，他说："那不算自杀，他疯。"（参见6.3）娘娘庙村的一个年轻人所明有明显的抑郁症，而人们也找不到别的什么原因导致了他的自杀。他的一个朋友就对我说："他自杀是因为抑郁症。"他的言下之意是，他没什么可说的，因为是抑郁症，而不是什么更重要的原因导致了他的自杀，因而我就可以不必研究他了。

人们并不是毫无医学常识。农民们知道精神疾病有时候会导致自杀。但他们认为，这些自杀不是典型的自杀。当我说我要研究自杀的时候，他们就认为，我只研究那些有点社会原因、有教育意义的自杀。那才是典型的自杀。

当然，人们在谈到典型的自杀时，也可能说："她忒受罪了，差不多都疯了，所以自杀。""他自杀前变疯了。"这些自杀者在自杀前往往表现出精神疾病的症状，但人们不认为这些病是他们自杀的最终原因，而是认为，那些导致他们得病的因素，才是自杀的真正原因。疾病和自杀，都是这个原因的结果。

我们在考察葛曼的自杀时谈到了，像"小姐"这样的边缘人的自杀，也被认为不算自杀。她们的自杀，也不值得研究。研究者们不断指出，中国文化与基督教文化的一个区别就在于，自杀往往被赋予积极意义。① 自杀是勇敢的反抗，自杀者往往是好强的烈性人。疯子、傻子、"小姐"等边缘人没有完整的人格，所以，人们不认为他们的自杀是因为勇敢和人格价值。在很多情况下，某些人虽然患有精神疾病，但他们的自杀并不是这种精神疾病导致的，他们自杀

---

① 参见 Lin，Yuan Yuei，*The Weight of Mount T'ai*，Ph. D dissertation，1990，Wisconsin University at Madison。

的实际原因和动机与别人没什么不同，但他们的自杀还是被赋予了不同的意义，不被当成典型的自杀。所以，当我采访的村民说他们的自杀不算的时候，他们的意思是，虽然这些人自杀了，但他们的自杀并没有社会意义和积极因素。

孟陬民间关于精神疾病的词汇有"魔怔"、"傻"、"疯"等。其中，"魔怔"的含义最轻。其含义本来是邪魔附体导致的行为不正常。现在，人们若是说谁魔怔，那一般就是指，此人行为奇怪，但还没有完全变成疯子或傻子。医学上诊断的抑郁症，就常常被称为"魔怔"。

"傻子"和"疯子"是对有精神障碍者的一般说法，而两者并不相同。傻子是智力迟钝的人，疯子是精神错乱、胡言乱语、行为躁狂的人。在一些村子，我偶尔会看到一些精神不正常的人在街上游逛，一时并不容易区分，他们究竟是傻子，还是疯子。当地人有时候也并不区分这两个称呼，甚至把光棍和乞丐也称为疯子或傻子。

二、魔怔

一家媳妇若是自杀了，我一般比较难从她婆家的人那里得到准确信息，因为他们总会回避自家的责任。但武都村的玉英的情况却不是这样。我在问起玉英的小叔子，他嫂子为什么自杀时，他很爽快地讲了起来。因为玉英明显有些魔怔，她的丈夫似乎可以不负责任。他说：

"一开始，俺嫂子老是不高兴，说她不想活了。我跟她聊起天来，她总说活着没意思。她老是说：'我就是想跑到地里去好好哭一顿。'那时候我有个错误的看法，我觉着她因为跟俺哥关系不好，才会这么想。俺哥的脾气是不好，他们老是吵架。后来，她找医生看了看，医生说，她得的是更年期综合症。我这才明白，她这个状态不是因为跟俺哥的关系，是因为她的病。

"她在得这病以前，老跟俺哥吵。她出身好，家里边富，她爹还是个挺有名的书法家，字写得好。俺这个嫂子也聪明，爱交往人，特别能干，知书达理。她也非常好强，别人比她强了就不行，她就得想办法超过别人。可是俺们这个家庭不一样，是一般人家。俺哥上过学，可是念的书也有限，又不怎么能干。俺嫂子跟俺哥不投脾气，就觉得俺哥没什么能耐。俺哥干活也一般，挣不了多少钱来，俺嫂子就老嫌他不好好干活。他们也常为这个吵架。俺哥那个脾气，一急起来就摔东西。为这个，至少摔坏过两口锅，好几张桌子。我好几次亲眼见他为这个掀桌子。

"自打那个医生说她有病以后，俺哥就不怎么跟她吵了。医生跟俺哥说，老吵架对她身体不好。俺哥知道了她有病，就想方设法不刺激她。可她还是好不了，总是特别烦。虽然俺哥因为她这病容忍她，她的状况还是越来越不好，睡不着吃不香。我有时候就问她：'你为什么不欢喜呀？'她说：'活着不如死了好。你不觉着死了比活着好得多吗？'你听，这是正常人说的话吗？

"从医生说她有病后，过了半年，她就吃安眠药了。那天晚上，俺哥不在家，在地里干活呢，我也在地里干活。那是麦熟的时候了，地里活多。因为那一段俺嫂子老是说死呀死的，俺哥不敢把她一个人留在家里。可是地里有那么多活，他也不能不收麦子呀。俺嫂子睡着得特别晚，得有十二点了。俺哥看着她睡着了，觉着不会有危险了，就去地里干活了。快早晨了，他才回来，俺嫂子就已经吃了安眠药半天了。那天我也是早晨才回的家，有人就跑来跟我说：'忙去你哥院里。'我知道出事了，忙到他这院里，俺嫂子早死了。她那年 46 岁。"

他讲完之后，我问："你嫂子是个怎么样的人？平常事她都能想得开吗？"他说："俺嫂子上过学，是个聪明人，也不死心眼子。一般的事她都想得开。"我又问："那她这回怎么想不开了呢？"他笑着说："她有病啊。再聪明的人也会得病啊。她是挺能干的，那也架不住生病呀。一开始我觉得她这状态是因为老跟俺哥吵架，后来我发现我不对了。"

玉英的小叔子几次强调，他当初认为嫂子的状况是因为和他哥的吵架是错了。我想让他解释一下为什么认为自己当初错了："你怎么就认为自己原来的想法不对呢？"他说："俺们知道她生那个病以后，我就意识到，她的这种状态不是因为吵架，是因为生病。"

我又问："那你认为她的病和吵架没关系吗？"他说："有时候我也觉得生病和心理状态有关系。像前几天，我生病了，一跟朋友们聊天，就不觉着难受了。说上几个钟头的话，我也不觉着累。要不然，我站上几分钟就受不了。她这病当然跟吵架有点关系，要不俺哥知道她这病以后就不跟她嚷嚷了呢。"

虽然他承认，夫妻之间的吵闹还是和玉英的病有关系，但他从未认为，那所谓的"更年期综合症"会是吵闹的一个结果。他用自己的感受来描述这一关系，好像她的病只是有点心理症状的肌体疾病，只要她处在一个较好的环境里，病情就会缓解一些。

但从我的被访者所描述的情况来看，很可能是夫妻之间的关系导致了玉英的抑郁状态。别的村民们也认为，玉英后来的状态应该就是夫妻频繁吵架造成的。即使我的被访者，一开始也是这么认为的。但在医生做出那个诊断之后，他却完全改变了先前的看法。我问他为什么这么聪明的人还会有想不开的时候，他的回答是，即使聪明人也会生病。他谈起这种心理障碍来，就好像在讲一种无法通过"想开"克服的生理疾病似的。

凯博文教授曾经谈到，中医喜欢用生理概念来描述心理疾病。[①]而这正是玉英的小叔子所做的。由于医生的诊断，他认为导致玉英变得魔怔和不满的，不是家庭争吵，而是某种生理性的变异。

玉英的丈夫后来不再和玉英吵了，因为她有病。这并不是因为他认为争吵导致了疾病，而是因为他觉得争吵会恶化她的病情。换言之，他已经把玉英看做了一个与正常人不同的病人，将她排除在了正常的家庭生活之外。

我不敢断言，玉英小叔子究竟是真的认为争吵没有导致玉英的疾病，还是仅仅想减轻他哥哥的责任。但玉英的病确实成了她丈夫的一个借口。疾病彻底改变了人们看待她的状况和自杀的角度。这病使人们把她当成了一个不正常的人，把她排除出了正常的家庭生活，于是，她的自杀就不再是对丈夫的反抗，而是疾病导致的自然结果。疾病与我们在第五章看到的神秘解释起到了非常类似的作用。

凯博文认为，精神疾病的躯体化可以帮助中国人获得政治上的安全。在 20 世纪 70 年代那样的政治环境中，把精神疾病理解为躯体性的，而不是当作政治性的反抗，就可以避免政治上的麻烦。而在家庭政治中，躯体化同样帮助全家避免了家庭纠纷。虽然玉英的抑郁和自杀好像都是家庭矛盾导致的，但医生的诊断却使她的自杀

---

① 参见 Arthur Kleinman, *Social Origin of Distress and Disease*, New Haven: Yale University Press, 1986。中译本见 [美] 凯博文：《疾病与苦痛的社会根源》，上海：上海三联书店，2008 年。

减弱了这层意义，好像和典型的自杀不同，不是出于反抗的目的。

这使我想到了田野研究中经常遇到的一个问题：社会原因导致的精神疾病和完全病理性的精神疾病的意义有何区别？颇有几个人是因为家庭原因导致的精神失常。比如，渐离的一个媳妇青云因为和婆婆有激烈的冲突，而变得魔怔了，总说自己能看到鬼，还喝过农药。娘娘庙村的一个媳妇愁予的丈夫是个混混，整天打她，后来丈夫还坐了监狱，她也变得疯疯癫癫的，结果喝农药自杀。虽然这样的自杀明显和精神疾病有关，但人们在谈到这些案例时，还是会说，家庭矛盾是导致自杀的原因，而精神疾病不过是间接的原因而已。他们会把精神疾病当作家庭矛盾的一个结果，自杀是同一原因的另一结果，而不是精神疾病的结果。于是，这些自杀都被当作典型的自杀，反映了自杀者出于委屈的反抗。玉英的小叔子虽然一再强调她的自杀是疾病引起的，但其他村民，特别是玉英的娘家人，却完全不这么看。他们虽然也并不否认玉英确实有病，但并不认为这病就可以掩盖玉英丈夫的责任，如果她丈夫好一点，玉英就根本不会得这样的病。

人们往往觉得，有病理性的或遗传性的精神障碍的人的自杀，更多是疾病造成的。但即使在这样的情况下，自杀也并不只是一个医学问题。我们可以再看一下茹蕙的例子。

茹蕙是七坡村一个 40 多岁的妇女，有两个女儿、一个儿子，在 1999 年上吊身亡。娘娘庙镇的医生告诉我，她有明显的精神障碍。

茹蕙的一个亲戚说，她的母亲和两个哥哥都有精神病。她娘家村的人都知道茹蕙的母亲精神病很严重，她总是跑到街上去胡言乱语。她大哥也病得很厉害，在 18 岁自缢而死。她的二哥起初没有发病。但他在中学毕业后找到了一份工作，因为过分高兴而一下子变疯了。不过他后来治好了，没有再犯病。

刚结婚的时候，茹蕙也没有什么异常。她不言不语的，老实文静，和街坊邻居相处得很好。但是，她在生了一个孩子之后就变了。她不会像自己的母亲和哥哥那样到处乱跑，而是胡思乱想。发生什么小事，她都会琢磨上半天。比如，有一次她的耕牛掉到水坑里淹死了。这在农村里不是什么稀奇事，谁也不会太当一回事。但是茹蕙没完没了地想这事，好像无法承受这个损失。连续一个多月她都难以释怀。她的公公婆婆觉得她不对劲了，就相互告诫说："不管她要什么，咱们都尽量满足她。"过了几个月，她情绪稳定了一些。

他们后来分了家。茹蕙和她丈夫到另外一个院里住去了。据人们说，这倒不是因为茹蕙和公婆处不好，而是因为她对一些小事太较真了，所以就容易和人们发生冲突。但这些冲突一般都不大。

茹蕙并不是随时都这样，但隔一段就会严重一些，那时候就会和丈夫因为很多小事吵架。比如他们在地里干活的时候，经常就会因为怎么干活争起来。茹蕙要是想用什么法子，就一定要丈夫听她的。她丈夫的脾气也不大好，经常受不了她这态度。但他还是努力满足茹蕙的要求。

大约在茹蕙死之前两个月，她得了胆囊炎。她到娘娘庙镇医院里去，医生说那不是什么严重的病，就给她开了一个方子。但茹蕙总是认为自己得了特别重的病，不相信娘娘庙镇的医生。她坚持要去更好的医院，于是走了县里甚至市里的好几家大医院，得到的诊断都是一样的。茹蕙总以为她丈夫和儿子在骗她。她的小姑子跟我说："有一次是我跟她去的医院。回来的路上，我叫她到我家去吃晌和饭。她在我家央求我说：'俺儿子现在 15 岁了，我也没有什么怕的了。你们怎么就不能跟我说实话呢？要是这病治不好了，咱们也不用到处去找好医生了。你跟我说，医生到底是跟你怎么说的？什么我都能承受。'"

凡是茹蕙想要的东西，她丈夫和儿子都尽量满足，但这一次，人们实在没有什么可以告诉她的了。

关于她的死，七坡村人有比较流行的一个说法：在她自杀前两天，茹蕙突然说，他们看的那个黑白电视不好。她丈夫和儿子立刻就上县城去买了一台彩电回来。那天晚上他们一起看这台彩电，茹蕙又说："这台电视忒小。"第二天，她丈夫和儿子又去了一趟县城，给她换了一台大彩电。一个村民对我说："他们把电视抬回来，茹蕙好像满意了，什么也没说。两天以后的晚上，老两口坐着看电视，他们的小闺女在另外一个屋里，他们儿子出去了。茹蕙的男的靠着被摞打了个盹。他一睁眼，看不见茹蕙了。他到处找，最后发现，他媳妇在门洞子里上了吊了，那时候已经死了。"

我最早从七坡村的一个村民那里听说茹蕙的故事，后来采访了她的小姑子和她娘家的亲戚。她娘家的亲戚告诉了我她家的情况，说："茹蕙不像她娘和她哥那么严重，可是也偶尔魔魔怔怔的。"这是我一个重要的向导，曾经给我提供了很多自杀的线索，但在我没有特意问起茹蕙的时候，她从未提到过这件事。她说："她这个你问不出来什么，那不算自杀。她一家人都魔怔。"

我在孟陬遇到的疑病症患者不止这一例。比如在龙堂村，一个女人秋兰得了肾炎，却认为自己得了不治之症，疑心了半年多，上吊死了。她和丈夫关系很好，丈夫据说颇有些怕老婆。而因为她家里从来没人精神有过问题，她以前也没有魔怔过，所以谁都不认为她那是有病。人们还是说，她的自杀仅仅是因为想不开。但由于她和丈夫实在没有什么过节，更多的人就说她是遇见鬼了。她是在野地里一个小破屋里上吊的，所以一开始谁也找不到她。据说，她向儿子托梦，告诉他自己在哪里，大家就找到了她的尸体。在兰皋，一个总是头疼的人目成总是怀疑自己得了脑瘤。在他的一个叔叔出殡之后，目成用孝袍把自己吊死了。人们都认为他不可能魔怔了。他的口袋里有一封遗书，上面写的都是人们如何继承他的财产。于是人们说，一个有病的人不会写这么清楚的遗书。大家怀疑他还是因为家事自杀的。他此前和妻子没有什么矛盾，但人们还是觉得，应该是他妻子的坏脾气导致了他的死。

与秋兰和目成相比，茹蕙的病未必更重。虽然娘娘庙镇的医生说她确实有病，但人们大多不是根据医生的诊断做出判断的。他们的主要根据是，茹蕙娘家好多人有病。

七坡村的人都说，她家里没有多少严重冲突，他们的争吵是家家都有的那种小的误会和口角。因此，她的自杀不该有别的原因。但在和她小姑子进一步谈了一次以后，我认为事情恐怕要更复杂些。

虽然茹蕙确实和公婆没有严重冲突，但他们的关系并不好。她小姑子说："俺嫂子忒敏感了，俺娘受不了她。他们知道她有病，千方百计满足她的要求，可还是过不到一块去。忒不方便了，这才分的家。分家之后，俺哥住得离俺爹他们特别远，两家都不怎么来往了。"茹蕙的公婆虽然尽量容忍茹蕙，但这并不意味着他们关系好。因为茹蕙的病，人们自然会尽量不招惹她，以免她过于敏感；但长期这样下去，老人们都受不了。在别人家看来很普通的小事，在茹蕙看来可能就会变得特别敏感。老两口之所以对茹蕙如此宽容，并不是因为他们关系特别好，而是因为他们无法把她当成一个正常的儿媳妇来看待。换言之，她不被当成家庭的正常成员，而是一个应该特别注意的病人。这才是他们分家的真正原因。

茹蕙和她丈夫之间的关系也与此类似。她丈夫的脾气也并不好，但他还是尽量满足她的要求，听她的话。他会尽可能容忍她那些地方，但这并不说明他们的关系好。像关于电视机的那个事，丈夫和儿子确实满足了茹蕙的过分要求，但那是因为担心她犯病，而不是因为他们对她特别好。而茹蕙的小姑子也告诉我，其实这件事并不像人们传说得那么离奇：

"他们家里是有一台黑白电视，他们早就准备买一台彩电了。那一天，俺哥跟俺侄子买了台彩电。他们买回家，那台电视画面不好，俺嫂子就唠叨了几句。他们又去换了一台大点的，效果好多了。他们看了一晚上电视，就睡觉了。第二天早上，俺哥发现俺嫂子找不着了，就琢磨，她怎么起得这么早呢？他就往外走，在门洞里发现俺嫂子吊在那儿，死了。"

她还谈到，茹蕙死前还有一件事让她不高兴："她上吊前几天，她闺女上段庄的天主教堂去了。俺嫂子知道以后，跟她闹了一顿。她上吊的时候，他们这事还没有完呢。这也许是她上吊的一个原因。"我在《麦芒上的圣言》里谈到，当地农村一些人对天主教徒有成见，所以家长大多不愿让孩子去天主教堂。[①] 茹蕙因为此事和女儿生气，是可以理解的。

茹蕙家里有很多麻烦事，有很多原因可能会促使她自杀。我当然不是说，她没有精神疾病，或她的自杀不是疾病引起的。上面说的这些事，看来都不足以导致她的自杀。最可能的原因，还是她的疾病。但我关心的是，为什么人们把她的自杀归结为精神疾病，但在秋兰和目成的例子里就不这么做。茹蕙与另外两个人的区别在于，

---

① 参见吴飞：《麦芒上的圣言》，香港：道风书社，2001年。

人们已经把她明确认做了精神病患者，她娘家人的病尤其使人们这样认为。而秋兰和目成一直被当成正常人，过正常的日子。虽然他们怀疑自己有病也有很长时间了，但人们还是不认为是精神疾病导致了他们的自杀。

在当地人的观念中，魔怔的人处在正常人和疯子之间。一方面，他们还有相对正常的家庭生活；但另一方面，他们又常常不被当成正常的家庭成员。他们的自杀有可能是家庭矛盾导致的，也有可能是精神障碍导致的。如果人们把他们当成正常人，他们就不会认为这些自杀是精神障碍导致的；如果人们把他们当成魔怔的人，精神疾病就成了他们自杀的主要原因。而由于魔怔的人的地位较有弹性，人们也可能从不同角度看待他们的自杀。因为大家把玉英和茹蕙当成了魔怔的人，她们的家庭矛盾就显得不重要了。她们的自杀也被当成非典型的自杀，是由精神疾病引起的，而不是由委屈导致的反抗行为。

三、癫狂

我在 6.1 谈到，兰皋的向导对我讲了求美的故事后，不大愿意谈他自己的表弟的自杀，因为那是个傻子。我求他还是讲一下，他就简单地讲了这个过程：

"我那个表弟超远是个傻子。你要是第一次见他跟他说话，会觉着他挺知事、挺精神的。他跟你打招呼说话，都挺好的，可是你要再往下说，就不行了。他都 20 多岁了，还是不会干活，整天什么也不做，就知道吃。他白天到处跑，疯玩。附近几个村里都知道俺们村有这么个傻子。谁也不把他当人。他有时候在公路上骑着一辆车子，看见一个俊点的闺女就追人家，跟人家喊。有一天，他又跟我说些个没用的话。当时有好多人呢，他又那么冒傻气，我看不下去了，就扇了他一巴掌。他回到家就喝了药死了。他娘跟他姨也都是傻子。"

虽然超远表哥的叙述非常简略，我们也足以看出，超远的自杀并不是他的病导致的。他虽然很傻，总是做些糊涂事，但他自杀也是因为委屈，和别人没什么不同。当我的向导微笑着讲到他自己如何打了超远耳光，然后他又如何喝农药自尽时，我感到非常惊讶。而他最后指出超远的母亲和姨也是傻子，是为了强调超远确实是个傻子，这个个案实在没什么可研究的。他这么简单地讲完此事，并不是在描述一个个案，而只是向我指出，此事是多么没有研究价值。

但这个村里的另外一个人告诉了我更多关于超远的事："虽然他有点傻，但超远还是种地干活的。每到麦收的时候，他不像别人那样，把粮食都存起来。他把收来的麦子到处乱放，满院子都是。过不了多少日子，老鼠就给他吃没了。他没吃的了，就得去打点零工挣钱，比如帮大队里干干活什么的。他有了钱也不过日子，都用来喝了玩了。"

超远不藏粮食和乱花钱确实是不过日子，但这并不能证明他在智力上是个傻子。兰皋另外一个人说："超远的爹可和他不一样，是个聪明人，比一般人都聪明。可惜，他娶了个傻媳妇，从此也就不好好过日子了。爹娘都不管超远，他得不到什么管教，也就变成傻子了。超远的爹死得早，他娘出门了。超远必须得挣钱自个过。"超远的姥姥家是西堂村的，滋兰和我说过她家的情况。她说："我试知道她了。超远的姥姥就是个傻子，找的西堂的婆家。超远的姥爷就因为娶了个傻媳妇失望了，不好好过，到处靠人。超远的姥姥知道了，一气之下就回了娘家。超远的娘是老大，有一个妹妹一个弟弟。仨孩子都在西堂长大的，爹娘都不管他们。两个闺女都傻，可是男孩不傻。"

根据这些人的说法，超远的姥姥是这个家族中的第一个傻子。她的两个女儿和一个外孙也都是傻子。那么，超远之所以傻，首先是因为遗传。但无论他还是他的母亲和姨，先天失教是导致他们傻的重要原因。因为没有得到教育，超远从小不懂得怎么过日子，这一点更使人们觉得他是傻子了。

超远的娘虽然也智力迟钝，但她还是结了婚，生了几个孩子。超远却没有结婚，也就不能过正常日子。他虽然也干活，但人们都"不把他当个人"。于是，他的表哥可以当着那么多人的面打他耳光，好像他不知道丢脸似的。即使在超远因为这一耳光自杀之后，人们也不认为他的表哥负有多大责任。他自己在讲这个故事的时候，甚至在轻松地微笑。

这倒未必是因为超远的表哥多么残酷，而是因为他认为超远就不该享受正常人的尊严。对于像超远这样的边缘人，谁也不该为他的死负责，也没有谁替他追究。人们可以逗他们，取笑他们，向他们咆哮，羞辱他们，而都不必负什么责任。如果这样的人生气了，人们不过一笑了之。有人说："人们就把他们当小孩一样逗。"这些边缘人确实和小孩很像。他们和小孩一样，不结婚，没有成为一家之长，从而不是完整意义上的人。在社会意义上，他们被排除出了正常人的范围。有些宽厚的村民说，超远要是受到正常的教育，就未必是个傻子了。因为无法通过教育长大成人，超远仿佛永远是个孩子，被人们也永远当成孩子来看待。当然，我们现在已经很难假设，他的傻究竟只是因为没有教育而不会过日子，还是真的有生理性的原因。

有个村民更详细地讲了他自杀那天的经过："有一回，超远和另外几个年轻人给村委会干了点活。村委会的一个干部是超远的表哥，给他们发钱。他这个表哥知道，超远一旦拿了钱，很快就会花完，根本不会用来过日子。他就说：'我给你拿着这钱。等到浇地或是买化肥的时候，我再把钱给你，你用在正地方。要不，我怕你一下就花光了。'他这个表哥是好意，怕他浪费钱。可是超远不懂这个。他看别人都拿了钱了，自个拿不着，就不干了，跟他表哥嚷起来了。他这个表哥急了，嫌他不识好人心，就扇了他一巴掌。超远气哼哼地回家去，就喝了药死了。"

在这个讲法里，超远的表哥反而不像他自己说得那么残忍。一方面，他知道超远的毛病，怕他乱花钱；但另一方面，他也挺关心超远的生活，希望帮他过得好一点。超远不理解他的一番好意，反而和他嚷嚷，他才打了超远一巴掌。

我们在葛曼的故事（参见4.1）里已经看到，边缘人虽然社会地位很低，遭受歧视，但他们并不是没有常人的情感。葛曼虽然是个"小姐"，人们不把她当正常人看，但她因为遭到人们的歧视，无法与石磊结婚，还是会受到伤害。而超远的表哥在谈到求美为什么自杀时评论说："坏人也有尊严呀。"不仅坏人有尊严，傻子和疯子也有尊严。他们自杀，就是因为他们希望被当作正常人看待。换言之，导致他们自杀的，是关于人格的一个悖谬。要求被当正常人看待，是一个最基本的心理要求；不被当正常人看待，当然会让人感到委屈；但从当地社会的角度来看，人格却是有条件的，只有结了婚，有正常家庭，过正常日子的人，才算得上完整意义的人。

我们可以通过四荒的故事来进一步看这个悖谬。我在 6.1 已经谈到，武都有个人在介绍了几个自杀个案之后，几乎忘了他的亲弟弟就是自杀而死的。他的弟弟就是四荒，患有精神分裂症，于 1990 年自杀。

我所采访的，是四荒的三哥。他的大哥也有很严重的精神病，在四荒死之前几年失踪了。他三哥，也就是我采访的那个哥哥，有个儿子患有很严重的抑郁症，被他父亲锁在家里。因此，他的家庭也是有精神病史的。

四荒年轻的时候并没有任何患病的迹象，因而也结了婚。在 18 岁他参了军。他是在部队里的时候犯的病，犯病后被送回了武都。他哥哥这样讲他的状况："一般情况下，人们看不出来他疯。他能在地里干活，就是干得不忒好。他隔一段会犯一回病，就在街上来回走，念念叨叨的，总是叉着两只胳膊，低着个头子。一般是在春天，他容易犯病。"

因为四荒的这个病，他媳妇经常抱怨。一个村民说："他要是早就犯病，也就不可能结婚了。他老早就结了婚，生了俩闺女，这才去参军。他从部队上回来以后，又生了个儿子，现在有 18 岁了。四荒在地里干活的时候干得不好，他媳妇老唠叨。有一天，他们又在地里一块干活，他媳妇又嫌他干活笨，说得挺厉害。四荒受不了了，回家就喝药死了。"

表面上看，四荒自杀的原因是和他妻子的争吵，而这也和我们看到的很多典型自杀没多大区别。他的自杀，应该就是对他妻子的责备的反抗。当然，他妻子也总是抱怨不公。人们说："她没想到自个的男的会变成这样。跟这么个疯子怎么过日子呢？"我们在超远的故事里已经看到，超远的姥爷就是因为娶了个傻媳妇而开始靠人的，他父亲也因为媳妇傻，不好好过日子了。四荒的妻子也应该和他们一样，感到了挫败和命运的耍弄。当然，有精神病的人没有主动做什么对不起自己的亲人的事，他们似乎对这种不公无法负责。但那些与精神病人结了婚的人，又该向谁抱怨自己的委屈呢？

一个村民告诉我："在四荒死后，他二哥就老是帮着四荒的媳妇干活。他60多岁了，是个老光棍。按照风俗，哥哥的媳妇要是守了寡，可以嫁给她小叔子，但一般不能嫁给大伯子。所以，这个女的就没嫁给四荒的二哥，可是老跟他一块干活，就跟两口子似的。四荒的儿子特别不高兴，觉着他娘不该这么做。"

但另一个村民告诉我，四荒的媳妇不是在四荒死后才和他二哥那么好的。早在四荒活着的时候，他就怀疑他二哥和他媳妇靠着："四荒还没死的时候，就老说他媳妇和他二哥靠着，常为这个嚷嚷。有一回，他跑到他二哥院里去，砍了他二哥一菜刀。他二哥伤得可不轻，流了一地的血。"有人把四荒这次行凶当作他的疾病的一个表现。四荒的一个女邻居对我说："他忒多疑了。有一回他跟我说：'你知道她嫁给谁了吗？'我知道他是说他媳妇呢，就说：'她嫁的是你。''不对，'他特别认真地跟我说，'她嫁给你了。'也许得这病的人都这么着吧？俺一个亲戚也常这么说话。"

村民们不能确证，四荒的媳妇在他活着的时候是不是就和他二哥靠着了，但他们都知道四荒经常这么怀疑，而且在四荒死后，两个人的关系差不多公开了。他们解释说："四荒是个疯子，也不能干活，他媳妇干不完地里那活。当然这个哥就帮帮她了。"不管这个怀疑是不是对的，我们基本上可以肯定，四荒的疑心也是他与妻子关系恶化的重要原因。

四荒和超远不同，是在结婚生子之后才变得不正常的。于是，他和他妻子都觉得自己很委屈。人们谈起这个案子来，有时候对四荒同情多些，有时候对他妻子同情多些。一方面，他妻子无辜地与一个疯子过日子，当然是不公；但另一方面，要把四荒完全不当正常人看，不仅让他妻子可以随意指责他，而且还自由地去和别人好，也是不公平的。两个人似乎都有一些道德资本。人们可以理解，四荒的自杀，是对他妻子的一种反抗；而另一方面，因为他是个疯子，他们又认为这样一个疯子不会过日子的基本技能，是没资格反抗的。虽然很多人还是对他颇为同情，但即使他三哥也不把他的死当成典型的自杀。

四、综论

本章是我们讨论人格问题的第一章。我们首先从边缘人谈起，通过他们尝试理解自杀与精神疾病之间的关系，并由此进入对人格的思考。

在中国自杀状况的相关统计数字出来之后，颇有人认为，中国自杀者当中之所以没有那么多精神病患者，是因为中国人不愿意看心理医生或是缺乏医学知识，其实有很多精神病患者并没有统计进来。但我们在这一章看到，农民们并不像学者们想象得那样无知。根本原因，还在于背后的文化观念。

一个受现代精神医学影响太深的人或许很难接受我们所说的，精神病人的自杀不被当成自杀这种讲法。但这并不是只有当代中国才有的现象。我们在第一章已经谈到过，在英国现代早期，虽然法律规定要惩罚自杀者的尸体，但因精神病自杀的人是例外。可见，即使在欧洲，有精神疾病的自杀也曾被当成非典型的自杀。当然，精神病患者的自杀被排除在外的原因是不一样的。在现代早期的英国，精神病患者的自杀被认为是无意识的，因而不算犯罪；而在当代中国，精神病患者的自杀之所以不被当作典型的，是因为他们不被当成正常人。只有身心正常，能过正常日子的人，才有资格自杀。根本问题，还在于如何理解人性。在 16 世纪的英国，自我保存被当作基本人性，有意违背这一人性的，就是违背了自然法；但无意杀死自己的，并没有违背自然法的目的，所以是无罪的。而中国人并不从这个角度理解人性。在他们看来，只有有能力并认真过日子的人，才是正常人。这种正常人的一个特点就在于，他们会处在复杂的家庭政治中，有可能用自杀来面对家中的权力游戏。而精神病患者没有这个可能。

疯子、傻子、"小姐"、乞丐、光棍等都被认为没有完整的人格，因而被排除出了正常人的社会群体之外。人们认为，他们的自杀不算自杀。不仅那些确实因为精神疾病引起的自杀不算自杀，而且这些边缘人因为家庭原因的自杀，也被认为不算典型的自杀。这一现象呼应了我们在本书第二章所谈到的，对人格的社会性理解，即：一个正常人，首先是能正常过日子的人，也就是能建立和管理自己的家庭的人。像康娱这样的人虽然还是不认真过日子（参见 4.2），但他毕竟是个正常人，有一个自己的家庭。人们只能从道德上批评他不过日子，却不能像对待疯子、傻子那样欺负他。

边缘人被排除于正常人之外，不能过正常日子，因而就没有资格自杀。由此可以反观自杀的意义。虽然我并不同意把中国文化中的自杀简单说成积极的讲法（这是典型的以基督教文明的标准来衡量中国文化），但我们可以看到，虽然自杀毕竟是悲剧，却不是人人都有资格去演的悲剧，而是只有过正常日子的人才配演的悲剧。我们在第二部分所描述的几个自杀个案，除了葛曼之外，都是典型的自杀。那些自杀者的生活虽然都有这样那样的问题，但他们过的日子都是正常人的日子。他们能够自杀，能够因为自己的委屈和反抗得到人们的批评或同情，已经使他们同不配自杀的疯子区别了开来。在孟陬人的理解中，自杀是正常人的一种特权，因为自杀往往包含着对人格价值的正面追求。

第七章　赌气

"赌气"，是孟陬人理解自杀心理动机的最常用概念，一个因与儿媳妇闹别扭而自杀未遂的老人说："心里有气才喝药呢，没有生气的人不会喝药。""以气成人"是实现人格价值的一种方式。我们可以先通过下面这段讲述来理解"气"的含义。

弥章是韩村的一个老人，年轻时是个颇有名气的武术家，但老了以后瘫痪了。他的三个儿子都对他不好，于是他自焚而死。一个韩村村民给我讲了弥章死的经过："他在自个屋里堆了一屋子柴火，坐在柴火中间的一把椅子上，手里边拿着他所有的存折和钱，然后点着了。俺们在外头老远就看见这边着火了，忙去救火，好不容易才把火扑灭了。等最后的火苗灭了，俺们就听见他身体里头'哗啦'这么一声，他就倒在地上了。这是他那口气呀。他其实早死了，可就是憋着这么一口气，烧得那么疼也一声不吭，一动不动。你看这是多大的一口气呀。"

这个简短的描述中浓缩了对"气"的几层理解。首先，弥章因为儿子们不孝顺，对他们生了真气；其次，"气"就是他用来支撑自已的毅力，使他能够忍受烈火的烧灼；最后，"气"又被理解为物质的气，即弥章的呼吸，这口气出来，他才彻底死去。这三个方面的含义，是紧密相连的。赌气自杀的人，往往是因为生气，以自杀这种剧烈的方式相反抗；而在生理上，赌气的人也会有憋气的感觉。

在家庭政治中，我们不能把赌气理解为委屈的一个结果，而要把它当作通过对委屈轻率但积极的反抗，是维护人格价值的行为。委屈未必一定引起赌气的反抗，人们完全可以逆来顺受，也可能一笑了之。因此，赌气反映了对人格的重视和强调，人们并不把赌气这种心理现象当作病态或失常的。只有正常人才有资格赌气，像超远和四荒那样的傻子和疯子根本就没有这个资格。"赌气"者的反抗往往有两个基本特点：激烈，但不经思考。我们所看到过的何芳（参见 3.1）、兰枝（参见 3.2）、来福（参见 3.3）、滋兰（参见 4.3）、陆离（参见 5.1）、陈竿瑟（参见 5.2）等都是明显的因赌气自杀的个案。在本章，我们会通过椒兰的故事来理解"赌气"的概念中所包含的对人格的理解。

一、任性

西堂村的椒兰是个 66 岁的妇女。我在另外一个村民家里和她聊了一上午。她一见面就说："我听见说你们要跟我聊，我就说：'他要是能帮我解决了我这问题，帮我消除了烦恼，我就得把从来不跟人说的话跟他说了。'"听她说了这话，我一时不知道如何是好，因为我根本不敢答应能解决她的问题。我知道，我很可能是做不到的，但是难道我要让她失望，丢掉一个好个案？椒兰却继续说："我这都是说笑话呢。不管怎么着，我还是愿意跟你们年轻人念叨念叨我这点事。我是压力忒大才不想活着呀。我现在还是压力特别大。我这一辈子，不容易呀。也许这是我的命吧。

"我那次喝药，是在1982年。俺公公的大哥两口子有两个闺女，没儿子。俺婆婆大娘病了几年了，都是俺们两口子黑价白日守着她。她自个的闺女都不管，一天也没跟她待过。我是擦屎擦尿，就像对自个的亲娘那样对她呀。这可不是那么容易的事。到最后，她不会动了，屎尿全不会自理，都是我在她身边。医院里边那医生护士的还问我呢，那是俺娘不？我说不是；他们又问：'那是你婆婆？'我说，也不是俺婆婆。'那到底是你什么人呀？'我说，是俺婆婆大娘。他们就都笑，哪有人对婆婆大娘这么尽心的呀？她自个的闺女也就偶尔来看一下，待几分钟就走。我为什么对她这么好呢？我还不是为了落个好吗？

"在医院住了六天，俺婆婆大娘死了。按说，应该是大儿子打幡。要是闺女打幡，全家就得招人笑话。又是俺们服侍的她，就更应该是俺们老头打这个幡。虽然他不是亲儿子，可在他们这一辈大排行，他是老大，叫他打幡说得过去。大队里的干部也同意了。俺婆婆大娘有个闺女，嫁的当村，俺们觉得应该跟她商量一下这件事。可是不管俺们怎么说，他们两口子就是不答应。也许他们觉得，俺们是图她娘的什么东西。

"俺们老头就好好跟她说：'小枝，我要打这个幡，不是为的图什么。俺们做的，不都是为了俺大娘的这个面儿吗？让女的打幡不好看，我怕街上人们笑话咱们家。'他还发誓说没别的想头，都愿意立下字据。可是就是不行。那闺女她男的，就这么站在大街中央，骂得那个难听：'我就站在这儿了，谁敢上院里去！'我正从街上过，给人们发孝衣裳呢。我远远看见他，不知道他干什么呢，有人就把他的这话跟我说了。我可受不了这话。他什么意思呀？我费了那么大力伺候老太太，这就是结果？我一生气，把孝衣裳往旁边一撂，就去找总理①，说：'桑哥，我发不了孝袍子了，我得走，有什么事你照应着吧。'我说了就跑了。他们可能觉得我说得不对劲，就跟着我。

"这喝药呀，就是这么回事，脑子一片空白，就觉得难受。我是个外向人，爱说爱笑，总是欢欢喜喜的。可是这一回，我是气坏了，控制不了自个的脑子了，就什么也不考虑了。我到了家，从我那屋里柜底下拉出一瓶敌敌畏来就喝。我什么也没想，就喝了整整一瓶。

"这时候桑哥带人进来了，看见我喝药了。他们都吓坏了，他就说：'先别出殡了，咱们先管活的吧。'他们就把我送到医院去了。到了医院，得洗胃，他们还找不着水。他忙上旁边一个小饭店里要了一桶水。那时候我就一点也不知事了，牙咬得挺紧，他们打不开，灌不进水去。有人说用铁条把我的牙撬开，又怕撬坏我的牙。他们后来是从鼻子灌进去的水，这次给我洗了胃，我算活过来了。后来桑哥常跟我说：'是我给了你第二次生命。'我说：'我知道啊。我可得好好珍惜了，再也不干这种傻事了。'

"我不是个固执人，很容易就想开了。人们老是说，我想得开，又是个热心肠。可是有句老话：'出门喜，进门愁。'有什么不顺心的事，我也不会整天哭丧着脸。只要我不在家，很快就高兴起来了。比如说，我昨天还丢了1000块钱呢。我是刚从银行里取出来2000，花了1000买东西。后来我就忘了把那1000放在哪儿了。我刚刚还

---

① "总理"，就是"红白理事会会长"，每村一个，大村会超过一个。

跟几个老太太说这事呢。我也没为这个不高兴。我常想，这钱要是我的，那就丢不了；要是不该着是我的，我也要不了它。这钱就该着丢呀，我也不为这个发愁。我那次喝药，就是因为太生气了，一赌气。那个时候过了，也就没事了。"

椒兰非常形象地描述了自己喝农药时的心理状态："这喝药呀，就是这么回事，脑子一片空白，就觉得难受。我是个外向人，爱说爱笑，总是欢欢喜喜的。可是这一回，我是气坏了，控制不了自个的脑子了，就什么也不考虑了。……我什么也没想，就喝了整整一瓶。"其中，"空白"、"难受"、"气坏了"、"控制不了自个的脑子"、"什么也没想"是几个关键字眼。我们记得滋兰有过类似的描述："心里特别烦，我一赌气，就失去理性，喝了药了。"（参见 4.3）这类应激性的自杀和素荣（参见 4.2）那种想了一段时间或是刻意计划的自杀不同。在我研究的个案中，至少有半数以上是应激性的赌气自杀。

"控制不了脑子"和"失去理性"是对赌气的描述，指的是一种不同于一般情况的心理状态。但这一状态并不意味着自杀者正在遭受抑郁症或别的精神疾病的折磨。比如，椒兰说自己是外向人，爱说爱笑，欢欢喜喜的。至少在 1982 年的时候，她应该没有抑郁症。她之所以脑子失去控制，是因为无法承受如此大的委屈。她照顾婆婆大娘尽心尽力，还积极准备她的葬礼，却得了这么一个结果。是期望与结局的巨大反差，导致了她失去控制。

"气坏了"点明了赌气喝农药的原因，即因为遭受不公而生气。椒兰之所以控制不了脑子，不是因为她没有理性，而是因为气生得太大，使她无法理性地思考和权衡利弊。死者的女婿在当街大骂，说话极为难听，这使椒兰觉得自己的所有努力都白费了，不仅没有挣来好名声，而且还被当成了谋夺家财。本来，因为她服侍婆婆大娘那么长时间，她应该积累了更多的道德资本，在葬礼上就应该有更大的发言权。但是，死者的女儿女婿却并不买她的账，根本没有尊重她由此得到的道德资本。椒兰受到了死者女婿的话的伤害，因而感到很"难受"。这里的关键仍然是家庭中的礼义和委屈，而不是疾病。

而"空白"和"什么也没想"所描述的是失去理性之后的心理状态。椒兰并不是真的没有理性了，而只是所受的委屈给了她重重的一击。她急于反抗这一委屈，于是来不及细想，头脑一片空白。因而，整个自杀行为可以看成椒兰对委屈的反抗。

所谓"赌气"，就是以任性的方式表示心中有气。[①] 正如我们在弥章的故事中看到的，这里的"气"，既是愤怒、生气的意思，又是对人格的肯定，而这两层意思本来就连在一起。生气，就是否定性地表达人格价值，即对委屈和羞辱的拒绝。以任性的方式表达这种人格价值，就是一心只考虑当下的尊严得失，而忘记了更长远的利弊。赌气自杀的正面意义，在于它肯定了人格；其负面意义在于，这是以任性的方式非理性地表达人格价值。

当然，赌气的人真正的目的不是死亡，而是维护人格和反抗委屈，但这种赌气又常常导致自杀。在此，我们有必要分析一下，这种赌气自杀是否本来是自杀未遂，仅仅因为抢救不及时或农药过于烈性而导致死亡。

吉登斯早已意识到，自杀未遂并不仅仅是失败的自杀，而是与自杀成功非常不同的一种行为。不过，他并不认为自杀成功与自杀

———————————
[①] 参见王同亿主编：《现代汉语大词典》，第 318 页。

未遂是完全不相干的两种行为。吉登斯指出，自杀未遂更多是罪感引起的，而自杀成功往往是羞感引起的。罪感之所以容易导致自杀未遂，是因为有负罪感的人希望通过彻底的忏悔来获得宽恕，因而其自杀姿态是忏悔的方式。于是，因罪感而自杀者往往倾向于把自杀场景戏剧化，希望别人的介入，给他们提供机会来做出反应。而羞感则有更强的自我否定感，目的并不是求得别人的原谅，因此往往志在必死。[1] 维斯（James Weiss）把自杀未遂分成三种类型。第一种是失败了的自杀，即自杀者确实想死，但没有死成；第二种是最典型的，即自杀者知道他可能死，但并不确定是否一定要死；第三种是自杀姿态，即根本不想死，只是用自杀的姿态来吓唬人。其中第二种是最多的，是一种求助行为，如果求助成功，则会改善自己的境况；如果求助不成，则干脆就死了。[2]

在维斯的分类体系中，我认为多数赌气自杀者可以归入第二类。他们确实并不真的想死，但往往也不仅仅是为了吓唬人。不过，我们还是不能机械地使用这种分类模式。赌气自杀者的心理动机与吉登斯和维斯描述的都有较大区别。吉登斯所谓的因罪感导致的自杀未遂，关键是别人的原谅；维斯所谓的求助性的自杀未遂，关键是别人的帮助。但中国这些赌气自杀的人最看重的不是自己的罪或绝望处境，而是"气"，即人格价值。这个故事中的椒兰并不认为自己有什么罪或羞耻，也不认为自己处在多么绝望的地步。她真正的目的其实不是桑哥等人的帮助，而是在气势上压倒骂人者，让人们承认是她对了。吉登斯和维斯的模式中的自杀未遂者的目的，都是要

---

[1] 参见 Anthony Giddens，"A Typology of Suicide"。

[2] 参见 James Weiss，"The Gamble with Death in Attempted Suicide"，in *The Sociology of Suicide*。

展现出自己有多么无助和弱小，外人的原谅和解救可以帮助他走出这一处境。但椒兰恰恰要向人们证明，她并不像看起来那么弱小和好欺负，而是有更强的人格和更大的脾气。桑哥这些人的在场和解救固然可以帮她赢得这场权力游戏，但他们的救助对她要表达的意义来说，并不是至关重要的。即：哪怕没人来救她，即使她真的死了，她仍然能证明，自己不是好欺负的。像在弥章的例子中，虽然弥章死了，但他对儿子的不孝的不满并没有被遮蔽，反而更明确地表达了出来。死了的弥章没有输掉这场权力游戏。可是在吉登斯和维斯所讨论的模式中，如果没有别人的原谅和帮助，自杀未遂的意义就完全无法实现。这种与死亡的赌博是一场危险的赌博，很可能失败。赌气虽然也是危险的，也有可能任性地把性命葬送掉，但基本上是不会输的。哪怕采取的方法再任性、再夸张，人格仍然充分体现了出来。

赌气的意义甚至并不取决于赌气者是否占理。在完全不占理的情况下，一个人还是可能拼死挣得利益。俗话说不讲理的媳妇撒泼的方法是"一哭二闹三上吊"。自杀，完全可以被用做逼迫人服从自己的无理要求的方法。于是，人们会告诫自己的孩子说："可别惹那种蛮横不讲理的人。你永远也说不过他们。他们要是说不过你了，撒起泼来，一头撞死，你能怎么办呢？"在争论当中，本来应该以谁有理来决定输赢，但若是其中一方无法以理服人，而以赌气自杀相威胁，那他就使自己的无理要求占了上风。

椒兰的理由当然不是全无道理，不过，西堂村的乡亲们谈起此事来，还是觉得她做得不那么合适。她伺候婆婆大娘固然尽心尽力，死者的亲生女儿固然没有尽到孝道，但他们夫妻以功劳自居，刻意把所做的一点好事当作道德资本，剥夺死者的亲生女儿本来也可以有的打幡的权利。死者女婿的话虽然粗鲁，但女儿女婿生气也不是没有道理的。

可见，赌气自杀虽然和西方自杀学中的自杀未遂有相似之处，但两者的文化意义有很大的不同。并且，由于这些应激性的赌气自杀与葛曼和素荣那种经过思考的自杀，其根本目的都是反抗不公，维护人格价值，以及在权利游戏中取胜，其间的不同并不像吉登斯所说的自杀未遂与自杀成功那样差别巨大。而对于我们来说，追踪赌气这种心理状态的真正意义，在于由此深入理解中国文化中关于人格的概念。

二、压力

我之所以要采访椒兰，是因为我从其他村民那里已经大体知道了 1982 年这次喝农药事件。但在椒兰说完了关于他婆婆大娘的这件事之后，我还是不大明白，她所谓的自己"压力大"究竟是什么意思。在我的追问之下，椒兰告诉我，除此之外，她还有一次想过自杀：

"头年，我又觉得特别难受，不想活了。我买了几瓶安眠药要吃。俺婆家这些人哪，太不好相处了，连俺们小子都这样。

"我今年 66 了。我上了几年学，13 岁就不上了。俺娘身体不好，我想多照顾照顾她，就不愿嫁到远处去。我就找的当村的婆家。谁知道找错人家了，这回可倒霉了。我当初是不知道他们家是这样啊。他们家的人没一个脾气好的，动不动就骂人打人。地里的活我全都干，所以身体就挺壮。直到现在，地里的活还是我一个人全干呢，别人根本就不关心，一点也不管。我有个小子有个闺女。他们真是他们家的人啊，脾气一模一样。

"我受的罪大多多了。我这俩孩子小的时候，我还在县城有工作呢。我不去上班的时候，也回来种地。孩子他爹有点钱，我是一分也没用他的。他挣的倒是不少，可是都花了喝酒了。他有时候给我点钱，可是我花起来不随便。他给了我钱，还老是问我用来干什么了，就像不相信我似的，问得我这个不痛快！我永远也不花他的钱了。我是个好面的人。我只花自个挣的钱。我现在有时候还去县城里边挣点钱。俺这俩孩子也不给我钱。我有个妹妹在北京。她有四个儿子。他们对我都挺好，常帮帮我。我跟这俩孩子的关系不好，因为他们不把我当娘啊。这个我轻易不跟别人说。

"开头，俺小子跟着他大伯在北京修理汽车。那是个不错的工作，他挣得挺多。可是俺小子的脾气不好，老是跟人吵架。后来待不住了，他就回来了，还干修车。他随我，也是个好面的人。虽然他的生意不错，可是他忒大方，挣不了钱。要是稍微认识点的人来修车，他可能就不跟人家要钱了。就是完全不认识的人，哪怕外地的，跟他聊上几句，他一高兴，兴许就少要人家的钱。他因为这样，得损失了 2 万多。他老这么着，就不可能挣着钱。他后来也不干这个了，在一个厂子里，给人家开卡车。现在他一个月挣 1000 多，攒下了俩钱，我知道他有钱。

"俺儿跟他爹不一样，不那么爱喝酒。他在好多地方像我，可是脾气跟他爹一模一样，死随着。我也把他惯坏了，他根本就不替我着想，从来不给我钱。我跟别的当爹娘的不一样，从来不开口要钱。我就想看他们能不能主动给钱。你可知道啊，这要来的钱跟主动给的钱不一样，那花着的感觉也差多了呀。我老想着，我这么为他们卖命，为他们着想，总应该有点回报，应该感动他们吧。可是我这些努力都白费了，一点用也没有。现在，俺小子有 30 多了，我还总是给他们两口子花钱呢。他们的事，我现在都不管，问也不问。前几天，俺小子买了辆小货车，我从来没跟他提起过这个。我不问他花了多少钱，也不问他缺不缺钱。

"我对俺这俩孩子，一直都挺好。他们要是对我不好了，我就老是责备自个，问自个有什么事做得不对了。我老是一天一天地想啊，可就是想不明白。有人跟我说：'你小子是不愿你干活干得忒多了。'也许说得对，可是我要不干，谁管地里那些个庄稼呢？我想着不去地里，可是不行啊。俺小子从来就没有下过地。有一回他开着车从地头过，问别人：'哪是俺们那地呀？'那个人指给他看：'那片花生是你家的。你连哪是你家的地都不知道啊？你看，你娘把这花生种得多好呀！'他看了看也说：'这就是俺们的地呀？这花生长得可真好看。'

"俺小子结婚有几年了。因为他对我不好，俺们儿媳妇也就好不到哪里去。我也不怪她。你知道，这媳妇对你好不好，全看当儿的呢。儿子要好，媳妇自然也就好了；这儿要不行，媳妇也不会好。俺闺女有俩孩子，全是我带大的。我给她家可是出了不少力，可是她也不怎么惦记我。

"俺们刚结婚的时候，他们的爹老是打我。他就是现在也没改这个脾气。有一回俺们又吵起来了，他照着我胸口就是一巴掌，打得我生疼。后来我上村里边的诊所去，医生一看，折了三根肋条，就说：'俺姐夫又打你了？'他一看就能看出来，我还不愿意承认，就说：'是我自个摔的，折了骨头了。'他根本就不信。

"我也睡不好觉。每天晚上，我都想自个这些事，一遍一遍地过，想找个解决的办法。我想过去那些年的事，还有现在这些事，还有我想着感动他们的这些办法。每天晚上我想过了，就变得更难受，更睡不着。这些个都是我的命呀，活着真是没什么意思。

"我有时候想，我真是不能再这么过下去了，这一辈子没什么盼头。我都死过一回了，不觉着活着有什么好的。我黑价白日卖命干活，为的不都是俺儿跟俺闺女吗？可是我就是哄不了他们欢喜。怎么着也不行。他们不能理解，我到底怎么想的，我图的是什么。

"头年有一回，我在地里干了一整天的活，等回到家，他们早吃了饭了，饭桌都收拾了。可是我一天没吃东西呀。我在家里找不着剩下的吃的了，就想自个再做点。我就点上火。那时候俺小子在当院，正喂狐狸呢。俺们养着几只狐狸。他看见我要做饭，就特别生硬地说：'你还没吃够呀？'听了这话，我眼泪立马就下来了。我干了一天活，没吃饭，你们不等我吃饭就算了，我回家来也没怪你们不给我留饭。按理说，该你们给我做。我没怪你们，你们倒嫌我自个做点饭了？我实在受不了他说的这话了，又哭了一晚上。'看我死了，你们是不是能过得更好？'那时候要有药，我立时刻就吃了。可是我没找着，我就想第二天去买来安眠药。

"第二天早晨，我上了一趟县城，买了三瓶安眠药。自杀就是这么回事：你要是决定了呢，毫不犹豫就吃了药，也就完事了。可是只要一耽误，那个劲过去了，也许就死不成了，药也就扔在一边了。我买药的时候还是真生着气呢，一定得死。可是我回来进村的时候，碰见几个熟人，就说上话了，说得挺高兴，我把这难受劲就忘了。这一回就把三瓶药放在一边了。

"这都是我的命呀。我年轻的时候觉着命运不公平，总是想着，等孩子们长大了就好了。这不，孩子们都长大了，我这命还是没变。

他们说你要跟我聊，我就问：'他能改变我这命运吗？要能，我当然得跟他说。我还得感谢他呢。说笑话呗。'

"我过得这么苦，可是我不愿跟人说这些事，怕丢人。我老是自个流眼泪，不敢跟别人说。我不好受的时候，就老是自个安慰自个。我跟别人哭，告诉别人，那能有什么用呢？自个哄着自个乐吧，瞎过日子呗。我年轻的时候，在县城上班。我虽然上学不多，也算有点文化，总是能找点活干，就盼着孩子们大了。我可不知道，孩子们长大以后，我还是这样。现在我还是常出去，在县城找点活，打点工。我谁也指不上。可是现在我也不敢公开去干活。要是人们知道我还得去挣钱，俺小子就丢人了。所以我谁也不告诉。我过得可不容易啊。谁也理解不了我。

"俺公公爹现在还活着呢，有80多了。刚结婚的时候，他对我不好，现在可好多了呢，忒后悔以前对我不好。他说，他都愿给我跪下，求我别记着那时候的事。公公婆婆对我都不好，可是我都没往心里去。他们老了，我对他们都挺好。俺婆婆头年没的，她没死的时候，都是我伺候她。有一回俺小姑子跟她说：'这时候俺嫂子对你这么好。你还记得她刚来的时候，你怎么对她吗？'我到底是感动他们了。可是我自个这爷俩，怎么就感动不了呢？他们都是没感情的人呀，我跟他们算没办法了。

"我老是希望，我这么干活，有一天能让他们变变想法。我尽量干好地里的活，尽量把他们伺候好了。地里的活我都干，常是一待就一整天。头年这村种棉花。一开始我不知道怎么种，试了好几回。后来我到底知道怎么弄了，种得特别好。村里的书记就在大喇叭里广播：'你们那些个棉花种不好的，都上椒兰的地里看看去，看她是怎么种的。'我这棉花，比别人的强得不是一点半点。他们都上我这地里来参观。村里边这别人都跟我挺好，可是我这自个家的，自个生自个养的，怎么就不行呢？我不是要叫他们伺候我。只要他们理解了我怎么想的，我就试满足了。这不算试过分吧，可他们就是做不到。

"我在家里总是不好受，就上街上来。听见这些个孩子们叫'奶奶，奶奶'，我就欢喜了。孩子们都跟我特别好。有一回我跟人们说笑话：'等我要是死了呀，我给你们一人一身大孝。'他们都笑了。他们觉着我这是说笑话呀，其实我是真这么想的。这些天我老是想着死。就凑合着瞎过呗。我还能再活个66年吗？

"这村里的村医有一回跟我说：'你有个魔怔的病根呀。你可得好好注意。'我笑了，说：'我疯不了。我知道怎么控制自个。'"

我们谈了一上午，到中午了。主人就留我们一起吃饭，下午又一起聊了很久。椒兰吃了很多，也说了很多。吃午饭的时候，他儿子来找她。她出去了一会，几分钟后又回来了。她说："俺小子说是跟我商量卖苹果，可是没等我说话呢，他就不让我说了，叫我回来。"虽然是笑着，但言辞间显然透着不满。

比起导致椒兰第一次喝农药的原因来，她自己家中的矛盾要严重得多，虽然她第二次并没有真正吃安眠药。在第一次，椒兰因为突然感到羞辱而赌气喝了农药，事情过去也就没什么了。但这一次，她家中的矛盾是一直持续的，这长期的烦恼导致她呈现抑郁症的一些症状。相对第一次，这次的赌气不是那么典型，但其原因和动机仍然是类似的。

按照医生的判断，椒兰已经"有个魔怔的病根"，虽然这些症状并不很严重。不过，导致她想到自杀的，并不是抑郁症，而仍然是家中的那些矛盾。

椒兰是个很懂如何为人处世的人。她的家庭生活中最艰难的时间，是她刚刚结婚之后的那一段。她的公婆待她都很不好，丈夫还常常打骂她。椒兰努力干活，为的是感动他们。而且，她很成功地感动了公婆，他们最后转变了对她的态度。椒兰非常能干，种棉花得到了村干部的夸奖。她还从县城打工挣钱，种果树，养狐狸。比起同村的很多人家来，椒兰家的经济状况算相当不错的。

虽然椒兰得到了村民和公婆的认可，但她觉得自己的命运还是没有改变。她还是在抱怨自己的丈夫和孩子们。这些抱怨成为她的抑郁状态的主要原因。

关于夫妻之间生活的细节，椒兰没有告诉我太多。但我还是可以看到，究竟是哪些方面尤其让她烦心。首先，丈夫有时候打她骂她；其次，他太爱喝酒，不好好过日子；最后，他也不是很会处理与椒兰的关系。

椒兰的丈夫在年轻的时候经常打骂她，老了还脾气不好。在他们吵架的时候，他甚至打断了椒兰的肋骨。他又喜欢喝酒，为此浪费了不少钱。这些都让椒兰很不高兴。不过，总体来看，他并不是康娱或石磊那样不过日子的混混。这些矛盾只是偶尔的，并未对家庭生活造成根本的伤害。

椒兰真正最在乎的，还是夫妻之间的交流方式。那天下午，很多人在一起，椒兰又和大家说起来，她丈夫给她钱但问她怎么花的事。显然，这是让她非常不高兴的。但我们还是不要忘了她说话的口气："他给了我钱，还老是问我用来干什么了，就像不相信我似的，问得我这个不痛快！"椒兰的意思是，她知道丈夫并不是真的不相信她，而且他给她钱花这件事本来也是出于好心。她之所以不高兴，决定只花自己的钱，就是因为丈夫说话做事不够漂亮，就好像不相信她一样。那么，她之所以不花丈夫的钱，也是一种赌气。

关于花钱的这件小事形成了一个小的权力游戏。椒兰的丈夫在给椒兰钱的时候，确实出于好意，这好意也为他赢得了一些道德资本。而他后来又问椒兰怎么花的那钱，其实并不是因为怀疑椒兰乱花了钱，不是不相信她，而是在展示自己因为给钱而得到的道德资本，提醒椒兰："你的钱是我给的，我有权过问你怎么花的。"椒兰明明知道他并不怀疑自己乱花，但她之所以还是不舒服，就在于她感到自己受到了丈夫的控制。她希望更独立些，所以决定不花丈夫的钱，而是自己挣钱，这样就不必遭到丈夫的控制，不必向他报告自己怎么花钱了。

椒兰很在乎自己在家中的地位。在家庭事务中，她扮演了一个非常重要的角色。她在地里努力干活，为公婆好好做饭，与街坊邻居的关系处得都很好。她本来认为，这些努力都应该为她赢得更多的权力资本。如果丈夫仅仅因为给了她一点钱就有了更高的地位，可以控制她如何花钱，她会觉得委屈。

椒兰自己的话可以告诉我们她为什么如此抑郁："可是我自个这爷俩，怎么就感动不了呢？他们都是没感情的人呀，我跟他们算没办法了。"她之所以这么辛苦地干活，目的就是要赢得丈夫和孩子们的尊重，从而使自己获得更多的道德资本。但这些努力都没有收到预期的效果，所以她非常失望。

在家庭政治中，权力游戏中的道德资本比实际的利益重要得多。椒兰关心的，不是她丈夫给了她多少钱，而是她丈夫是否会用这种办法占上风。她和儿子的关系，也可以从这个角度来理解。

椒兰说她和别的当父母的不同，不会主动从孩子们那里要钱，而只希望孩子们能主动给她钱。她真正关心的，也不是孩子们给了多少钱，而是孩子们是否通过给她钱这件事，表达了对她的尊重。她如果主动向孩子们要钱，那就把自己放在了一个更低的位置，好像在求孩子们给钱。但如果孩子们主动给她钱，那地位就完全不同了。那样的话，孩子们就表现出了对她的孝顺和尊重，她也享受到了很大面子。虽然实际的钱数可能是一样的，但其含义却非常不同。村民们经常教育年轻人说，他们的父母都不缺钱，并不需要他们给，但他还是应该主动给父母钱，为的不是物质利益，而是其中表达出来的孝敬。孩子们给父母钱，其象征意义比实际用途要大得多。

椒兰几次说，她希望感动丈夫和孩子们，但是不能够。她抱怨说，孩子们不把她当娘看待。我们所在的那家的女主人曾评价椒兰的儿子说："这小子有时候二虎。"就是说他糊涂莽撞。他当然不是真的不把椒兰当娘，也没有要虐待她的意思，但他就是不懂得如何表达自己的孝顺，如何使母亲高兴。椒兰的意思是，她儿子不像一个儿子应该的那样对待她，也就是，没有让她享受母亲应当享受的道德资本。这是让她最不高兴的。

正如我们在第二部分看到的，虽然孝顺本来只是一种内在的品德，但还是要通过一定的规矩，依照礼义来实现。中国古人有副著名的对联："万恶淫为首，论事不论心，论心天下少完人；百行孝为先，论心不论事，论事寒门无孝子。"讲的是恕道。其中下联说，孝顺完全是心里的情感与品德，只要心里孝顺，有些细节没有做好，也不能算不孝。这副对联颇能讲出中国人对孝顺的理解，但我们并不能过于简单地看待它。所谓心里有孝，是达到了孝顺应有的情感；但在家庭政治当中，孝顺不仅要求心里尊重父母，而且要在日常的权力游戏中给父母充分的尊重和道德资本。比如，椒兰的儿子若是主动给了母亲钱，就展示了她作为母亲的道德资本，能让椒兰感到满足和高兴；而这样一个举动，也会为儿子赢得一定的道德资本，使椒兰以后会更舒畅地对待他。双方达到了一种权力平衡，各得其所，家中的权力游戏也就会在互敬互谅中良性地进行下去。

但在椒兰家里，儿子不主动给母亲钱，母亲如果主动要钱，母子双方都丢了面子。椒兰为了自己的尊严，坚持不去提醒儿子这一点，这也是一种赌气。于是，儿子不会主动给钱，母亲心里憋着气，也不会主动要钱，甚至不愿意去管儿子的事情。母亲维持着自己的尊严和道德资本，儿子却并不认为自己做得不对，因而不知道母亲的道德资本的意义。于是，家中的权力游戏就会这样恶性进行下去。

像椒兰的儿子这样，应当说心里未必不孝，只是在一些具体的事情上无法做到让母亲满意，或者说，无法在权力游戏中顺畅地与母亲交往互动。椒兰从未说她的儿子不孝，但家中确实没有相应的礼义；椒兰因为无法得到尊重，就总在与儿子赌气。

就在中午卖苹果这个细节中，我们可以看到母子之间的微妙关系。那时候我们在一起吃午饭，她儿子把椒兰叫了出去，但她很快就回来了。他本来是为了商量怎样卖苹果来找椒兰的，但没等她说出自己的意见，就让她回来了。他想和母亲商量，这就表明他还是尊重母亲的意见的，但他并不知道该怎样表达这种尊重，不知道如何尊重椒兰应有的道德资本。这里最关键的并不是他是否孝顺，而是他能否恰当地表达孝顺和尊重。

她在抱怨自己的儿子的时候，一方面嫌他对自己太冷漠，另一方面又强调，他和他父亲并不一样。她即使在说儿子不善于挣钱的时候，还是不无夸耀地暗示，他是个非常大方的人，而且还说儿子和她自己相似。从中可以看到她对儿子的态度并不是那么简单。

在椒兰母子的关系中，赌气占了很大的成分。一家人虽然住在一起，彼此之间却很少交流；椒兰不愿过问儿子的事，从某种意义上，也应该是希望儿子从她这不大正常的态度中窥见母亲的不满，从而思考自己究竟哪里做得不对。椒兰既希望儿子能明白自己究竟想要什么，又不愿意低三下四地去求他。这应当也是她所谓的一直希望感动孩子的努力中的一部分。一方面，她通过努力的劳动，希望得到儿子的正面认可；另一方面，她又通过赌气，希望从反面让儿子反躬自省。虽然椒兰可以让公婆感到后悔，却无法以这样的方式感动儿子。

家庭中的伦理涉及的毕竟是人与人之间的具体关系，以及一个又一个实实在在的权力游戏，而不仅仅是头脑里的抽象概念。于是，在伦理规则的实行中，必然同时会涉及人格的相互尊重。对父母的尊重与孝顺的表达是不可分的，对儿女的尊重和慈爱也是不可分的，对兄弟的尊重同样与悌紧密相关联，夫妻之间的爱也要通过彼此尊重来表达。而这些，就是礼义对于人格价值的意义。那副对联所表达的是，他人不能仅从外在行为上判断孝与不孝；但作为家庭政治中的局内人，却往往会考虑到具体交往中相互的尊重。作为母亲的椒兰，若是体谅儿子心中有孝，大度地原谅了他，那就算是做到了对联中表达的恕道；但儿子却不能这样要求自己，以"论心不论事"来为自己找借口。

无论在与丈夫的关系上，还是在与儿子的关系上，真正让椒兰最难过的，都是她无法享有充分的人格尊重和道德资本。她在家事中的努力并没有为她赢得家庭政治中的上风。她总是说自己出门喜，进门愁。比起她在西堂村乡亲们当中的地位来，她在家中确实有很大压力。虽然出门以后的快乐可以暂时缓解她的抑郁，但出门与进门的对比却也使她在家中的抑郁显得更加尖锐。

她的第二次自杀未遂就是对这种委屈状况的反抗，与她同丈夫、儿子的赌气有着相同的意义。那天晚上，椒兰从地里回到家，本来就已经因为儿子和媳妇没有给她留饭而生着气呢。她忙活了一天，又累又饿，有足够的道德资本来要求儿子和媳妇为她做饭。儿子不仅不帮她做饭，甚至还很蛮横地指责她。对于他为什么说那句话，我确实觉得有些奇怪。也许，这当中有些误解。不管原因是什么，他这样吼都不是对母亲说话的应有方式。椒兰在劳累了一天之后，竟然还遭到儿子这样的指责，尤其感到委屈。

一顿饭不是什么大事，但这样的小事常常带来悲剧。椒兰并不是唯一一个因为一顿饭想死的父母。渐离的一个老头国富因为发现儿媳妇不让他吃馒头，却给他吃剩菜而上吊；娘娘庙村的一个老头玄渊吃饭时见别人的汤碗里都有一个荷包蛋，只有自己的没有而上吊；水周村的一个老太太二姚因为发现儿媳妇没有给她留饭而喝农药自杀。在这些老人自杀后，他们的儿子媳妇自然都背上了不孝的恶名。

我曾经和二姚的儿媳妇谈过。她抹着泪对我说："我从俺婆婆死的时候，就知道我这不孝的名是落下了。可我不是那么傻的婆子呀。我也不想不孝，我跟俺婆婆的关系一直都挺好的，还老跟她闹着玩。我常跟俺婆婆闹着玩，有时候一不高兴了，就不做饭了，她也知道。谁知道这一回是怎么回事呀，她怎么就这么受不了了？我那几天是不太高兴，跟俺婆婆也没有多少好话，她就那么想不开了。"了解她家详情的人一般也不说她不孝，而是说她"二虎"，和对椒兰儿子的评价差不多。她也不是从心里不想孝顺，但就是不懂得怎么表达孝顺。虽然她未必出于恶意，但如此没大没小地开玩笑，难道就是对的吗？

对照二姚与椒兰的故事，我们更容易理解，在她们自杀的背后，更重要的是家庭政治中的道德资本和人格价值。椒兰非常明确地表达了自己吃安眠药的动机："看我死了，你们是不是能过得更好？"我们前面看到，来福在喝农药自杀前也说了类似的话（参见 3.3）。这是自杀者，特别是赌气自杀者非常典型的语言。椒兰知道，她的丈夫和儿子过日子都要依赖她，但是他们并不尊重她，也就是没有给她的努力以足够的承认和回报。由于他们没能充分尊重这样重要的一个人物，椒兰就要惩罚他们，让他们知道，如果没了她，他们的生活会变得多么糟糕。通过这种方式惩罚对方对自己的不尊重，这是赌气自杀者最基本的心理动机。

气虽然表达的是人内在的人格价值，但它毕竟指的是人与人交往中的一种感受，即如果没有人与人之间的冲突和委屈，谁也不会生气。通过赌气来实现人格价值，所强调的就是权力游戏的胜负，认为自己只有在赢得了一系列权力游戏、充分获得了别人的尊重之后，才获得了人格的尊严，而面对各种可能非常琐碎的冲突和委屈，总是难以释怀，于是以自杀这种方式反抗委屈，成就人格价值。

三、综论

在本章，我们主要通过椒兰的两次赌气自杀的经历，考察了"赌气"概念牵涉到的人格价值问题。

赌气的目的，首先是实现人格价值；而这个问题，可以帮助我们进一步理解第二部分中谈的伦常和礼义。在家庭政治中，人们需要的不仅仅是相互的亲密关系，而且要彼此尊重，这样各自的道德资本都能得到对方的认可。在经过了很大努力却得不到认可的时候，人们就会因感到委屈而生气，从而希望改变委屈的处境，得到更多的尊重。这就是导致赌气的基本原因。

但赌气却不是维护人格价值的理性方式，而是一种任性的举动。椒兰的两次自杀经历虽然看上去有很多不同之处，但其基本模式是一样的。在第一次，她尽心尽力伺候婆婆大娘，为的是人们能尊重她，说她好，但结果却换来了一顿骂，所以赌气喝农药；在第二次，她为整个家庭努力干活，想方设法感动丈夫和儿子，但又是没有换来好报，所以要赌气吃安眠药。虽然过了二十多年了，但椒兰的人生模式没有什么变化。我们在 7.2 中已经谈到，西堂村的乡亲们批评椒兰伺候婆婆大娘动机不纯；同样，在和儿子的关系上，椒兰对面子的过于看重，也使她陷入了同一个境地。人们说："为什么憋着气不说呢？要是跟儿子谈开了，好好说说他，怎么就不会变化呢？"这样的批评是有道理的。椒兰就是不愿意和儿子好好谈谈彼此的误会，一定要用自己的努力和赌气来触动他；在儿子无法理解她的意思的时候，她就更加赌气，结果却更难解决问题。可见，赌气毕竟是非理性的任性行为，很难真正解决问题。

在两次冲突中，椒兰都因为赌气而寻死，其根本原因，并不在于她把人格看得过重，而是在于，她还是没能仔细权衡，没有理性地思考，家庭生活毕竟是以更好的亲密关系为目的，而不是以挣得道德资本、使别人承认自己的价值为根本目的的。在第一次冲突中，椒兰虽然伺候婆婆大娘伺候得很好，但她忘记了，她依仗自己的这些功劳，已经使婆婆大娘自己的女儿女婿很丢面子了；而要进一步剥夺他们打幡的权利，无异于让他们承认自己不孝。在第二次冲突中，她或多或少把自己对家庭的付出当作了获得道德资本的途径，一旦不能获得就怨天尤人，和儿子长期赌气，而不是理性地为整个家庭的关系考虑，教育儿子以更恰当的方式对待自己，更没有像前引的对联中说的那样，从"论心不论事"的角度体谅儿子。

在对人格的理解中，"气"这个词有着非常微妙的含义。人们确实用"气节"、"气性"、"浩然之气"这样的词来正面地肯定人格的价值。不过，在日常生活中，而不是真的大敌当前的时候，"气"却必然意味着冲突和不平。哪怕很有尊严的人，如果不是遇到了不公，也不会生气。就像人们生病时的很多症状，如发烧、化脓，其实是免疫系统对抗疾病的反应，但我们却用这些来判断疾病的存在。同样，"气"虽然是对抗不公、保护人格价值的反应，但我们却用"气"的存在来判断冲突和不公的存在。在公共政治中，只有出现了不平，才会有"气节"的问题。而在本来是一起过日子的家庭中，"气"的存在，就意味着本来应有的亲密关系陷入了混乱。如果"气"持久地存在下去，家中的关系陷入僵局，也就是发生了赌气或怄气的事，那就说明日子过不好了。如果人们在家中也像在嫉恶如仇的公共政治中那样，通过杀身成仁来成就自己的气节，那就导致了自杀的悲剧，使日子真的永远也过不下去了。

虽然"气"体现了人格价值，但若是把人格价值就等同于"气"，以并不理性的方式来处理家庭政治中的不公，虽然确实可能在一定程度上反抗了委屈，但进一步破坏了家庭中的亲密关系，并不能充分实现人格价值。

第八章　脸面

　　我们要讨论的又一个观念是"以面成人"。在这一章，我们将继承社会科学中对"面子"的研究传统，指出，面子的意义在于它是构成人格价值的外在标准，因丢面子而自杀，也是为了保护人格价值。

　　"面子"这个概念大概可以算中国文化对世界社会科学的最大贡献了。胡先缙在她的经典文章《中国的"面子"概念》中区分了"脸"和"面子"，指出"脸"是一种道德的认可，而"面子"则是社会中的威信和声望。① 著名社会理论家戈夫曼（Erving Goffman）将"面子"的概念融进他的理论体系中，提出了一个具有更普遍理论意义的解释框架，认为面子是"神圣自我"（sacred self）的像（image）。② 黄光国

---

① 参见 Hu Hsienchin，"The Chinese Concepts of 'Face'"，in *American Anthropology*，1944，vol. 46，no. 1。中文译文为胡先缙：《中国人的面子观》，见黄光国等：《面子：中国人的权力游戏》。
② 参见 Erving Goffman，"On Face-Work：An Analysis of Ritual Elements in Social Interaction"，in *Psychiatry*，1955，18（August），pp. 213 231。

则用"面子"概念来解释中国社会中的权力游戏。① 近年来，更有翟学伟用"面子"概念来理解中国人的行为模式。②

在对面子的众多研究中，最具有理论深度的，当然还是戈夫曼的说法。其中有三点值得我们注意。第一，面子是在人际交往中建构起来的；第二，面子之所以重要，在于它是神圣自我的像；第三，因为自我在任何文化中都是神圣的，面子是普遍人性的一部分。于是，戈夫曼把面子看做一件"神圣事物"。

从中国文化的角度理解，我同意面子是自我观念的一种社会建构，但用"神圣自我的像"来概括它，却并不准确。只有在西方文明中关于人性的观念下，"神圣自我"才有意义。若换个角度理解人性，我们并不能照搬这一理解。戈夫曼的说法，仍然没有突破涂尔干的人性两重性的框架。通过对"丢人"这个词的考察，我们可以理解，面子究竟怎样反映了中国的人性观。

在笔者所见的关于面子的研究中，只有胡先缙的文章提到了"丢人"的概念。她说："'丢脸'的另一种说法是'丢人'。此处'人'主要是指'人格'，'丢人'这种新的说法将来也很可能取代'丢脸'。"③ 在随后关于面子的大量文献中，我一直没有见到对"丢人"的进一步讨论。虽然"丢人"并没有像胡先缙预言的那样取代"丢脸"的概念，但至少在中国北方的很多地区，它的使用频率极高；在孟陬人的语言中，"丢人"用得比"丢脸"和"丢面子"多得多。因此，我们在这一章会更集中于"丢人"的概念。

---

① 黄光国的一系列相关文章收入黄光国等：《面子：中国人的权力游戏》。
② 参见翟学伟：《中国人的脸面观》，台北：桂冠图书股份有限公司，1995 年；翟学伟：《人情、面子与权力的再生产》，北京：北京大学出版社，2005 年。
③ 胡先缙：《中国人的面子观》，见黄光国等：《面子：中国人的权力游戏》，第 46 页。

胡先缙在脸和面子之间所做的区分，成为后来面子研究的基本框架。她说，面子"代表在中国广受重视的一种声誉，这是在人生历程中步步高升，借由成功和夸耀而获得的名声，也是借着个人努力或刻意经营而积累起来的声誉"。而"脸"则是"团体对道德良好者所持有的尊敬"①。但后来的研究发现，这二者不能截然分开。比如 David Ho 就指出，脸和面子之间有很多交叉。② 金耀基等也指出，在中国北方的语言中，根本不存在这种区分，但胡先缙说的两个含义还是存在的。于是他们用"道德面子"和"社会面子"来指代这两个方面。③

高戈（Ge Gao）在对中国电视剧的一项研究中指出，"有脸，是成为一个人的本质"，"在中国文化中，面子象征了人格的像"④。按照高戈的观察，脸和面都是中国人"成人"的重要方面。其中，脸是作为人的最低标准，人可以丢脸，但不会得到脸。而面子则更多象征着人的社会地位，是可以获得、丢失、给予的。高戈研究的意义，在于他指出了面子概念与更重要的"人"的观念的关联。但他做出的这种语言学的区分并不完全成立。至少在孟陬，"给脸"是一个完全允许的说法。

综合所有这些研究的成果，并参照孟陬的实际情况，我认为，

① 胡先缙：《中国人的面子观》，见黄光国等：《面子：中国人的权力游戏》，第 40～41 页。
② 参见 David Ho，"On The Concept of Face"，in *American Journal of Sociology*，1976，vol. 81，no. 4。
③ 参见 Ambrose King and John Myers，"Shame and an Incomplete Conception of Chinese Culture：A Study of Face"，Hong Kong，Chinese University of Hong Kong，Social Research Center，1977。
④ Ge Gao，"An Initial Analysis of the Effects of Face and Concern for 'Other' in Chinese Interpersonal Communication"，in *International Journal of Intercultural Relations*，1998，22（4），pp. 473，475.

首先，无论脸还是面子，都是对人格的一种反映。脸和面子的语言学区分确实在很多地方是没有的。但由于可以从几个不同的角度理解人格，所以对面子的理解也会包含多重含义。人格至少包含下面这几层含义：心理的、社会的、道德的、政治的。在心理意义上，多数人有起码的自尊，即认为自己是个人，需要得到人的尊重，哪怕"小姐"、乞丐、疯子、傻子也有这种心理；但在社会意义上，这些边缘人物没有人格，不被当正常人看待；而在道德上，只有按照基本的伦常和道德观念做事的人，才有人格；在政治上，人们只有通过处理人际关系，得到别人的尊重，才能体现出自己的人格。所有这些方面，都可以转化成面子，而且有可能相互转化。金耀基等所谓的"社会面子"和"道德面子"，只不过是容易以面子表现出来的两个方面而已。

虽然可以从这么多角度来理解人格，但人格并不是一个非常复杂的概念。简单说来，能够顺利平安地过日子，就是人。每个人都希望自己能过上正常人的日子，这就是其人格的心理维度；但只有具备一定社会条件的人，才能过正常人的日子，所以一些不可能这样过日子的人就被排除了出去；要能真正顺利地过日子，就必须有一定的道德要求，这就是道德维度的人格；而仅有道德还不够，还要知道如何处理人际关系，能在权力游戏中赢得人的尊重，这就是人格的政治含义。

所谓"道德面子"，就是一个人因为其道德品质而获得的人格价值；在我们的分析框架中，都可以用做"道德资本"。"社会面子"，是因为人的地位高低而具有的人格价值，年岁、辈分、职位、资历、威望、财富等都可以构成社会面子，从而也会加重其道德资本的力量。那些疯子、傻子是最没有社会面子的，因而他们的道德资本也就被不屑一顾了；而社会地位高的人，其道德资本也会相应地升值，得到人们更大的重视。这样，失去脸面就是失去了道德资本或使道德资本贬值，即在权力游戏中失去了道德资本，也就是失去了人格的外在标志，即"丢人"。

说面子是人格的外在标志，而不是戈夫曼所谓的"神圣自我"的像，其区别很细微，但还是根本的。"神圣自我"把"自我"理解为一个静态的神圣存在；但中国文化中的"人格"本身，就是在不断的权力游戏中，通过"做人"或"为人"的过程形成和维持的。面子之为外在标志，并不是说，它是"人格"的摹本，与人格有一个对应关系，而是说，人们就要在维护、获得、给予面子的过程中，来形成人格，即"以面成人"。

也正是因为面子和人格之间是个动态的关系，所以并不是所有人的人格和面子都是一致的。人们常说："好面的人容易喝药。"没皮没脸的人是不容易自杀的，并不是因为这些人没有人格，而只是说，他们对人格的理解不同。在本章，我们会通过一个饱受争议，但在孟陬又大名鼎鼎的人物的自杀，来理解"丢人"的含义。

一、烈性

在周流自杀之前，我已经多次听说过他的故事了。一次我去调查嘉树的一个自杀个案，发现嘉树人的生活状况令我极为吃惊。在那里，很多人家都有很大的院子，盖了崭新的房子，至少是四明八暗①，很多是八明十六暗。我在嘉树的一个向导长勤兄弟三人都有大房子，他自家的房子足有二十多间，他的大院子中间有一个颇具规模的池塘，上面修了一个石桥，还准备在上面盖一个亭子。嘉树有很多人都在搞电料，做生意，家资巨富，甚至颇有些人远在新疆办工厂。而这一切都是因为周流。我所调查的自杀者是长勤家邻居的一个老太太树蕙，年轻时聪明能干，吃苦耐劳，极为好强，不愿被人落下，但就因为自己的孩子不争气，没有跟着周流干，到现在还不富裕，树蕙面子上过不去而喝农药自杀。

就是这个鼎鼎有名、间接使爱面子的树蕙自杀的周流，竟然也在 2002 年 8 月喝农药自尽。我在周流死后一个星期开始访问与周流相关的人们。他的好友于成言说："周流是个烈性人。他的小媳妇跑了，他觉得丢不起这人，所以喝了药了。"不过，在我访得了有关周流的更多故事之后，我实在无法把他和椒兰、树蕙这样爱面子的人等同起来。很了解周流的长勤就对我说："要算起周流做过的缺德犯法的事，早该枪毙八个过了。"无论就其做生意的经历而言，还是就其处理家庭事务的方式来看，周流都是个大恶之人，他好像也从来不顾常人所谓的脸面。那么，这样一个坏蛋，又怎么会因为丢人而自尽呢？

根据人们的讲述，我大体了解到，周流并不是孟陬人，而是在20 世纪 70 年代后期移居到了孟陬，开始在几个村做电料生意。他后来又在离县城不远而且在公路边上的石峦卖瓷砖，发了大财。20 世纪 80 年代中期，周流成了孟陬最富的人，被当地干部誉为"改革开

---

① 即外面看上去是四间房，但里面还有屋子，其实是八间，是孟陬乡下比较讲究的一种房屋结构。

放的先锋"。周流在发财之后，找过好多情人。于成言所谓的"小媳妇"，是一个比他小得多的女人。人们都认为，这个小媳妇的出走，是周流自杀的主要原因。

在他最后的 5 年里，周流一直住在县城的"娱乐宫"里。娱乐宫坐落在火车站旁边。这一带本来是个村庄，因为 1993 年修铁路而成为县城的一部分。那里建起了很多新的小饭店，还有一个超豪华的重华大酒店（即三秀工作的地方，参见 5.1）。新开的精神病诊所，也坐落在这些饭店之间。火车站与商贸城（参见 4.1），是孟陬治安比较混乱的地方。娱乐宫是个大院子，其主建筑包括一个剧院和一个舞厅，周围是几排平房，房东是个 40 多岁的东北人，房子大多出租给了铁路工人。周流也租着其中的一间。他的房间离舞厅很近。他的尸体，就是在舞厅里发现的。

虽然一度非常富有，死前的周流已经颇为落魄，花光了所有的积蓄。他的房东说，周流哪怕在穷的时候也不小气："我经常看见他一个人在饭店里大块大块吃肉，他一顿吃的肉够一般人几个吃的。"周流对朋友非常慷慨，所以存不下钱。在最后几年，他欠了一屁股债。房东说："他还欠我 1100 块钱呢，好几个月的房租也没给。我知道这钱要不回来了。"他死之前，几乎天天有人来要账。

但即使在这么艰难的时候，周流还是时不时能挣到一笔钱。房东说："我可知道他怎么干。周流是个聪明人，什么都干过。我不知道他来这儿以前干什么。就在他住这儿的 5 年里头，他试过好多技术，像太阳能、热水器、蚊子药。这些技术都不是他发明的，可是他都跟人家说是他的，卖专利。他一般都是买一些杂志和报纸，在里边找新技术。他要找到一个合适的，就马上把人家的新产品买下来，然后研究它。他也找懂行的人帮他研究，很快就能弄明白那是怎么回事。然后，他再把这技术卖给别人，说那是他的发明。他其实没文化，什么也不懂，从来没有发明过一件东西，可他靠着这个就能发财。去年我亲眼见到他这么骗一个河南人，骗得人家一愣一愣的，我心里就笑。去年年底，他又挣了5000多。可是今年他挺倒霉。人们都学聪明了，他骗不了人家了。他挣不了钱，又花得多，就借了好多钱。我这房租和电费他都没给呢。可是要说起来，周流要有钱的时候，真是不抠。"

为了了解这个传奇人物的一生，我采访了很多人。

还是长勤和我讲了周流刚来孟峒时的情况："大约1976年，周流来了嘉树的大队办的工厂，人们都说他是厂里的地下'黑师傅'。他家是祁州的，在那儿有不少关系。到了孟峒以后，他还常依靠这些关系。祁州有的单位的领导跟他保证：'你生产的东西，俺们一定要。'所以，他在这个村的时候，厂里头生产的东西都能卖出去。要是别人呀，一件也卖不出去；可是周流一个电话就能全解决了。他一个月挣120块钱，在那时候可算太多了。后来他都想在这村落户，要把全家的户口都迁过来。我帮他办这事了。他媳妇比他小15岁。他那时候35，他媳妇才20。

"我跟周流的关系不错，我常跟他到外地去跑业务，我也算他带出来的。俺们在旅馆里边就常聊天。他跟我私下说：'要按我做的事说，我早就该枪毙好几遍了。'这家伙什么都敢干，什么也不怕。我跟他一块，常叫他做的事吓坏了。

"他媳妇有个姐，也跟他一块干活，他们俩靠着。这个大姨子的闺女也跟他干活，让他弄得大肚子了。周流这个人能力确实不同一般，可是坏事也做得不同一般。他又大手大脚。他挣的那些钱，要是能存下百分之二十来就特别多了，也不会像后来那样。

"1980年，俺们那厂子不太好，周流跟我都不在里头干了。我开始做自个的生意。周流在嘉树这几年又有了好多新关系，挣了不少钱。他就上石峦去了。那个年代，行贿送礼还不时兴呢，可是他就懂这个，给点小东西就能办大事。他学会这个比别人早得多。这样，他就和好多干部熟起来了，也发了财。周流还买了好几把枪，后来被公安局没收了。

"从他到石峦以后，我就没怎么联系过他。周流胆子忒大，我怕卷到他的那些个坏事里头去。后来听说他上广州去了，又跟好几个女的靠着。人们都说，他在南方靠诈骗挣了钱了。过了几年，他带着一个小媳妇和一个小孩回来了，跟他老媳妇离婚了。再后来，因为他没什么钱了，他小媳妇跑了。他就想把自个的两个孩子让别人收养了。过了一段他小媳妇又回来，把两个孩子带走了。有人说他跟他老媳妇复婚了。我还说呢：'这可是好事。他以后该收心了。'谁知道后来人们又说，他喝药死了。我听了特别吃惊，想不到他会自杀。周流这一辈子，什么没经过，什么难事没见过？能屈能伸，怎么会自杀呢？"

长勤和房东所言给我的初步印象是，周流虽然非常聪明能干，但几乎无视任何社会规则，无恶不作。他盗窃专利，欺骗商人，贿赂官员，私藏枪支，玩弄女性，甚至连外甥女都不放过。他不仅不断做出违法的事，而且还偏离了一些非常基本的做人原则。孟陬的人不清楚他在来孟陬之前的事，但人们知道，他在"文化大革命"中闹得很欢。他之所以来孟陬，就是因为怕祁州有人报复。有人说："据说，他在祁州犯过命案。"

周流没有因为这些坏事而感到丢人，人们也没有因此就歧视他。相反，他成了孟陬的名人。他简直是通过公开挑战道德原则来为自已挣得更大的面子。按照胡先缙和金耀基等的分类，周流通过丧失道德面子来挣得社会面子。按照高戈的概念，他已经丧失了人的本质，却因此成了一个更尊贵的人。这种明显悖谬的事实，要求我们更深入地理解面子与人格之间的关系。

周流的密友于成言现退休在家。他对周流了解得最多，详细向我讲了周流的故事。从中我们可以看到，周流怎么通过做坏事来挣到面子，又怎么因为烈性而自杀。

"周流是个烈性人，在我看来，这就是他自杀的主要原因。没囊没气的人，说什么也不会自杀。

"周流年轻的时候，在他老家的'毛泽东思想宣传队'里头唱京剧，老演坏蛋。从（20世纪）70年代中期，他就开始生产和卖电料，可是在祁州做得不戥好。他觉得孟陬是个穷县，也许有更多机会，就想在这儿发展。孟陬在"文化大革命"期间特别左。他刚来的时候，没人敢办私人企业，都把他当成'地下非法商贩'、'黑师傅'。他一开始不是去的嘉树，在钟庄乡待着了，在那儿秘密地干。多亏了周流，钟庄的电料搞得不错。现在那儿有一个工业区，就是靠周流最先打下的底。可是钟庄的领导戥保守，怕周流给他们惹事，不愿意让他在那儿待着。所以周流就上了嘉树了。嘉树的电料产业就是周流开始的，现在可有名了。电料可是一个有油水的事啊。只要掌握了技术，就特别容易来钱。你看钟庄那边，挣不少钱呢。人们说：'劫道绑票，不如搞电料。'不过这都是我还没认识他的时候的事，细节我也就不知道了。

"我跟周流是怎么认识的呢？我家里边挺穷的，还是几辈单传。从俺爷开始，这几辈都是就一个小子。这不，俺爹死了，什么事就都是我的了。有一回，俺奶奶病了，我没钱给她买药。那是（20世纪）80 年代初，我挣不了多少钱呀。买这药就缺 20 块。我问一个挺熟的人，能不能借给我 20 块钱。我对他有恩哪。他爹是地主，'文化大革命'期间，多亏我保护他们家了。我这一问，他哭了。他说，他理应帮我，可是拿不出钱来，觉着丢人，这才哭。就在这个时候，有个人路过，认识他，就问他怎么了，他就说了这情况。那个人二话没说，拿出 20 块钱就给我了。过了一个星期，我领了工资，着人捎给他。他后来见着我说：'我给你这钱，就没想着要回来。这么点钱算什么呀？'这就是周流，俺们就从这 20 块钱订交。那大概是1984、1985 年吧。当时，人们基本上还没有摩托呢，周流就骑着个摩托。他过了一段还买了辆小卧车，更不一般了。

"周流的媳妇脑子里有点毛病，她傻。她给周流生了两个小子一个闺女，都有点傻。周流为人仗义，对他们都不错。他发了财以后，他这些孩子也上孟陬来了。他给他们在祁州盖了三座楼。

"那还是改革开放刚开始的时候呢，中央三令五申，叫人们解放思想。可是这县里的人思想保守落后，受'左'的影响太大，也都不会做生意。我那时候当一个乡的乡长，就说：'这就像一个人，给绑着好长时间，等这一松了绑，他的两条腿还是麻的，不会动。'好多人都引用我这个比喻，还上了报纸。县领导也引我这话，说服人们办企业。周流是孟陬县最早的私人企业家之一，是改革开放的先锋。所以领导们都接见他，宣传他的事迹。他也会打扮自己，知道见什么人说什么话，人模狗样的。有一回县长上地区开会去，回来跟我说：'周流跟俺们一块去的。地区领导见了他，眉开眼笑，亲切握手，那个尊敬呀。可是见了俺们，就爱答不理的，什么也没说。周流的地位比俺们还高呢。'有一段时间，他的女秘书是他媳妇的姐的闺女，这闺女后来偷了他一大笔钱跑了。

"周流1988年在石峦建了个厂子，教人们制作瓷砖的技术。他靠这技术挣了得有100多万。他到处做广告，广泛宣传。他还跟那些个开'三码'的说好了，叫他们从汽车站接学员来。每接一个学员，他就给300块钱。他教人们在瓷砖上印画。那画都是当地没什么名气的画家画的，可他都说是著名画家的作品。[①] 学员们在他这儿学一个星期，交给他3000块钱学费，然后他给开5000块钱发票。这学费也不少了，可是学员们大多不是个人来学的，都能回去报销，所以不光不赔，还能赚钱。老多人来学呀。

　　"他教的这技术也不是他发明的，全是从报纸上偷来的。我知道他的这些花招，有一回就警告他，这可都是犯法的。他说，他的发票都没有存根。没有底，谁也发现不了。那时候我怕他出事，就派了个律师跟着他，帮他出主意，教他法律知识，尽量别做违法的事。周流跟我保证，说再也不这么做了。周流学咱们国家的法律学得特别认真，他跟人们签合同的时候，老是设置好多圈套，要打官司肯定输不了。周流是个聪明人，学什么都一学就会。他什么地方的话都会说。咱们县里这些'小姐'，哪儿来的都有。他跟谁说话就用她家里的话，她们都听不出来是假的。他还有各种各样的证件，还有好些个记者证，谁要查他证件，他能拿出一沓子来：'你们说我是什么人吧，随你们定。'

　　"周流的脾气是不好，可是他对穷人有同情心。只要见了要饭的，他从来不会不给钱。他不是个冷酷人。在石峦的时候，他资助过一所小学，还出资建过一座桥。1987年，县里在石峦办武术比赛，

---

① 曾经有个业余画家和我说起，周流一次给他看一个大画家画的画。结果他发现，那就是自己的一幅作品。

他出了一大笔钱。他跟周围的饭店说：'只要是参加武术比赛的人来你们这儿吃饭，都算在我的账上。'他给这些人交了3万多的饭钱。在那个时候，这可是一大笔啊。

"1990年，周流上桂林去了，可是他走的时候我不知道。有一回，一个桂林卖电料的上孟陬来，他说他有个朋友叫周流。我还奇怪呢，周流怎么会有桂林的朋友。他说，周流就在桂林呢。是他告诉的我，周流怎么去的桂林。有一回，周流的司机撞死了个人。他不想打官司，就把那辆车留给死人的家属，跑了。周流很仗义，不会一个人跑，给那个司机也买了张火车票。死者的家属得了那辆车，价值12万。他们就是打了官司也拿不着这么多钱，也就不再追究了。周流就这么到了桂林。

"周流在桂林待了几年，后来又去了上海。1997年，他回到孟陬来了。这事齐信芳知道得清楚，是她从上海把他叫回来的。周流回来的时候，还带着个挺年轻的女的，我就问他：'你又换了女秘书了？'周流老换漂亮女秘书，我以为这又是一个呢。可是他说：'不是，这不是新秘书，是你的新嫂子。俺们结了婚了，有合法的结婚证。'我不明白，他没跟他老媳妇离婚，怎么会再结婚呢？周流说：'我也有合法的离婚证。'他给我看离婚证，我知道那一定是假的。也许他的结婚证也是假的。他说：'我不光有了个小媳妇，还有个小小子呢。他现在在上海。'听他这么说，看来是真的了。我就跟他认认真真地谈了一次话：'流哥，咱们从20块钱订交，到现在，也有十几年了。咱们这回得好好说道说道这事。以前你虽然是泡'小姐'，养女秘书，可是你从来没说不要了那个傻媳妇，人们都觉得你是个有良心的人。可这回你就不对了，忙叫她走吧。她比你小整33岁，以后一定会成了你的负担。这事你得好好考虑一下。'他在祁州

第八章　脸面　│　259

的儿子也给我打过电话，想把那个小媳妇赶走。

"周流是不听我的。他说：'爱怎么着怎么着吧，老弟。这个我能处理好。我准备请领导们吃顿饭，你联系他们，把他们都请来吧。'我跟县长、书记、管科技的、管工业的、管商业的，还有别的所有跟他有关的头头脑脑都找到了。提起周流来，他们都知道呀，二话没说，都答应来。什么事都在饭桌上敲定了，他在这县里不会有麻烦。凡是跟政府有关系的一切，他都让我给他打点，说：'只要有你在，我就放心。'他还叫我跟着他干，他每个月给我开300块钱的工资，我不干。虽然我跟他这么好，我也不愿卷进他干的那些事里去。他要有什么事，我可以帮助他，可是不能跟他一块干去。

"听跟着他干的人说，他跟他小媳妇老是打架。有一回，周流在南方的一个债主来了。那时候周流已经穷了，没钱。'没钱是没钱，可我也得招待你一顿好饭。'他请这个债主到家里吃饭。他们正吃着呢，他小媳妇进来了，问那个人是谁。等她知道了这是债主，就急了，一下把桌子掀翻了。周流也急了，跟她说：'算了，我给你1万块钱，你走吧。'他小媳妇听见这话就软了，一下子给他跪下了，就哭。周流其实不想赶她走。

"他们从上海回来后，就一直不太好。他们一开始在铁路旁边租了一间房，后来又搬到娱乐宫来，因为欠房东的钱。他们在娱乐宫那儿的窗户上写着'宁流新技术中心'。'宁'是他小媳妇的名儿。这几个字现在还有呢。

"（20世纪）90年代以后，通信技术发达了，信息也快了。人们很容易就能学到新技术，周流骗不了人，没法那么卖技术了。他从上海回来，就借了好多钱，齐信芳那儿1万，我这儿7000，还有别人的好多。他总共还欠至少5万多块钱。他老是跟我说，日子不好过。可周流到底还是能耐人，一年怎么也能赚个 1 万来的，可是这都让他小媳妇花了。他身体也不好，脸色越来越不好看。

"他们没钱雇保姆，就用这么个法：他们每雇一个保姆，就跟人家提前说好了：'试用期里头没工资。'他小媳妇老是在试用期快到的时候找个借口把人家辞了，这样就不用花钱了。他们就是靠这么老换保姆，小孩长大了。

"周流总是开车或骑摩托。因为他一只脚有残疾，拐，所以他不愿走道。他这穷了以后，也总骑着个摩托。他有时说叫我给他派辆车。我是不敢叫他开我的车呀。必要的时候，我就跟他一块坐我的车外出。俺们一块去过石峦和嘉树。他在这两个村都熟。那里的人们见周流穷了，对他也冷淡了。

"大约在他死前两三个月，人们说周流离婚了，他小媳妇跟一个给他打工的人跑了。我说：'她终于跑了，这是好事。她早就该走了。'我安慰周流，他说，我以前跟他说的话都是对的，她到底还是离开他了。我说：'没准她哪天就回来了。'周流说：'不会，我知道她的脾气，她永远也不会回来。她还拿走了我的好多古董。'我说，这也许都是该着的，也许上辈子他欠下她什么了，她这是来要账来了。周流听了这话笑了。他这一回是真难受。

"有一回，我从市场上回家，正好经过娱乐宫的大门口。周流在那儿站着呢，说：'我每到想你的时候，就能碰见你。'他说，他前几天上石门了，娱乐宫看门的偷了他好多古董。我叫他给公安局打电话，他不干。我一下就明白了，他准是欠了人家的钱，要不，他早就自个叫警察了。过了几天，我在市场上碰见那个看门的了，问他怎么偷周流的古董呀。他说，是周流自个让他拿的：'我借给了他7000 块钱，他还不了，就让我拿那些东西。我拿的根本抵不

上 7000。'

"过了一个星期，我又在娱乐宫门口碰见周流了，他又说想我就见到我。我知道，他其实专门在等我呢。他知道我每天早晨上早市，大概什么时候回来。可是为了面子，他故意好像偶然碰见我一样。他说：'我的朋友老梁是个南方人，说他想给我点钱。他有个自个的工厂，造一种酒。他想让电视台给他的产品做广告。我知道你儿子有个朋友在电视台。'他还说，老梁想在石门给他买个楼，还愿意替他还债。我也认识这个老梁。周流想让我跟老梁说，能不能现在就给他点钱，可是他不好意思亲口要：'我想要 5 万或 6 万还债。等我还了债，我也就可以走了。'当时我不明白他说的'走'是什么意思。我还以为他是说要去石门呢。可是现在这么一想，他的意思是死。他还说，他想跟老梁合作，在石门重操旧业。我觉着，要是老梁真的给了他钱，他也不会用来还债，一定是花了。不过，我还是答应帮他问问。周流还跟我说起他跟小媳妇生的两个孩子。他的儿子叫吉祥，女儿叫如意。他说：'我想让人收养他们俩。'那个时候，两个孩子待在他们的干爹家里。

"可是第二天，老梁自个就到我家来了。他说，周流吃了药了。他的司机正带着周流去医院呢。俺们给他的司机打电话，司机说周流活过来了。俺们又打电话给他的老媳妇和孩子，他们都上孟陬来了。周流的老媳妇说：'这个娘们是个狐狸精，把俺们的家都毁了。'周流跟着他们回老家去了，过了一段又回来了，可是这以后我就没再见过他。我上外地去了，回来才知道他又喝了一次药，这回死成了。

"周流生性是个无拘无束的人。他个性太强，丢不起人。等他穷了，小媳妇也跟人跑了，他就受不了了，活不下去了。我觉着，这是他自杀的主要原因。周流这一死，人们都挺同情他的。他的债主大多不愿追回这钱了：'他是还不起债死的，为什么非得逼他还呢？'"

于成言在讲完周流的故事之后，还做了一番评价："在我看来，自杀的人大多忒骄傲，忒虚荣。他们是烈性人，突然发生什么事，就有可能气得受不了，活不下去。周流自杀不是赌气，他以前是那么富，受人尊敬，是个有头有脸的人，现在变穷了，要账的人一天一天来找，媳妇还跟着人跑了，丢不起这人。我还知道有个跟周流差不多的，是南庙的童糕玉，也是孟陬改革开放的先锋，以前也是特别有名，有姐妹俩争着跟着他。他后来也像周流似的，生意不行了。他也自杀了两次，最后上吊死了。我这种事也见得不少。九河有一个从部队上复员回来的小伙子长友，不懂地里的活。他爹就骂他：'看你这点出息。'旁边的人也都跟着笑。他回家就喝了药了，还写了个纸条，说对不起爹娘和媳妇。这也是个好面的人呀。"

比较一下长勤和于成言的叙述，我们就可以看到，虽然周流几乎无恶不作，但这种道德上的无拘无束和他的人格价值并不矛盾。我们甚至不能说周流是个没有道德感的人。他对朋友慷慨仗义，对乞丐富有同情心，投资建小学，在石峦修桥，都是做好事。

周流确实不受一般的法律和道德的约束，但有一些非常重要的原则，他还是看得很重，不愿意破坏。他可以不在乎自己招人恨，不怕人们说他是坏人，但他无法承受嘉树与石峦人的世态炎凉和小媳妇的背叛。他虽然并不看重别人看重的那些规则，但他不是没脸没皮的混混，而是有尊严、有地位、有骨气，当然也有面子的一个人物。他也是一个好面者，甚至对面子的珍爱程度不下于树蕙等人，只是对面子的具体理解并不一样。

长勤说周流什么苦都能吃，什么大风大浪都经历过。他可以用自己的人格力量来承受这些，但他不能承受人格的丧失和被作践。他虽然并不怎么看重道德规范，但他一定要表现出慷慨、大方、高傲来。他并不怕贫穷、艰苦、死亡，但他不能承受羞辱和限制。用于成言的话说，他是一个"无拘无束的人"。

于成言所讲的一些细节可以帮助我们看周流是如何看待他的面子的。周流是个瘸子，他认为这是自己的一个大毛病。据别人说，周流的一只脚是畸形，脚趾上翻，非常难看。他想了很多办法来掩饰这一身体缺陷。首先，他无论天气多热都穿一双大皮鞋，让人们看不出他的脚和别人不一样，所以有个外号叫"大皮鞋"。另外，他那么早就买摩托和汽车，除了夸耀之外，一个重要目的也是掩饰他的走路姿势。哪怕是在变穷之后，周流还是尽量骑摩托，而不走路。

另外一个细节，是他和于成言的两次"不期而遇"。于成言告诉我，这两次都是周流安排好的。他特意在等于成言，想让他帮点忙，但就是不肯表现出急切要求于成言的样子，所以有意把见面安排得像偶然撞上，这样也就维护了自己的一点面子。周流告诉于成言丢古董的事，是想让于成言帮他要回一些来。但他既不说是自己欠了门卫钱，也不愿意直接对于成言说他想要什么。而于成言立刻就猜到发生了什么事。第二次，周流告诉于成言老梁的计划时，也吞吞吐吐地不肯说自己真实的意图是要钱。虽然在于成言明白了真相和他的真实想法后，周流还是暴露了他的狼狈境况，但他毕竟保留了自己的一点体面。

周流这个烈性人不仅想方设法掩饰自己的缺点，而且以自己独特的方式来挣得更多面子，建立威信和尊严。作为他的好友，于成言深知周流有了钱就会乱花，而不可能用来还债。周流哪怕在最困难的时候，对朋友还是非常大方。像他对待那个来讨债的债主，虽然还不起钱，但一定要请人家吃一顿好饭，不能丢了面子。而他这次之所以对小媳妇那么生气，甚至要赶她走，就是因为她给自己大大丢了人。

也许在很多人看来，周流做的一些坏事是没脸没皮的。但按照周流自己的逻辑，他深知如何为自己挣得面子和尊严。那些不道德的事并不会羞辱他，只会使他更无拘无束，甚至可能为他赢得道德资本。这些坏事，恰恰是周流培养和维护自己的人格的方法。

按照很多人的说法，周流对人格的理解和培养方式，是"文化大革命"的产物。改革开放初期，孟陬很多暴发户是"文化大革命"时的红卫兵头目。他们在"文化大革命"中培养起来的蔑视一切、批判一切的人格，大大有助于 20 世纪 80 年代初期的发财致富。我们在第四章看到的江中、昌披、大招子、落蕊等人，就都是"文化大革命"中非常活跃的造反青年（参见 4.2）。娘娘庙村另外一个 40 多岁的企业家跟我说："影响我最大的就是张铁生。我初中毕业后，他是我的偶像。我那时候在社会上闯，靠的就是白卷英雄那股劲。"在周流这些 20 世纪 80 年代暴发户的身上，我们看到，"文化大革命"与改革开放两个阶段虽然迥然不同，在精神气质上却有着隐秘的连续性。这些人崇尚反叛精神，不把法律和道德放在眼里，也不在乎社会舆论的评价，成为改革开放的第一批受益者；但这并不意味着他们不重视面子。他们只不过试图以一种完全独立的方式闯出一片天地来，使人们刮目相看。周流和江中是成功者，成了企业家；昌披当了干部，也算个成功者；大招子、康娱、落蕊等人是失败者，被当成混混和社会渣子。

周流刚来孟陬的时候，是一个"黑师傅"。但这个身份从来没有让他不快。相反，他可能还非常喜欢这个黑色的头衔。他之所以能成为"黑师傅"，主要也不是因为他有知识或懂技术，而是因为他有关系，有胆子。嘉树的齐信芳曾经谈到周流在嘉树的一个细节："周流没怎么上过学，好多技术根本就不懂，所以也出过好多错。可是他就靠胆大呀，什么也敢干。有一回俺们生产了一种新产品，需要堵上一个洞，谁也不知道怎么堵。周流想也没想，就把一个棒核子堵上了。还真行，那机器能用。俺们就都用棒核子堵眼，所有的产品都这么卖出去了。没过几天，所有的产品又都退回来了。"

　　周流正是通过对既有法律和道德原则的蔑视，不仅做成了很多生意，而且培养了他独特的人格魅力。关于瓷砖的那个手段又是一个例子。周流想用较少的成本挣大钱，学员们想缴尽量少的学费但获得尽可能大的收益。周流充分考虑到学员们的心态，尽量满足他们的要求。他号称那是自己的专利，上面的画还都是名画家的作品，于是产品的价值就被抬上去了。3000块钱的学费是一笔不小的数目。他为了让学员们心甘情愿地出这笔钱，就给他们开大额发票，让学员们也占了不小的便宜。这样，由公家出钱来学习的学员们也就不在乎那笔学费了。在与学员们的这场权力游戏中，周流虽然做了非法的事，却获得了道德资本，使学员们感到他的仗义，愿意出钱学习。同样，由于他对那些拉"三码子"的非常慷慨，他们也愿意帮他拉学员。

　　这就是周流的做人之道。面子和尊严并不是抽象的原则和理念，而是在权力游戏中培养起来的。并不是只有法律和道德允许的手段，才能赢得他人的尊敬。任何给人面子、替人考虑、施加恩惠的做法，都能为自己赢得道德资本；甚至冒着违法的危险做一些好事，更能获得尊敬。周流慷慨大度，不拘礼法，反而为自己挣得了巨大的面子。

　　和很多不拘礼法、崇尚反叛的人一样，周流虽然不重视伦理规范，却非常看重自己的人格。他虽然可以和法律玩各种花招，但对朋友甚至对陌生人非常仗义。他与自己的大姨子和外甥女靠着，违背了基本的伦常观念，但他从来没有真正抛弃过他的老媳妇。他按照自己的原则笼络人心和做生意，成为孟陬数一数二的企业家，连地区干部都非常尊重他，对他甚至比对县长都好。周流成了孟陬一个"有头有脸"的人物。

　　面子不只是人格的象征，而且是人格的组成部分。人格虽然可以理解为一个心理概念，但往往在人际交往中，才能证成和实现它的价值。由于人格本身就是富有社会性和政治性的概念，在人际交往中挣到面子，或者说挣到道德资本，就成为做人过程中非常本质的内容。可以说，只要人处在与别人的交往之中，就存在面子的问题；而面子也只有在与别人交往的时候才有意义。因此，根本就不存在完全没有面子的人。

　　于成言说，没囊没气的人不会自杀。没囊没气的人就是不看重自己的人格，任人作践，毫无面子可言的人。我们在 6.3 看到的超远和四荒不被当正常人看待。人们可以任意欺负和取笑他们，但他们还是因为受到侮辱而自杀。我在田野调查中遇到的最可称得上没囊没气的，是韩村的韩安居。他和朋友韩少留喝酒的时候开玩笑说要互换媳妇。后来，他的媳妇秋菊真的和韩少留跑出去玩了一个月，他就也去找韩少留的媳妇，却被拒绝了。等韩少留和秋菊回来的时候，两对夫妻竟然邀了两家的父母，到县城里大吃了一顿，好像丝毫不在乎此事。但即使这样的人，最终还是不能彻底不在乎人格价值。韩安居的父亲骂他："你真是怂。你媳妇跟人跑了，你还不生气。"韩安居虽然外面不表现出来，但到了晚上，却残酷地折磨秋菊，致使秋菊喝农药自杀。过了几天，他自己也喝农药死了。

任何地位低下、受人轻贱，乃至自己都不把自己当正常人的人，也不可能一点人格价值都没有。他们也会赌气或觉得丢人。只要处在社会当中，和别人有一定交往的人，就一定需要通过道德资本形成一定的人格，也就是要维护一定程度的面子，否则就不可能继续交往下去，也就不可能生活下去。只不过，那些边缘人无法忍受的底线会比别人低一些；爱面子的人不能忍受的底线更高一些；而像周流这样不拘礼法的烈性人，其底线会和别人不大一样。无论是谁，只要他能承受的底线被打破了，就会觉得丢人。

因此，面子根本不是爱面子之人的特权，更不是仅仅有道德有地位的人才会有的，而是在权力游戏，也就是基本的人际交往中形成的，是一种最基本的人格感。面子不是一种东西，人们虽然可以给予、丢失、剥夺、占有面子，但如果不在相互交往的时候，面子就是一个无意义的概念。即：只有在人与人的相互交往中，也就是权力游戏中，面子才能变成道德资本，起到该起的作用。

这样，因为丢人引起的自杀，就可以看做在人格受损的时候，一种挽回面子的行为。对周流而言，自杀和他的骑摩托、坐汽车、有意安排偶遇于成言的意义是一样的。虽然他已经到了山穷水尽、众叛亲离的地步，但他不愿承认失败。即使他的失败已经是个人所共知的事实，他也不能屈服，而要维护最后一点尊严。

像周流和江中这样的一些 20 世纪 80 年代企业家，身上有些共同特质，反映了现代中国，特别是 1949 年以后相当一贯的精神气质。他们蔑视权威和礼法，崇尚反叛精神，富有开拓力。我们在此无意对他们做出道德评价，但若仔细审视他们的经历和生死爱欲，我们会看到，他们并不能根本否定道德规范的巨大力量。只不过，这些道德规范在他们这里都以面子的方式表现了出来，成为权力游戏中的道德资本，却并没有起到道德约束的作用。他们更加看重人格的实现和自己的尊严，更要有尊严地过日子，虽然并不想循规蹈矩。因而，当他们失去面子的时候，就往往难以承受这巨大的打击。他们虽然蔑视家庭中的道德规范，却不会蔑视家庭本身，因此，家庭中的问题可能会成为对他们的致命一击。

二、丢人

周流虽然是孟陬的一个公众人物，但他的自杀和我们考察过的别的自杀者一样，也是家庭政治的结果。我在于成言等人那里已经大体了解了周流与两个媳妇之间的关系。为了进一步厘清他最后的家庭纠纷，我又采访了另外一些人。

于成言告诉我，是齐信芳把周流从上海叫回孟陬来的，于是我找到了齐信芳。齐信芳的娘家是娘娘庙村的，婆家在嘉树。周流在嘉树的时候，齐信芳也和他在一个厂子里搞电料。后来，她逐渐发展起自己的生意，做大之后，离开了嘉树，在县城边上买了一大块地，在上面建了一个工厂，还有几排房子，共30多间。她出租其中的一些，还有一些给她的工人住。周流和他小媳妇刚从上海回来的时候，就在她的房子里住了一段。谈起周流之死，齐信芳说：

"周流的死有这么几个原因。第一，他经历了那么多，认识到世态炎凉是怎么回事，什么都看透了；第二，他本来以为小媳妇说什么也不会离开他，结果她跟着别人跑了，这是个重大打击；第三，他还不起那么多债。

"他刚来孟陬的时候，在钟庄待着。他后来到嘉树来搞电料。我跟他一块干过活。后来他又离开嘉树，我还想给大队干，可是他们不愿叫女的干了。我就想上别的省去拉拉关系。周流帮我认识了一个武汉人，我把货全卖出去了。以后我就越来越成功。周流对我的恩，主要就是这一回。

"周流后来到了石峦，他媳妇也跟他住在那儿，在一个小房子里。周流挣了钱，一点也不给他媳妇，觉着她傻。其实，他要是给她点呢，她就帮他存下来了，他后来也就不会这么穷。周流跑到南方的那一段，他老媳妇把石峦的那个小房子卖了，回祁州去了。她在老家开了个小卖部，挣了点钱，给她闺女当嫁妆。她闺女去年结的婚。她结婚前来找过周流，周流的小媳妇是不愿意给她钱，可周流还是给了她一点。周流的老媳妇有俩姐姐，她们爹娘早死了，都不容易呀。周流有了钱，先是跟她姐搞，后来跟她外甥女搞。他没脸见他老媳妇呀。

"后来周流去南方的时候，带着他老家的一个闺女，就是他的小媳妇。人们都说她是东北的，其实她就是祁州的，她父母在大庆油田上，她跟父母赌气，回祁州和她爷爷住，后来不知怎么认识了周流。他在南方待了几年，后来到了上海。他小媳妇最开始给他生了个闺女，他就打电话把他老媳妇叫到上海去了，去照顾那个孩子。她到了上海才知道，周流叫她是当保姆去了，特别生气，就指着那个小孩说：'这就是你们叫我来上海的原因？我跟你们说：这个，你们稀罕，我可不稀罕。我不伺候她。'她离开上海就回来了。谁说他老媳妇傻呀？那净瞎说。她是有一种头疼病，疼起来特别厉害，她就糊涂。一般的时候她好着呢。她跟周流结婚的时候才17岁，也比周流小好些个。

"1997年，他给我打了几次电话，叫我跟他合作弄点东西。后来我就去上海跟他谈这事。那时候他和他小媳妇跟刚生的小女孩在一块，雇着个老太太当保姆。周流说他在开发一种新型的坐便器，想在孟陬生产。我不看好这个。他就说想跟我一块回孟陬来。我说我第二天就想回来，他说那就第二天走。我就这么跟他一块回来了，那个小女孩还在怀里抱着呢。

"他们刚回到孟陬的时候，我叫他们住在我这些房子里。他从我这儿借了1万块钱。可他那种坐便器没做起来，他没钱还我，就搬到火车站那儿租房子了。后来不知道怎么着，他又搬到娱乐宫那儿，租了间小房子。

"他在我这儿的时候，我跟周流说，他不该要那个孩子，那孩子比他孙子还小呢：'你这个媳妇比你儿媳妇都年轻。'我的意思是，这个女的靠不住。他说，这个小媳妇是个好人，跟着他不是为了钱：'不管我是穷是富，她都愿跟着我。'我就不信这个。那时候他们状况已经不好了，那女的还花一大些个钱雇保姆。他要再穷点，她能跟着他？我知道，她跟周流刚好的时候，他一定是跟人家吹，说他有钱，在石峦有房子。等他们回来，她才知道那房叫他老媳妇卖了。更何况，那只是特别小的个房子。后来，他们又生了第二个孩子，是个男孩。我觉得他们连第一个都不该要，更别说第二个了。他媳妇说：'我要是什么时候不想要这孩子了，还可以卖了他挣钱呢。'你听这话！

"周流回来，又试了几种技术，都弄不成。他老是跟我说：'我很快就又有钱了。我这一年就能还你那1万。'他每年都这么说，每年都还不了。就在他死前没多久，他还说很快就还我钱呢。

"后来，他那小媳妇跟一个给他打工的人跑了。那个小子是个东北来的逃犯。我是不敢收留这种人，可周流老是要这样的人。他觉着，这样的人对他特别忠心，还认那人当干儿。结果他干儿把他媳妇拐跑了。后来他小媳妇又回来了，可是没多久又跟另一个人跑了，那个人又老又丑。我不知道这个人是谁，就听说他又老又丑。"

周流的家庭政治比别人的都要复杂，因为他和两个女人同时保持着夫妻关系。一方面，他不仅从来没有和老媳妇彻底断绝夫妻关系，而且那边有一大群儿女；另一方面，他和小媳妇又以夫妻的名义过在了一起，还生了一对儿女。有时候，他同时要和两个女人进行权力游戏。比如，他把老媳妇叫到上海来看孩子，就取悦了他的小媳妇，却极大地羞辱了他的老媳妇。到后来，周流基本上不管他老媳妇和她的儿女了，他老媳妇就成了那个家庭的实际家长，所有事都由她来拿主意。她含辛茹苦，好不容易给女儿凑了些嫁妆。在这个家庭里，她比周流的道德资本丰厚得多。在她女儿向周流要嫁妆的时候，周流又同时在两方面玩权力游戏。一方面，他有责任给女儿一些嫁妆钱，要不然在他老媳妇面前就很丢人；另一方面，他小媳妇不愿给这些钱，因为那些钱毕竟算是他们两个的共同财产，他们还要在一起过日子。周流在与小媳妇的权力游戏中赢了，却输了与老媳妇的权力游戏。

由于周流一直对不起他的老媳妇，他在她和她的儿女面前根本就没有什么道德资本可言。而他老媳妇为儿女们受了那么大累，付出了那么多，因而在与周流的权力游戏中，就有更多的道德资本。用齐信芳的话说，周流"没脸见他老媳妇"。周流之所以自杀，不仅是因为他小媳妇跟人跑了，而且也和他在老媳妇面前的地位有关。

关于周流最后一段时间的生活细节，他在娱乐宫的房东给我讲了一些：

"我开始不知道那个女的是他的小媳妇。周流的过去我一点也不知道。那女的是东北人，今年 28 岁。他们刚住进来的时候，关系挺好的。周流对他小媳妇特别好，她给他生了一个姑娘一个儿子。那女孩今年 5 岁，男孩 3 岁。今年夏天早些时候，他小媳妇跟他的一个工人跑了。出了这事，周流就寻过一次死。那是半夜，我正睡觉呢。突然有人把我叫起来，说周流吃了安眠药了。我赶快跑他屋里去，发现他已经不知道事了。他吃了有 200 片。我叫了几个人，一块送他到附近的一个诊所。他要在我这房子里死了，我得担责任啊，所以我得想方设法救他。我们到了诊所，医生说他们没办法，我们赶快又去县医院。他在县医院里救过来了。这回我给他花了 200 块钱。等他醒过来，我求他说：'流哥，你可别这么干了。你要在我这儿死了，我可说不清。'周流笑了，说：'我不这么干了。不管发生什么，我都不死了。'他看上去是想通了，应该不会再寻死了，所以我就放心了。谁知道，他过了一个月就又寻死。我可是让他给骗了。

"他死的时候，我是第一个发现的。我不知道他这回吃的什么，但一定不是安眠药。我估计是蚊子药，是他的一种新产品。本来，周流的小媳妇刚跟人跑了，周流吃安眠药被救过来，他老媳妇来了孟陬，他们就一块回祁州去了。我们以为他们不会再回来了呢。我还觉得，他回祁州就是为了不交房钱。我知道他们没钱，也就没怎么计较。我也听见周流跟他老媳妇保证，再也不跟小媳妇见面了。可是过了一个月，他小媳妇回来了。她问我周流上哪儿去了，我就用我的手机给他祁州的家打电话，然后让他小媳妇跟他说话。天，她在我手机上说了足有 10 分钟，可不是自己的手机了。我不知道他们到底说了什么，只听见他小媳妇说，她身上只有 5 块钱了，还说

第八章　脸面　　｜　273

她把金耳环都卖了。她叫周流赶快回来。后来我又听见周流好像跟他老媳妇商量是不是回来。他老媳妇最后答应，他可以回来，可是不能超过 5 天。他跟小媳妇还是有感情啊，不能看着她这样。

"周流很快就回这县里来了。我不知道他跟他小媳妇都吵什么，反正他们吵了好几次，然后就一块出去了。过了一个多星期，周流一个人回来了，那是下午 3 点。他什么也没跟我说，我也不知道出什么事了。那天我正感冒，也没力气问他。那天晚上，我很早就上床睡觉了，第二天起得也比较早。我看见舞厅的大门开着，就挺奇怪，谁这么早开舞厅的大门呢？我走进舞厅去看，发现周流躺在地上，早死了半天了。他嘴角那儿有一长溜白乎乎的东西，不知道是什么。我离远了看着，像塑料，就纳闷，周流怎么吃塑料呢？走近一点就看出来了，那是他吐的白沫子。我赶快给他儿子打电话。他几个亲戚都来了。[1] 他们看见周流死的这样，就知道他是喝农药死的，也就没找我的茬。他们进了舞厅就开始哭。我可急了。他们这么一哭，我这舞厅还做不做生意？我说：'你们哭我管不着，可别在这儿。你们能不能上外边哭去？'周流屋里有两块玉，一个手机，还有 70 块钱。那两块玉看上去挺值钱的，可是他们这些人谁都想不起来替他还债，我也就没问他们要。我跟周流也算这么多年的朋友了，也有感情啊。他这一死，我也挺难受的。

"他们把周流抬走了。我听说，在周流死以前，他和他小媳妇为两个孩子吵了。很多人说周流把两个孩子卖了 1 万块钱。我也不知道是真的假的，可我觉得，他喝药的一个原因，应该就是那俩孩子。

---

① 按齐信芳的说法，周流的儿子们很长时间都没告诉他老媳妇，周流死了（在我采访齐信芳的时候，她还不知道）。其实他的几个儿子也没来孟陬，因为他们恨他。负责他的丧事的，是他的大姨子，就是那个和他靠着的大姨子。

我也没问这些事。谁知道到底怎么了?"

我又采访了幼儿园的一个老师。她是周流孩子的老师,两个孩子都在她那儿住过。我跟她谈起来时,她还不知道周流已经死了。但对于夫妻俩的关系,她提供了房东不知道的一些细节:

"周流的闺女周如意,今年5岁了。她生日是二月十五的,在我那儿过过两次生日了。他儿子吉祥也在我那儿待过,不长,就几个月。一开始,如意在我班上,是个聪明可爱的女孩子,我挺喜欢她的。周流看我喜欢,就问我能不能照顾如意。他说,他们两口子都忙,不能花太多时间在孩子身上。他们让我把如意带回家去,一个月给我400块钱,我答应了。如意身体不好,刚来的时候瘦得皮包着骨头,跟只小鸡儿似的,走的时候又壮又鼓溜了。他们一个月来看如意一两回。每年过年的时候,我把她送回家去两天,他们再把她送回来。他们是挺忙,我也不知道他们干什么。

"第一年他们每个月都按时给钱。到今年他们的经济状况好像就不好了,有时候就给不上。2月份他们就没给。到3月底,周流的媳妇给了我400。我就问她:'这是2月的还是3月的?'我也不是小气人。他们要真没钱呢,也没关系。不过我就想弄清楚,是怎么算的这账。她说回去算算。过了一会,周流打过电话来了,跟我道歉,说他弄错了。他以为他2月已经给了呢。他们倒不错,很快就给了。可是最后一个月的一直没给。

"一开始我不知道周流还有个媳妇。有一回,在周流面前,如意说,她有一个妈,一个娘,我这才知道。'妈'就是周流的小媳妇,'娘'就是他老媳妇。如意嘴甜,说:'娘比妈还好呢。'私下里边我问起来,她说,这是爸爸教她说的,其实妈比娘好多了。周流的老媳妇我就见过一次,印象不好。今年刚入夏的时候,我送我闺女去火车站，离娱乐宫挺近的，我就想把摩托放周流那儿，让他帮我看一下。我在他门口，看见有个老婆儿，正坐在一张躺椅上呢。我就跟她说，我是周如意的老师，她对我就点点头，爱答不理的。我可不高兴了，那时候也不知道她是谁。我后来才知道，那就是周流的老媳妇。我以前不知道，那年轻的跟他不是合法夫妻。

"他们两口子一开始关系挺好的。就是从今年过了年，他们好像就老是吵啊打的。他小媳妇还跑过几回，每回都弄得周流特别紧张。有一天我突然接到周流的一个电话，他说他在河南呢。听他那声音特别急，他说如意的妈妈跑了：'要是她到你那儿来，别让她把孩子带走啊。'我听了就糊涂了，不知道出了什么事。如意的妈妈怎么会跑了呢？他又说，不能让如意跟她妈走。我说：'那好吧。我就让如意待在我家里。既然你说这话了，除非你们一块来，要不我不会让如意走。'周流就放心了。这是第一回他小媳妇跑。过了一个月，她回来了。后来他们又老是吵，他小媳妇又跑了几次。周流好几次都跟我说，别让如意跟她跑了。有一回，如意在他们家里呢，周流突然给我打电话，说如意的妈妈又跑了，让我把如意接我家去。我就到娱乐宫去了。我跟如意刚从屋里出来，就看见如意她妈在院子里站着呢。她没有跑，可能他们又吵得挺厉害。

"5月的时候，周流的小媳妇又跑了。她回来的时候是个星期五。周流给我打电话说，他小媳妇回来了，想看看闺女。我就让如意回家了。到星期一，他们三口儿一块上我家来了。如意的妈妈穿得特别漂亮。他们把如意放在我家，他小媳妇就自己走了。周流说，他们离婚了。我说：'不可能，她星期五回来，星期一又走，哪儿能给你们办离婚？法院开门吗？你们是合法夫妻吗？'周流什么也没说。我这时候才知道，那女的是东北来的，周流的老媳妇在祁州。周流还告诉我，有个给他打工的，比他小媳妇还小8岁，他们打算一块走。我说：'她比他大8岁，怎么在一块儿呢?'周流说，他们发誓永远在一起。不过他说：'我知道她早晚还会回来。他不可能跟她待长了。'周流说对了。过了几个星期，我就听说他们俩在一个旅馆里给抓住了，人家说他们通奸。周流对他小媳妇还是有感情，就到处找人，把她救出来了。

"可是他小媳妇刚回来一个星期又跑了。周流给我打电话，说有人愿意花3万块钱买他的两个孩子。我说：'你怎么能卖你自己的孩子呢?'第二天他上我家来，问我愿不愿意要如意。他说：'昨天我摔了个跤，摔得挺重。我知道我身体不好，怕是活不了多长了，早晚如意不会跟我。我要不卖了她，也得把她给了人。我看你挺喜欢她的。你要愿意，她就是你自己的孩子了。'我就劝他，他刚60，怎么就想到死了呢? 摔个跤能有什么大不了的? 如意在旁边也哭，我心里特别难受。过了几天，周流又来了。如意就跟着他走了，以后就没回来。这是我最后一次见到如意和周流。我不知道他最后到底卖了如意没有。

"大约6月15号，我们家那口子在街上看见他们了。周流跟两个孩子正吃羊肉串呢，看见他了，就叫他一块吃。他见这么一个老头带着两个小孩坐在那儿吃羊肉串，心里就挺难受的。最后他没让周流给钱，是他给的，一共20多。至少那时候周流还没卖他的孩子呢。"

这几个人的叙述虽然在一些细节上不同，但我们毕竟可以从几个角度来看周流与他小媳妇的生活，以及他自杀的原因。周流虽然有过好几个情人，但他和这个小媳妇是相当认真的。两个人虽然没有正式登记结婚，却俨然以夫妻的关系生活了好几年，还生下一对儿女。因此，他们两个的关系，与葛曼和石磊的关系非常不同（参见 4.1）。按于成言的说法，周流为了使这关系显得更正式，还伪造了离婚证和结婚证。因此，他们两个在一起要过日子，也就会出现家庭生活中总会出现的一些问题。周流不可能像石磊对待葛曼那样，根本不把小媳妇当回事，而必须认真地和她玩权力游戏。

几个人的叙述差别最大的，就是小媳妇究竟和几个人跑了几次。我们已经很难查到此事的真相了，但可以确定的是，她一定跑过不止一次，也不止和一个人跑过。也许她最开始是偷偷跑的，但按照如意的老师的说法，跑后来已经成了他们家庭政治中经常发生的一件事。他们只要吵架了，小媳妇就有可能威胁说她要跑。有时候她真的会跑，但有时候只是说说而已。像 5 月那一次，她甚至当着周流的面出走。因此，我们需要把她的出走放在他们的家庭政治中来理解。

齐信芳说，周流曾经向小媳妇许诺，他有钱，在孟陬还有大房子。她之所以大手大脚花钱，一个原因就是相信周流对她的许诺。可是他们回到孟陬后，小媳妇发现根本就没有大房子，而周流也越来越穷。这使我们想起何芳来。何芳就是因为丈夫不能挣钱，使她最初的希望破灭而越来越不满（参见 3.1）。周流的小媳妇也因为周流无法让她过更舒服的日子而对他不满。周流的许诺无法兑现，他就失去了道德资本，在家里也就没有多大面子。小媳妇反而可以用他原来的许诺来挤对他。因此，在他们之间的权力游戏中，周流常常并不占上风。因为周流对不起她，小媳妇可以充分利用她的道德资本。哪怕是在她因为失望而准备和别人跑的时候，周流都不能理直气壮地阻止她。

不过，周流并不会自认倒霉。他毕竟是一个烈性人，而且也并不是一点理都不占。他对小媳妇一直很好，几年来一直在养着她。

于是，我们又看到了好多家庭中都曾出现的矛盾。一方面，由于他没能实现诺言，周流无法阻止小媳妇离开他；另一方面，在她真的那么不尊重他的时候，周流还是会觉得不平。第一次吃安眠药，应当就是对这种处境的一次反抗。

而周流第一次吃安眠药被救之后，他的老媳妇来到了孟陬，于是，他又开始了与老媳妇的一场权力游戏。如意的老师抱怨周流的老媳妇对她爱答不理。我们比较几个人的叙述，大体可以看到，她遇见周流的老媳妇，应该就发生在周流第一次吃安眠药之后。那个时候，小媳妇跑了，老媳妇被叫到了孟陬。她的孟陬之行意味着在家庭政治中的全面胜利。当初，周流挣了那么多钱却不给她，在上海极大地侮辱过她，后来又几乎抛弃了她。她靠一个小卖部养活孩子们，最后为女儿积攒了嫁妆钱。而今，周流的小媳妇终于跑了，周流在孟陬的小家庭彻底瓦解。他将来怎么过，完全要听老媳妇的。她并没有像周流当初对她那样抛弃他，而是表现出相当大的善意，到孟陬来看他。她这么做，也是在展示自己的道德资本。在这个家庭里，现在是她面子最大，是她说了算。在他老媳妇面前，周流一点尊严也谈不上了。她可以随便骂周流的小媳妇，而他一点也不敢还嘴。她也可以轻视任何同小媳妇和她的孩子们相关的人。如意的老师之所以和周家有关，就是因为她是小媳妇的孩子的老师。也就难怪，老媳妇对她一点也不友好。

周流回到祁州，就几乎是向老媳妇彻底投降了，也与小媳妇断绝了一切关系。所以他向老媳妇保证，再也不见她了。可以想见，在祁州的家中，周流虽然会过起更舒服的家庭生活，但无论是在老夫妻之间，还是儿女们对他们的尊重上，周流都会远远比不上他的老媳妇。

如果他的小媳妇一个月后不回到孟陬，周流也许就不会自杀了。我们不知道，在最后几天里，周流和他小媳妇到底商量了些什么。但根据人们的推测，他们应该是在说卖孩子的事。我们虽无确凿的证据，但通过间接的消息得知，如意和吉祥到底被卖了。据说，两个孩子很精，马上就知道发生了什么，刚被卖就向买他们的人叫"爸爸"。

当时周流的小媳妇在外面混得几乎身无分文，又来向周流求救。周流对她还有感情，无法遵守与老媳妇订的再也不见她的誓言。他求老媳妇准许他回孟陬，无疑又是大丢面子的事。他老媳妇最后虽然答应了，但只准他待5天。

周流在孟陬的那最后一周一定是非常痛苦的经历。第一，他要卖掉自己的孩子。第二，他小媳妇虽然在需要他帮忙的时候又来找他，但她显然不愿跟他复合了。周流还是愿意帮助她，甚至不惜触怒他的老媳妇。但他小媳妇却一点也不感激，而是得到帮助后再次离开。第三，他在孟陬已经待了一个星期，超过了老媳妇准给他的5天假。他若回到祁州，一定要低声下气地向老媳妇解释自己究竟做了什么，他必须承受老媳妇的詈骂和怒气，那就会更加丢人。

在这样的情况下，周流最终自杀而死。一方面，和第一次自杀一样，这是周流对无情无义的小媳妇的反抗；另一方面，他也是为了避免在老媳妇面前再丢面子，所以不愿意再回到祁州。

三、综论

吉登斯谈到，耻感和罪感是引起自杀的主要心理原因。[①] 在周流

---

① 参见 Anthony Giddens，"A Typology of Suicide"。

的故事中，"面子"既涉及耻感，也涉及罪感。他从一个知名企业家到穷光蛋，连媳妇都跑了，觉得很丢人，这就是一种耻感；而他因为对不起老媳妇，最后在她面前抬不起头来，可以算作一种罪感。不过，真正导致周流自杀的，既不是耻感，也不是羞感，而是面子感或人格价值。按照于成言的理解，周流之所以自杀，还是因为他是个烈性人。在人们看来，耻感和羞感固然难受，但自杀并不是对它们的接受和默认，而是看重人格的人在没有别的出路时一种激烈的反抗，是对耻感和罪感的坚决拒绝。对耻感的拒绝，大体相当于金耀基等所说的"社会面子"；对羞感的拒绝，大体相当于"道德面子"。而二者都可以理解为人格价值。因为丢人自杀，并不是在失去尊严之后的无奈之举，而是在无法保全人格时一种消极的抗拒。

可见，因丢人而自杀并不是丢人导致的一个消极后果，而更是对人格的积极维护。因此，人们才会认为，虽然丢面子是常有的事，但自杀并不是谁都能做出来的，而是一些尤其看重自己人格价值的人才会做的。从这个意义上说，虽然丢面子有可能导致一些抑郁症的症状，但在文化上，我们不能把自杀仅仅当作抑郁症的后果，而要理解为对导致抑郁症的原因的反抗。

和赌气一样，爱面子也是成就人格的一种方式。喜欢赌气的人也常常是爱面子的人。于成言说周流是烈性人，这话不仅可以用于爱面子的人，也可以用于喜欢赌气的人。椒兰就说，她是一个爱面子的人。但爱面子的人未必都会因赌气而自杀。像周流的两次自杀，都不能算赌气。

赌气涉及的更多是内在的尊严，往往是针对某个人的反抗，赌气的人往往不过多考虑赌气的后果，采取任性的行为；面子涉及更多的是外在的地位和权力游戏中具体的道德资本，常常基于对总体状况的不满，甚至包含着后悔。所以因面子问题自杀的人往往会经过长时间的考虑，而且往往不是针对某个人，所以因面子自杀的人，大多抱着必死之心。从于成言和如意老师的叙述中，我们知道，周流应该早就想到要死了，而且在不同的场合透露过他的想法。对于他而言，最后的自杀和以前的开大额发票、修桥补路、资助小学等的意义是一样的，即都是为了成就他的人格价值，只是因为这时已经太丢人了，整个的情况已经到了非常绝望的程度，他已经不可能积极地成就人格，而只能消极地完善人格，即：消极地否定已经一塌糊涂的人格状况，使自己不至于过于丢人。

因丢人导致的自杀，往往涉及绝望的问题。但正如我们所看到的，烈性的人之所以自杀，并不是因为被绝望所压，而恰恰是对绝望的反抗。丢人者可能比赌气者表现出更多的抑郁症的症状，但其自杀的心理动因仍然是对人格完善的追求，虽然这样的人往往很难有完善的人格了。

归根结底，面子之所以重要，在于它不仅是人格价值的外在象征，而且是它的重要组成因素。人格价值是在与他人的权力游戏中得到认可的，而权力游戏的胜负，往往取决于道德资本的有无和多少。无论道德面子，还是社会面子，之所以重要，就在于它们要么本身就构成道德资本，要么会影响道德资本的作用，从而影响到权力游戏的结果。

由于任何人都不可能脱离人群而存在，也不可能完全脱离权力游戏，所以，任何人那里都存在人格问题，因而也就存在面子问题。哪怕是再低贱的人，只要和他人交往，面子在他身上就会起作用。可以不夸张地说，人只要活着，就是在实现自己的人格的过程中，因而就在塑造自己的面子。孟陬人会把乞丐、疯子、傻子、"小姐"

这些边缘人看得非常低贱，因为他们没有家庭这个最基本的生存环境，没有过日子这种最基本的生活方式。但他们毕竟仍然是在人群中生活，仍然在与人的交往中型塑自己的人格，因而也存在面子问题。

面子与社会道德规则之间的关系非常微妙。因为面子总是涉及人与人之间的交往，所以它总是和道德规则联系起来。但周流在破坏一些道德原则时，却仍然可能获得道德资本，来为自己赢得更大的面子。规则总是由人制定的，总有可能出现反例。但在家庭问题上，周流对规则的破坏却不可能没有代价。到了最后，他对家人的伤害都遭到了惩罚。之所以如此，根本上还是在于，家庭是所有人际关系的根源，也就是人格价值的根源。而要塑造面子，家庭政治仍然有决定性的作用。

第九章　想不开

　　赌气和挣面子，这两种心理因素之所以常常导致自杀，是因为它们是成就人格的两种方式。因此，无论人们怎样批评自杀者，一般不会从人格上否定他们，更不会轻易把他们看成精神病。无论因为多么不值得的原因而自杀，其中表现出的人格价值都是值得肯定和同情的。在这个意义上，说中国文化中有肯定自杀的因素，不是没有道理。

　　不过，在我们看到的自杀者当中，很少有谁得到了人们毫无保留的肯定。在我们前面提到的自杀者中，人们肯定较多的，也许只有来福一个（参见 3.3）。但即便是来福，很多人还是认为他的死太不值，特别是，他没有充分考虑到，他死之后他的母亲怎么办。自杀而死的人，在人格境界上毕竟还是缺点什么。对于他们的这种缺憾，人们一般不会从道德或精神健康的角度来评价，而往往称之为"想不开"。想不开的人，可以是精神健全的正常人，也可以是为人很好的善良人，但却是不够聪明、不够明理、不负责任的人。想得开的人，生活未必都很幸福，但往往是更有智慧，同时也真正实现了人格价值的人。通过想得开来成就人格价值，是"以理成人"。

但究竟怎样算是想得开呢？2000 年夏天，我在武都村采访自杀现象的时候，一个叫秉德的老人曾经说："人怎么能自个不想活了呢？喝药自杀什么作用也起不了，解决不了问题。你一死了，就什么都完了，你什么也看不见了。反正不论发生什么事，我都不会这么做。我要是喝药死了，就看不见这个世界了，我那些孩子还得让人说不孝顺，这是何苦呢？只要想开点，什么事都能解决。"谈起这个老头来，人们都说他特别想得开。他有四个孩子，除了一个在娘娘庙中学教书，别的都在北京、天津，是高级知识分子和干部。老人死了老伴，一个人过得很自在。他从不死乞白赖地攒钱，总是给自己做好吃的。

可是没有想到，我一年后再回到这个村的时候，却听说这个老人上吊了。他得了一场病，就上北京的大儿子那里去治病，住在儿子的四合院里。他在那儿住着的时候，还像在农村一样，见到掉下的树枝就捡起来。他儿子笑话他说："别这么丢人了。树枝值几个钱？"本来，秉德得的病不重，可是老人在儿子处住着就觉得不大自在，听了儿子的话，他又想了很多，然后就上吊了，让儿子非常后悔。人们说："那么想得开的个人，怎么就为这么点小事上吊呢？"

秉德确实是个通达明智的人，但儿子开个玩笑就不能承受了。"想得开"并不是一件简单的事。人们未必仅仅靠抽象地想就能生活得更好，前两章讨论的气和面子的问题，也不是靠想想就能化解掉的。"想得开"，是成就人格价值的另外一种态度，是在过日子当中克服种种矛盾和困难的一种方式。我们通过杜衡和石兰夫妻的故事，来理解"想得开"在过日子和做人中的含义。

一、牛角尖

石兰是云南人，不识字，嫁到了娘娘庙镇于村的杜衡家，曾于 2002 年夏天喝过农药。我是在 2002 年冬天到的于村。我在这个村的一个向导家里，向导去石兰家里找她。当时石兰不在家，杜衡就先过来，和我谈了 2 个多小时。他回家时，我说如果石兰回家了，请她也过来。石兰过了一会就来了，我和她也谈了 2 个小时。到了中午，她女儿来把她叫回家吃饭去了。本来，我只是想了解石兰喝农药的情况，杜衡所说的，也都是石兰的事。但在采访石兰的时候，她却告诉我，杜衡自己在 8 年前也曾上过一次吊。在这一节，我们先来看杜衡的说法，下面一节再来看石兰的说法。

"在我看来，人们要是死拿定一个主意，就容易喝药。他们老是钻牛角尖，就不会从别的角度想想他们那问题。俺媳妇就是个爱钻牛角尖的人。她是云南来的，不认字，老是把自个陷到一个想法里头出不来，试想不开。她喝药就是为的这个原因。那天，我正在地里浇地呢，她给我送晌和饭去。那是夏天，特别热。我忙活了半天了，吃了晌和饭，就想打个盹。可是她还老催我：'忙去浇地，去浇地。'我挺不高兴，说话就不好听了：'你不能去浇吗？你就没劲浇浇地呀？他妈的！'我一上火，就说了个'他妈的'。我是态度不好，可是两口子，这不是常有的事吗？算什么大不了的？她就值得因为这句'他妈的'生那么大气吗？她不干啊，就跟我嚷起来了。我也急了，就叫她回去：'我自个干。你滚！'她就回家来了。我又干了一个下午，傍黑子回的家。那时候别人都吃了晚上饭了。石兰还给我留着饭呢。我就在饭桌旁边坐下，她给我盛饭。我觉着过去半天了，她不应该还生气，就说：'你真是个傻子，一点儿脑子也没有。'我的意思是，我不就是让她浇浇地吗，又没说她，她犯不着那么生气。我说话是有点粗，可我的意思不坏呀。我叫她去浇浇地，那有什么错呀？可是她不光没理解我晌和那些话，就连晚上这几句话也没明白。她就开始抽搭：'行，我没脑子。你要不想让我活了，我就不活了。'当时我坐在低处，她站在高处，我看不见她的脸。可是我听着她这声音，觉得不对，就一抬头。她那个时候就把一个农药瓶子扔到桌上了，我知道她喝了药了，一下跳起来，叫人上院里来。俺们忙把她送到瀛州医院，她算是救过来了。

"她不是一个爱说爱笑的人，又有口音，说话别人听不懂，就跟村里别人交往不多。她跟俺娘的关系也特别不好。这也是俺们家里那些个矛盾的一个主要原因。俺娘忒爱说，乱说话，有的说说，没的道道。她上了年纪了，不知道什么话该说，什么话不该说。她有些个话特别伤人，一下就让石兰火起来。这种时候我老是劝劝石兰：'别跟她一样。她毕竟上年纪了，你能跟她一样想事吗？'她就是再不讲理，她也是俺娘呀，是她把我养大的。怎么也不能对她忒不好了，还是得容忍她的一些话。有时候我又劝俺娘，别忒计较了：'她毕竟是远道来的，她比咱们都难。有什么不对的地方，咱们就都让让她。咱们别老为这些个鸡毛蒜皮的事打了。让大伙都高兴不好吗？'可是我这些个都是白费力，她们还是那样。俺媳妇就是听不明白我的意思。有时候她也能同意我说的，可是气一上来，就控制不住自个了，什么事都不细想。她老是说：'我说的怎么就都是错的呢？凭什么就得听你的？你的就对吗？'她脾气忒犟。我觉着这就是因为她没上过学。她一个字也不认识，完全是个文盲。

"她是有好多压力。有她家里的压力，俺们家的压力，还有政府的压力。俺们家是挺穷，俺们都得努力干活。她从云南来，离娘家是忒远，这儿一个亲人也没有。一个女的嫁这么远不容易，她老是想娘家的人们。俺们从政府那边的压力也挺大。主要是因为这计划生育的事。俺们只有一个闺女，今年11了。"

我听了觉得很奇怪，问他为什么只生了一个孩子还挨罚。他笑了笑，说："是忒没理吧？这年头什么有理呀？俺们生了这个闺女，就不想再要别的孩子了。可是镇政府非得让我交300块钱，办二胎证。怎么这么奇怪呀？国家不是提倡只要一个孩子吗？俺不想要二胎了，凭什么还非得让我办二胎证呢？没地方讲理呀。他们来了好几回，就让我拿这个钱。我就是不出，后来石兰烦了。一次他们又来要钱，她就在旁边说：'又不是太多的钱，你给他们不完了吗？'她这么一说，我没法坚持了，只好拿钱。她老是这样，说这么不合适的话。等交了钱，我也不要别的，只希望他们开一个收据。要是没有收据呢，他们就一遍一遍罚，罚起来没完。他们当时没有收据，我就一遍一遍地去找他们，就是不给。俺们已经叫他们罚了好几回了，总共有2000多了。有的人，一个接一个地生孩子，也一笔一笔地拿罚款。那是应该的，谁叫他们生那么多呀？可是俺们就一个孩子，也不想再要了，凭什么也得罚钱？我镇里县里都找了好几回，就想要个罚款的收据。没有收据，他们就一遍一遍罚。这是一个挺大的压力。①

"你看，她就是这样说不合适的话，你说我能不急吗？他们本来没什么理由罚钱，还想着找理由呢。她就看不明白这个。俺们好几回吵架都是因为这种事。

---

① 关于计划生育问题，杜衡讲了很多，此处略去。

"什么事都让人不痛快，石兰不知道怎么对付这些压力。因为她不识字，这就让她更难受。我念的书也不多，可是我毕竟上过几天学，认识俩字。我的好多意见，都是为全家考虑的，可她就是不明白。我有什么别的目的呢？我不就是想让全家过上好日子吗？我千方百计想让她明白我，尽量缓解矛盾，别激化矛盾。她还是不明白我的用意，也不跟我配合。我的想法跟她一不一样，她就跟我吵，从来不仔细思考一下。所以我说，她的毛病就是头脑忒简单。

"要说她跟俺娘的冲突，忒复杂了，我也说不清楚。她们老是因为一点小事就吵，就打。我举个例子。头年冬天，我一个表姐要给俺们点棒核子，就用小推车拉到院里来了。她叫俺媳妇去卸下那棒核子来。谁知道这时候，俺娘从屋里说：'你们要那棒核子不嫌丢人呀？你们就不能自个种点儿棒子吗？'她们俩都听见了，你说这多不合适？她们就常因为这种事闹。石兰要是大度点，装没听见这话，什么也好办，家里就没有这么多事了。

"我看着俺媳妇在家里老不高兴，就让她上外边街上散散心去，学学打麻将，跟那些女的们玩玩。打打麻将，也能让她痛快点。她也试着学过，可是就是学不会。

"其实，我的压力比她大，可我就是不想让人看出来，就叫这些委屈烂在肚子里就完了。你看现在这社会，男的跟女的地位调了个个。以前是女的生活压力大，现在男的压力比女的大多多了，必须得学会怎么想开点。我明白，要是老这么闹，这么吵，对全家都不好，特别是对孩子不好。我就得学会让着她，尽量减少冲突。要是孩子因为这个受到影响，将来俺们没法原谅自己呀。有一回，我看这么闹下去不好，就想着是不是离婚。我就试着问孩子：'你要是跟姥姥过好不好？'她立马就说不行。别看她才 11 岁，已经知道事了。

她明白家里边到底是怎么回事，也知道谁对谁错。她不明说出来，可是话里话外也批评她妈妈。有一回，在做晚上饭的时候，俺们又嚷嚷起来了，她就说：'爸爸，你不想吃饭啦？'她看上去是说我呢，其实是说她妈妈呢。她的意思是，要是再这么吵下去，她妈妈就不给做饭了。她能替所有人着想，知道怎么着说她妈妈，又不让她妈妈难受。大人们过这日子，不就是为孩子过的吗？就为了孩子考虑，俺们也不应该老这么吵了呀。"

杜衡把石兰想不开喝农药的原因归结为她没有受过教育。这是当地人经常用到的一个解释："这农村人没有文化，遇事就钻死牛犄角，想不开，就容易喝药。"

夫妻两个在为浇地的事情吵的时候，杜衡因为生气骂了石兰。那么，按照杜衡的逻辑，石兰看不出这是一个一般的争吵，而是把它看得很严重，生了很大的气。杜衡之所以说"他妈的"，并不是因为对石兰有什么敌意，而只是因为他当时很累很不耐烦。杜衡在傍晚回家以后，本意是想跟石兰好好解释一下自己的意思，引导她理解自己，使她学会想开点。但他这次的语气仍然很粗鲁，致使石兰不仅又一次气坏了，而且还想起了中午的那顿气。杜衡后来进一步解释他的意思说："我有什么别的目的呢？我不就是想让全家过上好日子吗？我千方百计想让她明白我，尽量缓解矛盾，别激化矛盾。她还是不明白我的用意，也不跟我配合。"他一个劲说石兰傻，因为她不明白，他并没有伤害或侮辱她的意思，而只是一心想把日子过好。石兰想不开，就是因为她认死理，而不能理解他的真正用意，不能和他配合。

杜衡是从他自己的角度解释了导致石兰喝农药的一场权力游戏。他把一切责任归结在石兰身上，未免心存偏见。而在我看来，二人都是在赌气。在那场关于浇地的争执中，石兰催他去干活时，说话也很不好听。她没有考虑到，在那么热的天气里，丈夫已经很累了。在这样的情况下，杜衡自然会生气。两个人都在气头上，谁也不比对方更有理，那场争吵不过是相互的赌气而已。因此，二人真正关心的，是自己能否在权力游戏中取胜，而不是谁更有理。这场权力游戏到了晚上又在继续。杜衡强调他并无恶意；但在石兰看来，这只不过是他用以取胜的策略而已，杜衡其实并没有更多道德资本。因此，石兰关心的不是杜衡的"真正意思"，而是怎样不向他屈服。在此，她未必真的不理解杜衡的意思，但如果她承认杜衡是对的，那就是屈服了。在整场权力游戏中，她的道德资本并不比丈夫少，那她为什么就要屈服？喝农药，就是她不肯屈服的证明；她以此表明，自己并不处于劣势，没有必要向丈夫屈服。这是一个典型的赌气喝农药案例。

杜衡说石兰仅仅在赌气，是不公平的；但杜衡解释这件事的逻辑却值得思考。可以由赌气来解释的自杀过程，被杜衡说成是想不开，这是从另外一个角度来理解人的价值。只不过，更公平的说法是，杜衡和石兰都没有想开。他们的想不开，可以从两个角度来理解。第一，他们没能从家庭全局来考虑，即没有充分考虑到，权力游戏的最终目的不是谁的胜利，而是更好的亲密关系；第二，即使从个人角度考虑，他们想不开是因为没能彻底理解，真正能使自己的人格价值得到实现的，并不是权力游戏中的那口气，而是和乐的家庭生活。

从人格角度来理解这场争吵，我们不可避免会面临一个问题：对人的价值而言，个人的尊严与过日子到底是什么关系？在权力游戏中，杜衡与石兰的尊严似乎难以共存，只有在权力游戏中取胜才能维护尊严。那么，要照顾全局，是不是就要放弃这口气，放弃尊严呢？那天傍晚，权力游戏运行的逻辑就是这样的。石兰之所以不肯屈服，就在于，如果她为全家考虑了，那就是输了这场权力游戏，因而也就无法保护自己的尊严。所谓的想得开，是不是就是为了全家的利益牺牲自己的尊严呢？

在杜衡看来，只要石兰能够为大局考虑，自己理解和容让一下，就是想得开，从而就解决了家庭中的问题。这种想法确实简单些。在石兰看来，重要的不仅仅是全家过得好，而且要让自己的人格获得尊重。那么，这里的根本问题不仅是全家的日子如何过，而且是石兰怎样能让她的人格得到尊重。

相对而言，石兰和杜衡的矛盾还是次要的。这个家庭中最大的问题，是婆媳关系。杜衡虽然不愿意在我们面前直接指责他的母亲，但我们从他的叙述中还是能看出对老太太的不满。面对这个问题，杜衡的做法是，劝解两个女人分别为对方着想。他让石兰考虑，母亲不管怎么不对，毕竟是应该尊重的；他让母亲想想，石兰远道而来，已经很不容易了。为了共同的生活，她们都应该原谅对方的错误，相互体谅一些。

杜衡没有让两个女人牺牲自己的尊严，而是向双方都许下了道德资本。石兰如果容让了婆婆一些，那她就是因为宽容大度，不和婆婆计较；如果婆婆对石兰礼貌些，那是因为她在体谅石兰的苦衷。在很多情况下，这样的策略是可以起作用的，而且是这个时候唯一可行的办法。不过，这种办法也会埋下隐患。两个女人容让一次，就都为自己积累了一些道德资本。而道德资本越积越多，就越有理由与对方发生争执。如果矛盾的根源仍然存在，那么，这种方法只不过是在延缓矛盾的爆发。而在积累了一段时间之后，新的冲突很可能会更加激烈。因此，杜衡的劝解根本就没有起到作用，两个女人没有以这种方式想开，冲突仍然在发生。

这种方式其实是在回避矛盾。按照杜衡的逻辑，如果没办法真正解决问题，那就通过无视矛盾和自我安慰来假装那些矛盾不存在。不过，个人的尊严毕竟是无法回避的。假装看不见矛盾不会没有代价，自我安慰往往就是在积累道德资本。家庭政治永远不是一次性的权力游戏，而是一系列权力游戏。前面的权力游戏的结果总会影响后面的权力游戏，被搁置的矛盾不可能消失。用杜衡这种假装看不见的方式来想开，是不可能解决问题的。

在谈到关于棒核子的那场争执时，杜衡说，如果石兰假装没听到她婆婆的话，也就不会发生争吵。但他的这个逻辑和解释浇地之争时的问题是一样的。难道石兰真的能无视自己的尊严，只为全家考虑吗？即使她这一次能忍过去，难道永远都能忍过去吗？特别是在那个时候，石兰如果不和婆婆理论，在一边的杜衡表姐就会非常尴尬。她此时有义务站在表姐一边，维护她的面子。

杜衡谈到了他们家的三个大问题：贫困、计划生育罚款、婆媳母子矛盾（老太太不仅和儿媳有矛盾，对儿子也并不很好，我们后面会看到）。他虽然说这是石兰的压力，但他也承认，自己的压力比石兰大得多。我们在下一节会看到，杜衡自己也因此上过一次吊。虽然过得并不好，杜衡还是很爱面子的。他不愿意向我和别人承认，自己也曾自杀过。而这三个方面的压力，可以看做使他想寻死的原因。口口声声说石兰想不开的他，自己想开了吗？

他不仅希望石兰能无视这些矛盾，而且他自己就想通过假装看不见来想开些。他说得很清楚："我的压力比她大，可我就是不想让人看出来，就叫这些委屈烂在肚子里就完了。"他努力无视和忘记这些问题，至少不想让外人知道家里的事情。后来石兰说他是"死要面子活受罪"。杜衡不会像石兰那样为了一口气而大吵大嚷、寻死觅活，好像活得很窝囊，但他也不会丧失人格价值感。他至少希望维护这可怜的一点面子，不至于太丢人。但是，这些努力一点也没有使他过得舒服，反而使他更加难受。由于他不会像石兰那样向村里人自曝家丑，他也无法得到人们的同情与支持。他虽然有一些道德资本，却轻易不会使出来。直到最后难以忍受了，他也差点死去。

杜衡和我谈了很多关于计划生育的争执。而在后来石兰的叙述中，她只提了一两句。显然，是杜衡更在乎这件事。这应该不仅是因为他更直接地与那些干部们发生了冲突，而且还在于，这是他唯一敢于反抗的场合。他反抗那些干部们，没有什么可丢人的，反而表现出了家庭政治中表现不出的尊严。

家庭政治要复杂得多，因为这里牵涉到道德责任、亲密关系、相互依赖。杜衡不可能像反抗那些干部们一样反抗他的母亲和妻子。他同滋兰的丈夫（参见 4.3）、陈竽瑟（参见 5.2）一样，既是丈夫又是儿子，夹在两个女人之间，很难做人。而他和石兰一样，不仅要负责全家的和谐，而且不能回避自己的人格价值。他虽然努力做到自己所说的，为全家考虑，该忍让的时候就忍让，但他还是无法真的无视家庭政治中那些问题，真的彻底牺牲自己的尊严。可见，这样一种回避矛盾的方式，并不能使人真的想开，因为，想得开并不是为家庭牺牲自己，而是在过日子中实现人的价值。连尊严都不要的人，怎么可能实现人的价值呢？

不过，杜衡的生活并不是完全没有希望。他最后指出，他唯一的希望，完全在女儿身上。女儿为家庭带来了真正的欢乐，是女儿使他不愿意再吵，打消了离婚的想法，使他愿意继续承受艰难的生活。而后面我们会看到，对于石兰来说，生活的希望同样在女儿身上。那么，为了女儿而过下去，这是不是又是为了家庭牺牲自己的人格呢？这是不是能使他们真的想开呢？

二、没心没肺

石兰是这样讲的：

"我是 13 年前来的这个村。我娘家穷，我不愿在云南待下去了，想嫁到北方来。我和另外一个女孩一块来的北方，上这个县来，我们先是在九河找的人家结婚。我嫁的那个人是个干部，为娶我花了 3000 块钱。我生了一个男孩，可是后来我才发现，我受骗了。他有一种怪病。我不能受这个骗，我就要求离婚。他同意了，我们挺和平地就离了婚。后来我就上这村来了，遇上了杜衡，他问我愿不愿意嫁到这村里。杜衡他哥哥和嫂子也来跟我谈，我想了想就答应了。杜衡的嫂子说，我提出什么要求来都可以。我也没别的要求，就希望房子里有家具。他们就在里边放了些个旧家具。结婚那天，他嫂子借给了我一身新衣服，让我 3 天以后还她。我觉得又被骗了，不过比第一回还是好点。至少我找的这个男人是健康的，我还是决定先在这个村安顿下来。我们结婚前还找了个媒人，他们要我给媒人 500 块钱。我不给。我觉得他们家对我也不是那么好，就拿把刀站在当街，说：'你们要是欺负我，我立马死给你们看。'他们看我挺认真的，也就不敢怎样。

"我离那次婚的时候，法院允许我把孩子带走。等我在这个村安顿下来，我叫村干部帮我去要孩子去，可是他们说我得给他们 800

块钱。我知道他们骗我，就不拿钱。我大伯子他们不愿意我把孩子带过来，这事就这么算了。

"等这些事都办得差不多了，我给我父亲写了一封信。他知道我这边安顿了，就觉得放心多了，他可不知道我在这个家里受的这些罪。

"我婆婆对我不好，可是我没有和她一样过。我尽我的能力挣钱养着她。这些天我还在一个砖厂里干活呢，一天挣10块钱。我还种棉花和麦子。

"杜衡脾气特别不好，所以我们经常吵。我喝药那天，他怪我不去浇地，我特别难受。我活着是为的什么呀？我为他们干这么多活，花这么多力气，他们就用打骂回报我啊？我觉得还不如死了呢。我这么每天烦心，为的什么呢？我尽力伺候好杜衡和婆婆，可是他们老是骂我。再活着还有什么意思呢？他们说我的话都那么难听，我根本受不了。再穷我也不怕，还是伺候他们。而且有孩子，我也愿意承受这么多困难，可我就是受不了那些难听的话。我就是想不开。也许这都是该着的。那天晚上我给他们做的面条。我婆婆和大伯子先吃完了，我等着杜衡回来吃。他一回来就又说我，我婆婆在旁边也添油加醋，说：'你在这儿这么多年了，光吃饭不干活。'我实在受不了他们说的这些话，抓过一瓶子农药来就喝。我一共喝了七大口，心里想，等我死了，一切就都好了。第一口喝着有点甜，第二口就不甜了。等我喝完了第七口，咽下去都挺费劲了。我把瓶子往桌上一扔，就失去知觉了。这就是我喝药的经历。

"后来我们大嫂子听说我喝药这事了，就说：'她最好死了，她死了我就放心了。'这个家的人就这么说话。我婆婆说：'俺们这么穷，就是她吃穷的。'我刚来的时候他们就很穷了，要不她儿子怎么找不着媳妇，得娶一个云南来的呢？我从来没有嫌过他们穷，她还容不得我，老是打我。这种日子真不如死了好。

"我给我婆婆花过不少钱。去年我在砖厂挣了 2000 块钱，全都给她买了药和衣服了。她得了脑血栓，挺严重的。我要是不伺候她，她就死了。她好了以后对我说：'你对我真是太好了。你这是救了我的命啊，比我的那几个闺女强多了。我真是太感谢你了。'她那时候挺好的，可是过了不久，她就变得还不如以前了，根本就忘了她自个说过的话。

"我婆婆今年 65 了，身上有好几种病。我好好伺候她，不把她说的那些话太当回事。她要是骂我骂得太厉害了，我就尽量假装不知道。她看上去跟正常人不一样，总是不理解别人在做什么。她好像爱看我生气。她说那些伤人的话的时候，自己一点也不生气。要是家里打架了，别人谁也吃不好饭，可是她说了那些话后，吃得还特别香。她根本不把自己说的话当回事，可是别人怎么做得到呢？

"杜衡长期胃疼，我有乳腺炎，我们为买药花了不少钱，还借了 2000 块钱。我婆婆病着的时候，我也借了 5000 多块钱。好容易还了这些债呀。我每天都上地里去干活，有了时间还去别人的果树地里或砖厂里帮忙。有的时候我只吃点咸菜。我就是这么省吃俭用来还债。可是每天回到家，我听见婆婆那些骂人的话就发抖。她那些话让我一阵阵发凉。有时候我婆婆睡不好觉，坐起来就嘟嘟囔囔的，让别人也都得起来。我尽量不管她，就好像没听见她说什么。

"每个月，我婆婆在我们家和大伯子家轮流住半个月。我们那个大嫂子是个不好惹的女人，一点也不怕她。她嫁给大伯子，是因为换亲。① 我婆婆要是骂她，她从来不怕。她知道怎么对付我婆婆，婆婆也拿她没有办法。

"大嫂子对我也不好。我喝药以后两天，她对我说：'俺们谁也不喜欢你。你这个王八操的。你滚！'她经常这么跟我说话。我就是不滚。不管她说什么，我不认输。是你把我叫来的，又是你要赶我走啊？赶我走就那么容易啊？我偏不走。我是没上过学，所以受你们欺负。可是只要我有口气，我就是不走。把你气死！我家在 5800 里以外呢，我怎么走呀？我不是不讲理的人，可是你也不能把我逼得太狠了，我知道怎么对付你。我不是跟你过日子，我不依赖你。我没花过你一分钱，也没有吃过你一口。你凭什么赶我走呀？你凭什么这么骂我？我把这些跟乡亲们说了，他们都挺同情我的。我大伯子上过高中，念书更多点，所以他们两口子就老是骂我，欺负我不认字。我紧紧抱着我女儿说：'你们要把我赶走，没门。我有理，走到哪儿都有理。有理的人不怕你。'村里好多人都知道这次吵架。他们都知道谁对谁错。我靠自己的力气挣钱吃饭，根本就不怕她。

"去年八月十五，我女儿嫌我做的饭不好吃。大伯子听见她说的话了，跟我急，拿着把刀要捅我。我让女儿吃点馒头或米饭，不理他。我能自己照顾好我的孩子，用不着他来管。有的时候我跟杜衡吵架，他也横插一杠子。那是我们自己的事，跟别人没关系，他凭什么管，凭什么骂我？

"其实我跟杜衡的关系不错。我们俩脾气都不太好，可是我们互相理解，之间没有什么大的冲突。就是他娘和他哥老是挑事，才这

---

① 当地的"换亲"一般是指：如果两家的儿子都因有残障或家里穷而找不到媳妇，又都有姐妹，便互相嫁娶，如甲家儿娶乙家女，乙家儿娶甲家女。换亲是相当不光彩的事。

么老打架。我闺女 3 岁的时候，杜衡和他哥吵了好几次。杜衡是个爱面子的人，死要面子活受罪。他也不愿意跟他哥和他娘生气，就什么事都自己扛着，最后还是扛不住。他一直胃疼，这些矛盾对他的身体也不好。他老是睡不好，总想着这些事。

"就是那年，杜衡上过一次吊。有一回我婆婆对他说：'你怎么吃这么多，让别人都饿死，你就高兴啦？'当时他正胃疼得挺厉害，可他娘一点也不关心他。我们每次叫她吃饭，她都特别烦，说：'我不用你们叫我吃饭。老叫我干什么呀？'她现在还老这样呢。我女儿这么大了，她有时候连她孙女都这么骂。我闺女也挺生气，我就劝她别理奶奶的这些话。我们对我婆婆再好，她也学不会尊重别人。那一次，杜衡实在是受不了这些事了，所以就不想活了。他在我们那屋里的房梁上拴了一条绳子，准备上吊。幸好，我闺女看见了。她还小，不怎么懂，可是也觉得不对劲了，就叫他：'爹，爹。'叫了几声，声音挺大，我在外边听见了，觉得不对，赶快进屋来，见他的头正往里套呢。我抄起把剪子，上去把绳子剪断了。杜衡下来了，就开始哭。我婆婆知道这事，一点也不劝劝我们，还是老骂人。你说她值得我们尊敬吗？

"我叫她吃饭的时候，她老是那么骂：'我不用你这王八操的叫我吃饭。你们都是先吃饱了才叫我呢。'可等她出门上当街去，就告诉别人说，我们不给她吃。开始人们都相信她，还问我们，怎么不给她吃饭呢？人们总这么问，也是杜衡想死的一个原因。可是后来，大家也就慢慢地知道是怎么回事了，把她的话都当成胡说。现在谁也不拿她的这抱怨当真了。

"我公公活着的时候，我婆婆不会这样。她比我公公小 10 岁，他能控制住她。可是在我公公死了以后，就没有人能控制她了，谁都得听她的。人们要是不听她的话，她就特别生气，常摔盘子摔碗的，还会砸锅。就我记得的，她至少砸过六口锅了。有一回，我在地里打完农药回了家，她就没完没了地说我。后来我跟她吵了几句，她受不了了，就走了，去她闺女家了。她在那儿待了 3 天，就哭着回来了。她闺女根本就受不了她，把她赶回来了。她有三个闺女，她们和女婿们都不喜欢她。有一回在大姐家里，大姐刚买了肉来，可是我婆婆不让吃。大姐夫就气坏了，他们吵了一大顿，最后我婆婆让人家赶回来了。

"有件事我从来没跟别人说过，是她丢人的事。有一回，她上她大闺女家去，跟她女婿吵得特别厉害。别的几个闺女也都去了。她们要商量商量这件事。我婆婆想着不光轮流在兄弟俩这边住，还要在闺女那里也住，可是闺女们谁也不愿管她。她说，可以给每个人 300 块钱，可是她们还是不愿意，所以又吵了一大顿。杜衡是最后知道这件事的。他对他娘比别人都好，说：'娘，你什么也不给我，我也管你。'

"你看，她自己不把自己当人，这儿女们怎么把她当人？她跟我大伯子住的时候，我大嫂子一点好吃的也不给她做；可是等她娘家爹来了，她就做特别丰盛的菜，还特意给他包饺子。她这是故意气她。她见我大嫂子这么做，心里生气，可是一声也不敢出。我嫂子不怕她，别人都不怕她，她就有跟杜衡和我发歪的本事。谁对她好，她就欺负谁。每想到这些事，我这脑袋就麻木。"

听到这里，坐在旁边的一个村民就说："人家他们都比你们聪明，都知道怎么对付她。你也应该学会怎么处理这些麻烦。你就是没心没肺呀。你该多几个心眼，不能太在乎她的话，别老因为这个生真气。生气对你身体还不好呢。"

石兰听了，笑着说："我确实是没心没肺，这话说得没错。我也努力想装听不见她那话，不在乎。可是要有自个的心肺真难呀。有时候她骂起来，要骂我自个也就算了，可是她连父母跟十八代祖宗都骂上了。你说这时候我能站在旁边装听不见？她这么骂我的时候，我总是浑身发抖呀。我跟她差不多每天都吵。有的时候我闺女看我不高兴，就劝我说：'娘，你不能把这些事告诉俺舅吗？'我上孟峒来以后几年，我弟弟也过来打工了。我弟弟特别壮，有劲。他要是知道了家里这些事，一定会帮我打架来。可是我不愿意让娘家人知道我这儿的情况，免得他们担心。前几年，有一回我把这里的事告诉我弟弟了，他就来找他们评理。在那以后，我再也不跟他说了。所以我娘家人谁也不知道我的处境到底怎么样。他们要问起来，我就说：'什么都挺好的。'

"有一回，我们早上下地以后，我婆婆把尿盆里的尿倒到水缸里了，那是喝的水啊。还有一次，她把刷牙水泼到锅里去了。你说这让我们怎么办？这种事多着呢，都让人特别生气，她要把我气死了。有一回，我连着三天没吃好，就觉着堵心。我就离开这个村，在大姑子家待了六七天。她对我说：'你就当她不是正常人，别把她那些话当真。'"

旁边的一个村民又插嘴说："有的时候，你就得装傻。别逞聪明了，别把什么事都弄得那么明白。你要逞聪明了，就受罪去吧。她要是这么做，你最好装不知道，就像什么事也没有一样。那样，你就高兴多了。"

石兰接着说："杜衡的脾气也没准，变来变去。我不知道他什么时候高兴，什么时候不高兴。因为吵架，他也摔过两口锅。有一次，我们俩打得特别厉害，他骑在我身上，抓着我的头发打我。我觉着这下我该让他打死了。我就脱了衣服，说：'好啊！你打吧，打死我吧，我不活着了。'这个时候，我真是不在乎是死是活。我说了这几句话，他就停下来了，开始哭。从那次以后，我们俩整整两年没有打过一次架。虽然我们也是常吵架，可要是我婆婆不挑拨，我们的关系挺好的，没有什么矛盾。她对她儿子也不好啊，有一回急了，她让杜衡给她交'养育费'，因为是她把他养大的。"

她说完这话，旁边的人都笑起来了。一个村民说："话糙理不糙，她这话也对。不是她把杜衡养大的吗？别管她怎么样，你们还是得管她。"

"我经常觉得，活着真是没意思。有时候我就会想到死。我其实是个挺爱交往的人，可是这儿很多人听不懂我的口音。所以我跟人们聊得不多。这村里还有两三个从云南来的媳妇，我就是跟她们说得多点。不过我跟别人说到家里这事，他们也挺同情的。

"两年前，我回了一趟云南看我父亲，在家待了两个月。这儿的事我一点也没有跟他说。那一回，我上北京去坐火车，杜衡陪我上的北京。他回来的路上，遇见人拦路抢劫，抢走了他3000块钱。等他回到县里，他骑着摩托又撞了个人。伤得不重，可还是被要了500块钱。杜衡忒老实了，不知道怎么跟他们讲理。"

一个村民在旁边插话说："你们要是好好过日子，你们早富起来了。你那么卖力地干活，老是因为吵呀闹的糟蹋钱。我猜，你们花的这种没用的钱，起码得有2万了吧？"

"是啊。那回回云南，也是因为我想把户口迁过来。我早该迁过来了，可是这些年就是办不成。我老家的干部给杜衡写了封信，可他没收到。就因为这些个阴差阳错的事，也打过好多回架。因为计划生育的事，也罚过好多钱。有这么多事，我们就富不起来呀。

"有时候我婆婆骂我，说：'你就是生不了个男孩。'我说：'你要是想要男孩，就找个能生男孩的当你儿媳妇。你那么能耐，怎么就让你大儿子娶了换亲，叫二儿子到了26还打光棍，还得娶我呢？'杜衡今年39，我36。我们结婚13年了。

"我就是该着嫁到这么个家庭来，该着有这么个婆婆呀。我能怎么办？幸好，我还有个懂事的闺女，她总能劝劝我。她今年11了。我和杜衡要吵起来，她总是能看出谁对谁错来，批评错的那一个。我们调整关系就全靠她了。有的时候，我和杜衡都生气，不愿干家务，她就把那些活都干了。她现在做饭做得很好，长大了，也懂事。地里的活忙的时候，我们早晨3点就得起来。等6点回来的时候，她早做好早饭了。她比我聪明多了。我就是老觉得对不起闺女。有一回，我们包饺子，是白菜馅的，她说：'我想吃肉饺子。'听她这么说，我眼泪马上就下来了。"

从石兰的叙述我们可以看到，哪怕是在她喝农药那件事上，直接的导火索其实也不是杜衡，而是她婆婆。杜衡有意无意地略去了这一节。石兰认为，虽然她的丈夫脾气也不好，他们不是没有吵架，但他们两个的关系还是很好的，矛盾的根源，还在婆婆那里。而婆婆导致的种种麻烦，使她不时失去生活的信心，觉得活着没有意思。

石兰不像杜衡那么遮遮掩掩，不会假装没有问题。她承认，自己根本就想不开。但她也曾经尝试着无视婆婆的那些话；但这不会根本改变家庭关系，也没有真正消除矛盾。她也曾试图对婆婆好些，使她改变自己的办事方式。石兰在婆婆生病期间悉心照顾她，这虽然换回了婆婆一点感激的话，却还是没能使她变好一点。即使石兰可以容忍婆婆的一些恶言恶语，在婆婆骂起她的父母和祖宗，把尿倒到水缸里的时候，她也不可能不生气。可见，通过装看不见来想开，只能暂时回避矛盾，却不能解决问题。

石兰的大姑子和嫂子给出了另外一种想开的方式，就是在权力游戏中彻底击败老太太。她们不会假装那些矛盾不存在，而是以牙还牙，以眼还眼。对于这样一个不讲理的婆婆，杜衡的大嫂子故意不给她做好吃的，以此来激怒她。她和女儿女婿们吵起来，结果被赶了出去。她的那些女儿都不愿管她，哪怕她愿意给钱也不行。她们完全无视家中的亲情，不考虑老人的感受，因而总是能在权力游戏中取胜。在场的其他村民也都认为，她们和老太太这样玩权力游戏，是聪明的。而石兰却没心没肺，不能像她们那样想得开，因而就总是陷入麻烦之中。

不过，人们对她们的评价却颇为含糊。大家自然知道，她们之所以这样对待老太太，首先是因为老太太做得不对；不过，谁也不会无保留地认同她们的这些做法。因此，在石兰在场的时候，大家虽然劝她向她们学习，变得聪明点，但在她离开后，大家都认为，杜衡和石兰做得更好些，而另外那几家都不能算孝顺。

这使我们想起所厚的故事（参见 3.3）。所厚对他的儿子们不好，他的儿子们因而也不孝顺他，使老人最终上吊而死。杜衡家的情况和所厚家的很像。如果只从权力游戏的角度看，儿女们如此报复父母似乎也有理由；但是，家庭生活中毕竟不是只有权力游戏。她们彻底无视这层亲密关系，还是不符合家庭生活的基本原则，不能按礼义做事。她们虽然成功地报复了自己的母亲，避免了人格价值受母亲的侮辱，也不能算实现了正义。

在此，我们看到了两种想开的方式。杜衡的方式，是试图通过假装冲突不存在，来维护家庭中的亲密关系，结果变得很窝囊，在压力太大的时候也想过死；但他姐姐和嫂子的办法，则是完全无视家中的亲密关系，在权力游戏中对老太太不留情面，来维护自己的人格价值，结果变得很冷酷。他们面临的矛盾都是，家庭的和谐与个体尊严似乎难以兼得。石兰和他们的不同在于，她二者都难以放弃，结果两种策略都采取过，但都无法做到彻底。一方面，她也试图无视婆婆的那些话，但不可能全部无视；另一方面，她在和婆婆发生矛盾的时候，气急了也会反抗，但还是不可能像大姑子和嫂子那样绝情。石兰之所以会用喝农药这种危险的方式反抗，正是因为她处在二者的矛盾之中。像她大姑子和嫂子，是不可能用喝农药来反抗老太太的。既然要同时认可亲密关系与人格价值，那似乎就注定无法以上述两种方式想开。要做一个既有尊严、又有情义的人，是不是永远不可能想得开呢？

和"赌气"与"爱面子"一样，想得开也是成就人格的一种方式。这种方式又不可避免地与过日子中的各种矛盾纠缠在一起。杜衡的做法，完全牺牲了自己的内在尊严，拼命维护全家的稳定与颜面。他想做个孝子，但无法承受各种压力。他的姐姐和嫂子保护了自己的尊严，却落下了不孝的名声，不能算是好女儿与好媳妇。

由此可见，做人的内在矛盾，和过日子中的内在矛盾没有根本的区别。我们在第二部分看到，过日子的矛盾，往往是因为权力游戏与亲密关系相互依赖但又难以得兼；同样，做人的矛盾，也是因为，人格价值与厚道善良难以得兼。在这二者的挤压下，人们可能因为赌气或维护面子而自杀。赌气和维护面子都难以成就完美的人格，于是，就会有人试图通过放弃矛盾中的一方来想开点，但既然放弃了生活中的一个重要维度，人格还会得到真正的实现吗？我们还是先来看看别的村民们为石兰出的主意。

石兰虽然不能以这样的方式想开，人们还是认为，她做人比她大姑子和嫂子更厚道，比杜衡更直率。至于她现在的痛苦，人们给出的建议是，让她不要那么没心没肺。他们这样说的意思是，她要学聪明一点，遇事多考虑一下，有点自己的主意。不过，在谈到面对她婆婆的辱骂时，他们又建议她不要那么明白，要学得傻一点。她怎么可能同时变得既聪明又傻呢？

人们说让石兰聪明点，意思是，她在过日子上要明白些，多花点心思。他们觉得，杜衡和石兰因为毫无意义的争吵毁坏了很多东西，浪费了很多钱财，结果使这些年的辛勤劳动都付之东流，这是最不值得的。他们说："整天赌气打架，什么用也没有，而且气大伤身。"他们认为，杜衡和石兰最愚蠢的地方在于，他们没有想清楚，过日子最重要的是什么，也不知道，究竟怎样才对自己最有益。所谓有自己的心肺，就是要把这些至关重要的问题想清楚，而不要整天陷入琐碎的意气之争。

他们说石兰应该变傻一点，其实和这种聪明并不矛盾。他们的意思是，石兰还是应该尽量无视婆婆的那些话，对权力游戏不要太当真。石兰对婆婆的反抗是有理由的，但就像他们所暗示的，反抗不是过日子的目的，也不是成就人格的根本问题。对一场权力游戏的胜负，她不必在意。这种权力游戏中的得失，都没有太大的意义。

那么，"聪明"和"傻"其实是一个意思，都是让石兰转移注意力。一方面，她应该更理解过日子的道理；另一方面，她应该傻一些，对权力游戏不要太认真。有心有肺的人知道生活的真正目的是什么，可以通过认真过日子实现自己的人格。

表面看来，村民们所建议的，一方面无视婆婆的辱骂，一方面认真过日子，既维护和平，也重视尊严，和石兰正在做的似乎没有什么区别。而这个方法已经证明是没用的了。那么，他们的这一建议到底有何新奇之处呢？

虽然这两个方法看上去很像，但其重点并不一样。他们并不是简单要石兰同时兼顾亲情与尊严，而是让她集中在更重要的事情上。石兰以前的做法，只是消极地对待过日子中的矛盾；但在人们看来，她应该更积极地去思考和创造，成就自己的人格。争吵和逆来顺受都无法使人想开，想开是要更透彻地理解过日子的道理和目的，从而理性地把次要的事情放在一边。这并不是另外那两种想得开的方式的简单相加，而是生活重心的彻底转移，是一种更积极的生活态度。这样一种乐观、理性、积极、向上的自强不息的态度，可以在更完美的意义上成就自己的人格，而不是片面地强调尊严或和平。

这种新的态度，简单说来，就是要"过日子"，不是简单地掩盖矛盾，也不是消极地维护尊严，就是要把家庭生活当成一个事业，勤劳、乐观地创造更美好的生活，不仅要努力促进家庭和睦，维护尊严，而且要使全家富裕和快乐起来，树立未来的希望。说到底，真正想开了，就是好好过起来。而今，杜衡和石兰家里不仅关系不好，而且相当贫困，但他们也不是完全没有希望。他们仅存的一点希望，就是女儿。

说到最后，石兰和杜衡一样，都提到了他们的闺女。他们都认为，自己的一切希望和支柱，就在闺女身上。正是这个闺女，是使他们可能想开的最重要因素。在有人想寻死的时候，孟陬人劝人想开点的最常用办法是提到对方的亲人："想想你的孩子，你怎么能就这么死了呢？""你要死了，你娘怎么办呀？"对此的最一般理解是，这是通过提醒人们的家庭义务，来阻止人自杀。如果这么理解，就好像人们的生命不仅属于自己，而且还属于父母和孩子。而我们在这项研究里已经一再强调，对于中国人来说，一家人过日子有着更根本的生存论意义。对父母和孩子的义务，并不只是一种被动的责任。更重要的是，家中亲人的存在，意味着日子还有过头，生活还有希望；只有把这些人生义务尽到了，一辈子才算圆满，才算成就了一个完全意义上的人。人们在想到这些亲人的时候，就会更理解自己生命的意义，因而不能把它轻易葬送。杜衡和石兰对闺女的态度非常典型地体现了这一点。他们并不是在被动地讲一种责任与义务。在提到孩子时，他们都表现出了发自内心的感动和对生活更积极的爱。而这种爱，正是过日子和做人的根本动力和道理，也是使他们想得开的最终源泉。

三、综论

在第二部分和第三部分，我们从家庭政治和人格两个方面考察了自杀中的正义问题。由于中国的多数自杀是家庭中的委屈导致的，我们发现，家庭中的正义问题不能用判然二分的是非正误来衡量，而要从亲密关系与政治过程的相互表里来理解。人们之所以陷入循环往复的委屈中，往往是因为他们既想获得正义和温暖，又分不清这二者之间的关系。于是，理解这一问题的根本，就在于如何理解家庭中亲人之间的正义，即礼义。

从个体命运与家庭政治两个相互交叉的角度思考正义问题，我们需要进一步厘清，对每个个体而言，正义究竟意味着什么。由于"正义"不是一个抽象的理念，并不来自先验的是非善恶观念，而是使家庭成员各得其所的一种安排，所以我们考察了使每个人各得其所的"宜"究竟是什么。

从社会学的角度来看，只有能够过上正常日子的人，才拥有起码的人格。"以家成人"是人之宜的最基本含义。疯子、傻子等边缘人之所以遭到歧视，是因为他们没有成家过日子的资格。而这些边缘人的自杀不被当作自杀，是因为自杀被当成了正常人的一种特权。自杀首先不是一种病态行为，而是以不太好的方式对人格价值的追求。

因为赌气和挣面子而自杀就是实现人格价值的两种努力。我们认为，就反抗不义这个目的而言，两种努力还是有效。不论自杀者是否死成，这种方式都是对不义的一种有力打击，也是对自己的尊严的有效维护。不过，若是从对人格的总体理解来看，它却不是人格价值的完美实现。这是因为，虽然要过上有尊严的日子，一个人必须有一定的气节和面子，但仅仅靠出一口气或维护面子，并不能成就完美的人格。

我们一再强调，一个正常的人就是从出生开始，在各个阶段完成各种应该完成的责任，最后寿终正寝的人。评价命运的基本依据，也在于这一辈子是否能顺利过完。自杀者虽然追求了非常重要的气节和面子，却人为地打断了过日子的进程，使很多必须完成的责任无法完成，从而也使许多应该享受的快乐无法享受。因此，自杀者即使报复了一时的不义，维护了一时的尊严，也不能成就一个完美的人格。

真正想得开的人，并不是麻木地放弃了人格价值的人，也不是为了尊严而潇洒地逃开了一切责任的人，而是能深切洞察人生的真正价值和过日子的道理，能够认真、和乐地与全家人一起过日子，按照礼义做事，理性地控制情绪，追求幸福，力求完美而积极地完成自己应该完成的责任的人。因为人永远生活在家庭之中，只有在家庭的和谐中，人才能真正实现完满的人格价值；只有不对自己在家庭中的地位斤斤计较，能够从大局考虑的人，才能获得家庭政治中真正的正义。由于命运总会带来不可把握的因素，因此并不是每个按照礼义做事的人都能获得幸福；但是，这样做的人至少能够在最大可能的程度上完成人格价值，实现家庭生活中的正义。"以理成人"不仅指向"以家成人"的内在原则，而且会统摄"以气成人"、"以面成人"这些方面。

真正明白道理的人，有了和睦、富裕、喜乐的家庭生活，也就更可能成就内在的气节和外在的地位。和睦、富裕、喜乐三个方面，能够全方位实现家庭生活的幸福，从而也可以最大程度地滋养家庭成员的人格。仅仅为了一时意气而拼命，并不能成就完美人格。当然，如果仅仅实现了和睦，即家庭成员之间不闹矛盾，但生活贫困，整日愁云惨淡，还是不能过好日子，最终也会破坏和睦气氛；毕竟，贫困与抑郁都容易导致家庭矛盾和自杀。

基于上面的讨论，我们如何来理解中国当前的自杀问题呢？显然，我们不能把它当作一个简单的精神医学问题。从家庭生活的角度来看，是礼义出了问题；从精神气质的角度来看，是人们对人格的理解出了问题；而从社会总体来看，是一个正义的问题。

现代中国的家庭革命，本来是针对传统家庭中的等级制所造成的结构性的不公发起的。那么，已经基本铲除了旧式家庭制度和家庭理念的现代中国家庭，本来应该进入各亲其亲、各子其子，充满天伦之乐的小康之世了，为什么还会有那么多不公，从而导致那么多自杀呢？若从"礼义"的角度理解，这种家庭革命虽然清除了等级制，使家庭中不再存在剥削压迫这种制度性的不公，却并没有完美地找到在亲密关系中实现正义的方式。如果家庭中只剩了亲密关系，仅仅依赖亲密关系来解决不同人之间必然存在的差异和冲突，那最终不仅不能实现正义，而且会把亲密关系本身也破坏掉。而这正是很多自杀者的家庭正在发生的事。因此，经历了现代革命的中国家庭，虽然消除了等级制，家庭规模也变小了，但家庭关系反而变得更加复杂，更难以处理了。

从个体人格的角度看，独立精神和人格价值得到了空前的强调，特别是"文化大革命"以来，"反抗权威"和"蔑视成规"也成为一些中国人精神气质的主旋律。但对这种人格独立的片面理解使人们过于在乎自己在家庭政治中的利益，很难深入思考日常生活的意义，更把过日子的古老智慧当成庸庸碌碌的陈腐观念抛弃掉。人们要么以任性赌气的方式一味反抗，把在权力游戏中取胜看得比幸福家庭更重要；要么以并不道德的方式积累道德资本，把面子看得比伦理规范更重要；要么把蔑视家庭伦理当作自由，将不负责任当作洒脱，却很难认真地在普通的家庭伦理中成就有尊严的生活模式，更不会认真思考家庭生活背后仍然存在非常微妙的道理。这种思维方式，把很多生命葬送在了空洞的反抗之中。

至于从社会整体的角度来理解自杀背后的正义问题，我们会在第十章详细讨论。

第四部分

国之法

纷总总兮九州，何寿夭兮在予。

——屈原

第十章　法义

在探讨了自杀与过日子和做人的关系之后，我们回到公共领域。如果没有对公共领域的思考，自杀研究的意义将是非常有限的。表面看上去，自杀是一人或一家的私事；但家庭生活是中国文化中对"人"的最基本规定性，而国家的根本目的在于充分实现人的美好生活。国家的基本职能，必须建立在对人性与生活的理解之上。正如对人的自然状态的理解会衍生出现代西方的契约国家，对过日子和做人的理解，也是进一步理解中国的国家功能的文化基础。也只有充分理解了国家和公共政治的哲学基础，我们才能理解礼与法的异同，委屈和冤枉的异同，以及现代国家究竟该怎样治理自杀和相关的一系列问题。

在本章，我们将通过家庭中的自杀的公共意义，以及公共领域的自杀，来思考国家政治中的正义问题；在最后一章，我们将以现代公共政治和思想中对自杀问题的思考与干预结束本书。

一、纠纷

经过了几年的研究，我对好朋和坠露的命运（参见 1.1）还是难以释怀。在考察了这么多自杀故事之后，我希望能够回到本书的开头，重新理解好朋和坠露之死的意义。

在娘娘庙中学莫名其妙上吊而死的好朋，与陆离（参见 5.1）来自同一个村：冯村。我在那个村子做了一些研究之后了解到，好朋年纪虽小，却早已沾染上了打麻将的嗜好，而他的父母则丝毫不关心他的学习，对他也并不好。他的母亲是个很是非的女人，总是和街坊邻居吵架，村里人都不大喜欢她。虽然我仍然无法确定好朋自杀的原因，但根据同村人后来提供的情况，特别是和好朋经常一起打麻将的人的讲法，我认为好朋自杀最有可能的原因是：他拿了父母的钱出去打麻将，结果输了不少。他害怕父母因此骂他，就上吊而死。有个年轻人在好朋死前一天和他一起打过麻将，他说好朋输了很多，而且后来心情非常压抑。无论如何，学校都不是导致他上吊的原因，甚至他父母更应该为他的死负责。

我也在坠露的娘家村和婆家村进一步调查了坠露家的情况。她的丈夫在上学的时候就是个非常差的学生，初中没毕业就辍学了。因为孟陬附近有油田，他十几岁时就和另外一些人一起偷石油。偷油、偷电、地下印刷是孟陬很多人从事的虽然非法但极为有利可图的行业。他因为偷油，在娶了坠露两年之后，就坐了三年牢。由于他根本不过日子，又经常打骂坠露，到城里去找"小姐"，夫妻关系非常不好。他们在打架的时候，坠露的公婆知道自己儿子不好，一般总是帮助坠露。坠露提出过离婚，但她丈夫不同意。坠露和素荣

（参见 4.2）一样，虽然在家里有道德资本，但日子过得并不舒服。我们有足够的理由认为，她是因为委屈自杀而死的。

从自杀原因看来，两个个案都和家庭政治更有关系。好朋的案子变成了一个法律问题，坠露的爷爷也想把坠露的案子变成一个法律问题，却没有做到。家庭政治在某种情况下会转化成公共政治，但在某种情况下不会。

坠露爷爷的努力之所以徒劳无功，当然是因为他没有充分理解现代国家和法律的职能。不过，他将坠露家中的委屈问题诉诸公共政治的想法，却自有其内在逻辑，而且符合人们处理这种自杀问题的一般想法。

我在告诉别人我在研究自杀的时候，他们经常误以为我有某种司法目的。比如，曾华（参见 2.5）的母亲听说我要了解她女儿在婆家的自杀，就说："不用查了，俺们现在也不想争什么了。她男的还挺说理，过年过节就来看看。主要是，他对俺们那个外孙一直挺好，那个外孙也常来姥姥家。要不是这样啊，俺们跟他没完。"我在第一次见到周流的房东时（参见 8.1—8.2），他也怀疑我是司法人员："说实话吧，你到底是干什么的？我什么都会告诉你的。"

一方面，按照现代的政治和法律体系，由家庭矛盾引起的自杀不是法律干预的对象；另一方面，人们又想当然地认为，很多自杀应该通过法律手段追究责任。如果某个人自杀了，他的亲戚朋友要是不替他追究的话，就会丢面子。比如在好朋的事情里，本来好朋的父母都不想追究了，甚至已经要把他埋了，但他们的亲戚认为，这样做就太窝囊了，只有和学校争一争，才算出了一口气。这样看来，死者亲友几乎有责任为自杀者追究，否则就是对不起死者，使他死得不明不白。上一段提到的曾华母亲本来也要追究女儿的死，只是因为女婿做得很好才作罢。

如果一个女人在婆家自杀了，娘家通常是要和婆家闹上一闹的，否则就是没面子。因此，在自杀的媳妇的葬礼上，婆家与娘家的冲突，经常是难以避免的；要和平地完成葬礼，主持其事者通常要有相当高的才能。

1993年，高阳府一个媳妇云容自杀，原因是她和婆婆发生了争执，她丈夫没有帮她，而是责备她。在出殡的时候，云容的娘家人要求她丈夫打幡摔瓦。一路上，他打着幡低着头，十分狼狈。

1998年冬天，娘家在娘娘庙村、婆家是渐离村的一个媳妇芳馨因为和丈夫口角而自杀。芳馨的娘家人倒是没有要求丈夫打幡摔瓦，但他们要求给死者穿上一件大红的毛衣，并且抬着她的尸体在她婆家的各间屋里走了一遍，连犄角旮旯儿都去了。据说，这样她的鬼魂以后就会搅得婆家鸡犬不宁。在出殡的时候，死者的姐姐把她丈夫狠狠骂了一顿，争执期间把他的一只袄袖子都扯了下来。

2000年，李村的一个30多岁的媳妇灵雨喝农药自杀了。本来夫妻二人关系不错，公婆对媳妇也很好。有一次，因为丈夫要花钱买烟她不愿意给，丈夫和她吵了一顿，她一赌气就喝农药死了。人们都认为，此事中的是非实在难以说清，但灵雨的娘家不肯轻易原谅她丈夫，要求一定要让公安局验尸之后才能下葬。公安局确认，她是死于自杀，但他们仍然不依不饶，出殡的时候让丈夫打幡摔瓦，以此来羞辱他。

2001年，仙家楼30多岁的男子慕予用菜刀砍死妻子女萝后喝农药自杀。慕予长得很丑，又有点傻，一直找不到媳妇。女萝在当闺女时就怀过孕，也找不到婆家。俩人结婚之后，女萝非常能干，家里收拾得利利索索，但生活仍然不检点，到处靠人。她平日靠人时，丈夫都睁一只眼闭一只眼，只要能继续过日子就行。但女萝终于发展到要和他离婚，嫁给别人的程度。慕予见无法挽回，就采取了这样的暴力手段。这又是一个是非难以说清的事情，女萝的娘家人谈起来，也觉得她太不正经，给家里丢人，这样被杀死，并不能全怪丈夫。但是，是非判断是一回事，全家的面子是另外一回事。在出殡那天，娘家有二十多个大小伙子到坟地上来，拦住不让下葬。最后村干部出面，费了九牛二虎的劝说之力，才算把两个死者下葬。

女萝的情况和上面说的几个媳妇不同，自杀的不是她，而是丈夫慕予。但这几个女人娘家的考虑是一样的。他们不管夫妻之间究竟谁对谁错，既然自己家的闺女死在婆家了，那就一定要羞辱婆家，好像只有这样才对得起死去的闺女，她才死得不那么窝囊。媳妇在婆家死这个事实，即使不意味着媳妇在婆家受气，至少说明媳妇与婆家陷入了冲突。既然这种冲突导致了死，娘家就有必要为自己家的闺女撑腰，通过闹事挣回一点尊严。这个时候，家庭内权力游戏的一些细节已经不重要了，重要的是家庭与家庭之间的冲突，是各个家庭的尊严与脸面。

家庭之间的这种冲突，与家庭之内的冲突已经非常不同。它不再以亲密关系为起点和终点。两个家庭有可能继续来往，也完全可以从此断绝交往，因此，人们考虑的就会与家庭之内不同。家庭与家庭之间的政治，是家庭政治向公共政治过渡的第一步。

家庭之间虽然不必像亲人之间那样，以亲密关系为最基本特色，但也不是必然敌对的。它是差序格局比较外围的一个圈。在差序格局中，姻亲关系本来还是相当亲的，在父母兄弟和本家亲戚之外，就是姻亲。当然，与姻亲的关系，是靠夫妻关系以及他们的儿女来联结的。一旦婚姻关系瓦解，甚至都没有孩子，这层亲戚关系就算终止了。而如果还有孩子，问题就会复杂些。孩子和姥爷、姥姥、舅舅等毕竟还是亲戚，即使两家闹翻了，这层关系也仍然存在。但即使没有孩子，两家都不必闹到水火不相容的程度。人们在此坚持的原则是，要首先为更亲密的人，即差序格局中更近的人考虑。如果差序格局外圈的人冒犯了差序格局内圈的人，不论谁对谁错，都应该和差序格局内圈的人站在一起。因此，娘家人之所以要折腾，既不是因为谁对谁错，也不是因为不同家庭之间必然敌对，而是出于"亲亲"的基本原则，要为自家人挣回面子。因此，女萝的娘家人哪怕明明知道自己闺女做得不对，也要为她争一口气。

谁对谁错不是最重要的原则，仅仅靠武力的意气之争也不是最重要的原则。最重要的原则，是能否维护家庭的颜面。人们不一定要判出个对错来，也不一定通过争执让一方受到羞辱。如果能不通过暴力，同时保持两个家庭的颜面，当然是最好的解决方式。段庄的一个个案，就是处理得比较好的。①

1997年7月的一个星期天，段庄天主教家庭的小伙子梁津发现自己的妻子扶桑有外遇，截获了一封情书后，气哼哼地到直洋的丈母娘家去算账。扶桑非常羞愧，穿得整整齐齐地到天主教堂做完礼拜后，喝农药自杀了。村里人发现尸体后，连忙派人去直洋。当时梁津已经离开丈母娘家，去报信的人把扶桑的母亲和舅舅叫了来。母亲见了女儿的尸体后很难过，没有和段家人商量好如何办理后事就回去了。段庄的村干部和天主教会的会长们一同商议后，派出会长段干良前往直洋。段干良与扶桑的父亲见了面，老人提了两个要求，一是要给扶桑穿身体面衣服，二是第二天要请公安局看一下再

---

① 段庄天主教的情况，参见拙著《麦芒上的圣言》。

埋人。段干良答应了，但他回村后发现，村支书正在带人埋尸体呢。段干良知道这样做必然引起纠纷，就立即阻止了村支书。虽然人们都知道，扶桑的死没有别的原因，但如此处理势必让人产生疑问。虽然无论教会内外的人都觉得挖死人不吉利，还是把扶桑挖了出来。第二天，公安局来了人，当着婆家和娘家人的面验了尸，然后正式埋葬。这件事算是比较和平地处理好了。①

在这个案子中，虽然扶桑的娘家知道自杀的女儿理亏，也没有去折腾，但扶桑的父亲坚持公安局验尸。这样做的目的，和给女儿穿好衣服一样，是为了维护面子。正是因为段干良等人协助处理，维护了两家的面子，扶桑的死没有带来上述那种恶性冲突。

娘家与婆家围绕自杀问题的争论，已经算是公共政治中的矛盾，所以人们还是会把它当成法律问题。如果真的发生这样的纠纷，司法部门也有可能介入。像在扶桑一案中，公安局就会通过验尸来帮助调解纠纷。因此，坠露的爷爷把他的案子当成法律问题，也有他的道理。他已经把坠露和她丈夫的矛盾看成了两个家庭的矛盾，作为爷爷，他替坠露受的委屈感到不公，因此要为坠露伸张正义。如果他带着自己家的人去找坠露婆家折腾的话，他是有可能挣回一些面子的；但要让坠露的丈夫受到法律的惩罚，却不可能。法律并不负责家庭政治，只负责公共政治；如果坠露爷爷亲自带人教训了坠露的丈夫，公安机关倒有可能出面，但目的是调解，而不是帮他报复。作为维护正义的国家法律，其对正义的理解虽然奠基于家庭中的礼义，但又与它不同。

---

① 关于这一案例的详细描述，参见吴飞：《中国农村社会的宗教精英：华北某县农村天主教活动考察》，载《战略与管理》，1997 年第 4 期；吴飞：《教会权力与大陆乡村社会：对华北某县天主教会的考察》，载《建道学刊》，1998 年第 9 期。

再进一步，在没有亲戚关系的邻里之间，也会发生冲突。我们通过桂枝的自杀来看这个层次上的公共政治。

　　桂枝是李村一个不到 30 岁的媳妇，于 1999 年 7 月 21 日喝农药而死。桂枝的丈夫二狗是李村最穷的人之一，只有一间小破屋。他本来根本找不到媳妇，直到桂枝从云南来到了李村。人们不清楚桂枝的过去，但很多人说，她在云南怀了一个有妇之夫的孩子，就跑了出来。人们都说，桂枝不是个好女人："她要是缺钱花了，就往县城去一趟，过十来天再回来，就有了钱了。俺们常在县城的饭馆里头看见她，她能在那儿挣钱。谁知道她干什么呀？她要是去城里，也不跟她男的说一下，写个条就行了。"

　　桂枝在和邻居无波夫妇争吵后自杀。在她死后，二狗把桂枝的尸体抬到了无波的房子里，放在正屋，要求他们赔 8000 元钱。无波向法院起诉，说："自被告将尸体抬入我家后，把我们全家赶得四下投宿。因此，我强烈要求法院判令被告死尸占房费每天 300 元，按占房天数赔偿给原告。"最后，法院判处无波赔偿二狗 1000 元，桂枝的尸体抬出无波家，出殡下葬。根据法院档案，此案发生的经过大体如下：

　　1999 年夏，一些筑路工人在修建一条穿过李村的公路时，把很多麦秸放在路边。李村村民无波想用那些麦秸烧火，用小推车运了一些回家。另外一个村民灵宝看见了，就阻止他说："这是我给工人们买了两盒烟，他们给我拉来的。"无波说他不知道是这样的，于是就不再拉了。两个人说得挺高兴，灵宝就请无波到他的西瓜地里去吃瓜。他们刚吃完瓜，灵宝的媳妇来了，问无波拉了几车。无波说拉了两车，夫妻两个就很和气地跟他说，他拉过的就算了，只是不要再拉就行了。当天傍晚，灵宝的妻子来到无波家，说："波叔，你再给俺们拉回一车吧。"无波说："行，就是都拉回去也行。"过了一会，无波和他妻子到街上去，又遇见灵宝的妻子，她说："人家说你们不是拉了两车，是拉了四五车呢。"无波问是谁说的，灵宝妻说："是桂枝说的，不然叫她来问问。"无波的妻子就把桂枝叫了出来，桂枝很不客气地说："我看见你王八操的拉了四车。"于是，无波夫妇就和她对骂了起来。① 过了一会，桂枝躺在地上，口里继续骂；但再过一会，她就不说话，也不动了。她的丈夫二狗来了，掐了掐桂枝的人中，她就醒了，然后又开始骂。二狗带着几个人，把桂枝抬回家里去了。一路上她仍然骂个不停。

第二天早晨7点左右，灵宝的妻子来到无波家，对无波的媳妇说："婶子，你上桂枝家看看去，别为了这点事隔下咱们这街坊邻居的。"无波的媳妇说："你就是不来，我也正想着看看去呢。这点事不大，不值得。"随后，无波的媳妇就到了桂枝和二狗家。当时桂枝正在吃饭，她就说："桂枝，这事不值得，咱们住得这么近，怎么也是好邻居。"这时二狗说："坐下吧，婶子。"无波的媳妇就坐在了他们家的炕头上。桂枝说："婶子，没事。"过了一会，无波的媳妇认为没事了，就回家，然后和无波一起去地里干活了。

等中午无波夫妇回到家，却听说桂枝喝农药死了。他们自家的大门开着，锁被撬开了。二狗把桂枝的尸体抬到了他们家正屋里，要求他们赔偿 8000 元。

在二狗夫妇早晨对待无波媳妇的态度和随后的自杀之间，显然

---

① 另外一个村民告诉我另外一个版本。他说，那麦秸本来是无波家地里的，但是工人们给了灵宝。桂枝告诉无波夫妇，灵宝把他们的麦秸运走了，他们就去问灵宝。灵宝听说是桂枝说的后，就去找桂枝，桂枝又去责怪无波不该告诉灵宝是她说的，于是双方骂了起来。

发生了什么。如果桂枝真的是因为头一天的争吵而自杀，我们无法解释，她早晨为什么对无波媳妇那么友好。我在采访无波夫妇的时候，他们不仅没有解释这个变化，而且根本不关心它，虽然他们自己在诉讼中提到了这一点。二狗的一个嫂子告诉我，在无波媳妇离开二狗家之后，两口子又吵了一架。桂枝责备二狗太软弱，在自己跟人吵架的时候不帮她。二狗却怪她挑拨离间，招惹是非。两个人吵得很厉害，二狗急起来，还打了桂枝一顿，然后一赌气出门去了。二狗一出去，桂枝就喝了农药。随后她有些害怕了，就跑到二狗的嫂子家，哭着说："嫂子，你给我帮个忙，把我孩子带大吧。"嫂子一看就知道她喝了农药，忙到大街上找到二狗。二狗借了一辆电动"三码子"，想送桂枝去医院，车胎却爆了。他只好又去借了一辆。刚走出去，他又发现自己没带钱，就回家去取钱。因为这些耽误，等他到了医院，桂枝早就死了。二狗想把桂枝的尸体抬到无波家去，但又怕这么做违法，于是咨询了一个他认识的人。那个人说，那不犯法。于是，二狗就撬开锁，把尸体停在了无波家。

按照二狗嫂子的这一说法，桂枝自杀的原因根本不是两个家庭之间的冲突，而是她与二狗之间的内部矛盾，邻里冲突只不过是夫妻口角的一个导火索而已。桂枝和我们考察过的很多女人一样，是因为与丈夫赌气喝的农药。我们可以设想，如果桂枝的娘家不是远在云南，而就是附近的人家，那么，在她死后，就可能是她的娘家人来找二狗算账，而轮不到二狗找无波家算账了。如果是那样，这里发生的家庭之间的冲突，就和我们曾经看到的娘家与婆家的冲突没什么不同了。

但因为桂枝的娘家人不可能来算账，夫妻之间的这点矛盾好像被人遗忘了。他们之间似乎没有发生过什么不和谐，二狗还要为妻子申冤出气。二狗找无波家算账，其动机和那些娘家人找婆家人算账，好朋的父母找学校算账是一样的。桂枝不管具体是因什么自杀的，毕竟是因与无波夫妇的口角引起的，就如同不论具体原因是什么，婆家必须为媳妇的自杀负责，学校必须为学生的自杀负责一样。虽然二狗在桂枝活着的时候怪她多管闲事；但桂枝既然死了，他就坚决地站在了桂枝一方。

有些村民说："二狗这么干，就是为了讹点钱。"这样说当然不无道理，正如说好朋父母的目的就是为了讹学校点钱一样。但二狗这样做之所以能讹到钱，还是因为，他这样做能吓住人。所谓"人命关天"，只要出了人命，别的是非对错都不重要了。由于他把尸体抬了来，无波就变得心里发虚，非常紧张，他们有无具体责任已经变成了次要的问题。二狗以死人的名义要钱，这已经成为他最大的道德资本。二狗把尸体抬到无波家以后，事情的性质就发生了变化，成为二狗与无波家的冲突。问题的焦点是如何处理这具尸体能让双方都满意，而不是桂枝究竟如何死的。

无波在咨询了很多人之后，知道自己并不负有很大的刑事责任，于是反客为主，提出了诉状，声称二狗私入民宅，反而要求他赔偿自己的经济损失。他对二狗提出的这个赔偿要求，当然是虚晃一枪。无波并没有认真地想要这笔钱，法院更不会认真地按照他的要求处理。无波的目的，是让二狗尽快把尸体抬走。对于桂枝的人命，他知道自己有些理亏，而今只求不要损失太大就行了。他提出的赔偿要求，只是抛出的一个价码。

法院的目的，更不是确认究竟由谁来为桂枝的死负责，而是该怎样平息两家的纷争。于是，他们经过了一番调查和调解之后，在二狗和无波提出的要求之间做了一个折中，要求无波赔偿二狗 1000

元钱，二狗把尸体搬出去。双方都能接受这个结果，此案也就顺利地审理结束了。

桂枝一案虽然没有发生在亲戚之间，法律处理此事的原则，仍然不是依照桂枝的死因，简单地惩恶赏善，而是以维护安定团结为最终目的。在每个当事人看来，最重要的也不是判断谁是谁非，而是平息人命之争带来的混乱和不平。

娘家与婆家的冲突是亲戚之间的公共政治，二狗与无波这样的冲突是没有特殊关系的两个家庭之间的冲突；而好朋父母与娘娘庙中学之间的冲突，则已经超出了家庭之间的冲突，是家庭与国家单位之间的冲突。但两个个案背后的逻辑仍然是一致的。好朋的父母和亲友虽然不知道好朋到底是怎么死的，但他死在校园里这个事实，就让他们觉得，如果不和学校闹一下，就出不了这口气，好朋就死得太窝囊了。于是，他们就每天去学校折腾，出现了本书开头的那一幕。面对这样的情况，无论学校还是公安局，都认为应该平息此事。他们平息的原则，都不是完全按照是非判断，而是以尽快恢复学校秩序为最终目的。好朋的父母之所以比坠露的爷爷更幸运，就在于，他们面对的是一个有公共责任的国家单位。娘娘庙中学有教育和照管好学生的义务。虽然没有任何老师逼迫好朋自杀，但好朋死在校园里这个事实，已经足以让好朋父母指责他们没有尽到学校对学生应尽的责任。

通过上面几起围绕自杀的纠纷和对它们的处理，我们就可以理解公共领域的正义原则了。公共政治中的法义虽然与家庭政治中的礼义有非常大的不同，但其基本原则是相通的，即并不依照抽象的是非原则，而是在安定团结的大目的之下，使每个人尽量各得其所，获得人格价值的实现。如果一定要惩罚乃至诛杀一些人，也是因为这些人已经危害了整个社会的安定团结。如果这个原则贯彻得不好，就成为无原则的摆平和抹稀泥；这个原则若贯彻得好，则成为帮助每个人获得尊严的清明政治。因此，礼义与法义并不是完全不同的两种正义。法义只是礼义的一种。如果完全丧失了对礼义的关照，法义也就失去了其存在的意义。要充分理解这层意思，我们就要理解，国家与人民之间同样有一种伦理关系，但这种伦理关系必须依靠法律来实现和维持。

二、青天

通过上面一节的论述，我们可以认为，对于过日子的每个个体和家庭来说，国家法律之所以必要，首先在于它可以调解纠纷，维护安定团结。于是，整个国家又成了一个大家庭。每个小家庭之间会有各种各样的矛盾和冲突，但国家必须尽量使它们和谐共存，维护全社会的稳定，促进自己的繁荣发展。不过，国家并不只是一个调解人的角色。国家之下生活着的每个个体和家庭，又与国家形成了一层新的伦理关系。在人们的差序格局中，亲戚、陌生人乃至一些机关，都可以构成一个越来越远的圈，但是，国家并不是这个差序格局中的一个圈，当然更不是与个体关系最远的一个圈。她是每个个体的差序格局之上的又一种结构，与个体构成了另外一种伦理关系。在这一节，我们通过胡素枝的故事，来考察这种伦理关系。

2002 年，蒋村 42 岁的妇女胡素枝，因为自己丈夫的案子无法解决，跑到北京天安门前喝农药自杀未遂。下面是她的叙述：

"俺们孩子他爹在北京打工。1997 年，有一天他上祁州去出差。

到了祁州，离孟陬就不远了，所以，他跟几个一块干活的老乡就想在回北京以前先回趟家看看。他们还没回到家呢，他就让车撞死了。

"他们先到了孟陬县城，在一个饭馆里头吃饭，就把他们开的一辆面包车停在了马路边上。他们吃了饭，准备上车回家，这个时候正有一辆大卡车开过来，一下就撞上他们了。一共四个人给撞上了，别的都没死，就俺们那口子给撞死了。警察来调查，发现那辆大卡车的司机没有驾驶执照。他刚从方九则那儿买的这辆车，方九则又是从水泥厂买的。他们买的时候都交了钱了，可是都没有正式过户，所以，那辆卡车名义上还是水泥厂的。过了几天，警察们上那个司机的家里去，可是找不着他。第二天，司机自个上法院去自首了。

"我就在法院同时告了那个司机、方九则、水泥厂，要求法院干涉这件事。法院做出一个裁决，要求司机赔我 4 万块钱。法院还让把卡车卖了，卖的钱归我。我找了个人想要那车，可是司机偷偷地把车卖了，也没把钱给我。法官们什么也没说。我就又上地区法院里边告他们，地区法院的法官给孟陬法院写了一封信，要求他们重新处理我这个案子。俺们孩子他爹在北京一个工厂上班，应该按照工人的标准赔偿，不能按照农民的标准赔偿。我觉得 4 万块钱忒少了，所以又上诉。可是地区法院把我的材料都退回来了，说不全。孟陬法院没把该要的材料都寄去。最后材料好不容易全了，法官们又做了个判决。结果他们不光没有涨钱，还把赔偿费降到了 26929 块钱。至于解剖的钱，我的旅费，还有别的好些个花销，他们连提都没提。

"我觉得这特别不公。我请了个律师，在宣布那个判决之前，律师跟我说，他们准备赔我钱，所以我就上法庭去了。法庭提前把消息都透露给律师了。可是等我去了法院，一问，有个女法官说，根本没这回事。她还说，他们在宣布以前不能泄漏判决结果，要不就是违法。判决是有了，可是院长还没签字呢，就不算最后决定。我不明白，这个院长为什么不愿意签字。在以前，这个院长挺替我说话的，现在是怎么了？后来判决出来，我发现钱少了。那个女法官也觉得这有点不公，就说：'你要是不能接受，就接着上诉吧。'本来挺帮我的那个院长，怎么突然就开始帮司机了呢？一定是拿了好处了。

"我对这结果不满意，就又上省里边去，找更大的官。1999年，我给省里边的一份报纸写信，那张报纸还把我的要求登出来了，也把我的材料交到省里去了。我就上政府去找人。那天正下大雨，特别冷。一共就有三个人在那儿。一个老头是从瀛州去的，还有个新疆的女的，然后就是我了。这都是实在解决不了问题的，才在大雨天等着呢。他们看了我这材料，给孟陬法院和地区法院都写了封信。地方的这些法官收到信了，可是什么措施也没有采取。我就又去了一趟省里，去了省人大和政法委。他们又给地区法院写了封信。结果还是判决赔我 26929 块钱。

"到那个时候，我已经不想要再多的赔偿了。他们只要能执行判决，把这 26929 块钱给我，就行了。这之前，我一共拿着了 15000 块钱，剩下的一分也没拿着，可是已经过去两年了。我去找过法院，找过县人大，找过县政法委。我还去找过县长，可是他不在。政法委书记给法院写了封信，可是判决还是没有执行。我说，要是他们还不给我钱，我就一分也没了。有的法官说：'你要是没钱，你的俩儿子怎么上的学呀？'我又去地区法院，他们还是不给我解决问题。甚至有的人说：'你就是告到联合国，也没人能帮你解决问题呀。'我听了特别难受。

"实在没办法了，我才去的北京。头一年，缴公粮的时候，我没有缴。我没钱，怎么缴公粮呀？我不是不愿意缴，可是政府要是不把该给我的钱给我，我拿什么缴公粮？皇粮国税，天经地义。缴公粮这是每个公民的义务，我不是不缴。要是没有问题，我一点也不犹豫，就会把公粮缴上去。从他爹死了以后，我一直就没缴过公粮。我第一回不缴的时候，乡里边的人推走了我两辆车子，我抓着车子的后座不放手，他们就这么推着车子，拉着我，走出去了老远，直到我抓不住了。可是后来，我再不缴，他们就什么也没说。到了2002年，国家要税费改革，让每个人必须缴。这一年以前，俺们村有好多人不缴公粮。他们都不是不愿意缴，就是因为自己的问题解决不了。有一个工人，老是不发工资，他就不缴公粮；还有一个是在修路的时候，他的一大片庄稼地毁了，政府老说赔他，可就是没兑现。2002年，干部们说，以前的账都得算清，谁不缴也不行。村支书在大喇叭里头喊：'你们别把不同的问题搅在一块。谁都应该缴公粮。你们自己的问题，找相关的部门解决去，别因为这个不缴公粮。'

　　"我就是不缴，所以他们就上我家来了。他们说要拿走我的家具和粮食，我不干，跟他们嚷起来了。我拿起三瓶农药，说要喝，他们拦住了。我说：'你们给我解决不了问题，我就上北京去喝药。'他们说：'你爱上哪儿，爱喝药不喝，俺们不管。'我说：'反正要是我死了，村里和乡里得给我照看孩子。'他们不说话。有个人夺过我的药瓶来，说：'你上北京去，不用三瓶，一瓶就够了。'就这么着，我拿了一瓶农药就上北京了。

　　"我身上就带了20块钱，光够去的路费。我这次要是解决不了问题，就死在北京了，所以不用带回来的路费了。如果成了呢，我也缺不了钱回家。我男的早死了，我自个是死是活，都不重要了。孟陬只要有一个好官儿，就不会变成现在这个样。我到了北京正是晚上，我没钱住店，就在火车站过了一夜。也没有被子，我就铺上几张报纸，在上边睡觉。第二天早起，我就去了。到了地方，我跪下来，手里举着诉状，还有一块牌子，牌子上写着：'孟陬无日月，进京找青天。'马上就有几个警察过来了。他们把我带到他们的办公室去。我把我这情况跟他们说了，他们说，我应该去一个专门接待上访的机构。我就去了，把我的情况说了，他们叫我先等着。我没地方去，也没钱住旅馆，就又回到警察们那个办公室。他们这回不让我进去了，我一急，拿出准备好的农药瓶子就喝。一个警察忙夺过来，把我送到医院去。等我醒过来，他们把我拉回了办公室。他们安排我住在一个小房里，说：'别再喝药了，我们给你解决问题。'过了两个多钟头，孟陬来人了。北京的警察给他们打过电话。来的人里头有公安局副局长，还有几个警察。他们答应，我只要回到孟陬，他们马上给我解决问题。

"我跟着警察们回了孟陬。县委副书记跟政法委书记都来看我。他们还找了几个医生专门照顾我，直到我全好了。过了几天，当地法院又来了几个人，问我为什么上北京。我说，我上那儿是为了公粮的事，也是为了我那官司。过了两天，他们又来了，把剩下的钱全给我了。他们一个劲跟我道歉，对我特别好。法院院长也来找了我一次，问我有什么要求。我就提了两个要求：第一，他们得把司机抓起来；第二，我在这些年里头为打官司花的所有钱，他们都得补偿我，一共是 20000 元。院长说，他会把这个报告给地区法院。再过了几天，法院又来人了，给了我 800 块钱。他们说，那钱是捐给我孩子们的。他们还让县电视台报道了我的情况，还报道说他们是怎么支持我孩子们上学的。可是他们还是没有满足我提的两个要求啊。我就又去找他们。他们说:'你都上电视了,还想要什么呀?'至于惩罚肇事司机的事,他们连提都没提。

"在整个过程里边,还是有好多陌生人对我特别好,帮了我大忙。常有人听了我的情况就给我钱,免我的车费、住店费什么的。我的大儿子头年当兵去了,小儿子现在上中学呢。他上的是私立中学,学校免了他的学费。老师们还给他捐了 800 块钱,相当于半年的学费。有的时候,他的老师也给他点衣裳,还让他带给我衣裳。毕竟是有好人哪,要不我这几年怎么过得来?你根本想象不出来我有多难。人们听了我的这事,老是劝我想开点:'别折磨自个。饿了就吃,渴了就喝。谁知道你能不能活下来呀?你这都是替你男的跑呢,别亏待自个。'要是没有这些人的帮忙,我什么也办不成啊。"

素枝和我谈了几个小时,中间哭了好几次。同村一个女的和我说:"俺们都特别佩服她。那一天,几个干部上她家来征税来,我就听说她想喝药。第二天,俺们跑到她家去,看她要走,就问她:'你又上哪儿去呀?'她说:'上北京,过不下去了。'俺们常跟她聊天,问她在北京干什么了,她就跟俺们讲,难着呢。昨天,还有个工厂的厂长让我找个人给他干活,我就说让素枝去。他问我那是个什么样的人,我说:'光棍一个,在俺们村东头住。'他一听就知道了:'我知道是谁了,来吧。'她忒有名啊,附近几个村都知道她,也都愿帮她。"

胡素枝在北京喝农药,是她不断上访的一个最终结果,使多年来无法解决的问题得到了解决。很多人评价说,这是一个很有勇气的好办法。在素枝去北京之前,那些收税的干部也不乏对她的同情,甚至和她讨论应该带几瓶农药。由此可见,胡素枝和绝大部分人把这个举动看做一个政治策略，而不是真的要杀死自己的行为。用胡素枝的话说，她的目的是"找青天"；而找青天的目的，是为了获得正义。

在关于她丈夫的案子中，素枝认为共有四点是不公的。第一，司机把卡车卖了，但没有把钱给她；第二，赔偿费从 40000 元降到了 26929 元；第三，即使这 26929 元，也没能全部赔给她；第四，肇事司机没有受到惩罚。但这四点并不是都能站得住脚的。

胡素枝认为，她之所以遭受这些不公，是因为孟陬没有一个好官。她怀疑司机贿赂了这些干部。为了检验她的说法是否有根据，我在采访了素枝两天之后，和被告之一方九则好好谈了一次。早在知道胡素枝的案子之前，我已经和方九则很熟了。他曾经帮我找过好几个自杀个案的线索，是我比较信赖的向导之一。但直到素枝提到了他的名字之前，我并不知道他卷进了这件事。1990 年以前，方九则是县水泥厂的一个职工。他后来离开了水泥厂，自己建了一个砖瓦厂。等他自己的生意有了点起色，他就从水泥厂买了那辆卡车。他没有办正式的过户手续，但交了全款。

方九则说："撞死胡素枝男的那个司机，本来在我的厂子里开卡车。他家里特别穷，在我这厂子里干了一段之后，攒了点钱，准备以后用来娶媳妇。他后来从厂子里买了这辆车。他除了给我干活，还给别人拉货，挣点钱。他那是刚买了这车，还没有办驾照呢，就撞死人了。

"这个司机的姐夫有驾驶执照，他说，他愿意把事担下来，替小舅子去看守所待几天。这个主意不错。他要是为这个事故负责，他就可以让保险公司赔钱了，这个案子用不了多长时间就能结了。他就在看守所里边待了三天，可是这时候他娘不干了。她怕儿子在里边试受罪，非得让他把自个澄清了不可。就这样，司机的姐夫出来了，司机自个又进了看守所，在里边待了 100 天。他没有驾照，也就没有保险公司替他出钱。他家里边又穷，没钱，怎么办呀？法院让他卖了卡车，他就卖了。他确实没有把钱给胡素枝，这是不对。胡素枝告了以后，我把我该给的 13000 马上就给了。可是司机一直没有赔他那一份。"

方九则承认，司机除了被关起来 100 天之外，没有受到别的惩罚。我问他，司机有没有可能贿赂过法官或别的官员，方九则断然否定："这种事绝对没有。他家里边比胡素枝还穷呢，县里边的干部也一个不认识。他要是有钱送礼，早就把赔偿费交上了。"凭我和方九则的关系，我相信他不会故意隐瞒。而且他说得很有道理：贿赂需要一大笔钱，这么穷的司机怎么会花一大笔钱来避免交赔偿费呢？按照方九则的说法，法院并没有特别倾向于司机的可能。在此，法院最大的问题在于工作效率太低，没有使判决得到顺利执行，而不在于腐败。

关于赔偿费为什么下降，我也读了很多相关材料。1998 年 1 月 15 日，在孟陬县人民法院的一份调解书中，胡素枝和车祸中其他受伤者与司机达成协议，同意司机在 1998 年 5 月 15 日之前赔偿胡素枝 40000 元，赔偿另外几个人共 6500 元。司机很快就交上了 6500 元的赔偿金，但胡素枝这边的大头却难以付清。于是，胡素枝在 1998 年 6 月 27 日再次上诉，说 40000 元不够，要求赔偿 80000 元。1998 年 9 月 7 日，法院决定再审，终止 1 月 15 日的调解书的执行。1999 年 1 月 20 日，法院做出判决，仍然要求司机赔偿 40000 元，于判决生效后 10 日内付清。胡素枝不服判决，于 1 月 29 日向地区法院上诉。4 月 27 日，地区中级法院撤销了 1 月 20 日的判决，要求孟陬法院重审。1999 年 12 月 13 日，孟陬县法院公布了又一个判决书，其中包括对赔偿费非常详细的计算，算出司机应付 26929 元。[①]

就赔偿费问题，我咨询了一些法官和警察。他们说，如果双方能够就赔偿额度达成协议，法院可以发布调解书。而如果双方无法达成协议，那就要详细计算。因此，原来的 40000 元是在未加详细计算的时候，双方达成的协议；而胡素枝不满意这个数目，要求重算；如果按照 1996 年适用的有关规定计算，胡素枝能得到的就是 26929 元。这种规定是否合理，是另外一个问题；但这样一个结果，确实是严格按照规定计算出来的，并不像素枝以为的那样不公。在开始达成 40000 元赔偿金的协议时，双方对相关的法律规定都不清楚。胡素枝不知道自己已经占了便宜，司机也不知道自己本来可以少赔一些。

胡素枝最大的不满是，司机没有按时交纳赔偿金。她已经接受了 26929 元这个数目，但她连这笔钱都无法得到。我在法院的一个朋友说："司机家里那么穷，难道法院能逼他出钱吗？就算逼，也逼不出来呀。"按照方九则的说法，司机家境远远不如胡素枝，而且他已经向胡素枝和别的受伤者支付了一部分钱。要让他再交出剩下的钱，确实是非常难了。

在这个案子中，胡素枝因为丈夫死了，觉得自己有道德资本来

———————————

① 这笔费用的算法是：胡素枝的丈夫虽然在北京打工，但他不是正式工人，死时又在本县境内，不应按工人标准计算赔偿费用，按照 1996 年道路交通事故损害赔偿项目标准，其死亡补偿费为 18000 元，此外还有 129 元抢救医疗费。死者母亲生于 1930 年，补助 10 年，每年 960 元，死者兄弟四人，每人各承担 2400 元；死者长子 1984 年 11 月 2 日生，抚养至 16 周岁尚需 3 年 2 个月，每月抚养费 80 元，共 3040 元，胡素枝承担一半，被告需承担 1520 元；次子 1988 年 3 月 10 日生，抚养至 16 周岁需 8 年 6 个月，每月 80 元，共 8160 元，原告承担一半，被告需承担 4080 元。死者丧葬费 800 元由被告承担。以上所有费用共计 26929 元。

要求更多赔偿；而方九则告诉我，司机也非常愧疚，对赔钱并无怨言。他之所以没有按时付清，仅仅是因为没钱，而不是因为他不想付。他好不容易攒点钱，本来是打算娶媳妇的，结果这个官司已经毁了他的希望。已经付出的钱耗尽了他的全部积蓄，他根本不可能再拿钱了。胡素枝在天安门前喝农药之后，法院给她的钱不是司机出的，而是国家出的。

我这样讲，当然不是说胡素枝不冤。但她所受的不公需要从更复杂的角度理解。她所陷身的案子，并不是她与司机之间的是非善恶之争，也不是她与个别官员之间的斗争。事实是，地方法院无法调解处境都很艰难的两个普通百姓之间的纠纷，胡素枝为此去天安门找青天。方九则虽然遭到了胡素枝的控告，提到这个案子时却也评论说："她受到了这么多不公的待遇，是忒悲惨了。没人不同情这么一个女的，她受了不少罪呀。"如果司机根本没有贿赂法官，赔偿数目也没有太大的法律问题，他所谓的"不公"到底是什么意思呢？

本来，事情开始于胡素枝与司机之间的争执，法院是调解的第三方；在这个时候，调解者扮演的角色，与在好朋、坠露、桂枝的案子中是一样的。但后来，情况慢慢发生了变化。胡素枝已经不再针对司机，而是进入了与调解者的游戏，那起交通事故引起的纠纷，已经成了背景。胡素枝的拒不缴公粮和在天安门前喝农药，都是向调解者抗议的招数。不管因为什么，调解者没有成功地调解这桩纠纷，胡素枝仍然满腹怨气，她希望有人能够为她出这口气。

胡素枝在讲完她的故事后对我说："我这么做不光是为的钱，就是想出这口气。我要是光为的钱，早就不追究了。"在她丈夫活着的时候，胡素枝家本来不穷。但丈夫一死，家里失去了主要的经济来源，胡素枝去告状又不断花钱，结果越来越穷。胡素枝在这几年的奔波中花去的钱，已经超过了她得到的赔偿。如果只算经济账，她根本没有得到什么。在从天安门回来之后，她的花销虽然仍然没有得到补偿，但她的气还是消了不少。可见，胡素枝遭受的冤枉的根本原因，并不是哪个干部受了贿，而是因为调解者没有成功地维护她的尊严。从这个角度来讲，司机太穷付不起钱根本不能当作借口。既然调解者没有完成应该完成的责任，就被满腹怨气的村妇逼着，进入了与她的权力游戏。

胡素枝的第一招是拒不缴公粮。她告诉我，很多像她一样的人，因为在与公粮毫无关系的事情上有怨气而不缴公粮。我们在下一节会看到，整个渐离村都是因为某些腐败的干部得不到惩罚而拒缴公粮（参见 10.3）。在农业税取消之前，农民拒不缴公粮很多不是因为公粮负担重，而是以此作为与国家讨价还价的手段。在收税之前，干部特别强调，人们不要把不同的问题搅在一起，因为那些收税的干部和人们的具体问题无关。但问题在于，对于一般农民来说，拒不缴税是一个主动抗议的机会。他们可以用不缴税的方式，逼迫国家进入与他们的权力游戏，认真考虑他们的要求。

拒不缴税的农民把国家当成了一个整体，好像不同的官员和部门之间是一致的，每个人或部门都应该为别人或别的部门犯下的错误承担责任。但在实践中，收税的干部只能为税务负责，不可能处理别的事。把他们拉进这场权力游戏中，当然是消极的办法，不可能起到作用。胡素枝知道，这样抗税并不能真正解决问题，于是决定去北京找青天，与作为整体的国家玩权力游戏。

我在第七章曾经谈到，中国文化中的自杀威胁虽然和西方自杀学中描述的现象看上去很像，但其心理动机非常不同。虽然双方都有可能是为了求助，但吉登斯笔下出于耻感的自杀者是承认失败，出于罪感的自杀者是忏悔罪过，二者都有很强的示弱和自我否定的成分。但中国的自杀威胁不同，往往是为了告诉对方，自己不是那么没理，不是那么软弱，才要以死相拼。胡素枝的喝农药虽然没有发生在家中，但明显也是出于这样的动机。按照她自己的描述，她并不是在跪下后直接喝的农药，而是在对方已经答应解决问题之后，她看到警察们还有些犹豫，为了敦促他们尽快采取行动而拿出了农药瓶。她以这个行为逼迫警察立即解决问题，否则也许要拖到不知什么时候。这与其说是西方自杀学意义上的"哭求帮助（cry for help）"，不如说是强行"夺取帮助"。两者的区别虽然仅在几希，却是不容忽视的。

胡素枝在北京喝农药之后，北京的警察和孟陬的官员都迅速给她解决了问题，胡素枝算是出了一口气。她虽然仍在抱怨司机逍遥法外，但由于政府官员如此尊重她，她已经非常满意了。

我们从胡素枝的故事里可以进一步看到，国家并不只是一个调解人的角色。一个负责任的好政府不仅要避免老百姓之间的纠纷、维护人民的生命安全，还要更积极地维护每一个公民的尊严，使人们能体面地过日子。因此，我们不能因为国家无法干涉家务事，无法具体地防止自杀的发生，就认为政府的职能完全是外在的。老百姓把国家当作青天，是因为国家是个讲理的地方，是每个人的尊严与幸福的最终依靠。因此，国家立法制礼，人民遵守法律，为国家尽忠，构成了另外一个层面的伦理关系。如果双方都能做好自己分内的事，整个国家公义流行，人民各得其所，就是治世；反之，如果国家仅仅消极地使用手段来治理摆平、回避纠纷，而不关心公民的尊严，并不能真的维护安定团结，即使带来经济上的富足，结果却腐败泛滥，人欲横流，社会仍然会充满不公。

三、冤枉

人们不仅在家庭中过日子和做人，而且这一切都发生在国法的呵护之下。家与国有着紧密的关联，我们甚至可以在比喻的意义上说，全国的人都在一起过日子，国就是一个放大的家。不过，这毕竟只是一个比喻的说法，差序格局并不因为国家的存在而消失，人们并不能真的一视同仁地把全国人民当成同胞来看待。这样一种差别，就鲜明地体现在家庭领域与公共领域发生的自杀之间的差异中。我们可以通过高岩的案子来看这种区别。

2002 年 10 月 25 日，孟陬县发生了一起极为轰动的自杀案。这个案子之所以引起了各方面的关注，主要原因是它发生在当地公安局的看守所里。

事情发生后一个星期，渐离村一位村民告诉了我大概经过：死者名叫高岩，死前是渐离村的电工。渐离村的村民已经五年多没有缴过公粮了。2002 年，国家进行了新的税费改革，决定费改税，农民的负担减轻了。借着这个机会，上级决定把各地长期不能解决的税费问题全部解决。当地政府为此付出了很大努力。就在这个节骨眼上，渐离的支部书记发现有人在他家的饭菜里投放氰化物。因为村支书怀疑这是电工高岩干的，公安局就一再审问他。见他总是不承认，公安局又没有足够的证据，高岩很快就放了。但是他们还不死心，几天以后又传讯他，他骑着一辆摩托就去了。这以后他就没回来，被抓到了看守所里去。几天之后，家人得到消息，说他在看守所里上吊死了。人们对此都感到可疑。在验尸的时候，大家发现他有六根肋骨骨折。村民说此外还有很多别的伤口。人们都说他是被打死的，而不是自杀。但是公安局的人说那肋骨是在抢救做人工呼吸的时候被压断的。高岩的四个兄弟决定申诉和上访。

我读了县政法委和检察院写的两份报告和尸体解剖的报告，获得了政府对这个案子的一个大概说法：在收公粮期间，渐离的村支书在吃午饭的时候发现炒的茄子味道不对。他们就把一点茄子给鸡吃，鸡很快就死了。于是他们把茄子拿到派出所。派出所化验说里面有氰化物，并开始调查这个案子。村支书怀疑高岩，但是没有足够的证据。他们害怕高岩会逃跑，就以无证驾驶摩托车为由拘留了他。在审讯当中，高岩起初否认他犯了罪，但是几天之后他终于承认是他下的毒。不过，他交代的毒量和事实不符。交代之后两天，他在看守所的暖气管上上吊死了。和他关在一起的还有两个罪犯。那天吃晚饭的时候另外两个人出去打饭了，他就趁这个机会上了吊。根据尸检报告，高岩确实死于窒息。但法医报告显示，他的耳朵还有鼓膜穿孔。

两份报告都证明高岩不可能是被打死的。县政法委的报告中说，高岩在交代了投毒的事实之后，后悔自己这样做对不起老乡亲，觉得很丢人，几次提到不想活了，高岩自杀是因为他的后悔和丢面子。检察院对看守所的 3 个干警提出公诉，当时法院还没有开庭。

几天以后，我又采访了高岩的大舅子，他是申诉与上访的主要参与者之一。我和他谈了整整一天，他给我看了很多相关文件，还有高岩尸体的照片。

他告诉我，高岩是五个兄弟中的老三，死时 38 岁。他死前是村里的电工，人缘并不好。电工这个差使很难干，因为必须同时满足老百姓和政府的要求。老百姓要用电浇水，而政府每个月要收电费。

老百姓挺忙的，常常不能按时缴电费；电工要是发现谁家没缴电费，可能就会给他停电，让他浇不成水。因为这得罪人的差使，很多人不喜欢高岩。2000年，政府给村里返还了一部分电费。高岩就从里面拿了2000元，搁进自己的腰包。当时村支书在场，觉得高岩这么做很不好。村民听说了这事就更生气了，因为他们一直怀疑高岩有贪污行为。于是他们强烈要求查账。很多人跑去一起查高岩的账。但是他们发现，高岩不仅没有贪污过电费，而且由于村民不按时缴费，他还倒贴进去了很多钱。这样算起来，公家还欠高岩10000元。因此他才拿走那2000元。

这事弄明白之后，高岩就拒缴公粮了，理由是公家还欠他的钱呢。渐离的大部分村民早就不缴公粮了，高岩是从2000年才开始不缴的。2002年，税费改革，政府要求人们把以前欠的公粮一次缴清。高岩对村支书说："村里还欠我8000块钱呢。就从那8000块钱里扣我的公粮吧。"高岩说，他为了补电费的窟窿借了好多钱，没有钱缴公粮。一天晚上他特意到村支书家里去说这事。据他的大舅子说，高岩根本就没有进院，只是隔着大门和村支书说了几句话就走了。那天他没进过村支书的家。

村支书家发现菜里有毒就是那天。他的媳妇中午炒了一个茄子，吃着有点苦。她又炒了另外一个菜，还是苦。村支书就到派出所去，说他的菜有问题。警察把菜喂给两只鸡，鸡都死了。他们发现是盐里有氰化物。派出所一调查，发现高岩那天到过村支书家，而且他是电工，平时常接触氰化物。他们把高岩叫去，叫他写毛笔字，还检查他的指甲。有些警察到他家里搜查，据说拿了一些药品走。高岩第二天早晨回到家里。四天后高岩再次被传唤，当天就回来了。同时还有警察到学校里调查高岩的儿子和闺女。

一周以后，警察传唤了高岩的妻子和孩子，高岩也去了。后来高岩对他的家人这么描述当时的场景："那天一个警察在一间小屋里问我。他特别凶，说：'是你下的毒你得给我承认，不是你下的你也得承认。'他还说：'你要是你爹做的，你就别说。'我回他说：'你要是你爹做的，你把俺们村的事摆平了。'他一巴掌打到我脸上。我说：'打人犯法。'他说：'那今天我就犯一回法。'他又一巴掌打过来，我立时就什么也听不见了。他见把我打伤了，就缓和了一点，不敢那么横了。他们又把俺给放了。"大舅子叫高岩赶快去医院。医生查了他的耳朵，做出诊断说是耳膜穿孔，说："过两星期就好了。"他要了诊断证明，作为证据。

　　那时候，就是家里人也保不准高岩是否下毒了。他媳妇问他："你是不是真给人家下毒了？你给我说实话。"高岩叹口气说："要是连我媳妇都不相信我，我还说什么呀？"他大舅子对我说："那时候俺们都不敢完全相信他。就是他的亲兄弟都怀疑他是不是真下毒了。一天他上我这儿来，我说：'你跟我说实话你是不是投毒了。要是你投了，咱们想投了的法；要是没有，咱们想没投的法。'高岩坚持说他没有。我仔细想了想，也觉着他不可能干了。高岩是晚上去的支书家，可是他们中午就发现有毒了呀。我说：'你要真是没有罪，那你什么也不用怕。理直气壮地，哪儿也不用去。你要真跑了，倒让他们抓住把柄了。'俺们找了律师，准备打官司。"他甚至怀疑是否真的发生了投毒这回事。因为据说村支书吃了炒茄子才发现有毒的。可是如果有剧毒的氰化物，怎么可能吃了还没事呢？

　　一星期之后，警察来叫高岩，说是去"把事结了"。高岩听这么说，特别高兴，以为这不白之冤终于要洗刷了。他兴冲冲地骑着摩托走了，就再也没有回来。第二天，警察给高岩的媳妇打电话，说他因为无证驾驶被拘留了。

六天以后，有人打电话，叫高岩的两个哥哥到检察院去一下。两个检察官告诉他们，高岩在头一天晚上 6 点上吊死了。他把一个褥单撕了，拧成一条绳，在暖气管上上吊死了。他们开饭时间是下午 5：45。跟他关在一起的两个罪犯去吃饭了，高岩没有去。打饭的大师傅没见到他，就跑去看，在 6 点整发现了他。据说当时高岩还有气。他们把他送到医院，他就在路上断了气。他的哥哥说想看他的尸体，但是检察官说尸检以前不能看。

两天之后地区的法医来了。高岩的大舅子说："按照规定，尸检的时候不能有太多人在场。不过他们还不错，同意让俺们都去。高岩有四个兄弟，还有好多本家，大家都要求去。那天俺娘病了，我就到得晚了一点。我到了医院，发现竟然有七十多人。好多是渐离的老百姓。虽然这些人因为电费的事不喜欢高岩，可是都对他的死挺同情的。"他就站在了尸体右侧，看到了整个解剖过程。他这么描述尸体的情况："高岩闭着眼，咬着牙。舌头没吐出来，脚尖朝上。这跟一般上吊死的很不一样。他的脖子上有一道明显的深红色伤痕。不过这是可以伪造的。尸体表面没有外伤。法医切开以后，可以看到他的左肩有铜钱大小的那么块烂肉。在右边第六和第七根肋骨之间，有一个伤口。他的第一到第六根肋骨明显折了。后来他们说第一根短肋骨本来就短，没有折，就只写了五根。"说到这里，我想起来法医鉴定中的记载。里面确实提到了肋骨。不过，报告里解释说，肋骨上面没有血。如果是死前折的，是一定会有血迹的。我把这个对他说了，他回答说："那肋骨上确实没有血。这是真的。就算他的肋骨是死后断的，也不能证明他是自杀的。另外，他的一个睾丸碎了。法医说他本来就有病。我不信这个。"这个大舅子也承认高岩是死于窒息。但他坚持认为，窒息不一定就是上吊。说到这里的时候，他和我提起了好朋："那年说上吊的那个学生，不也是一样吗？松松垮垮地套上，就能吊死？他和高岩一样，舌头都没吐出来。我觉着那也可能是打死放上去的。"

这桩案子的焦点是，高岩究竟是否是自杀的。从现有的资料看，有两点几乎是很难否认的：一，高岩没有投毒；二，高岩死于自杀。

在我看到的材料里，没有任何一个能明确证明高岩投了毒。当地检察院的材料中说，高岩承认自己投了毒，但是高岩并没有留下书面的供词，而且他交代的投毒量和法院掌握的不符。若说高岩是因为不知道服毒的村支书死了没有，无颜见父老乡亲所以自杀，更是没有根据。从案发到高岩被抓起来过了好多天，高岩不可能不知道村支书死了没有。

而从尸检报告来看，高岩只可能死于窒息，而且虽然肋骨在抢救中折断的可能性很小，但是肋骨是死后断的这个事实，连高岩的大舅子都无法否认。警察对待高岩的态度之蛮横是不容置疑的，但这些都不能构成高岩是被打死的理由。渐离村人无法接受他死于自杀，主要是因为，他们认为高岩没有任何自杀动机。但是，在我调查过的自杀案中，看上去毫无缘由自杀的不是一例两例。仅仅因为看不到明显的自杀动机就否认自杀，是站不住脚的。而且，做解剖的法医是地区派来的，和当地人毫无关系，他受贿赂的可能性不大。

问题就在于，这两个难以推翻的事实看上去是相互矛盾的。检察院和政法委认定高岩是自杀而死的。高氏兄弟认定说高岩下毒是冤枉他了，于是咬定说高岩是被打死的。在我所见过的渐离村民中，不论与高家亲疏，一概否认他是自杀死的；而且当我说要研究高岩的自杀时，都像受到侮辱似的一定和我辨明高岩不是自杀。双方争论的焦点就在于如何协调这两个看似不可调和的事实。那么，问题的症结何在呢？

渐离村村民认为高岩没有投毒，因此抓他是冤枉他。如果被冤枉了，他就不该自杀，于是，高岩只可能是被打死的。而在检察院看来，高岩肯定是自杀而死，那么他就没有受到什么冤枉，因此他必然投了毒，这样才能解释他为什么自杀。在此，双方都遵循了同一个逻辑：高岩要是冤枉的，就不可能自杀。而这与我们在家庭政治中看到的情况正好相反。

冤枉和委屈一样，都表达了无辜受苦的不公状态。在家庭政治当中，如果有谁莫名其妙地自杀了，而人们谁也不知道他或她死的原因，最自然的反应是："他（她）一定是受了什么委屈，才自杀的。"但是在公共政治中，人们认为，如果高岩受到了冤枉，他就不会自杀。为什么在委屈的情况下人们就应该自杀，而在冤枉的处境中就不可能有自杀的动机呢？显然，这种区别是因为，家庭政治中的公正和公共政治中的正义是不同的。

在家庭政治中，我们说过，委屈就意味着无法获得应得的尊重和亲密关系；但对于高岩来说，"冤枉"就像自然灾难、车祸、拦路抢劫一样，是一种外在的无妄之灾，除非这种冤枉把人逼得走投无路，一般来说，人们不会因为这样的事情去自杀，而要努力为自己洗刷，等待昭雪的一天。因此，如果高岩没有投毒，而且他在那天去公安局时还兴冲冲地，即使他遭受了残酷的刑讯逼供，这些都不足以把他逼到走投无路的境地。在人们看来，他是没有理由自杀的。在渐离村村民那里，所谓六根打折的肋骨，破碎的睾丸，身上的大小伤口，脚尖朝上而不是下垂，双目紧闭而不是张开，牙齿紧咬而不是吐舌头，等等，都足以成为高岩没有自杀的有力证据，更何况并不是每个人都观察到了这些细节。他们之所以坚信高岩是被打死的，主要是因为，他们相信高岩在投毒案中受到了冤枉。而检察院确信高岩是自杀的，就推论出他不可能受到了冤枉。

我们由这两种不同的逻辑，可以看到，家庭政治与公共政治虽然都以过日子和做人为目标，对于生命的意义而言，二者毕竟还是有区别的。家庭政治是亲人之间的政治，其间的冲突是怨；但公共政治是陌生人之间的政治，其间的冲突是恨。一般情况下，满腹怨气的人会以死相拼，这样对方就会悔恨或屈服，从而使自己在权力游戏中取胜；但是，充满仇恨的人如果自杀了，不会使对方悔恨，而只能表明自己是弱者，没有胆量再对抗下去，在权力游戏中已经完全失败了——这其实已经不再是游戏，而成了你死我活的权力之争。因此，若是高岩真的自杀了，那就表明，他心里发虚了，没有足够的道德资本继续对抗下去；而若是高岩没有投毒，他就足以理直气壮地坚持下去，不该自杀。

因此，我们不能因为人们总是把国比做大家，因为全国人民也在共同过日子，就想当然地认为其中的行事逻辑也和家中的一样。正是因为两种政治之间的逻辑不同，所以，家庭中的礼义与家庭之外的法义是不可相互替代的。在公共领域，惩罚与刑杀永远是必要的，因为只有这样，才能确保陌生人之间的相互尊重，使善良的人们共同过上好日子。

回到高岩的情况，他到底为什么会自杀呢？

高岩自杀共有这么几种可能。第一，他认为自己无罪，但是遭受了刑讯，以至无法忍受；第二，他无罪，但是被逼承认了有罪，在已经无法翻供的情况下，他以死表明自己的清白；第三，他有罪被查出，畏罪自杀；第四，他可能因为与案情无关的其他原因而自杀。

　　检察院的解释是其中的第三种，但我在公安局里的朋友提示的却是第一种。其实，检察院拘捕看管的警察的做法也是按照第一种进行的。从高岩被捕前的种种情形看，第三种的可能性最小，要不然，按照他大舅子的说法，高岩早就应该畏罪潜逃了。第一种和第二种的可能性相当。但按照我的经验，第四种的可能性也是很大的；不过我们无法讨论这种完全不能确定的情况。那么，如果是第一种或第二种，其实不论高岩有罪无罪，刑讯逼供都是不可否认的。高岩遭受的冤枉就主要不是下毒这种罪名，而是无端遭到刑讯；高岩的自杀就是对此的反抗。

　　农村的日子忙碌而艰辛，此事随着时间的推移，逐渐淡出了当地人的视线。

四、综论

　　在本章，我们从几个角度探讨了公共政治与自杀问题的关系，以此来理解在中国文化中，国家与普通人的日常生活有什么关系。

　　国家的存在理由，首先奠基于中国式的生命观与人性观，即过日子和做人的道理之上。对每个想好好过一辈子的人而言，人格价值要在家庭生活中实现，于是家庭政治中需要遵守的伦常礼义，也构成了人们实现人生价值的道理。但每个人不可能只生活在家庭之中，于是，又会出现家与家的关系和陌生人之间的关系。四海之内的各个家庭共同组成了一个大家庭，就是国家。这个大家庭有义务使其中的每个个体和小家庭过上有尊严的生活；其中的每个个体和家庭也有义务维护国家的繁荣与强大，正如每个家庭成员都有义务维护家庭的和谐与富足一样。国与人之间，构成了家庭之外的又一层伦理关系。这层伦理关系来自于家庭中最基本的伦理关系，同时又要约束和维护家庭伦理。

国家的根本目的，是尽可能保障人们正常地过日子和做人，充分实现幸福生活和人格的价值。国家无权干涉家中的私事，不能直接插手家庭矛盾，只能从外部维护。而要做到这一点，国家首先必须尽可能地消除战争、纠纷、犯罪、疾病对人们的伤害，在整体上提高国家的经济和军事力量，发展医药卫生事业，消除腐败。这一职能与西方政治思想中的契约国家是类似的。但是，由于中国文化中的这一国家思想并不以自然状态为前提，也不认为国家是一种必要的恶，国家本身有着极为浓重的伦理色彩。人们过日子和做人的道理，最终要归结于国家。因此，国家也不能仅仅满足于这些外部的消极保护。

所以，国家除了调解、征伐、刑杀、经济、医疗、反腐这些措施之外，还必须积极地帮助人们实现美好生活。法义并不仅仅意味着不受他人的无故伤害。哪怕没有任何人的恶意伤害，哪怕没有一个腐败的官员，如果人们过得很艰苦，人格价值无法得到保障，国家仍然没有尽到其应尽的责任，法义仍然没有实现。于是，国家有必要通过各种措施，平息人们的怨气，维护每个人的尊严，让人们安稳舒畅地过日子，各得其所。

虽然说国家组成了一个巨大的家庭，但国家中的法义和家庭中的礼义仍然有着很大的区别，不可混淆。陌生人虽然生活在同一国家，但毕竟没有家庭中那种亲密关系。因此，我们不能以家庭成员之间的伦理关系来盲目比附不同家庭之间或陌生人之间的伦理关系。

在家庭之中，主要是通过讲理才能实现礼义；但在国家之中，除了靠教育、讲理来帮助人们实现更好的生活之外，还必须辅之以征伐与刑杀，清除危害社会的个体，保障大多数人更好地过日子和实现人格价值。

礼义与法义相辅相成，是有尊严的生活不可缺少的两个方面。法义奠基于礼义的实现，礼义要靠法义来维护和张扬。没有礼义，法义就会变得冷酷无情，失去意义；没有法义，礼义也会丧失屏障，最终不能实现。人生的幸福与尊严必须通过人类的共同努力来完成，而人类克服命运的最大创造就是建立国家，国家的基本架构又要靠法律来维护。以法义来调解和支撑礼义，最终成就的，乃是国之大礼大义。因此，要根本解决自杀问题，特别是自杀背后更深刻的文化问题，最终还要依靠国家和法律的力量。

第十一章　造福

　　现在，我们就可以理解，虽然像公安局和医院这样的国家机构无法干涉家庭中的自杀问题，但解决中国的自杀问题，国家仍然责无旁贷。否则，即使国家并没有主动伤害谁，但那些因为家庭矛盾而自杀的冤魂仍然会感到委屈和冤枉，因为国家没有以她的方式维护和提升他们的人格价值。那么，国家有可能在不干涉任何家庭的私事的前提下，提升人们的生活质量吗？按照我们在上一章的讨论，这在理论上不仅是完全可能的，而且是应该的。而现代中国思想的一个重要任务，就是要回答这个问题：国家如何在保障个体自由的前提下，积极地帮助人们过上幸福和有尊严的生活？

　　时至今日，中国已经出现了一些自杀研究和自杀干预的机构与项目，其中最突出的，当属费立鹏教授主持的北京回龙观医院的心理危机研究与干预中心，和谢丽华老师主持、许容老师执行的"农家女"的生命危机干预项目。虽然我并不认为，这两家机构为时不长的工作已经显著地促进了中国自杀率的下降，但它们毕竟在推动中国社会认识自杀问题的严峻态势，并尝试干预自杀的可行之路。

从 2003 年以来，我一直在关注这两个机构的工作，尤其是与"农家女"的项目有很多合作。除这两个最重要的机构之外，还有其他一些机构和个人开始主动干预自杀。在本章的前半部分，我会考察回龙观与"农家女"两家自杀干预项目的两条思路及其得失；在后半部分，我会考察现代中国思想史上两个最重要的人物毛泽东和鲁迅对自杀问题的讨论，将我们的思考接到思想史的脉络中。

一、治病

虽然我认为，中国的自杀首先不是一个精神医学问题，但还是不可否认，有相当多的自杀者与精神疾病有关。精神抑郁的人更容易自杀，这是一个不容否认的事实，因此，在自杀干预的问题上，精神医学不会毫无意义。不过，我们不能毫无保留地接受精神医学的一切观念，而必须在中国文化和社会背景下来理解自杀干预以及精神医学在其中的作用。对中国潜在的自杀者而言，自杀干预的任务不应该仅仅是防止他们患上精神疾病，而且还应该帮助他们过上更幸福和有尊严的生活，否则就是舍本逐末，事倍功半。我在孟陬精神病诊所里看到的情况表明，对于精神医学的自杀干预而言，这是一个非常重要的问题。

2000 年，九河乡的兄弟二人在县城建了一个精神病诊所。因为它是孟陬第一家精神病诊所，所以生意不错。其中多数病人患有精神分裂症，得抑郁症的较少。兄弟两个对我说："有的时候，有中学生也会因为心理问题给俺们打电话，俺们就让他们来这儿谈谈，可是不会为这个收他们的钱。在咱们县里这么个小地方，聊聊天就收钱，人们还是不大能接受。"他们和我讲了几个因为抑郁症来咨询的案例，其中有些还比较严重，甚至明确讲有轻生的念头，但他们都没有收钱。"俺们只有开了药或是他们住院的时候才收钱。"显然，现代心理咨询已经在孟陬出现了，但这并不是精神科医生们的正事。在他们看来，这样的咨询同村民之间一般的聊天和安慰没有什么不同。但我觉得，他们之所以不为咨询收钱，还不仅仅是因为当地人不熟悉心理咨询这种事，更重要的是，在人们的观念里，治病与聊天有着不同的含意。正如我在第六章指出的，在人们眼中，严重的精神疾病会给人们贴上标签，使他被排除于正常的社会生活之外。如果一些家庭和个人问题仅仅被当作生活中的不适，人们通过聊天的方式调整其生活态度，那还是比较容易接受的；但如果把这种聊天当成治疗的一部分，那就已经把有问题的人当成不正常的，从而给他带来更严重的心理压力。于是，无论是来寻求帮助的人，还是精神科医生自己，都把他们之间的交谈当成一般的日常闲聊，来访者就不会被贴上魔怔或疯子的标签。

两位医生又说："很少有孟陬本地的人来看病。一般总是别的县的人来俺们诊所，孟陬的病人上别的县里看病。"在那些病人看来，不被贴上精神病人的标签似乎比治疗疾病更重要。因此，他们会尽量避免熟人知道自己看过病。如果让别人知道他们去看过精神科医生，他们很快就会被当成不正常的人。这个结果只会使他们压力更大。

起初，兄弟两个想把他们的诊所命名为"孟陬心理健康诊所"，但后来发现，人们不会理解"心理健康"这个概念，于是，他们干脆把它叫做"孟陬精神病院"。这个名字使人们一眼就知道他们是干什么的，因为谁都知道精神病院是什么。虽然这个名字确实比"心理健康"包含了更多的偏见和歧视，但人们反而更容易接受它。这些精神科医生是在利用和强化对精神疾病的偏见，而不是在消除它。

在发现中国的自杀问题很严重之后，颇有些精神科医生呼吁普及精神医学知识，让人们认识到自杀与精神疾病的关联。鉴于精神病人特殊的社会地位，我很担心这样的做法会适得其反。

幸好，北京回龙观医院的医生们对此非常谨慎。他们没有武断地把自杀与精神疾病联系起来，而是有力地表明，中国的自杀与西方极为不同，未必是精神疾病导致的。[①]

自杀在今天的中国成为一个备受关注的问题，当然首先要归功于加拿大医生费立鹏教授和他主持的回龙观医院的心理危机研究与干预中心。费教授在中国长期踏实的工作为他赢得了当代白求恩的美誉。出于对中国的深切感情和对自杀问题的高度关心，费教授已经不再限于收集资料和数据分析，而是努力推动中国政府更积极地关心自杀干预的事业。他在很多场合强调，一定要从多种因素理解自杀，而不能片面地用一种因素来解释所有自杀。[②]

不过，在干预实践中，如何来照顾多重因素呢？回龙观医院尝试了很多措施来干预自杀。2003 年春，医院里开设了自杀热线，对于进一步收集自杀资料有很大作用，但匿名电话都是一次性的，并不能起到实质的干预作用。同时，费教授大力呼吁对农药实施统一

---

① 参见 Michael Phillips, Huaqing Liu and Yanping Zhang, "Suicide and Social Change in China" in Culture, Medicine and Psychiatry, vol. 23, no. 1; Michael Phillips, Xianyun Li, Yanping Zhang, "Suicide Rate in China: 1995 1999"; Michael Phillips, Gonghuan Yang, Yanping Zhang, Lijun Wang, Huiyu Ji, Maigeng Zhou, "Risk Factors for Suicide in China: a National Case-control Psychological Autopsy Study"。
② 参见 Michael Phillips, Gonghuan Yang, Yanping Zhang, Lijun Wang, Huiyu Ji, Maigeng Zhou, "Risk Factors for Suicide in China: a National Case-control Psychological Autopsy Study"。

管理，但迄今尚未起到显著的效果。

在回龙观的诸多干预项目中，真正起到了比较大作用的，是张晓丽大夫主持的"亲友会"。由于认识到自杀会对亲属造成巨大的影响，自杀者亲友自杀的几率比他人大得多，中心吸收国际自杀干预的经验，于2002年10月在报纸上发出"呼唤自杀者亲友"的消息，开始为自杀者亲友提供免费的群体性心理支持服务，组建"亲友会"。6年以来，通过媒体宣传、广场活动、医院门诊、热线电话、网上咨询等渠道，先后有近200余名自杀者的亲属和自杀未遂者参与中心组织的80余次各种类型的联谊活动。张晓丽指出，"亲友会"的活动有这样几个目的：第一，为自杀者亲友提供一个宣泄情绪的机会；第二，给他们一个讲述亲人自杀故事的机会；第三，提供一个教育的机会；第四，消除自杀者亲属的罪感、羞耻感、自责心态，避免他们的自杀；第五，打破僵局，让自杀者亲友学会对亲人，特别是孩子讲出亲人自杀的实情；第六，打破心理阴影，进行心理陪伴；第七，对于可能有的心理问题，即时转入相应的医疗机构。

从2002年10月开始，"亲友会"在每月末的周六活动。最初，组织者借鉴国外"亲友会"的模式，让参加活动的自杀者家属直接讲述自己亲人自杀的故事，希望为他们提供一个宣泄的机会，这被称为"开放式团体活动"。开放式活动进行了一年以后，张晓丽认为，必须改变活动方式。在每次活动的时候，自杀者亲友讲述自己的故事；而每次活动都会有新人加入，当新人向大家讲述了自己的故事之后，老的成员也要向他们再讲一遍自己的事。结果每次活动都拖到五六个小时，而且每次人们都陷入悲痛甚至哭泣之中，起不到舒缓情绪的作用。从此以后，张晓丽不再只是让亲友们讲述他们的故事，而是适当地组织各种娱乐活动，比如组织大家去春游、放风筝、联欢等等，让"亲友会"的成员真正得到放松，调节他们的心情。

一段时间之后，参加"亲友会"活动的已经不只是自杀者亲友，而且包括很多自杀未遂者。让自杀者亲友和自杀未遂者在一起谈会出现很多问题，两个群体对一些事情的看法不一样，有时会发生争论。而且由于自杀者亲友和自杀未遂者的心理需要不同，于是张晓丽决定另建封闭组，即组织自杀未遂者单独活动。加入封闭组的成员先要进行心理检测，看是否有精神障碍，有的要先去治病，治好了再来参加活动。活动每一周或两周一次，8～10 人一组，一期 10 次活动，活动前要签署协议，对彼此的个人信息保密。第一次彼此沟通认识；第二次到第五次是"走过认知自杀的路"，让大家讲述自己的故事，讨论对自杀的认识；第六次到第七次是"了解抑郁"，采用幻灯和音乐的多媒体方式，在抑郁发生和发展的画面里找到自己情绪的影子；第八次到第九次是"自我认知"，整合小组成员的个性特征，重建自杀未遂者的自信心，改变其人际交往方式，促进自我成长；第十次是"生命体验"，根据具体情况，组织户外活动，体验生活。她在这个时候常常会进行这样的一个游戏：叫成员们把一根黄瓜放到一个很小的容器中，但不能把黄瓜弄断。结果大家都办不到，于是她以巧妙的手法把黄瓜削成"蓑衣黄瓜"，很容易就能折弯，放进容器里。她用这个来教育那些自杀未遂者，不能顽固地"宁折不弯"，而要在复杂的社会中保存和实现自己的价值。

张晓丽强调，针对自杀者亲友的开放组的核心是"情感支持"，针对自杀未遂者的封闭组的核心是"建立自信"。无论哪个组，活动的指导原则都是：对于有心理障碍的人，不能当成病人来看待，而是把他们当成朋友，帮助他们，虽然在活动中会使用心理治疗的手段。6 年下来，"亲友会"取得了很大的成功。参与者都有很大收获，其中有些人主动投入到了干预自杀的活动之中。

"亲友会"的工作之所以如此成功，是因为张晓丽充分体会到了中国人的心态和自杀模式，既不照搬国外的自杀干预模式，也没有顽固地坚持精神医学的套路，而是创造性地将心理治疗融入了帮助自杀未遂者自我成长、完善人格，帮助自杀者亲友重建家庭温暖的目的当中。应当说，这是一个非常有意义的尝试。①

二、救人

"农家女"是由《农家女百事通》（现已改名为《农家女》）杂志开办的，如今已经发展成一个非常活跃的非政府组织（NGO）。与回龙观医院不同，"农家女"是在农村工作的实践中意识到自杀问题的严重性的。1996 年，《农家女》的主编谢丽华从读者的来信中逐渐发现，自杀是农村妇女中一个非常普遍的问题，于是在杂志上开设"他们为什么走上轻生之路"的专栏，还在 1999 年出版了《中国农村妇女自杀报告》。经过了 6 年的筹划，"农家女"于 2002 年开始了对农村妇女的正式干预项目。它首先于 2002 年 8 月 24 日在正定县成立了两个"妇女健康支持小组"。随后，"农家女"又在海兴县和青龙县分别成立了同样的小组。2006 年，项目加入了"男性参与"的部分，于是称为"男女共同参与生命危机干预项目"，并增加了新

---

① 张晓丽大夫不幸于 2009 年 3 月 18 日去世。"亲友会"的工作如何进行下去，似乎现在还没有一个头绪。

乐和青龙两个县的项目点。这个项目主要由许容负责。

在正定，许容早在 2001 年冬天就开始培训工作骨干。该县妇联向许容推荐了两个村子，而两个村的妇联主任也就自然成为两个小组的组长。36 岁的何琼是甲村的妇联主任（本节中出现的县名都是真名，但村名和当地的人名是化名），她又选出另外 4 个年轻妇女作为小组骨干。她们都来自村里的富裕家庭，每人至少有 100000 元存款。乙村的妇联主任文缘波有 50 多岁了，乙村小组的其他几个成员也都是妇联的妇女干部，在小组成立之前主要负责执行计划生育政策。2001 年冬天，两个小组共 10 个成员，以及正定县城别的一些妇女干部都到了北京，在"农家女"学校接受培训，为成立小组做好充分的准备。

许容告诉我这种培训的目的："我在正定的时候，我会努力帮她们解决问题，帮她们组织活动；但是我离开正定以后，我怕她们自己什么都不干，把以前的努力都白费了。我希望妇女们能自己发动起来。我们给她们的钱也不多，重要的是培养一种理念，建立农村妇女自己的组织。现在两个小组都有了比较常规的活动。甲村比较富一些，小组成员都是富裕的年轻妇女；乙村穷一点，小组成员都是中年妇女干部。"

我第一次跟着许容到正定是在 2003 年 3 月 6 日。甲村的组长何琼向我们俩讲了华英的故事：

华英是尚贤士的媳妇，2003 年时 36 岁。尚贤士经营一家家具厂已经有 10 年了，因而颇为富裕，还花了 10 万元买了一辆车。尚贤士和华英有 2 个女儿，还领养了 1 个儿子。3 个孩子都在上学。

尚贤士发财之后就到县城不断去找一个东北来的"小姐"。他后来在县城为她租了一间房子。在我到正定之前几个月，这个"小姐"

还为他生了一个女儿。在这之后，"小姐"就更加趾高气扬，甚至公然给华英打电话，在电话里羞辱她。华英把这事告诉她婆婆，婆婆还不信。有一次，那"小姐"又打来电话，尚贤士的母亲正和华英在一起。华英就叫她去听电话。婆婆这才相信，在电话里也回骂那"小姐"，但她也一点办法都没有。

华英和她婆婆之间的关系并不好，在接这个电话之后也没有变好。她们有时候吵得非常激烈。有一次，她们吵过一顿之后，老太太爬到一个楼房的阳台上，嚷嚷说："我要让我儿媳妇气死了。"何琼和别人一起劝住了她，但人们都知道，她不会真的跳下来的。何琼说："华英是个好媳妇，可是她婆婆不怎么讲理。在这样的家庭里，有那么多麻烦事，她怎么会高兴呢？"

2002 年 8 月 25 日，就在妇女健康支持小组成立以后的第二天，华英主动找到了何琼，向她详细讲了自己家里的情况。她说她不想活了，当着何琼的面就哭了起来。何琼对我说："我以前只是听说过他们家的情况，可是一直没有跟她好好谈过。她说，贤士现在一点也不管家里的事，所以她不想活了。华英说她的想法是，先杀了贤士再自杀，我说这可不行，'你哪怕跟他离婚也比这个强。想开点，别把你的情况弄得更糟。'她说她就是想死，我也不知道该怎么帮她。"

华英后来又找了何琼好几次，总是说她想死。就在过年前几天，华英又来找她，说："我现在想跟他离婚，不过他年根下太忙，我现在不能离。"何琼又努力劝她不要离婚。

那时候尚贤士的工厂已经不好了，他欠人家 30 多万。他大多数时间跟那个"小姐"待在县城里，很少回家。到了年关，他就尤其紧张。何琼说："在那一段，我看见好多债主上他家来，他根本不敢在家里待。华英得找各种理由来劝这些债主。"不过，尚贤士过年的时候还是不敢不回家。即使在这几天，他还是以各种借口去县城里见那个"小姐"，给她买东西。甲村离县城很近，一个小时就能打个来回，但他每次上县城办事都要花一整天。有一次尚贤士又到县城里去，华英就在背后跟着他。但在汽车站，华英找不到他了，只好自己回家。村里谁也不知道尚贤士在县城里租的房子在哪里。

华英是个老实能干的人。她大部分时间都在家具厂里干活。生意好的时候，很多事都是她干。现在厂里活不多了，她就到别处去打工挣钱。帮人摘摘果子，收收蘑菇，都能挣点钱。

华英的娘家也是甲村的，她把这些事都和她父母说了。她的父母也不愿让她离婚，劝她尽量和尚贤士一起过日子。何琼说："她不久前又来找我，说她想离婚。我劝她不要离，可我觉得，他们早晚还是得离。他们过不到一起了，那'小姐'给贤士生了孩子，他们不太容易分开了。华英没有别的办法。他们还是自己搞的对象呢，谁知道会过成这样？"

华英主动向何琼寻求帮助，这就表明小组还是在起作用的；但从何琼所说的情况看，小组又很难直接干涉华英家的私事。华英所遇到的问题，和我们所看到的坠露（参见1.1）、石磊的媳妇（参见4.1）、素荣（参见4.2）等人都很像；尚贤士和石磊、周流（参见8.1—8.2）等人也很像；而尚贤士包的"小姐"，则和葛曼（参见4.1）很像，但比葛曼要幸运一些。

在华英家的权力游戏中，华英有更多道德资本，本来处在更有利的地位。因此她想过用自杀、离婚，乃至杀死尚贤士的办法来反抗。这使何琼这个小组长很难下手。一方面，她应该帮助华英来反抗；但另一方面，她又不能因为帮助华英反抗而伤害到整个家庭的和谐。毕竟，她的目的是让华英过得更好些。如果她劝华英把整个家庭毁了，华英也许会变得更难。因此，虽然何琼在我们面前可以责备尚贤士，但在华英面前，何琼反而必须劝她不要离婚，即使她认为离婚将是不可避免的。她毕竟是外人，不能把自己卷进家庭政治中去。她能做的，只是被动地劝华英不要自杀、杀人，或离婚。但这种被动的劝说真的能预防自杀，使华英过上好日子吗？

不仅华英这样的普通妇女，在乙村，小组成员从北京培训回来之后，正在积极地准备小组成立的过程中，小组骨干朱明竟然也因为与丈夫怄气而割腕，好不容易救过来。可见，小组就连自己的骨干的家庭矛盾都难以防止；要有效地干预自杀，谈何容易！

我们前面谈到，法义与礼义毕竟是不同的。公共政治的手段根本不可能直接改变家庭政治中的现状。哪怕是妇女健康支持小组这样直接以自杀干预为目的、深谙农民家庭生活状况的组织，也很难直接插手家庭生活。那么，自杀干预项目如何可能呢？

许容很早就意识到，要真正预防自杀，不可能也不应该仅从自杀入手。只有更全面地提高人们的生活质量，改变人们的精神状态和认识水平，使人们更理性和乐观地过日子，才能从根本上解决自杀问题。

"农家女"在北京和小组所属县的县城举办了好几期培训班。一方面，这个培训班可以把有自杀未遂经历的农民集中起来，经过各方面专家的培训和农民之间的相互帮助，起到强化作用。另一方面，培训班可以培养干预自杀的种子，在成立小组的村子提高工作质量，在没有成立小组的村子推广经验。事实证明，几期培训班都收到了非常明显的效果。有些人在村庄的小组活动中很难转变，但是经过几天的培训就发生了巨大变化，甚至成为支持小组的骨干。

经过 6 年的努力，"农家女"的活动大体集中在三个方面：调解家庭关系，带领村民致富，活跃文艺生活。

在各个项目村，"农家女"项目工作的重点都是调解家庭关系，培育和睦家庭。具有很强女性主义色彩的"农家女"在实践中不仅十分突出妇女儿童的权益，同时也越来越注重每个家庭的秩序和稳定，2006 年以来的男性参与就尤其体现了这一点。在他们这里，自由独立不再是一个破坏性的口号，而是在逐渐形成一套建设性的观念和伦理。因此，对于严重歧视和虐待妇女儿童的现象，他们会严厉地予以矫正，但矫正的目的和结果，并不是破坏家庭秩序，而是通过劝说和引导，使家庭成员之间可以相互尊重，彼此体谅，遇事多思考、多商量，寻求最妥善的解决方式。夫妻之间、妯娌之间、婆媳之间、父母子女之间、兄弟姊妹之间，都在逐渐磨合，寻找彼此都能接受的做事方式，体会到，只有通过尊重与自己朝夕相处、命运相连的家人，才能做到尊重自己，也使自己受别人尊重，才能够获得真正意义上的自由独立，才有可能全家人一起过上有滋有味的好日子，共享天伦之乐。

在项目实践中，许容等意识到，很多人的自杀还是和经济负担有关系，因此工作的一个方面就是帮助贫困家庭勤劳致富。不过，这并不只是个经济问题。更重要的是，贫困会使一个家庭失去生活的信心，家庭成员变得忧心忡忡，心情抑郁，懒散无聊，从而可能导致悲剧的发生。"过日子"常常就是指家庭的治产理财。通过创业致富，使每个家庭获得一个共同的经济目标，在辛勤劳动中促成进一步的发展与快乐，是幸福家庭非常重要的一个标志，也是"农家女"项目中一个非常重要的方面。在经济基础比较好的地方，项目活动开展得就比较容易，可以将经济发展与小组活动相结合；在比较贫困的村庄，比如青龙的丙村，带动农民致富就成为小组活动非常必要的一个方面。

在各个项目村，虽然具体情况不同，但一个共同的特点是非常注重文体活动。各个小组都成立了文艺队，用秧歌、歌曲、戏曲、小品、快板等艺术形式活跃小组的气氛，陶冶村民的心性，并以艺术来劝善讽恶。很多村子都花了较大心思编排讽刺不孝、外遇、铺张浪费等现象的戏曲和小品，有的在表演时也特别安排，要让做得不好的村民特别受刺激，以触动其羞恶之心，使人们在娱乐之中反思自己。比如正定县甲村的文艺活动是妇女健康支持小组非常有特色的一个方面。在妇女健康支持小组成立以前，村里根本就没有文艺队。小组成立后，文艺队很快发展到 50 多人，大部分是年轻人。他们不仅经常以秧歌锣鼓等方式自娱自乐，甚至还到县里和别的村去表演。村里还自编自演很多小品节目，充满了教育意义。比如他们的小品《孝子》，演的是一个老太太和她的两个儿子与儿媳妇之间的故事。本来母亲要每个月轮流在兄弟二人家住，但在一个月末的时候，哥哥急于把母亲送走，弟弟和弟媳却又不肯接受，害得老人在寒风中徘徊，最后倒在地上，死在医院。还有一个小品叫《东哥与巧巧》，是一对自由恋爱的青年结婚后勤劳致富，但是东哥发财后却去泡"小姐"。这个故事明显是在讽刺和教育尚贤士这样的人。

礼与乐是中国传统教化之道的两翼，目的是使人们有序和谐地达到一个快乐幸福的境界。"农家女"小组中的文艺活动不只是手段，而且是目的。人们不仅需要通过文艺活动来学习礼仪和秩序，而且要在有序的家庭生活中共同喜乐。因此，组织文艺活动绝不是可有可无的点缀，而是实现和睦家庭的工作中非常核心的内容。

"农家女"成功地改善了项目村的家庭关系和农民心态。比如上述甲村的华英也积极地参与到小组的活动中来，还到北京参加了培训。随着她的信心日益增长，她也逐渐说服丈夫，让他和那个"小姐"不再来往。两个人把家具厂包了出去，考虑重新做别的生意。他们在许容的介绍下，到海兴县的妇女健康支持小组，互通有无，合伙做生意，几年的时间，精神状态和生活状况都改变很大。

2005 年和 2008 年，谢丽华分别委托我为"农家女"自杀干预项目的活动做评估。在 2002—2008 年这 6 年中，3 个县 6 个村的具体情况虽然有很大差别，但大多全面提高了农村妇女的生活质量，而且总共只有 3 例自杀未遂发生，没有自杀死亡。虽然这可能有很多偶然因素，但我们还是可以从中看到"农家女"工作的一些成效。总体上看，这个项目是很成功的。以和睦、富足、喜乐为关键词的"农家女"自杀干预项目在实践中摸索出的一套工作模式，恰好符合传统中国礼宜乐和的教化之道，在逐渐促进现代家庭新的伦理秩序形成的同时，也在努力帮助村民达致喜乐幸福的日常生活，让男女村民们懂得了相互关怀、相互体谅，由家庭之礼体悟人生之理，在辛勤的劳动中塑造生活的意义，用健康的生活方式关怀自己、珍视生命，实现更饱满的自由和更坚实的独立，从而有可能在根本上触及自杀问题的深层原因。①

目前，针对自杀的问题出现了各种各样的干预方式。比如，有些专家呼吁农业部加强农药管理，以为农民只要不能轻易得到农药，就有可能减少自杀率；再比如，有些精神医学专家主张加强精神医学知识的普及，也能在客观上减少自杀率。这些都是消极的预防方

---

① 其 2002—2005 年的活动情况详见吴飞：《改造人心的政治："农家女"农村妇女健康支持小组评估》，见《自杀作为中国问题》；2006—2008 年的活动情况见吴飞：《和睦家庭，喜乐人生》，见《男女共同参与生命危机干预项目文集》，2008 年 7 月。

式，应当说会在一定程度上起到作用，但不可能解决根本问题。毕竟，自杀问题只是更根本的文化问题的一个表现；如果只把目光集中在表面的自杀率上，以为只要自杀率降低，就已经大功告成，那是对中国文化和社会极不负责任的做法。自杀虽然残酷，自杀者却往往有值得我们同情的理由；若是为了防止自杀就把人们对人格价值的追求也当成病态的表现，那势必会使我们变成一个没有出息的民族。正像涂尔干所讲的那样，杀身成仁、舍生取义，仍然是有积极意义的行为；一个完全没有自杀的民族，比自杀率太高的民族，恐怕还要危险得多。相对而言，回龙观医院的"亲友会"和"农家女"的项目强调中国人的生存状态和文化背景，虽然投入多，收效慢，却能给我们带来更大的希望。

三、革命

当代中国的自杀状况，是现代中国文化处境的一个反映。本研究虽然主要在处理当代的问题，但我们一方面要把它放在古今中西的大背景下来思考，另一方面也要自觉地把我们自己的思考放在思想史的脉络中，才会使它有更大的价值。在本书的最后，我会借助对毛泽东与鲁迅关于自杀问题的思考，深化对这一问题的理解。

虽然中国的自杀率高是最近才发现的一个问题，但从新文化运动以来，对自杀的讨论在中国思想史上就没有中断过。在新文化运动和五四期间，中国文化界围绕几个自杀事件做了讨论，很多重要思想人物参与到了讨论中。比如，1918 年，梁漱溟之父、著名的文化人物梁巨川在北京投湖自杀，胡适、陈独秀、陶孟和、徐志摩以及梁漱溟自己，都发表了文章讨论这一事件；五四前后，很多对妇女自杀的讨论与当时的家庭革命紧密联系起来；到 20 世纪 20 年代，讨论自杀的文章、小说和国外理论介绍已有数百篇；涂尔干发表不久的《自杀论》和西方精神医学中对自杀的讨论也都被介绍到了中国。[①] 1919 年长沙赵五贞自杀事件引起了一次规模很大的讨论；其中，青年毛泽东连续发表了 9 篇文章讨论此事。

赵五贞是长沙的一个女子，因佘四娘说媒，与本城吴凤林订婚。最初赵五贞没有表现出什么不愿意来，倒是她的哥哥因听说吴家婆婆有恶名而有疑虑，佘四娘说吴凤林不与母亲同住，这也就不是问题了。婚期订下后，吴凤林前往汉口做生意，后因故于喜期前一日才得返湘。有人向赵五贞谣传说吴凤林因事被捕，赵五贞信以为真，顿改以前的欢愉之色，整日长吁短叹。赵五贞欲改婚期，被吴家兄嫂拒绝，于是心萌死志。11 月 14 日婚期这天，赵五贞在花轿中以剃刀自刎而死。赵五贞自杀的确切原因一直没有调查得很清楚，有各种传言，有的说她是惧怕婆婆而死的；有的说她是嫌吴凤林年老貌丑而死的；有的说她是反抗父母的强迫婚姻而死的；有的说她先已许配他人，是为殉情而死的。

一些研究者指出[②]，这件事并不是一个很特别的自杀事件。赵五贞并不是一开始就不愿意与吴凤林结婚；严格说来，导致她自杀的不是什么婚姻不自由，而只是一些谣言而已。不过，在五四运动解放妇女改革婚姻的紧要关头，这个平平常常的事件却引起了广泛的讨论。

---

① 参见刘长林、钱锦晶：《论五四思想家对自杀现象的研究》，载《史学月刊》，2003 年第 6 期。

② 如 Roxane Witke，"Mao Tse-tung，Women and Suicide in the May Fourth Era"，in *The China Quarterly*，1967，no. 31。

按照《大公报》的报道和调查，赵五贞的事件很一般，而且很难说她是在反抗旧的礼教和婚姻制度，这是今天任何一个读者都一望可知的。为什么当时那么多同是通过这些报道了解了这个事件的人们会如此义愤填膺呢？难道他们都是有意小题大做、借题发挥，来讲婚姻改革的问题吗？难道他们就不会像我们一样，认为这很可能只是一个没有什么重大意义的事故，甚至可能归咎于精神疾病吗？要理解近一个世纪前的这场讨论，我们不能首先把这个最明显的问题仅仅当作偶然。

　　毛泽东讨论赵五贞自杀的第一篇文章《对于赵女士自杀的批评》是这样开头的：

　　"社会上发生一件事，不要把他小看了。一件事的背后，都有重叠相生的原因。即如'人死'一件事，有种种解说。一是生理的及物理的，'年老寿终'属于这一类。一是反生理的及反物理的，'夭伤'、'横死'属于这一类。赵女士的死，是自杀，是横死，是属于后一类。

　　"一个人的自杀完全是由环境决定的。赵女士的本意，是求死的么，不是，是求生的。赵女士而竟求死了，是环境逼着他求死的。赵女士的环境是（一）中国社会，（二）长沙南阳街赵宅一家人，（三）他所不愿意的夫家长沙柑子园吴宅一家人。这三件是三面铁网，可设想作三角的装置。赵女士在这三角形铁网当中，无论如何求生，没有生法。生的对面是死，于是乎赵女士死！"①

　　随后，毛泽东分析了这三面铁网为什么会驱使赵五贞因对生命失望而自杀，指出只要其中有一面铁网是松动的，就不可能发生这

---

① 所引毛泽东等人关于赵五贞的讨论，均见 1919 年 12 月长沙《大公报》各期。

样的事。在随后的几篇文章中，他继续从几个方面攻击传统的婚姻制度。毛泽东提出的这一问题成为以后几天讨论的主题，很多文章是为回应毛文而写的。

维特克（Roxane Witke）认为，毛泽东在赵五贞之死与社会制度之间建立的关联并不恰当，因为赵五贞并没有什么新思想，也很难说她的自杀的目的是反对旧制度。她与吴凤林之间的争执并没有那么深的政治意义。[①] 在我看来，毛泽东一定意识到了这一点。他在文章的第一段就已经指出，不要把小事看小了，背后可能有复杂的原因。他应当知道赵五贞的自杀并没有直接的社会原因，但他要从这背后挖掘出更深的社会意义来。赵五贞虽然未必有意反抗社会制度，但社会制度却逼她自杀。她的死是偶然的，但社会不公却仍然要为这种偶然事件负责。因此，他在文章后面指出，这件事背后有很深的背景，是婚姻制度的腐败和社会的黑暗，使得人们没有独立的观点，没有自由的声音。在这个意义上，赵五贞是自由与爱的一个殉道士，因此，他要为赵五贞喊一声"冤枉"。

毛泽东的逻辑并不是那么牵强。他将两家之间的这件小事放到更大的公共政治之中看待。虽然我们今天未必完全同意他的具体说法，他的思路却仍然是有道理的。在毛泽东看来，要使赵五贞这样的普通民众得到更多的自由和爱，就必须发动一场社会革命。显然，毛泽东此处所说的"三面铁网"，已经是后来《湖南农民运动考察报告》中"四条绳索"说的雏形了。[②]

11月18日，毛泽东又发表了《赵女士的人格问题》。他说，赵

---

① 参见 Roxane Witke，"Mao Tse-tung, Women and Suicide in the May Fourth Era"。
② 参见毛泽东：《湖南农民运动考察报告》，见《毛泽东选集》，第 2 版，第 1 卷，北京：人民出版社，1991 年。

女士既是没人格的，也是有人格的。说赵女士没有人格，是因为赵女士没有意志自由；说赵女士有人格，是因为她在最后时刻敢于争取自由："呜呼呜呼，不自由，无宁死……赵女士的人格也随之涌现出来，顿然光焰万丈。"在我看来，这种对自由意志与人格的强调，是将当代自西方传来的自由观念与传统中国的人格问题杂糅在了一起。毛泽东此处所理解的自由，并不是自然权利之类的西方内容，而恰恰是人格价值和追求幸福生活的可能。虽然赵五贞没有民权的观念，但人格价值的观念她还是有的，而且体现得非常鲜明。

从这个角度看，我们也就可以理解毛泽东在 11 月 23 日发表的《非自杀》一文中表达的主要思想。这篇文章的前半部从伦理学、心理学、生理学、生物学几个角度证明，人们是以生为目的的，自杀是违反"求生法则"的。而自杀者同样是以生为目的的，只是因为环境使他不能求生，希望落空，才转而求死。毛泽东进而论述了人们之所以会尊重一些自杀者，其原因有二，一是自杀体现了常人不敢做的事的勇敢精神，二是因为自杀体现了一种反抗精神。

因此，人们并不尊重一般的自杀，而只尊重正义的自杀；而之所以尊重正义的自杀，也不是因为自杀本身，而是因为自杀背后的精神。自杀本身这种反抗方式，仍然是应该反对的。在面对恶劣的环境时，人们有几个应对的方式，其价值最高的是有人格的得生，其次是奋斗被杀，再其次是自杀，最后是屈服。因此，赵女士的自杀，"只在'人格保全'上有'相对'的价值"。

毛泽东一方面清楚地看到了赵五贞自杀对人格价值的张扬，另一方面也看出了其中的问题。而他把自杀当作以追求人格为目的的不恰当的方式，与民间把因赌气或丢人而自杀当作想不开的观点完全一致。自杀者值得肯定的东西是他们的勇气和精神，但要真正克服自杀，并不是否定这些勇气和精神，而是更充分和理性地发扬和实现它们。

可见，毛泽东和其他的讨论者们并没有天真地认为赵五贞的举动就是针对旧制度的明确反抗。而当自杀本身就被理解为人格与自由意志的张扬和反抗的时候，人们就很自然地认为它是有所针对的了。

在毛泽东发表了他的第一篇文章后的第二天，兼公发表《我对赵女士自杀的杂感》来回应他对社会环境的批判。他依据几种说法分析赵女士自杀与社会环境的关系：

"一说，赵女士是听说姑有恶名怕受凌辱死的。他的姑到底恶不恶，传说到底真不真，这是另一个问题。但是姑恶何至就自杀呢？……中国社会，是姑对媳有无上权力的，是可以凌辱的，是不许反抗的，是生死予夺爱憎可以自由的。一说，赵女士是因未婚夫死不愿再嫁受父母逼迫而死的。此说信否，尚待调查。（还有一说谓其未婚夫并未死亡其母嫌贫将其改嫁亦待调查。）……赵女士假如真个有不愿再嫁的决心，那么，强迫他再嫁的便是侵犯他的意志自由，他死了就算是强迫的人杀死的。一说，赵女士是嫌丈夫年老貌丑不愿嫁他死的。如果属实，也是不自由婚姻的大罪过。"

在 11 月 19 日的《大公报》上，殷柏发表《对于赵女士"自杀的批评"的批评》，反对毛泽东等人把责任过于推给社会的说法。他认为，要判断赵女士的自杀是否完全该归咎于环境，应该考察两方面："（一）到底他是不是个积极主张'自由恋爱'的人；（二）到底他有不有可以免得自杀的机会。"殷柏认为，从报道看来，赵女士并不主张自由恋爱；而且，她也完全可以采取逃亡之类的方式而不必自杀。因此，赵女士自己的教育不良要为她的自杀负责，而不能完全归咎于环境。

殷柏的这种批评，与维特克有类似的地方。不过，正像我们在兼公的文章里看到的，说社会环境要为赵女士的死负责，并不是因为赵女士主张婚姻自由，从而被不自由的社会逼死，而是说当时的社会环境和社会制度是扼杀人格与自由意志的，就是没有接受新思想的赵女士也会被它所害。

针对殷柏的批评，毛泽东在 11 月 21 日发表了《"社会万恶"与赵女士》，进一步强调他讲的三面铁网的说法。他论证说，当外界传言婆婆不好时，媒人佘四婆婆极力否认。赵家为什么要靠佘四婆婆来了解吴家呢？可见，媒人制度应该为赵女士的死负责。再比如，据说赵五贞不愿上轿，父亲打了她一巴掌，强迫她上轿。这也是婚姻不自由的一个表现。还有，在赵女士要求婚姻改期的时候，吴家兄嫂竟然可以"固拒不许"，而赵家也必须接受。不难看出，他和兼公所谓的社会环境已经足以使不主张婚姻自由的人都无法有尊严地生活了。至于逃亡，毛泽东引了他家乡的一个例子说明，在当时的社会中，妇女逃亡很难，而且无法被舆论接受，抓回来还要受到处罚。

在同一天的报纸上，迈君在《我对于赵女士自杀的感想》中指出，赵女士没有自由婚姻的思想这一点，也是社会的责任。

在后面几天的《大公报》上，争论的焦点逐渐由赵五贞自杀事件本身变成了具体的婚制改革。其中，毛泽东写了《恋爱问题——少年人与老年人》、《打破媒人制度》和《婚姻上的迷信问题》等文章来具体讨论他所讲的社会万恶。

虽然殷柏和毛泽东等人表面上观点不同，但对赵五贞自杀的理解是非常相似的。在他们看来，赵五贞与社会的冲突并不是争取自由的个体与不允许自由的社会制度之间的斗争，而是旧的婚姻制度对基本人格与自由意志的扼杀。无论个体是否有自由思想，这种扼杀都具有很大的杀伤力。毛泽东和兼公认为，媒人制度、婆婆的权力和父母的权力都在扼杀人格的独立与自由，是与人之为人的基本尊严相冲突的；殷柏同样认为这种旧制度有着巨大的危险，没有自由观念的赵五贞甚至会更大地受到这种制度的戕害。因此，如果赵五贞的自杀是一种反抗的话，这种反抗未必表明她已经有什么自由的思想，而只是尊严与人格的一种本能反应，其所揭示的与其说是赵五贞的觉醒，不如说是社会的罪恶。在他们看来，严肃认真地生活就是认识到自己的自由与尊严；而在这样一个社会环境下，一旦认识到这一点就必然会与社会环境发生对抗。

兼公的这段话颇能表达这层意思："我们生在今世，就不要说古话，要对自杀想一个绝源的办法。绝源的办法，便是改造环境，替赵女士一类自杀的人想个绝源方法，便是改良婚制，实行结婚自由。"

毛泽东也讲到，只有建造一个新社会，才能使人们"有人格地得生"，既不违反自然法则又能够人格保全。

在讨论打破父母主婚的文章《恋爱问题——少年人与老年人》中，尚未真正接受马克思主义的毛泽东诉诸一种朴素的社会理想：使人们既满足生理与心理的需求，又能得到生活的幸福。这样的社会理想不是个人在与社会的对抗中自我获得的，而是在对社会的不断改造中，在美好的社会制度下达到的。

虽然中国社会至今都没有完全消除自杀，但这并不意味着我们应该抛弃毛泽东当年的思考，而要将他的思想放到现代中国更大的背景之下来理解。

四、祝福

鲁迅笔下的小人物很多，但他没有像毛泽东那样，把希望寄托在他们自身的反抗上面。因此，在《祝福》中，他以完全不同的方式来理解祥林嫂的自杀。旧的解释会把《祝福》当作一种对礼教的批判。但在我看来，鲁迅更关心的并不是具体的社会制度，而是普通人的人格价值与命运。

祥林嫂一直在认真地追求一种本分的（既符合礼义又有尊严的）生活。这一点在她第一次到鲁镇当女工的时候就很明显了。勤快、能干、老实、守礼的美德为新寡的她赢得的是："口角边渐渐的有了笑影，脸上也白胖了。"但是，这种渐渐好起来的日子却被婆婆打断了。在被婆家拐回去被逼再嫁的时候，祥林嫂像赵五贞一样以自杀来反抗。"祥林嫂可是异乎寻常，他们说她一路只是嚎，骂，抬到贺家坳，喉咙已经全哑了。拉出轿来，两个男人和她的小叔子使劲的捺住她也还拜不成天地。他们一不小心，一松手，阿呀，阿弥陀佛，她就一头撞在香案角上，头上碰了一个大窟窿，鲜血直流，用了两把香灰，包上两块红布还止不住血呢。"

在这次自杀未遂之后，祥林嫂终于屈服于第二个丈夫。辛勤的劳动再次使祥林嫂"交了好运"，三口之家逐渐过上了幸福的生活。但给她带来幸福的命运很快又带来了灾难。丈夫和儿子相继死去，大伯又来收屋，祥林嫂只好回到了鲁镇。

"不测风云"使祥林嫂失去了原来的精神与能干。鄙薄与怜悯成为鲁镇人对这个再嫁了的可怜女人的两个基本态度。在这样的环境里，祥林嫂仍然在寻找新的机会来改变自己的生活。为了打消别人的鄙视，赢得人们的同情，祥林嫂采取了两个办法：第一个是不断地重复讲述自己的不幸故事，第二个是捐门槛。

对儿子阿毛故事的重复固然出自祥林嫂的痛苦记忆，但这种叙述所带来的怜悯却可以收到掩盖人们的鄙视的效果。在祥林嫂回到鲁镇的第一天，她就靠这一招暂时战胜了鄙薄，获得了四婶的收留。但是，正如鲁四老爷对四婶所说的，可怜并不能掩盖"伤风败俗"的劣迹，不能为人赢得丝毫的尊严。众人在听多了阿毛的故事后对祥林嫂的厌烦与挖苦，与其说表现了人们的冷漠，不如说表现了祥林嫂自身的无力。悲惨的命运是与德性无关的一件事。通过别人的怜悯来赢得尊严，只能是自欺欺人。同情只能暂时遮盖鄙视，却不可能转化为尊重。在怜悯随着时间的推移逐渐淡去以后，鄙视又重新显露了出来，甚至比先前还要强烈。

柳妈帮祥林嫂想出来了捐门槛的主意："我想，你不如及早抵当。你到土地庙里去捐一条门槛，当作你的替身，给千人踏，万人跨，赎了这一世的罪名，免得死了去受苦。"祥林嫂似乎从一开始就误解了柳妈的意思。柳妈虽然说捐门槛可能为祥林嫂在阴间洗刷罪名，但从来没有说这可以为她在人间赢得尊严。祥林嫂却误把阴间的无罪与人间的尊严当作了一回事。这个误解已经注定祥林嫂的这个努力也必然落空。

祥林嫂哀求庙祝答应了她捐门槛的请求，然后忍受着人们的嘲笑与鄙视，默默地攒够了钱，终于完成了这个心愿，"回家之后神气很舒畅，眼光也分外有神，高兴似的对四婶说，自己已经在土地庙捐了门槛了"。她向四婶的汇报并不是随意的聊天，而是很认真地告诉她，自己已经洗刷了再嫁的罪过，从此以后可以参加安排祭祀了。正是因此，祭祖时她才会做得那么出力，并且"坦然的去拿酒杯和筷子"。也正是因此，当四婶再次阻止她的时候，她才会"像是受了炮烙似的缩手，脸色同时变作灰黑"。

捐门槛是祥林嫂为了争取有尊严的生活的又一个认真的努力。她花了那么大的力气完成的这件事却终于没能给她带来所期望的收效。参考我在本书的第五章谈到的，捐门槛只能算是祥林嫂与鬼神之间的一场权力游戏。即使她因此改变了死后的命运，人间的权力结构却不可能因此改变。

不仅柳妈和四婶不会真的那么看重阴间的事，就连祥林嫂自己也没有真把希望寄托在死后。在柳妈谈到死后被两个男人争夺之前，祥林嫂似乎完全没有想到这种事情，"这是在山村里所未曾知道的"。她听了柳妈的话之后，经过了很痛苦的思考："她当时并不回答什么话，但大约非常苦闷了，第二天早上起来的时候，两眼上便都围着大黑圈。"一夜之后，祥林嫂就去找庙祝。这一夜的苦想，绝不会使一个没有念过佛的女子突然开始关心起自己的死后来；她用人们的鄙薄诠释了柳妈的话。死后被锯为两段，这事之所以恐怖，是因为死前人们的眼睛正在把她锯为两段。柳妈的话对她的意义，不过是对现实的卑微给了一个神秘的解释，并且对于这种宗教结果给出一个解救的办法。而祥林嫂却误把这种死后的救赎也理解为现实的解脱。正是因为认为这种解脱有可能使她重新获得生活的尊严，她才下定决心，一定要彻底把自己的命运改变过来。她希望在阎王原谅了自己的时候，周围的人们也自然开始尊重自己。但她似乎又模糊地意识到，这个门槛其实不会发生那么神奇的效果，使人们自然而然地把她的污点忘掉，于是便又亲口向四婶暗示自己的努力，好像阎王的恩典可以通过自己的口传达到鲁四老爷一家，进而到达所有的人。她向四婶说的这句话已经暗示我们，她的这种希望是多么可笑，她的这个努力也只能是又一次的自欺欺人。

如果祥林嫂真正在乎的是死后的命运，那在四婶阻止她分酒杯和筷子之后，她完全不必那么介意，因为凡人的尊重与否并不能影响神的决定。显然，四婶的态度证明她的努力再次失败了，因为人们并没有因为她的善功而真的尊重她，而这，才是祥林嫂真正关心的东西。尽管地下的鬼神可能已经原谅了她，她却仍然会在人们的目光下变得"有如在白天出穴游行的小鼠"。

祥林嫂的又一次自杀，仍然是在继续这种对自己的欺骗。她自杀的直接原因，是她和"我"的一次关于灵魂有无的对话。在祥林嫂问"我"灵魂是否存在的时候，"我"支支吾吾地回答有；祥林嫂接下来推论出，倘若有灵魂，就应该有地狱，从而死去的一家人也会见面。面对祥林嫂的这一串推论，"我"隐约感到自己无意中犯了个大错，落荒而逃。很快就传来了祥林嫂的死讯。

为什么在得知灵魂存在之后，祥林嫂就自杀了呢？本来把尊严看得比死后更重要的她，为什么会为了到地下一家团聚而寻死呢？

可以肯定地说，祥林嫂并没有认为有一个比生命更重要的理念使她可以为之而死；她也并没有认为冥府会是一个非常美好的地方；寻死甚至不是简单地想从这不幸的生命中撤出。"我"的话能够证明给她的，只是另外一个世界中的阿毛和两个有可能争夺她的身体的丈夫。这当中她真正在意的，其实只有儿子阿毛。祥林嫂的要求很朴素。她不再奢求人们的尊重了，但希望能够有一种使自己不再寂寞的天伦之乐。自杀依然是她追求美好生活的最后一次努力，是在自己无法得到人们的谅解，甚至连怜悯都找不到的时候，找回家庭生活的努力。她所希望的一家人在一起似乎是最低的要求了。然而，这样的天伦之乐真是那么简单的吗？

在祥林嫂的故事中，人格的尊严是和亲人一同失去的。在贺家坳的时候，不仅因为山村里的人们并不在乎礼教，而且家庭成为她获得尊重与人格的来源，使生活至少有最基本的价值。一旦阿毛死去，这一切都失去了，命运立即把她抛弃在鄙夷与冷漠之中。对家庭的渴望并不只是祥林嫂对过去的家庭温暖的回忆，而且是对有人格的生活的向往，是比得到周围人们的尊重更难以做到的一件事。

因此，在讲阿毛的故事与捐门槛都失败之后，祥林嫂再次找到了一个使她获得有人格价值的生活的办法，就是到地下去和亲人团聚。祥林嫂真正希望的并不是死，而是通过死来得到有尊严的生活。这个希望，比靠怜悯换取尊重和靠捐门槛获得谅解更加渺茫和荒唐；而这次的赌注却是生命。祥林嫂以如此荒唐的方式来追求有尊严的生活，在又一次自欺欺人中死去了。

祥林嫂的几次努力都无法为她赢得真正的尊严。阴差阳错之中，她彻底失去了家庭，变得唠唠叨叨，恍恍惚惚，渐渐成了人们可以随意取笑和耍弄的边缘人，与我们在第六章看到的疯子、傻子的地位相当。不断与命运搏斗的祥林嫂却不知道应该如何获得尊严，结果一次又一次的努力使她显得更可笑。祥林嫂每努力一次，就会在自己的困境中陷得更深些；追求尊重而不得，成了她永远走不出的命运。鲁迅这里表达的，与其说是对旧制度的不满，不如说是对愚拙者命运的无奈。虽说命运常常不可把捉，就像突然而至的狼一样防不胜防，但人们毕竟不是在完全被动地接受命运，而是在与命运的权力游戏中追求着属于自己的正义、幸福和尊严。

毛泽东与鲁迅的讨论都指向自杀的核心问题：人格价值。在毛泽东那里，人格价值更多地体现为社会正义。他清楚地知道，由于国家是生活秩序的最终安排者，没有一个正义的国家，人们是不可能获得真正的人格价值的。鲁迅却更多从个体的命运来思考这个问题。无论如何，每个人的幸福和尊严都是自己创造的。一个不懂得如何与人有尊严、有理性地交往的人，是不可能有好的命运，是不可能在生活中获得尊严与正义的；而因为命运不好就怨天尤人，只能像祥林嫂那样，被动地进入更糟糕的权力游戏中。

这两位思想巨人的思考相辅相成。没有国家的法义，人格价值当然无法保全，而且可能会使人不断陷入无妄之灾；但若是没有个体自身的思考与努力，即使是再完美的社会制度，也难以保障有尊严的生活。20 世纪的社会革命可能使我们已经不容易找到赵五贞、祥林嫂、孔乙己、闰土、阿 Q 这样命运凄惨的愚拙者了，但是，涂脂抹粉的葛曼、寻欢作乐的康娱、西装革履的周流，和他们的命运却是何其相似。葛曼为摆脱命运的一次次努力和她越来越深地陷入的困境，与祥林嫂一次次失败的努力简直如出一辙。

不过，鲁迅在写下《祝福》这个题目的时候，心中所有的未必只是失望和无奈。我们面对那一个个轻率逝去的灵魂，除了对现代中国命运的反思之外，也不要忘记为活着的人们祝福。

主要参考文献

英文部分

DSM-IV（*Diagnostic and Statistical Manual of Mental Disorders*，*Fourth Edition*）.
　Washington DC：American Psychiatric Association，1994

Agamben，Giorgio. *Homo Sacer*. Stanford：Stanford University Press，1995

Atkinson，John. *Discovering Suicide*. London：Macmillan，1978

Blackstone，William. *Commentaries on the Laws of England*（in four volumes）.
　Chicago：Callaghan，1899

Bohannan，Paul. *African Homicide and Suicide*. New York：Atheneum，1967

Burton，Robert. *The Anatomy of Melancholy*. New York：Tudor Publishing Company，
　1921

Dominio，George，Marisa Dominio，and Annie Su. *Psychosocial Aspects of Suicide in
　Young Chinese Rural Women*. Omega：Journal of Death and Dying，2001 2002，
　vol. 44，issue 3：223 240

Douglas，Jack. *The Social Meanings of Suicide*. Princeton：Princeton University Press，
　1967

Dublin，Louis. Suicide：*A Sociological and Statistical Study*. New York：Ronald，1963

Eddleston，Michael，and Michael Phillips. "Self Poisoning with Pesticides." *British
　Medical Journal*，2004：42 44，328

Fedden，Henry. Suicide：*A Social and Historical Study*. London：P. Davies
　Limited，1938

Feuchtwang，Stephan. *The Imperial Metaphor：Popular Religion in China*. London：

Routledge，1992

Firth，Raymond. "Suicide and Risk Taking in Tikopia Society." In: *The Sociology of Suicide*. London: Cass., 1971

Gao，Ge. "An Initial Analysis of the Effects of Face and Concern for 'Other' in Chinese Interpersonal Communication." *International Journal of Intercultural Relations*，1998，22 (4): 473，475

Gibbs，Jack，and Walter Martin. *Status Integration and Suicide*. Eugene: University of Oregon Press，1964

Giddens，Anthony ed. *The Sociology of Suicide*. London: Cass.，1971

Giddens，Anthony，"Theories of Suicide." In: *The Sociology of Suicide*. London: Cass.，1971

Giddens，Anthony. "A Typology of Suicide." In: *The Sociology of Suicide*. London: Cass.，1971

Glenn，David. "Inalienable Rights and Locke's Argument for Limited Government: Political Implications of A Right to Suicide". *The Journal of Politics* vol. 46，issue 1 (Feb.，1984): 80 105

Goffman，Erving. "On Face Work: An Analysis of Ritual Elements in Social Interaction." *Psychiatry*，1955，18 (August): 213 231

Halbwachs，Maurice. *The Causes of Suicide*. London: Routlege and K. Paul，1978

He，Zhaoxiong and David Lester. "What is the Chinese Suicide Rate." *Perceptual and Motor Skills*，1999，vol. 89，issue 3: 898

He，Zhaoxiong and David Lester. "Sex Ratio in Chinese Suicide." *Perceptual and Motor Skills*，2002，vol. 95，issue 2: 620

Henry，Andrew and James Short. *Suicide and Homicide: Some Economic，Sociological and Psychological Aspects of Aggression*. New York: Free Press of Glencoe，1964

Hillman，James. *Suicide and the Soul*. Zurich: Spring Publications，1976

Ho，David. "On The Concept of Face." *American Journal of Sociology*，1976，vol. 81，no. 4

Hu Hsienchin. "The Chinese Concepts of 'Face'." *American Anthropology*，1944，vol. 46，no. 1

Hwang Kwang Kuo. "Face and Favor: The Chinese Power Game." *The American Journal of Sociology*，1987，vol. 92，no. 4

Iga，Mamoru and Kenshiro Ohara. *Suicide Attempts of Japanese Youth and Durkheim's Concept of Anomie*. In: The Sociology of Suicide. London: Cass.，1971

Institute of Medicine. *Reducing Suicide*. Washington DC: National Academies

Press, 2002

Jeffreys, Mervyn. "Samsonic Suicides; or Suicides of Revenge among Africans. " In: *The Sociology of Suicide*. London: Cass. , 1971

Ji, Jianlin, Arthur Kleinman, Anne Becker. "Suicide in Contemporary China: A Review of China's Distinctive Suicide Demographics in Their Sociocultural Context. " *Harvard Review of Psychiatry*, 2001, vol. 9, issue 1: 1 12

King, Ambrose and John Myers. *Shame and an Incomplete Conception of Chinese Culture: A Study of Face*. Hong Kong: Chinese University of Hong Kong, Social Research Center, 1977

Kleinman, Arthur. *Social Origin of Distress and Disease*. New Haven: Yale University Press, 1986

Kushner, Howard. *Self destruction in the Promised Land*. New Brunswick N. J. : Rutgers University Press, 1989

Lee, Sing and Arthur Kleinman. "Suicide as Resistance in Chinese Society. " In: Elisabeth Perry ed. *Chinese Society*. London: Routledge, 2003

Leighton, Alexander and Charles Hughes. "Notes on the Eskimo Patterns of Suicide. " In: *The Sociology of Suicide*. London: Cass. , 1971

Lin, Yuan Yuei. *The Weight of Mount T'ai* (Ph. D dissertation) . Wisconsin University at Madison, 1990

Litman, Robert. "Sigmund Freud on Suicide. " In: *Essential Papers on Suicide*. New York University, 1996

MacDonald, Michel and Terrence Murray. *Sleepless Souls: Suicide in Early Modern England*. New York: Oxford University Press, 1990

Menninger, Karl. *Man against Himself*. New York: Harcourt, 1938

Minois, Georges. *The History of Suicide*. Baltimore: John Hopkins University Press, 1998

Pearson, Veronica and Meng Liu. "Ling's Death: An Ethnography of A Chinese Woman's Suicide. " *Suicide and Life Threatening Behavior*, 2002, vol. 32, issue 4: 347 358

Perlin, Sermon. *A Handbook for the Study of Suicide*. New York: Oxford University Press, 1975

Phillips, Michael. "Overview of Suicide in China. " *Psychiatric Times*, 2003, vol. 20, issue 11

Phillips, Michael, Gonghuan Yang, Yanping Zhang, Lijun Wang, Huiyu Ji, Maigeng Zhou. "Risk Factors for Suicide in China: A National Case control Psychological

Autopsy Study. " *The Lancet*, 2002, vol. 360, issue 9347: 1728 1736

Phillips, Michael, Huaqing Liu and Yanping Zhang. "Suicide and Social Change in China. Culture," *Medicine and Psychiatry*, 1999, vol. 23, no. 1

Phillips, Michael, Xianyun Li, Yanping Zhang. Suicide Rate in China: 1995 1999. The Lancet, 2002, vol. 359, issue 9309: 835 840

Pickering, W. , and Geoffrey Walford eds. *Durkheim's Suicide: A Century of Research and Debate.* London: Routledge, 2000

Qin Ming, and Preben Bo Mortensen. "Specific Characteristics of Suicide in China. " Acta Psychiatrica Scandinavica, 2001, vol. 103, issue 2: 117 121

Shneidman, Edwin and Norman Farberow. "The Logic of Suicide. " In: Edwin Shneidman and Norman Farberow eds. *The Clues to Suicide.* New York: McGraw Hill, 1957

Shneidman, Edwin. "Suicide, Sleep, and Death: Some Possible Interrelations among Cessation, Interruption, and Continuation Phenomena. " *Journal of Consulting Psychology*, 1964, vol. 28, no. 2

Shneidman, Edwin. *The Deaths of Man.* Baltimore: Penguin Books, 1974

Shneidman, Edwin. *Suicide as Psychache.* Northvale: J. Aronson, 1993

Shneidman, Edwin. *Definition of Suicide.* Northvale: J. Aronson, 1994

Shneidman, Edwin. *The Suicidal Mind.* New York: Oxford University Press, 1996

Sprott, Ernest. *The English Debate on Suicide*, La Salle, Ill. : Open Court, 1961

Taylor, Steve. *Durkheim and the Study of Suicide.* London: Macmillan, 1982

Taylor, Steve. "Suicide, Durkheim, and Sociology. " In: *Current Concepts of Suicide.* Philadelphia: Charles Press, 1990

Watson, James. "The Structure of Chinese Funerary Rites: Elementary Forms, Ritual Sequence, and the Primary of Performance. " In: James Watson and Evelyn Rawski eds. *Death Ritual in Late Imperial and Modern China.* Berkeley: University of California Press, 1988

Weiss, James. "The Gamble with Death in Attempted Suicide. " In: *The Sociology of Suicide.* London: Cass. , 1971

Witke, Roxane. "Mao Tse tung, Women and Suicide in the May Fourth Era. " *The China Quarterly*, 1967, no. 31

Wolf, Arthur. "Gods, Ghosts, and Ancestors. " In: Arthur Wolf ed. *Religion and Ritual in Chinese Society.* Stanford: Stanford University Press, 1974

Wolf, Margery. "Women and Suicide in China. " In: Margery Wolf and Roxane Witke eds. *Women in Chinese Society.* Stanford: Stanford University Press, 1975

Wu Fei. *Elegy for Luck*. Ph. D Thesis. Harvard University，2005

Wu Fei."Gambling for Qi."*The China Journal*，2005，no. 54：7 27

中文部分

答旦：《中国自杀研究五十年》，《医学与社会》，2001 年第 4 期：第 15—17 页。

费孝通：《乡土中国 生育制度》，北京：北京大学出版社，1998 年。

郭齐勇主编：《儒家伦理争鸣集：以"亲亲互隐"为中心》，武汉：湖北教育出版社，2004 年。

何兆雄：《自杀病学》，北京：中国中医药出版社，1997 年。

黄光国等：《面子：中国人的权力游戏》，北京：中国人民大学出版社，2004 年。

黄行土：《农村精神病患者自杀相关因素分析》，《现代使用医学》，2001 年第 4 期：第 198 页。

［英］霍布斯：《一位哲学家与英格兰普通法学者的对话》，毛晓秋译，上海：上海人民出版社，2006 年。

江永华、朱红、吴成银、张怀寅、夏碧磊、贺敬义：《强化农药管理对农村自杀的影响》，《中国心理卫生杂志》，2003 年第 12 期。

［美］凯博文：《疾病与苦痛的社会根源》，郭金华译，上海：上海三联书店，2008 年。

［德］康德：《单纯理性限度内的宗教》，李秋零译，北京：中国人民大学出版社，2003 年。

李献云、许永臣、王玉萍、杨荣山、张迟及惠郁、卞清涛、马振武、何凤生、费立鹏：《农村地区综合医院诊治的自杀未遂病人的特征》，《中国心理卫生杂志》，2002 年第 10 期：第 681—684 页。

刘长林、钱锦晶：《论五四思想家对自杀现象的研究》，《史学月刊》，2003 年第 6 期。

毛泽东：《湖南农民运动考察报告》，见《毛泽东选集》，第 2 版，第 1 卷. 北京：人民出版社，1991 年。

［法］涂尔干：《人性的两重性及其社会条件》，见《乱伦禁忌及其起源》，汲喆、付德根、渠东译，上海：上海人民出版社，2006 年。

［法］涂尔干：《孟德斯鸠与卢梭》，李鲁宁、赵立玮、付德根译，上海：上海人民出版社，2006 年。

［法］迪尔凯姆（涂尔干）：《自杀论》，冯韵文译，北京：商务印书馆，1996 年。

王同亿主编：《现代汉语大词典》，海口：海南出版社，1992 年。

王跃生：《社会变革与婚姻家庭变动：20 世纪 30—90 年代的冀南农村》，北京：生活·读书·新知三联书店，2006 年。

吴飞：《中国农村社会的宗教精英：华北某县农村天主教活动考察》，《战略与管理》，1997 年第 4 期。

吴飞：《教会权力与大陆乡村社会：对华北某县天主教会的考察》，《建道学刊》，
　　1998 年第 9 期。

吴飞：《麦芒上的圣言》，香港：道风书社，2001 年。

吴飞：《生的悲剧，死的喜剧》，见"思想与社会"系列之《宪法与公民》，上
　　海：上海人民出版社，2004 年。

吴飞：《自杀与美好生活》，上海：上海三联书店，2007 年。

吴飞：《自杀作为中国问题》，北京：生活·读书·新知三联书店，2007 年。

吴飞：《和睦家庭，喜乐人生》，见《男女共同参与生命危机干预项目文集》，北
　　京："农家女"文化发展中心编印（内部发行），2008 年。

谢丽华主编：《中国农村妇女自杀报告》，贵阳：贵州人民出版社，1999 年。

许烺光：《祖荫下》，王芃、徐隆德译，台北：南天书局，2001 年。

阎云翔：《私人生活的变革：一个中国村庄里的爱情、家庭与亲密关系》，上海：
　　上海书店出版社，2006 年。

杨镇涛：《正常人自杀问题与危机干预初探》，《健康心理学杂志》，2000 年第 6
　　期：第 675—676 页。

翟学伟：《中国人的脸面观》，台北：桂冠图书股份有限公司，1995 年。

翟学伟：《人情、面子与权力的再生产》，北京：北京大学出版社，2005 年。

翟书涛：《危机干预与自杀预防》，北京：人民卫生出版社，1997 年。

翟书涛：《社会因素与自杀》，《医学与社会》，2001 年第 6 期：第 4—5、21 页。

翟书涛：《自杀的发生机制》，《临床精神医学杂志》，2002 年第 2 期：第 97—
　　100 页。

张敬悬、翁正、秦启亮、马登岱、柴新生：《城乡社区自杀死亡率前瞻性观察》，
　　《中国行为医学杂志》，2001 年第 4 期：第 330—332 页。

张艳平、李献云、费立鹏、卜清涛、许永臣及惠郁、杨荣山、张迟、何凤生：
　　《农村地区有、无精神障碍自杀未遂者及其自杀特征的比较》，《中华精神科杂
　　志》，2003 年第 4 期。

赵梅、季建林：《中国自杀率研究》，《临床精神医学杂志》，2002 年第 3 期。

中国社会科学院语言研究所词典编辑室编：《现代汉语词典》，第 5 版，北京：商
　　务印书馆，2005 年。

［日］滋贺秀三：《中国家族法原理》，张建国、李力译，北京：法律出版社，
　　2003 年。

附　录　好日子的一种可能①

——回忆我的母亲

王菩钦

2002 年秋，我陪儿子做田野调查的时候，找机会回到了我的出生地——河北肃宁县窝北镇。我离开这里已有 24 年，一切都变了模样。原来的院子现在已被四家人分住了。我试图推开门进去看看院子里现在的光景，但大门总是紧锁。

当初，这是多大的一片宅子啊，前院是三间有垛口七檩九蹬台阶的高大北房，两间西配房，两间东配房，房子全是砖木结构。正院东侧还有一个小院，院内三间北房是牲口棚，还有两间东房和两间南房。后院分里外两个院，里院是三间砖木结构的西房，两间东房和前院通着，是仓房；外院三间北房是磨房，两间北房是草房。前院向东的朱漆大门，后院向北的大梢门……这本是一个书香之家，从我的曾祖父王鹤玖在清朝做官开始发达起来。这个家最多时 32 口

---

① 吴飞按：在陪我做田野研究期间，母亲顺便回了老家，开始写这篇回忆文章。后来断断续续，一直写了几年。当本书的中文稿与母亲的回忆录同时完稿时，姥姥已辞世 3个月了。将此文附于书后，既为纪念我的姥姥，更希望为本书思考的"过日子"问题提供一个更积极的参照。

人在一起吃饭。可现在这里什么都没有了，随着 1978 年我最后一个离开这里，房子和宅地也都卖给了别人。

好不容易主人回了家，我走进了他们的院子——我们的故宅地，贪婪地看着这里的一切，这棵枣树是原来的！我摸摸它的树皮，好像它在感谢我以前年年给它开枷。这几棵槐树是原来的长大了！树叶瓣里啪啦落下来好像在向我打招呼。这个地方是原来我们厨房的门口，这是原来东棚子没拆完剩下的几块老坯，已经碱得没了棱角……最后我的目光落在了院子里南墙上的一片拆房后留下的印迹上，那是我们南邻的北房的后墙面，当初和我们住的西房紧邻，留下的这印迹就是我们西房和人家紧贴着的那一部分。望着这印迹，我好像又坐在了自己的西房里，想起了我们的家，想起了我在这里生活的整整 30 年，想起了在这里操劳了近 50 年的母亲，母亲随着这个家兴而乐，家衰而愁……最后随着这家人全部进城而进了城。

晚上，我一夜未眠，我思念我的家。我想，如果现在这里没有人居住，我花多少钱也要把宅地买回来，让它恢复原样，我和母亲还来这里住……家，什么是家？其实母亲就是家，没有母亲就没有这个家的一切。母亲的一生占据了我的脑海，我的母亲在这个镇上是出了名的，她是远近闻名的孝顺媳妇，她是教女成才的典范，她是乐善好施的大贤人……她太不寻常了，她的好多优秀品质和故事我要告诉后人，所以我有了为母亲写点东西的冲动。

从绣女到贤妇

肃宁县城东十华里的玉皇庙村有个李家大院，大院的主人李广明没有多深的文化，但崇尚读书。他有三个儿子，老大、老二都是秀才出身的教书先生，因家里需要人手干活，老三就没读多少书。他主要照管家里的土地。当时他们家拥有一顷多地、三头骡子、一匹马和一头驴，家里雇着长工和短工。

1908 年农历十月初三，李三少爷家的大女儿出生了，她就是我的母亲李书申。母亲后来有两个妹妹和一个差二十二岁的弟弟。母亲身材瘦小且体弱无力。外祖父的脾气特别暴，对孩子们很严厉。外祖母的脾气也不好，她勤劳但过于吝啬，而且嘴很厉害，所以人缘不好。

曾外祖父看母亲弱小但聪明，又有很强的求知欲，于是就在家教她读书，但外祖父、外祖母认为女子读书无用，坚决不让母亲读，就这样母亲只读了《百家姓》和《三字经》，就非常不情愿地辍学了。读书成了她终生的愿望和遗憾。

母亲主要的工作就是帮助外祖母操持家务和照顾弟弟妹妹，夏收、秋收农活忙时便到场里帮着掐谷、掰棒子什么的，但母亲体弱，干得不如别人快，经常受到外祖母的训斥和挖苦："看你这个样儿，什么都干不了，就像一个'活死人'。"但母亲从来不说什么。

母亲十六七岁的时候，看到她的一个姑姑经常刺绣，很喜欢，就偷偷地弄点布自己画上花，学着绣。有一天她把自己的作品拿出来让别人看，人们都吃了一惊，没想到她竟自己学会了刺绣，而且绣得很好。于是她的刺绣就远近有了名，求她做活的人络绎不绝，主要是给出嫁的姑娘绣嫁妆，如鞋面、枕头、裙子以及小孩的兜肚、帽子等。刺绣使母亲初步展示了自己的才华，并有了一些收入，但她从不花那些钱，到出嫁前她积攒了 500 多块大洋，后来全为我们这个家花掉了。由于母亲刺绣着迷，经常绣到深夜，眼睛慢慢近视了。

外祖母家日子过得不错，但外祖母太吝啬，从不舍得给母亲买多少衣服。母亲本村的舅舅很喜欢母亲，他富裕又大方，经常到县城给母亲买布，所以母亲的衣服不少，但她穿得很朴素。她是个不爱张扬的人，大部分衣服都在包袱里放着，母亲说："我最大的乐趣就是打开包袱一件一件地欣赏自己的衣服。"直到去世前还是如此。她哪怕是瘫痪在床、言语不清时，还经常断断续续地说："拿衣裳包给我看。"我们就拿出她的一个个大包、小包，一件一件拿给她看。

到了十八九岁，给母亲说媒的人很多，但总是这不行那不行，一直拖到24岁才遇到了我的父亲。我父亲20岁就在县城给我村大地主"南头殿"的隆圆布店当掌柜。外祖父多次到县城办事，看到过父亲，并和他聊天，发现父亲是个有作为的青年，回到家经常和家里人称赞他：城里隆圆布店的掌柜是个20来岁的小伙子，这么小就给东家戳起了店，当掌柜，真了不起。后来有人给母亲提亲，正巧是他。当时我们家从外表上看，不如外祖父家富裕。我家是爷爷老哥仨还在一起过。父亲小哥俩，堂兄弟8个，我奶奶半身不遂，全家20多口人只有30亩地，还有好几个伯父不正干，有的还抽大烟，真正是个破落的大家。所以，好多人都反对这门亲事，有外人说，大申（我母亲）嫁给这个主儿，将来非提着篮子要饭不可。但是因为爷爷和大外祖父、二外祖父都是同学，两家很投缘，再加上外祖父早已看上了父亲，他认为，"宁嫁一只虎，不嫁十亩土"。于是两家老人毫不犹豫地就拍板定了这门亲事。

1932年，母亲24岁，嫁给了我父亲王松龄，走进了一个又大又穷又讲排场的家。

我爷爷排行第三，按照这三房排，当时家里有：大爷爷和他的孩子二伯父、二大娘、四伯父；二奶奶、大伯父、大大娘，和他们的三个孩子，还有三伯父、五伯父、五大娘、八叔；我爷爷、奶奶有两个儿子，就是我父亲和七叔，加上我母亲；全家 19 口人。其中四伯父和二伯父早过了结婚年龄，却没成家，七叔、八叔还不到结婚年龄。家里常年雇着一个种地的、一个放羊的和一个做饭的。我父亲堂兄弟八个，除七叔没到外边去，其他人都在外面学做买卖或管着自己家的买卖。当时我家在北京开着当铺，在口外有皮货庄。我母亲嫁来时只有二伯父、四伯父、五伯父和父亲不在家，其他人因不同的原因回了家，这些人在家只有农忙时帮着长工送送水送送饭什么的，他们都是公子哥，不能干农活，而且除了五伯父和我父亲、七叔外，都抽大烟。

母亲结婚后的主要工作是伺候卧床的奶奶，再和大娘们一起干些力所能及的家务。当时家里主要的女人是二奶奶、奶奶、大大娘、二大娘和母亲。家里的内务原来由我奶奶管着，奶奶得了病以后，二奶奶也有病，家里的内务就由大大娘负责，主要是派人买柴米油盐之类的东西。母亲三月结的婚，到秋天，大大娘由于孩子多，不愿再管家里的事，向老人们推荐母亲。我奶奶认为母亲新来乍到，不适合管家，没同意；但过了两个月，大大娘坚决不干了，从此母亲就开始管家了。

母亲耐心照顾二位老人，博得她们的喜欢，奶奶对母亲无微不至的照顾感激不尽。脾气不太好的二奶奶和她自己的儿媳妇大大娘关系不好。因二奶奶有病，母亲只要有空，就到二奶奶房里去给她按摩，陪她聊天。母亲只要到了她屋，她就满脸带笑，拉着母亲的手说："闺女你快来给我捏手指头。"母亲回忆说："有一年你五大伯（二奶奶的二儿子）从天津买回一块浅拷色毛料，交给你二奶奶，你二奶奶和他商量送给谁（当时四五块大洋一尺），她琢磨了半天，最后送给了我。那块布料太好了，以前谁都没见过那么好的料，那料子让裁缝给做了一件上衣，我一辈子都喜欢不够。"

大大娘已有三个孩子，母亲就抢着家里的事做，给大大娘腾出更多的时间照顾孩子（大大娘从娘家带来一个奶妈）。当时父亲不在家，大大娘的两个孩子，我的大哥、二哥和母亲在一个房里睡觉。有时大大娘回娘家，母亲就替她照管孩子。母亲说孩子们都很听话。有一年冬天，大大娘不在家，母亲早晨起来做饭，正猫腰贴饼子，一回头看到一个小黑影，吓了一跳，仔细一看，原来是大哥。"你来干什么？"他说："婶子，我一摸身边没你了，知道你起来做饭了，我帮你烧火吧。"当时母亲激动得都流出了眼泪，才7岁的孩子怎么这么懂事啊？母亲说，睡觉去吧孩子，这用不着你，费了好大劲才把大哥哄走。大哥、二哥上学后，晚上常守在做针线的母亲旁学习。有一次二哥坐下直喊："真冷，手真冷。"母亲说："你的袖子那么长怎么会冷，我看看。"仔细一看才发现，原来二哥穿的外面的单衣袖子很长，而里面的棉衣袖子很短。母亲心疼二哥，于是放下手里的活，赶紧给二哥做了一对暖袖缝在棉袄上。二哥高兴极了，大大娘也高兴地说："你婶子真疼你，这比给你个棉袄还强。"

二大娘脾气不太好。因为她娘家比较穷，场面上摆不上去，可能她有些自卑，对别人也有些嫉妒。叔叔们也瞧不起她家，常把她娘家瞧闺女时带来的饽饽扔到狗食槽里。所以二大娘家务也干得不多。她人穷且不争气，有时还偷拿家里的东西，常被多事的小叔子们发现，所以更被人瞧不起。她有时也和大大娘吵架。但母亲这些都看在眼里存在心里，还是千方百计和她处好一些关系。

我还有一个姑姑，是我大爷爷的女儿。爷爷哥三个就这一个宝贝闺女，所以惯得她在家骄横跋扈。她是八个弟兄的姐姐，已嫁给了县城大地主孔家，但受不了做媳妇的那份规矩，所以带着姑爷常年住在娘家。这可给家里添了不少麻烦，她经常没事找事，闹得家里鸡犬不宁。她身边还拉了几个当院的不知好歹的姐妹跟着她，她不高兴时就带着她们满院子转（我家院子很大，从向南的大门到向北的大门足有几百米），从前门到后门，再从后门到前门，边走边骂骂叨叨，目的是向人们示威。她家姑爷纯属游手好闲的公子哥，除了赌钱什么也不会做，人们敢怒不敢言，还得好好伺候着。

母亲和伯伯、叔叔的关系处得也很好。如夏天全家人吃西瓜，20多口人在屋里放一张大桌子，西瓜切成很多块，每个人自己拿着吃，因为母亲牙不好，有两个镶的假门牙，于是叔叔就主动给母亲一个勺子叫她挖着吃，这是母亲想不到的。如果不是叔叔给她勺子，她宁愿不吃也不会想起拿勺子。

我的亲叔叔排行老七，我们称他七叔。七叔正准备外出学做买卖时，奶奶突然半身不遂了，所以，七叔只得在家照顾得病的母亲。可是，过了几年后，七叔也得病了，由于当时医疗水平差，不少医生也瞧不准是什么病。母亲看着日渐消瘦的七叔很是可怜，所以，一有时间就陪他聊天，认真给他熬药，到后来七叔病重后，母亲还经常馇着七叔坐着。为了给七叔冲喜，家里春天给七叔订了婚，准备过完秋结婚。可是，没等到过完秋七叔就过世了，才20岁出头。七叔死了，当时祖父不在家，家里人商量着当天就把丧事办了，母亲思来想去觉得不合适。不管怎么说七叔也是20多岁的人了，而且也订了婚，再者，因为奶奶得病耽误了他的前程，就够对不住他了，死后再这么草草了事，实在不该。于是，母亲向长辈们请示："我说句话行吗？我认为七弟应该放三天再出殡……"长辈们顾虑的是，他这么年轻，放三天放在什么地方（因当地的风俗，年轻人不能放在正房屋），这三天谁守着他，等等问题。这些问题母亲早也想到了。母亲说："把他放到后院的小北屋里，我守着他。"于是母亲的意见被采纳了，七叔被放了三天，每天白天伯伯们轮流守护他，母亲不停地去转转，上香，烧纸钱，晚上母亲也去给他上香好几次，直到深夜。母亲对兄弟的这种情谊博得了人们的称赞。

后来大爷爷去世了，这个大家就要由爷爷自己来管理。爷爷自保定高等师范毕业后，曾到兰州的一所中学当校长。后来离我们不远的一家人因自家人乱伦，杀了人，想栽赃给我们家，但有好心人告诉了我们家，家里人就把爷爷叫回来，结果那家人就没敢照计划行事，避免了一场是非。从那以后，爷爷就没再去兰州，被献县聘去当中学校长，后来任献县教育局局长，在献县被选为省议员，到北平就职。后来奶奶病了，爷爷就回了家，偶尔才到北平帮帮忙，已经基本上没有了收入。在外面挣钱的伯父们的收入都不交公，我父亲开始在肃宁隆圆布店当掌柜，后来东家调他到大同药店当掌柜，父亲的收入就全交给爷爷来维持这个家。母亲从来不参与这些事，有时家里钱紧时，她还从自己的私房钱里拿出点来家用。

几个无所事事的伯父抽大烟抽得没了钱，就偷家里的粮食出去卖，年底更为厉害，因为要账的都上门催债了。这时候在外面工作的伯伯们也回家过年了。爱管闲事的五伯父和父亲常常抓贼。他们晚上在仓房的粮囤里画上印，在门锁上做上记号，第二天一看准动了，粮食又少了很多，但是又有什么办法呢？爷爷一个当叔的，只能教育和维持，再有就是奉献。

这个大家一直维持到1937年，即母亲结婚5年后。那年腊月，正是我大姐一周岁的时候，分家了。我爷爷叫我二奶奶先挑，然后让我大爷爷家的二伯父挑，二伯父不好意思挑，说抓阄，结果抓了他又嫌不好，又和我爷爷换过来了。于是我们就住到了最不好的后院。

分家一年后，我大爷爷的二儿子即四伯父也和他哥哥二伯父分了家，分家后他把房子和家具卖了，都抽了大烟，背着我爷爷又要下关东。后来邻居一个爷爷对我爷爷说："老三，你不管小余（四伯父叫寿余），他可就喂了关东狗了。"爷爷这才知道四伯父又要往关东跑。前些年大爷爷还在时，四大伯就去了关东当铁路警察，后来混不下去了，连回家的盘缠都没有，是爷爷花 80 块大洋才把四伯父从东北找回来，能让他再下关东吗？只是爷爷有爷爷的难处。他问母亲："咱们把你四哥接过来，叫他跟着咱们一起过行吗？"四伯父是个大烟鬼，已经家产卖净，而且又吃又喝，在伙里时，他就吃遍街上的肉挑子，年底给他还不清的账。从心里说，母亲是不愿意接纳他，但只是笑笑不说话，爷爷看得出来，没法子但又不能强迫，就又继续问母亲，问到第三次时，母亲说："爹看着怎么好就怎么办吧。"爷爷知道母亲的为人，她多不愿意也不会让老人为难的。于是四伯父就成了我们家的成员。这也给我们以后的生活带来了无穷的麻烦。他来我家时只穿着一条破短裤，趿拉着破鞋，来后母亲给他做了新鞋、新裤和大褂。然后就是每年年底给他还账，镇上的肉挑子、糖挑子、烧饼挑子他随吃随记账，年底人家就登门来要债。有一年家里实在没钱给他还债，就叫他到我姥姥家躲了一个月，躲了这年躲不了下年，债总是要还的。

日本军队侵占了肃宁城后，在我们那一带扫荡得很凶。老百姓三天两头要逃跑。有一次，有人喊：日本鬼子来了，往西跑！母亲抱着 1 周岁的二姐，领着 4 周岁的大姐跑，她本来就体弱，又是小脚,再带着两个孩子,根本就跑不动,远远落在别人后头。头上的子弹嗖嗖响,母亲三步两栽跤,刚向西跑出村子不远,鬼子就从北向南过来了。多亏眼前有一个土坡,母亲和姐姐们伏身趴在土坡旁,总算躲了过去。日本兵走了,她还好半天上不来气。事后,母亲执意要叫父亲回来,母亲和爷爷说:"咱们家里老的老小的小,又这么闹炸,咱们不能不要命了,快叫他回来吧,咱们不挣钱了。"于是父亲从大同回来了。大同药店没了掌柜的怎么行,三番两次捎信或来人叫,母亲主意已定,没再让父亲回去。

后来,我奶奶病得很厉害,已在弥留之际,日本兵又来了。人们叫我母亲带着孩子跑,家里剩下爷爷和一些老人。母亲跑了出去又觉得不对劲,怎么能扔下老人走呢?于是母亲带着孩子往回跑,被村长拦住:"你不要命了?""我家里有病人,我不能扔下老人不管。""家里有别人管呢,我做主,你不许回去!快跑!"就是那一回,我奶奶去世了。没有人埋怨母亲,她是对的。等日本鬼子走了,平静下来才给奶奶料理了丧事。

1940年8月,日军在窝北东北侧建了伪据点,第二年4月撤了。1942年7月又在窝北西南侧建了更大的据点和岗楼,内有鬼子12名,伪军50名。村上好多人当汉奸为鬼子服务,刺探情报,抢掠老百姓的钱财,吃喝玩乐无所不做。村上有些好吃懒做的女人也和岗楼上的大汉奸娘们儿勾勾搭搭,跟在人家屁股后头狐假虎威到处张扬。岗楼上派人来请爷爷去给他们办事,爷爷推说岁数大了不能工作,他们三番五次派人来,爷爷最终也没答应。当时我那不争气的姑姑偷着对母亲说:"人家叫我叔去就去呗,看人家在那干的多享福啊,别人想去人家还不要呢。"爷爷后来知道了这事,狠狠训斥了姑姑一顿,叫她不准和与岗楼有关的人来往。

岗楼上又在父亲身上打主意，派人来说："老先生年纪大了，让少的去吧。"我父亲以家里事多干不了推辞，结果他们后来想抓父亲去为他们效力。有一天父亲正在北洼耕地，岗楼上的人想来抓父亲，派人在我家门口等着。这时我们北邻的四爷看出了其中的奥妙，于是偷偷对我母亲说："岗楼上来抓人了，我去北洼把松龄的牲口和车弄回来，叫他去刘家疃（父亲的舅舅家）躲一躲。"父亲就跑到他舅舅家躲了起来。不知是什么人给岗楼上报了信，他们知道了父亲藏在刘家疃，半夜就去敲他舅舅家的门："你外甥在什么地方？快交出来！"老人家说："我根本没有外甥，我只有一个女儿。那是坏人造谣。"那确实不是父亲的亲舅舅，加上舅爷很会说，终于把来人骗走了。在刘家疃不能待了，父亲又挪到我姥姥家，一躲就是好几个月，才逃过了这一劫。

孝敬公婆　乐在其中

母亲回忆她少妇时期时说："我在娘家人们都因我没力气看不起我，说我是'活死人'，可我到了这个大家后和人们处得都很好，夫妻恩爱，公婆喜欢，妯娌兄弟和睦，孩子尊敬，大家都很器重我，也没人说我没能耐，还管了好几年家，我很知足！"

在母亲没过门时，我爷爷这屋里除了奶奶再没有别的女人。奶奶半身不遂，卧床不能动，所以家里很乱。母亲过门后看到奶奶的被子、褥子都很脏又很旧，就全换了新里新面，添加了新棉花。奶奶说不清话，只是咧着嘴笑。从过门的那一天起，就是母亲给奶奶端屎端尿，梳头洗脸。由于奶奶不能动，大便非常困难，隔几天要掏一次大便，都是母亲亲自下手。母亲认为这是自己的责任，从来没有怨言。

爷爷、奶奶不和大家一起吃饭，他们养成了自己的生活习惯，一天吃两顿饭，而其他人一天吃三顿饭。那么母亲一天要做五顿饭。有时候爷爷和奶奶吃的还不一样，比如吃面条，爷爷喜欢吃又薄又宽的面条，而奶奶愿吃又窄又厚的面条，于是母亲就要擀好两样面条，然后，先给爷爷煮一碗，再给奶奶煮一碗，吃完了第一碗，再每人给煮一碗。一顿捞面就要煮四锅，其他饭菜也是这样。爷爷和奶奶经常喜好不同，母亲就一一满足他们的要求。每当和母亲谈论起她侍奉爷爷、奶奶的饮食时，我常提出这样的问题："他们为什么不将就点，让你这么辛辛苦苦地伺候？"母亲总是满脸带笑并有些骄傲地说："不是他们让我那样做，是我从和他们的谈话中知道他们爱吃什么，就想法给他们做，我只要看到他们吃得高兴，听到他们对我的称赞，我就比什么都快乐。"母亲对老人的孝敬是发自内心的。

1940年奶奶去世时，爷爷59岁。母亲考虑到让爷爷有个精神上的寄托，有个说话做伴的人，曾多次提出来给爷爷找个老伴，但爷爷一直不答应。爷爷考虑到和母亲不好说这事，就找来了一个长辈来说服母亲。爷爷的理由是：你们两口子对我已经伺候得很好了，我拿儿媳妇也不当媳妇看，我这是一儿一女，什么都有了。再找个老伴也不会比你们对我好，我给你们找那个麻烦干什么？这事就按着爷爷的心愿没再找。没了奶奶，父亲就搬到了爷爷屋里去住。我们姐妹几个都是在爷爷屋里长大的。所以我们和爷爷的感情特别深。

母亲特别注意不让爷爷寂寞，一闲下来就到爷爷屋里和爷爷聊天。这也被当时的姑姑嫉妒，姑姑和大大娘说："你看人家公公和儿媳妇总也有说不完的话，也不知说些什么？"大大娘很了解母亲的为人，就问母亲："你和我叔净聊什么啊？她大姑都看着眼馋了。""聊什么天？主要是说我娘家大爹、二大爹和这里老人们念书时的些个事，再有就是办事的一些个理儿什么的呗。"我琢磨着，母亲确实在和爷爷的交谈中获取了不少知识和为人处世的道理，只是母亲不会总结而已。

爷爷的屋就成了我们家的中心，我们五个孩子不上学时就待在那里。爷爷教我们认字，据说学得最好的是我三姐，她上学前就学会了几千个字。我们上学后，一放学就奔那里，在那里做作业，只有睡觉和吃饭不在那里，尤其吃饭我们都躲得远远的，因为母亲给爷爷做的是小灶，爷爷总想给我们吃，母亲让我们躲远，爷爷想给也找不着我们。这是我们家的规矩，一看到爷爷快吃饭了就跑到外面去玩。爷爷也有疼爱我们的方法，他有意把给我们的剩下，等我们回来，你一口他一口地喂。

母亲不管什么时候买来或是从什么地方拿来什么东西，总是先到爷爷屋里一样一样地拿给爷爷看。后来我也学会了这样做，买了东西拿给母亲看。因为老人不能到外面去，把买来的东西给她看的同时还可介绍外面的世界，这样既给老人解闷，又能使她了解她不能接触的东西，最主要的是使老人体验到我们对她的尊重。这算是母亲传给我们的一条好家规吧。

爷爷每天的生活习惯是，早上 9 点多起床，洗漱完活动活动后吃早饭，然后看书、教孩子学习或是和朋友聊天论事。中午休息片刻，下午 3 点多吃饭，饭后还是和上午一样工作。有一次，爷爷在和朋友谈论饮食时，朋友说，黄瓜馅的饺子很好吃。爷爷无意中告诉了母亲，母亲就试着做，想着如何配作料，如何使黄瓜鲜嫩又不出水，做成后给爷爷端上："爹，尝尝这黄瓜馅饺子怎么样？"爷爷乐得合不上嘴："我只是说说，怎么真的做起来了?"然后"好吃，好吃"赞不绝口。还有一次，爷爷提到槐树花馅饺子，母亲也是和做黄瓜馅饺子一样给爷爷做了，爷爷高兴得不知说什么好。

母亲每次做饭前都问爷爷想吃什么，时间长了，爷爷说："人老了，自己也说不上想吃什么，你就自己看着做吧，只是别太费事。"母亲就给爷爷制定了菜谱，尽量几天不重复。爷爷爱吃炒鸡蛋，又喜欢大口大口地吃，可鸡蛋炒得太淡了不好吃，太咸了就不能吃大口，怎么办? 母亲想啊想，终于想出了办法，把一个鸡蛋直接打在热油锅里，把蛋黄打开，撒上一点点盐，再把鸡蛋合上，翻个过后出锅。母亲叫它鸡蛋饺，外焦里嫩，又不淡又可大口吃。爷爷说："谁教给你这么做的?""我琢磨了好长时间，自己琢磨出来的，好吃吗?""太好吃了!"爷爷常常和老朋友这样感叹："人老了，全仗着孩子们疼。他们要是不想做，你要求他们去做是做不到的。"朋友们也不无嫉妒："你怎么就修下了这么好的儿媳妇?"

爷爷在当省议员的时候，有一年得了病，什么药都治不好，眼见就不行了，这时，曾祖母在想尽了所有办法后，出了个自己最不愿意的主意，叫爷爷喝了点儿大烟灰试试，结果病有点好转。既然这样，那么就接着喝点烟土吧，喝了烟土病渐渐好了，于是，爷爷就坚持少量喝点烟土或烟膏。后来爷爷曾多次试图戒掉，但由于年纪越来越大而且身体很弱，屡戒不成。北平的同事也说："你身体这么弱，是没法子戒的。"为了爷爷的身体，全家一致坚决不同意爷爷戒烟。

爷爷从北平回来后基本上没有了收入，父亲从大同回来后，一时也没有工作。当时我父母就办起了磨房，就是买来粮食磨成面供饭铺用，后来又加上碾米，这样辛苦挣来点钱维持家用。这时爷爷提出要戒烟，父母坚决不同意，要是遇到钱紧的时候，母亲就从她刺绣的钱里拿出点来应急。母亲自己攒的那点钱就这样左一次应急右一次应急地花了出去。

由于家里事情很多，我大姐要帮父母干活，10多岁了还没上学，只是爷爷在家抽空教她学习。爷爷说："孩子这么大了，不上学怎么行啊？"大概是1950年，村上高小招生，父亲说："叫她考考去。"结果没进过学校大门的大姐凭自己自学的知识考上了高小。于是大姐开始了上学读书。读了一年多，村上信用社招人，父亲问大姐愿不愿去，大姐说愿去，只是不会珠算，父亲说："你只要愿意去，我教你珠算。"这时候父亲已经在信用社工作了几年，父亲利用晚上时间教大姐，发现她学得特别快，只用了三个晚上就掌握了珠算的基本知识。结果大姐一下子就考取了信用社职员，一年以后大姐被调到县人民银行工作。我大姐参加了工作，就经常替父亲给爷爷筹买烟土的钱。但是，烟土或烟膏都是国家禁卖的，越来越不好找，而且越来越贵，爷爷又一次提出不吃了。母亲认为，爷爷快80岁的人了，再难也不能断了爷爷的药。父亲去世后有一个人来问爷爷，这次弄了好烟你要多少？爷爷觉得很贵，要100多块钱一两，当时大姐的工资每月只有25块钱，所以不想要了。母亲坚持要，爷爷说："那就要半两吧。"母亲坚持要了一两。这一两烟一直吃到爷爷去世还剩下了不少，母亲很欣慰，因为一生没断爷爷的药。

从1959年秋开始，父亲的胃不舒服。因为他平时不爱生病，所以一点半点的不舒服不在意。后来总也不好，这才看医生，县里的中医西医都看遍了，这个说是伤寒，那个说是脾湿，吃了几十副药不见好。人都要变形了，这才到天津去看（当时大姐在天津工作），结果去了7天，农历腊月初六（1960年1月4日）父亲就在天津去世了。噩耗传来，我们一家子都傻了……上有老下有小，爷爷79岁，妹妹才8岁，我12岁，这日子简直没法过了！母亲一次次地号啕大哭，就我这么个不懂事的孩子还夜游了一次，被一个奶奶领了回来。奶奶说："这孩子准是难受的，怎么半夜自己跑到前街去了？"我自己也不知是怎么回事。开始那几天，我们没敢告诉爷爷，失魂落魄地准备丧事。等父亲的灵柩从天津运回才告诉爷爷，爷爷的痛苦是可想而知的，这是79岁的老人失去他仅剩的一个儿子啊，爷爷在挚友的陪同下理智地、泪眼模糊地、浑身颤抖着抚摸过父亲的灵柩，刚强地挺了过来。他不能垮下去，他还要撑着这个家。

父亲去世得真不是时候，正是三年自然灾害时期。不出什么事日子都没法过，更何况一个弱妇人带着有病的公公和几个上学的闺女呀！

没有了父亲，大姐、二姐不在家，家里只有病中的爷爷、母亲和我们三个上学的小丫头。为了照顾爷爷，母亲就搬到了爷爷屋里住，端屎端尿，服侍起床叠被，样样比亲生女儿伺候得都周到，这是众所周知的。

1960年，母亲永远不会忘记，父亲一句话都没留下就走了。这时候家里几乎是四壁皆空，1958年吃食堂时，生产队就把各家的粮食搜光了，后来虽然不吃食堂了，又赶上自然灾害，谁家都没了家底。多亏爷爷是县人大委员，县领导照顾得很周到，允许爷爷在公社粮站买些白面。这样爷爷的生活没有受到多大影响。

屋漏偏逢连夜雨，父亲去世时间不长，一天夜里，爷爷从里屋唤醒母亲说："你听，有人喊松龄的名字。"母亲听了听说："没有啊！快睡觉吧。"等了一会儿，爷爷又说确实外面有人喊，说："可能是老朋友不知道他死了，夜里赶到这里找个住处，你去看看吧。"

母亲觉得没人喊，但又不能拗着爷爷，于是就壮着胆子，一手提着灯笼一手拿了根棍子，边往外走边大声喊："什么东西呀黑更半夜来找事儿！"母亲喊着走到大门洞，看了看大门没有动，于是又到外院的小北屋，一摸小北屋的门，"坏了，招贼了！"因为小北屋里放着生产队的牲口饲料，母亲就意识到招了贼。小北屋的一扇门已经摘下来了，母亲什么也没动，赶紧到生产队的牲口棚里喊来了饲养员，饲养员打开门查看后说："多亏你出来得早，东西没丢。"真是万幸，要真是丢了生产队的饲料能说清吗？这小偷真是欺负到这老的小的头上来了。从那以后，为了避免麻烦，母亲就让生产队把饲料弄走了。

1960年7月，我父亲去世半年多后，爷爷病倒了。母亲日夜守护精心照料了七八天，爷爷就永远地离开了我们。

母亲为什么能真心实意地孝敬爷爷？我反复思考这个问题，得出了这样的结论：先有明智贤德的老人，后有孝敬达理的子孙。我的爷爷是我一生中最敬佩的人之一。爷爷去世时我年仅12岁，至今已有48年，但他的音容笑貌还时时出现在我的脑海之中。他的高尚品德和超人的能力是我一生学习的榜样。

首先爷爷知识渊博，品行高尚，乐于助人，在附近一带有极高的威望。新中国成立前村上有些贫民常因缺吃没烧来找爷爷，因为他们知道爷爷的能力和威望，只要爷爷和大地主"东大院"打个招呼，他们就把粮柴送到贫民家。曾有好几家因穷困要下关东，都被我爷爷拦下了。大地主"南头殿"因一名学徒无故死在了水井里招来了官司，是爷爷上府下县帮他们打赢了官司，他们弃乡进城，执意要给我家70亩地和两头牛，爷爷不要，他们又说："要不给你们盖三间北房和三间东房。"爷爷照样不同意，最后，他们决定给爷爷留下 2 万块钱，爷爷当然坚决不收。爷爷的这些做法被人们传为佳话……这些都给自己的孩子树立起了一个学习的榜样，孩子们自然会敬佩老人。

其次是爷爷在处理家务事中表现了极高的思想境界、责任感和爱心，使人无法不心服口服。爷爷在当着 30 口人的大家时，尽职尽责，呵护着各屋的大人和孩子，直到让各屋挑拣一份的分家过程，和收养混不下去的四侄子等等，已经足以说明了这些。

我母亲是 1932 年结的婚。过年时，爷爷从不让媳妇们给他磕头拜年，认为那是折磨人的俗套，我们家不要这一套。类似这样的开明之举在我家到处可见，晚辈们以有这样的家长而骄傲。

我父亲是我爷爷的独子。但我母亲没有生一个男孩，只生了五个女孩，可爷爷没有表现出一点不高兴。我是老四，出生后过了几天，邻居的婶婶家生了一个男孩，恰好也是第四个男孩，于是接生的大娘就想了个主意，去和爷爷说："三叔，你们家他婶子生了第四个丫头，你们缺小子；南边他婶子生了第四个小子，他们缺女孩，我给你们两家换一下吧，谁也不让知道，这就两全其美了。行不?"爷爷说："你这是做什么，生多少丫头我不是没嫌过吗? 再多的丫头我也喜欢不够，你真是多此一举。"说得接生大娘很尴尬。

我自出生身体就很弱，经常生病，有一次病了好几天，药吃得再也吃不下去了，母亲白天黑夜一直抱着我，眼见就没气了，母亲说："这孩子不行了，把她放到桌子上吧。"因为当地有个说法，孩子不能死在大人怀里。爷爷听了说："不行，我来抱着她。"母亲能让 70 来岁的爷爷抱吗，于是没有放下我。奇迹出现了，我又活过来了。爷爷的这份爱心是常人没有的。

我们有个不远的爷爷叫臣，他有三个儿子，其中有一个是个土匪头子，常去劫道绑票，弄了钱物来孝敬他老子。我们分了大家以后的那几年生活上比较困难。有一次，臣爷爷匆匆来到我家，进了外屋，没直接进爷爷的屋，而是到母亲的屋掀起门帘看了看，没看见母亲，就以为母亲不在屋，然后匆匆跑到爷爷屋说："老三，如果你没钱了，就打小六（我父亲排行老六），一打钱就来了，准多了。"爷爷当时说："我这孩子没能耐，怎么打也出不来钱。"等臣走了，母亲问爷爷："臣叔来做什么？"爷爷说："他叫我没钱了就打小六，这不是挑唆人干坏事吗？多亏我是明白人，要碰上糊涂人得出来多少绑票的。"其实母亲已经听见了，母亲由衷地佩服爷爷。

执意教女　举步维艰

爷爷在去世前对母亲说的最后一句话是："一定要供孩子们上学，她们都有点小材料。"母亲牢牢记住了爷爷的遗言，再加上她自幼对知识的渴求，所以，立志砸锅卖铁也要供孩子们上学。

爷爷去世时是县人大委员，所以当时的李县长代表县领导来主持召开了爷爷的追悼会。会后他提议给我们家的孩子在县里安排工作。当时我大姐已经参加工作，我二姐已去黄骅参加开荒团并在黄骅上了卫校；我三姐正初中毕业，我和妹妹还小。如果母亲同意二姐和三姐不再上学，当时完全可以给他们安排工作，这样也能大大减轻母亲的负担。但是，母亲认为，能上学就不让安排工作。结果二姐继续上卫校。三姐初中毕业后，老师们考虑到我们家的情况，没让她上高中而建议她报考了沧州卫校。三姐很聪明，她的学习成绩很好，上高中考大学是她的理想，但命运使她不情愿地走进了卫校。

　　三姐第一次离开家门来到了陌生的学校，发现和她共同走进教室的有不少是年龄很大的成年人，而且上课时又经常接触人体、死尸什么的，三姐产生了退学重考高中的念头。她给学校的老师写信说出了自己的想法。母亲知道后很是犯难，退学重读要绕很大弯子，家里经济条件不允许。于是母亲就找到学校的老师，求他们给三姐写信劝她不要退学。她另外还想找大队干部写信说服三姐，因为大队干部是父亲的同事，母亲信得过，三姐也会听他们的话。有一次，母亲接到三姐的来信后晚上就去找干部。由于天黑，母亲的眼又不好，心里又乱，母亲觉得怎么总也走不到，走着走着天发白了，前面有一人问她："你这么早干什么去呀？"母亲说："我去大队部，怎么老也走不到？""哪村的大队部？""窝北。""咳！你走到戴刘庄了。"母亲真是急得迷失了方向，深一脚浅一脚竟走了一夜，走到了离我村六华里的戴刘庄。母亲欲哭无泪，又跌跌撞撞地回来。三姐知道了这一切，没再说退学，认真读了下来。后来她专攻眼科并很有成就。

　　当时村上的人们很看不惯我们姐妹上学，他们说："一个寡妇带着几个闺女还让她们上学，真是糊涂。闺女大了找个婆家聘了就完了，现在叫她们下来挣点工分，拾点柴火打点草也卖钱呐，这样累死累活为什么？"人们像躲瘟疫一样躲着母亲，唯恐母亲向他们借钱。就连母亲唯一的弟弟也指责母亲不该让我们上学。

　　母亲这时候表现出非凡的坚强和固执。没钱了，她先是翻箱倒柜，寻找祖上留下来的可以变卖的东西。只要是能换钱的当时用不着的东西，母亲就拿到集市上去卖。母亲出身大家闺秀，是有身份人家的媳妇，哪里上街卖过东西？但母亲心里只想着孩子上学、上学、上学。二大娘看不惯了，说："这个娘儿们真糟家，把什么都卖了。"和我们同村的母亲的表妹回娘家对母亲的舅母说："俺表姐也不顾脸面了，为了让孩子们上学总上街上去卖东西，也不知她哪来的那么多古里古怪的东西。"其实母亲上街卖的也就是老人们留下来的母亲认为不错的衣服和布料，自己没舍得用的；再有就是一些老的瓷器如碗、碟、瓶、罐和一些小木家具如食盒、帽盒什么的。这些东西，如不是万不得已是不会卖的。

我家真的有一件传家之宝——玉猴骑马，是一只猴子扬着手骑在马上，手里拿着一绺捧子。猴子和马的身子是晶莹剔透略带蓝色的宝玉，猴子的眼睛到了夜间 12 点就转动并发出亮光。整个宝贝有不到两寸高。这件宝物是曾祖父在清朝为官时留下来的，有着"马上封侯"的寓意，又非常精致可爱，曾祖父最喜欢他的三儿子我的爷爷，所以把宝物传给了他。爷爷一直保存着，父亲去世后，爷爷才说明了宝物的来历，把它交给了母亲。可是，在母亲要遵照爷爷的遗言，供孩子们上学走投无路的时候，母亲想到了那宝物。母亲一次又一次地拿出它，又一次一次地放下。她耳边反复响着爷爷的话"让孩子们上学"。她夜里看着闪闪发光的猴子的眼睛，终于下了狠心，卖掉它。在当地卖，没人识货，肯定卖不出大价钱。于是母亲找来了在外面工作的八叔，叫八叔拿到北京卖给了玉器行，八叔拿回了票据，当时卖了 300 多元钱。这个数字虽然不大，但那时一个普通职员一年的工资也不过如此。是这点钱让我们姐妹坚持了读书，是这点钱使我们一家人有了现在的生活。每当母亲给孙辈们讲这个故事时，总有人不无遗憾地说："要是不卖，现在该多值钱啊。"母亲总意味深长地说："不卖，怎么会有今天，怎么会有你们？现在你们哪一家的钱不比那宝物多呀？"确实，这是母亲最英明的决断，从这里可以看出母亲的远大目光和宽阔胸怀。

家里的东西是有限的，而我们一家人吃饭和我们上学花钱是无限的。没有了可变卖的东西，就只能去借钱。有些人怕我们借钱，总躲着母亲，母亲知道这都是些嫌贫爱富的人。其实借钱并不难，父亲生前交了不少朋友，他们经常主动来关照我们。西头的王顺义爷爷和东头的王玉琢爷爷就是其中两位，叫我们无法忘记，母亲经常从他们两处交替着拿钱，有时候他们还主动把钱送到家里来。是他们帮我们渡过了那难熬的岁月。

我的那位四伯父，从爷爷把他领到我们家，虽然让爷爷和父亲为给他还吃喝债、赌债着了不少急，但他算是我们家的一个主要劳动力。尤其是父亲去世后，更显出了他的重要。但也正是这时，在他的耳边吹风的人多起来。他们这样说："你就是个牛，为这群孩子拉磨。将来闺女们都娶了，谁还管你？""你这是狼叼来喂狗，何苦呢？"于是四大伯提出了和我们分家。母亲是个从来不想依赖别人的人，更听不得人们那些小看我们的话。既然他提出来了，就和他分家吧。分什么呢？他本来不是这个家的人，来时带的几亩地也都成集体的了。母亲就把东房分给他（只许住不许卖），把粮食按人头分开，就开始各自做饭。母亲是更加困难了。

1963 年是自然灾害过后的大涝之年，刚刚好转一点的生活又罩上了新的阴影。这年我考上了县高中。我记得我们 8 月 5 日开学，几个同学打着雨伞淋了一路到学校报到，到学校后看到教室、宿舍到处漏水，雨还不停地下。8 月 8 日洪水终于来了，县城平均水深 4 尺，肃宁成了重灾区。

我到县城上学，最重要的是吃饭问题。当时我的户口都在自己村上，户口到不了学校，就得自己带粮食到学校换饭票，或者自己带干粮到学校。我家离学校 20 多里地，带干粮是不可能的，只有带粮食，或用粮食在粮站换粮票带到学校，这样坚持了一年。偏偏 1964 年我妹妹又考上了肃宁中学的初中，一个人还凑合，两个人可就不好凑合了。家里根本拿不出那么多粮食换粮票。母亲回忆那时说："真是愁得我眼发蓝呵，我一个人晚上坐着想法子，想啊，想，想着想着，听见'咕咕咣——'人家的鸡叫了，天明了。常这样一夜一夜地睡不着。"母亲终于想出了法子：卖房子！

我们家是一个大院，分里院、外院。里院有东屋和西屋，西屋是正房。外院西边是三间北房、碾磨棚和一个大猪圈，西南角是女厕所；东边是两间小北房（已拆），东南角是男厕所；东西两部分中间夹着大梢门。母亲决定卖掉外院的西半部。想法一公开，就遭到了一些人的反对。首先二大娘散布："这个娘们真不想过了，糟得就剩下这点破房子了，还想卖。"然后就是在卖房的过程中百般刁难，在写卖房文书时，无中生有地说和邻居之间有伙项，企图阻止卖房。他们的目的很清楚：因为我们家没有男孩，将来女孩都出了嫁，他们还想拣点便宜。但母亲懂得党的政策，知道女人也有和男人一样的权利。就因为这男女平等的政策给母亲撑着腰，母亲一生热爱党。房子卖了 270 元钱，当时只买了 90 多斤高粱。可是这 90 多斤高粱换了粮票就够我们俩吃两个多月了。很快就有了政策，我们的户口迁到了学校，吃饭问题彻底解决了。三姐 1963 年卫校毕业有了收入，大姐、三姐从钱上给我们一些资助，使我们更得以安心学习。

母亲不仅千方百计从经济上给我们创造条件使我们能够读书，而且在其他各方面都一切为了我们的学习出发。在我们上学期间，母亲从不让我们做家务，都是我们主动要求干活时，才给我们力所能及的事干。因为我们全是女孩，难免有些人劝母亲："闺女家要学针线，学做饭，要不将来过不了日子。"母亲不信这一套，坚决不让我们在这些婆婆妈妈的事上费心思，让我们一心用在学习上。所以我们姐妹个个在班上学习名列前茅。其实，学习能搞好的人，那点家务完全可以无师自通，后来我们姐妹都称得上管家能手。

我们家离学校很近，和完小斜对门，完小的西侧是初中。母亲喜欢我们读书，也特别喜欢学生。那时学校的条件不好，学校供的水不够学生喝，所以学生下课后好多人都跑到我们家喝水。母亲从来不烦，还特意给学生们准备好喝水的碗。学校有什么活动，如搞卫生什么的，用什么工具，可以随时到我家来拿。只要我们有，母亲都愿意帮忙。几乎在完小上过学的人都认得我家和我母亲。

在我三姐上初中的时候，有部分离学校远的学生需要住校，但学校没有那么多宿舍，好多学生要到校外的老百姓家找房住。母亲主动把小北屋和东屋拿出来让学生住。这些人多少年后还记着当时热心帮助他们经常问寒问暖的老妈妈。

母亲不仅热爱学校和学生，而且对学校的一切都感兴趣。闲暇时，我们就给母亲讲学校的事情，她特别愿意听。我上高中时，几星期回家一次，在家里住一夜，几乎整夜跟母亲讲学校的事。我讲学校的老师们对我怎样，同学和我的关系如何，讲我们的学习，讲我们的劳动，我们的文娱生活，我们的宿舍，我们的操场，等等，她都细心听着，还不时给我当参谋。母亲的这些做法是对我们学习的一种精神支持。说话的主角是我们，她只是个被动的听者，她的听就是一种暗示，暗示在我们家只讲学习。假若我们回家后说话的主角是母亲，而且她只讲村上东家长西家短，谁家的闺女出嫁了，谁家娶了个好媳妇，谁家的闺女学会了做什么活之类的话，那我们还会安心学习吗？这种无声的精神支持力量是无穷的。到现在，母亲叫上名字来的我们的同学也不下几百个。

母亲费尽了心机让我们读书，也盼望着将来有个出头之日，盼着我们将来有点作为。谁知我和妹妹正读得上劲，而且成绩都很出色的时候，"文化大革命"来了。1966年我高中毕业。我们5月份就进行了毕业考试，填报完了高考志愿。由于我学习成绩突出，学校保送我上中国科技大学。"文化大革命"使这一切成了泡影。妹妹当时读初二，她是班上的学习委员，要继续读下去她会比我强。我们无法读书了。在学校我们造反、串联、斗批改、夺权，折腾够了，1968年9月，我们回家成了回乡知识青年。

妹妹才读完了初二，她需要继续读书，否则这点文化在农村也不够用啊。1970年，各乡中学开始招生，我们村的窝北中学也开始招高中。招生办法是大队贫下中农推荐，每个大队有具体指标，再分配给生产队指标。好几年没招生了，好几届的初中生合在一起，光我们生产队就有20几个，可只有2个上高中的指标，人家首先考虑贫下中农，我家是中农，当然轮不上。妹妹彻底失去了上高中的希望。

不能上学得寻找别的出路，正好这年华北油田招工，凭着我三姐的工作关系，妹妹成了华北油田的职工。走时母亲嘱咐她："你的书没念完，得想法接着念啊！"妹妹确实聪明，去油田后先是当电工，后来她为了能有机会学习，要求调到了中学当初中语文教师。一个刚读完初二的人当初中教师，她付出了常人难以想象的心血。后来她遵照母亲的嘱咐，拿了两个大专和一个大本文凭。母亲的愿望实现了！

我回乡时已经21岁，从1966年大学就停止招生，但我心里总盼着哪天恢复招生。1970年底终于有了大学开始招生的消息，但也是推荐上学。我一个普通百姓虽然算回乡知青中干得不错的，但自知无靠山又没有贿赂拉拢人的本事，对被推荐上学是无望的。由于种种原因我1971年春结了婚，然后是生孩子，过日子；没有了上学的念头。

1977年10月要恢复高考制度，而且允许我们这些30岁已经结婚的老三届参加高考。这一消息宛如一声春雷，使我高兴得夜不能寐，一下子回到了11年前。那颗早已熄灭的上学的心又重新燃烧了起来。比我更高兴的是母亲，她的愿望又可以实现了，她又可以供我上学了。

我的孩子当时4岁，我们娘儿俩和我母亲一起生活，孩子的父亲在北京。母亲说："在家你只管复习功课，其他的事我全包了。"我每天5点钟起床到大大娘的闲院子里去复习功课，母亲看着孩子做饭并收拾家务，星期天也是如此。一连两个多月，70岁的母亲为这已出嫁生子的30岁的女儿考学费尽了心，受够了累，人都瘦了一圈。

我们没白辛苦，12月高考，我以平均84分的好成绩名列全地区前十名。由于填报志愿的问题、我的年龄问题、第一年恢复高考录取不规范等问题，我被一个专科学校录取。学校虽然不理想，但毕竟圆了我的大学梦，更圆了母亲的"大学"梦。

我30岁去上大学，孩子还是离不开母亲。这时虽然在经济上可完全不依赖母亲，但比经济更重的负担是，一个70岁的老人要独自带一个4岁的顽童生活三年，简直无法想象会有多难。母亲带着孩子在老家待了半年，实在没法维持了，而且姐妹们也不放心，母亲就带着我儿子离开了老家，先后在我舅舅家、华北油田的妹妹家、沧州的姐姐家居住，给他们每家带来了说不尽的麻烦。

我的儿子从生下来就没离开过我母亲，直到我大学毕业孩子上学。儿子从小就接受姥姥的教育观念，所以很小就立志求学，从他上初中起，母亲又来到我家和他在一起，直到送他去北京大学和哈佛大学读书。

"严霜烈日皆经过，次第春风到草庐。"母亲以她崇高的信念承受了常人无法承受的困难和压力，付出了她全部的心血和力量，终于没有辜负我爷爷的嘱托，实现了她自己的愿望。她的五个女儿大小都成了才，都拥有一个幸福的家庭，女儿中有两个高级技术职称，两个中级技术职称，现在都健康退休。

扶贫济困　胸纳百川

母亲天性善良，看不得那些受苦受罪的人。只要她有一点能力帮助他们，她是决不吝啬的。

母亲刚嫁到我们家时是大门不出二门不迈的，所以外面的事情也不了解，后来自己过日子了，才了解到原来外面有那么多穷人。每当她看到乞讨的妇人或孩子，她没有一次让他们空手而归，如果看到他们的衣衫破烂，还经常找些旧衣服鞋子给他们。母亲回忆说："你大姐从小就会过日子，每次她看到我给人东西都去向你爷爷告状：'我娘又给人东西了。'你爷爷就说：'她有就给吧，你别管。'"

窝北镇不欺生，这是人所共知的，所以窝北外来人很多。新中国成立前有一家姓李的老人带着三个儿子从献县杜梨花来到窝北，因没有住处就住到了王家祠堂里。这家的老大外号"和尚"，是个盲人，没有结婚。老二叫李民，有老婆孩子；老三叫长青，也没结婚。

他们来到窝北靠给人打工过活，"和尚"就给附近的人家挑水糊口。因祠堂（后来改为完小）和我家斜对门，母亲对他家的情况很清楚，常常给他们吃的和穿的，尤其是棉衣棉被和孩子的衣物及用品。"和尚"常给我们家挑水，因他是盲人，所以由他的侄女领着他挑水。他有一次给我家挑水来，母亲问他吃饱饭了没有，他说："吃不饱啊，没那么多粮食。"从那以后，每次挑水来母亲都给他和他的侄女干粮夹咸菜，叫他们吃饱。他非常感激。

我们的邻居钟大伯，夫妻死得早，留下了四个孩子，最大的七八岁，最小的才几个月。开始他们由自己的亲戚收养，后来就自己过了。母亲也经常照顾他们，特别是秋收的时候，他们愿意帮母亲干点力所能及的活如摘花生、掰棒子什么的，母亲就给他们做点好吃的，他们有时不愿走就在母亲那儿睡。他们的衣服鞋子母亲也给做，生活上的其他事也照顾着。后来这家的哥哥结婚，生孩子，母亲一直照顾着他们，直至离开窝北。现在哥哥45岁的儿子来看望母亲时说："我父亲临死前说：'可不能忘了你六奶奶，她可没少帮咱们。'"母亲在做这些事时可没想什么回报，她只是愿意这样做。

还有个同族的二爷爷，老两口无儿无女。他们主要靠生产队照顾，到1976年左右他们不能自己做饭了，当时母亲已经70岁了，还带着我和我三姐的两个孩子，母亲每天把孩子们锁在家里，去给二爷做饭。生产队长看到这种情况后对母亲说："你给老人做饭，队里给你记工分。"母亲说："伺候老人我愿意，如果给记工分就找别人吧。"母亲就这样自觉地天天去照顾两个老人，达一年之久。有一次，有人说这家的奶奶死了，把母亲喊了去。结果仔细一看，老太太是把绳子系在了脖子上要自杀。人们把绳子解下来，发现老太太拉了一裤子屎，别人全躲得远远的，母亲给她脱下来，叫别人挑来水一遍一遍把屎裤子洗干净，晒干。

前面提到我那四大伯，在我父亲去世后我们最困难的时候和我们分了家。其实我们也就困难了那几年，到 1968 年我和妹妹回乡后，情况马上就好转了。因为我们和四大伯在一个院里住，就是我们困难时，我们做了好吃的也总给他吃，衣服总是母亲给他做。生活好转后，我们就不分彼此地照顾他，和一家人没什么区别。直到 1978 年 5 月母亲也离开家后，每到麦收和秋收的时候，母亲都回家帮他收拾管理家，直到母亲不能干活为止。后来我们姐妹都在城里安了家，每到冬天我们就接他到城里直到过完春节再回家，后来他年纪大了来城里不方便，母亲又让我们出钱送他去乡敬老院，直到他去世。在处理四大伯这个问题上，母亲显出了极高的风格和宽阔的胸怀，在长达 60 年的时间里接纳这么一个本不该自己接纳的人，操碎了心，着够了急。

我村的大地主之一，"二西院"的小姐王继温因和丈夫离婚，自己带着一个孩子在我们村过着流浪生活，母亲经常给他们吃和穿。有一次，母亲在地里干活，看到有人在庄稼地里躲躲闪闪的。母亲问："谁呀？""是我，大妗子。"这时母亲才知道是王继温的儿子在地里找东西吃，原来他没穿着衣服。母亲说："你快跟我回家，我给你找条裤子穿。""大妗子，我这么大了，没穿衣服不好意思进村，来我给你干活，你去给我拿衣服吧。"母亲一看，他都十四五了，长得和大人差不多，确实不能光着屁股进村。于是母亲放下手里的活，回家找了条旧裤子给他拿来穿上，他很高兴，他可以进村，可以见人了。

我们村有一个老红军王汝户是个老光棍，他后来进了县光荣院。在他没进光荣院之前，他的生活也相当困难。不知他怎么和我母亲攀上了亲戚，他喊我母亲大姐，他是三天两头到我家来："大姐，给我弄点吃的。""大姐，给我缝缝衣服。"母亲对我们说："不许烦王汝户，他是有功的人，又沾点亲戚，与咱毫不相干的人咱还管呢，管他更应该。"于是他生活上的困难母亲全包了。

母亲就是这样，看到别人有困难只要自己有能力就一定要帮。比如生产队里买煤或其他什么东西，总有人拿不出钱来，或差块儿八毛的，母亲总是乐意替他们交上。这些人肯定都是些老弱病残或孤儿寡母的。所以母亲离家几年后又回家时，有好几个人去还钱，这个块儿八毛那个三块两块，母亲执意不收或送给他们的孩子。

在母亲眼里，世界总是美好的，人们都是善良的。不管别人怎样对她，她都会拿出自己的全部热情全部真诚来对待别人。所以她得到了人们由衷的尊敬。

享尽天伦　安度晚年

我们姐妹五个相继离家进了城；随着我最后一个离开家，母亲也在 1978 年 5 月离开了自己生活了 70 多年的故土，开始了近 30 年的城市生活。

在我安好家之后，母亲首先来到我家，因为她离不开她带了八年的外孙。在我家，母亲执意和外孙住一间卧室，目的就是能时刻不离开外孙，孩子做作业她在旁边看着，等孩子一闲下来，祖孙俩便滔滔不绝地拉家常，从母亲的家族讲到我们的家族，从母亲小时候开始讲到现在她所经过的事情，讲的爱讲，听的爱听。有时候儿子读书叫姥姥听，她老人家虽然听不太懂，但这能满足她的求知欲和她对自己出身于书香门第的自豪感。这祖孙俩真是心有灵犀，虽然两个人的文化程度差距很大，但是，对知识和学问的崇拜把两个人联在了一起，多年来他们俩总有说不完的话。儿子长大后，每当他把自己的著作拿回家放到姥姥手里时，姥姥比得到个金元宝还高兴，她虽然不会读，但她爱不释手，摸了又摸，翻了又翻，有时候半夜睡不着了起来抱着书摸来摸去，心里充满幸福。

母亲的五个女儿和外孙人人都孝顺有加。母亲是很有规矩的，她规定：你们五家，我愿在哪一家就在哪一家，我不说走谁也别来接，我要想到谁家去，谁就来接我，只许接不许送。所以，大家都要看母亲的意思行事，大家对她言听计从，毫无怨言。母亲最喜欢和孩子们拉家常，就是到了接近百岁的时候仍然思路敏捷，她谈话的内容多和孩子们的学习工作生活有关，总是鼓励人们好好学习和工作，要成就事业，活出尊严。母亲的话从来没有腐朽味道，更不是婆婆妈妈的唠唠叨叨。每当这时候，母亲说上多少话也不会感觉累，得知孩子们个个如意，她会感到无限满足和幸福。

母亲不管在谁家都住在最舒适的房间。在这物质极大丰富的时代，母亲吃的应有尽有，有时候我们转遍商场也不知道买什么合适，山珍海味、中西糕点、南北水果，她老人家随时享用。但是，母亲是个非常节俭和疼爱孩子的人，每次孩子们给她买了东西来，她都劝说不要为她多花钱，尽管孩子们非常愿意这样做。母亲是个非常喜欢添置新衣服的人，所以，每到换季时我们都会给母亲买时兴的服装，母亲的衣服面料从清朝末期的夏布、宫绸、毛哔叽到现在的南韩丝、真丝绉、羊绒应有尽有。一包袱一包袱的装了好几箱子，闲暇时她就拿出来一遍一遍地欣赏，这也是她的一大乐趣。

母亲总是忘不掉自己生活了多半生的老家，所以，过两年我们就带母亲回老家看看，虽然老家已经没有了自己的房子和亲人，但是，母亲帮助过的人和老朋友很多，他们会热情接待母亲一行人。在回家的过程中，母亲还会继续帮助一些人。这使母亲得到无限的安慰，她和一些同龄人比较，觉得非常知足。她说："和我一般大的人，多数都死了，活着的谁都不如我过得舒心。"母亲在 75 岁时游了一次北京，迈着那三寸金莲参观了故宫、天安门和颐和园，当时由于她的年龄和小脚，招来好多回头客，还有不少外国人和她打招呼。母亲后来逢人就讲这段经历。由于母亲的年龄和身体状况，后来没有再到外面旅游，这是我们的最大遗憾，后来各家的生活条件都非常好了，如果母亲的身体允许，我们会带着母亲游遍祖国的大好河山。所以，我要告诉世人，孝顺是不能等的，在老人健康时及时行孝吧，否则，后悔莫及。

母亲活得非常明白，对于金钱看得很轻，所以，当初变卖了家产后，她就把钱给我们姐妹分了，自己没留下什么。到城里来后，每年我们姐妹都主动给母亲一些钱，孩子们也给姥姥一些钱，但老人家从不自己买东西，于是她给人们规定了数，谁都不许多给。每年她收到几千块钱，到年底就都处理掉。这些钱她主要用来奖赏孩子们，曾外孙们每次考试后她都会根据成绩的好坏给予不同的奖励，算着把钱奖励完为止。

母亲性格开朗，说话风趣，和母亲在一起的时候离不开笑声。母亲是幸福的，她常说的一句话是："我比我的同龄姐妹们谁都生活得痛快，我没有儿子，比有儿子的享福多了。"

2005 年 6 月 23 日母亲突然左侧肢体不能动弹，且说话不灵有口水，经医生诊断为脑血栓。她在病榻上顽强地坚持了 485 天，于 2006 年 10 月 21 日离开了我们。

母亲养育我们付出了无人可比的艰辛，我们姐妹和我们的孩子个个孝顺，轮流守在她的身边。在母亲病重说胡话时我们照样依顺，我们没有一人烦过，我们做到了女儿该做的一切。唯一的遗憾是母亲最疼爱的外孙，因赶上女儿出生，在姥姥辞世时没守在身边。

母亲，一个伟大的母亲，她给后辈们留下了永远享用不完的精神财富。

2003 年 4 月动笔，2007 年 2 月完稿

JUSTIFICATION BY LIVING

浮生取义（外两种）

下

吴飞 著

上海三联书店

简要目录

下册详细目录

自杀与美好生活

自杀作为中国问题

自杀与美好生活

鸣　谢

　　这本书的主要想法是我在美国读书期间形成的，其中一部分在美国写成，另一部分回中国之后完成。研究和写作期间得到了诸位师友同道的许多鼓励和帮助。我在美国的两位老师凯博文（Arthur Kleinman）和曼斯费尔德（Harvey C. Mansfield）也许永远不会读这本中文著作，但我研究和阅读的兴趣主要来自他们的激发。王守常、刘小枫、甘阳老师多年来一直关心我的研究；北大哲学系的赵敦华、张志刚、孙尚扬、李四龙教授为我初回中国的研究提供了极大的便利。在本书写作期间，王忠欣教授主持的"北美华人基督教学会"、靳希平教授主持的北大"西方哲学论坛"、《思想与社会》论坛（两次）专门组织讨论、批评，大大有助于我的思考和写作。参加这四次论坛和提出问题的各位学者无法一一感谢；除论坛的组织者外，谨向曾给出较多评论的张祥龙、韩林合、李超杰、吴增定、朱振宇、张旭、应星、渠敬东、舒炜、赵晓力、周飞舟、毛亮致谢。另外，2006 年春季，我曾用本书中的主要内容在北大开设"生命与爱智"选修课。相信在这门课上，我从同学们那里得到的收获比大家从我这里得到的收获要大很多。感谢所有听过此课的同学。

本书中的部分内容已经发表过。《生的悲剧，死的喜剧》是我思考西方自杀问题的第一篇文章，发表于《思想与社会》的第四辑《宪法与公民》上。而把这篇文章的内容发展成一本书，则完全来自李猛的建议。另外，第一章的主要内容以"《斐多》中的'自杀'与'不朽'"为题目发表于《思想与社会》的第五辑《现代政治与道德》上。第三章的主要内容分别以"尘世生命与美好生活：奥古斯丁论自杀禁忌"为题目发表于《哲学门》第十二辑。"绝望中的生命自由：奥古斯丁论'自由意志'、'望德'与自杀禁忌"发表于《基督教思想评论》第五辑。其中讨论人性的部分，还以"奥古斯丁论'人'的神性与罪性：对他的三个理论的比较研究"为题目在 2006 年 7 月北大外哲所举办、徐向东教授主持的"中世纪哲学国际研讨会"上宣读。另外，蒙汪晖教授不弃，书中的部分观点也在《读书》2005 年 7、8、9、11 四期的连载文章中出现过一些。感谢这些刊物和会议允许我把这些内容以书的形式再次出版；并感谢上海三联书店的黄韬先生使此书的出版成为可能。

此外，还要感谢远在康桥的龙绳德先生一家和美国老人艾菲（Effie Shumaker）。是他们为我客居新英格兰五年多的生活增加了更多的温暖和色彩。

我的父母和妻子给了我非常多的支持和鼓励。特别是我的姥姥，她的关怀和丰富的人生智慧始终是我思考一切问题的无尽源泉，而她现在近百岁的高龄，让我一天天体会着"一则以喜、一则以惧"的道理，从而成为催促我尽快完成此书的主要动力。

吴　飞
2006 年 7 月于北京承泽园

作者附记：

　　本意此书献给我的姥姥。岂料未及印行，姥姥已于今年 10 月 21 日仙逝，深以为憾。

2006 年 11 月

导言　现代文明的一道伤口

虽然自杀问题被加缪说成"唯一真正严肃的哲学问题"，但这个说法很难在主要哲学家那里得到验证。诚然，在西方最重要的哲学家当中，我们找不到几个完全没有谈过自杀问题的；但是，像加缪这样专门著书，或是像休谟那样专门写文章讨论的，却也少之又少；大多数哲学家是在讨论别的更重要的问题的时候，把自杀作为一个不得不说的问题附带谈一下。如果是这样，凭什么认为自杀是唯一严肃的哲学问题呢？

像这样夸张自杀问题的地位的，加缪并不是唯一的一个。从奥古斯丁以降，就有不少基督教神学家把自杀称为最重的罪。甚至犹大负卖基督的罪也比他自杀的罪要轻很多。但是，包括奥古斯丁在内，又有多少基督徒真的认为，自杀比杀人、放火、背叛、渎神这些大罪还要严重呢？但丁确实把犹大、布鲁图斯、卡西乌斯三个自杀者放在了地狱的最底层，但他们之所以受到最重的惩罚，并不是因为自杀，而是因为背叛。那些真正因为自杀受罚的，都在地狱第七层的第二环，在罪恶的狄斯城里算是很靠上的部分了。那么，凭什么说，自杀是最重的罪呢？

无论是被当成唯一的哲学问题，还是最重的罪，"自杀"这个第一把交椅都不是坐得那么理直气壮、心安理得，而总有点牵强和尴尬。哲学家谈到它的时候，并不会认为，只要解决了这个问题，就不必再谈别的哲学问题了；神学家谈到它时，也不会认为，自杀者是最邪恶、最卑劣的罪人。尤其是，自杀的这种特殊地位，也并不是一向就有的。自杀作为一个相对核心的问题，是基督教兴起以后，特别是现代以来的事情。自杀所享受的"唯一"和"最"，必须在另外的意义上来理解。

西方文明史中的这样几个场景或许能够帮助我们理解自杀问题的这个特殊地位：

> 在但丁笔下的地狱中，自杀者确实没有处在最低一层，但是，他们会遭到其他任何罪人都不可能遭受的命运：在末日审判的时候，只有自杀者的灵魂无法和自己的身体真正结合。
>
> 现代早期几个欧洲国家的法律都规定，自杀者和谋杀者一样，要受到刑事处罚。于是，无论官员还是教士，都会煞有介事地处罚自杀者的尸体，就好像死去的这个人仍然有感觉一样。那严肃而荒诞的惩罚场面，大概会让今天的人们莫名其妙，忍俊不禁。
>
> 在这种野蛮而残忍的处罚终止之后，这条规定并没有从法律上消失。很多西方国家在很长时间内都规定自杀是一种罪，但是又无法对这一罪行进行适当的处罚，因为当事人已经死亡。
>
> 陀思妥耶夫斯基的小说《群魔》中的基里洛夫每天思考的一个哲学计划，就是严肃而认真地实施自杀。

我们首先会看到，所有这些引人思考的场景，都是在基督教文明进入现代的时候才会产生的。即使在现代思想中，自杀也并不是哲学中第一位的问题，但对这个问题的思考会使一些根本性的问题陷入窘境；自杀也不是宗教和法律中最大的罪，但它却能使很多严肃的神学思考显得荒谬起来；在法律上，它是一个根本无法处罚的大罪。自杀问题之所以占据了这个并非最高的唯一地位，成为不是罪大恶极的最大的罪，是因为，它是现代哲学无法解决的一个哲学问题，是处于宗教之外的宗教问题，是超出了法律范围的法律问题。

　　自杀问题在现代西方是如此重要，以致很少有哲学家、宗教学家，甚至法律思想家不去处理它；但它又是如此令人难以处理的一个问题，以致这些伟大的思想家都难以给它一个真正确定和满意的说法。本来它被当成了最大的罪，忽然又有人用它表达了最高的美德；本来它成了一个令人扼腕的壮举，但随后又引来无比尴尬的后果。医生们出于自己的职责，会说，一个自杀都不该发生；但这些医生也许没有理解，这不仅是不可能办到的，而且，这种似是而非的人道主义口号可能是对伟大文明传统的一种漠视。正是在这个意义上，涂尔干在《自杀论》的结论部分指出，自杀虽然是不好的，却能体现一个有秩序的社会中的正面因素。

　　自杀的存在在本来看上去泰然无事的文明秩序中划开了一道不深不浅、但又痛彻骨髓的伤口，就像但丁在皮埃尔·德拉·维涅化成的树上折断一根树枝时一样。① 这个伤口会让现代西方人感到很尴尬，因为明明是好的追求，通过自杀的转换，就可能变成坏的；但

————————————

① 但丁《神曲·地狱篇》第十三歌；参见本书第五章。

若是绝对禁止自杀的存在，美好的生活一下子就会陷入没有出息的境地。于是，各个思想家不仅要用悲剧来安慰这伤口，用法律和医学来包扎这伤口，而且要用喜剧来升华它。

这本书就是理解自杀这个"唯一的哲学问题"和"最大的罪"的一个尝试。我的目的，并不是借助哲学家和神学家们的这种表述，把自杀问题的地位抬升多么高，而是借助自杀问题，这个哲学之外的哲学问题，来进入现代思想关于人性与政治的一些思考。

对人心秩序的理解，是任何政治安排都需要有的一个思想根据。政治的根本目的，是要帮助或保障一种美好生活。因此，人们如何理解世上无处不在的善恶，对于如何建构政治秩序是至关重要的。另外，人们对人性善恶的思考，也往往取决于对宇宙秩序的理解。为天地立心是为生民立命的理论基础；为万世开太平是为生民立命的政治实现。而要逐渐进入这三个最根本的问题，则取决于我们能否为往圣继绝学。西方圣贤对自杀问题的精微思考，恰恰可以帮助人们反观这三个层次的哲学问题之间的关联。

能够在多大程度上容忍人们自由地放弃生命，直接取决于如何理解人性与生死，而人性观和生死观又来自于不同的善恶观和宇宙观。从对自杀的哲学思考出发，相应的制度安排也要明确，应该如何处理自杀问题。也许，对自杀问题的政治、法律、医学处理永远也不可能真正消除这种极端的苦难或罪恶，甚至可能根本就无法降低自杀率。但是，这些制度的意义并不在于能否彻底消灭自杀现象，而在于这些规定是更大的制度安排的一部分；如果没有这种规定，这一套制度安排的基本原则就会遭到破坏。

这本书并不是一本严格的历史或思想史梳理。近些年来，对西方自杀历史的研究已经相当丰富。本书所要达到的目的，并不是将欧美学界的这些成果介绍到中国来，也不是全面勾画出自杀思考的哲学史。[①] 就本书叙述的时段而言，很多惊心动魄的讨论还根本没有开场。歌德、康德、陀思妥耶夫斯基、叔本华、加缪这些严肃思考自杀问题的现代大师，我基本上没有讨论；医学与社会学中的自杀研究，我更是仅略略提到而已。即使在本书所触及的时段，有很多与自杀问题相关的人与事，我也并未谈及。这本书所要做的，是选取古典、中世纪、英国现代早期这三个时段，看其中的人们对同一个问题的不同思考和处理方式，由此勾勒出他们对待美好生活、人性善恶，以及政治建构的相互勾连但又非常不同的思想脉络。我所关心的问题是，自杀如何变成了现代思想中如此核心却又如此难以处理的问题；全书的主线，是通过对自杀观念演变的思考，透视西方人性观及相应的政治建构的演变。全书共分为七章，大体可以按时段归为三个部分。

---

① 根据笔者的了解，近年对自杀历史比较重要的研究有下面这些著作。总体研究有 Georges Minois 的 *History of Suicide* Baltimore：The John Hopkins University Press，1998（中译本乔治·米诺瓦，《自杀的历史》，李佶、林泉喜译，北京：经济日报出版社，2003 年），具有法国史学一贯的优点，是一本非常出色的著作。对中世纪自杀的研究，有 Alexander Murray 的 *Suicide in the* Middle Ages（Oxford：Oxford University Press，1998— ）。此书规模宏大，据说依照但丁的地狱、炼狱、天堂的结构安排分成三卷，但至今只出了前两卷。在我看来，此书固然有相当丰富的资料，但叙述十分夹缠、理论思考过于繁琐而又没有什么真知灼见，恐怕很难算得上优秀著作。对英国自杀史的研究，除去 20 世纪 60 年代的 S. E. Sprott 的小册子 *The English Debate on Suicide from Donne to Hume*（La Sale：Open Court，1961）之外，有 Michael Mac Donald 与 Terence R. Murphy 合著的 *Sleepless Souls*：*Suicide in Early Modern England*（Oxford：Oxford University Press，1993）和 Olivier Anderson 的 *Suicide in Victorian and Edwardian England*（Oxford：Oxford University Press，1987），对英国两个历史时期的自杀问题的研究都相当详细。尤其是前者，是一本非常优秀的历史研究。Rowland Wymer 的 *Suicide and Despair in the Jacobean Drama*（Brighton：Havester Press，1986）虽可聊补其阙，却并不是一本很有启发性的研究。另外，艾佛瑞兹（Alfred Alvarez）的 *The Savage God*：*A Study of Suicide*（New York：Random House，1972；已有台湾版中译本《野蛮的上帝》，台北：心灵工坊，2005 年），虽然没有提出独特的观点，但所涉及的广度和深度都很大，算是自杀研究中的经典之作。

第一部分包括最先的两章，讨论的是希腊罗马的自杀问题。虽然对自杀问题的哲学探讨起源于古希腊罗马，但是在当时的古典哲学中，自杀问题并没有展现出后来的张力。哪怕在极为推崇自杀的斯多亚学派那里，它也是作为一个附带的问题来谈的。

在希腊哲学中，人们是从身体与灵魂两个维度思考人性的。在希腊的民间传说和政治规定当中，自杀一直被当成一件很可怕的事，而被禁绝体面的葬礼。① 毕达哥拉斯学派开始从哲学角度理解这种自杀禁忌，但其论述详情已难知晓。《斐多》当中苏格拉底的论述，将这种自杀禁忌与对人性结构的哲学理解勾连了起来。而《礼法》中的外邦人，则叙述了自杀禁忌的政治意义。就自杀本身而言，苏格拉底在《斐多》61c—62c 之间的叙述并没有超出民间传说或毕达哥拉斯派的讲法多么远。但是，因为这段讨论成为后面灵魂不朽论证的引子，对自杀问题这段简单的阐释，常常被人们理解出更加复杂的意义。比如，斯多亚学派就对如此清楚的自杀否定视而不见，而认为《斐多》的基本态度是对自杀的赞美。

在古典思想中，哪怕哲学家们不明确表示对身体的谴责和鄙视，灵魂与身体之间的对立和紧张也是非常自然的理解。高贵的德性是属于灵魂的事；卑贱和罪恶是过多注意身体的欲望导致的。死亡是身体与灵魂的分离，那么，自杀就是自动把灵魂从身体的桎梏中解救出来。按照苏格拉底在《斐多》主要部分的论证，这样一种理解当然是没有问题的。面对如此精彩的哲学论证，他在 61c—62c 所讲的，人不该在神没有允许的时候杀死自己，真是没有多少说服力。或许正是因为这个原因，明文反对自杀的《斐多》不仅成为斯多亚

---

① W. D. Geddes, *Phaedo of Plato*, Willams & Norgate, 1863, Note F.

学派的经典，而且成为加图、塞涅卡等罗马人自杀的理论来源。

罗马人并没有多少哲学上的建树，但他们却能巧妙运用希腊的哲学论述和政治讨论，并且以"自由"来理解灵魂的解放和政治的伟大，从此为这个概念赋予了神圣的意义。罗马历史上著名的自杀者，往往不仅被当作美德的象征，而且代表了罗马对政治自由的追求。虽然罗马的普通人未必就真的放弃了对自杀的恐惧和厌恶，但正是因为罗马的自杀者集中体现了灵魂与政治上双重意义的自由，自杀也被称为"罗马人的死法"。

虽然《斐多》被斯多亚派，特别是罗马的斯多亚派理解为对自杀的鼓励，我们仍然不能如此简单地看待柏拉图的哲学思考。从《礼法》中对自杀的谴责反观《斐多》中的讨论，我们会看到，自杀的根本意义还是取决于对人性结构的辩证思考，而这种辩证思考之所以至关重要，是因为柏拉图对宇宙秩序的观念不是单面的。所谓"善"的样式，应该被理解为一种设定，而非确定的、可以把握的存在；所谓灵魂不朽，也就不是一种明确的肯定，而只是对灵魂与生命的关系的一种重新理解。因此，虽然存在美好的灵魂与沉重的身体之间的张力，但灵魂所代表的美好生活并不能在失去身体之后获得。虽然身体和现实政治是永远不会完美的，但追求完美的努力却只能在这有限的身体和城邦之中才有可能。从这个意义上理解，无论苏格拉底自己的死，还是卢克莱西亚、加图、塞涅卡这些罗马人的自杀，都是在不完美的世界中追求灵魂的完美与自由的一种悲剧性努力，而不是真的对死后完美的执著向往。在这个意义上，古典政治中对自杀的谴责也就可以得到理解。这样一套关于灵魂、美好生活、自由的观念的转变，取决于宇宙秩序观念的真正转变。于是，当基督教的上帝取代了柏拉图笔下的样式之时，我们就不仅面临一种完全不同的人性观，而且会有一种非常不同的政治理解。同时，自杀也越来越作为一个重要的哲学问题浮现出来。我们对中世纪基督教的讨论集中在第三、四、五章，分别讨论奥古斯丁、托马斯、但丁的自杀论述。

在奥古斯丁那里，真正美好的生活只可能在至善、真实、稳定、永恒的上帝之城里。地上之城中一切美好的事物都是相对、虚幻、短暂、不稳定的。这样一种宇宙秩序，也导致了人性结构的变化。奥古斯丁在不同的著作中发展出关于人性的多层次的复杂学说。首先，他提出"内在人"的概念，认为灵魂就是上帝的像，和上帝一样具有三位一体的结构。这个概念使非道德的、中性的人成为神圣的；其次，他对原罪观念的哲学阐发解释了人与生俱来的罪性；最后，他还把人当作灵性、灵魂、身体组成的三元结构。这三种说法为人性观带来了革命性的影响。从此，人不再因为德性而神圣，而是任何人本身就是神圣的；身体也不再是本来就罪恶的，罪恶的真正来源是灵魂中的自由意志。因此，自杀者因为毁坏了神圣的身体、自由意志没有朝向上帝、丧失了救赎的希望而有罪。这三点都指向了基督教信仰的核心问题。

托马斯·阿奎那用亚里士多德的哲学重新理解上帝和人性结构。在他这里，上帝并不是奥古斯丁所理解的人间幸福的无限延伸与圆满，而是一切存在（ens）的绝对"本质"（essentia）。同样，灵魂也不是独立于身体的一种事物，而是身体的本质或自然。任何事物的自然，都来自上帝，都是美好的。因此，原则上，人只要追求自己的自然，就可以达到自己可能达到的至善；但是由于人类的堕落，人们现在所有的自然是腐败的自然，而不是本来的自然。自杀者之所以有罪，关键在于他们违背了"自我保存"这条自然法。而对自然法的违背也使他们违背了人法和神法。于是，托马斯为自杀者定了三条基本罪状：反自然、反社会、反上帝。这三个方面，是现代早期理解法律最重要的三个方面。因而自杀也就与这三个最核心的方面勾连起来。

但丁的《神曲》借助托马斯的神学和哲学学说，通过死后的世界来演绎人性的价值与根本欠缺。托马斯的人性观使他难以解释，死后没有身体的灵魂怎么会存在而且受苦。在《炼狱篇》第二十五歌里，但丁从托马斯的学说出发，却自己推演出一套灵魂的物理学和生物学。在他那里，死去的灵魂重新获得了一具空气的身体。地狱、炼狱、天堂都是没有时间的存在，那里不会有什么新的事情发生，一切都是对每个个体人性的充分展示和放大。于是，不仅人的自然是重要的，而且每个个体的性情都成了神圣的。自杀者皮埃尔虽然永远无法获得他的身体，但他却完整地保存着自己的灵魂和个性。他对自己身体的剥夺悖谬地反衬出他的灵魂的神圣。而人的灵魂越是神圣，他在地狱中所遭受的惩罚就越是敏锐和苦楚。

基督教传统中几个思想巨人的理解虽不尽相同，但他们都呈现出一些基本的倾向。在他们这里，至善的上帝成为一个确定的存在，而不是柏拉图那样的假设。一方面，人间的美好都只有相对的价值；另一方面，这些美好由于都是上帝创造的，都成了值得肯定的善好，而不再是邪恶。无论每个具体的人做出怎样的坏事，作为上帝造物的人都是神圣的。这种神圣并不等同于道德乃至信仰上的善，而是表现为超善恶的神圣性。自杀之所以是罪，根本上是因为它破坏了这种神圣的"人"。

到了早期现代，这种超善恶的神圣性，就尤为明确地呈现了出来。我们在第六、第七章以现代早期的英国为个案，考察那个时代的自杀讨论。在这个时候，从奥古斯丁以降，"内在人"的观念逐渐演化为中性的、由血肉和神经组成的人，而不再是由肉体与灵魂组成的人。按照这种观念，人是生来就神圣的，有着连他自己都无法理解的生理和心理机制，必须靠专家甚至仪器才能了解。他的生理健康是神圣不可侵犯的，他的欲求和恐惧也都变成合理的，而不必再遭受道德谴责；他的灵魂被当成了心理，心理健康也是神圣不可侵犯的，而道德化的灵魂，则成了一个与科学无关的概念。于是，现代人的神圣性体现为健康的不可侵犯。健康的重要性已经远远超过了道德。

因为人们对死亡的畏惧成了健康的心理要素，"怕死"得到了正名，而对这个神圣的"人"的任何侵犯都成为有罪的，或至少是病态的。正是对这种中性但神圣的"人"的崇拜，导致了自然权利的诞生。拥有自然权利的，是每个中性的、神圣的个体。因此，说每个人拥有自我保存的权利，并不意味着这个人可以放弃自我保存的权利，因为内在的人是无法放弃这种神圣权利的，就像人不可能随便改变他的生理结构一样。在这个意义上，现代法律和医学对自杀的否定，并不是剥夺了人选择生死的权利（人并没有这个权利），而是坚决捍卫了神圣之人的自然权利。

不过，对人的内在神圣性的强调也可能呈现出截然相反的面貌。17世纪开始出现的为自杀辩护的声音，一方面是古典思想的复活，另一方面也是对内在人的另外一种理解。这种理解不会把人的生理和心理，而是把良知和自由当成神圣不可侵犯的。与生理和心理一样，良知和自由同样是超善恶的。哪怕是做了坏事，只要是按照自己的良知做的，那就不应该是有罪的。这种对良知和自由的极端张扬，最终会带来虚无主义的自杀观，自杀成了对自由的极端追求。

对这种虚无主义自杀观最简洁明了的概括，就是《群魔》中基里洛夫的三段论："上帝是必需的，因此应该存在上帝……但是我知道并没有上帝，也不可能有……难道你不明白，有这种双重想法的人没法活在这世上吗？"① 而《李尔王》中葛罗斯特在"多佛悬崖"上的自杀则形象地体现了这样一种自杀观。

本来非常迷信的葛罗斯特在得知自己冤枉了爱德伽之后，陷入自责和绝望中；无辜遭到亲生儿子陷害的葛罗斯特，又失去了对公正的宇宙秩序的信任。葛罗斯特既在良知上难以承受自己的罪，又反抗毫无公义可言的神；他既相信神明会审判自己，又抱怨神明对自己不公；他不仅具有基督教时代因良知绝望而自杀的基本特点，而且像斯多亚派那样，希望通过自杀来反抗命运的残暴。在这几种情绪的交织下，葛罗斯特完全符合基里洛夫的三段论中所描述的那种情形，是不能活下去的。

如果说葛罗斯特的命运早已预见了几百年后基里洛夫的思考，爱德伽对他父亲的拯救则为这种虚无主义的绝境开出了一剂药方。面对即将赴死的葛罗斯特，他的儿子爱德伽不仅没有阻止，反而充当了魔鬼的角色，引诱父亲去跳崖。自己也处在凄惶之中的爱德伽，根本没有什么理由来劝阻葛罗斯特。但是，当葛罗斯特从虚构的悬崖上跳下去的时候，爱德伽却成功地使他放弃了自杀的念头，因为，当葛罗斯特相信自己从万丈悬崖上掉下来却没有摔死的时候，他终于看到了神迹，相信了神有不可测度的力量。似乎是万能而至善的

---

① 陀思妥耶夫斯基：《群魔》，臧仲伦译，南京：译林出版社，2002 年，第 757 页。同陀思妥耶夫斯基别的很多命题一样，基里洛夫的自杀计划，早已成为汉语思想界的重要思想资源，激发了很多重要的思考，比如刘小枫：《拯救与逍遥》，上海：上海人民出版社，1988 年，第 44 页；何怀宏：《道德、上帝与人》，北京：新华出版社，1999 年，第 213 页。

神拯救了葛罗斯特；但是，在这样一个异教背景下的戏剧中，真正创造了奇迹的，并不是上帝，而是爱德伽。是爱德伽最后的胜利，成为莎士比亚笔下这部最悲惨的悲剧应许的结局。

以上简单勾勒了本书的三个主要部分。把生命理解为"存在"的西方文明，在思考人性的时候，一定会涉及存在还是不存在的问题（即 to be or not to be），而自杀也就可能成为思考的一个焦点。自杀往往是出于对美好德性的执著，而导致对生命的摧残；因此，既看重存在，又张扬德性的思考，常常会因自杀问题变得很尴尬。不过，在朴素的古典哲学中，自杀被当作张扬德性的一种极端方式，这种张力尚未表现出来。由于基督教文明与古典文明有着对"至善"的不同理解，德性与存在之间的张力，也就得到了非常不同的处理。自杀问题尤其可以凸现基督教思想的一些根本张力。正是在这个意义上，自杀逐渐成为"最大"的罪和"唯一严肃"的哲学问题。

现代文明虽然与中世纪基督教文明有着巨大的不同，但继承了基督教思想超善恶的特点，崇尚自由这样超越了善恶的德性，把人当作中性但神圣的存在。在这样的人性观之上建立的现代政治，不再关心人的德性，而只能以保障人的安全、保障人神圣的自然权利为主要职能。现代国家在进入毛细血管的同时，也撤出了人们的心灵世界。中世纪时还只是表现在思考中的张力，而今渗入到宗教、社会、政治、科学的各个领域。反对与支持自杀的双方分别秉承自己对人的神圣性的理解，展开了前所未有、无休无止的争论。一方面，对人的心理和生理的理解，越来越把人当作自然界中的一个物种；另一方面，对超验和自由的强调，使人越来越走向虚无。两种倾向都不再把德性当作重要问题，但是，人真的能脱离开德性生存下去吗？自杀问题，正是在这样的语境下，成为越来越尖锐的思想问题。

　　不过，正如葛罗斯特与爱德伽的故事所展示的，由于这一切都仍然依赖于对"神圣"的理解，人们仍然有可能离开虚无主义的悬崖。莎士比亚把《李尔王》的故事完全放在异教背景下，甚至有意把其原形《莱尔王》中的基督教因素统统删去，背后应当有重大的含义。虽然我们都被领到了基督教制造的这个多佛悬崖上，但正像黑泽明在《乱》中所揭示的，无论这一困境本身，还是针对它的药方，都应该有着更加普世的意义；而这，也是我们从基督教外面理解基督教文明传统的意义所在。

第一部分

古典德性的极限追求

第一章　柏拉图：在必朽中不朽①

现代人往古代追溯自杀的哲学讨论的历史，多少总有点以今度古的味道。毕达哥拉斯—柏拉图—斯多亚派—奥古斯丁—托马斯这样公认的自杀学谱系，虽然为我们理解这个问题提供了很大的便利，但这里面所涉及的所有思想家，都没有把自杀当作多么迫切、多么核心的问题。即使他们在讨论自杀问题的时候，我们所感受到的，也和在现代思想家那里非常不同。如果不明确这一点，我们在思考古代哲学的时候，就会很容易陷入不应有的陷阱中。

因此，我们对柏拉图的讨论，虽然不可避免地会和所有自杀史的写法一样，过度关注也许在柏拉图那里并不怎么重要的自杀问题，但我们更关心的一个问题是，对自杀的讨论在柏拉图的整体思想中居于什么位置。我们在后面每一章的逐渐展开中，会不断呼应柏拉图。一方面，我们会看到柏拉图在哪些方面影响了以后的整个讨论；另一方面，我们也会看到，后世哲学的关注点是怎样变得和柏拉图

---

① 本章的主要部分，曾以《〈斐多〉中的"自杀"与"不朽"》为题发表于《现代政治与道德》，上海：上海三联书店，2006 年。

越来越不同。

《斐多》真正的主题是灵魂不朽，所以我们在讨论自杀问题时，就不得不一再离题去讨论灵魂的问题。自杀问题之所以变得重要，是因为灵魂不朽必然会提出人们能否以自杀的方式追求不朽这样的问题。对自杀问题的讨论，就是对灵魂不朽的一个补充和纠偏；所以，希腊罗马的自杀讨论，都是灵魂不朽这一更重要问题的附带问题。

另外一个重要的问题是，所有这些讨论虽然都是在灵魂/身体的框架下进行的，我们并不能机械地理解二者的关系。之所以灵魂不朽却不能轻易自杀，就是因为，这样一种看似二元的框架更多只是出于讨论的方便，是辩证法的工具，而并不意味着柏拉图真的相信，存在灵魂和身体这两个截然不同的实体。因此，"灵魂不朽"与"不准自杀"的关系，乃是对追求德性的一种辩证的哲学表述。我们这一章的意义，就在于揭示柏拉图自杀讨论中的这层辩证关系。而对自杀的这种禁止，与基督教和现代的禁止，其目的非常不同，哪怕在用语和说法上有相似的地方。

一、苏格拉底的两难

同后世对自杀的讨论一样，《斐多》这篇不长的对话中充满了矛盾和断裂。其中最大的一个矛盾，或许就是，苏格拉底一边谴责自杀是有罪的，一边却从容甚至兴奋地走近自己的死亡。尽管很多人并不承认苏格拉底的死是严格的自杀，[①] 但至少他的对话者认为，苏格拉底对自杀的谴责恰恰否定了他主动想死的理由。谴责自杀而主动赴死，这对矛盾可以说是《斐多》中最根本的冲突之一，因为整个对话就是由对这个问题的质疑引出的。[②] 甚至有论者认为，柏拉图这样安排，目的就是突出苏格拉底为自己辩护中的矛盾，从而以柏拉图特有的方式否定苏格拉底的自杀。[③]

柏拉图如此处心积虑地暴露自己老师的矛盾，否定老师的人生哲学，这个结论实在令人难以接受。但如果不接受这个说法，那又如何理解《斐多》中的种种矛盾之处呢？

我们还是首先来看看苏格拉底是如何谈论这个问题的：众弟子在监狱里见到苏格拉底时，他刚刚除去镣铐，一边揉着脚，一边以伊索的方式谈论快乐与痛苦的关系。于是格贝提到了艾欧洛斯对苏格拉底为什么作诗的疑问。苏格拉底回答之后，让格贝向艾欧洛斯致意，并且说了一句非常奇怪的话："格贝，就这么回复艾欧洛斯，并且向他问候，如果他有智慧，叫他尽快随我而去。看来我今天要走了。因为雅典人命令我走。"这句话显然是有意的，苏格拉底就是想借此往自己的话题上引。格贝果然上当，对苏格拉底这句不近人情的问候提出疑问，苏格拉底又明知故问地追了一句："怎么，艾欧洛斯不是爱智者吗？"随后引出了他真正想说的话："艾欧洛斯和所

---

① 这样的理解并非没有道理。这倒主要不是因为苏格拉底的做法与严格的自杀不同，而在于，在 suicide 一词发明之前，"自杀"并不是一个独立的问题。关于英国自杀问题之前的部分，都有一个没有严格的"自杀"概念之前的背景。记住这一点，可以使我们更加看清楚古代与现代对这个问题的不同态度。

② 关于这段自杀讨论与后面部分的关系，参考 James Warren, "Socratic Suicide," in *Journal of Hellenistic Studies*, 121 (2001), 91—106。

③ 参见 Jerome Echstein, *The Deathday of Socrates*, Frenchtown, New Jersey: Columbia Publishing Company, Inc. 1981。

有浸淫于哲学这事的人都该愿意。不过他也不该自戕，因为据说这是渎神的。"（61b7—c1）整个对话的主题就是爱智者或哲学家应该愿意死。不过，在正式进入这个问题之前，苏格拉底先卖了一个关子，说，尽管哲学家应该希望死，他们却不能自戕，"因为据说这是渎神的"。这后面，就是那段著名的关于自杀的讨论。

且不说苏格拉底是在谈到哲学家应该希望死的时候顺便带出了关于自杀的说法，"据说"（$\phi'\alpha\sigma\iota$）二字更让人怀疑，苏格拉底是否真的这么认为。

下面，是谈论自杀问题的整个段落：

> 说到这儿，他把腿从床上放到地下，后来在整个对话中，他都保持这个姿势。于是格贝问他："你为什么这么说，苏格拉底，自戕是渎神的？哲学不是主动追随赴死者吗？"
>
> "怎么，格贝？你和辛弥亚跟随菲洛拉奥，还没听过这些事吗？"
>
> "没有明白讲过，苏格拉底。"
>
> "我所说的实在来自传闻。但我并不惮于讲讲道听途说的东西。因为我就要离家远游，思考和演绎到那儿的故事，就要尽我所知地讲出来。而在日落之前这段时间，还能做些什么呢？"
>
> "到底是为什么，说自己杀害自己是渎神的呢，苏格拉底？而在我看来，你所提到的，在菲洛拉奥在我们那里时，我从他那里听到过，我还从别人那里听到过，说这么做是不敬的。但是我从未听谁明白讲过这事。"
>
> "那你就一定想认真听出点什么。你是会觉得奇怪，因为在所有法律中，只有这一个没有例外，而不像别的那样，只有某

些人在某些时候死比生好。既然对他们死比生好，你好像还是奇怪，为什么他们不能自己给自己这个好处，而必须让别人来做这件好事。"

格贝轻声笑了。"宙斯晓得，"他用自己的方言说道。

"看起来，"苏格拉底说，"这些是没道理的。但里面也许还有个道理在。这个关于禁止自杀说法的道理是，我们人是在某个岗位上，不能擅自脱离岗位逃走。这说法在我看来很重大，不易理解。但是，格贝，其实我看这说得很好：神在照看我们，我们是诸神的属下。你不觉得是这样吗？"

"我是觉得是，"格贝说。

"那么，"他说，"如果你没有表示你想让你的属下死，而这属下自己杀了自己，你一定很恼火，如果你能惩罚，你一定会惩罚，是吗？"

"完全如此，"他说。

"同样，这说法不是没道理的，在神表示有必要———就像现在对我显示的———之前，人不该先自己杀害自己。"（61c10—62c8）

尽管苏格拉底讲出了自杀禁令的道理，但他自始至终一直在撇清，这并不是他自己的观点。他不仅一再强调，这只是自己道听途说来的，而且即使在为这个观点辩护时，也用模棱两可的语气，最多只是说，这说法"也许还有个道理在"而已。如果他真的并不同意这里的说法，那为什么故意绕个圈子把它讲出来呢？如果他同意这个说法，那又为什么卖出这么多破绽呢？

通观全篇，苏格拉底的真正用意显然不仅仅是告诉我们自杀是该禁止的。这段关于自杀的讨论是一系列引子中的一个（当然是极为重要的一个），是为了引出后面关于灵魂不朽的更重要的讨论。正如一切严肃的自杀讨论一样，苏格拉底的这段话也只有放在他关于灵魂、生命、人性等更大问题的讨论之下，才能看出意义来。或许也只有在这个基础上，我们才能理解，罗马的加图为什么恰恰是一边手捧《斐多》，一边壮烈地自尽。

这整段关于自杀的讨论，才是苏格拉底卖的一个最大的关子。后面格贝提出的疑问，才是苏格拉底真正想要的。

> "看上去似乎如此，"格贝说，"但要是你说的这些有理，神是我们的看护者，我们是神的属下的话，那你刚才说的，爱智者更容易想死，苏格拉底，好像就站不住了。因为在我们的职责上，存在之物的最好的看护者，即诸神，看护着我们，如果最智慧的人脱离这个职责而不懊恼，那是讲不过去的。他不会认为，当他变得自由了，他会更好地照料自己。而无知的人才会坚持想要从主人那里逃走，而不思考，他不该逃离好的主人，而最好和他待在一起，逃走是说不通的。而一个有头脑的人会选择永远与比他好的人在一起。苏格拉底，这样，事实和你刚刚说的正相反。因为显然智慧的人懊恼死亡，而愚蠢的人喜欢死亡。"（62c9—e7）

格贝是完全按照苏格拉底的逻辑推导出这个结论的。按照前面制止自杀的说法，既然人不应该擅自离开神，那么，像苏格拉底这样的爱智者，又怎么能认为死去是更好的呢？既然反对自杀的理由言之凿凿，又有什么理由主动赴死呢？正是苏格拉底讲出的道理把自己陷入了这个两难之中；也正是这个两难，才迫使他在自己的朋友和学生面前作第二次申辩，引出整篇对话的真正主题：灵魂不朽。

苏格拉底不仅把自己绕进了这个两难，甚至颇为欣赏格贝的诘难："格贝总能仔细考察这些道理，不愿被别人的说法马上说服。"（63a1—3）

《斐多》更核心的灵魂不朽的问题，其含义看上去与自杀禁令刚好相反。但这并不意味着，苏格拉底就完全放弃了禁止自杀的说法。并不是因为苏格拉底会主动赴死，人们就都可以自裁生命；也不是因为灵魂会不朽，人们就可以随意处置这臭皮囊。这个自杀禁令并不仅仅是作为靶子出现的，苏格拉底对灵魂不朽的论证也绝不是为了驳倒自己道听途说的这个讲法。尽管苏格拉底并没有全心全意地赞许它，但也没有否定它。《斐多》的张力恰恰在于，两种说法都有道理。苏格拉底不仅会从容赴死，而且还要禁止艾欧洛斯这样的人去自杀。自杀禁令不能阻止苏格拉底这样的爱智者赴死，灵魂不朽也不能成为人们自杀的理由。所以他说："艾欧洛斯和所有浸淫于哲学这事的人都该愿意。不过他也不该自戕，因为据说这是渎神的。"自杀问题，仍然是苏格拉底的灵魂与生命辩证法中的一个重要问题，尽管这个问题既不同于毕达哥拉斯派的学说，也不能完全等同于俄耳甫斯神话的演绎。[①] 苏格拉底的这个两难，就是他一开头所说的那个快乐与痛苦的寓言：

---

① 参见 J. C. G. Strachan，"Who did forbid suicide at Phaedo 62b？" *The Classical Quarterly*，1970。

诸位，人们所说的快乐，到底是怎么回事，真奇怪。在快乐的反面的痛苦，大家不愿意它和快乐同时出现，但两个总是奇妙地联在一起。如果谁要追求其中一个并得到了，另外一个也很快就得到了，就好像两个吊在同一个头上。我觉得，如果伊索想到了这一点，他会写出一个故事，说因为他们总是相互打仗，所以神要他们和好。但因为不能，神就把他们的脑袋绑在一起，所以其中一个到了哪儿，另外一个就跟了过去。就像我现在这样子。镣铐绑得我腿上很疼，但是快乐很快就跟了来。（60b3—c7）

苏格拉底的两难，正是快乐与痛苦之间的两难，肉体生命与灵魂不朽之间的辩证法，是人生的好与不好之间牵缠不断的游戏。自杀问题的意蕴，正在于这对基本的张力。

二、生死祸福

表面看起来，问题的症结在于，死亡究竟是好还是不好。这个问题，苏格拉底在《申辩》中已经讲过一次了：死亡要么是变得不存在和无知无觉，要么是移居冥府，无论是哪一种，都可能是一件好事；不过，死生究竟哪个更好，都只有神知道。在《斐多》里，苏格拉底是要重复这个看上去类似庄子"方生方死"的说法，[1] 还是

---

[1] 《庄子·齐物论第二》："丽之姬，艾封人之子也。晋国之始得之也，涕泣沾襟。及其至于王所，与王同筐床，食刍豢，而后悔其泣也。予恶乎知夫死者不悔其始之蕲生乎？"

进一步论证它呢？显然，他的弟子要么亲聆了他的第一次申辩，要么后来听到了他的说法，但没有一个被他的说法真正说服，所以在这么长时间之后，仍然对他是否应该去死感到疑惑；哪怕在第二次申辩结束之后，真的有谁就认为，死比生更好吗？斐多在向伊科克拉底谈他的感受时说：

> 我在那里真是很惊讶。我不像在要死的人身边那样充满怜悯。伊科克拉底，因为这人在我看来很幸福。从他的行事之道和他的语言来看，他死得那么无畏和高贵，在我看来好像他哪怕是走向冥府还不乏神佑。他到了那里会很快乐。只要有过别人在那里快乐，他一定快乐。因此我不像在一般哀悼的场合下那样充满怜悯。但我们也不像平时那样因谈论哲学而享受快乐。其实我们都在谈哲学的话题。而是一种我非常不熟悉的感受，是一种奇怪的混合，不仅有快乐，痛苦也搅在一起，毕竟我们想到他马上要死了。在场的人差不多都这样，这边正笑着，一会就哭了。我们当中阿波罗多罗斯尤其这样。你该知道这个人，知道他的性情。（58e1—59b1）

斐多似乎有点相信苏格拉底的死后会好的说法，即便如此，当想到苏格拉底要死了的时候，他还是感到难过。不仅他这样，在场的别人，一旦看到苏格拉底喝下毒药，也无不嚎啕起来。克力同本来是苏格拉底很信任的朋友，而且还得到了苏格拉底一夜的教诲，可是，正如苏格拉底说的，他却尤其像对待一般的垂死者那样安排苏格拉底的后事，完全把苏格拉底的话当作安慰自己也安慰别人的说辞。这些表现无一不表明，如果苏格拉底的目的是要告诉大家死没有什么不好的话，那他就完全失败了；无论第一次申辩，还是第二次申辩，都没能真正说服大家，死亡比活着更好。不仅他的敌人仍然把死当作对他的惩罚，就连他的朋友和弟子也没有接受他的说法。大家并没有认为死真的就好，而只是像斐多那样，佩服他在这样的大祸面前仍能如此镇定自若地思考哲学问题。

且不说第一次申辩中的观众，也不谈苏格拉底的弟子，哪怕苏格拉底本人，真的就认为死比生好吗？自杀讨论中有一段极其令人费解的话："你是会觉得奇怪，因为在所有法律中，只有这一个没有例外，而不像别的那样，只有某些人在某些时候死比生好。"对这段话的解释是《斐多》中一个著名的难题，不仅因为其中绕来绕去的说法，也因为颇有歧义的希腊原文。对这段话，至少有三种极为不同的理解。第一种理解是，苏格拉底认为让格贝奇怪的是，为什么死比生好；第二种理解是，格贝应该奇怪，为什么死永远不比生好，从而人们不能自杀；塔兰（Leonardo Taran）提出了第三种理解：对于某些人来说，死比生好，但即使对于这些人，自杀也是不对的，格贝应该为此而惊讶。[1] 此处不必讨论琐碎的希腊文法来弄清楚这句话的意思，而且恐怕也很难有个定论。但无论哪一种解释，都没有肯定，死就是比生好。而随后关于自杀的讨论，恰恰明确指出，死就是一种不好，不仅在世俗喜生恶死的意义上如此，而且就是从敬神的角度来看，求死也仍然是一种不好。虽然苏格拉底只是在讲自杀，但这里的说法完全可以用来反对任何喜死恶生的说法。

既然苏格拉底说人是神的属下，自杀就是无故离开神，难道他

---

[1] 对三种解释的讨论均见于 Leonardo Taran, "Plato, Phaedo, 62A," in *The American Journal of Philology*, Vol. 87, No. 3 (Jul. 1966), 326—336。

自己的死不是无故离开神吗？既然他有很多机会逃走，他主动等死不就是放弃了亲近神的机会吗？格贝抓住苏格拉底的这个矛盾，确实抓得很准。

苏格拉底一边说死是好的，一边又说自杀是渎神的。他并不是没有意识到这对矛盾，但他自己已经悄悄地绕过了它："在神表示有必要———就像现在对我表示的———之前，人不该先自己杀害自己。"生是好的，这不需要论证；就是因为神让我现在活着，所以自杀是渎神的。那么，如果神允许我去死了，死因此就会更好了。这样的说法，把问题的含义已经转换了。苏格拉底真正想说的，并不是生和死哪个更好。吉迪斯（W. D. Geddes）指出，苏格拉底谴责自杀的理由，其实和他在《克力同篇》中不肯逃走的理由是一样的。在《克力同》里，苏格拉底虽然不能认同城邦对自己的判罪，却不肯违背城邦的法律；同样，在《斐多》的自杀讨论中，尽管死是好的，但人们不能不等待神的命令，擅自去追求这种好。[1] 不能自杀似乎并非因为生本身是一种好，而是为了遵守神法。

这种解释能够把问题简化，似乎能否自杀并不是一个多么复杂的问题。不能自杀仅仅是出于对神的服从，而不是因为自杀在理论上不对。不仅苏格拉底这里，吉迪斯的思考也是依照的这个思路。他在 Note E 里面叙述了古代人很多对死的讨论，意在给出苏格拉底的讨论的思想背景，似乎告诉我们，死比生好并不是苏格拉底一个人的古怪之论，而是古希腊很多思想家的共同看法；而在紧接着的 Note F 中，他又综述了古希腊思想和法律中对自杀的惩罚与否定。他又告诉我们，否定自杀也不是苏格拉底或毕达哥拉斯学派的发明，

---

[1] W. D. *Geddes Phaedo of Plato*，Wilams & Norgate，1863，200—201，以及195—209。

而是古希腊社会一种普遍的观念，甚至被写进了法律中。吉迪斯丝毫没有感到他这两段注之间有什么矛盾，因为在他看来，死比生好是一种哲学观念，而不准自杀只是神法或人法的规定。哲学是供思考的，法律只要遵守就是了，不必问有什么道理。

这个问题真的可以这么轻易地抹去吗？如果死就是比生好，那为什么不把它写进法律；如果法律规定人们不能自杀，难道就没有谁像安提戈涅那样质疑法律的正当性吗？苏格拉底不是基督徒，他不会像基督徒那样把敬神当作当然的好，所以，以宗教形式规定不准自杀，并不意味着不自杀就一定好。在《游叙弗伦》中，苏格拉底并不赞同对神的无条件服从，那他怎么可能仅仅因为神不让擅自离开岗位就否定自杀呢？两种说法的核心都和神有关。只有死去，人才能接近神，但擅自死去又违背了神的命令。这背后的义涵，究竟和过好的生活有什么关系呢？

无论要理解死亡，还是要理解自杀，都需要回到更根本的好与不好的问题，而不能仅仅因为"神法规定"而回避问题。

苏格拉底并没有说服人们死比生好，但他至少证明了一点，即肉体的死生本身都不是绝对的好与不好。生固我所欲，所欲有甚于生者；死固我所恶，所恶有甚于死者。究竟是生好，还是死好，取决于别的更重要的好恶。死是否好，取决于死后是否会到好的去处、得到好的享受、进入好的状态；生是否好，也取决于生时是否幸福、是否敬神、是否真正在过好日子。

这样，我们可以进入一个更大胆的疑问：苏格拉底真的相信有死后的世界吗？在死后真的可以过上更好的日子吗？也许，苏格拉底所说的这一切，真的只是对大家的劝慰，不过，这种劝慰的目的绝不仅仅是为了让大家节哀而已，而是指引众弟子去寻求真正过好日子的道路。如果是这样，那么，弟子们在他临死时哭泣，并没有真正违背他的用意。问题在于，大家哭泣完了，还会思考些什么？

究竟有没有死去的世界，我们活人是永远没办法肯定或否定的。人们很容易注意到，苏格拉底在《斐多》中谈到死后的状态时，与《申辩》中说的并不一样。其中最明显的区别在于，《申辩》中说，死后的状态有两个可能：要么是无知无觉、不复存在；要么是灵魂移居冥府，与古圣先贤相伴。但是在《斐多》中，第一种可能性不见了。苏格拉底似乎不再认为，死后可能是一种不存在，这种在今天看来可能最接近事实的说法。而这种最可能的状态，也恰恰是苏格拉底论证最薄弱的地方，最有可能使死成为一种不好。苏格拉底在《申辩》中说，死后的不存在状态就像无梦之夜，和平而安宁。这种无梦的睡眠固然没有噩梦的缠绕，但它最多只是不坏而已，却不能说就是好的。更何况，"存在"在苏格拉底和柏拉图那里是如此重要的一个词，不存在怎么可能是好的呢？或许就是因为这种可能性与《斐多》中的基本论调相抵触，所以柏拉图有意把它漏掉了。那么，漏掉这个最有可能的死后状态，又怎么能证明死后是好的呢？

对此最恰当的解释是，身体死后好不好并不是一个那么重要的问题，所以，《斐多》没有必要那么周到详细地讨论死后的各种可能。苏格拉底真正关心的，乃是以此为话头讨论灵魂，而讨论灵魂的目的，归根结底是为了活人怎么过好日子，而不是死人如何变得幸福。只有在这个基本观照之下，我们才能理解这篇对话中的很多矛盾和疑问。也只有记住这个出发点，我们才有可能明白，为什么哲学家追求死亡的说法不能推导出自杀就可以得到幸福的结论。

据传，有一个名叫克里奥勃洛图（Cleombrotus）的哲学迷，在读了《斐多》中关于灵魂与不朽的讨论后，迫不及待地想要冲进那个不朽的死后世界，于是跳进大海，葬身鱼腹。苏格拉底这个过于认真的学生，不仅无法与壮烈殉难的加图相提并论，不能和被苏格拉底驳得哑口无言却依然不肯认输的辛弥亚相比，甚至不如那呼天抢地的阿波罗多罗斯、斐多，乃至克力同明白苏格拉底的真正用意。

三、灵魂不朽

虽然我们在此不能对《斐多》作全面的解读，但要真正理解自杀问题，我们必须还要离题远些，先看看《斐多》中讨论的更核心问题，才能明白这段自杀讨论的意义。

如果说苏格拉底真正关心的并不是死亡，那么，所谓的灵魂不朽究竟是什么意思呢？

苏格拉底说他乐于死亡，是因为"哲学就是练习死和亡"。哲学家追求的不是肉体的享乐，而是灵魂的纯洁，但身体的各种欲望只能阻碍灵魂的这种追求，所以，哲学就是通过智慧，使灵魂愈益摆脱身体的羁绊，获得绝对的纯洁。而这在生前是不可能的，因为身体总会带来各种各样的麻烦。死亡既然是灵魂与身体的分离，那么，死后就会真正实现灵魂的纯洁，所以，哲学家是期待死亡的。

对于苏格拉底这段话里的基本前提，即灵魂是好的，身体是不好的，追求"好"的人应该力求灵魂的纯洁，摆脱身体的羁绊，似乎没有什么人提出异议。率先质疑的格贝所问的是，在身体死后，灵魂是不是真的就能摆脱身体，独自存在。格贝所想的，不正是苏格拉底自己在《申辩》里对死亡的另外一种理解吗？如果死后是无知无觉的不存在，那不就是身体变成尸体，而灵魂则随风飘散吗？

苏格拉底要驳倒格贝，似乎就是要驳倒作第一次申辩的自己。如果柏拉图让第一次申辩中的苏格拉底说死亡会是安详的不存在，又让第二次申辩中的苏格拉底一遍又一遍地驳倒这种说法，那这是不是进一步表明，这种说法本身并不那么重要，真正重要的，乃是它所服务的更大意图？在论证灵魂不朽的时候，苏格拉底已经把问题的焦点从人是否会死偷换成了灵魂是什么。

为了回答格贝和辛弥亚走马灯般的问题，苏格拉底一直在做两件事：追问灵魂究竟是什么，证明灵魂不朽。表面看来，人们似乎已经知道灵魂是什么（灵魂是好的，身体是不好的），所疑惑的只是，这好的灵魂究竟是否会不死。但苏格拉底在每给出一个灵魂不朽的证明之时，真正在做的，都是告诉大家该怎样来定义灵魂，灵魂是怎样的好法。大家果真知道灵魂是什么了吗？

随着双方一遍遍的辩难，格贝和辛弥亚的提问方式也逐渐改变了。他们不仅在思考灵魂会不会死的问题，而且也在对灵魂是什么给出自己的解释。这场对话表面上是关于灵魂是否不朽的讨论，背后却是一个对于灵魂是什么的探讨。或许这就是为什么这篇对话的另外一个名字是"论灵魂"，而不是"论不朽"或"论不死"。

而随着对话的展开，我们也一步步发现，苏格拉底似乎不是在告诉我们灵魂为什么会不死，因为他并没有真正证明灵魂能够不死。今天较真的哲学史家，都能把他给出的种种论证一一驳倒。对苏格拉底的论证更恰当的解读是，他在反复告诉我们，认为灵魂会死、会不存在是一个本身就错误的问题。每当遇到一个棘手的质疑，他都会给出对灵魂是什么的一种说法，从而指出，灵魂就是没有死和不存在这一回事的。灵魂就是生命的来源，就是一种绝对的存在。说灵魂不朽，其含义与说身体死与不死，动物死与不死，其实是完全在两个层面上进行的。

波斯托克（David Bostock）在解释苏格拉底论灵魂不朽时，做出了一个有趣的区分：灵魂不朽要么是指（1）灵魂可能死了而依然存在，要么是指（2）灵魂不会不存在。而这两点并不能相互推出。第一个意思好像很奇怪，但这恰恰是苏格拉底真正要表达的意思。苏格拉底在反驳格贝的最后一个诘难时，用冷热来比喻生死。他说，灵魂，作为生命之源，不可能是死的，正如火不可能是冷的，雪不可能是热的。但这并不是说，寒冷侵入不了热火，热量进入不了冰雪。不过，一旦火遭到冷的袭击，就不再是火了，而雪一旦遇到热，也就不再是雪了。所以，虽然某一团火熄灭了，但是我们并没有看到冷的火；虽然某一堆雪融化了，我们也没有看到热的雪。因此，苏格拉底说，我们看不到死的灵魂，因为一旦死了，就不是灵魂了。这里的灵魂不朽之说，所指的更接近于第一种理解，而不是第二种。如果是这样，那就不能证明灵魂不会灭亡，而只能证明我们看不到死的灵魂。①

苏格拉底简直是在诡辩。既然某一团火可以熄灭，某一堆雪可以融化，为什么某个灵魂就不会死去呢？

这个论证不仅没有驳倒格贝的疑问（即灵魂比身体长久，并不意味着灵魂永远不会消失），反而使这个疑问显得更有道理。既然证明灵魂不朽的说法无法证明灵魂不会消灭，那么，灵魂还是可能最终消失得无影无踪，虽然我们看不到一个死了的灵魂。也正是在这个意义上，波斯托克说，格贝完全可以进一步追问下去，但令人失

---

① David Bostock，*Plato's Phaedo*，Oxford：Clarendon Press，1986，190—191.

望的是，他却满足于苏格拉底的回答。①

但在我看来，苏格拉底却有更深的用意。虽然他没能证明灵魂不会消失，难道死亡了的身体就会消失吗？苏格拉底说：

> 在人死的时候，他可见的部分，即身体，还会保持可见，这就是我们说的尸体，可见的尸体会分解、断裂、消散，不会立即就发生这些，而是停留相当长时间，哪怕谁的身体在死时保持很好的状态，而且赶上恰当的时节，也会保持相当长时间。要是身体干瘪，涂上香料，就像埃及人做的那样，几乎整个身体会保存无法计量的时间。身体的某些部分，比如骨头、筋腱等等，哪怕在身体腐烂的时候，还是可以说成不死。不是吗？（80c2—d3）

也许在极个别的情况下，我们看不到死人的尸体，但这并不意味着尸体不存在，只不过是我们的肉眼无法看到罢了。只要有人死了，我们一定知道，他有一具或完整或破碎的尸骸。我们说某个人死了，往往是指，这个人的身体仍然以某种形式存在，但这个身体不再具有生命力了。用波斯托克的话说，就是这个身体依然存在，但已经不是活人了，这是一个死了的人。从同样的角度理解，灵魂也只有在丢下一具尸体之后，我们才能说，这个灵魂死亡了。可是，什么是灵魂的尸体呢？

这个问题，也许只有到了基督教中，特别是在但丁那里，我们才能看到一个形象的回答（见本书第五章）。但是在苏格拉底看来，

---

① David Bostock，*Plato's Phaedo*，Oxford：Clarendon Press，1986，191.

就像没有冷的火和热的雪一样，也没有死了的灵魂。灵魂本来就是不可见的，没有一个物质的形态。活着的灵魂不会有一个体，死了的灵魂又怎么可能有一个尸？既然没有一个灵魂的尸体，我们就不能说灵魂像身体一样死亡了。后来在基督教里，教父们清楚地知道，灵魂既然不是身体，那灵魂的死亡就不是变成一具干瘪僵硬的尸体，而是失去活的灵魂的某些特点（见第三章）。但未经圣灵洗礼的苏格拉底和柏拉图都不会这样去想问题。

格贝的说法中隐含了"不朽"（α᾿θανατο）与"不灭"（ἀν᾿ωλεθρο）之间的区分。在希腊文中，这两个词之间本来没有什么太大不同，都是指不死。但格贝用前一个时，指的是，灵魂不会和身体一同死去；用后一个时，指的是灵魂不会最终消亡。苏格拉底则借助格贝的区分，把这两个含义的区别更强化了。这种区别在汉语的翻译中似乎变得更为明显，因为汉语的"不朽"不仅有不死的意思，而且有不腐败的意思。身体变成尸体，这种死就是一种腐败或朽坏。严格说来，身体之死甚至只是一种朽坏，因为我们并不是在一具尸体完全腐烂得没有了的时候，才说这个人死了。易朽的身体何尝是易灭的？这样看来，讨论灵魂是否不灭，似乎就不再是一个重要的问题。大家所关心的，难道真是灵魂会最终消失吗？为苏格拉底担心的人们，不都是存着一丝贪生怕死之心，怕灵魂也会变成尸体吗？灵魂死亡究竟是怎么回事，谁也没有认真想过。

所谓身体死亡，按照这篇对话中的定义，就是灵魂离开身体，而不是身体完全消失。那么，身体离开灵魂是否就是灵魂的死亡呢？苏格拉底并不这么认为。在他看来，灵魂的基本特点就是存在和活着。灵魂与身体并不是两个相对等的部分。灵魂就是生命，没有灵魂的身体是死的，而没有身体的灵魂恰恰是生命本身。所以，虽然大体而言，死就是不存在，生就是存在，这个定义却不能机械理解，即并不是能看得见摸得着的就是存在的和活着的，也并不是看不见摸不着的就是不存在的和死的。逐渐腐烂的尸体尽管并未消失，却是已死的；看不见的灵魂尽管没有形体，却是存在和活着的。

苏格拉底不能也不愿证明每个个体灵魂都是不会死的，但他可以一步步推导出，我们的生命来自灵魂。死不死关键在于是否保存了灵魂，而活得好不好也关键在于灵魂是否纯粹。他所谓的不朽，并不是长生不老，而是永远保持生命力。从这个意义上说，不朽既是不腐朽，也是真正的存在，而不是像尸体或所谓的"行尸走肉"那样在腐烂中苟延残喘。灵魂不朽，并不能保证人们会永远有知有觉、有快乐、有痛苦，却能让人们有意义地活着，认识生命的真正含义。自始至终，苏格拉底所关心的和他的对话者所要问的，根本就是两回事。别人在讨论灵魂不朽时所关心的，归根到底是能否长生不老，即哪怕身体死了，我是否还有知觉，继续这尘世里所享受的快乐。

我们仔细看格贝和辛弥亚的说法，他们所担心的都只有一个问题，那就是，个体是否能在死后依然有知觉。他们同样认为，苏格拉底自始至终所要论证的，也是每个个体在死后能否依然活着。他们之所以能在苏格拉底的每个说法中发现问题，直到在辩论中被苏格拉底驳得理屈词穷了，还终究意难平，原因之一就在于，苏格拉底并不是在直接回答他们的这个问题：人是否能长生不老。在苏格拉底给出的每个说法和他们所要得到的解释之间，总有一点隔膜。

正如苏格拉底在《申辩》中所暗示的，他们希望解决的这个问题是永远没有答案的。无论苏格拉底怎么说，他们在直觉上都认为人一定是要死的，而且死后无法继续活着。他们一方面在直觉上不相信人死后还有生命，另一方面又希望人在死后仍然活着。而苏格拉底无法彻底打消他们的第一个想法，也无法满足他们后面的这个希望。正是这一点使格贝和辛弥亚永远无法满足于苏格拉底的回答。

既然苏格拉底明明知道自己说的和他们说的不是一回事，那他为什么不揭穿呢？既然双方一直处在各说各话的状态，他为什么不能把自己的想法讲明了？苏格拉底是不是真的热衷于戏弄自己的学生，热衷于遮遮掩掩，不仅让自己的对话者终究意难平，甚至还要让几千年的读者都一直打哑谜呢？

也许，苏格拉底并不是以说谎为乐的；也许，在他这绕来绕去的说法之中，隐含着更加深刻的考虑。苏格拉底的每个微笑和每句安慰，都透露出哲学的真诚和宽厚，丝毫没有诡秘的乖戾之气；苏格拉底的每段沉默，所传达的也是睿智而非狡猾。一个更加可信的猜想是，苏格拉底这么说话，是不得不如此的。要引导格贝、辛弥亚、克力同等人过上真正的哲学生活，并不是告诉他们灵魂好、身体不好就完了的。因为恰恰是这一点，大家从未怀疑过。但口头上承认灵魂是好的，并不意味着真正知道什么是好的，更不意味着知道如何过好日子。面对承认灵魂是好的，但真正关心的却是身体死亡的人，苏格拉底也许必须周旋于必朽者的生死爱欲之间，才可能把人们逐渐引导到通向至善的唯一道路。

四、怕死的小孩

在对话的中间，有一段道出了格贝和辛弥亚对灵魂问题穷追不舍的真正用意。那时候，他们已经承认了苏格拉底的回忆说，即灵魂在人出生之前就有，人的知识是一种回忆，但他们认为，这并不能推导出，人死后灵魂依然存在。即使灵魂在出生前存在，她还是可能会随着身体的死去而化成一阵轻烟散掉。苏格拉底告诉他们，其实这一部分也已经被证明了，不过他知道二人对此并不满意。他笑着对格贝揭开了他们不能满意的原因：

> "这样，在我看来，你和辛弥亚都盼着把这个道理（λόγος）再更仔细讲讲，因为你们像小孩子一样，害怕灵魂从身体离开的时候，大风真的会把她吹散荡尽，特别是要是谁死时碰巧刮大风，而不是风和日丽。"格贝笑着承认了他们的害怕："苏格拉底，我就想战胜这种怕。其实不是我们怕，而是在我们心里就有一个小孩这么害怕。我想说服这个小孩不要像怕鬼一样怕死。"苏格拉底告诉他："那你必须每天给他唱歌，直到你能让他振作起来。"格贝说："苏格拉底，要是你离开了我们，我从哪里去找这类的好歌呢？"苏格拉底回答说："希腊这么大，格贝，在这里总有好人，野蛮人那里也有很多民族，你要在所有民族里找这类的歌，不用花钱，也不用花力气，因为没有什么让你花钱的事。你们还可以在自己中间找。也许你们会发现在自己身上找到做这些的能力是最容易的。"（77d5—78a9）

这是揭示《斐多》主题非常关键的一段话，也是西方哲学史上关于"怕死"的讨论的开端之一。整篇对话中的所有讨论都起因于"怕死"这个问题。格贝说，只有苏格拉底的哲学歌谣，才能驱散他们对死的恐惧，才能让他们心中的那个小孩振作起来。无论苏格拉底，还是格贝和辛弥亚，都明白，整个讨论全是因为这个无法消除恐惧的孩子引起的。那么，究竟怎样来安慰这个无助的孩子呢？要消除死亡的恐惧，至少有这么几种方式：第一是取消死亡，发现其实人不会死，所谓的死只是一种假象，死后人还是在某种意义上延续着生命。既然根本就没有死这回事，那就没什么可怕的了。第二是忘记死亡，虽然死是确实存在的，但可以哄小孩说，并没有死这回事。小孩听信了大人的谎话，自然就会安然入梦。不过，这并没有真正消除死亡，更没有消除恐惧。第三是战胜死亡，在充分承认死亡存在的前提下，发现比生死更重要的东西，从而让小孩在死亡面前勇敢起来，不再怕死。

格贝和辛弥亚最希望苏格拉底能做到第一种，但他们觉得苏格拉底做的是第二种，而在我看来，苏格拉底真正在做的是第三种。格贝和辛弥亚不是傻子，苏格拉底的每个论证都能让他们找到漏洞，所以他们觉得苏格拉底每个骗小孩的伎俩都被揭穿了。当小孩发现安慰自己的童话是假的时，那种恐惧是更大的。于是，直觉上根本不相信人真的会不死的他们（即第一种是不可能的），还是希望苏格拉底能给出一个编得很圆、他们无论如何都要相信的童话（即完美地做到第二种），从而，尽管他们无法真心相信，但因为无法反驳，也就能将信将疑地睡觉了（后来苏格拉底果然给了这样一个故事，但是辛弥亚发现，他还是不能安稳地睡觉）。格贝担心苏格拉底死后就没人给他们唱歌了，因为他们并不相信人真的会不死，而是希望苏格拉底给他们讲最完美的童话、唱最好听的摇篮曲，从而让他们暂时忘掉对死亡的恐惧。他们的这个想法已经说明，最重要的并不是死亡是否真的存在，而是人们如何面对死亡。

难道苏格拉底的哲学，这最美的音乐，就仅只是哄骗人们忘记死亡的摇篮曲吗？到了最后，也许辛弥亚心里已经在问这个问题了。

而苏格拉底自己，应该已经无数次问过这个问题了。到了大限将来的时刻，他一定已经很清楚，如果每个人死后就是要消失的，怎么努力也不可能把死的变成活的，所以取消死亡必将徒劳无功，每次取消死亡的努力只可能陷入第二种，即忘记死亡。既然明明知道死亡是真真切切的，假装看不见当然不是最好的态度。于是，苏格拉底从取消死亡和忘记死亡转向了战胜死亡。

无论格贝还是辛弥亚，所真正要找的都是战胜死亡的办法，但是他们并不知道取消和忘记之外还会有另外一种办法，而对于明知死亡不可避免的他们，前两种努力却又是注定要失败的。如果从格贝和辛弥亚的角度看，苏格拉底的办法，是一种高明的长生不老之术，因为它比任何长生不老之术都真实、勇敢、坦然。如果从苏格拉底的角度看，则格贝和辛弥亚所要找的，都是尚未入门的战胜死亡之法，因为明知会死而又想长生，当然永远不会成功。两条路之间差之毫厘、谬以千里。双方都是从怕死这个基本问题出发的，都要战胜怕死这个不听话的孩子，但是格贝和辛弥亚总想找到安慰自己的歌谣，于是总是把灵魂的生命误以为是身体的生命的延伸，以为不朽就是把身体的知觉永远保留下来；苏格拉底却能清醒地意识到，每个人的喜怒哀乐其实都是属于身体的，身体消失了，这些当然不会再有。要追求灵魂的永生，并不是把身体生命在灵魂中继续，而是找到最好的生活。前者要回避死亡，后者恰恰要面对死亡。哲学家要不断练习死亡，并不是因为死后有一个好的世界，而是因为在假定死亡后，人们会得到一个完全脱离身体的灵魂的概念，才可能找到真正的好的生活。归根到底，真正的重要问题是，如何过上最好的日子，而不是弄清楚死后的状态。未知生，焉知死，信然！

正是因为苏格拉底的真正目的还是生，所以他会把单个灵魂是否会死的问题重新转化为生命是什么和灵魂是什么的问题。这样一种转变，和他所说的"次航"的转换是相通的。苏格拉底自述他的求学经历。他本以为阿那克萨格拉可以帮他找到万物生灭和善恶的原因，但是失望了。他举例子说，如果按照阿那克萨格拉的说法，他之所以坐在监狱里，仅是因为他的某块肌肉、某块骨头和某条筋如何运动。而他真正在这里的原因，即雅典人的控诉和他的申辩，就都被遮盖住了。这样一种解释之所以让苏格拉底不满意，是因为这不会告诉人们什么是好，什么是坏。所以，苏格拉底要重新扬帆，开始他的次航。

苏格拉底在谈到死亡问题的时候，基本态度也是一样的。要考察人在生前死后究竟是什么样子，并不能告诉人什么是好，什么是不好，而只是把身体的筋骨变成了灵魂的筋骨来考察。这样的考察，到最后即使能证明生命会在灵魂中延续，也还是无法告诉人什么是好的生活。苏格拉底用次航来反驳格贝，并不是证明，灵魂确实会像一件永远不坏的衣服那样，无论多少人穿了都依然完好，而是告诉格贝，他这种阿那克萨格拉式的问法本来就不对。

苏格拉底不仅不打算简单地忘掉或取消死亡，甚至还要调动出格贝和辛弥亚对死亡的恐惧。他越是证明灵魂不朽，越是远离两个人的目的；死亡的恐怖不仅没有随之消除，反而可能变得愈来愈尖锐和鲜活，因为越到最后，大家越能感到，其实是没有长生不老这回事的。首先要把两个人心中的那个小孩叫醒，让他在死亡的现实面前大哭起来，才能再寻找安慰他的力量，也才能知道怎样去寻找真正的好。正是在这个意义上，苏格拉底才会强调，哲学家恰恰要练习死亡。这种练习首先要把对死亡的恐惧展现出来。只有首先让人们认识到长生不老的不可能，他们才不会躺在对灵魂不死的侥幸中苟延残喘。

人当然不可能在恐惧中生活，但面对死亡的恐惧，他却必然要寻找消除恐惧的办法。既然练习死亡不可能让人忘掉或消除死亡，那么唯一的道路就是不断追问最好的生活，从而找到战胜死亡和恐惧的道路。

对柏拉图的死亡观的理解，我们不能受基督教的影响太大，也不能罩在海德格尔的影子下解读。虽然后面各种关于怕死的说法无不与《斐多》有各种各样的关联，但苏格拉底和柏拉图都不可能有一个清晰的死后世界的观念，也不可能有向死而生的想法。但柏拉图确实有一个绝对的"善"的样式。对死亡、灵魂、不朽的一切探讨，都以这个样式为核心。在人们面对死亡的恐惧走投无路的时候，寻找最好的生活就不再是一种奢侈的清谈，而成为一种必须。苏格拉底正是这样逼迫自己的弟子们求学问道的。

于是，对生死的讨论最终演变成了对"绝对的生"的讨论，而这种绝对的生，并不是永远苟活，而是使人活得最纯粹、最美好的那个样式和原则。苏格拉底认为灵魂的本质就是这种样式，生命又来自灵魂。只有在这个灵魂存在的前提下，身体才会被赋予生命。一旦没有了灵魂，就是没有了生命，那么身体就死了。但身体的死并不意味着灵魂的死。作为生命原则的绝对的生，当然是不可能死的。所以，苏格拉底得出结论，灵魂是不朽的；换言之，绝对的生作为最好的生活，是不死的。而要获得这种绝对的生，人们必须沉思甚至练习身体的死亡。在这里，我们不能机械地把人理解为可分可合的肉体与灵魂的组合，因为灵魂不是肉体的筋骨，也不是肢体之间的和谐，而是生命原则。所谓肉体的死亡，就是每个个体的死亡；所谓灵魂的永生，并不是每个单个灵魂漫长的苟活，而是生命原则的永存。所以，所谓肉体的死和灵魂的生，就是每个个体的死和生命原则的永存。所以，每个面对肉体的死的人，就是面对个体的死。只有此时的人才可能戒慎恐惧，从对必死的沉思中放弃对长生不老的追求，反而回过头来去寻求使自己的生命有价值、纯粹、美好的原则。

苏格拉底并没有真的认为，人可以像褪掉蝉蜕一样离开肉体，从而进入灵魂不朽的境界。灵魂不是一个器官，而是一个原则，是使生命成为生命的样式。人只有绝对地以这个样式为中心，才可能过上好的生活，才能获得最纯粹和美好的存在。说每个哲学家都该练习死亡，并不是让每个人都要去自杀，而是让每个人都去认真思考活着的意义。但悖谬的是，恰恰是在面对个体的死亡的时候，人们才会最真切地理解生命的美好是什么。把灵魂不朽理解为长生不老，是另外一种追求肉体享乐的人生道路。

与格贝和辛弥亚相比，苏格拉底一样是怕死的。但是，他更清醒地知道长生的不可能，而不想用摇篮曲来欺骗自己。他用来克服怕死的所爱，却是格贝和辛弥亚所无法达到的。在这个时候，他只能和大家一起，从共同的焦虑出发，逐渐接近最好的生活。在很多地方，当格贝和辛弥亚想知道如何长生不老时，苏格拉底却在告诉他们如何过美好的生活。他一会调动出他们无奈的恐惧，一会激起他们渺茫的希望，其良苦用心，不过是逐渐把他们引向思考美好生活的道路。这条道路与一般人追求不死的道路看上去相差几希，却需要细细辩难才能逐渐接近。而这种辩难，却是只能靠自己达到的。所以，苏格拉底哪怕到了最后，也要警告大家，不要把他的话当作最后的真理，不要从字面上理解他的用意。如果大家能够因此而进入对美好生活的思考，而不是汲汲于此生的延续，那他就达到了自己的目的。至于人们是否真能过上美好生活，那就只能看各人的造化了。

五、生死辩证法

苏格拉底最后证明，灵魂就是生命，是人的存在的根本原则。这里讲的存在和活着，并不仅仅是指看得见、摸得着，甚至也不只是讲有知觉，而是抽象的存在理念，是绝对的生，是人生在世所能追求的最好的人生之道。每个人的肉身生命，是灵魂借助肉身实现的个体生命。对于每个个体生命来说，既然灵魂是生的本质，那么，要过最好的生活，就是努力变得纯而又纯，把灵魂的本质展现出来。这个展现，正是在死亡，也就是肉体的消灭中，人们才能最好地体会的。

为什么在死中反而能体会到生呢？死了怎么反而有了纯粹的生命？苏格拉底并不是真的在说，肉体死后人才能得到最好的生命，因此死亡反而是好事。既然生是好的，死当然是不好的。说生死相倚，并不是说这种死其实不是真正的死，灵魂反而能更好地延续生命。这里生与死的关系，恰恰照应了开头那个伊索式的神话：快乐和痛苦往往是相伴而行的。生当然比死好，但要实现生命的好，必须不断纯化自己的生活，也就是反思生命的源泉：灵魂。而要做到这一点，必须去除肉体带来的一切干扰，而思索死亡，即思索完全不受肉体影响的灵魂，是最根本的方式。所以，思索和面对死亡这种巨大的不好，恰恰是为了完美地得到生命之善。生与死这对兄弟，也是相伴而行的。通过绕道死亡回到永生，这条道路的根本依据在于，死亡使人们能够通过缜密的思考提高人生的境界。每个人都无法成为绝对的善，但是都可以锲而不舍地追求这个绝对的善。所以，对于每个个体来说，真正能落实的，仍然是追求至善的人道，而不是至善本身这个天道。既然人不可能成为天，那么，朝向天的人道就是永远无法终结的。

在苏格拉底看来，这条人道就是辩证的思考和认知，就是言（λόγος）。所以他会对斐多意味深长地说："如果这言死了，我们可再也不能让它复活了，那不光你要剪头发，我也要剪我的头发了。"（89b10）苏格拉底说的"言"的字面意思，是指他关于灵魂不朽的论证。如果他不能战胜辛弥亚和格贝，从而证明灵魂确实不朽，那他就一败涂地了。但是，我们不要忘了，此前在格贝质疑他的时候，苏格拉底露出欣喜的表情；到最后辛弥亚仍然不肯全面接受苏格拉底的结论时，苏格拉底同样加以赞赏。他在随后反驳格贝和辛弥亚之前首先告诫大家，不可在这种辩论中陷入争强好胜，一心捍卫自己的教条；同样也不能在这教条讲不通后变得玩世不恭。苏格拉底并不怎么关心他的某个说法是否一定不被驳倒；他这里说的言，一方面是指灵魂不朽的论证，另一方面是指思考灵魂问题的辩证法。既然是辩证法，就不存在一个绝对的说法，而总是在不同的论说中建构人道。哪个人如果认为自己的说法就是真理，或者认为不必再说，那就是人道的终结，比起个体肉身和个体灵魂的死，这都是更大的灾难。而苏格拉底的具体说法被驳倒，却不是什么大不了的事。这在本篇对话中已经多次发生了；至于后来对灵魂不朽说的否定，更不是什么稀罕事。但对于朝向美好灵魂的人言，这种驳倒不仅不意味着死亡，而且恰恰是生死辩证法的一个组成部分。

关于苏格拉底所理解的美好生活，下面这句话至关重要："而我做的是这样，我在每一次把我认为最有力的说法当成假设，凡是我认为与此相合的，就是真的存在，无论是关于原因的，还是关于别的一切，否则就不是真的。"（100a3—7）见格贝还不能理解他的意思，苏格拉底进一步阐释说，他的意思，就是先假定"善"本身、"美"本身、"大"本身，然后再用这些标准去衡量世间的事物是否是好的、美的或大的。这就是柏拉图著名的"样式论"。但我们不要忘了，苏格拉底在这里明确说，所谓的"样式"只是一种假设。苏格拉底并不认为，真的存在一个作为存在者的"善"、一个"美"、一个"大"。这些，只不过是他用来思考生活中好的事物、美的事物、大的事物的辩证法工具而已。苏格拉底真正关心的，仍然是生活中那些好的事物、美的事物、大的事物。[①] 通过这些假定来考察具体的事物，就是苏格拉底的辩证法。生死之间的辩证法，也需要在这种假定之下来理解。同样，苏格拉底也并不认为真的存在一个"生"，也就是，并不真的存在一个叫作"灵魂"的独立实体。这些，都是为了过好尘世生活所做的假定。

有了这种生死辩证法，禁止自杀的意义也就不难理解了。在苏格拉底的哲学解释下，自杀禁令不再仅仅具有神话或法律的意义。生是好的，死是不好的，苏格拉底还是认可人生在世这个最基本的常识。当然，某些时候人们可能会主动求死，甚至通过死亡来得到美好，但这仍然不意味着死本身是好的。通过死回到生，恰恰是为了更好地理解生，因为并不是每个行尸走肉都能理解生命之善的。同样，如果空守着臭皮囊，却不知道追求生命中的善，失去了朝向

---

① 对此，可参考吴增定：《尼采与柏拉图主义》，上海：上海人民出版社，2005 年，第 19—20 页。

美好生活的辩证法，也就与死去无异。苏格拉底说肉体是不好的，并不意味着肉体的生命也是不好的。因为肉体不是生命的本质，种种欲望可能会侵染本来纯粹的灵魂，使人们的生命变得不那么好。这不是肉体的生命导致的，而恰恰是肉体当中与生命无关的那部分导致的。苏格拉底说，灵魂脱离肉体后会获得最好的生命，但这最好的生命更是生命，不可能在失去生命的状态下获得。

为了说明这个问题，苏格拉底把死亡假定为灵魂与肉体的分离。严格说来，这里的死亡和后来所谓灵魂的死亡和言的死亡都不是一回事。但我们仍然不要误以为苏格拉底会像奥古斯丁那样，认为有第一次和第二次两次死亡（见第三章）。这种假定，就像对别的那些样式的假定一样，只是生死辩证法中的一个环节。苏格拉底并不真的认为，有身体死亡而灵魂活着这样一种状态。

苏格拉底对死亡的这种区分，更多是为了讨论的方便，而不是一种实质区分。而这样一种假定的区分同样有助于我们理解自杀问题。即自杀讨论中谈到的死，也和作为灵魂与肉体分离的死不同。当一个人自戕性命的时候，他所得到的结果不是灵魂脱离肉体，而是肉体与灵魂玉石俱焚。这样的死结束的是包括身体和灵魂在内的个体生命，而不是肉体。通过结束生命来获得最好的生命，这不是很荒唐的事吗？苏格拉底说人不能擅自结束肉体的生命，并不意味着肉体是好的（这又是与基督教的一个重大区别），而是因为肉体是生命的基本载体，肉体生命也是生命的基本形式。虽然最好的生命可能受到身体欲望的阻挠，但人们所该追求的，毕竟仍然是一种生命。虽然这种生命可能因为思考死亡而变得更好，却很难通过真正的死亡达到。

苏格拉底解释为什么不能自杀时说，我们必须遵守神的命令，停留在诸神指给我们的岗位上。既然他在《游叙弗伦》中已经暗示，我们并不能不加思考地听从神，那么，这里所谓神的命令，就应该是值得听从的神的命令，是与追求好的生活相关的命令。那么，神对自杀的禁令之所以需要遵守，是因为活着是追求美好生活的必要条件。

既然如此，苏格拉底自己为什么又要去死呢？格贝用自杀禁令诘难苏格拉底之后，苏格拉底并没有正面回答关于神的问题。不过，他早已暗示："在神表示有必要——就像现在对我显示的——之前，人不该先自己杀害自己。"这句话翻译成哲学语言就是："如果不是只有死去才能获得最好的生活的时候（就像我现在这样），人不该自己杀害自己。"究竟该活着，还是该死去，完全取决于能否过上美好的生活。如果不死，苏格拉底会丧失自己的原则，苟且地保全血肉之躯。虽然原则上他仍然可能修炼自己，再次追求美好生活，但这以后的美好生活却是以非常羞辱的生活为前提的。那样，他自己就失去了对美好生活的追求，就真的必须剪掉头发了。

《斐多》让我们推导出，人生在世，就是灵魂的生命原则通过肉体实现在每个个体身上。肉体一方面是生命的承载者，另一方面也是生命原则的障碍。没有肉体就没有生命，但肉体总有可能妨碍人们过真正的好日子。于是，灵魂与肉体永远处在激烈的斗争之中。要么灵魂通过辩证法战胜身体，人获得美好的生活；要么身体战胜灵魂，辩证法死亡，人变成行尸走肉。不会有中间状态，即不好不坏的个体生命。之所以辩证法如此重要，就是因为人们必须时时刻刻与肉体交战。也正是因为这种无休止的战争，苏格拉底要追求美好生活，他的死就成为必然。

六、律法与例外

柏拉图并不是只在《斐多》里谈过自杀问题。在自己的天鹅之歌《礼法》873c—d 中,他再次谈到了这个问题:

> 至于杀死所有人中自己最亲密的和据说自己最爱的人的,应该遭受什么惩罚?我说的是杀害自己的人,他们强行褫夺自己应得的那一份,而不是遵从城邦法律的安排,不是因为无法忍受的痛苦,也不是因为无法逃避的厄运降临,不是因为让他无法活下去的羞耻,而是因为懒惰、无男子气、懦弱,要不正义地惩罚自己。在这种情况下,众神知道,别的法律应该如何清洗和埋葬他们,他的亲戚中的头面人物要就此思考和追问相关的法律,从而自己清楚如何处理此事:首先,这样死去的人的坟墓就应孤零零的,不能和别的坟墓在一起;其次,应该埋葬在那二十个我们看到的醒目的区域之间没有名字的地段,不封不树,不志名字。

这段针对自杀的讨论大体有下面几个观点:第一,自杀者剥夺自己的生命,危害了城邦的政治和法律,这是违法的,应该受到惩罚和羞辱;第二,在很多例外情况下,自杀是可以容忍的;第三,对自杀的惩罚,成为一个教育公民、提升德性的机会。

和《斐多》不同,《礼法》不再讨论灵魂的美好和个体美德这些玄妙的问题,而是回到现实中,考虑如何基于人的心性安排城邦生活。乍一看来,这里的自杀禁令与《斐多》中的自杀禁令完全是两回事。城邦之所以把自杀当作犯罪，并不是因为自杀违背了神的命令，更不是因为自杀的人擅离岗位，而是因为自杀者和别的谋杀者那样，以暴力杀害了一个无辜的人。自杀的这两个罪名（即擅离岗位和谋杀自己）后来都不断出现在反对自杀的著作中，成为西方文明中否定自杀的两个基本理由。尽管人们总是把它们放在新的理论框架中来讲。而在柏拉图这里，这两个理由之间并没有必然的联系。擅离职守并不是因为杀害了自己，谋杀自己是罪也不是因为违背了神的命令。

在《斐多》里，苏格拉底思考的完全是灵魂之事，目的是如何提升个体的德性，而这样一种思考，几乎不可避免地会和城邦形成冲突。苏格拉底之死本身，就是这种冲突的结果。但《礼法》中的雅典外邦人却是从城邦的角度思考，如何能够维护城邦的安全、秩序，同时有利于公民美德的培养。虽然两篇对话都集中于德性问题，但因为是从不同的角度出发，最后的讲法也就非常不同了。

不过，如果我们接着《斐多》中辩证法的思路来思考，也并非不能理解这种冲突。我们在上一节结尾已经谈到了，灵魂虽然与肉体必然发生冲突，但是人们又必须借助肉体，在肉体之中实现真正的德性。于是，灵魂与肉体之间的冲突是不可避免、永无休止的。这种冲突并不只限于个体的灵魂和肉体之间，而且也发生在哲学思考与城邦之间。哲学思考是追求德性的爱智行为，但政治永远不可能只关心德性问题。因此，一方面，德性要在城邦中实现，城邦也要靠美德才能变得伟大；另一方面，德性和城邦必然发生冲突，双方不可能真正妥协。所以，苏格拉底与雅典政治之间的对立是无法调和的，但苏格拉底还会坚持遵守雅典的法律。《斐多》与《礼法》之间对自杀的两种态度，同样清楚地体现了这样一种冲突。

既然这种冲突是永恒存在的，那就没有必要刻意调和两者。真正该做的，反而是继续以辩证法的方法，学会从完全不同的两个角度思考问题。于是，柏拉图在苏格拉底缺席的情况下，刻意安排了一场关于城邦法律的对话。

　　但是，由于自杀问题中固有的复杂性，当柏拉图完全从政治的角度思考这个问题时，他仍然不会把它当作一个单纯的政治问题；或者说，在柏拉图这里，根本就不存在与德性无关的政治问题。法律把自杀当作谋杀的一种，认为这是褫夺自己生命的暴力犯罪。看上去，这一基本说法和后来的基督教国家惩罚自杀的理由没有差别。不过，我们在这段并不长的叙述中，看到最多的并不是自杀为什么应该遭到惩罚，而是什么样的自杀可以作为例外，不必遭受惩罚。雅典外邦人说，下面这些情况都可以使自杀不受惩罚：城邦法律的安排、无法忍受的痛苦、无法逃避的厄运、无法活下去的羞耻。如果自杀者是因为这四种原因中的任何一个而自杀的，就不算犯罪，可以免于处罚。只有因为懒惰、无男子气、懦弱而自杀的人，才算是对自己行了不义。不算犯罪的自杀似乎并不少于算作犯罪的自杀。

　　虽然政治家和哲学家的立场会有不同，但他们都是从同一套人性理念出发的。提升公民的德性，是城邦政治的意义所在。所以，当城邦规定什么样的人可以自杀，什么样的人不能自杀的时候，除了要直接考虑城邦的政治利益之外，还要考虑是否能提升德性。这里所列出的三种不可自杀的情况里，自杀者除了褫夺了自己的生命之外，还丧失了美德，而那些被允许自杀的人，要么是其自杀有助于维护城邦的法律，要么出于不得已的困境，要么是出于值得尊重的羞耻心。外邦人把惩罚自杀的法律与例外，又当作了教育公民、劝勉德性的一个机会。从这个方面看，虽然对自杀的惩罚在很多地方类似于后来基督教国家对自杀者的处罚，但二者之间却有着根本的差别。这一点，我们在第六章讨论现代英国的问题时，就会看到。

柏拉图之后，亚里士多德也谈到了自杀问题。亚里士多德更明确地告诉我们，身体和灵魂并不是两个不同的实体，而是理解人性的两个方面。不可能存在脱离身体的灵魂。所谓灵魂与身体的冲突，不过是人性中不同方面之间的冲突。他对自杀的理解，也是基于对人性的这一观念。我们在此把亚里士多德的几个主要说法列出来，以便读者更全面地了解希腊人对待自杀的态度。

在《尼各马科伦理学》第三卷，亚里士多德在谈到勇敢的德性的时候，讲："为了避免贫困或是失恋或是别的痛苦而寻求死亡，并不是勇敢者的做法，而是懦弱者的做法。无法忍受这些不幸，是女人气的表现；此外，这样的人求死不是为了高贵的善好，而是为了逃避坏事。"（1116a13—16）

在此，亚里士多德完全是从德性的角度评判自杀的。虽然他没有正面谈到可以被宽恕的自杀，但是从最后一句话看来，他还是承认，如果为了"高贵的善好"自杀，应该是勇敢的表现。他在该书的第九卷里面的一句话，则更明确地讲到了高贵的自杀的可能性："有德性的人的行为总是受他的朋友和国家的利益的指引，如果必要，他愿意放弃生命。"（1169a9）

在同一书的第五卷，亚里士多德在讨论正义的德性时又谈到了自杀问题：

> 是否可能自己对自己行不正义，从我下面要说的可以看清楚。一类正义的事情就是所有法律要求的符合德性的事，比如法律不允许人们杀死自己；凡是法律没有要求的事，就是禁止

的。每当一个人违背法律，有意伤害某人（知道被害人，也知道用什么手段伤害，就是有意），而又不是防卫，那就是行不义。一个人杀害自己时是有意这么做的，违背了正确的道理，就是法律不允许的，那么就是行了不义。但这是对谁的不义呢？针对的是城邦，不是自己。因为他有意受苦，而有意的都不算受苦。而城邦遭到了损害，于是以不名誉来惩罚自杀者，因为他对城邦行了不义。（1138a4—14）

在这一段，亚里士多德更多的是从政治的角度否定自杀，因为自杀是对城邦行了不义。这一点，后来成为托马斯谈自杀问题时的一个基本出发点。不过，当托马斯说自杀者违背了人法的时候，他的含义已经和亚里士多德非常不同了。

由此我们看到，柏拉图和亚里士多德对自杀的讨论，都从属于他们对德性生活这一更重要问题的理解。灵魂与身体的区分，更多的是为了讨论的方便，而不是实质的两个实体。因此，自杀究竟是否允许，根本上取决于它是否有助于追求德性，而不取决于灵魂与身体的二元关系，即这些哲学家不会认真地考虑，是否应该通过戕害身体拯救灵魂。如果认真地把毁坏身体当作追求德性的方法，不仅不可能达到期望的目的，而且无助于城邦整体的德性提升；但若是为了崇高的目的不得不死，则可能成为值得赞许的行为。他们笔下的灵魂与身体的冲突，其实质是德性追求与现实政治的冲突。因而，自杀不会成为一个独立的问题，而只能是一个从属性的问题。

第二章　罗马人的死法

虽然在柏拉图和亚里士多德那里，自杀或许能成为德性的一种表现，但就政治层面而言，他们都认为，自杀往往是对城邦的危害，应该给以惩罚。然而，在政治成就远远超过希腊任何一个城邦的罗马，自杀不仅没有威胁城邦的安全，反而成为一个备受推崇的行为。莎士比亚甚至把自杀称为"罗马人的死法"。卢克莱西亚、加图、塞涅卡等都成为后代自杀讨论的经典范例。

罗马政治转折的几个关键环节，都伴随着著名的自杀事件；甚至可以说，往往是自杀，才揭示出了这些政治转变的意义：罗马之父埃涅阿斯与迦太基女王狄多之间的爱情纠葛，大概要算《埃涅阿斯纪》中最动人的一幕了，狄多的自杀不仅为罗马的建立增添了浪漫纠葛，而且预兆了罗马历史中极为关键的布匿战争；罗马贵妇卢克莱西亚的受辱和自杀，直接导致了罗马王国的灭亡和共和国的建立；而罗马共和国的覆灭，则伴随着加图、布鲁图斯、安东尼、克利奥佩特拉的自杀；在奥古斯都建立的罗马帝国中，政治变乱此伏彼起，塔西佗和普林尼都记载了各种各样的自杀故事，其中，塞涅卡的自杀不仅为西方的古典自杀史画上了一个悲壮的句号，而且他对自杀的丰富讨论，也为罗马人的死法给出了一个哲学的解释。

罗马政治中的这些自杀，是不是否定了柏拉图和亚里士多德对自杀的政治理解呢？罗马人不仅非常尊重希腊的文化遗产，而且很多人就是在《斐多》的直接影响下自杀的。难道罗马人会如此热情地接受柏拉图关于灵魂的学说，反而把他关于国家的观念抛弃掉吗？

首先，我们所见到的罗马自杀故事，大多发生在著名人物身上。这些人物对自杀的推崇，并不意味着罗马的整个社会都在赞美自杀。维吉尔在《埃涅阿斯纪》第六卷描述了自杀者在冥界的处境："再下去一些地方住着的是些悲伤的灵魂，他们曾亲手把自己杀死，但是他们并没有犯罪，他们只因厌恶生活才抛弃了生命。但是他们现在多想生活在人间啊！哪怕忍受贫困和艰苦的劳作也是甘心的。但是神意不许可，这可憎的令人发愁的沼泽水把他们锁住了，这九曲的斯提克斯拦在当中，把他包围住了。"[1] 这一段颇能说明，在一般的罗马人看来，自杀还是一件恐怖的事情。那些自杀的英雄，毕竟只是整个罗马城的少数人。

明白了这一点之后，我们再来看这些少数英雄对自杀的理解。在对人性和美好生活的理解上，罗马人与希腊人是基本一致的。但受柏拉图和亚里士多德影响的哲学到了希腊化时代，产生出了一些略有差异的具体观念。其中重要的一点就是对"自由"的强调。在哲学上，斯多亚派以自己的方式讲出了一套关于自由的思想，罗马时期的斯多亚派尤其强调这一点。在政治上，"自由"甚至成了罗马人中的一种意识形态。罗马人在哲学和政治上强调的自由

---

① 维吉尔：《埃涅阿斯纪》，杨周翰译，北京：人民文学出版社，2000年，第148—149页。

观念都可在希腊找到源头，但是却都和希腊人的观念不尽相同；同样，这些观念也和现代人理解的自由有着巨大差别。另外，斯多亚学派所讲的精神自由和罗马人所强调的政治自由，并没有多少理论上的关联。但罗马人的很多自杀故事，却同时涉及这两个方面的自由。因此，自杀问题也许能够帮助我们认识罗马人这两方面的自由观念。

一、自然与自由

由于文献不足，今人对斯多亚哲学的了解十分有限。按照现在比较优秀的斯多亚哲学研究者的看法，我们可以大体看到斯多亚派的自然观和政治观。

希腊哲学家克里希波斯（Chrysippus）的斯多亚哲学的一个基本特点，在于其对决定论的强调，即宇宙中的万事万物都有原因，任何偶然性都不是没有来由的，而是由特定的原因导致的。导致任何事物发生的原因，则被称为"命运"。人作为宇宙的一部分，应该服从宇宙万物的规律。正是由于对决定论的强调，才会出现斯多亚派的名言"按照自然生活"。这样一种决定论，好像排除了自由的可能性。但对于这样的批驳，克里希波斯指出，虽然一切都是命定的，但这并不意味着人们不该为自己行为的善恶负责，因为，一方面，外在事件虽然是确定的，但不同的人仍会对不同的环境做出自己的反应，善恶并不是由外在事件决定的，而是由人的性格决定的；另一方面，人们做事的善恶取决于自己的性格特点，而性格特点也是被决定了的。①

　　由于这样一套哲学思想，斯多亚学派发展出相应的政治哲学。舒菲尔德（Malcolm Shofield）根据现有的部分资料复原芝诺的学说，指出，在他看来，真正理想的城邦不是在人间，而只能在宇宙中。哲人要认识到，自己是这个宇宙城邦的公民。②

　　斯多亚哲学的上述两个基本方面似乎都和后来的基督教学说有某种呼应。决定论与自由之间的关系，似乎呼应了恩典与自由意志的关系；宇宙城邦的说法，也似乎呼应了奥古斯丁关于上帝之城的说法。虽然斯多亚哲学确实和基督教之间有着一些不可忽视的关联，但我们还是不能忘记其间的根本差别。③ 重要的一点在于，斯多亚派所要据以生活的"自然"，并不是后来的基督教所理解的自然；而斯多亚派所讲的自然法，更不是基督教和现代人所讲的自然法。

　　斯多亚派强调宇宙秩序，甚至讲所谓的"宇宙之城"，而这个城邦中的法律，就是各种自然规则，即"自然法"。只有认识到自然法的哲人，才清楚作为宇宙公民的职责，从而才能够正确遵守自然法。④ 因此，他们所看重的自然，并不是人的本能，而是一种最理想、最高层的宇宙秩序。在他们这里，"自然"、"理性"、"神"常常是同义词。只有会运用理性的人，才能遵循这种自然。相应的，斯多亚派所强调的伦理生活和道德责任，也都是这样一种自然观产生

① Susanne Bobzien, *Determinism and Freedomin Stoic Philosophy*, Oxford：Oxford University Press，1998.
② Malcolm Schofield, *The Stoic Idea of the City*, Chicago：The University of Chicago Press，1999.
③ 关于斯多亚派与基督教之间的关系，参见 Richard Sorabji, *Emotion and Peace of Mind：From Stoic Agitationto Christian Temptation*, Oxford：Oxford Univeristy Press，2002。
④ Malcolm Schofield，*The StoicIdea of the City*，103.

出来的。

因此，斯多亚派不会因为要"按照自然生活"，就把自然理解为生物性的生命，从而将自杀当作违背自然的行为（可对比第四章托马斯的讲法）。恰恰相反，他们认为，在某些情况下，人可以选择自杀。这就是苏格拉底在《斐多》中所说的，"神表示有必要"的时候。而人的理性思考，是可以认识到神的这种表示的；遵循这种理性认识、平静地离开人世，这正是依照自然生活，不是违反自然生活。因此，斯多亚派往往把《斐多》奉为自己的经典，认为自己的自杀都是因为得到了神的启示。

斯多亚学派的一些重要哲学家是自杀而死的。据说，其创始人芝诺一次跌倒时伤了脚趾，就认为那是神的启示，告诉他应该死了，于是，他以手拍地，引用悲剧《尼俄伯》中的台词大喊道："我来了，我来了，你何必叫我呢？"随后窒息而死。[1] 芝诺的弟子克里安忒（Cleanthes）也是自杀而死的。克里安忒的牙龈因病肿了起来，医生让他禁食两天。两天之后，他的牙好了，医生说他可以恢复饮食了。但克里安忒却认为，这是神给他的一个信号，于是他说，他已经走出了一段路了，怎么能再退回去呢？于是他继续禁食，直到饿死。[2]

斯多亚学派对自然和人性的理解，与柏拉图和亚里士多德都在同一个框架之下。斯多亚学派所说的"自由"，和基督教与现代社会讲的自由概念非常不同，反而和柏拉图所讲的德性生活更接近一些。

塞德利（Michael Seidler）指出，斯多亚哲学家推崇自杀，并不

---

① 第欧根尼·拉尔修：《名哲言行录》（下），马永翔等译，长春：吉林人民出版社，2003年，第412页。
② 同上，第480页。

是因为他们相信有一个美好的死后世界。在他们的宇宙观和自然哲学中，根本没有为冥界这样的神秘观念留下位置。他们之所以要自杀，是为了摆脱外力的束缚，获得一种自由。就像罗马的斯多亚派哲学家爱比克泰德所比喻的那样，生活是一个游戏，如果时局不利，可以退出游戏。这种退出并不是逃避自然，而恰恰是获得理性和遵从自然，因为人只有完全控制自己的行为，才能过有理性的生活。仅仅长命百岁，并不是最好的生活，只有遵循理性的生活，才是好的生活。[1] 因此，这里的自然与自由并不是矛盾的；通过自杀获得灵魂的自由，正是在"按照自然生活"。在一封书信中，塞涅卡充分表达了这一思想：

> 活着并不是好的，活得好才是好的。因此，智慧的人并不是能活多长就活多长，而是该活多长才活多长。他要看他在哪儿活，和谁一起，怎么活，或者要做什么。他总会从质来思考生命，而不是量。如果他遇到什么麻烦搅扰了安宁，那就会释放自己。……死得早还是晚没什么关系，死得好还是不好才有关系。死得好是为了避免活得不好。[2]

他随后谈到了这样一个例子：一个僭主不小心掉到一个很深的粪坑里，要像畜牲一样以粪便为食，才不至于饿死。有人觉得，他还是饿死好，而这个僭主说："只要有命在，就还有希望。"塞涅卡

---

[1] Michael Seidler, "Kant and the Stoicson Suicide," *Journal of the History of Ideas*, July, 1986, 429—453.

[2] 塞涅卡：《书信》，70。本书所引塞涅卡著作，均见于 Seneca, Lucius Annaeus, *Senecain Ten Volumes* (Loeb Classics)，Cambridge, Mass.：Harvard University Press，1917—1972。

说："即使这是对的，命也不能以任何代价来换取。无论多么壮丽的东西，无论得到它有多么确定，我都不会以承认自己毫无骨气为代价来得到。我的座右铭不该是'命运面对活人是万能的'，而是'在知道怎么死的人面前，命运毫无力量'。"①

在同一封信里，塞涅卡也谈到了苏格拉底所引述的那种说法：自杀的人是有罪的，因此，我们必须等待自然为我们规定的结局。但塞涅卡并不在乎这种规定的结局："这么说的人没有看到，他阻住了自己通往自由的道路。永恒之法虽然只为我们准备了一个生命的入口，却允许有那么多出口，还有什么比这更慷慨的？如果我能够大步走出折磨，摆脱掉我的灾难，那我为什么还要等待疾病的剧痛或人的残酷呢？"

塞涅卡的这一说法，充分揭示了深受斯多亚派影响的罗马人自杀的哲学原因。柏拉图虽然相信城邦中无法实现绝对的正义，但他并不真的认为人们可以在城邦之外寻求正义，因此，追求美好的生活，就成了在必然不完美的城邦中辩证的爱智活动。而斯多亚派有一个更明确的"宇宙之城"的观念。虽然"宇宙之城"与后来的"上帝之城"还是有着巨大的差别，却比柏拉图那里的"样式"有着更实在的意义。因此，他们会更认真地看待城邦之外的美好生活。这样的说法，一方面把格贝和辛弥亚所幻想的死后世界彻底取消了，另一方面却又提供了城邦之外的一种生活可能。这既是对柏拉图的说法的进一步阐释，也是对它的放大和引申。

在第 101 封信里，塞涅卡也谈到了灵魂不朽的问题。这位斯多亚派哲学家的基本观点，与《斐多》中灵魂不朽的证明非常接近，

---

① 塞涅卡：《书信》，70。

但他的结论却极端得多：

> 你所恐惧的终结之日，就是你进入永恒的新生。把负担放下吧，为什么要拖延呢？……把老朽的肢体抛弃掉吧，它们现在已经没有用了，把你这么长时间占有的身体放下吧。它就要被分裂、被遮盖、被除去了。为什么要抱怨？……为什么还和它呆在一起，好像它是你的一部分？它只是你的外壳。总有那么一天，要把你从肚子里那恶臭而嘈杂的部分里解脱出来。只要你能够，现在就离开这些享乐吧。

在他看来，关键一点是要自己把握生死这种大事，从而战胜命运，然后再考虑，究竟是生还是死能做到这一点。因此，塞涅卡也并不是无原则地赞美自杀。比如，在谈到苏格拉底的时候，他就说：

> 如果死亡即将来临，他也知道自己将会遭受折磨，他不该做他的刽子手要做的事，而是要做自己该做的事，即活下来。有人要来杀你了，那就等着他。怎么能主动去死呢？如果别人给你残酷的结局，为什么主动拿过来呢？你是羡慕刽子手的工作，还是想减轻他的工作呢？苏格拉底本来可以绝食而死，不是毒死，而是饿死，但是，他却在牢里花了三十天来等死。他的动机可不是"什么都可能发生"，或"只要有时间，就有希望的空间"，而是为了遵守法律，让临终前的苏格拉底有益于他的朋友们。鄙视死亡，却害怕毒药，有什么比这更愚蠢的吗？[1]

---

[1] 塞涅卡：《书信》，70。

二、自由与罗马

除去这种精神性的自由之外，罗马人也很喜欢讲政治上的自由。罗马人的政治自由，大体有三种含义：第一，与奴隶相对的自由人的自由；第二，罗马国家的独立自主；第三，作为自由的政治制度的共和国。

在这三者之中，第一个是其最初的义项。后面两个都是引申出来的。沃尔策布斯基（Ch. Wirszubski）在《罗马共和国晚期和帝制早期的政治自由观》中对此有非常精辟的研究。拉丁文中的"自由"（*libertas*）这个词，本来指的是"自由人"（*liber*）的地位。在罗马社会，奴隶是完全没有独立地位和任何权利的人，连人身都为自己的主人所有。相对而言，自由，就是能够拥有自己的权利，而不受制于别人。在罗马共和国和帝国早期，这种自我权利，并不被当作一种内在的自然权利，而是一种特定的政治权利，即成为罗马公民的一种特定资格。一个从家庭里逃出的奴隶并没有得到自由，而只是无人认领的财产；只有通过特定的仪式被赋予了公民权，奴隶才能成为自由人。同样，除非和罗马签订了条约的国家的公民，外国人到了罗马，是不必然被当成自由人的。他们虽然未必都被当作奴隶看待，但没有任何权利，罗马也不保护他们的自由，其地位相当于没有主人的奴隶。因此，罗马人的自由并不是生而具有的自然权利，而是后天获得的特定公民权。

正是因为自由就是罗马公民的特权，所以，罗马人的 *libertas* 和 *civitas*（既是公民权，又是城邦的意思）指的是同一件事。

libertas 指的是个体的地位，而 *civitas* 指的是个体相对于整个共同体的地位。罗马人能享有多大的自由，完全取决于城邦的政治处境。于是，"公民的自由和国家内的自由是同一件事的不同方面"。①

由此就可推导出政治自由的另外两层含义。首先，罗马城邦和人民的政治自由，要求国家的独立自主，不受外民族的干预。罗马宗教中的自由女神，往往象征着这种民族自由。比如，在第二次布匿战争中，提伯里乌斯·格拉古（Tiberius Gracchus）的父亲就在阿文亭努山上为自由女神建了一座神殿。②

对于尚武好战的罗马人来说，这个层面的自由有着至关重要的作用。在维吉尔的《埃涅阿斯纪》中，安奇塞斯在向自己的儿子指点罗马未来的辉煌的时候，就把战争当作罗马人擅长的"自由的技艺"展示给他看。③ 这种"自由的技艺"，并不只是捍卫领土完整、对抗侵略的技艺，而且包括主动扩张、打击潜在的敌人的技艺。罗马人并不认为对外扩张是什么不好的事。包括西塞罗在内的罗马思想家认为，完全可以靠主动发动战争来避免外敌可能的入侵，从而保护罗马的自由。④

另外一个层面的自由，就体现在驱逐国王塔昆之后建立的共和

---

① Ch. Wirszubski, *Libertas as a Political Idea at Rome during the Late Republic and Early Principate*, Cambridge: Cambridge University Press, 1950, 1—3.

② 李维：《罗马史》，24. 17；25，7；34，44。版本主要参考 Titus Livius, *Ab urbe condita*, Oxford: Oxford University Press. 1914, 1919。下同。

③ 参考林国华：《埃涅阿斯的幻梦或自由作为帝国的技艺》，"思想与社会"系列之《宪法与公民》，上海：上海人民出版社，2004 年。

④ 关于西塞罗"先发制人"的思想及它在西方现代政治传统中的体现，可参考崔之元的论述，"Bush Doctrine and Neo-Conservatism: A Chinese Perspective", in David Held & Mathias Koenig-Archibugi（ed.）, *American Power in the 21st Century*, Oxford: Polity Press, 2004。中文版《布什原则·西方人文传统·新保守主义》，《读书》，2003 年第 8 期，第 3—11 页。

体制上。沃尔策布斯基指出，君主与臣民的关系，被等同于主人与奴隶之间的关系，但正像脱离了主人的奴隶未必是自由人一样，脱离了君主的臣民，也还不是自由的公民，而是陷入了比奴隶制更糟的无政府状态。而自由的共和体制是一种积极的国家模式。正如罗马的公民制度体现了罗马公民的自由，罗马共和国也体现了罗马人民的自由。① 国王塔昆被驱逐后，罗马人对于企图复辟者的回答颇能体现他们对这种政治自由的理解："罗马民族不是君主国，而是自由的城邦。她已下定决心，宁可向敌人打开城门，也不向国王打开城门。人们一致认为，谁若终结了罗马城的自由，那就是终结了罗马城。"②

不过，自由并不等于民主。罗马的共和体制，不同于雅典的民主政治。在雅典，民主制的重要含义是，全体公民治理城邦，但罗马共和国从未真正实现过这种民主政府。罗马共和国会保护公民免受政府的伤害，但是并没有赋予所有公民共同的治理权。由于罗马的政治自由是政治权利的底线，罗马公民的自由与贵族们的尊荣（*dignitas*）之间也并不存在亚里士多德所说的那种冲突。③

罗马的哲学家对共和制度的肯定普遍比雅典哲学家更多一些。在罗马，我们很难看到苏格拉底那样批判城邦政治的哲学家，也看不到城邦与哲学之间的巨大冲突。西塞罗虽然在《论共和国》中对君主制和贵族制也有所肯定，但他对共和制度的偏向也是很明显的。无论哲学家还是政治家，"自由"都成了最高的评价标准之一。

---

① Ch. Wirszubski，*Libertas as a Political Idea at Rome during the Late Republic and Early Principate*，5.
② 李维：《罗马史》，2，15.3。
③ Ch. Wirszubski，*Libertas as a Political Idea at Rome during the Late Republic and Early Principate*，13.

"自由"成了罗马的意识形态用语。出于完全不同目的的政治家，都可以用"自由"来为自己的行为正名。正如历史学家塞姆（Ronald Syme）所指出的，当庞培组织私家军，要把罗马和意大利从马里乌斯的统治之下救出的时候，他用的口号是"自由"；当恺撒与庞培等人为敌，要把自己和罗马人民拯救出来的时候，用的口号也是"自由"；当屋大维要把罗马从安东尼的统治下拯救出来的时候，所用的口号还是"自由"。[1]"自由"成了所有政治行动都要诉诸的借口。[2] 不过，这并不意味着自由的含义是含糊的。比如，寡头就不能冒用"自由"之名。[3]

　　罗马人所理解的这种自由，既不同于后来基于自然权利的现代自由，也不能被理解为简单的放纵。这种自由的一个前提，恰恰是要求公民必须遵守法律，而不是随意行为。[4] 正是在这个意义上，我们就可以理解贡斯当所看到的罗马人的自由与现代人的自由为什么那么不同。这样的自由体制下的人民，因为并不认为人人生而自由，他们并不会反对奴隶制（可对比洛克对奴隶制的坚决反对，参见本书第六章）；由于他们并不把信仰和言论当作每个人的基本权利，他们也不会认为自己有宗教信仰的自由，不会认为参与集体事务是对自由权利的损害。[5]

---

① Ronald Syme，*The Roman Revolution*，Oxford：The Oxford Press，1985，155.

② 塔西佗：《历史》，4：73："他们的借口是自由和各种表面上好听的名词，但是凡是有野心奴役别人或是为自己占夺领土的人，没有不使用同样的词令的。"王以铸、崔妙因译，北京：商务印书馆，2002 年，第 318 页。

③ Ronald Syme，*The Roman Revolution*，Oxford：The Oxford Press，1985，155。

④ Ch. Wirszubski，*Libertas as a Political Idea at Rome during the Late Republic and Early Principate*，7.

⑤ 参考贡斯当：《古代人的自由与现代人的自由》，上海：上海人民出版社，2005 年，第35 页。

很少有谁把斯多亚哲学所讲的自由观念与罗马的政治自由观念联系起来讲。确实，在塞涅卡等哲学家所讲的灵魂自由和罗马的政治自由之间，并不存在一个严密的逻辑关联，我们也没有必要强行建立这样的关联。

不过，这二者确实都是罗马人追求美好生活的努力；而且，在这两方面的努力中，他们都用"自由"来描述最美好的生活状态。无论在希腊语还是在拉丁语中，"自由"的本来含义，都是相对于"奴隶"而言的。这一共同的词源，使哲学上的自由与政治上的自由一直有着内在的关联。古代人所理解的灵魂的美好生活与政治中的美好生活之间究竟有何关系，并不是一个虚构的问题。在《理想国》中，柏拉图就用大字和小字的比喻来说明灵魂生活与城邦生活之间的关联。虽然不少人认为，这二者之间并不存在苏格拉底所说的那种类比关系，[①] 但我们并不能因此认为二者之间就没有关联。我们在本书第一章看到，《斐多》中从灵魂角度讨论的自杀问题与《礼法》中从政治角度讨论的同一问题是完全相关的。

当然，古代人在个体灵魂与政治之间建立的关系，并不像现代人在自然状态与社会契约之间建立的关系那么紧密；尤其是在强调自由的罗马，我们应该把它同现代人的自由观念区别开来。因为不存在这么紧密的关联，也就很少有罗马哲学家从对灵魂自由的追求推出政治自由的观念。

但从对这两种自由观念的讨论中，我们还是能够大体发现二者之间基本的共同点。斯多亚式的精神自由和罗马的政治自由都不是

---

① 斯坦利·罗森（Stanley Rosen）：《〈国家〉：诠释札记》，李峻译，《哲学门》，第十二辑，2005 年。

人人能够享有的普世权利，而是少数精英才能得到的特权。在斯多亚派那里，只有少数智慧的人才能享受到真正的自由；在罗马，也只有罗马的公民才能享受政治自由。而且，罗马人的自由观念，还允许贵族享受特殊的尊荣。从这个意义上来说，罗马人争取政治自由的努力，和他们通过斯多亚哲学争取精神自由的努力，是同一个过程的两个方面。两种努力都是为了获得一种不同于奴隶的、高贵的、自主的生活方式，就是对柏拉图那里的德性生活的一种发展。

在罗马很多著名的自杀故事中，我们不仅能看到斯多亚式的自由追求，而且也能看到对政治自由的捍卫。两种自由之间的关联在这些自杀者身上充分展现了出来。[①]

三、卢克莱西亚

卢克莱西亚是罗马传说中一个著名的自杀女子。她的故事不仅一再成为后代文艺作品的主题，而且是推翻罗马君主制、建立罗马共和国的关键事件。[②] 喜欢引述各种自杀人物的塞涅卡也给予这个罗马贵妇很高的评价。他在一封信里说："布鲁图斯给了我们自由，而卢克莱西亚给了我们布鲁图斯。"[③]

那个时代的罗马还在高傲者塔昆的统治之下。塔昆伙同妻子残

---

① 罗马的自杀者与哲学的关系，可参考 Miriam Griffin，"Philosophy，Cato，and Roman Suicide"（I，II），in *Greece & Rome*，Vol XXX，No. 1，No. 2（April，Octorbor），1986。

② 关于卢克莱西亚的讨论，也可参见拙文：《生的悲剧，死的喜剧》，"思想与社会"系列之《宪法与公民》，上海：上海人民出版社，2004 年；收入吴飞：《尘世的惶恐与安慰》，北京：北京大学出版社，2019 年。

③ 塞涅卡：《与马尔西亚论安慰》（*Ad Marciam de Consolatione*），16。

忍地杀害了自己的岳父、前任国王塞尔维乌斯·图利乌斯（Servius Tullius），以铁腕手段树立起在拉丁各部族中的权威，在国内大兴土木，使得民不聊生；在国外虽穷兵黩武，却也取得了不小的胜利。

卢克莱西亚是罗马将军柯拉廷诺斯的妻子，温柔贤淑，勤于女工。当时，高傲者塔昆正在带兵攻打阿迪亚。因为战争陷入僵持状态，罗马的官兵们有更多的闲暇玩乐。有一次，柯拉廷诺斯和几位年轻的将军在王子塞克斯图斯·塔昆那里聚会，谈到了各自的妻子，大家都说，自己的妻子多么美丽贤惠。由于人们互不服输，这场争论也陷入了僵局。于是，柯拉廷诺斯提议，大家不如亲眼去看一下，让事实说出，究竟谁高谁低。于是众人连夜纵马回到罗马城。别的贵妇们都在抓紧时间寻欢作乐，只有柯拉廷诺斯的妻子卢克莱西亚和几个女仆一起，转动织机，连夜工作。卢克莱西亚当之无愧地赢得了这场比赛的胜利。柯拉廷诺斯夫妇友好地款待了客人们，然后大家连夜赶回了军营。

在这过程中，塞克斯图斯·塔昆为卢克莱西亚的美丽和美德所打动，暗中起了不轨之念。几天之后，他就瞒着柯拉廷诺斯，偷偷回去找卢克莱西亚。卢克莱西亚热情接待了他，请他到客房安歇。人们都睡熟了以后，塔昆手拿宝剑来到了卢克莱西亚的房里。卢克莱西亚被惊醒之后，并不为塔昆的引诱所动。于是塔昆威胁说，他会杀死卢克莱西亚，再杀死一个奴隶，把他剥光后，放在卢克莱西亚的身边，污蔑她与奴隶私通，因被发现而被杀死。深爱自己的名誉的卢克莱西亚只好屈服，任凭塔昆玩弄。

塔昆强奸了卢克莱西亚后扬长而去。卢克莱西亚送信给丈夫柯拉廷诺斯和父亲卢克莱修斯，叫他们分别带一个可靠的朋友赶快来家。于是，柯拉廷诺斯带着布鲁图斯，卢克莱修斯带着瓦勒里乌斯，来到了家里。卢克莱西亚对柯拉廷诺斯说："柯拉廷诺斯，你的床上留下了另外一个男人的足印；我的身体完全被玷污了，但是心灵是无辜的；死亡就是证据。你们举起右手，要发誓不使奸淫者逍遥法外。塞克斯图斯·塔昆昨天晚上带着武器前来，从客人变成了敌人，他自己和我共同犯下了这罪恶的肉体之欢——如果你是男人，就让这欢乐不仅要了我的命，也要了他的命。"在场的人按顺序发誓，并劝阻她不要自杀，因为心灵可以犯罪，而身体不能，没有心灵参与的不是犯罪。卢克莱西亚回答说："你们要看到他有什么下场：我没有犯罪，但不能免于惩罚；我不能让以后的不贞者以卢克莱西亚为榜样而活下来。"于是，她用藏在衣服下面的短剑刺进自己的心脏，倒地而死。

周围的人们还沉浸在悲痛之中，布鲁图斯却从卢克莱西亚的伤口上拔下短剑，举在面前发誓说："面对这被王室伤害的最贞洁的鲜血我发誓，面对你们，面对神，我让你们作证，我要用刀剑与烈火或别的任何力量彻底驱逐高傲者塔昆、他罪恶的妻子和他的所有后代。我既不让他们也不让别的任何人做罗马的王。"于是，人们把卢克莱西亚的尸体抬到广场上，布鲁图斯号召人们赶走塔昆。他们占领了罗马城。卢克莱修斯负责罗马的事务，布鲁图斯带兵前往阿迪亚。布鲁图斯到了阿迪亚时，高傲者塔昆已经前往罗马。阿迪亚的军队归顺了布鲁图斯，高傲者塔昆被逐出罗马。塞克斯图斯·塔昆在逃跑途中被仇人所杀。于是，罗马结束了 244 年的王制，布鲁图斯和柯拉廷诺斯成为罗马共和国的第一届执政官。[①]

无论卢克莱西亚的亲人，还是卢克莱西亚自己，都很清楚，她

---

① 李维：《罗马史》，1：57—60。

之所以要自杀，并不是因为她认为自己有罪，需要用死亡来惩罚自己。卢克莱西亚说："我的身体完全被玷污了，但是心灵是无辜的。"柯拉廷诺斯和卢克莱修斯也劝阻她说："心灵可以犯罪，而身体不能，没有心灵参与的不是犯罪。"双方都认同一个针对人性的基本前提：身体是被动的，是非善恶完全取决于心灵。但这个前提使卢克莱西亚得出的结论是，她应该自杀，以死来证明，她确实是无辜的；而柯拉廷诺斯和卢克莱修斯的结论却是，她既然没有罪，那就没有必要自杀。卢克莱西亚随后给出的理由是，如果她活下来，以后的妇女一旦再有不贞之举，就会拿卢克莱西亚做借口而活下来。为了罗马妇女的美德，她必须惩罚自己这个无辜的人。那么，卢克莱西亚自杀的两条理由就是，第一，要靠自杀来证明自己无罪；第二，以自杀来为罗马的妇人们立下美德的榜样。

从第一点来看，卢克莱修斯和柯拉廷诺斯所理解的"无罪"是一个消极的法律概念，即只要没有做错什么就是无罪；既然卢克莱西亚并没有主动犯奸淫，那她就不必惩罚自己这个无辜的人。而在卢克莱西亚看来，无罪还是一个德性和精神性的概念；她认为，她的心灵究竟是否参与了身体的奸淫，自己究竟是不是一个有德的妇人，并不是一个这么简单的事，而是需要勇敢的死亡来证明和成就的。于是，卢克莱西亚已经不像乃父乃夫那样，仅仅关心自己是否有罪、是否主动参与了奸淫，这些都已经是次要的问题了。卢克莱西亚即使保护了自己心灵的贞洁，没有主动参与奸淫，那也只能说她是一个无辜的受害人而已，却丝毫没有使她获得德性的升华和精神的自由；如果卢克莱西亚仅仅满足于自己保持贞洁，她的仇就很难得报，高傲者塔昆的僭政还会维持下去，无论于国于己，都将是一个很平庸的结局。她所追求的，不只是做一个免于罪名和惩罚的普通妇人，而且要更积极地成为有着崇高美德的自由的贞女。塔昆的强奸，不再只是一个不幸的飞来横祸，而成了她主动追求美德和自由的一个机会，从而也成为罗马获得解放的一个机会。

卢克莱西亚对灵魂之事有着更深的理解。柯拉廷诺斯和卢克莱修斯都知道，灵魂纯洁与否，并不取决于肉体之欢，但是，难道没有寻求肉体之欢就算得到了灵魂的幸福和自由了吗？面对卢克莱西亚，这两个男人就像面对苏格拉底的格贝和辛弥亚一样，以为只要苟活下去，就能得到幸福的生活。没有德性和力量的灵魂，哪怕获得长生不老，哪怕永远能感到羞辱和快乐，也不会过上美好的生活。

在此，灵魂并不存在一个非善非恶的中间状态，"无辜但善良"是一个自相矛盾的说法。灵魂的德性并不只是是非对错的规则问题，而是一个境界高低的问题。如果从精神境界的角度出发，我们就很容易理解，灵魂只要不主动追求德性和自由，就是平庸、堕落、受奴役，因为没有什么能让不追求德性的人神圣和善良起来。因此，她不会满足于无辜，而要获得自由和高贵的精神生活。虽然卢克莱西亚的时代还不存在斯多亚哲学，但熟悉斯多亚哲学的李维所描绘的卢克莱西亚的德性追求，完全符合斯多亚派所追求的精神自由。

这位罗马女子用短剑为自己的德性追求作了一场申辩，同时也教育整个罗马的妇人和男人，如何去寻求美好而自由的生活。正是在她的激励之下，一直在装疯卖傻、插科打诨的弄臣布鲁图斯变成了勇猛的将军，逆来顺受、忍气吞声的罗马人也清醒过来，甚至那些身披重甲的将士们也倒戈了。于是我们就看到了卢克莱西亚自杀的政治意义。

她说："我不能让以后的不贞者以卢克莱西亚为榜样而活下来。"这句话的意义，不只是不给奸淫者一个可以利用的借口，而且是在向所有罗马人倡导一种对生活和德性的理解。人们应该从卢克莱西亚学会什么是羞耻，什么是荣耀，什么是自由生活的真正意义。于是，对德性和自由的追求，成为人们推翻国王统治、建立罗马共和国的重要动机。

这个自杀的计划，不仅是对精神自由的追求，而且是罗马政治自由的开端。卢克莱西亚从派出信使那一刻，就已经在策划自己的死了；因此，她一开始就没有把这件事当成家丑来处理，而是让丈夫和父亲分别带来一个朋友，从而把这件私事变成一个严肃的政治事件。随即，卢克莱西亚又激励自己的丈夫和在场的其他男人，一定要像真正的男人那样，报复做出了这种丑事的王子塔昆，甚至煞有介事地让他们举手盟誓。最后，她很严肃地告诉大家，她所真正关心的，并不只是自己的贞洁，甚至也不只是罗马妇人的贞洁，而是全体罗马人的德性，然后才自杀而死。

罗马人对塔昆政权的不满由来已久。他们一直在等待一个机会来推翻王制。如果仅仅从这个意义上说，卢克莱西亚的事情，只是一个偶然的导火索；即使不发生卢克莱西亚的自杀，也很可能会有别的事情导致反抗。另外，布鲁图斯虽然装扮成小丑，但他一直以来也有政治野心。当初他和塔昆的两个王子一起出使雅典的德尔斐神殿，阿波罗的神谕显示，谁若最先亲吻自己的母亲，就会成为下一任国王。就在两个小塔昆争着回家亲吻母亲的时候，布鲁图斯却正确地理解了神谕的意思，第一个俯身亲吻了罗马的大地。[①] 可见，在卢克莱西亚之前，无论是罗马人民，还是布鲁图斯，都在等待着一个机会来推翻塔昆。

虽然对于反抗塔昆，卢克莱西亚的自杀只是提供了一个导火索，

---

① 李维：《罗马史》，1：56。

但对于罗马共和国，这个罗马贵妇所推崇的光荣和德性，却有着更实质的意义。当时的罗马人，不仅要推翻一个暴君，而且要建立一个新的国家。虽然罗马人都希望推翻塔昆的暴政，但是，未来的新国家究竟应该是怎样的，大家还没有一个清晰的概念。布鲁图斯与两个小塔昆所争的，也还只是国王的位置。而卢克莱西亚的自杀为这次革命涂上了浓重的德性色彩，为消极的政治反抗带来了积极的精神目标。在卢克莱西亚死后，布鲁图斯和罗马人民都清楚了，奋斗的目标，就是像卢克莱西亚那样，追求自由而高贵的生活。于是，布鲁图斯喊出了他的名言："我既不让他们也不让别的任何人做罗马的王。"于是，罗马共和国就不仅仅是有了推翻国王这个较低的基础，而且有了追求德性与自由这样高贵的目标。卢克莱西亚为罗马共和国的男人和女人都立下了一个榜样。罗马共和国的建立，就是卢克莱西亚的精神的政治实现。

当然，我们不能过于夸大卢克莱西亚一人的作用。其实，对于那么遥远的故事，其历史真实性究竟有多大保证，是连罗马人自己都很难说清楚的。与其说是卢克莱西亚塑造了罗马共和国的精神气质，不如说是后来的罗马人为自己的精神追求寻求了一个美丽的开端，就像他们在埃涅阿斯那里确定了自己的史诗开端一样。从这个意义上理解，我们也就可以说，卢克莱西亚通过悲壮的自杀，把个人的德性追求与罗马的精神提升结合在了一起，从而塑造了罗马共和国基本的精神气质。

在罗马共和国的开端，这种追求自由的精神气质天真到幼稚的程度。柯拉廷诺斯的被放逐、布鲁图斯的杀子和战死，罗马人对瓦勒里乌斯的疑虑，都反映了对自由的这种天真的理解。不过，罗马的自由精神，毕竟成为一种伟大的精神传统，一直贯通到现代人的自由观念。

四、加图

就在这个共和国的尽头，当小加图、布鲁图斯、安东尼等著名人物纷纷倒在自己的剑下的时候，我们又一次看到了这种自由精神在自杀故事中的体现。共和国的这些殉道者，后来都一次又一次成为争论的中心，也一次又一次地激起史学家、文学家、艺术家的灵感。他们中的每一个都体现着精神追求与政治自由的双重意义。而我们这里的讨论，则选取小加图为代表。

加图的个人品德和政治关怀为他赢得了巨大的名声。不仅那些和他一样捍卫共和国和民主政治的人赞美加图，而且很多恺撒的支持者也崇拜他，甚至连但丁都刻意忽视他是异教徒这个事实，而给他一个守卫炼狱之门的尊贵职位。西塞罗指出，虽然任何别人都无权以自杀来对抗恺撒，加图却有这个特权；[①] 史学家撒路斯提乌斯认为，罗马德性最高的人物，恰恰是恺撒和加图，这两个势不两立的死对头；[②] 塞涅卡对加图更是给以极高的评价。他认为，无论在个人品德的自由上，还是在对罗马自由政治的捍卫上，加图都堪称典范。他甚至说："没有了自由，加图不能活下去；没有了加图，自由也不能活下去。"[③]

[①] 西塞罗：《论责任》（*De Officiis*），《论老年，论友谊，论责任》，徐奕春译，北京：商务印书馆，2003 年，第 141—142 页。

[②] 撒路斯提乌斯：《喀提林阴谋》（*Bellum Catilinae*），53—54；《喀提林阴谋、朱古达战争》，王以铸、崔妙因译，北京：商务印书馆，1995 年，第 147 页。

[③] 塞涅卡：《智慧的坚韧》（*De Constantia Sapientis*），2.2，"nequeenim Catopostlibertatem uixitneclibertaspost Catonem."

加图是最坚决捍卫共和制的罗马人之一。在面对喀提林阴谋的时候，加图就坚决主张处死阴谋破坏共和国的喀提林一伙，而反对恺撒等人的温和手段。加图当时就看出来，恺撒之所以那样主张，是因为他有个人的考虑。加图洞彻恺撒等人对共和制的威胁，坚决反对三巨头进一步攫取权力。但罗马的不断扩张不可避免地加强了恺撒的权力。本来反对任何僭主的加图看到，赤手空拳地捍卫共和国将是徒劳无功的。他只好和庞培联合起来，对抗凯撒。恺撒进入罗马后，加图和庞培一起逃往亚洲和非洲。庞培在埃及战死后，加图与庞培的岳父西庇欧一起率领残部，在尤提卡继续抵抗恺撒。西庇欧很快被恺撒打得惨败，带了很少的人落荒逃走。

　　面对即将来临的恺撒大军，加图非常镇静。他先是召集了在尤提卡的三百个罗马人，勉励他们勇敢地抗击恺撒。三百人虽然当时被加图的演讲所震撼，但很快就为恺撒的声势所震慑，打消了抵抗的念头。当时人心浮动，尤提卡人、三百罗马人、元老院成员，还有马队的官员，都相互猜忌。恺撒很快就会兵临城下，城中的骚乱和暴动也蓄势待发。面对这些变化，加图虽知大势已去，却依旧泰然自若。加图死志已定，但他还要为三百罗马人和元老院成员们确保一个安全的结局。元老院成员们纷纷离开尤提卡，加图也得到尤提卡居民的保证，不会在恺撒到来以后加害三百罗马人。

　　恺撒的前锋已经抵达尤提卡，他派自己的亲戚卢修斯·恺撒（Lucius Caesar）来到城里。卢修斯请求加图帮助劝说三百罗马人归顺，还希望加图能通过他乞求恺撒的宽恕。但加图回答他说："至于我自己，我如果要恺撒开恩放过我，我自己会去找他的，但是我不会因为一个僭主所行的僭政而感激他。他本来无权统治这些人，如果他自以为是他们理所当然的主子，来保住他们的性命，那只能是一种僭越。但你如果愿意，我们可以看看，你能为那三百人说什么最好的话。"到最后，加图还把自己的儿子和朋友们托付给卢修斯，和他握手道别。

然后，加图回到房里，与他的儿子和朋友们闲谈，不准他的孩子们从政，因为"像他那样做，现在已经不可能了；不像他那样做，就是不名誉的"。加图去洗了个澡，然后和大家一起吃晚饭，在场的有两个哲学家，一个是斯多亚派的，一个是漫步学派的。晚饭过后，他们一边饮酒，一边热烈地讨论哲学问题，尤其谈到了斯多亚学派的一些观点，特别是这么一点：只有好人是自由的，邪恶的人都是奴隶。那个漫步学派的哲学家反对这种说法，加图和他激烈争辩。当时谁都能看出来，加图已经下决心结束自己的生命，以使自己获得自由。于是，人们都安静了下来。加图有意转移话题，谈到了那些离开尤提卡的人们。

谈话结束后，他和朋友们散了一会步，就走到自己的卧室，热情拥抱了自己的儿子和每一个朋友。然后，他躺下，拿起柏拉图的《斐多》来读。他读到一半的时候，抬起头来找他的剑，但他的儿子已经在晚餐的时候把剑拿走了。加图问仆人谁拿了他的剑，仆人回答不出来，于是他继续读书。读了一会，他平静地叫人把剑拿来。但是等他把全书读完，还是没有人拿来。于是他叫来所有的仆人，大声叫他们去拿剑。他甚至打了一个仆人一巴掌，手都肿了起来。加图生气了，大叫说，他的儿子和仆人们出卖了他，要把他赤裸着送给敌人。于是，他的儿子和朋友们跑到屋子里，跪在他的脚下，哭着哀求他。加图很严厉地说："我什么时候，怎么会发狂了，头脑不清醒了，怎么没有人用理性来说服我，或是告诉我什么是更好的——要是我的想法真的不对？难道我一定要被缴械，不能使用自己的理性吗？你，年轻人，你为什么不把你父亲的双手绑在身后？这样，恺撒来的时候，我就不能保护自己了。我要杀死自己，不是非得用剑不可；我只要自己窒息一段时间，或是用头撞墙。"

听了这话，他的儿子哭着走了。别的人也都走了，只剩下两个哲学家和加图待在屋里。加图对他们说："你们难道也想强迫我这么大年纪的人活着，所以坐在这儿，静静地监视我吗？或者你们会给我一些理由，证明，如果加图无法得到保全，从而乞求他的敌人，并不是卑下和无价值的吗。如果是那样，讲出你们的观点，告诉我，为什么我们现在要忘掉我们以前得到的教诲，要抛弃我们赖以生存的所有信念，现在靠恺撒的帮助变得更智慧，但仅仅为了生命而感激他。我并不是不能决定自己的事，我要自己决定来做我认为应该做的事；我不会不听从你们的建议的，我会听取忠告，按照你们的哲学所教的去做；同时，你们也不必麻烦，只是告诉我儿子，他既然不能说服他父亲，就不该逼着他父亲去做什么。"两个哲学家一句话也说不出来，哭着离开了。于是，有人把加图的剑拿进来，加图接剑在手，拔出鞘来，看到剑锋锋利，就说，"现在，我是自己的主宰了。"他把剑放下，又拿起《斐多》来，读了两遍，然后沉沉睡去。

午夜时，加图醒过来，叫人去港口，看该走的人是否都走了。他还叫自己的医生帮着穿衣服。周围的人都很高兴，以为他决定活下来了。他派去的人回来了，告诉他人们大多已走，只是海上风高浪急。加图叹了口气，很为那些刚刚出航的人担心。

天已破晓，加图又睡下了，好像是因为晚上没有睡够，现在要补补觉。但等人们都出去了，加图就把剑拿在手里，刺进自己的胸膛。但由于他的手还发肿，他刺得并不正，所以没有马上死。加图挣扎着，掉到了床下，打翻了旁边的一张桌子。他的儿子和朋友们听见声音，都跑了进来，看到了一幅恐怖的景象：加图正在血泊中打滚，肠子流了出来，但他仍然活着，看着大家。他的医生走过来，帮他把肠子放回去，给他缝合伤口。加图清醒过来，明白了他的意图，于是把医生推在一边，把肠子重新掏了出来，撕开伤口，当即断了气，时年48岁。

不知这消息怎么传到了三百人那里，他们很快来到了加图的门口。尤提卡的人们也很快聚拢了来，异口同声地呼喊，加图是他们的恩人和救星，是唯一一个自由而不可战胜的人。虽然他们听说恺撒已经来了，但恐惧、危险、骚动、争吵都不会干扰他们对加图的哀悼和致敬。他们为加图办了一个很风光的葬礼，把他葬在海边，然后才想到如何面对征服者恺撒。恺撒听说加图已经死了，说："加图，我因为你的死而抱怨你，正如你因为我要保存你而抱怨我。"

加图的儿子没有遭到恺撒的伤害。但他在腓力庇一战中抵抗安东尼和屋大维的军队，英勇战死。加图的女儿嫁给了刺杀恺撒的布鲁图斯。布鲁图斯在腓力庇战败自尽后，她也吞下烧红的炭块自杀。加图死时有一个叫斯塔提利乌斯的青年，一直叫嚷着要追随加图而去，但被加图和两个哲学家制止。他后来也战死在腓力庇战场上。腓力庇一役，标志着罗马共和派的彻底失败。①

无论是加图自己，还是后人，都用"自由"来概括他的德性追求。就政治观念来看，加图对共和国的捍卫和对僭政的坚决抵制无疑体现了明确的自由理念。但他对自由的向往并不仅限于政治观念。

---

① Plutarch，"Cato the Younger,"*The Lives of Noble Grecians and Romans*，New York：Modern Library，2000.

那么，如何来理解加图在德性上的自由追求呢？

根据普鲁塔克的记载，从很年轻的时候开始，加图就是一个廉直方正、一丝不苟的人。他做了阿波罗神殿的祭司后，变得对自己更加严格。他和一位斯多亚派哲学家安提帕特（Antipater）过从甚密，于是潜心于对斯多亚哲学的研究，特别是其中的道德和政治学说。加图痴迷般地追求各种德性，而他最看重的是一种"确定不移、不容动摇的正义，不能因为偏向或情感而改变"。

普鲁塔克所描述的这一段告诉我们，加图从一开始就把斯多亚派的道德教诲和政治问题联系起来。在他看来，真正的自由，必须通过德性的培养获得，而真正的正义，必须在自由而强大的共和国中才能实现。

加图的这些观念确实未必与希腊的斯多亚哲学完全一致，但却是罗马的斯多亚思想中被普遍承认的观念。加图也自认为与斯多亚派更接近。据说，亚细亚曾有一位德高望重的斯多亚派哲学家，年纪已老，固执地拒绝与任何达官贵人交往。加图想把他接到罗马，但是知道写信给他会太不礼貌。于是，他亲自前往亚细亚去看这位老人。加图就靠着自己的德性魅力，竟然说服了这位老人，把他请回了罗马。他认为这是一次巨大的胜利，为此而骄傲和兴奋，就如同完成了英雄的远征壮举，比起庞培等对那么多民族与王国的征服还要光荣。

这个小故事至少可以说明这样几件事：首先，加图和当时的罗马人一样，认为罗马的开疆拓土是其政治自由的一个重要方面；其次，对于罗马来说，哲学与征伐一样重要，甚至更加重要；再次，他和当时的罗马人所看重的哲学，主要是斯多亚学派的哲学。因此，罗马的扩张、斯多亚派的精神自由、罗马的共和制度，在加图这里是紧密相关的，是"自由"观念的三个不同面相。而这正好呼应了我们在本章第一、二节所谈到的罗马自由观念的几层含义。

加图临死前的两段话进一步揭示了他对自由、德性、政治的理解。他在自杀前对哲学家们说的那一点，即只有好人是自由的，邪恶的人都是奴隶，就把自由与德性联系了起来。他所理解的自由，就是德性的完满。他的另外一段话是对卢修斯·恺撒说的："他本来无权统治这些人，如果他自以为是他们理所当然的主子，来保住他们的性命，那只能是一种僭越。"在加图看来，恺撒即使个人品德再高，也无权剥夺人们的自由，成为罗马人民的主子。罗马的自由政治，是使罗马人追求完美和高贵的必要条件。

他不仅不认为这种自由观念和斯多亚派有什么冲突，而且也相信这与柏拉图在《斐多》里所讲的内容完全一致。所以，明文否定自杀的《斐多》反而促使加图下定了自杀的决心。这一点并没有什么奇怪的。斯多亚派把《斐多》奉为经典，认为自己所推崇的自杀，恰恰得到了苏格拉底的支持。加图反复阅读《斐多》，为的也正是坚定苏格拉底的支持。

加图所要追求的自由，既是柏拉图在《斐多》中所讲的灵魂不朽，也是卢克莱西亚所看重的德性境界。这种自由，并不是基督教所强调的意志自由，也不是现代人所讲的自然权利，而是一种德性，是灵魂的完美和高贵。

正是因为这样一种自由并不是现代的自由观念，所以，共和派的理解并不是唯一的理解。无论恺撒还是奥古斯都，都不认为自己在破坏罗马的自由，反而认为自己在捍卫罗马的自由，这并不能简单地被当成虚伪的说辞。

奥古斯都在平息了漫长的内战之后，自称他是恢复了内战之前的共和制，并且小心翼翼地保留了共和国的主要制度。罗马帝国的皇帝们也坚决不用"国王"（rex）来称呼自己。哪怕是在帝制之下，这个词仍然有着强烈的贬义。虽然人们对罗马帝国有着各种各样的看法，但有一点是确定的，即它并不是对卢克莱西亚那时候的王制的恢复，而是延续了共和国时期的很多基本制度。所以，哪怕在帝制时期，"自由"仍然是被普遍认同的一种意识形态。

五、塞涅卡

塞涅卡不仅赞美罗马的自杀者，也不仅在大量书信和短文中讨论自杀，而且还亲身实践自杀。据说，早在他年轻的时候，体弱多病的塞涅卡就曾经想通过自杀结束自己的性命，但后来因为父亲的劝阻而没有实施。[①]

在罗马诸多著名的自杀者当中，塞涅卡最敬仰的是加图。这不仅仅因为加图是个自杀者，而且因为加图所捍卫的是自由政治。按照格丽芬（Mariam Griffin）的说法，塞涅卡从骨子里也相信，共和是罗马最好的政治制度。不过，塞涅卡却知道，回到共和国已经没有可能了。[②] 所以，身为斯多亚派哲学家的塞涅卡在帝王师的位置上仍然希望促成自由而高贵的政治。《论仁慈》就是塞涅卡用来驯服暴君尼禄的名篇。

不过，塞涅卡并没有驯服尼禄。他的这个学生越来越荒淫暴虐，

---

① 塞涅卡：《书信》，78。
② Miriam Griffin, *Seneca：a Philosopher in Politics*, Oxford Oxford：University Press, 1992.

对塞涅卡也越来越不喜欢。公元 65 年，卡尔普尔尼乌斯·披索密谋行刺尼禄，发动政变，但是阴谋败露，牵连甚广，塞涅卡也在其中。塞涅卡应该早就知道这起阴谋，但并没有参与。不过，早想除掉塞涅卡的尼禄却终于找到了机会。

当时，塞涅卡正在从康帕尼亚回罗马的路上，停在了离罗马不远的一个别墅里。尼禄派来的禁卫军当晚在别墅周围设下岗哨。塞涅卡正在与妻子宝琳娜和两个朋友吃晚饭的时候，禁卫军将领传达了皇帝的命令。塞涅卡得知尼禄要判他死刑之后，毫无惧色。他想叫人把遗嘱拿过来，但是遭到了禁止，于是他对自己的朋友们说，他会把他唯一的，但是最美好的财产留给大家，那就是他的生活方式。只要他们把这种生活方式牢记在心，他们就会从这真诚的友谊里得到回报的，即他们会因为道德高尚而享有美好的名誉。他劝人们不要哭泣，要坚定起来。他反问这些难过的朋友们，他们所学的那些哲学箴言都到什么地方去了，他们多年来学到的在灾难临头时应有的那些理智态度都到什么地方去了。"尼禄的残忍谁不知道呢？他在弑母杀弟之后，除了再杀死他的监护人和教师之外，还能杀死谁呢？"然后，塞涅卡拥抱他的妻子宝琳娜，温和地劝她不要过度悲伤。但宝琳娜却说，她要和塞涅卡一起去死。塞涅卡不愿阻止宝琳娜的光荣行动，于是就对她说："我已经为你指出了在生活中得到慰藉的办法，但是你宁肯选择光荣的死亡。你要树立这样一个光辉的榜样，这一点我是不反对的。让我们俩分享这一坚定的死亡的勇气吧。但愿你的死亡更加光荣。"

塞涅卡和宝琳娜分别用刀割断了自己手臂上的血管。塞涅卡上了年纪，血流得很慢，于是他又割断了膝盖后面的血管。他已经奄奄一息，但担心自己的痛苦会影响到宝琳娜，于是就劝她到另外一个房间去。哪怕在这个时候，塞涅卡的嘴里依然滔滔不绝。他叫来了自己的秘书，口授了长篇的谈话。但他还是没有马上死。于是，他请自己的老友医生安奈乌斯把毒药（hemlock，芹叶钩吻，即苏格拉底所喝的毒药）给他。塞涅卡吞下了这毒药，但是毒药起的作用很小。据说因为当时塞涅卡的四肢已经冷却，所以毒药对他不起作用了。塞涅卡就叫人准备了一盆热水，把自己泡在里面。他把热水洒在旁边的奴隶身上，说是在向解放者朱庇特行礼。后来，人们又抬着他去洗蒸气浴，塞涅卡才在那里被窒息而死。

尼禄得知宝琳娜要和塞涅卡一起死去，下令阻止宝琳娜自杀，害怕这会引来更大的厌恶。当时她已经不省人事了，军官命令奴隶们为宝琳娜包扎了手臂上的伤口，宝琳娜活了过来。[1]

塞涅卡的自杀方式明显是在模仿苏格拉底。[2] 他死后一年，又有佩特洛尼乌斯模仿苏格拉底和塞涅卡而死。他被尼禄看管起来以后，就割断了自己的脉管，然后包扎起来，随后又打开，并开始和朋友们轻松交谈。他并没有和他们谈严肃的话题，没有讲到灵魂不朽或是哲学的话题，而是吟诵短诗和歌曲。他赏赐了一些奴隶，鞭打了一些，吃了晚饭，睡了会觉，轻松地死去了。在留下的遗嘱里，他把尼禄的各种罪行公之于众。[3] 而另一位特拉塞亚在自杀之前和一位犬儒主义哲学家（犬儒主义也是支持自杀的哲学学派）讨论灵魂的本质，以及精神与身体的分离。他叫人把自己的脉管切开，血流到地上，他用这血来灌奠解放者朱庇特。他死得很慢，遭受了很大的

---

① 见塔西佗：《编年史》，15 卷 60—64，王以铸、崔妙因译，商务印书馆，2002 年。
② Miriam Griffin, *Seneca：a Philosopher in Politics*，Oxford：Oxford University Press，1992，367.
③ 塔西佗：《编年史》，16 卷 19。

痛苦。①

　　塞涅卡和他的模仿者们的自杀都有清楚的哲学理念，也有明确的政治意义。他们和加图一样，都是为了获得灵魂的自由而自杀的，同时又都是为了反抗僭主而死的。虽然大多深受斯多亚学派的影响，他们并没有像芝诺那样，因为损坏了一个脚趾头就以为天神来召唤了，匆匆走向死亡。他们虽然同芝诺一样追求灵魂的自由，但往往是在遭受了僭主的压迫，而且甚至是在即将被僭主杀死的时候，才自杀的。正像塞涅卡在第 70 封信里所说的，自杀本身并没有意义，更不是获得最高自由的唯一途径。② 自杀所要表现的，是对死亡和命运的蔑视，而这种灵魂上的自由，往往在对抗僭主的时候体现出来。

　　格丽芬认为，塞涅卡的自杀之所以是一个政治行为，就在于塞涅卡要在尼禄面前争取言论自由。③ 这样一种说法，未免是在理解古代思想时，受现代言论自由观念的过多影响了。虽然塞涅卡确实有过类似的说法，但我们还是不能把他理解为言论自由的捍卫者，正如我们不能轻易把斯多亚学派当作自由意志的倡导者。塞涅卡对尼禄的批评，更大程度上是对僭主个人暴行的政治进谏，而不是为了争取言论自由，而尼禄对塞涅卡的忌恨，更多是因为塞涅卡这个教师的管教妨碍了自己的为所欲为。塞涅卡是希望尼禄加强修养、学会仁慈和宽容，做一个更好的皇帝，从而有利于罗马帝国的江山社稷。这正是他在《论仁慈》这篇文章中所要表达的意思。正如格丽芬所说，塞涅卡仍然是喜欢共和制的，但是他知道大势已去，帝国制度是推翻不了的了。但这并不意味着，塞涅卡也会推崇言论自由

---

① 塔西佗：《编年史》，16 卷 34—35。

② Miriam Griffin, *Seneca：a Philosopher in Politics*，383—384.

③ 同上，367—368。

这样的权利。

塞涅卡确实知道，比起共和制来，君主制更可能妨碍自由之路。虽然他试图教育君主，但从来没有对君主制抱太大幻想。不过，面对君主的欺凌，他的武器并不是言论自由，而仍然是灵魂的自由境界。在《论愤怒》中，塞涅卡指出，那些遭受暴君的羞辱和窘迫的人，并不是没有办法解救自己：

> 你为什么等待敌人毁灭你的祖国来为你报仇，或是等待遥远的明君来解救你？无论你朝哪个方向看，那里都会结束这些坏事。看到那悬崖了吗？下面就是自由。看到那海洋、那河流、那口井了吗？自由就在那里，在那下面。看到那棵老树了吗？那矮小的、枯萎的、光秃秃的树了吗？那里悬挂着自由。看到你的脖子、你的咽喉、你的心脏了吗？那都是脱离奴役的道路。我给你指出的道路太艰苦了吗？需要太多的勇气和力量吗？你要寻找通往自由的金光大道吗？你的身体里的每根脉管都是。①

塞涅卡所实践的，正是他自己倡导的这种政治性的自杀。这种自杀以政治行动的方式完成了一种灵魂的追求，但和现代人所讲的政治自由迥然不同。甚至与加图相比，塞涅卡所追求的这种自由，严格说来也不是政治自由，或者说不是政治制度的自由，而是政治环境中的灵魂自由。即使塞涅卡真的像格丽芬说的那样热爱共和制，他对尼禄的这种反抗，仍然不足以构成对帝国制度的一种否定。格丽芬的研究虽然迄今仍是对斯阿涅卡的研究中最重要的，但她的这

---

① 《论愤怒》（De Ira）卷3，15：3。

一判断还是难免有以今度古之嫌。

　　罗马人深受斯多亚哲学的影响，把自由当作了美好生活的重要标准。他们不仅像希腊的斯多亚学派那样，把灵魂的自由当作自己追求的目标，而且也把政治自由与这种精神自由结合起来。他们没有在理论上明确讲出这一点，这给我们的讨论造成了不小的困难。不过，我们还是可以非常清楚地看到，罗马人在讲灵魂自由的时候，仍然没有像后来的基督教那样，把死后的生命太当真。罗马的斯多亚主义者，真正看重的是尘世的生活是否丧失了尊严和自由。他们之所以崇尚自杀，还是为了保证人间生活的美好和高贵，而不是为了追求死后的世界。或许我们也可以从这个角度来理解罗马的政治自由。罗马人不仅要让自己的灵魂，而且要让整个城邦的自由人都过上高贵的生活。如果是这样，罗马人灵魂的自由和政治的自由就是基于同一个逻辑的美好生活。罗马人对生命和人性的理解，与希腊人大同小异，但更喜欢用"自由"来解释美好生活，并把自由当作灵魂和城邦的美好的标准。而"自由"这个概念，则有待以后的基督徒来重新思考和解释，并在它的基础上设立新的政治模式。到那个时候，自杀者的灵魂就会有新的归宿了。

第二部分

上帝面前的神性和罪性

第三章　奥古斯丁：神性与罪性

就在塞涅卡壮烈死去的时候，基督徒已经逐渐活跃在罗马帝国，遭到了尼禄皇帝的镇压；甚至有人说，塞涅卡自己就和使徒保罗有一些联系。基督教对西方思想的根本转变，可以从它对自杀的态度上看出来。

基督教里的第一个自杀故事，当然就是犹大的自杀。《马太福音》里对这件事的记述，语气中并没有明确的褒贬："这时候，卖耶稣的犹大，看见耶稣已经定了罪，就后悔，把那三十块钱，拿回来给祭司长和长老说，我卖了无辜之人的血，是有罪了。他们说，那与我们有什么相干？你自己承当吧。犹大就把那银钱丢在殿里，出去吊死了。"（27：3—5）颇有人以为，这里甚至暗含着犹大的罪因他的忏悔自杀而被赦的意思。在早期教父中，基督教对自杀的态度很是含糊。希腊教父奥利金把耶稣之死称为"神圣的自杀"，早期殉道士中有些人更是以自杀为荣的，但也有神学家已经开始否定自杀。① 而奥古

---

① Georges Minois，*History of Suicide*，Baltimore：The John Hopkins University Press，1998，26—27.

斯丁是第一个发展出一套系统自杀观的神学家。在他这里，希腊罗马思想家自杀论述的复杂性不仅被完全继承了过来，而且在经过基督教的洗礼之后，完全换了一副面孔。

奥古斯丁对自杀的讨论，主要出现在《上帝之城》（*De Civitate Dei*）第一卷的16—28章之间；此外，在《上帝之城》第十九卷的第4章、《论意志的自由抉择》（*De Libero Arbitrio*）第三卷6—8章，以及《驳高提顿》（*Contra Gaudentium*）当中，也都有讨论自杀问题的段落。

这些论述自杀的段落各有各的具体理由，也为自杀思想史的研究者们一再引用。但是，若要进一步理解奥古斯丁禁止自杀的思想意义，尤其是思考这在整个西方思想史中的位置，就不能仅仅停留在这些具体论述上。在本章，我在考察了奥古斯丁对卢克莱西亚和加图的否定之后，会努力把这些具体论述与奥古斯丁更大的思想体系建立关联。奥古斯丁思想的根本特点，在于他对绝对至善的上帝和上帝之城的认识。在这种上帝观念之下，我们可以从三个方面思考他对人性的说法。从这些观念出发，我们再进一步思考奥古斯丁关于身体、自由意志、望德、死亡的说法，以期深入认识奥古斯丁的自杀禁忌。

一、美德之罪

在《上帝之城》第一卷，在谈到被强奸的女基督徒能否自杀时，奥古斯丁重新评价了卢克莱西亚和加图，认为他们不仅不值得赞美，甚至还犯了罪。

他在讲完卢克莱西亚的故事之后，说：

> 我们该说她什么呢？是淫妇还是贞女呢？谁会认为这需要
> 费力争论呢？有个人漂亮而真切的谈到这个故事后，说：说来
> 奇怪，但二人同床，一人犯奸。这话真是巧妙，再对不过。说
> 是在两个身体交媾的时候，只有一个有无比肮脏的欲望，而另
> 一个保持无比贞洁的意志。这样，他注意的不是肢体的交合，
> 而是心灵的不同，所以才说"二人同床，一人犯奸"。①

在这一段，奥古斯丁首先同意罗马人对卢克莱西亚的贞操的赞
美，认为她是一个高贵而贞洁的女子。塔昆对她的强奸并没有使她
也犯奸淫，因为"二人同床，一人犯奸"。

但奥古斯丁随即对卢克莱西亚的结局提出了质疑："既然如此，
为什么那个没有犯奸淫的，反而遭到的惩罚更重呢？塔昆只是和他
父亲一起被赶出了罗马，而卢克莱西亚却身被极刑。如果说她无意
而被迫所做的不算不贞，这一个贞女遭到惩罚就不公了。"同柏拉图
与亚里士多德一样，奥古斯丁把自杀当作了杀人的一种。在他看来，
一个没有犯奸淫的贞洁女子未经审判就遭屠戮，这是非常不公的一
件事：

> 我对你们说，罗马的法律和法官，即使真有谁犯了大罪之
> 后，你们也不愿意让罪犯不经过判罪就被杀死。如果谁把这个
> 案子交给你们来审判，告诉你们一个不仅没有经过审判，而且

---

① 《上帝之城》1：19.1；吴飞译，上海：上海三联书店，2022年版，第36页。

还贞洁无辜的女子被杀了，你们不会对那个杀了她的人施加相应的严惩吗？这么做的人正是卢克莱西亚；就是这个备受赞美的卢克莱西亚，她把那个无辜的、贞洁的、遭受了暴力蹂躏的卢克莱西亚杀了。你们判刑呀。如果仅仅因为她不现身，你们就不能惩罚，为什么你们又如此赞美上面所说的那杀害了无辜而贞洁的女子的人呢？我相信她肯定在地狱中的法官面前，这是你们的诗人们在歌中唱到的，在那些法官面前，你们怎么还有理由为她辩护呢？[1]

虽然柏拉图和亚里士多德也曾经把自杀当作对自我的谋杀，也都看到了自杀对城邦政治的危害，但是在他们那里，城邦政治的根本目的还是公民的德性。自杀一方面可能提高灵魂的美德，一方面却可能与完善美德的物理形式矛盾。因此，在他们看来，像卢克莱西亚这样因为不可忍受的耻辱而自杀，而且还有利于城邦政治的人，完全应该免于惩罚，甚至应该被当作美德的化身来赞美。

但当奥古斯丁讨论卢克莱西亚的自我谋杀时，这完全变成了一个法律问题，已经与美德和至善无关了。他好像在按照罗马法官的逻辑来推理这件事：如果奸淫者塔昆逃之夭夭，贞洁的卢克莱西亚反而遭到惨死，卢克莱西亚就遭受了不公，罗马法律的正义就受到了威胁，罗马的法官们就没有完成他们的职责。如果罗马人不仅没有惩罚杀人者卢克莱西亚，而且还赞美她，那就是在赞美杀人犯，简直是善恶不分、自相矛盾。所以，卢克莱西亚应该待在维吉尔笔

---

[1]《上帝之城》，1：19.2。

下的冥界中专门囚禁自杀者的那一部分。

奥古斯丁随后又设想了一种可能：卢克莱西亚并不是无辜的，而是在奸淫时暗中配合了塔昆，同样享受了肉欲的快乐——

> 或者也许她不在那里，因为她认识到自己不是无辜的，而是有罪的，才杀死自己的？也许她自己才知道原因：在那个青年暴烈的欲望引诱之下，甚至也激起了她自己的情欲，于是也乐意交媾，那么，她就因痛悔而惩罚自己，认为可以通过死得到宽恕？如果她能够在她的那些伪神面前获得赦免的结果，她也没有必要杀死自己。如果确实是这样，那就不是二人同床一人犯奸，而是二人一起犯了奸淫，一个人主动袭击，另一个暗中默许，那么，她就不是杀害了自己这个无辜者，那她的博学的辩护者就会说她不在地狱中的那些人中间，在"曾亲手把自己杀死，但是他们并没有犯罪"的人中间。如果是这样，那么她就在下面二者中必居其一：如果她掩饰了杀人罪，那就确证她犯了奸淫；如果她可以清洗奸淫罪，那她就犯了杀人罪；这样的两难困境她是走不出了，因为我们可以说："如果她犯了奸淫，为什么还赞美她呢；如果她是贞洁的，为什么被杀呢？"①

如果卢克莱西亚暗中配合了塔昆，那她就不仅杀害了自己，而且还犯有奸淫之罪。在这种情况下，奸淫者卢克莱西亚主要是出于愧悔而自杀的。这种自杀是一种对自己的惩罚。如果单从城邦法律

---

① 《上帝之城》，1：19.2。

的角度看，奸淫者卢克莱西亚被杀并没有什么不对的，但杀人者卢克莱西亚仍然无权擅自处死这个罪犯。不过奥古斯丁并没有穷追这层意思，而是超越了城邦政治，上升到神学意义："如果她能够在她的那些伪神面前获得赦免的结果，她也没有必要杀死自己。"这里有两种可能：如果罗马诸神和基督教的上帝一样万能和至善，那卢克莱西亚的出路就是向他们忏悔，求得诸神的赦免；如果卢克莱西亚无法得到罗马诸神的赦免，那就说明这些神是伪神，根本无法帮助她获得救赎。这已经触及了基督教神学与异教神学之间最根本的差异。在异教哲学家那里，虽然假设了绝对的善，柏拉图甚至认为这种绝对的善和世俗政治根本不可调和，但每个人的美好生活仍要在现实政治中逐渐实现，而不是与城邦政治断裂。如果卢克莱西亚违背世俗道德，犯下了奸淫之罪，诸神是不会赦免她的。在这个时候，也许自杀恰恰是一种可能的解决方式。或许正是因此，柏拉图在《礼法》中竟把奥古斯丁认为尤其不能自杀的这种极端情况当作一种可以自杀的例外："让他无法活下去的耻辱。"但基督教神学所认为的绝对至善，即三位一体的上帝，是完全超越于世俗城邦之外的。卢克莱西亚若是犯了城邦道德所无法容忍的罪，她不仅可以，而且应该向上帝忏悔，才能达到真正的赦免和救赎，才能最终获得绝对至善。从这个意义上讲，异教诸神之所以不可能赦免卢克莱西亚的罪，不仅是因为诸神没有上帝那样的大能，而且因为这样的赦罪根本就不在诸神的职权之内。

在奥古斯丁看来，卢克莱西亚是否真的犯了奸淫会形成相当重要的区别，但是在罗马的史学家和哲学家那里，根本就不存在这样的区别。这倒不仅是因为他们非常尊重甚至崇拜卢克莱西亚，更重要的是，不论卢克莱西亚当时有怎样复杂的内心活动，都不会影响到她自杀的意义。哪怕她真的暗中配合了塔昆，她出自愧悔的自杀仍然体现了一种美德。

恰恰是这种极端情况，而不是无辜的卢克莱西亚杀死自己这种可能，才成为后来西方世界中典型的自杀形态。奥古斯丁对犹大自杀的态度，就与他对犯了奸淫的卢克莱西亚的自杀的态度是一致的：

> 如果犹大的行为确实值得我们憎恨，真正的审判是，他在投缳上吊的时候，这个罪过加重了他该诅咒的叛卖，而不是使他获得了赦免。因为他虽然悔恨，但是却绝望于上帝的悲悯，没有为自己留下空间来做朝向救赎的忏悔；而那些认为自己没有犯下这样应该惩罚的罪的人，他们不是更不该杀死自己吗！在犹大杀死自己的时候，他杀了一个有罪的人。他在结束了自己的性命的时候，不仅因为基督之死，而且因为他自己的死而有罪。虽然他的自杀是因为自己有罪，但他的自杀本身又成为一桩罪。①

在奥古斯丁看来，自杀是比叛卖更严重、更不可饶恕的罪行。由此我们可以推论出这样的潜在意思：如果犹大不自杀，而是忏悔着活下来，那他的叛卖之罪还是有可能被赦的；但是一旦自杀了，他的罪就永远不可能被赦了。所以奥古斯丁说："犯下一个可以通过告解赦免的罪，难道不比犯下一个连告解补救的余地都不留下的罪好吗？"

奥古斯丁在谈了卢克莱西亚的自杀后，又讨论了加图的自杀。

---

① 《上帝之城》，1：17。

他认为，加图自杀根本不是因为勇敢，而是因为懦弱。他尤其举出证据说，如果加图认为在恺撒手下生活是屈辱的，那他为什么不让儿子也自杀呢？这只能说明，他的自杀是出于忌妒或者羞耻，而不是因为什么德性。[1]

　　加图的自杀确实可能有羞耻甚至忌妒的成分。但在异教哲学家看来，因羞耻而自杀不仅没有什么大惊小怪，甚至还可能值得赞美。普鲁塔克赞美加图，并不是因为他没有看到加图只是在追求人间的名誉，也不是因为他憎恨恺撒的统治。就连很多支持恺撒的罗马人也会赞美加图的自杀，正是因为他在自杀中体现了追求自由的美德，而不是出于同情加图的政治立场。所以，奥古斯丁的说法并不能真正说服罗马的史学家和哲学家，因为他们真心认为，自杀带来的光荣是获得灵魂净化的必由之路。无论是卢克莱西亚可能有的奸淫之心，还是加图确实存在的羞耻甚至忌妒之心，都不会真正减弱他们的自杀的壮烈和伟大。

　　为了与加图对比，奥古斯丁又举出了约伯和罗马英雄勒古鲁斯。在他看来，面对灾难和羞耻，应该像约伯那样坚韧地活下来，丝毫不因外界的痛苦丧失希望。在罗马的英雄中，他更喜欢勒古鲁斯而不是加图。勒古鲁斯被迦太基人俘虏后，迦太基人想用他换回自己的俘虏，并逼迫勒古鲁斯发誓，如果没能完成这个使命，他必须回到迦太基人中间。勒古鲁斯到了罗马，警告元老院不可交换俘虏。虽然他完全可以滞留罗马，但勒古鲁斯没有食言，而是回到迦太基，被折磨致死。也许在罗马人看来，勒古鲁斯固然是值得钦佩的英雄，但加图更是值得赞美的楷模。奥古斯丁却在他们之间看出了巨大的

———————————————
[1]《上帝之城》，1：23。

区别：勒古鲁斯虽然并不吝惜自己的生命，却不会自杀，因为他知道自杀是罪。这一点使勒古鲁斯的境界高于加图。[①]

李维在记录勒古鲁斯的故事时，根本没有谈到自杀的问题。也许勒古鲁斯只是没有想到自杀，也许他只是没有机会自杀。因此，他和加图之间可能根本就没有这样的可比性。但在奥古斯丁看来，勒古鲁斯好像是有意不自杀，因为他知道自杀是重大的罪。并且，奥古斯丁也不忘加上一句，勒古鲁斯不自杀也不是因为他贪生怕死。这一点很重要。如果勒古鲁斯只是因为贪生怕死而不自杀，那他就不仅比不上约伯和基督教的圣徒，而且也真的比不上加图和卢克莱西亚了。一个真正有德性的人，一方面要蔑视尘世的生活，一方面还不能轻易放弃生命。只有这两点都具备，才能构成基督徒对自杀和生命的态度。

在对卢克莱西亚、犹大、加图、约伯、勒古鲁斯的讨论中，奥古斯丁讲出了他对待自杀的基本看法：从城邦政治的角度看，自杀首先是一种自己对自己的谋杀，应该受到惩罚；从灵魂的德性角度看，无论是出于愧悔自杀，出于虚荣自杀，还是为了避免别的罪过而自杀，都是有罪的。自杀是最大的罪，因为这是无法被赦免的罪。基督徒应该蔑视尘世生活，但不能擅自放弃生命，而是靠对上帝的不断忏悔，在希望中等待上帝解救自己出离尘世。

奥古斯丁看上去是在否定异教哲学家的说法，但是他接受了柏拉图的很多基本观念。基督教化的柏拉图学说中最突出的一个矛盾似乎就是：尘世幸福是该被蔑视的，但又不可轻易放弃生命。这似乎把《斐多》中苏格拉底谴责自杀却主动赴死的张力，重新表达了

———————————
① 同上，1：24。

出来。

让人迷惑的不仅是基督徒要蔑视尘世生活却又不能自杀，更让人匪夷所思的是，恰恰是很多尤其符合基督教德性要求的人，最可能犯下自杀这种不可赦免的大罪。人们熟悉的神义论问题是："既然上帝是万能和至善的，为什么还有恶的存在？"而自杀提出的一个问题却是："为什么越是良知发现的基督徒越是可能犯下最重的罪？"

奥古斯丁下面的讨论就是在回答这个问题：

> 还有一个原因，是我们开始就说了的，有人认为自杀是有用的，因为，每一个自杀的人，都是为了避免陷入罪孽，无论是快感的诱惑，还是残酷的痛苦。如果我们愿意接受这个原因，那就会让我们得出这么个结论：应该赶快鼓励人们，只要在重生的神盆里沐浴过了，得到了对所有罪孽的宽恕，最好快去自杀。这时他既然已经洗去了所有以前的罪，就应该避免所有以后的罪。倘若靠自愿死去达到这点是对的，为什么不尽最大努力去做呢？那么，为什么每个受洗了的人还放过自己呢？既然每个人都有能力那么容易地杀死自己来避免犯罪，为什么每个已经得到解救的人又重新回到这危险的生活中呢？《圣经》里说："铤而走险者必将自毙。"既然人们可以合法地离开人世，那他们为什么还爱（或者不是爱，是承担）这么多危险，留在人世呢？
>
> 或者，难道说人心就是那么愚蠢而卑劣，要背离对真理的思考：如果每个人为免被俘、被统治、陷入罪孽都可以杀死自己，他自己却愿意活着，愿意让自己在所有的时日接受充满尘

世的各种诱惑，不仅受一个统治者的压制，而且还要遭受别的无数的苦难，因为没有这些就没法在此世生活？那么，究竟是什么原因，使我们愿意花费那么多时间来劝说，努力让那些受洗的人或是保持完整的童贞，或是守住寡妇的贞操，或是保持着对配偶的忠贞——既然我们有更好的、更简单的办法可以把人们从所有犯罪的危险当中解救出来，既然我们可以劝说那些接受了赦免已经远离罪恶的人抓住死亡，让他们更健康更纯洁地前往上帝那里？如果有谁真的认为应该这么做，或应该劝人这么做，那我就不会说他是傻了，而说他疯了；如果有人对着别人的脸说："杀死你自己，不要把你很小的罪变得更大，因为你生活在风俗败坏的野蛮人的统治下。"他一定也会说出这样极端有罪的话："你的罪过都经过清洗了，杀死你自己吧，不要回去再犯更糟糕的罪，因为你生活在这样一个淫乱肮脏，凶残卑鄙，充满愚昧和敌意的大地上。"因为这样说是不合神法的，杀死自己也是不合神法的。因为如果人们能找到什么为自杀正名的理由，也就没有比这更像正确的了。但是连这都不对，就没有理由了。[1]

尘世中的人被包围在各种罪恶和诱惑当中，人们不仅与生俱来就带有原罪，而且随时可能犯下新的罪，既然如此，为什么不尽快离开人世，回到天父那里去呢？这个问题，我们在柏拉图的《斐多》里也遇到过。柏拉图虽然认为灵魂是高于肉身的，但是"善"的样式毕竟只是一种假定，真正美好的生活还要在现实的政治生活中实

---

[1]《上帝之城》，1：27。

现。柏拉图并没有把死后的不朽生活太当真，讨论死后的不朽，只是为了此生过得更好。谁如果自以为真的走出了洞穴，他也许已经进了一个更深的洞穴。但奥古斯丁却不同。在他这里，最美好的生活只存在于永恒的上帝之城，上帝之城的公民在地上之城只是匆匆过客。对他来说，死后的美好生活比在柏拉图那里有着真切得多的意义。所以，柏拉图反对自杀的理由不再适合于奥古斯丁，那么，他是如何解决这个问题的呢？

二、绝对美好的生活

我们若要理解自杀观念在奥古斯丁这里的深刻转变，还要回到他对什么是美好生活的根本观念。只有真正理解了他为什么和怎样把上帝之城里的生活理解为最高的好，我们才能明白，他为什么会不赞成人们自我作主，离开尘世。

在许多著作中，奥古斯丁都强调，上帝是最高、不变、永恒、不朽的善。正是因为来自至善的上帝，被造的万物的自然都是好的。[①]上帝是绝对的至善，这是基督教的一个基本前提，虽然不同的神学家对这一概念的理解并不相同。奥古斯丁的这一说法至少包含着下面几层含义。

第一，绝对至善，就是人间一切好事和快乐的无限延伸和完满。正如吉尔松所说，奥古斯丁思考上帝有一个很个人化的出发点，即

---

① 奥古斯丁谈这个观点的地方很多，例如《驳摩尼教论善好的自然》（*De Natura Boni Contra Manichaeos*），1：3。

如何实现真正的快乐。人间的一切快乐都是可变的、短暂的、必朽的。但上帝给人带来的，是把人间的这些快乐放大到无限，也就是不变的、永恒的、不朽的，从而也就是最真实的和最高的。^① 在由天使和圣徒组成的上帝之城里，生活也是最美好、不变、永恒、不朽、真实、稳定的。

第二，既然万物都是至善上帝创造的，那么他就不会造出恶来，所以，万物的自然就是好的。不仅每个具体的自然都是好的，而且上帝所制造和安排的整个宇宙秩序也都是好的。恶都不是来自于上帝。

第三，但既然万物都来自上帝，万物的善就都不会像上帝那样最高、不变、永恒、不朽。整个宇宙是一个有等级的分层结构。那些次一级的善因为是可变的和可朽的，就有可能因腐败而变得不好，恶就是这样产生的。奥古斯丁同时又认为，恶虽然是不好的，却也在某种程度上服务于上帝。整个宇宙的秩序和谐美丽，是人所不能认识的，不同程度的善装点这个世界，上帝甚至默许某些天使和人来犯罪，以完成这个错落有致的宇宙秩序。

第四，人就其自然而言，本来是好的，但因为自身的不完满而逐渐堕落。地上之城的建立，就是一个人性堕落腐化的过程。人要获得真正的幸福，就不能太在意地上之城中的生活，而要努力接近上帝，在死后进入完美的上帝之城。

基于上面几点，形成了上帝之城与地上之城之间的根本区别。这是奥古斯丁思想中一对基本的区别：

---

① Etienne Gilson，*The Christian Philosophy of Saint Augustine*，New York：Vintage Books，1967，3—10.

两种爱①造就了两个城，爱自己而轻视上帝，造就了地上之城；爱上帝而轻视自己，造就了天上之城。地上之城荣耀自己，天上之城荣耀上主。地上之城在人当中追求光荣；在天上之城中，最大的光荣是上帝，我们良知的见证。地上之城在自己的光荣中抬头；天上之城则对自己的上帝说，你"是我的荣耀，又是叫我抬起头来的"。在地上之城，君主们追求霸占万国，就像自己被霸欲霸占一样；在天上之城，人们相互慈爱，统治者用政令爱，在下者用服从爱。地上之城热爱她的强人中的勇力；天上之城则这样对上帝说："主我的力量啊，我爱你。"在地上之城，智慧者按照人的方式生活，保证身体、心灵或二者兼有的安全，哪怕那些能认识上帝的，"却不当作神荣耀他，也不感谢他。他们的思念变为虚妄，无知的心就昏暗了。自称为聪明[即，用骄傲统治了自己，用自己的智慧抬高自己]，反成了愚拙，将不能朽坏之神的荣耀变为偶像，仿佛必朽坏的人，和飞禽走兽昆虫的样式。[即他们通过服侍偶像，或成为民众的领袖，或成为民众的追随者]……他们将神的真实变为虚谎，去敬拜事奉受造之物，不敬奉那造物的主"。在天上之城里，没有虔诚就没有人的智慧。人们靠虔诚正确地服侍上帝，希望与圣徒甚至圣天使在一起，得到奖赏，"神在万物之上，为万物之主"。②

---

① 两种爱也是奥古斯丁的重要思想，参见《忏悔录》4：6.11。可参见，O O'Donovan, *The Problem of Self Love in Augustine*，New Haven：Yale University Press，1987；也可参考 Alan Fitzgerald eds.，*Augustine through the Ages*，Cambridge：Wiliam B. Eerdmans Publishing Company，1999，"Anthropology"条下"The Two Loves"，28。
② 《上帝之城》，14：28。

在绝对至善的上帝之光的映照之下，奥古斯丁充分吸收了希腊罗马的哲学思考，但是就因为上帝存在这个基本前提，这些古典思想都呈现出非常不同的面貌。就像在上面的论述中，奥古斯丁并没有完全否定地上之城的价值，更没有否定尘世生活的美好，因为正是靠了把地上之城中的幸福推到极致，他才能理解上帝之城中的绝对美好。甚至可以说，比起斯多亚派的宇宙之城来，奥古斯丁的上帝之城与地上之城的关系更紧密。不过，相对于这绝对的美好而言，尘世生活中的幸福和快乐就变得只有相对价值了。一切都要以绝对至善的上帝为唯一的标准。奥古斯丁如同给一些古典观念披上了洗礼服，就如魔法一般，造就了一个崭新的世界。①

奥古斯丁所描画的地上之城里的生活，其实就是古典哲学中认为人所不能离开的政治生活。只要人和人生活在一起，就会有权力和服从，就会有斗争和变乱，就会有政治和不公。人的自爱被认为是地上之城的根源，这当然是一种无法去除的本能。也正是因为地上之城中必然存在的这些斗争，奥古斯丁总结出："地上之城不会永恒。"② 奥古斯丁和古典的思想家们一样，都认识到了地上之城中必然存在的不义。但对于如何理解和克服这种不义，其间却有了重要变化。

在柏拉图看来，城邦是每个人不得不居住的洞穴，虽然不可免于邪恶，人却不可能，也没必要真正离开。甚至是否真的存在洞穴外的世界，都是柏拉图所不愿明说的。好的生活不在于完全脱离城邦生活，而在于居住在不完美的城邦中却完善自己的灵魂。斯多亚

---

① 参考 John Rist, *Augustine：Ancient Thought Baptized*, Cambridge：Cambridge University Press, 1994。
② 《上帝之城》, 15：4。

派比柏拉图更明确地否定现实城邦，把宇宙之城看成最完美的城邦。但是，他们并不承认死后世界。与其说他们在真正否定现实政治，不如说他们把哲学生活放在了政治生活之上，这和柏拉图的态度并无根本不同。

但是在奥古斯丁这里，死后的世界以上帝之城的名义，被当作一个确定的好肯定了下来，成为现实幸福的无限放大。这样的变化带来了下面几个方面的思想后果。

首先，人世间的幸福和道德永远只具有相对的意义。在上帝面前，这一切都是短暂的、虚幻的、可变的。人们在现实中永远无法实现真正的美好生活，而只能处在对美好的探寻过程中。这是人间的美好生活与绝对的美好生活之间的鸿沟。

其次，虽然人间的幸福美好是相对的，但仍然是幸福和美好，而且和绝对的幸福美好之间有紧密的关联。这样，人间幸福的相对价值又被肯定了下来。

第三，灵魂与身体之间的区别，成了一个更确定的观念，而不再是古典哲学那里的一个假设。同样，死后的生活也得到了更多的肯定。

无论是人间幸福与绝对至善之间的绝对鸿沟，还是二者之间相对的关联，都是古典思想中所没有的。古典思想往往是在强调认识生活的悲剧性的时候，又主张在有限的现实生活中艰难地寻求美好的德性生活，奥古斯丁却要求人们，珍惜相对的美好，以期盼死后那望不到的真正幸福。

对世间的绝对否定和相对肯定悖谬地结合在一起，构成了奥古斯丁基本的人生观。正是因为这看似矛盾的观念，所以，虽然他好像在否定尘世生命的价值，他却不准人们随便放弃尘世生活。我们可以从两个方面来看这一观点。

首先，人间政治自有它的价值。尽管地上之城充满了罪恶，甚至是建立在罪的基础上的（先是伊甸园里的犯罪，随后是该隐的杀弟之罪，是地上之城的开端；罗慕洛的杀弟之罪，也是罗马的政治光荣的开端），但奥古斯丁仍然承认，地上之城里的幸福也是一种幸福。这种幸福并不是不值得追求的，只是比起上帝之城里的最高幸福，它是微不足道的：

> 当为正义的原因而战的人胜利时，谁会怀疑那是令人兴奋的胜利，达到了人们希求的和平？这些是好的，而且无疑是上帝的赐予。但是如果我们忽视了更好的，属于天上之城的好，忽视了那里永恒的胜利和最有保障的和平，只欲求这一类的好，或者认为这是唯一的好，或者爱它胜过爱那我们相信是更高的好，接下来必然是悲惨，而且这悲惨还会不断增加。①

正是因为人间的正义仍然有它自己的价值，所以奥古斯丁仍然会从罗马法律的角度来看卢克莱西亚的自杀。也正是因为地上之城只有相对的价值，所以城邦法律与人们真正的美德和最高的幸福无关，因此，奥古斯丁把卢克莱西亚的自杀当成一个纯粹的刑事案件来看，而不认为这可能与真正的德性和幸福有什么关系。他比柏拉图和亚里士多德都往前走了一步，反而把自杀与城邦政治之间的关系弄得更简单了。既然政治与人的幸福和德性无关，城邦政治也就不必考虑提升人们的灵魂，因为这是城邦政治所不该做，也不能做

----

① 《上帝之城》，15：4。

的事。既然卢克莱西亚的死与真正的德性无关，那么，在对她这样的自杀者定罪的时候，也就不必畏首畏尾了。

出于同样的原因，加图的自杀也不会有什么德性的意义。因为加图所珍视的，不过是人间的荣誉和羞耻。与在天国的幸福比起来，这些都是狭隘的性情和无意义的嫉妒心。相反，倒可能是恺撒那样的做法，才更符合人间之城所应该做的事。为了人间的荣耀而自杀，完全是过于自爱，而忘记了，在地上之城中，人们根本不可能获得德性的完满和幸福。

其次，奥古斯丁不仅不认为尘世生活中的善好毫无意义，而且认为人的身体也不像柏拉图说的那样主要是负面的："我们不能因为自己的罪和过而攻击造物主，控告肉身的自然。就其种类和秩序看，肉身是好的，但是若抛弃好的造物主，按照被造物生活，好的就不再是好的了。"①

和任何别的被造物一样，肉身本身并不是恶的，是灵魂所犯的罪导致了身体的堕落。按照奥古斯丁的说法，因为人的意志不服从上帝了，所以自己的身体也不再服从灵魂了。这种双重的不服从导致了身体的堕落。即便是在身体堕落之后，身体也不会自己犯罪，只有灵魂无法控制身体的时候，才会放纵肉欲，导致犯罪。

所以，奥古斯丁在讨论卢克莱西亚和被辱的女基督徒的自杀时强调，没有灵魂参与的恶不是真正的恶，人们不必为此而惩罚自己。

正因为上帝所造的身体本身是好的，奥古斯丁认为，在末日审判中，人的灵魂和身体会重新结合，共同遭受基督的审判。所以，圣徒并不会像柏拉图主义者所认为的那样，只有灵魂可以得救，享

---

① 《上帝之城》，14：5。

受永恒的幸福，而是身体与灵魂共同得救，使人作为一个整体享受上帝之城中永恒的幸福。换言之，上帝之城并不只是灵魂之城，正如地上之城也不只是一个肉身之城。获罪者灵魂与肉身一同获罪，得救者身体与灵魂共同得救。因此，如果谁认为杀死自己的肉身，灵魂就能到上帝之城中去享受幸福，那就大错特错了；也正是在这个意义上，奥古斯丁说，那些以为靠自杀能获救的人不是傻子，而是疯子。

在这样一幅世界图景中，人们所能追求的好的生活就分出了层次。最好的生活当然是死后在上帝之城中的生活，没有任何别的生活是高于这种生活的。但是，一是因为无人可以在此生达到这种好的生活，二是因为上帝之外的万物本质上都是好的，三是因为人们必须服从上帝赐给的一切，人们并不能轻易放弃此世的生活。人们一方面要清楚地认识到，比起上帝那至高无上、永恒不变的幸福来，此世的一切都是微不足道的；另一方面，也要审慎地谨守此生卑微的生活，面对和忍受尘世间的悲欢离合和各种苦难，而不能贸然放弃自己的生命。人们一方面要不断否定此世的生活，特别是否定肉体的各种倾向和欲望，另一方面又不能真正消灭这具肉身。此世的好来自上帝，此世的恶源于与生俱来的原罪，即对上帝的背叛。上帝之城的公民都是尘世上的陌生人和过客，他们的真正幸福在别处。但是，他们毕竟还寄身在这世间，就不能不受世间喜怒哀乐的限制，就不能不遵从这羁旅中的律令，甚至不能不享用这羁旅中各种暂时的好。他们身上所带有的善和罪，都与这个人间之城无关。

以上只是大体谈到奥古斯丁的上帝观及其带来的思想后果。要仔细看待这种显得有些悖谬的思想后果和它与自杀问题的关联，我们还需要考察奥古斯丁的人性论。而这方面，乃是奥古斯丁影响后世最深远的方面之一。

　　说奥古斯丁一人的著作汗牛充栋，丝毫没有夸张，而在这些著作之中，他谈论人性的角度也不止一种。在随后的三节之中，我们选取奥古斯丁三个比较重要的说法，来看待他的人性说的总体特点：内在人、原罪、三元的人性结构。其中每一个对后世的人性观念都有着不可估量的影响。

三、内在人

　　奥古斯丁的人性论中一个非常独特的方面，是"内在人"（*homo interior*）和相关的各种说法。

　　正如卡利（Phillip Cary）指出的，"内在人"的思想和用语，都有着明显的柏拉图主义的痕迹。从柏拉图的《斐多》开始，到新柏拉图主义的普罗提诺，逐渐发展出一套通过内省认识真理的说法。而"内在人"概念最初的出现，则是在《理想国》将近末尾的地方，苏格拉底说："主张正义有利的人主张，我们的一切行动言论应当是为了让我们内在的人（τò ανθρ'ωπο εντ'ο）能够完全主宰整个的人。"[①] 柏拉图用"内在的人"比喻理性的灵魂，这和奥古斯丁的"内在自我"观念还有很大的不同。[②]

　　"内在人"概念更直接的来源，是保罗书信。保罗书信中出现过三次"内在人"（τò ε'σω 'ανθρωπο）："因为按着内在人的意思，我是

---

① 柏拉图：《理想国》，卷九，589a—b，依照郭斌和、张竹明译本，有改动。
② Philip Cary，*Augustine's Invention of the Inner Self*，Oxford：Oxford University Press，2000，9—47.

喜欢神的律。""所以我们不丧胆，外在的人虽然毁坏，内在的人却一天新似一天。""求他按着他丰盛的荣耀，藉着他的灵，叫内在之人的力量刚强起来，使基督因你们的信，住在你们心里，叫你们的爱心，有根有基。"①

　　奥古斯丁所谓的"内在人"，首先是和"外在人"相区分的。他在《上帝之城》中提到了"内在人"与"外在人"的关系："用'内在的人'指代灵魂，用'外在的人'指代身体，好像有两个人，其实二者共同构成了一个人。我们应该理解，为什么说人是按照上帝的形象造的，又是从尘土造的，还要回归尘土。"② 和柏拉图一样，奥古斯丁所谓的"内在人"，首先是指内在的理性灵魂或心智（mens）；而"外在人"则是指外在的身体。在《论三位一体》中，奥古斯丁更明确地区分了"内在人"与"外在人"，指出，外在人就是人和动物共同的，不仅包括身体，而且包括身体的生命、感觉等，而内在之人是人所特有的，即作出理性判断的能力。③

　　奥古斯丁的内在人观念有着明显的柏拉图主义痕迹；他的灵魂高于身体的观念，也是从柏拉图那里继承来的。奥古斯丁与柏拉图真正不同的地方在于，由于基督教特定的上帝观，他又认为，这个"内在的人"就是上帝的形象。由于"内在的人"与上帝的紧密关联，它就被赋予了特定的神圣性；而且灵魂与身体的区分变得更明确了。

　　说人是上帝的形象，其理论来源当然就是《创世记》中的这句

---

① 分别见《罗马书》7：22；《哥林多后书》4：16；《以弗所书》3：16—17；根据和合本，译文有改动。
② 《上帝之城》，13，24.2。
③ 《论三位一体》，12：1—2，用周伟驰译本（上海：上海人民出版社，2005）。

话："上帝就照着自己的形象和样式造人。"① 奥古斯丁对这句话的理解是这样的："人按照上帝的像被造，不是在身体上，而是在心智里。我们就从上帝自己的摹本来寻求他吧。"②

为了理解人的心智是上帝的像这一点，奥古斯丁用了很多比喻。③

比如，在《论〈约翰福音〉》中，他说，人的心智如同上帝的像印在了硬币上。④ 在《论三位一体》中，他说，人的心智，就是上帝在镜中的像⑤和盖在蜡块上的印章。⑥ 在《论教师》里，他进一步把"内在人"比作上帝的神殿："我们应该在自己的理性灵魂的隐秘处寻求上帝和向他祈祷，那里被称为'内在人'；他愿把这当作他的神殿。"⑦

在《忏悔录》里，奥古斯丁谈到，他皈依基督教的一个最重要的思想转折，就是认识到了非物质的存在，从而把自己的目光转向灵魂，在那里寻找上帝之光：

> 我转向了我自己，对自己说："你是谁？"我回答说："一个人。"看，有一个身体和一个灵魂，在我这里呈现，一个外在的，一个内在的。我该从哪一个来探求我的上帝呢？我为了探求上帝，已经通过身体搜遍了天地之间的万物，只要我能运用

---

① 《创世记》，1：27。
② 《论〈约翰福音〉》（*In Evangelium Ioannistractatus*），23：10。
③ Carol Harrison, *Beauty and Revelation in the Thought of Saint Augustine*，Oxford：Oxford University，1992，141.
④ 《论〈约翰福音〉》，42：2。
⑤ 《论三位一体》，15：4（14）。
⑥ 同上，14：4（21）。
⑦ 《论教师》，（*De Magistro*）1：2。

我眼睛的光芒——那是我派出的使者。在内的是更好的。身体上的所有的使者都要把天地及其之间万物的回答报告给心智，由心智掌管和判断，让它们说："我们不是上帝。他造了我们。"内在人通过外的辅助知道了这些。①

于是，他认识到，"光在我心里，而我却向外寻找；光不在空间里，而我却关注于受空间限制的事物，在那里我找不到栖息之地，那空间内的事物也不会接纳我，让我说'够了，很好'，也无法让我回到我觉得够了和很好的地方"。② 可见，从内心来认识上帝，是奥古斯丁神学思考的一个理论基础。这一点使奥古斯丁极为彻底地实践了柏拉图主义"认识你自己"的命题。③

围绕着"内在人"的概念，奥古斯丁又形成了"灵性感觉"的概念。他认为，内在人和外在人一样，也有五种感觉。但这些感觉是属灵的，所感知的对象是上帝。他说：

　　我爱我的上帝时，我爱某种光、声音、味道、食物、拥抱，这是我内在人感受的光、声音、味道、食物、拥抱。照亮我灵魂的光不是空间所包含的光，那声音不是用时间把握的声音，那味道不是一阵风能吹散的，那食欲不是通过吃就能缓解的，那相拥的快乐，也不是因餍足就会分开的。我爱上帝的时候，所爱的就是这些。④

① 《忏悔录》，10：6（9）。依照周士良译本（北京：商务印书馆，1997），有改动。
② 《忏悔录》，7：7（11）。
③ 《论三位一体》，10：3（12）。
④ 《忏悔录》，10：6 [8]，笔者自行译出。

这里以外在之人的感官快乐来比喻内在之人的爱。内在之人所感受到的，就是无限的快乐，那就是上帝。通过"内在人"和"外在人"的实质区分，奥古斯丁比柏拉图进一步区分了灵魂和身体，并认为灵魂比身体更神圣。柏拉图所假定的样式，现在变成了无比确定的上帝，灵魂之所以高贵的理由已经变得不同了，因而这种高贵的内涵也是不同的。在奥古斯丁看来，理性灵魂是上帝的造物中最像上帝的，因而也是带有神性的被造物。人们不能直接认识上帝，于是就要在同上帝最像的心智中来认识上帝。所以，他在《论〈约翰福音〉》中谈道："基督就住在内在之人里：在内在之人里，你按照上帝的像被更新；通过他的像，探求其本源吧。"①

奥古斯丁虽然也承认上帝不可直接认识，但他并没有像伪狄奥尼索斯那样，认为上帝是绝对不可知的。② 在他看来，人们还是可通过上帝的像来间接地认识上帝的；而这种间接认识的途径，就是通过被造物中和上帝最像的部分，也就是人的心智。

对于人心与上帝之间的关联，奥古斯丁有一个非常重要的说法：内在三一论。人的心智既然是上帝的像，那么，人心的结构就会和上帝的结构一样，也是三位一体的：

> 但正如我所说，人是"照着形象"受造的，这是由于人与上帝是不同等的；照着"我们的形象"，则表明了人是三位一体的形象；该形象并不与三位一体同等，像子和父同等那样，而是如我所说的，通过某种相似接近它［三位一体］，恰如不同的

---

① 《论〈约翰福音〉》，18：10。
② Philip Cary, *Augustine's Invention of the Inner Self*, 55—58.

东西可以有某种接近，不是空间的接近，而是模仿的接近。①

奥古斯丁相信，人心结构是三位一体的，但究竟由哪三位构成，却是需要探讨的。他谈到了各种可能的内在三位一体的结构。② 其中，奥古斯丁最偏爱的三位一体结构是：记忆、理智、意志。其中，记忆对应于圣父，理智对应于圣子，意志对应于圣灵。这三者之间的关系完全对应于圣父、圣子、圣灵之间的关系：

> 记忆、理智、意志，这三样东西不是三个生命而是一个生命，不是三个心灵而是一个心灵。所以当然也不是三个实体而是一个实体。当记忆被叫作生命、心灵和实体，是就其自身而被如此称呼；但当它被叫作记忆，却是相对另一个而被如此称呼的。对理智和意志也可这样说；两者均是相对另一个而被如此称呼。但它们每一个都就其自身而乃生命、心灵和存在。因此之故，这三者是一，是一个生命、一个心灵、一个存在；不管就其自身它们还被叫作什么，它们都是在单数而非复数意义上被称呼的。但在彼此相对的意义上它们却是三个。③

奥古斯丁在《论三位一体》中讨论人的内在三位一体，目的并不是为了讨论人性结构，而是为了认识上帝三而一、一而三的道理。

---

① 《论三位一体》，7：4（12）。
② 见 Eugene Portalie, *A Guide to the Thought of Saint Augustine*，Westport：Greenwood Publishing Company，134—135，1975。也可参见周伟驰："中译者序"，《论三位一体》，上海：上海人民出版社，2005 年，第 12—13 页。
③ 《论三位一体》，10：4（18）。

在他看来，在上帝的所有造物中，都有三位一体的某种痕迹。即使是人的身体和感官，也有三位一体的结构。但是，这只能算作三位一体的痕迹，不能算作上帝的镜子。只有内在之人的三位一体结构，才是用来认识上帝的镜子。

奥古斯丁的内在人和内在三位一体的理论把人心理解成了一个隐秘、神圣、需要穷毕生精力来探讨的结构。这一观念有几个特点：

首先，奥古斯丁认为，人心结构直接来自上帝。这就意味着，人本身就是一个神圣的存在，而并不是只有智慧和有德性的人才是这种神圣的存在。有些人之所以愚蠢和邪恶，并不是因为他们不神圣，而是因为他们没能充分认识自己内在的神性。而且，人变成邪恶的根本原因，恰恰就在灵魂当中。

其次，正是因为这个心灵有着独特的结构，所以其与身体之间的区分是绝对的。古典哲学中仅仅作为假定或比喻的身心二元观念，如今被确实地肯定了下来。身体和灵魂，都可以脱离对方而独立存在；二者是上帝分别创造的被造物，各有各的自然。

第三，这个人心结构不仅是直接来自神的，而且是隐秘不彰的。人们不能了解别人甚至自己的想法，处在隔膜的状态。卡利指出，人们之所以不能了解这个内在结构，是堕落的结果。而现代社会关于隐私的观念，则正是来源于这一观念，但去掉了其中的否定色彩。①

最后，奥古斯丁对待内心的态度和古典思想家非常不同。他大量使用"心智"（*mens*）这个中性概念。即使在谈到灵魂时，他也

---

① Philip Cary，*Augustine's Invention of the Inner Self*，122.

是同时使用道德色彩很强的 *anima* 和更中性些的 *animus* 这两个词，在很多时候，两个词并不是同义词。奥古斯丁强调，人可以把自己的内心当成认识对象。这种对灵魂结构的研究，已经逐渐从道德哲学的角度转移到了心理学的角度。

因此，奥古斯丁的"内在人"的概念，使灵魂逐渐变成了一个神圣、隐秘、中性的概念。其基本特点并不是与德性的关系，而在于微妙的结构和高贵的地位。而这正是现代思想，尤其是现代心理学对待人性的一个基本出发点。

四、原罪

在《致辛普里安》（*Ad Simplianum*）这封信里，奥古斯丁谈到《罗马书》的时候，发明了"原罪"（*peccatum originale*）的观念，这是这个词第一次出现在基督教思想中。[①] 奥古斯丁的原罪观大体包括下面几个方面："（1）亚当的罪和对罪的惩罚是遗传的，（2）婴儿的灵魂也是有罪的，（3）婴儿的罪是真实的（不是比喻意义的）、严重的、通过繁殖遗传的，（4）洗礼是所有人得救所必需的，包括婴儿。"[②] 我们在此不必详细讨论原罪的各个方面，而只是集中于理解原罪观念中所传达的初人的神性与罪性。从这个意义上讲，"原罪"是对人性的另一种表述。它以创世神话的方式诠释了人性中固有的

[①] A. Vanneste, "Le decret du Concile de Trente sur le peche original," *Nouvelle Revue Theologique*,（88）1966，581—602，转引自 *Augustine through the Ages*，"Original Sin"条。

[②] *Augustine through the Ages*，"Original sin"条。

神性和罪性。

对于原罪的性质，一直存在两种完全相反的观点。一种认为，原罪就是遗传下来的亚当的骄傲。[①] 我们在下一章会看到，托马斯就是这样看待原罪的。另一派认为，原罪是对亚当的惩罚所带来的欲望之罪。[②] 但近来的学者倾向于综合这两种说法，认为亚当的高傲导致了人们的自然远离上帝，对这一高傲的惩罚使婴儿一开始就带着罪。[③]

按照奥古斯丁的解释，亚当夏娃之所以不能吃禁果，并不是因为分别善恶之树上的果子是邪恶的，上帝的创造物怎么可能是恶的呢？更何况在如此美好的伊甸园，上帝怎么可能安排下一棵邪恶的果树？初人吃了那果子就犯罪，只是因为那果子是上帝所禁止的。吃下那果子，就是对上帝的违抗。违抗上帝就是犯罪。在违抗了上帝的命令之后，人本来应该朝向上帝的意志就转向了自己，转向了自己的身体，从此灵魂与肉体出现了冲突，人有了肉体的欲望，必须遭受死亡。看上去，这是一次偶然事件。也许后人会为伊甸园中的初人夫妇叹息：如果他们不犯罪多好？如果他们不一时糊涂多好？或者，如果没有诱惑他们的蛇多好？

这似乎暗示了，后人们是在无辜地偿还祖先留下的孽债。人们自己没有什么错，一切痛苦全是初人造成的。倘若初人没有偶然犯

---

① H. Staffner, "Die Lehre des hl. Augustineus über das Wesen der Erbsünde," *Zaitschrift für katholische Theologie*, 79 (1957), 385—416.

② J. Gross, *Entstehungsgeschichte der Erbsündendogmas: Vonder Bibelbis Augustinus*, Vol. 1, Munich: Ernst Reinhardt, 1960.

③ A. Sage, "Le péché originel dans la pensée de saint Augustin, de 412 a 430," *Revue des Études Augustiniennes*, 15 (1969): 75—112; E. Te Sele, *Augustine the Theologian*, Oregon: Wipf and Stock Publishers, 2002. 对于这些观点的综述，参考 *Augustine through the Ages*, "Original Sin" 条。

下那次大罪，大家现在仍然快乐地生活在伊甸园里。

这样解读《圣经》里创世和堕落的神话似乎不无道理，但是，这样就无法理解，为什么基督并不只是把人们恢复到伊甸园中的状态，而要给人圣灵，把人救拔到天堂；更重要的是，如果人们认为自己只是在为祖先背债，自己并没有什么错，那就无法理解后世人们犯下的种种罪恶。

奥古斯丁这样描述初人的生活：

> 初人是在地上用尘土造的，靠灵魂活着，而没有使人活的灵，这灵只有遵从上帝的人才配获得。因此，他的身体需要饮食来充饥解渴，并没有绝对的和不可消解的不朽性，而是靠生命之树来抗拒必然的死亡，保持青春。无疑，这不是灵性的，而是灵魂性的。即便如此，倘若他不是无视上帝已经警告和告诫过的惩罚，他也不会死。不过，在乐园外，他也并非不能得到食物，只是被禁止吃生命之树上的果实，被交给了时间，会年老寿终。要说他的生命，如果他在乐园中不犯罪，他就可以永远保持。不过这个生命只是灵魂性的，只有在他遵从之后，才得以变为灵性的。[①]

初人诚然是幸福的，也是不必死的，这里面体现着他被造时所具有的神圣品性，也是人在地上所能得到的最大幸福。但是，正如奥古斯丁所说，这人既然没有使人活的灵（关于这一点，请参照下一节对"灵性"的讨论），就仍然需要物质的饮食来活着，需要吃生

---

① 《上帝之城》，13：23.1。

命之树上的果实来抗拒死亡。上帝只是允许他以人的方式来抗拒死亡、维持生命，却没有给他以必然的不朽。他的幸福不是永恒和绝对的。既然如此，那是否意味着他的幸福总要有个终结，他总有一天要被赶出伊甸园呢？并且，奥古斯丁这里有一个似乎奇怪的说法："这灵只有遵从上帝的人才配获得"，"不过这个生命只是灵魂性的，只有在他遵从之后，才会得以变为灵性的"。这里是否指的是，初人即使在没有犯罪的时候，也根本就没有遵从过上帝呢？按照基督教的道理，只有认信了基督的人才可能遵从上帝，亚当虽然是上帝用圣言亲手造的第一个人，但是他毕竟没有认信基督，因此，他至少是不知道怎样来遵从上帝的。那么，在亚当吃禁果之前，他到底处在怎样一个状态？吃禁果是违抗上帝，但在违抗上帝之前，人未必就是在遵从上帝。于是只有唯一的一个解释：当时的亚当既没有遵从上帝，也没有违背上帝，是既不智慧，也不愚蠢的状态。① 虽然上帝和他说话，虽然他听到了上帝的圣言，但是在这圣言化为肉身之前，没有人能进入天堂、获得永恒的幸福。

既然如此，初人在伊甸园中的地位就清楚了：他确实是幸福的，没有肉体的欲望，也没有必死的威胁，但是，这种幸福是没有保障的，死亡也随时可能降临。虽然他没有违背上帝，但没有刻意遵从上帝的人，随时都可能被魔鬼的诱惑所俘获。这是一个幸福但危险的状态，也就是，具有某种程度的神性，但随时可能陷入必死之地的状态。

原则上，一个人维持这样一种纯粹的人间幸福并非不可能，只要他永远不接受诱惑，只要永远不吃禁果，不就可以了吗？如果没

① 参见《论意志的自由抉择》，3：24。

有蛇的诱惑，没有他们夫妇一时的不慎，这种状态不就维持下去了吗？确实，如果女人拒绝了蛇的诱惑，初人夫妇就不会堕落了，他们就可以继续享受着赤裸的幸福生活，但魔鬼的诱惑可能在某一天又会到来。而并不遵从上帝的他们，还能拒绝第二次、第三次，以至永远地拒绝下去吗？既然他们的幸福不是永恒的，他们就永远面临着这种威胁，而早晚接受诱惑，几乎是必然的，虽然这在第几次诱惑的时候发生，并不是必然的。

这样看来，遭到魔鬼的诱惑从而堕落，并不是一个简单的偶然事件，而是早晚会发生的一个偶然事件，或者说，是一个必然的偶然事件。使这个偶然的堕落成为必然的，并不是魔鬼的诱惑，而是每个被造之人的必然欠缺。任何一个尚未认识基督、不知道怎样遵从上帝的人，虽然可能拥有尘世中可能达到的最幸福的生活，但这种生活的中断是必然的。我们有可能不承认上帝造人的神话，也不必接受亚当夏娃遭到诱惑的说法，但无法回避这个故事里面揭示出来的关于人性的命题：人是生来神圣的，但也必然有着致命的欠缺。人必然会爱自己，会有欲望，会依恋尘世的幸福，而这就意味着，人永远有犯罪和堕落的可能。

谈到这里，我们又想起了柏拉图的说法。柏拉图同样承认，由于灵魂是神圣的，人也是神圣的；由于肉体总有各种欲望，人也必然有欠缺和罪恶。要获得好的生活，就要检验自己的生活，使灵魂不断摆脱肉身的羁绊。但是，既然人不可能真正摆脱肉身，人就不可能获得纯粹和绝对的好，就必然永远处在不完美的政治当中。

在奥古斯丁看来，柏拉图所说的这种灵魂不断与肉体作斗争的好的生活，并不是真正美好的生活，因为它是短暂、不确定、得不到保障的。由于与柏拉图的人性论不同，奥古斯丁认为，这里的关键并不是灵魂与肉体的斗争，而是灵魂的自由意志朝向哪里，因为灵魂并不必然善良，肉体也并不必然邪恶。如果自由意志把人的灵魂引向上帝，那么，灵魂和肉体都会保持神圣；如果自由意志把灵魂引向下面的肉体，那么，肉体和灵魂都会变成罪恶的。因此，自杀的罪恶也不再像柏拉图那里一样，只是因为它是一个追求美好的不当方式，而是因为它根本斩断了罪人朝向上帝的路。

既然伊甸园里的人没有灵性，并不遵从上帝，那么他的灵魂就不会向上。在堕落之前，他的灵魂也没有朝下。这样一来，亚当的自由意志就既不朝上，也不朝下。灵魂能够既不朝上，也不朝下吗？如果灵魂不朝上，不就是向下了吗？或者说，不朝上的灵魂是不是早晚都要朝下呢？这同样告诉我们，按照基督教的理论，没有通过基督获得圣灵、朝向上帝的人，不会保持自己的地上幸福，早晚都要堕落。

因此，之所以说每个人都有原罪，并不仅仅是因为初人那次偶然的失误，而是因为，每个人都和亚当一样，身上带着固有的欠缺，都有堕落和犯罪的倾向。虽然人是既神圣也有罪性的，但人不能仅仅靠自身来纠正这种倾向，而必须求助于高于人的圣灵。只有在得到圣灵的时候，人才有可能获得救赎。

五、灵性、灵魂、肉身

基督教教父在强化人的灵魂与肉体的二分结构的同时，也为人的基本存在引入了第三个概念：灵性（*spiritus*）。[1]

要理解灵性这个概念，我们首先要把他和柏拉图那里的“意气”相区别，因为“意气”的拉丁文写法也是 *spiritus*。在《理想国》中，柏拉图把人的灵魂分为理性、欲望、意气三部分，认为人需要用理性来控制另外两部分。柏拉图这里的三分首先是在灵魂内部的区分，根本就和肉体无关。他这里所说的意气，是指人们用来控制行为的性情和气质，与基督教里所说的“灵性”无关。并且，“意气”的希腊文是 θ'υμο，而“灵性”的希腊文是πνεῦμα。虽然两个词在拉丁文里会有混淆的可能，但在希腊文里并没有什么关系。

我们这里说的“灵性”，无论在希腊文还是拉丁文中，和“圣灵”都是同一个词。不过，“圣灵”一般是指外在于人的，而“灵性”是指充满人心之后的。中文中习惯对这两个词的区分并不是原文中全然没有的。

按照《约翰福音》的记载，耶稣在复活之后，对他们的门徒们吹了一口气，说：“你们受圣灵。”[2] 奥古斯丁认为，接受了圣灵的人就有了灵性。[3] 那么，真正的基督徒已经不再只是灵魂与肉体的结合而已，而成了灵性、灵魂、肉身的三元组合。最早关于这种三元人性结构的说法，是保罗在《帖撒罗尼迦前书》将近末尾的地方所说的：“又愿你们的灵性、灵魂与肉身得蒙保守，在我主耶稣基督降临的时候，完全无可指摘。”[4] 早期教父伊利那乌在《反异端论》的第

---

[1] 关于这种三元人类学，参考 Henry de Lubac 的著名文章 "Tripartite Anthropology"，收入他的文集 *Theologyin History*，San Francisco：Ignatius Press，1996。

[2] 《约翰福音》，20：22。

[3] 《上帝之城》，13：22—24。

[4] 《帖撒罗尼迦前书》，5：23。和合本作“又愿你们的灵与魂与身子，得蒙保守，在我主耶稣基督降临的时候，完全无可指摘”。

五卷大段地谈到了人的灵性问题。[1] 亚历山大里亚的教父奥利金也在《论首要原理》里谈到了人的这三个方面的组成。[2] 奥古斯丁在《论灵魂及其起源》（*De Anima et eius Origine*）中提到，彼拉鸠派的维克多也认为，人是由这三部分组成的。[3] 从他的口气看，到了他的那个时代，这种三元的人类学已经是一种相当普遍的说法了。

奥古斯丁总结了前人的各种说法，更加系统地提出了这种三元的人性观。首先，他严格区分了灵魂与灵性。"灵魂"在拉丁文里是 *anima*，animal（动物）也出自同一词根。奥古斯丁谈到没有接受圣灵的人时，把他们称为"灵魂性的"（*animalia*，或"动物性的"），他的意思是，他们和动物一样，是只有灵魂、没有灵性的生命。他从这个角度来理解《哥林多前书》中的这段话：

> 所种的是必朽坏的，复活的是不朽坏的；所种的是羞辱的，复活的是荣耀的；所种的是软弱的，复活的是强壮的；所种的是灵魂性的身体，复活的是灵性的身体。若有灵魂性的身体，也必有灵性的身体。经上也是这样记着说："首先的人亚当，成了有灵魂的活人。"末后的亚当成了叫人活的灵。但属灵的不在先，有灵魂的在先，以后才有属灵的。[4]

---

[1] 参考 John Behl，*Asceticism and Anthropology in Irenaeusand Clement*，Oxford：Oxford University Press，2000。

[2] 参见章雪富：《基督教的柏拉图主义》，上海：上海人民出版社，2001 年，第 279 页。

[3] 《论灵魂及其起源》，1：5。

[4] 《哥林多前书》，15：42—47。在希腊文本的新约中，此处的"灵魂的"是 ψυχικόν，同拉丁文的灵魂一样，这个形容词也有"动物的"的义项，不过比起拉丁文相应的词来，这个意向并没有那么常见。和合本中文译本把这个希腊词都译成了"血气"。这样的译法无法突出灵魂（而不是肉身）与灵性之间的对比。奥古斯丁在一些地方有意利用灵魂与动物的关联，但是我们不能忘了，这里突出的是灵魂性，而不是动物的血气。

第一个亚当并非只是肉体的，而是有灵魂的，他同第二个亚当即耶稣基督的区别，在于他没有灵性，而后者秉有灵性。有了灵性，人就不再只是灵魂性的活人，而且可以得救进入天堂，享受永恒的生命。灵魂使人成了地上的活人，但是无法保证人的永恒幸福，只有圣灵才能使人真正得救。

《创世记》里说，上帝造人时"将生气吹在他鼻孔里，他就成了活着的灵魂"。[①] 有人认为，上帝吹的这口气就是圣灵，这里的吹气和耶稣复活后对他的门徒吹的气是一样的。为了强调灵魂与灵性的区别，奥古斯丁指出，这两口气是完全不同的。圣父吹的那口气，成就了人的灵魂，所以使人获得了生命，但第一个亚当并没有获得灵性，而是必朽坏的、羞辱的、软弱的。任何人都只有在认识了圣子，也就是耶稣基督之后，才有可能获得灵性。因此，在奥古斯丁看来，即使伊甸园里的亚当和夏娃没有犯罪，他们的身体也是有欠缺和可朽的，无法得到永恒的幸福。耶稣并不是把人恢复到伊甸园里的这个状态。获得了灵性的人并不只是像初人亚当那样得到灵魂和肉体的完美和谐，而且还要高出他们，进入更加美好的绝对永恒。因此，耶稣给门徒们带来的灵性是亚当和夏娃所根本不会具有的。他为人类所带来的，并不仅仅是消除亚当和夏娃所犯下的原罪而已，而且要达到天国当中永恒和绝对的幸福。这种幸福，哪怕是最完美的地上生活，即伊甸园中的生活，也是无法与之比拟的。

这就是奥古斯丁所讲的三元人性结构。初人亚当是只有灵魂和肉身的，没有认信基督的任何人都只有灵魂和肉身。而认信基督的

---

① 《创世记》，2：7。

人还会接受圣灵，接受了圣灵的人就不仅有灵魂和肉身，而且有灵性。这样的人不仅可以恢复到没有原罪时的伊甸园状态，而且可以升入天堂，得到永生。没有灵性只有灵魂和肉身的亚当和夏娃，即使在没有犯罪的时候，虽然不会死，但是也只能永远留在地上，而不可能升上天堂，与上帝一起享受永生。

在奥古斯丁看来，人们仅仅依靠灵魂是无法达到最高的幸福的，因为任何人，包括罪人在内，都有像神的灵魂。即使灵魂不犯罪，也只能享受地上之城中的暂时幸福。这种幸福只能是不完美的和有欠缺的。这种有欠缺的人即使不死，也并不是本质上永恒和幸福的，而必须靠饮食来维持生命。虽然原则上这种生命可能永远维持下去，但一旦发生问题，他们的必朽之身就将毁灭。死亡，永远是地上幸福的威胁。因此，只有灵性才能把人带到上帝之城，那永恒、完美、不变、不朽的幸福之域，使人永远不再担心死亡的威胁。在奥古斯丁看来，这才是真正的善好，相对于这种好的生活，其他任何的幸福和美好都是微不足道的。

奥古斯丁引入了"灵性"这一观念，但我们并不能简单地以为，它成了与灵魂和身体平行的第三个观念。灵性是远远高于灵魂和身体的，同时也外在于灵魂和身体。奥古斯丁所面临的，仍然是灵魂和身体之间的关系。只是在这二者之上，又高悬着神圣的灵性这个维度，从而使人们有可能从另外的角度看待灵肉之间的辩证关系，而且恰恰是因为有着第三个维度，灵魂与身体的区分，才成为一个更加切实的区分。由此我们就可以理解，当他在其他地方谈到人性结构时，更多还是从身体与灵魂的二元结构出发，而不是这样的三元结构。虽然奥古斯丁在不同书里有不同的说法，但其内在的基本精神都是一贯的。①

六、无辜身体

我们现在可以把奥古斯丁关于人性的三种说法总结一下，看这些与自杀问题究竟有什么关系。"内在人"，确定了"人"的神性。这种神性不在于人的智慧和德性，而是在于他的灵魂的存在及其内部的三位一体结构。"上帝的像"就确保了任何由身体和灵魂组成的人的神圣。但是，由于人固有的欠缺，人必然堕落，沾染罪性，从而使人不能认识自己的内在结构，无法凭自身的力量得到拯救。他的三元人性观进一步从基督教角度解释了人的神性和罪性。虽然人的灵魂因为是上帝的像而神圣，但这并不意味着灵魂做的事情就永远是对的。奥古斯丁认为，人的一切罪恶都起源于灵魂中的意志，而不是身体。善恶的标准在于灵魂中的自由意志究竟是否向上指向上帝和获得灵性。灵性才是最终的标准。

伊甸园中那个赤裸的人既有罪性又有神性。他身上的罪性随时可能把人拉入罪恶之中，但他身上的神性却不足以把人带入神圣之域。正是因为人永远无法靠尘世中的什么来救赎，自杀，这种在古典哲学中可能在某些方面体现尘世美德的方式，在奥古斯丁这里就

---

① Gerard O'Daly 认为，奥古斯丁的"灵性"是灵魂的一个功能，见他的 *Augustine's Philosophy of Mind*，London：Duckworth & Co. Ltd，1987，58—59。但我不同意这一说法。这样理解，是要把奥古斯丁关于人性结构的不同说法勉强拉到一起。虽然奥古斯丁的总体思想是一贯的，但在不同地方的具体说法未必完全一致。参见 Peter Burnel，*The Augustinian Person*，Washington D. C：The Catholic University of America Press，2005，18。

成为一种最大的罪。

从这样一套人性观念出发，我们可以推出反对自杀的三条紧密相关的具体理由：自杀毁灭了身体，自杀是意志变坏的表现，自杀来自于绝望。在后面的三节里，我们将逐条看奥古斯丁对这三点的论述。

在这一节，我们先来看奥古斯丁对身体的认识。从根本上来说，基督教是特别看重灵魂和身体的区分并严厉否定身体的。但若严格分析，基督教否定的是身体的欲望，但并非身体本身。基督教的两条基本信念使它不会绝对否定身体，一个是基督的道成肉身，另一个是末日审判中的肉身复活。如果身体是邪恶的，基督怎么可能披上身体？上帝为什么让它末日复活？

像奥古斯丁这样的教父，一方面强化了柏拉图关于灵魂与身体的区分，甚至更严厉地否定了身体的欲望，另一方面，却又肯定了身体的自然。身体虽然是土做的，是比灵魂更低的可朽部分，但并不是邪恶的。在奥古斯丁看来，既然身体是上帝创造的，那就是好的，因为一切来自上帝的自然都是好的。身体本身没有自由意志，不会犯罪，不会是邪恶的。奥古斯丁在讨论初人的原罪时也讲到，初人之所以在犯罪之后感到了羞耻，是因为身体不再服从于灵魂，"并不是身体本身，而是犯罪之后又被惩罚的身体，压迫着灵魂"。[1]一个人究竟是善是恶，取决于灵魂的选择。如果灵魂向上朝向上帝，那就是虔诚和善良的；如果灵魂中的意志向下朝向身体，那就是邪恶和有罪的。肉欲之所以是有罪的，并不在于肉体本身，而在于意志朝向了处于较低位置的肉体。所以，虽然奥古斯丁也多处使用

---

[1]《上帝之城》，13：16.1。

"肉欲的"、"肉体的"之类概念来指代邪恶，但严格说来，他所谴责的并不是身体本身。

一切罪恶都起源于意志的自由选择。在奥古斯丁看来，人的身体欲望不应该由身体负责，而应该由灵魂负责。他在谈到被奸淫的妇女不应该轻生时说，身体的神圣性并不取决于是否完整无损，而在于灵魂是否纯洁。如果一个女孩被一个糟糕的医生弄坏了处女膜，她并没有玷污自己的身体；一个淫荡的女子在找情人的路上虽然身体完好无损，却已经败坏了身体的神圣性。①

正是因为是否犯罪不取决于身体，而是取决于灵魂中的自由意志，所以，即使身体遭到了玷污，只要不是自愿的，那就不算犯罪，因为没有意志的参与。正是因为强奸发生时，只有一个人的意志是邪恶的，奥古斯丁才会说"二人同床，一人犯奸"。无论卢克莱西亚，还是众多受辱的基督徒妇女，都没有必要因此而自杀。因此，那些为了躲避奸淫而自杀的女子，就是为了逃避别人的罪，而犯下了一件大罪，因为毁掉自己的身体是比被奸淫严重得多的事。

由于上帝创造的身体本身也是好的，被造的人不能擅自处置自己的身体。生杀之权全在上帝手中，如果没有特别的允许，人不能在这个问题上僭越。这不仅是不准杀人的禁令的理论依据，而且是不准自杀的一个原因。谁若无故毁坏了自己的身体，那就是毁坏了来自上帝的一件好的被造物。这是基督教反对自杀的一个直接理由。

奥古斯丁在一篇布道辞中说，他所追求的，是"整体得到治疗，因为我是一个整体；不是让肉身永远被消灭掉，好像那是我之外的

---

① 《上帝之城》，1：18.2。

一样，而是让它得到治疗，使我恢复为整体"。① 在《论灵魂及其起源》中，奥古斯丁又谈道："人的整体当然是灵性、灵魂、身体；因此，无论谁想把身体从人性中分离出去，都是不智的。"② 虽然基督教设想了一个绝对美好的死后世界，但是，只有在灵性指引下、灵魂与身体相结合的人们，才能享受这种美好。那种通过脱离身体获得灵魂的纯洁的说法，在基督教这里是完全不适用的。

这种身体观与"内在人"的说法相结合，极大改变了西方思想史上人的观念。灵魂是神圣的，是因为它是上帝的像，不论善恶，都改变不了这个事实；而身体之所以是好的，是因为上帝造的身体不能对自己的欲望负责。灵魂与身体结合，成为一个神圣的人。从此，人之所以是神圣的，就不只在于人有灵魂、有理智思考的能力。某些智慧的人也不再比别人更神圣。作为一个最像神的造物，人之为人就是神圣的，而且灵魂与身体都是神圣的。不管贤、愚、不肖、贵、贱、尊、卑，只要是人，就是一个神圣的存在。虽然灵魂和肉体之间仍然有高低之别，虽然奥古斯丁并未否定地上美德，柏拉图那里所强调的智慧、正义、节制、勇敢仍然是地上之城里值得珍视的美德，但是，在上帝面前，这些都变得不重要了。最重要的，是人和上帝的关联；最能决定人的幸福和命运的，是人是被上帝创造的这个基本事实。

基督教伦理的基调，就是尼采所谓的"超善恶"。超善恶并不是不要善恶，因为善恶并非不存在，而是要在善恶之上树立更高的幸福标准和德性追求。异教哲学家所强调的美德固然是好的，但都只

---

① 《布道辞》（*Sermones*），30：3.4。
② 《论灵魂及其起源》，4：2.3。

是地上的追求，都没能让人达到绝对和永恒的好。在地上的美德与绝对的好没有冲突的时候，这是没有问题的，但是如果地上美德与绝对的好发生了冲突，那就不仅不是美德，而且成为罪，根本不值得追求。在奥古斯丁看来，卢克莱西亚和加图所追求的地上荣耀与不准杀人的神圣诫命发生了冲突，哪怕他们再具美德，他们的行为也是应该诅咒的。

七、自由意志[①]

我们前面对灵魂的讨论很大程度上依赖于对自由意志的理解。现在，我们就来看一下奥古斯丁对自由意志的讨论及其与自杀的关系。

在现代西方，对自杀的伦理争论的焦点就是对下面这个问题的回答：人是否有选择死的自由？支持的一方认为，既然人人有选择自己行为的意志自由，为什么不能选择死呢？反对的一方认为，选择自由的前提是，每一个人都应该选择好，人并没有选择不好的自由，正如人没有选择不自由的自由。显然，这里的核心在于，如何理解现代伦理的一个基本前提：意志自由。悖谬的是，作为现代精神源头的思想家马丁·路德和霍布斯都否定意志自由，[②] 而中世纪的

[①] 本章第七、八两节的主要内容，曾以"绝望中的生命自由：奥古斯丁论'自由意志'、'望德'，与自杀禁忌"发表于《基督教思想评论》，上海：上海人民出版社，2006 年，第五辑。

[②] 马丁·路德《论意志的绑缚》（*De Servo Arbitrio*），见《路德文集》，上海：上海三联书店，2005 年；关于霍布斯对自由意志的否定，参见 *Hobbes and Bramhall on Liberty and Necessity*，edited by Vere Chappel，Cambridge：Cambridge University Press，1999。

基督教思想之祖奥古斯丁却是意志自由的支持者。[1]

在早期教父当中，奥古斯丁并不是第一个主张意志自由的人。在亚历山大里亚学派，特别是奥利金那里，意志自由的说法已经颇具规模。[2] 奥古斯丁继承了这个传统，把意志自由的观念纳入了自己的整个神学思考之中，并第一次从意志自由的角度讨论了自杀问题。

在《论意志的自由抉择》的开端，是恶的起源问题引起了奥古斯丁对自由意志的讨论。归根到底，自由意志之所以成为奥古斯丁神学的一个关键问题，还在于对好坏善恶问题的进一步厘清。既然上帝是至善的，并且万物都来自上帝，那么恶是从何而来的呢？对这个问题的极端回答会导致灵知派的二元论，即把创世的上帝与救世的上帝分为善恶两个神。对于沉溺于摩尼教的奥古斯丁来说，这无疑是一个至关重要的问题。

我们前面谈到，从柏拉图主义的角度支持自杀的人也面临一个善恶两难问题：为了追求至善而放弃悲惨的生命，为什么是不允许的呢？虽然柏拉图的辩证法可以避免这种极端的结论，但是，一旦柏拉图主义的灵魂理论与上帝至善的观念结合起来，灵魂不朽被当成一条宗教信条，柏拉图式的自杀禁忌就失效了。

这两个问题看上去并无直接的关联，但对二者的回答都取决于对善恶的理解。只有理解了奥古斯丁对恶的起源的理论，我们才能明白，为什么自杀这种看上去是在追求至善的行为其实是在为恶。

奥古斯丁认为，恶不是来自上帝，而是来自人的自由意志。既然称为自由意志，那么，无论高于它的、低于它的，还是和它相当

---

[1] 奥古斯丁对自由意志的讨论，可参见周伟驰：《奥古斯丁的基督教思想》，北京：中国社会科学出版社，2005 年。

[2] 参见章雪富：《基督教的柏拉图主义》，上海：上海人民出版社，2001 年，第 195 页。

的力量，都不能逼迫自由意志去做什么。因此，行善的人应该因自由选择了善而受到褒奖，作恶的人应该为自由选择了恶而遭到惩罚。虽然上帝是人和自由意志的创造者，上帝并不为人的善恶负责。

不仅上帝不为人的善恶负责，而且在被造物的秩序中处于较低位置的事物也不为人的善恶负责。亚当和夏娃犯了罪，是因为他们自由选择了偷吃禁果，但禁果并不因此成为恶的。追求身体欲望的人之所以有罪，是因为他们的自由意志没有向上指向最高的善，而是向下指向了身体，但这并不意味着身体本身是恶的，因为这是自由意志的罪恶，而不是身体所能负责的。

奥古斯丁认为，上帝创造的万物都是好的，哪怕最卑下最渺小的造物，都会折射出至善的造物主某一方面的好。当人们的自由意志朝向某一种被造物时，都是被其中或多或少的善所吸引，因此总是有一些道理的。但在这样做的时候，人们误把每个造物当中的一点点善当成了最高的幸福，这样就变成了恶。于是，意志的自由选择导向了一个其实自己并不愿意的方向，也就是说，自由意志让人做了违背自己意志的行为。

既然恶源于自由意志，那么，自由意志本身是否是好的呢？奥古斯丁认为，自由意志是上帝创造的诸多好的事物中的一种。既然人们不怀疑上帝存在，也不怀疑一切好的事物都来自于他，那么就可以推论出，"自由意志应该算作上帝所创造的一件好东西"。[①] 自由意志会使人作恶并不意味着自由意志本身就是恶的。正如手，如果人没有了手，那身体是多么不完美？但是，手这件好东西却可以用来做很多坏事。

---

① 《论意志的自由抉择》，2：18。

奥古斯丁认为，意志是灵魂的一种功能，属于中间的一种好。这种好不像德性那样，永远不会变坏，但也不像物体的形体一样那么不重要，而是处于两者之间。① 意志是内在三位一体中的一位，对应于圣灵。自由意志的存在，恰恰表明了人的灵魂具有和上帝相似的三位一体结构；哪怕使用自由意志做坏事的人，他的自由意志也是一个神圣的存在。

灵魂和意志的这种中间位置，把人也放在了中间位置。我们在讨论原罪问题的时候已经看到，在奥古斯丁这里，亚当和夏娃就是无善无恶的赤裸生命，② 既不能说是愚蠢，也不能说是智慧，就像婴儿一样。他们既没有真正的神性，也还没有犯罪。这样的生命纵然没有成圣，也还没有堕落，却有自由意志。这种生命最重要的特点是有可以朝上也可以朝下的自由意志。换句话说，所谓无善无恶的赤裸生命，其实处在可善可恶的中间状态，因而可能同时具有善恶两方面的特点与潜质。这正是我们前面所说的，那种既有神性又有罪性的人。

奥古斯丁反复论证，虽然自由意志是恶的起源，自由意志并不是恶的。这不仅因为意志本身可能朝向好，而且严格说来，真正的"自由"必然是朝向好的："当我们服务于真理时，这就是我们的自由。真理就是我们的上帝，他把我们从死亡，即罪的境地，拯救出来。真理自身化身为人，在对信他的人讲话时说：'你们若常常遵守我的道，就真是我的门徒。你们必晓得真理，真理必叫你们得以自由。'"③

---

① 《论意志的自由抉择》，2：19。
② 可参考《论意志的自由抉择》，3：24。
③ 《论意志的自由抉择》，2：13。

人的意志自由选择的事情，必然应该是对自己好的。之所以有些人选择了不那么好的事情，并不是因为他们不喜欢善好，而是因为原罪使他们既不知道什么是真正的善好，也无力朝向真正的善好。恶来自于自由意志的错误选择。而自杀之所以是一种恶，正是因为自杀并没有使自杀者获得他希望得到的善好。奥古斯丁正是用自杀的例子来讲自由意志的这个方面的：

> 某人正确地选择了追求某事，那么，当他获得了此事时，必然会因此而变得更好，但不复存在的人不可能变得更好，因此，无人可以正确地选择不存在。悲惨让某些人杀死自己，但我们不能被他们的判断所动摇。他们要么认为，他们死后会变得更好，这和我们的推理方式并不矛盾，且不管他们想得是否正确；要么，他们认为，他们在死后将不复存在，既然他们错误地选择了无，这种选择就更不会动摇我们了。如果我问某人选择什么，他回答"无"，那我怎么能同意这选择呢？选择不存在的人显然选择了无，虽然他不愿意这么说。①

在这里，自由从一个权利问题变成了一个知识问题。任何人都有自由选择的权利，但是，什么是真正的自由，却有一个客观的标准。每个人都有权利选择任何事情，甚至包括死亡，但这并不意味着每一种选择都会给选择者带来想要达到的目的。灵魂所具有的自由意志，是从权利的角度来讲的。正是因为任何人的灵魂都有这样的自由，所以，任何力量，哪怕是上帝，都无法强迫一个人的意志。

---

① 《论意志的自由抉择》，3：8。

而基督所带来的那种至高的真正自由，并不是权利的问题，而是最高的幸福状态。人要正确运用自由选择的权利和能力，必须首先获得关于真正自由的知识。自由选择之所以是好的，并不是因为这种选择本身好，而是因为自由选择与真正的和最好的自由之间有着本质的关联。

奥古斯丁指出，自杀者真正想要的并不是不存在，而是平静的存在状态：

> 一个认为自己死后不复存在的人，会被不可忍受的烦扰驱赶着，满心欲求死亡，他认准了死亡，达到了死亡。他的意见是完全错误的，但是他的自然感觉却在追求安宁。真正的安宁并不是无，安宁甚至是比不安更高的境界。不安会产生各种情感，这些情感相互挤压；安宁却是连贯的，而我们应该把这理解为存在的最大特点。因此，求死意志并不是为不存在而求死，而是希求宁静。当一个人错误地想要不复存在，他的自然是在希求安静，这是希求更好的存在。①

在这里，奥古斯丁把《上帝之城》第一卷中对自杀的讨论进一步深化和细致了。在《上帝之城》里，奥古斯丁嘲笑那些为追求幸福和避免罪孽而自杀的人是疯子。但在《论意志的自由抉择》的这一段，奥古斯丁不再挖苦和嘲讽这些为追求美好生活而自杀的人。相反，他的这段论述中充满了悲悯和同情。他告诉我们，这些所谓的"疯子"并不是真的不知好歹，而是和别的人一样，满心追求更

---

① 《论意志的自由抉择》，3：8。

高境界的存在。这些人出于自然的感觉，仍然有着趋向善的可能，只是错误的意见驱使他们把不存在当成了安宁，让他们通过杀死自己来结束尘世的纷扰和烦恼。这些可怜的人们无法达到他们想要追求的好生活，反而堕入了更加悲惨的深渊。

对照两处的论述，我们看到，奥古斯丁对自杀的否定越是严厉，越表明他对这些敏感的灵魂的同情。他非常清楚，自杀的人往往有着对美好生活的强烈向往。无论是卢克莱西亚、加图，还是犹大，都有强烈的趋善避恶的愿望。但是他知道，自杀这种方式并不能让人获得好的生活，因为自杀者错误地把虚无当成了安宁，把不存在当成了更高的存在，因而就把更大的痛苦当成了幸福。而自杀者的判断错误就把自杀这种极端的追求幸福的方式变成了最大的罪，一种哪怕通过告解也无法获得赦免的罪。

奥古斯丁并没有否定人有选择死的权利和能力。既然人人都有自由意志，他们为什么不能选择死呢？既然连上帝也不能强迫人的意志，谁能阻止人去自杀呢？奥古斯丁对自杀的否定，并不是在否定人有这种自由，而是在否定这种意志会给人带来自杀者所希望达到的幸福和美德。而这样一个角度，也正是现代西方的自杀反对者，特别是精神病医生们的基本出发点：自杀不再是一个法律和政治问题，而是一个医学问题，并没有人以法律的名义强行阻止谁杀死自己，但是精神病医生却可以说，自杀者就是某种精神不正常的人。自杀者没有伤害谁，但是却不能使自己达到幸福，但从某种意义上来说，这当然也是对自己的一种伤害。①

---

① 参考 Edwin Shneidman and Norman Farberow，"The Logic of Suicide，" in Edwin Shneidman and Norman Farberow edit，*The Clues to Suicide*，New York：Mc Graw-Hil，1957。

八、绝望之罪

奥古斯丁不仅对自杀者抱有深刻的同情，而且对世间的一切苦难都有着悲悯情怀。他的这种悲悯，并不是对一件事、一种人、一类灾难或不幸的同情，而是对人类根本处境的关怀。人类的所有幸福，都如过眼云烟；人类的所有智慧，都面临着灾难和罪恶的威胁。在《上帝之城》第十九卷，奥古斯丁满怀悲悯地列举了人间的种种疾病、痛苦、不幸，说："如果我们认识或看到这样的人，如果我们思考他们的尊严，我们或许勉强能抑制泪水，甚至根本不能。"[1]

面对这种种不幸，或者说在这必然逝去的短暂幸福面前，人可以做什么呢？他说的没有错，那些自杀者并不是不想存在，而是想得到安宁的更高存在状态。如果自杀不能消除悲惨此生的种种痛苦和不幸，那要靠什么来达到奥古斯丁所谓的最高的存在状态，以及永恒、不变、确定的幸福呢？

奥古斯丁和别的正统神学家一样，认为只有化身成人的圣子，才成为人和上帝之间的中保。只有通过耶稣基督，才能达到真正的幸福。但是，上帝决定拯救谁、赐给谁恩典，却不是根据每个人的道德品性，而是根据上帝自己的意愿，出于上帝的悲悯和恩典。[2] 严格说来，人并不能通过自己的努力来达到救赎，而只能等待上帝的恩典。因为人无论怎样努力，相对于上帝拯救的恩典来说，都是不

---

[1]《上帝之城》，19：4.2。
[2] 见《信、望、爱手册》，94—108。

能匹配的。人根本无法凭自己的力量和道德感动上帝。

奥古斯丁所描述的这种人间情景，几乎是毫无希望的。不仅此世的幸福不可能长久，而且任何努力都不一定会带来拯救。既然如此，人还能做些什么呢？他岂不是应该完全被动地等待最后的审判，等待自己最终命运的降临吗？

确实，奥古斯丁并不认为人该奢望自己会侥幸感动上帝，灵性只能来自上帝的赐予，而不能靠人自己获得。但这并不意味着，人就该无所作为地等待命运的降临。虽然此世的人根本不可能因为自己的努力获得救赎，却仍然应该为避免永世的责罚而努力。而人一旦丧失了获救的希望，就已经陷入了大罪。人必须让自己的自由意志指向最高的幸福，才有可能脱离充满此生的罪恶和不幸，才有可能获得上帝的垂恩，被赐予灵性。

自由意志要正确地指向上帝，必须通过信、望、爱三种德性。这三者缺一不可。在悲惨的此世和永恒的来世之间，望德无疑是一个至关重要的桥梁。

这里所谓的望德，并不是一般所说的希望。比如，犹太人永远生活在漂泊之中，但是他们永远都抱有希望，会回到上帝应许的土地，这是在无论遭受了多少失败之后，仍然坚信自己将会取得胜利的希望；越王勾践几乎亡国，却能卧薪尝胆，永远保持着报仇雪恨的希望；太史公惨遭腐刑，受了奇耻大辱，但是并不放弃生命，因为他仍然抱着一线希望，自己要完成一部惊天动地的著作；曾国藩与太平天国交战，屡败屡战，不会因为失败而气馁，坚信自己终究会取得胜利。这些都是保持希望的例子，但基督教的望德与这些都不同。一个保持希望的基督徒，不仅仅抱着希望传教，相信基督教终究会大行于天下，也不仅是抱着希望渡过逆境，相信美好的一天终究会到来。对于基督徒来说，这些都是微不足道的幻想。

基督徒首先恰恰要打破任何对尘世幸福的希望。他们必须像奥古斯丁那样清醒地认识到，尘世的一切都是短暂的，不可依赖的，是没有真正的幸福可言的。不仅要对尘世生活，而且对自己的尘世美德也要放弃幻想，甚至不要误以为自己的些许德性可以感动上帝，会让上帝来拯救自己。放弃这样的希望，才是望德的前提。

放弃了这些希望的人，不仅知道尘世幸福不可长久、不值得依赖，而且知道自己永远是罪人，不可能靠自身得到拯救。其实，自杀者不就常常是抱有这样的观念的人吗？可以说，犹大不仅最真切地认识到了自己的罪，而且极为严肃地看待上帝的惩罚。他知道自己是一个不可救药的人，不仅放弃了过上此世的幸福生活的念头，而且放弃了通过忏悔得到原谅的希望，于是才投缳自尽。

奥古斯丁正是用这些自杀者的例子来证明，那些认为在尘世可以获得幸福生活的哲学家都是荒唐的：

> 我奇怪，斯多亚派哲学家怎么会如此厚颜无耻，认为这些坏事都不是坏的？他们却又承认，如果存在这些坏事，使得智者要么不能，要么不该承担，他们就该自杀，逃离此生。这些人又那么骄傲而愚蠢，竟然认为此生就会有至善，认为靠自己就可以获得幸福。……啊，幸福生活，他竟然靠死亡的帮助，靠结束你来寻求你！如果这是幸福的，就应该留在其中；如果他因为生活中的坏事而逃离此生，那怎么能是幸福的呢？如果这些事情战胜了勇敢之好，逼迫那勇敢不仅屈服于它，而且还让人发疯，既说此生是幸福的，又劝人逃出它，那这怎么会不是坏的呢？谁会如此瞎眼，以致看不出来，如果这生活是幸福

的，根本不必逃离？但是，如果因为那软弱的重负所压，他们就必须承认要逃离此生；究竟是什么原因，让他们不能放弃那固执的骄傲，承认此生的悲惨？我要问，究竟是因为耐力，还是没有耐力，加图杀死了自己？除非是因为没有耐力来接受恺撒的胜利，否则他不会这么做。他的勇敢在哪里？他的勇敢不见了，投降了，被征服了，所以离开了幸福生活，放弃了，逃走了。这不再是幸福的了吗？这是悲惨的。所以，让人逃离这悲惨生活的，怎么会不是恶呢？……按照那些哲学家，如果某人被逼自杀，那就是完全承认了，那逼迫人自戕的原因不仅是坏的，而且是不可忍受的坏。[①]

这大段的论述的目的不是辨析自杀有罪无罪，而是告诉我们，如果仅仅希求尘世的幸福，那么，自杀就是不可避免的，而自杀的不可避免，恰恰证明此世的生活是不可能真正幸福的。不仅那些贪图物欲享受的人无法得到幸福，就是充满德性的人也不会过上幸福生活。在奥古斯丁看来，希腊哲学家所谓的德性生活，不过是尘世生活的另外一个方面。这种生活一定会把人推向自杀。

自杀者的罪并不在于他们把这世界想象得过于悲惨，更不在他们在罪恶的尘世中找不到通往幸福的真正德性之路，而是在于，在一切尘世的努力都无用的情况下，他们没有保持对上帝的希望。在谈了此世的悲惨生活和自杀的不可避免之后，奥古斯丁给出了他自己的解决方案：

---

① 《上帝之城》，19：4.4—5。

真正的德性并不假惺惺地说，能带来这样的好处；但是，在此世如此多的坏事中，它们会帮人希望未来的幸福时代，获得救赎。如果没有救赎，怎么会有幸福？使徒保罗下面的话不是针对不审慎、无耐力、不节制、邪恶的人说的，而是对那些按照真正的信仰生活，所拥有的德性是真的德性的人说的："我们得救是在乎盼望。只是所见的盼望不是盼望。谁还盼望他所见的呢。但我们若盼望那所不见的，就必忍耐等候。"① 如果我们有救赎的希望，那么我们就有对幸福的希望：救赎就是幸福，我们得不到当下的幸福，而要希求未来的幸福。②

在这段对自杀和幸福的讨论中，奥古斯丁引用了保罗对望德著名的解释。基督徒的希望，不在此世，而在来世；不是在罪恶中寻求美德，而是等待上帝的救赎。之所以称之为"望"，就因为是看不见的，无法预知的，不能靠人力达到的，甚至是人所不配获得的。若是能达到的，就不必盼望了。所盼望的，完全不在自己的能力之内，不能靠德性达到，不能靠算计预知，甚至在当下没有任何可能发生的迹象。所盼望的，就是完全不可能的幸福。这来世的幸福与此世的罪恶和悲惨是完全不相符的。从对此世的弃绝到对上帝充满希望，这需要一个根本的转变，在尘世生活中找不到一丝根据。盼望，就是在绝望中树立希望，把人从毫无救赎希望的罪人变成拥有绝对幸福的圣徒。

因此，要实践望德，就要诚心忏悔，祈求上帝把自己从不可饶

① 《罗马书》，8：24—25。
② 《上帝之城》，19：4.5。

恕的罪孽中解救出来。在奥古斯丁看来，犹大的罪并没有什么大不了的。诚然，犹大出卖了基督，算是犯下了一桩大罪。但这并没有什么特殊之处。有哪个人没有犯过罪呢？即使没有犯过罪行（crimen）的人，不是也都继承了初人的原罪（peccatum）吗？就是否有罪这一点而言，犹大和一般的人并没有什么区别。犹大的最大错误在于，他认为自己的罪是不可饶恕的，完全丧失了通过告解获得救赎的机会。所谓望德，就是在对尘世甚至自己绝望之后，知道上帝终究会把自己从这深重的罪孽中拯救出去。而要保持望德，基督徒必须诚心诚意地不断忏悔：

> 即使是罪行（crimen），哪怕再大，也会得到圣教会的赦免，人们要根据自己的罪行告解，不可对上帝的慈悲绝望。哪怕一个人犯下大罪，让自己的身体完全背离了基督，在他行告解时，我们也不能按照时间长短和哀痛大小衡量，因为上帝不会小看一个忏悔的卑微的心。①

教会不仅通过洗礼赦免每个人的原罪，而且还会赦免每个人所犯的罪行。在上帝面前，根本就没有无罪之人，所以罪大罪小也就没多大分别了。既然人人都有罪，人又不能靠自己的品德得救，人的罪究竟能否赦免，就不在于罪本身的大小，而在于这罪有无赦免的希望。如果谁根本放弃了被救赎的希望，从而不祈求上帝的宽恕，不做告解，那这种绝望之罪，就是一种没有饶恕可能的罪。而绝望的具体体现，就是自杀。所以奥古斯丁说：

---

① 《信、望、爱手册》，65。

引起他想要自杀的原因越是无辜，他杀害自己所犯的罪就越大。如果犹大的行为确实值得我们憎恨，真理对他的审判是，他在投缳上吊的时候，这个罪过加重了他该诅咒的叛卖，而不是使他获得了赦免。因为他虽然悔恨，但是却绝望于上帝的悲悯，没有为自己留下空间来做朝向救赎的忏悔，而那些认为自己没有犯下这样应该惩罚的罪的人，他们不是更不该杀死自己吗！[①]

　　我们在本章的开头已经提到，后来西方思想史上典型的自杀者不是卢克莱西亚和加图这些为美德自杀的人，而是犹大这样，因忏悔而自杀的罪人。文学史上典型的例子是莎士比亚笔下的麦克白夫人和雨果笔下的沙威。到了现代精神医学中，自杀之所以和抑郁症那么紧密地联系起来，就在于，二者的主要特征都是绝望。这些人首先是罪人，但又不是不知悔改的罪人。他们终有一天良知发现，陷入深刻的忏悔之中，良知无法承受自己的罪过所带来的重负，终于陷入了彻底的绝望。这种绝望，和卢克莱西亚与加图那样的绝望完全不同，和屈原、项羽、尤三姐的绝望也不一样。如果说，卢克莱西亚、加图、屈原、项羽、尤三姐这些人的自杀都可以归结为某种程度的绝望的话，他们的行为中都表现出了一种超人的刚烈气概，因而得到了后人的仰慕和尊敬，被当作烈妇和节士，但麦克白夫人和沙威那里的绝望，却伴随着一种对美好生活的彻底失望和无奈。一方面，他们心中确实还存在一种对美好生活的无限向往；另一方

[①]《上帝之城》，1：17。

面，他们的美好愿望却无法抗拒此世的恶，这恶还不是外部生活中的罪恶，而是他们自身那不可克服的罪性。因此，他们引起的不是人们的敬仰，而是同情、怜悯和思考。可以说，中西文明中的典型自杀都体现了生活中固有的美好和罪恶的冲突，但是这冲突却以不同的方式表现出来。基督教这种极为特殊的冲突模式，从根本上创造出了一种新的生活形态。

九、死亡与不朽

比起希腊罗马的哲学家来，奥古斯丁发展了一种关于幸福生活、人、美德的新观念。而所有这些新的思想，也导致了生死观念的转变。所有这些方面都和自杀禁令紧密相关，而这些观念对自杀的禁止最后集中体现在奥古斯丁关于死亡与不朽的说法上。但是，当我们从基督教的幸福观推论出奥古斯丁的生死观的时候，却也恰恰发现，他不仅为自杀的合法性留下了一个复辟的可能，而且为后世诸多捍卫自杀的说法提供了思想资源。

我们在讨论《斐多》的时候提到，柏拉图那里有一个耐人寻味的灵魂的死亡和尸体问题。如果我们从奥古斯丁的角度重新思考这个问题，就可以更真切地看到基督教所带来的新观念，不仅型塑了人们的生活方式，而且改变了人们的死亡方式。

奥古斯丁也像《斐多》里说的那样认为，灵魂是不朽的，而身体是必朽的。但是，由于灵性观念的引入，他这里的"不朽"和"死亡"概念要比柏拉图那里具体很多：

虽然人的灵魂确实是不朽的，不过她也有自己的死亡。说灵魂不朽，是指灵魂不会停止生存和感觉。说身体是必朽的，是因为它可能失去全部生命，而不能凭自身活着。因此，当上帝抛弃了灵魂，灵魂就死了；正如当灵魂抛弃了身体，身体就死了。当上帝抛弃了灵魂，灵魂又抛弃了身体，灵魂和身体就都死了，二者都死了，整个人也就死了。这时，灵魂无法从上帝得到生命，身体也无法从灵魂得到生命。[①]

　　必朽并不等于死亡，不朽也不等于永生。柏拉图那里也隐含着类似的区分。我们曾经提到，柏拉图所谓的灵魂的不朽并不意味着灵魂的永存。灵魂完全可以不存在但依然不朽，因为灵魂不会留下一具腐烂的尸体。但是，奥古斯丁这里的区分却与此正好相反。在他看来，所谓灵魂不朽，就是说灵魂永存和永远有知觉。但是，有知觉的灵魂未必是活着的灵魂。灵魂完全可以保留知觉但已经死亡。而这种状态，就是柏拉图那里所不可能有的"灵魂的尸体"。灵魂的尸体，就是仍然有知觉但是没有了生命力的灵魂。但是，难道生命不就是知觉和感觉吗？除此之外，还有什么是生命呢？

　　柏拉图不曾把眼耳鼻舌身的感觉等同于生命。在他看来，不朽并不是永远保持知觉，而是接近生命和存在本身，而纯粹的灵魂就是最接近纯粹的生命的。在奥古斯丁看来，不朽就是永远保持知觉，但永远保持知觉未必就接近了纯粹和绝对的生命。不朽的灵魂如果背离了万物的生命之源上帝，那就是已经死了。身体的死亡是灵魂与身体的分离，灵魂的死亡就是上帝与灵魂的分离。

———————————

① 《上帝之城》，13：2。

奥古斯丁与柏拉图这种完全相反的关于生命和不朽的看法，是不是仅仅因为用语的不同呢？是不是奥古斯丁把柏拉图所谓的不朽称为生命，又把柏拉图所谓的生命称为不朽了呢？乍看上去，似乎把用语颠倒过来，我们就能弥合两人的不同，但细究起来，却又不然。柏拉图并没有严格区分不朽和生命。柏拉图所谓的不朽就是绝对和纯粹的生命。身体的感觉并不是与不朽或生命相背离的东西，而是体现在身体之中、同时也受到身体污染的生命。这种体现在身体感觉中的生命，和纯粹的生命（即不朽）之间并没有质的不同，而只有程度上的差别。哲学生活可以让人们摆脱身体的污染，恢复到纯粹的生命，这样就会达到不朽。奥古斯丁并没有颠覆柏拉图关于灵魂与身体的关系的说法，也没有替换柏拉图那里的用语，而是把纯粹和绝对的生命从灵魂上移，交给了上帝。这样，奥古斯丁和柏拉图一样，认为灵魂给身体赋予了知觉和感觉，也就是身体的生命。他还认为，当灵魂离开身体，身体就死了，但是灵魂仍然会保持自己的知觉和感觉，不会朽坏。不过，这些知觉和感觉并不是绝对的生命。所以奥古斯丁说："灵魂不是生命的原因，而是痛苦的原因。"因为，虽然身体从灵魂获得了感觉和知觉，但这些却无法感受到真正的好和幸福，反而要遭受无尽的烦扰，而不是好的东西，怎么能称为生命？灵魂既然是不朽的，她不必依靠上帝，就能给身体带来知觉和感觉，即身体的生命，但是却不能凭自身带来幸福。所以，哪怕是死去的灵魂，也能给身体带来生命，但这样的灵魂自身却没有了生命。

可见，是这个超出灵魂之上的绝对的善好和绝对的生命，以及灵魂与身体之间的真实二分，使奥古斯丁形成了与柏拉图相当不同的生死观。他的生死观的核心，就是关于第一次死亡和第二次死亡的区分。单独身体的死与灵魂的死，是第一次死亡；奥古斯丁借用《启示录》中的说法，把末日审判之后恶人所遭受的责罚称为第二次死亡：

> 在最后的责罚中，人不会失去感觉，但是因为既不能感觉甘美的享受，也不能感觉宁静的健康，而只能感到痛苦的责罚，这时候与其说是生，不如说是死。说这是第二次，是因为它在第一次之后。二者都是本该亲近的自然的分离，要么是上帝与灵魂之间，要么是灵魂与身体之间。第一次死亡，可以说是好人的好事，坏人的坏事；而第二次根本不会发生在好人那里，所以不会是好事。①

奥古斯丁解释说，在亚当违背了上帝的命令的时候，他就遭受了一次死亡，即灵魂的死亡。否则就无法理解上帝警告亚当的话："你吃的日子必定死。"② 在亚当吃禁果的日子，他的身体并没有死；如果上帝的警告没有错，那它吃禁果的当天就遭受了死亡，我们只能把这理解为灵魂的死亡。而在亚当年老寿终的时候，他又经历了身体的死亡。在这两次死亡之后，人的第一次死亡就完成了。③ 按照奥古斯丁的逻辑，人之所以遭受死亡，是因为初人所犯的罪。而上帝用死来惩罚人的时候，其中所包括的，是全部的死：

> 上帝在乐园里造了初人，不准他们吃禁果："因为你们吃的

---

① 《上帝之城》，13：2。
② 《创世记》，2：17。
③ 《上帝之城》，13：15。

日子必定死。"这不仅是指第一次死亡中的第一部分，即灵魂脱离上帝，也不仅是其中的第二部分，即身体脱离灵魂，也不仅是整个第一部分，即灵魂与上帝分离，也与身体分离，受处罚；这里威胁的是包括任何一种死亡的整体，甚至包括最后的死亡，即所谓第二次死亡，在它之后再无死亡。[1]

无论是灵魂之死、身体之死，还是第二次死亡，都是亚当犯罪的后果。但是，并不是所有的人都会遭受全部的死。圣徒只需要遭受第一次死亡，在末日审判时会从死亡中复活，然后无论身体还是灵魂，都将得到永生；但是罪人却不同，在第一次死亡之后，还将遭受第二次的死亡，也就是永恒之死。永恒之死并不是一死百了；一死百了只是一时一刻的死，但在末日审判之后，罪人的灵魂仍然是不朽的，但是永远没有生命力，永远没有快乐，而是永远陷于痛苦和悲伤的境地，没有休止。

我们并不能把初人所犯的原罪理解为一个失误或偶然事件。其中体现了人性根本的欠缺。而奥古斯丁认为，死亡是原罪的重要后果。罪性和死亡一起，已经成为人固有的自然。这样，我们也就不难理解，任何个体在出生的时候，都注定要遭受身体的死亡，并且，没有任何人是一开始就能让灵魂朝向上帝的。哪怕是圣徒，在出生的时候，也像普通人一样，有着先天的罪性，倾心死亡。在没有恩典救赎之前，人的灵魂都无法从上帝那里得到生命，都是死的。奥古斯丁说，人的一生都是"在生在死"的。虽然身体一直是活的，但灵魂在获得灵性之前一直是死的。一个带有原罪的人，就是灵魂

_____

① 《上帝之城》，13：12。

的尸体拖着一具垂死的身体。圣徒和罪人都是如此。这是人的基本
生存状态。初人之后的人，并不需要再犯什么罪才会堕入这种悲惨
境地，而是一出生就处在这样悲惨的状况之中。而摆脱这种状态，
才是异于一般人性的非常事件。

对于这种处境中的圣徒，奥古斯丁说，第一次死亡是件好事。
奥古斯丁所谓的死亡是好事，和柏拉图所说的死亡是好事，已经迥
然不同了。他并不认为，死后的灵魂可以脱离身体，所以是好事，
并明确反对柏拉图主义关于灵魂轮回的说法。① 在他看来，死亡之所
以是好事，是因为可以让人们在与死亡的斗争中加强信仰。因此，
哪怕是接受了洗礼、被消除了罪的人，也必须接受死亡。死亡，成
为帮助义人得救的好事：

> 而今，靠救世主更伟大、更奇妙的恩典，对罪的惩罚转化
> 为正义的用途。上帝对人说：你若犯罪，你就会死；而今他对
> 殉道者说：死去吧，你无罪了。他当初说：如果你违背了命令，
> 你们必定死；而今他说：如果你们拒绝死，那你们就违背了命
> 令。当初是靠怕死使人不敢犯罪，而今是承担死亡使人赎罪。
> 通过上帝不可言说的悲悯，对罪过的惩罚变成了德性的武器，
> 对罪人的惩罚变成了对义人的奖赏。本来死亡是因犯罪而得的，
> 而今是正义靠死亡证成。殉道的圣徒就是这样的。他们的迫害
> 者让他们二者择一，要么放弃信仰，要么去死。最初的罪人因
> 为不信而遭受死亡，义人为了信而选择死亡。初人如果不犯罪，
> 就不会死。义人如果不死，就会犯罪。初人因罪而死；义人因

---

① 《上帝之城》，13：19。

死而无罪。初人因其罪过而走向罚；义人靠惩罚不再走向罪。这不是因为死亡以前是坏的，现在变好了。而是因为上帝奖励给信仰者以恩典，使得本来与生命相反对的死亡，而今变成了朝向生命的工具。①

奥古斯丁说死亡有益处，并不是认为死亡本身是好事。无论哪次死亡，都是对初人所犯的罪的惩罚，因此永远是件坏事。灵魂之死、身体之死，和第二次死亡死法不同，但并没有本质的区别。并不是因为灵魂之死是坏事，身体之死就会是好事。因此，死亡永远是对人类生存的最大威胁；怕死，永远是人的一种最基本的情感。

正是因为奥古斯丁认为，死亡哪怕在被用于好的地方时，其本身也是坏事；正是因为抛弃身体之后灵魂并不会得到永生，只有灵魂与身体重新结合之后，才有永生可言，所以，柏拉图那里靠死亡来解救灵魂的说法似乎就讲不通了。灵魂无法保障自身的美好和生命，抛弃身体追求灵魂又有什么意义呢？靠自杀怎么可能达到德性的真正完满呢？这样一个结论，是对前面所有论证的总结。正是因为哪怕地上的美德也不是最好的，正是因为灵魂无法保障自身的完满，正是因为身体也是上帝赐予的一种善好，正是因为自由意志必须指向绝对的好，也正是因为望德必须朝向此生看来不可能的美好，所以，伤害身体生命的自杀即使能够带来灵魂的纯洁，也无法把人带到真正和绝对的幸福。在上帝面前，这种自我灵魂的实现和纯化，只不过是一种可笑的狂妄和亵渎，只可能把自己带入悲惨的永死，

---

① 《上帝之城》，13：4。

而无法升上美好的天堂。这，正是奥古斯丁为卢克莱西亚和加图安排的命运。

但是，就在奥古斯丁似乎彻底否定了自杀的地方，自杀的合法性又悄悄地回转了过来。

他说，对于无法避免死亡的圣徒来说，死亡这件坏事可以用在好的地方。殉道者们靠信仰战胜了对死的恐惧，从而通过勇敢的第一次死亡赦免了自己的罪，避免了第二次死亡，获得永生。而这种通过第一次死亡避免第二次死亡的模式，正是对耶稣基督的十字架之死的模仿。

通过结束尘世生命来获得绝对的生命，这个说法不是似曾相识吗？这背后的逻辑不是依然是柏拉图主义的吗？苏格拉底说，物质的尘世是罪恶的，身体生活也是充满罪恶的，所以，灵魂必须努力摆脱尘世的羁绊，证成灵魂本身，而灵魂本身是绝对和纯粹的生命，是生命之所以成为生命的原因。奥古斯丁的生死观在很多关键地方与柏拉图不同，但是，当他以两次死亡的说法来证明殉道者的价值的时候，我们却又回到了柏拉图主义，只不过，所追求的绝对生命不再是个人灵魂的生命，而变成了上帝之城中的永生。

奥古斯丁不但好像暗度陈仓回到了柏拉图，而且更为令人惊讶的是，他反复论证的自杀禁令似乎已经自动解除了。他和柏拉图一样，认为死亡不仅是不可避免的，甚至是获得永恒的生命所必需的。而依循他的逻辑，我们甚至发现，原来耶稣基督的死本来就像奥利金所说的那样，是一次神圣的自杀。原来基督教里不仅有犹大这样的自杀者，还有耶稣这样的自杀者。无怪乎后人从奥古斯丁的理论出发，竟依然会赞美罗马的卢克莱西亚。①

就是在激烈抨击自杀的时候，奥古斯丁也没有忘记，有些自杀是无法否定的。很多为了避免奸淫的女子的自杀得到了教会的表彰，而且《圣经》之中也赞美过参孙的自杀。如果坚持否定自杀，势必会在这些个案上造成矛盾。于是，奥古斯丁说：

> 如果上帝命令什么，并且自己毫不含糊地宣布他在命令，谁能把服从叫做罪呢？谁能指责对虔诚的遵从呢？但是，仅仅因为亚伯拉罕祭献儿子是值得赞扬的，人人都要向神祭献儿子，那可不是无罪的。按照法律，士兵要服从某些权力，如果他遵守这权力的命令杀人，他不会被城邦的法律判处杀人罪，如果他不杀人，反而因违抗和蔑视命令而有罪，但如果他擅自按照自己的权威杀人，就会因为使人流血而犯罪。在这种情况下，他被惩罚，是因为没有命令就去做事；在前一种情况下，他如果不按命令做就会被惩罚。两种情况的道理是一样的。指挥官的法律尚且如此，造物主的法当然更是这样！一个人听到过，法律不准自杀，但是，如果上帝命令他这么做，由于他不能蔑视上帝的法令，他还是可以这么做，但他必须明确看到，他是否得到了上帝毫不含糊的命令。②

粗看这段议论，我们会以为，这是因为奥古斯丁觉得自己的自杀禁令在参孙和期殉道士那里讲不通，所以靠神意来解释这些例外。

---

① 参见吴飞：《生的悲剧，死的喜剧》见"思想与社会"系列之《宪法与公民》，上海：上海人民出版社，2004 年。
② 《上帝之城》，1：26。

这种解释当然有道理，但是如果我们把奥古斯丁的自杀禁令与他所说的两次死亡联起来看，就会发现，上帝并不只是命令参孙等几个特殊人物倾心死亡，而是对所有心向上帝的人说："死去吧，你无罪了。"主动寻求死亡，成了获得救赎的必由之路。而自杀不就是主动寻求死亡吗？也许我们可以说，犹大是罪人，耶稣和追随他的殉道者是圣人，所以两种主动的死亡并不一样。但是，除了耶稣之外，哪个人不是有罪的呢？哪个主动寻求死亡的人不是在否定包括原罪在内的自己的罪，从而获得救赎的呢？并且，由于奥古斯丁对两次死亡的区分，身体的死亡变得不再重要。既然身体的死亡不等于也未必会带来灵魂的死亡，那么，仅仅会带来身体死亡的自杀为什么一定是罪呢？虽然人的自由意志应该朝向上帝，也不能对上帝的救赎绝望，但是，既然身体的死亡并不等于绝对的虚无，自杀者的自由意志怎么就一定朝向了虚无？既然人在身体死亡后仍然可以存在希望，为什么杀死自己身体的人就一定是绝望的？

奥古斯丁自己并没有反驳这样的指责，但按照他的理论，这些都是可能的推论。奥古斯丁反对自杀的说法，都暗含了身体死亡就是绝对虚无的假定。如果身体的死亡不是绝对的虚无，这些说法就都值得商榷了。而17世纪以来众多赞成和支持自杀的说法，正是从这些角度立论的。

不过，我相信，即使奥古斯丁听到后世这些赞成自杀者的言论，也不会因为他们与自己的出发点一致而赞同他们，就像柏拉图不会赞同那些因读了《斐多》而自杀的人一样。奥古斯丁和柏拉图一样，思想中都深具辩证色彩。他的各种说法所指向的，都是一种新的生活方式，而不是死亡方式。而对于在世上过日子的人来说，上帝这种绝对的善好，到底还只是一种假设，或者说，是为了过好日子而画的一条辅助线。这条辅助线与柏拉图那里的辅助线的不同在于，这种绝对善好是完全外在于人的，而柏拉图那里所假定的绝对的好是对人间善好的思考、总结和提纯。虽然奥古斯丁的这条辅助线画在了天堂，虽然人是否能到达天堂不取决于自己，而取决于上帝，但这些理论最终还是要规范活人的生活，而不是约束死人。从这个角度来讲，谈死后的人的灵魂和死后是否仍会犯罪，都只有理论上的意义，而不具实践的价值，因而不在人能选择的生活方式之列。[①]倘若我们能理解这一点，也就不会穷究，奥古斯丁为什么还是把身体的死当成绝对的虚无来谈自杀。也正是因为理解了这一点，我们才会明白，奥古斯丁的神学理论不仅可以帮助基督徒，而且同样可以帮助我们这些基督教外面的人思考生活，甚至可以帮助我们回到生活的中道。

这样说并不意味着，这种可能的逻辑矛盾就毫无意义。虽然奥古斯丁不会因此而赞成自杀，我们仍然要清楚，奥古斯丁式的生死辩证法绝不指向唯一一种生活，而是有着深刻的张力。这种张力，不仅可能让不同的人们有完全相反的神学理解，而且会使一套运思方式里蕴含无穷的可能。这不仅是基督教思想中的张力所在，而且是现代社会固有的思想张力，也尤其体现在关于自杀的一次次思想争辩之中。

---

① 这一点形象地体现在但丁笔下的死后世界中，参考《自杀与美好生活》第五章。

第四章　托马斯：完美但腐败的自然

奥古斯丁为基督教的自杀禁忌奠定了最初的理论根据。直到现在，西方思想中反对自杀的很多具体说法仍然来自奥古斯丁。不过，这些说法直到经过托马斯·阿奎那用亚里士多德哲学进一步系统化改造之后，才成为现代思想可以直接利用的思想资源。

表面看上去，托马斯很多时候似乎只是在重复奥古斯丁和别的神学家的说法，或者说，只不过从不同的哲学理据来论证完全相同的问题。毕竟同属于一个信仰体系，基督徒的一些基本理念是一致的。但是，这种基本信仰和理念的一致并不能取消思想中的巨大差异，正如托马斯与亚里士多德表面的相同不能掩盖他们实际的哲学差异一样。托马斯关心的问题，并不是奥古斯丁所理解的如何寻求真正的幸福生活，而是如何用理性来理解基督信仰，对抗犹太—阿拉伯思想家的冲击。他根据对亚里士多德哲学的重新解释，将上帝理解为纯粹本质，而不是人间幸福的无限延伸。从这种上帝观出发，托马斯也把人的灵魂理解为人的本质，而不像奥古斯丁那样，当真把灵魂与身体当成两个不同的存在物。不过，这并不意味着他重新回到了柏拉图和亚里士多德的希腊人性论。虽然面临着极大的困难，托马斯仍然要用他的哲学解释基督教关于灵魂独立存在的基本教义。他综合两大文明传统所形成的思想虽然并非无懈可击，却在人类文明史上形成了巨大的影响。

在这一章里，我们仍然先看托马斯对自杀的具体论述，然后再从他对上帝与人性的思想来理解他的三条基本理由：自杀是反自然、反社会、反上帝的。

一、自我谋杀

《神学大全》第二部分之第二小部分的第六十四个问题是关于谋杀的。在其中的第五条，托马斯把自杀当作一种特殊的谋杀来讨论。[①] 在论述自杀是非法的，以及对五条反对意见辩难的时候，托马斯大量借用了亚里士多德在《尼各马科伦理学》中的论述和奥古斯丁在《上帝之城》第一卷中的理由。比如，他讨论了亚里士多德关于人不能对自己行不义的说法，重申了奥古斯丁关于不可为避免犯罪而自杀、没有意志参与的不算犯罪、上帝不准人杀人，也包括不准杀自己、不可对告解绝望等等说法，还说出了类似柏拉图的讲法，即自杀就像侵害神的奴仆。但是，正如吉尔松所说的，虽然托马斯看上去几乎没有什么原创思想，但当古典思想家的众多学说折中于夫子的时候，却按照他的组合发生了奇妙的变化，成了托马斯自己

---

① 本章所引《神学大全》，拉丁文本均根据西班牙"基督教作者书库"的版本，*Summa Theologiae*，Madrid：Biblioteca de Autores Christianos，1978；并参考"基督教经典"版的英文本 *Summa Theologica*，Westminster，Maryland：Christian Classics，1981。

的思想体系。① 托马斯反对自杀的基本理由如下：

> 杀害自己是全然非法的，有三个原因。第一，因为万事万物自然地都是爱自己的，所以万事万物都自然地维护自己的存在，尽可能地拒绝腐败。但自杀的人是违反自然的倾向的，违反爱德，因为爱德要求人们爱自己。所以自杀永远是一个不赦之罪，因为它违反了自然法与对存在的爱。第二，因为每一部分都属于整体。而今每个人都是群体中的一部分，因此每个存在者都是群体的存在。因此他杀害自己就伤害了群体，就像哲学家在《伦理学》第五卷所说的那样。第三，因为生命是上帝赐给人的礼物，只有上帝对它有处置的权力，因为只有他可以使人死可以使人活。因此无论谁自绝性命，都是对上帝犯罪，就像一个杀了别人的奴隶的人，对奴隶的主人犯了罪，就像一个人对不属于自己的东西滥加审判，就是犯了罪。因为对死与生的审判只属于上帝，《申命记》32：39说："我使人死，我使人活。"

托马斯的理由概括起来就是，自杀是反自然、反社会、反上帝的；从法律角度看，自杀同时违反了自然法、人法和神法。这三点看上去简单，但可以说概括了托马斯思想的全部。因此，自杀作为罪，就是因为它违背了托马斯认可的一切法律和原则。而在这样一个托马斯式的基本框架里，柏拉图、亚里士多德、奥古斯丁的说法

---

① Etienne Gilson，*The Christian Philosophy of St. Thomas Aquinas*，New York：Random House，1956，7—8.

才占据了各自的位置。

比如，第一个对自杀禁忌的挑战，用的正是亚里士多德的理由："杀人之所以是有罪的，是因为它违背了正义。但是没有人能自己对自己行不义，就像《伦理学》第五卷所证明的。因此，杀死自己不是犯罪。"

本来，亚里士多德关于人不能对自己行不义的说法，是用自杀的例子来证明的。他认为，自杀看上去是对自己行不义，其实是对国家行的不义，不是对自己。因此，自杀是罪并不是因为自杀者对自己行了不义。在托马斯对《伦理学》这一点的注解中，我们也没有看出很明显的异议。① 但在此处，反对者却用亚里士多德的这个理由，推导出自杀不是罪。

托马斯当然同意亚里士多德的说法，即自杀是对国家行的不义，但是，托马斯在反驳这一条的时候，并没有只用亚里士多德本来的理由。他说："说杀人是罪，不只是因为它违背了正义，而且因为它违背了爱，每个人都有对自己的爱。在这一方面，自杀是针对自己所犯的罪，而针对共同体和上帝，他也因为违反了正义而有罪。"

这个简短的回答，是以另外一种方式复述了自杀的三大罪状（违背了自然法、人法、神法）。他用复述三大罪状的方式来反驳亚里士多德式的质疑，表明亚里士多德用来反自杀的政治理由，并不是他反自杀最核心的理由。只有综合看这三条理由，才能明白自杀为什么是罪。

在托马斯看来，在这三者之中，最核心的是第一条，即自杀违

---

① St. Thomas Aquinas，*Commentary on Aristotle's Nicomachean Ethics*，Notre Dame：Dumb Ox Books，1993，347—349.

背了自然法，而自然法的一个重要方面，就表现在万物都有对自己的爱。他认为自杀不仅违背了望德，而且也违背了爱德，因为，对自己的爱也是爱德的应有之义。

在这一条里，虽然托马斯好像只是在亚里士多德的理由之外加上了一条关于自我之爱的说法，但这样一加就给自杀禁忌赋予了相当不同的意义。杀人之所以是有罪的，首先是因为杀人者无故剥夺了被杀者的生命，即对被杀者施加了不义。在亚里士多德看来，虽然自杀是一种特殊的杀人，但它之所以不合法，并不是因为自杀对被杀者施加了不义，而是因为自杀者无故僭越了国家的权力，由于对国家法律施行的这种不义，自杀被当成了非法的。托马斯以类似的理由，认为自杀者冒犯了国家和社会。但是，自杀之所以是罪还不止于此，甚至主要不在于此。托马斯说，自杀者主要是因为违背了万物都自爱的自然而有罪的，即哪怕自杀是符合正义的，哪怕自杀者帮助上帝和国家惩罚了一个恶人，哪怕自杀者没有违背人法和神法，他仍然是有罪的。

比如，第二条就反驳说，一个有行政权力的人杀死作恶者是合法的；如果这个有行政权力的人自己就是作恶者，他杀死自己就应该是合法的。在这一条里，亚里士多德所说的那种冒犯国家的不义被绕了过去。虽然一般人没有杀人的权力，但是执法者是有的。执法者既然可以杀死罪人，当他自己是罪人时，他为什么不能杀死自己呢？托马斯说，即使在这样的情况下，自杀仍然是非法的。但是有了罪的官员可以把自己交给别的人来处罚，这样是合法的。自己执行死刑和把自己交给刽子手，这二者之间究竟有多大区别呢，这两者不都是把自己送上了死路吗？难道把自己交给刽子手，就保证了对自己的爱吗？可见，托马斯所谓的对自己的爱，并不是简单的贪生怕死的意思。他对第三条反驳的讨论，进一步阐释了这个看法。

第三个反驳的意见说：谁若为了避免更大的危险，临时忍受较小的危险，就是合法的。比如，谁若为了解救整个身体而截断损坏的肢体，那是合法的。所以，人可以靠自杀来避免更大的恶、悲惨或下流的生活，或某种罪。因此某些自杀是合法的。

托马斯花了很多笔墨来反驳这一条。他首先说："第三条说，人通过自由意志而成为自己的主人。这样，人就可以合法地处置自己，以至于属于自己的生命的一切。因为这都是靠自由意志管束的。但是，从此生过渡到更幸福的来生，并不取决于人的自由意志，而是取决于神的力量。因此，人通过杀死自己走向更幸福的生命，是不合法的。"

他并没有否认，人可以靠自由意志处置自己的一切。但是，这里最重要的并不是人是否有处置自己的生命的自由，而是人是否可以通过自杀获得幸福。奥古斯丁已经说过，自杀者并不是意在追求虚无，而是错把虚无当成了更好的存在状态。托马斯同样对自杀者给予了深切的同情和理解。他知道，自杀者并不是疯子，也不是坏蛋，而是一些一心一意朝向更幸福的生活的人。一个犯了罪的官员（比如沙威），当他想要自杀的时候，人们是不能轻易就把他扔到地狱里去的；他良知的发现所带来的煎熬，首先已使他的意志朝向了更好的生活。托马斯并不认为罪人的悔恨和自责违背了爱自己的自然法，也不认为把自己投入牢狱有什么不对的。这些人都没有爱惜自己的生命，反而有意与自己的生命为难。为什么他们就没有罪呢？或许托马斯会回答，他们还是爱自己的，因为他们为自己的德性和真正的幸福负责。虽然他们让自己倒在了刑场上，但他们还有可能获得上帝的宽恕，进入更幸福的来生。但这一点不是同样可以用来理解自杀者吗？他们同样也是为自己的良知负责，才捐弃了这充满罪恶的臭皮囊。按照基督教的生死观，在灵性的意义上，他们仍然是爱自己的。恰恰是因为爱自己，他们才希望能靠自杀来洗涤自己的罪过，从而进入美好的天国。

托马斯并没有否认这些人也是在追求幸福。人们之所以不能靠自杀来获得更大的幸福，是因为，严格说来，人并不能靠自己追求幸福。人固然有自由意志，但来生是否幸福，并不取决于人的自由意志，而取决于上帝是否垂恩。这样说来，不仅自杀者不能通过自杀获得幸福，而且那些把自己交给刽子手的人也未必能获得幸福，虽然他们的做法是合法的。自杀者与自首者的区别，并不在于后者获得了幸福而前者没有，而只在于后者没有违法而前者违法了，但没有违法并不必然会给人带来最终的幸福。幸福与否，完全是上帝的事，人无力要求，只能不断祈求。人能做到的，只是尽量不违法，包括神法、人法和自然法。不违法，只是给了人得救的可能，但并不必然导致真正的得救。①

他继续说："人不能这样躲避此生的悲惨。因为，在此生，各种罪恶中最大的和最可怕的就是死，就像哲学家在《伦理学》第三卷揭示的。因此，通过给自己带来死亡逃脱此生其他的悲惨，是通过犯更大的罪来避免更小的罪。"

托马斯似乎回到了格贝和辛弥亚的恐惧当中。他在此承认了，死亡就是人生最大的坏事，任何罪过都比死要好一些，因此，自杀者是用人生中最大的恶来避免小一点的恶。无论他们所追求的目的，

---

① 关于托马斯对恩典的讨论，可参见 Henri Bouilard, *Conversion et grâce chez s. Thomas d'Aquin*, *étude historique*, Paris, Aubier, Éditions Montaigne, 1944。

还是他们获得这目的的途径，都不符合他们的初衷。

他在稍后的地方继续阐述这个说法："人们一致同意，奸淫或通奸是比杀人轻的罪。而杀死自己是尤其大的，甚至是最重的罪，因为这是伤害自己，而自己本来该是最亲爱的。这是最危险的，因为自杀的人没有时间来行忏悔了。"

为什么自杀是最大的罪？因为自杀就是杀死自己最爱的人。人们都最爱自己，所以谁也不希望自己不存在，因而死亡就是人生诸恶之中最大的恶。这样看来，好像贞节和美德都没有生命更重要，因为一个女人宁可被强奸或与人通奸，都不应该自杀。

但托马斯并不满足于这种贪生怕死的想法，所以又进一步阐释，自己并不真的认为，尘世生命比一切美德都更重要："人要害怕自己将来犯罪而自杀，也是不合法的。因为没有人能'作恶以成善'，谁也不能避免罪恶，特别是小的和不怎么确定的恶。谁也不能确定，他未来就不会同意作恶，但上帝有力量把人从恶中解救出来，无论他处在怎样的诱惑之下。"托马斯让人们宁可奸淫也不能自杀，并不是因为奸淫不是罪，而是因为人只要不死，上帝就可以把他从罪恶中解救出来，无论他犯了怎样的罪，也无论他屈服于什么样的诱惑。在此，他仍然像奥古斯丁一样，强调望德的作用。

托马斯并没有简单否定自杀，而是深切理解自杀者的理由，也知道自杀者对美好生活的向往。看上去，他对自杀者的态度比奥古斯丁还要冷酷。但是，这些讨论却同样暴露了他的理论中的吊诡之处。他反对自杀的最核心理由是自然法：人要爱自己，爱护自己的生命。违背了这些自然本能，是自杀的主要罪状。但是，这种对自己的爱如何与对上帝的寻求相呼应呢？既然人们应该保存生命，应该满足身体的各种需求，甚至可以为了维护生命而丧志辱身，那么，为什么又要人们追求美德呢？人们怎样才能获得真正的幸福呢？在这个时候，托马斯又用人法和神法来补充他的自然法。没有恩典，自然法根本不会带给人们真正的幸福。但是，人的幸福，又是自然的完满。要真正理解自杀问题在托马斯这里的意义，我们必须理解他对自然的讨论，而要理解他关于自然的理论，首先要理解他的上帝观。因此，我们首先需要理解，托马斯为什么认为，自杀是违背神法的。

二、"我使人死，我使人活"

托马斯说自杀者是违背神法的，一个直观的理由和奥古斯丁一样，即《圣经》里禁止任何形式的杀人。奥古斯丁的主要根据是十诫中的第六诫："不可杀人。"[1] 但托马斯的根据却是《申命记》里的"我使人死，我使人活"。[2] 非常熟悉奥古斯丁著作的托马斯，为什么不直接引用十诫中这句简单明了的话呢？这句话不是更像一条法律吗？

两句话都是上帝通过摩西传达的，都告诫人们不得杀人，但是说的方式却不一样。在十诫中，上帝没有告诉人们为什么不得杀人，而只是传达了这条诫命。作为诫命，似乎这一句话也就足够了；并且，在任何一个稍微有点道德感的人那里，"不可杀人"是不需要过多解释的。虽然奥古斯丁费尽心思证明为什么不可自杀，但他并没

---

① 《出埃及记》，20：13。
② 《申命记》，32：29。

有讲很多为什么不可杀人的道理。杀人是一种恶，这是不证自明的；而自杀是否为恶，却不是那么不证自明的。

《申命记》中的那句话，则是在摩西临死时所作的长歌中的一句。当时，上帝命令摩西为以色列人作一篇歌，教导以色列人，让他们知道，背弃上帝的约、偏向别的神是不对的。托马斯所引的那句话所在的段落是这样的："你们如今要知道：我，唯有我是神，在我以外并无别神。我使人死，我使人活；我损伤，我也医治，并无人能从我手中救过来。"这段话的直接用意，并不是禁止杀人，甚至也不是直接告诉人们不可杀人的理由。上帝在此的目的，是告诉人们，他是一切生死祸福的原因，从这句话里推论出来人不准杀人，好像并不是非常恰当的。如果因为上帝说他掌管人的生死就不准杀人，那么，是否因为上帝掌管人的损伤和医治，人间就不该有医生了呢？或者，既然生死在神，人间的生育又如何解释呢？当然，上帝给人的生死伤愈，都会通过世间万物表现出来。比如，任何人的生死，虽然我们看不到上帝亲自动手，却必然是上帝所允准的；伤残或由敌人所致，痊愈或为医者之作，但这些都是上帝假手于人实现的。既然如此，上帝为什么不能假手人们自己，来取走他们的性命呢？这一点，正是后来休谟反对自杀禁忌的一个重要理由。①

托马斯并没有意识到，他提出的这个反对自杀的理由会被休谟所利用。且不讲这个说法里蕴含着多少潜在的吊诡之处，我们于此看到了，托马斯理解不准杀人的方式，与奥古斯丁相当不同。托马斯并不简单地认为，上帝说了不准杀人，所以人们就要接受他的命

---

① David Hume，"Of Suicide," in *Essays Moral*，*Political*，*and Literary*，Indianapolis：Liberty Fund，1985。参考本书第六章。

令，不得擅自杀人，包括不能杀害自己。在他那里，上帝人格化的形象更加模糊。他更像一条绝对原则，而不是一个严厉的君王。所以，托马斯的上帝不是通过发号施令来统治万物的，而是通过使人活、使人死来约束世界的。要理解为什么不准杀人和不准自杀，不能仅仅因为十诫里这么说了，而且还要诉诸上帝那不可见、不得闻，隐藏在自然万物中的神法。而究竟什么是最值得追求的善好，上帝为什么是最高的善好，也要诉诸同样的理由。

吉尔松在《圣托马斯·阿奎那的基督教哲学》[①] 中指出，托马斯的上帝观的关键，是他早期的文章"论存在者与本质（*De Enteet Essentia*）"。[②] 这篇文章虽然好像在解释亚里士多德的概念，但他对存在与本质的理解和亚里士多德根本不同了。存在者（*ens*）指的是一个个具体的存在物，本质（*esse*）并不是某种特殊的存在物，而是使存在者存在的原因。把这种本质理解为某种"东西"本身就是不恰当的表达方式。除了上帝之外的每个事物，都是一种存在者，而每种存在者都有其存在的原因，也就是本质。为了区分这二者，托马斯说，"只要是能形成肯定语句的，都可以说是存在者，哪怕这事在现实中根本没有。因此，我们可以说，消减和否定都是存在，比如我们说，肯定和否定相对，或者眼睛里是瞎的"。但是，只有现实中存在的事物，才能说有"本质"。按照这种说法，瞎之类的都不是本质。万物都从上帝那里获得本质。存在者与本质共有三种关系。第一种，是上帝，他的存在就是他的本质；第二种，是理性的被造

---

① Etienne Gilson，*The Christian Philosophy of St. Thomas Aquinas*，New York：Random House，1956，29.

② Thomas Aquinas，*Opusculum*：*De ente et essentia*，*diligentissime recognitum*，Casali：Marietti，1957.

物，他们从上帝获得的本质和存在是不同的，而其本质是非物质的；第三种，是物质事物，它们有形式，有质料，而其所获得的本质是有限的。

这样，上帝就是绝对的本质，[①] 是万物得以存在的第一原因。这种关于在的哲学，是把亚里士多德的"物理学之后"转化为现代意义上的"形而上学"的关键。上帝作为绝对存在者，并不是比一般存在者程度都高的最大的存在者，而是作为第一因和第一推动者的、最纯粹的本质。我们不仅不能以绝对君王的形象来想象他，甚至不能把他当作和人们一样但比人们高的完美存在者。因此，托马斯根本反对奥古斯丁和安瑟尔谟关于上帝的本体论证明，认为那种说"上帝不可能不存在，所以上帝存在"的证明方法完全是循环论证，毫无意义。[②] 正如吉尔松精辟指出的，关于上帝对摩西所说的"我是我所是"，[③] 奥古斯丁理解为，"我是永恒不变的"，而托马斯则理解为，"我是纯粹的本质"。[④]

我们在上一章已经看到，奥古斯丁那里的上帝，就是人间的一切美好的绝对化和无限延伸。人间的美好生活是短暂的、不稳定的，可能是低贱的，还常常是虚假的。人们希望有一个永恒、不变、最高、至善、至真的幸福生活，而这就是上帝之城里的生活，因为上帝就是永恒、不变、最高、至善、至真的绝对存在者。因此，这个上帝并没有完全摆脱至上君王的人格神形象。所以，他所立的法，他所发出的命令，不需要什么理由来证明，人们就必须去遵守。人

---

① 亦见《神学大全》，PIQ3.4，"上帝是否既是存在又是本质"。
② Gilson，*The Christian Philosophy of St. Thomas Aquinas*，46—83.
③《出埃及记》，3：14，和合本作"我是自有永有的"。
④ Gilson，*The Christian Philosophy of St. Thomas Aquinas*，93.

们不必问为什么，就是因为上帝不让人吃禁果，人就不能吃；同样，上帝不让人杀人，人当然要听从他的命令，不能去杀人。只有遵从这样一个绝对的君王，才能达到绝对的王道，过上完美的生活。

但是，托马斯的上帝，已经和奥古斯丁那里的上帝有了不小的区别。在他这里，上帝并不是把人间一切的美好发展到了最高和绝对，而是万物存在的缘由，是绝对的本质，是一切具体的本质的给予者。上帝使人死，使人活，是因为万物生死的规律都是从他这里来的。那些擅自杀人和自杀的人之所以有罪，并不仅仅是因为他们没有按照上帝说过的某一句话去做，而主要是因为，他们违反了上帝赋予他们的本质。如果我们沿着这个线索继续追问，托马斯那里好的生活究竟是什么，以及这种生活究竟和上帝有什么关系，我们就会发现，托马斯反对自杀的理由，并不是那么脆弱，不会在休谟式的攻击下轻易认输的。

既然托马斯的上帝不是人间各种美好事物的绝对化，那么，上帝还是至善的吗？他还是一切美好生活的最终来源和目的吗？在《神学大全》I.6.1中辩难上帝是否是"好"的时候，托马斯提出了这样的两个诘难。第一，凡是好的，都要有方式、种类、秩序，而无限的上帝没有这些，因此，上帝无所谓好；第二，善好是万物都追求的，但是很多事物不认识上帝，而不认识就不能追求，因此上帝也是谈不上好的。这是托马斯在抛弃了奥古斯丁式的上帝观后所必然面临的问题。上帝既然不能完美地实现人间的各种方式、种类、秩序，那怎么能说上帝是好的呢？如果上帝不是人间一切追求的绝对延伸，那又怎么是最好的呢？

托马斯从他的本质理论出发，反驳了这些说法。他说，所谓方式、种类、秩序，都是存在者的好，而好的原因是上帝，是上帝给予了别的事物方式、种类、秩序。这三者的原因都来自上帝。同样，当万物追求自身的完美时，他们就是追求上帝了，因为万物的完美就是与神相似。

这两个回答之中已经揭示了上帝之为善好的两个方面。第一，上帝是好的，不在于他和别的好的事物一样，自身成为被追求的目的，并且有着和人间之好相同的特点，而在于他是一切的原因，同时也是万物之为好的原因。因此，说上帝是善好，和说世间某个事物是好是在不同的意义上说的。第二，万物只要追求自身的完美，就是在追求上帝，而不一定要认识到有一个上帝存在在那里，因为上帝把本质给予了万物，而万物只要按照自己的本质去存在，那就是按照第一本质的意志存在着，就是在追求上帝这个绝对的好了。由于这两个特点，托马斯引用伪狄奥尼索斯的话说，说上帝是好的，是因为，万物都以他为原因。

托马斯完全颠倒了奥古斯丁对善好的理解。奥古斯丁虽然在理论上也认为，一切好的事物都是因上帝而好的，但在他的理解中，人间的美好首先是好的，而上帝的美好是人间各种美好的无限扩大和绝对延伸。上帝之所以好，是因为他比世间的一切善好都更完美。而在托马斯这里，上帝是好的不是因为人间的美好，而是，人间的一切美好都是因为上帝而美好的。上帝是一切的原因，凡是来自上帝、被赋予了一个本质的，都有自己的美好。上帝的在是第一的，这个"在"就是善好本身。其他万物是因为得到了上帝赋予的本质，所以才好。

托马斯进一步辨析了上帝为什么是至善的。所谓至善，如果就是比非至善的程度更高，那么，就应该是一般的善上面再加一些程度，从而成为世间所有美好的集大成者，这正是奥古斯丁对至善的理解。但是，这样一来，上帝就成了一个复合的存在，而托马斯认为，上帝是最简单的存在。如果从这个意义上理解，上帝就不可能是至善的。托马斯指出，这样理解至善是根本不对的。至善并没有给任何一种好加上什么，而只是和各种善好存在一种关系。上帝与被造物的这种关系，不是相对于上帝的，而是相对于被造物的。正如对知识而言，可知之物与知识有一种关系，但这种事物并不依赖知识，而是知识依赖于它。因此，上帝不是因为在人间的美好之上加了什么，而成为最好的，而是万物是否是好的，都取决于上帝。

　　既然如此，那么该如何理解被造物的"善好"呢？在讨论上帝之好的最后一条，托马斯提出的问题是："万物是不是都因上帝之好而好？"粗看起来，大多数神学家一定会认为，万物的善好当然是来自上帝的。正如奥古斯丁在《论三位一体》中所说的："因为这个善好，那个也好。请去掉这个那个，若你能的话，而去看善本身。借此方法你将得见上帝，他不因别的善而善，而是一切善的善。"[①] 而从托马斯关于存在和善好的学说看，似乎世间的各种善好也要来自上帝这个绝对的本质。但是，托马斯却反对这种说法："万物之所以为好，是因为它们存在。而我们不说万物的存在是因为上帝的本质，而是因为其各自的本质。因此，万物不是因上帝之善好而好，而是各有各的好。"托马斯的学说的关键，在于强调，说万物的存在来自上帝，并不等于说，万物的存在就是上帝的存在。"第一存在和第一的好，因为其本质而好。万物因为分有他和与他相似而存在和好，但这种分有和存在，是在远处、带有很多缺陷的。"说万物之善好来自上帝之善好，是因为上帝是万物之善好的范例、原因和最终原则。

----

① 奥古斯丁：《论三位一体》，8：2。

他说，虽然每种事物都是因为与上帝之善好相似而成为善好，但是这善好毕竟属于自己，是因自身的善好而好的。所以，虽然万物之善好都有一个共同的至善为其原因，但各有各的好。[①]

托马斯这样的区分并不是吹毛求疵的文字游戏，对于理解人的美好生活关系重大。托马斯认为的善好，就是万物的是其所是，即充分证成各自的自然。尽管万物的自然都来自上帝，但托马斯坚持认为，不能说万物因上帝之善好而好，而是各有各的好。好人不是因为心向上帝而成为好人，而是因为完美地做人而成为好人。如果谁不能实现人本性规定的好，哪怕他再信仰上帝，再向上帝祈祷，也不能说做到了"好"。因此，天性喜生恶死的人，只有认真过日子，证成自己的人生才是好的，而以德性或信仰为借口，虚掷光阴、浪费生命的人，不但自己没有成为一个完美的人，也没有做到真正的虔诚。自杀的人，无论有多么虔诚，无论心中有多少善念和美德，由于他没有完成人应该完成的善好，而违背人的天性，戕害了自己的生命，他就违背了上帝给他规定的存在和善好。正是在这个意义上，自杀者违背了"我使人死，我使人活"的诫命，从而是反神法的。

这样，托马斯似乎认为，人的自我保存既然出自天性，那么就该是完全正当的；并且，如果上帝的力量完全体现在万物自身的本质上，那么，认识自己似乎就够了，人们还有必要再去认识上帝吗？换言之，托马斯既然认为世间的一切存在都是正当的，万物的自我完成就是最好的，那么，怎么来理解恶的存在，特别是自杀这种特殊的恶呢？是不是每一个趋生避死的行为都是好的，每一个自愿死

---

① 《神学大全》，PI Q6.4。

亡的行为就一定是恶的呢？为此，我们需要进一步理解他的自杀禁忌的核心：自然法。

三、自然与自然法

"自然"是托马斯那里最根本的概念之一。而在自杀的三大罪状之中，反自然法乃是最核心的一条。

上帝对人的统治，不是通过颁布具体的条文，而是通过赋予万物以各自的本质。在《论存在者与本质》中，托马斯说，他所谓的本质的另外一个名字，就是自然，"自然就是我们对一切能用理智把握的事物的称呼"。吉尔松为了进一步澄清这个意思，说："一个自然并不是事物的本质；本质乃是自然的运动。自然与本质的关系，正如潜质与行动的关系。"[①] 这句话的意思和托马斯的原意并不矛盾。当托马斯说本质就是自然的时候，他所谓的自然，并不是一个物质或作为名词的存在者，而是使一个存在成为存在的那个特定的运动，也就是吉尔松所说的"自然的运动"。同样，托马斯在这篇文章里也说过，"本质"还可以称为"形式"，但是吉尔松又认为，"本质"并不等同于形式。在此，吉尔松是为了人们不要把本质简单地理解为一种存在，因为在他看来，哪怕是形式，也常常被理解为一种形式的存在，而本质所指的，乃是让存在者存在的那个运动。比如，天使的存在和本质也是分开的，但他们并没有物质的形体。他们的形式也可以成为形式的存在，而不一定是形式的本质。但对于人而言，

[①] Etienne Gilson，*The Christian Philosophy of St. Thomas Aquinas*，168.

我们大体可以追随托马斯的用语，把自然和形式等同于本质。

万物的本质，即自然或形式，都来自于上帝这个绝对的本质。但是，万物的本质并不等同于这个绝对本质，因此万物就各有各的自然。而这些事物的一个自然特点，就是维持各自的存在。如果这些被造物完美地保持了其自然所要求的存在，那么，它们就达到了它们所能达到的最大的完美。上帝让每个事物按照自己的自然运动，比如光向上运动，重物向下运动，也让人的意志根据自己的自然运动。如果哪个被造物不按照自己的自然运动，那就是一种恶。

除了上帝之外的万物，都不仅有本质，而且各有各的存在。有些被造物，虽然本质与存在分离，但是其存在是不可能失去的，这些被造物是没有形体的、不朽的，并且每个种类只有一个，就是天使。而有些被造物的存在是可以有欠缺的，其发生欠缺的程度又不同，于是形成了被造物中的等级秩序。

在托马斯看来，不仅每种造物都可能出现欠缺，而且除了天使之外，所有的形式都要有有形体的质料。万物的质料和形式并不是相互分离的两个东西加在了一起，因为，并不存在一个东西叫做本质、自然，或形式（正如吉尔松所强调的，本质是一种运动或原则，而不是一个东西，不是一种存在）。不仅质料必须依赖形式，而且，这些被造物的形式，只有通过质料才能实现自己。如果一种形式可以脱离质料而存在，这种形式就是理智，因而不会进入质料，而凡是能进入质料的形式，都不可能脱离质料而存在。反过来，根本就不存在没有形式的质料。因此，形式与质料一开始就是在一起的，而不是两个独立的东西放在了一起。

人的自然，正是要放在这一般性的自然之下才能理解。虽然吕巴克认为，托马斯仍然继承了奥古斯丁的三元人类学，[①] 但是，托马斯毕竟没有这样明确说过。在他那里，人基本上是由身体和灵魂两元组成的，而在他说到人的"精神的"（*spirituali*）部分的时候，往往就是在指灵魂的部分。

灵魂，就是人的本质、形式、自然。所以，托马斯首先要强调，灵魂不是一种身体（或物体，*corpus*）。灵魂不是身体，似乎是废话。但是，正如我们在《斐多》中看到的，很多口头承认灵魂不是身体的人，其实还是从身体的角度理解它，以为灵魂的生命就是身体生命的一种延续。奥古斯丁皈依前的最大障碍，就是无法理解没有身体的存在。但是，托马斯这里也并不是在简单重复奥古斯丁的说法。他的含义是，灵魂不仅不是身体，并且也不是像身体那样的一种存在，而是一种本质。在哲学上，这恰恰否定了奥古斯丁所谓"精神性存在"的说法。托马斯强调，灵魂并不是生命的一般原则，不是像说眼睛是视觉的原则那样说的。如果说眼睛是视觉的原则，身体也可以说是生命的原则。而"要成为一个真正的身体，必须有某个原则，这个原则被称为身体的运动。于是，灵魂作为生命的第一原则，并不是一个身体，而是身体的运动。正如热，作为加温的原则，不是一种物体，而是物体的运动"[②]。

正是因为灵魂本身不是一种存在者，所以，仅仅灵魂自身也不能构成人。作为生命的原则，灵魂如果没有了身体，就根本无法实现这条原则。正如前面所说的，天使以下的被造物的质料和形式不是单独的存在者。人也是一样。没有身体这种质料，灵魂根本就无

---

① Henry de Lubac，"Tripartite Anthropology," in *Theology in History*，San Francisco：Ignatius Press，1996.

② 《神学大全》，PI Q75.1.

法存在（因为它本身就不是一种存在）。在托马斯看来，《哥林多后书》里面（4：16）把灵魂说成内在的人，只是一种比喻或借代的说法，因为"某物好像就是其原则主要所是的，比如，一个城邦的统帅所做的，我们说是一个国家所做的。正是在这个意义上，我们说一个人的灵魂，就是这个人"①。由此可见，亚里士多德主义的托马斯神学与奥古斯丁的神学，已经有了相当大的差别。

只有在灵魂与身体结合之后，才能形成一个人。基于此，托马斯把"神圣身体"更推进了一步。奥古斯丁之所以说身体是神圣的，是因为身体也是上帝的造物，虽然处在比较低的等级上。但是在托马斯看来，身体本来就是和灵魂分不开的。身体并不是和灵魂相区别的存在，而是灵魂用来完成自己的工具和场所。对于一个人而言，灵魂与身体之间根本就不存在等级的差别，因为一个是本质，一个是存在，或者说，一个是形式，一个是质料，本来就不存在可比性。除了灵魂，身体不再有别的自然，那又怎么说身体的自然比灵魂的自然低呢？既然身体的形式是好的，身体当然也是好的。②

因为灵魂和身体的这种关系，托马斯反对奥利金和奥古斯丁的"灵魂是先于身体创造"的说法。他说，奥利金和奥古斯丁之所以这样认为，是因为他们误把灵魂当成了一种自足的种类和自然，不是作为身体的形式与身体结合，而是作为身体的长官与之结合：

---

① 《神学大全》，P1 Q75.4。

② 参见 Etienne Gilson，*The Christian Philosophy of St. Thomas Aquinas*，New York：Random House，1956，189—190；Anton Charles Pegis，*St. Thomas and the Problem of the Soul in the Thirteenth Century*，Toronto：Pontifical Institute of Mediaeval Studies，1976；Anton Charles Pegis，*At the Origins of the Thomistic Notion of Man*，New York：Mc Milan，1963。

而如果灵魂是作为身体的形式与身体结合的，自然地就是人的自然的一部分，那么上面的这种假定就是不可能了。因为很明显，上帝在创造最开始的事物时，万物都处在完美的自然状态里，这是其种属所要求的。而灵魂，作为人的自然的一部分，只有在和身体结合在一起的时候，才有了自己的自然完美。因此，说灵魂在身体之前被创造，是不恰当的。①

既然万物被创造的时候都处在最完美的自然状态，那么，人的最符合自然的状态，就是初人在伊甸园里的状态。托马斯用十几个问题来描述这个状态中的人，认为这就是人真正的自然状态。在这个状态里，人的身体和灵魂都是完美的。那个时候的人知道一切，不会被欺骗，没有罪，绝对正直，拥有所有的美德，并且也因为上帝的恩典，可以管辖所有别的被造物，身体是不死的。②

在初人的完美状态中，最关键的一条是，初人有完美的理智，知道所有事情。托马斯说：

在自然秩序中，完美先于不完美，现实先于潜质，因为潜在的事物只有通过现实的事物才能变成现实的。上帝造物不仅是为了万物自己的存在，而且，这些事物要成为别的事物的产生者。因此，被造物被造时处在完美状态，是别的个体的产生者。人要成为另外一个人的产生者，不仅是靠身体的繁衍，而且要靠教育与治理。因此，既然初人被造时处在完美的状态，

①《神学大全》，P1 Q90.4。
②《神学大全》，P1 Q90—102。

不仅身体完美，不仅可以完美地繁衍，而且灵魂也处在完美状态，可以教育和治理别的人。而除非有知识，没有人能教育他人，所以，上帝制造初人时，让他们知道人的自然所喜欢的所有事情。①

因为灵魂中最重要的是理智，而初人又拥有完美的灵魂，所以，初人拥有所有的知识。因为初人知晓万物，所以他也不会受骗。在托马斯看来，初人之所以被魔鬼诱惑，并不是因为他的自然里有什么弱点，从而必然会受骗，而是因为，初人在受骗之前，已经开始骄傲了，因此已经自己偏离了自然状态，开始犯罪了，所以才背离了完美的状态，也失去了完美的理智。②

初人的自然是完美的、无罪的，这不仅是初人的特定状态，而且是人的基本自然。人们是不能随便杀害自己这样一个完美而无罪的存在的，因为这就违背了人的自然原则。托马斯的自然法所针对的，正是人的这样的自然。

托马斯的自然法，包括这样几条规定：首先，

任何存在物就其自然而言，都追求其存在的保存，因为这种趋向，任何保存人的生命、去除妨害生命的障碍的方式，都是自然法所规定的。第二，在人当中，根据人与动物共有的自然，有一种对事物的倾向特别和人有关。由于这种倾向，自然交给所有动物的，都属于自然法，比如性交、教育后代，等等。

---

① 《神学大全》，P1 Q94.3。
② 同上，P1 Q94.4。

第三，理性的自然是人所特有的，根据这自然，人都有对好的倾向。因此，人会自然倾向于认识上帝的真理、在社会中居住。在这方面，凡是与此倾向相关的，都属于自然法。①

在这三条自然法（即自我保存、自然本能、对好的倾向）中，最重要的是第一条，即自我保存。托马斯认为，所有别的规定，都来自于这第一条。任何德性生活，都是自然法所规定的；自然法是所有人都要遵守的；自然法也是永不改变的；自然法写在人心上，永远不可磨灭。

因为自然法规定人要追求自我保存，所以，人也要爱自己。在托马斯看来，正确的自我之爱，也是爱德的重要内容。在他看来，爱德的首要内涵，乃是人对上帝的爱；同时，人也必须爱与上帝有关的一切。这两条翻译成哲学语言就是，人首先要爱绝对的本质，同时也要爱绝对本质所产生的各种具体的本质，尤其是自己的本质。②

而人对自己的爱，不能只限于灵魂之爱。身体的自然也是上帝创造的，所以人也要爱自己的身体。当然，对于身体因犯罪而有的罪恶，人是不能爱的。③ 但什么是身体的自然呢？前面的讨论给出了两种理解角度。第一，身体的自然就是灵魂，因为托马斯说自然就是本质，而身体的本质就是灵魂，除了灵魂之外，并不存在一个独立的身体的自然；第二，我们可以从伊甸园中看到自然状态的身体。那个时候的身体，是最完美的，没有任何罪恶和缺陷。那是当人在

---

① 《神学大全》，PI-II Q94.2。
② 同上，PII-II Q25.4。
③ 同上，PII-II Q25.5。

自然状态时的身体状态。

人在自然状态中，身体与灵魂完美结合。说到底，托马斯是因为上帝创造了自然状态下、身体与灵魂完美结合的人，而让人们爱自己的身体。这种爱，不是爱没有灵魂的身体，也不是爱没有身体的灵魂，而是同时爱自己的本质和存在；或者说，就是爱伊甸园中的身体，并且让自己的身体和灵魂都逐渐回到伊甸园的状态。托马斯的一切自然法，都是针对这自然状态中完美的人说的。同时，人们却不能爱这个身体的罪恶。而严格说来，除去身体的存在之外，它的任何性情，几乎都是罪恶的。我们可以换一种说法复述托马斯这句话：爱身体的存在，但是不能爱身体的任何性情。

四、腐败的自然

托马斯关于自然的讲法，始终贯穿于他对每个具体问题的讨论中。从他对上帝、世界、人的说法中，我们已经看到，托马斯所谓的自然，应该就是每种事物被创造时最完美的那种状态，或者说，是每种事物之所以成为自己的原因，也就是它的本质和形式。对于人来说，自然就是他的灵魂，伊甸园中的生活是最符合人的自然的。自然法主要是针对这个状态而言的。

但是，如果这样理解自然，托马斯就必须对两个问题作出解释：人人生而具有的欠缺和罪性是不是自然的？另外，如果人实现自己的自然就能完美，那么，为什么还需要上帝的恩典呢？

在回答很多问题时，托马斯似乎难以解释，人为什么天生就总是有很多缺陷，从而必须要依靠恩典。于是，他区分了"纯粹自然状态"和"腐败的自然状态"。比如，在谈到人能否依靠自己的自然力量，而不必依靠恩典，就能实现律法的命令时，他说，要实现律法的命令，可以从两个层面上说。第一个，就是人要完成律法所命令的具体的行为，比如，要公正、要勇敢，以及别的德性。"当人处在纯粹自然的状态里时，他可以以这种方式完成律法所命令的；否则，他在那个状态里就不会犯罪，因为犯罪就是僭越神的命令。而在腐败的自然的状态里，人如果不依靠治疗他的恩典，就不能完成神的命令"（第二个，是完成命令的形式，见下文）。① 在谈到人不靠恩典能否避免犯罪时，他又说："我们可以用两种方式来谈论人，要么在纯粹自然的状态里，要么在腐败的自然的状态里。在纯粹自然的状态里，人不需要恩典，就能避免死罪、大罪。""而在腐败的自然里，人需要恩典来不断地治疗他的自然，才能完全避免罪。"②

两种自然的区分，是托马斯为了理解人的完美自然与人的天生缺陷之间的距离，而不得不做出的。他并没有说，现实中的人的天性不再是自然，只有回到伊甸园中的状态，人才会重新拥有自然，而是认为，两种状态都是自然状态，只是一种是纯粹的，另外一种是腐败的。人的自然，是人之为人的形式和本质，也就是灵魂。因此，只要人活着，他就有自然，就不会失去自然。如果人的自然就是伊甸园中的那种完美状态，那么，人的灵魂就应该永远是完美的，人的罪恶不应该是灵魂造成的———正如苏格拉底说的那样，灵魂本身就是生命，本身就是永恒的好，不好都是肉体造成的。但是，托马斯认为，肉体自身是不可能造成罪恶的，并且，因为灵魂是肉

① 《神学大全》，P I-II 109. 4。
② 同上，PI-II 109. 8。

体的形式，肉体是灵魂的质料，根本就不可能存在灵魂完美而肉体罪恶这样的情况。为了解决这样的矛盾，他必须承认，已经犯了罪的灵魂仍然是人的自然，仍然是使人成为人的形式和本质。因此，他只能说，我们的自然是已经腐败了的自然。托马斯甚至把这种自然称为"第二自然"。①

腐败了的自然，就是已经有了原罪的自然。而对于初人之后的所有人来说，原罪就是一种习惯。说原罪是一种习惯，正如说疾病给人带来的某些习惯一样。"原罪是这样一种习惯。它是一种混乱的倾向，是和谐丧失之后形成的，而这和谐，是原初的正义的本质。这就如同身体的疾病，是身体的一种混乱的倾向，身体丧失了平衡形成这种倾向，而这平衡是健康的本质。因此，原罪被称为自然的疲敝。"② 托马斯认为，原罪就是原初正义和完美自然的腐败和损坏，是一种不那么完美的自然。这样一种自然是没有多大力量的，人们没有办法凭着自然的力量去爱上帝，去遵从上帝的法令，去避免罪恶，去追求永恒而完美的幸福。要想获得这些，必须依靠恩典。正是在这个自然状态里，人们才有那么多的欲望和征战，才有那么多的罪恶和缺陷。

但是，这样理解又很容易让我们以为，在托马斯这里，从纯粹自然的状态蜕变到腐败的自然的状态，仅仅是因为一个不幸而偶然的错误。即使是在奥古斯丁那里，原罪都不是那么简单的一个偶然遭遇。对于托马斯这样的经院哲学家，更不可能靠一个偶然事件来理解如此重大的问题。在纯粹自然和腐败的自然之间，到底存在什

---

① 《神学大全》，P I-II 82.1。
② 同上。

么样的关系，我们必须找到一种更哲学的解释。

　　吉尔松指出，在托马斯那里，"一个人的灵魂，或者任何物体的形式，都是一种不完全的完美。但是，它都可以变得完全，感到有必要，并且渴望完全。正是因此，形式虽然总是被损坏折磨着，但还是自然事物运行的原则"。[①] 这段话把我们对自然的理解提升到了另外一个层次上。说自然都是完美的，并不意味着自然就不再需要提升了。相对于上帝这个绝对的本质，任何自然都不是完全的，而一种自然若是完美的，那它必然会渴望更加完美的上帝。因此，认识到自己的不完全和渴望绝对的完全，也是"完美自然"的应有之义。

　　托马斯虽然认为，伊甸园中的初人没有任何罪恶，可以不朽，并且非常幸福，但是，他并没有简单地认为，回到伊甸园中，就是人最完美的幸福了。虽然在伊甸园中的初人处在最完美的自然状态，但是，他仍然有所欠缺和追求，因为，他并不能看到上帝的本质，而只有看到上帝的本质，才是人的真正幸福。[②] 他正是在这个意义上来理解《哥林多前书》中的这段话的："'首先的人亚当，成了有灵魂的活人。'末后的亚当成了叫人活的灵。但属灵的不在先，灵魂性的在先，以后才有属灵的。"[③] 这段话是奥古斯丁的三元人性观的重要佐证。托马斯本来没有像奥古斯丁那样严格区分灵性和灵魂，但在此处他却像奥古斯丁一样，认为灵性生活高于灵魂的，即自然的生活，因此，人在自然状态中虽然非常幸福，但是却看不到上帝的

---

① Etienne Gilson，*The Christian Philosophy of St. Thomas Aquinas*，New York：Random House，1956，191.
② 《神学大全》，P1 Q94.1。
③ 《哥林多前书》，15：42—47。

本质。我们前面提到，托马斯在讨论人是否需要恩典才能完成上帝的命令时，把完成命令分成了两种。第一种是完成所命令的行为，这是腐败的自然状态里不能完成，但纯粹自然状态里可以完成的。然而他随后又说，第二种是完成所命令的方式，即按照上帝规定的、人的自然去做。而这一种，如果没有恩典，就连纯粹自然状态下的人也不能完成。[①]

虽然伊甸园中的状态是人生在世能达到的最高状态，但是，人如果仅仅依靠自己的灵魂，仅仅以伊甸园中的自然状态为目的，还是根本无法达到那样的状态，更谈不上死后的幸福。人要得到真正的幸福，不仅要依靠完美的自然，而且要依靠上帝的恩典。要理解这一点，我们必须进一步理解，托马斯所谓的幸福，究竟是什么意思。

托马斯首先指出，人间的财富、荣誉、名望、权力，都不算是幸福。此外，身体的保存和享乐都不算幸福。托马斯把自我保存当作自然法的首要原则。但是，他又明确说，自我保存不算幸福，因为，"如果一件事是以另外一件事为目的的，那保存它的存在就不会是它的最终目的"。[②] 托马斯指出，人自身并不是最高的善好，人的最终目的在上帝那里，所以，人的自身保存不可能是最终的幸福。

这与谈到自然法时的说法并不矛盾。虽然每种被造物的第一条自然原则都是自我保存，但是自我保存并不是它的最终目的和最高幸福。换言之，当人获得了自然的完美的时候，他仍然没有得到最

---

① 《神学大全》，PI-II Q109. 4。
② 《神学大全》，PI-II Q2. 5。

高的幸福，而如果人把这种纯粹自然状态当作最高目的，那他就不可能回到这个自然状态，因为这个自然状态里的一个重要特点，是认识到自己的不足和上帝的完美。

在托马斯看来，幸福可以从两个角度来说，第一，幸福指我们所渴望的对象，也就是绝对的存在，即上帝；第二，幸福是指对这个对象的获得和享受，也就是对上帝这个绝对存在和绝对本质的分有，这完全在人们身上，是被造的。这二者的区分相当于存在与本质的区分。幸福在上帝这个存在之中，但是人们不可能成为上帝。要真正获得幸福，只能是对这种绝对存在的认识、享受、分有，不是一个东西，而是一种运动。这种运动，只能是人的理智才能有的，是一种沉思的理智。人的幸福，就是"看到神的本质"。他说：

> 理智的对象是什么，也就是某物的本质（见《论灵魂》III）。理智越是知道某物的本质，就越是接近完美。如果理智知道了某种结果的本质，它并不能因此知道原因的本质，即不知道原因是什么。因此，不能说理智就这么达到了原因，虽然它能通过效果知道，原因是否存在。因此，如果人知道了效果，也知道原因存在，那么，人自然有一种愿望，要知道原因是什么。这种愿望就是一种疑惑，会导致询问……在到达那个原因的本质之前，这种询问不会停止。如果人的理智知道了某种被造的效果，并不知道上帝是什么，只知道他是否存在。这理智没有追溯到第一因，也就没有达到完美，而是仍处在自然的愿望中，在询问原因。因此他还未获得完美的幸福。所以，要得到完美的幸福，就要求理智达到第一因的本质本身。因此，它

只有在把上帝当作对象，从而与他结合以后，才能获得完美。人的幸福完全由此构成。①

人自身的本质，以及别的所有被造物的本质，都是上帝这个绝对本质所导致的效果。每个被造物都要完善自己的自然，回到被造时的完美状态，但回到这个状态，只不过是充分认识了绝对本质的一个效果，通过这个效果，人们可以像初人那样，知道上帝是存在的。但上帝这个绝对的存在和本质究竟是什么，自然状态中的人并不知道，人们必须依靠恩典，用自己的理智去理解上帝，从而逐渐获得真正的幸福。在论证伊甸园中的初人不能看到上帝的本质时，托马斯给出了这样一条分析：

> 因为幸福就在神的本质里，人若能看到神的本质，他的理智与上帝的关系就相当于他与幸福的关系。显然，人不会愿意远离幸福，因为人的自然一定渴望幸福、躲避不幸。因此，凡是看到了上帝的本质的人，都会坚定地确立对上帝的爱，永远不会犯罪。因为亚当犯罪了，所以显然他没有看到上帝的本质。②

初人只知道上帝是存在的，却尚未看到上帝的本质。因此，他才会僭越上帝的命令，陷入罪恶的深渊。哪怕在人有完美和纯粹的自然的时候，人也没有获得完美的幸福。也正是在这个意义上，哪

---

① 《神学大全》，P I-II Q3。
② 同上，P1 Q94.1。

怕在纯粹自然状态下的人，也只能遵守上帝命令的行为（存在），却不能遵守上帝命令的方式（本质）。而要做到后者，仅靠人的自然是不行的，而必须要借助于上帝的恩典。

纯粹自然状态下的人没有看到上帝的本质，但是因为人的自然中包含着理智，人永远有看到绝对本质的可能，因此人是有可能获得完美的幸福的。而那些没有理性的动物，只能完善自己的自然，却不能分有绝对本质，无法获得完美的幸福。这是人不同于别的被造物的地方。

因此，托马斯对人的自然（人性）的看法包含这么几个层次：初人之后的所有人，都处在腐败的自然中，不靠恩典无法回到纯粹自然的状态；纯粹自然的状态是人的完美状态，但并不是完美幸福的状态；哪怕是伊甸园中的人，也只有依靠恩典，分有上帝的绝对本质，才能获得真正的幸福；比起别的被造物来，人是永远可能获得最高的幸福的。

五、人性善恶

托马斯所谓的"腐败的自然状态"充满了欲望和罪恶，而这一切欲望和罪恶的来源，就在于作为"自然的疲弊"的原罪。但是，哪怕在最完美的自然状态里，人也并不能保证自己会永远幸福，甚至未必知道真正的幸福为何物。这样的状态里的人永远有一种不完满。正是这种不完满，孕育了人犯罪的可能。

但是，人真的可能有两种自然吗？尤其是对于我们这些没有认信上帝，但又想更真切地理解托马斯的人来说，难道我们能满足于

《圣经》里那个神话吗？如果我们把创世和堕落的故事暂且搁在一边，人的这两种自然，是否还有意义呢？

因为自然就是人的灵魂和形式，人只可能有一种自然。这种自然由于含有理智在内，所以总是可能认识最高的本质，从而获得最完美的幸福。但是，由于这种自然本身并不完美，因而总会有高傲和僭越的可能，从而会让人陷入腐败和堕落的状态之中。由于这种自然没有获得绝对的完美，这种幸福的可能性很难敌过堕落和腐败的可能，后面这种可能性的发生频率非常之高，几乎就像必然的一样。

我们在讨论奥古斯丁的原罪观的时候已经看到，初人的状态是一种无善无恶，但又可善可恶的赤裸状态。托马斯虽然把自己的神学建立在不同的哲学基础上，但是对于人的自然状态的看法，在根本上还是和奥古斯丁非常接近的。伊甸园中的自然状态，并不是真正的完美状态，而是可以完美却不会完美，可以犯罪却尚未犯罪，似乎没有一点缺陷，却永远包含着堕落的可能性的赤裸状态。所谓的完美，只是说尚未犯罪而已。这就是人的真正自然，是生而具有神性的人的赤裸生命。而那种所谓的腐败的自然状态，并不是另外一种自然，而是这种赤裸的自然状态虽不必然，却往往会陷入的绝境。这种赤裸状态，是每个人的灵魂、自然、形式的本来状态，是不加任何其他的色彩和考虑，不给以任何善恶的修饰语的，本来状态的"人"和"生命"。所谓自然法，并不是只针对伊甸园中的自然公民的，而是针对每一个这样的人的自然的。

在这个意义上，我们可以理解"自我保存"这条自然法的意义了。自我保存诚然不是最高的幸福，却是自然状态中的一个基本要求。自杀者没有做到自我保存，首先违背了这条自然法，所以是有罪的。但是，正如后来的多恩和休谟所质疑的那样，既然肉体上的自我保存不是最高的幸福，为什么不能通过违背这条自然法，来更好地接近上帝呢？那么多的自杀者，往往秉有超人的美德和信仰。为什么人们不能为了这更重要的东西，而放弃掉赤裸生命呢？有着那么多美德甚至信仰的自杀者，为什么就成了罪人呢？

托马斯确实也做了一点让步。他也像奥古斯丁那样，承认参孙和某些自杀的殉道士得到了上帝暗中的默许，所以他们的自杀并不是罪。但这并不意味着，别人也可以以此为借口自杀。在托马斯这里，自杀并不是一种特殊的罪，而恰恰是一种典型的罪。他知道，自杀者并不是疯狂地反对自己自然的求生倾向的人，而是执著于自己的自然中的某一点，为了追求片面的好，从而陷入了大罪的人。在他看来，所有的罪都是这样导致的。自杀，只不过尤其体现了善恶之间悖谬的相互纠缠。从表面上看，自杀是罪，就是因为自杀者违背了第一条自然法。但是，天性追求美好、珍惜自己的存在的人，为什么会陷入这样的境地呢？是什么使人们选择了这明显是不好的行为呢？

我们在本章开始就看到，尽管托马斯对自杀者的谴责比奥古斯丁还要严厉，但是他并没有完全否定，自杀者乃至别的所有犯罪者，都可能会有的好的一面。他在几个地方都谈到，恶的原因都是好的。[①]

托马斯在《论恶》里谈到，恶就是"好"的损坏。而善好，就

[①] 《神学大全》，PI，Q49.1；《论恶》（De Malo），Q13（拉丁文、英文对照版：*The De malo of Thomas Aquinas*：*with facing-page translation by Richard Regan*，Oxford：Oxford University Press，2003）；Gilson，*The Christian Philosophy of St. Thomas Aquinas*，159。

是任何的存在和自然。所以，恶不是自然，也不是一个整体。①

托马斯用伪狄奥尼索斯的观点来诘难自己：既然凡存在的就是好，那么，与好相对的恶就是不存在的，或是不能在存在的事物中的。因此，恶不会存在于好的事物之中。但他反驳说，狄奥尼索斯的意思是，恶不可能内在地存在着，因此，恶不会主动地存在于一个物体中，这并不是说，作为事物的损坏的恶不能在存在的事物当中。托马斯的意思是，恶只能发生在"善好"之中。因为恶只是对完美的损坏，而损坏只是一种潜在的存在，即是按照自然应该有、但又没有的那部分。因此，恶存在于"善好"之中，因为我们把潜质中的存在也称为好。但是在最完美的"善好"，即绝对的存在上帝那里，是不会有恶的。上帝以下的本质，都是存在和完美的本质的结合，所以会遭到恶的损坏；被损坏之后，这些事物还有存在，但是本质已经不完美了。比如，目盲损坏了视力，使眼睛无法看事物，于是只剩下了眼睛的质料的存在。而在既是绝对存在、又是绝对本质的上帝那里，就不可能有恶的存在。②

一切的恶都在好的事物当中，恶的原因都是好的。没有任何事物会主动追求恶，所追求的都是好的。比如通奸是恶，但是通奸的人所追求的并不是这种恶，而是通奸所带来的肉体上的"好"的享受。因此，恶没有内在的原因（即恶都不是主动追求的），只有善好才有内在原因。恶的原因只能是外在的，其第一原因只能是好，不能是恶。善好可以通过两种方式导致恶。第一种是，不足的善好导致的恶，比如，由于精子质量不足（即精子没能达到可以生出正常

---

① 《论恶》，Q1.1，3。
② 同上，Q1.2。

胎儿的程度），导致生出怪胎。第二种是，善好偶然导致的恶。比如，点火导致水被烤干。点火的目的不是烤干水，因而水被烤干这个结果只是一个偶然造成的后果。这些恶的原因也都可以作用于人。比如，追求肉欲的好，就可能导致通奸；不能运用自己的理性的人，就没有足够能力分辨什么是更好的。但是，托马斯指出，在五光十色的诱惑面前，人的意志力量总在选择赞同还是拒绝，因此，意志自由还是作恶的重要原因。当意志选择了某种看上去好但其实会带来恶的事物时，就会造成偶然的恶；当意志没能分辨好坏的时候，就会造成不足导致的恶。①

和奥古斯丁一样，托马斯也把意志自由当作了人作恶的首要原因。但由于对身体与灵魂的不同理解，托马斯对自由意志的看法也和奥古斯丁不尽相同。在他看来，每种造物都朝向自己的自然所要求的善好，但是并不是每种造物都有自由意志。自由意志并不是一种自然的本能。石头下坠完全是自然品性，但并不出于判断，所以不是自由意志；羊见了狼就跑，是出于自然本能的判断，也不是自由意志。只有出于理性的判断，自由选择的行为，才是自由意志。人之所以有自由意志，是因为人是理性的。因此，虽然万物都有完善自己的本能，但只有人有自由意志，同时，也只有人会主动作恶。而在托马斯看来，理智是最高的形式，而人的理智恰恰是人的自由意志的来源，同时也是人能作恶的根源。②

在托马斯对善恶的辩证理解中，最根本的一点，还在于人的自然中那种可善可恶的赤裸状态。决定这一状态的，是人的自由意志，

① 《论恶》，Q1.3。
② 《神学大全》，PI，Q83.1。

而决定人有自由意志的，又是人的理智。人之所以可能获得完美的幸福，就是因为人有理智；而这里又看到，人之所以可能犯罪，也是因为人有理智，以及理智导致的自由意志。理智是人的灵魂中最高的部分，但也是最危险的部分。它既能把人提升到最高，又能把人贬入最低。说人可善可恶，并不是说在人当中有一部分功能朝向善，有一部分功能朝向恶；而是说，是同一种功能，决定了人可能朝向最大的好，也可能朝向最危险的恶。

在一般的罪恶中，比如通奸，往往是人们没有运用理智，或者是理智没有战胜肉欲，从而使人们选择了似是而非的好。谈到这些的时候，托马斯谴责那些罪人懒于运用理智，好像在他看来，只要能充分运用理智，罪恶就可以避免了。但是，在自杀这种罪中，我们看到的却是远为尖锐的矛盾与悖谬。

比如，托马斯讲到，"良知"就是知识对人们的行为的督查、限制、鼓舞、谴责、折磨、否定。正是因为有理智，人们才会有良知，从而才会自觉地规范自己的行为。[①] 在一般的罪恶上面，良知所起的规范作用是很明确的。但是，当我们涉及自杀问题时，却往往看到，良知越强烈的人，越可能走向自杀。自杀者往往并不是缺乏理智的，也常常不是没有运用理智来判断的。他们恰恰是通过理智判断认识到，自己的罪过之大是无可饶恕的。他们也运用理智认识到，自己的生死根本就不重要，最重要的是上帝那里最完美和最绝对的善好。为了从根本上追求这绝对的善好和弃绝自己的尘世欲望，对于自己所犯过的大罪，除死之外再无办法安慰自己的良知。比如犹大就清楚地认识到了自己的罪过有多么大，良知已经发现，使他无时无刻

---

① 《神学大全》，PI Q 79. 13。

都不能原谅自己的大罪，那么，就恰恰是这良知，导致了他的自杀。

自杀这个特殊的问题，揭示了善恶之间无法克服的吊诡，也暴露了人的自然中的根本悖谬。我们已经看到，使赤裸的人走向神圣的完美的和使他陷入无边的危险的，都是理智。正是让人超过了动物的原因，也使他处在比动物更加危险的境地。在托马斯所在的中世纪，自杀禁忌所包含的矛盾虽然还没有充分显露出来，但是，美好生活的这个悖谬并非真的不存在。

在中世纪流传很广的故事集《罗马人的故事》中，有一个"论良知"的故事，讲的就是自杀讨论者争论不休的卢克莱西亚的故事。① 它用卢克莱西亚的自杀来象征良知的自我检讨，还说卢克莱西亚是奥古斯丁赞美过的一个女子。虽然奥古斯丁和托马斯在抨击卢克莱西亚这样的自杀，劝告人们过上真正意义的美好生活，那些自称奥古斯丁的门徒们，却在用卢克莱西亚自杀的故事来解释良知问题。就在修道院里大肆批判自杀之罪，各国法律也开始惩罚自杀者的尸体的时候，中世纪的宫廷却弥漫着对殉情自杀的赞美，而反对自杀的教士们也没有忘记赞美那些自杀全节的十字军战士。这个矛盾，不仅存在于神学演绎与政治实践之间，不仅存在于自然法规定与王宫生活之间，甚至可能就存在于神学家自己的良知和信仰之间。

面对这个问题，托马斯给出了和奥古斯丁相同的解决方案：哪怕罪大恶极的人，也不应该对上帝的赦免绝望，因为绝望是最大的罪。

对于绝望是否是罪的一个重要质疑是："如奥古斯丁所说，所有

---

① Anonymous，*Gesta Romanorum*，translated and edited by Charles Swan and Wynnard Hooper，New York：Dover Publications Inc.，1959，239—241.

的罪，都是从不变的好转向一种可变的好。但是，绝望不让人转向可变的善好，因此，绝望不是罪。"随后的第二个质疑是："凡是来自好的根源的，就不会是罪，因为'好树不能结坏果子。'① 绝望看起来是来自好的根源，即对上帝的敬畏，或者来自对自己的大罪的恐惧。因此绝望不是罪。"这两个质疑立论并不一样。前者是说，既然所有的恶都来自善好，不可能有绝对的恶，那么，绝望者并没有转向某个虚假的善好，而是对一切善好都失去了信心。后者是说，绝望往往出自好的根源，比如敬畏上帝和极大的忏悔。这些美德导致的绝望为什么是罪呢？这两个质疑结合起来，就告诉我们，绝望者要么并没有执著于尘世的善好，要么完全出自某种美德，而这两者都和一般的罪不同。托马斯反驳两者的主要依据是，绝望者不论有别的什么特点，都背离了上帝这个绝对的善好，或是不知道上帝可以宽恕任何罪人，因此是有罪的。② 在托马斯的神学体系中，这是少数一些主要靠信仰和启示、而很少诉诸哲学来论证的问题之一。

在论证绝望是最大的罪的时候，托马斯似乎又碰到了难题。因为他不得不承认，绝望的人未必没有信仰（他并没有说，可能绝望的人恰恰是极有信仰的）。既然绝望的人还是会有信仰的，为什么绝望会比不信仰的罪更大呢？托马斯承认，绝望只是人们不再希望自己能和上帝一起享有绝对的善好，就其内容而言，比起不信和憎恨上帝来，确实是轻一些的罪。但是，对于活人而言，绝望是更危险的罪。因为只要有希望，再大的罪都可能被取消，但一旦丧失了希望，就根本没有救赎的可能了。是在这个意义上，他说绝望是最重

---

① 《马太福音》，7：18。
② 《神学大全》，P II II Q 20.1。

的罪。①

　　基督教的根本特点，在于设定了上帝这个绝对的善好，不论是奥古斯丁那里的永恒存在，还是托马斯这里的绝对本质，上帝都把人们的美好生活提升到了尘世道德之上。他们用伊甸园中的状态，表达了无善无恶的人性观，而通过信、望、爱达到的美好生活也是超善恶的。但是，不仅神学三美德可能和尘世间的四枢德发生冲突，即使在这三美德之间，也存在着张力。自杀就集中地体现了这样的冲突和张力。不仅对尘世名誉的追求会导致自杀，就是极度的信仰也会让人放弃希望而自杀。面对信仰导致的自杀，这种由美德导致的大罪，基督教只能以更加严厉的超善恶（即把绝望看成最大的罪）来保证人们的美好生活。我们可以把它看成以彻底的狂道来达致生活的中道。②

六、人法

　　自杀的另外一条罪状是反人法。无论在柏拉图、亚里士多德，还是奥古斯丁那里，自杀都不只是一个灵魂事件，而且是一个政治事件。托马斯继承了他们的这个传统。他对自杀的政治判决，与亚

---

① 《神学大全》，P II II Q 20.3。
② 可参照《韩诗外传》卷一："仁道有四：磏为下。有圣仁者，有智仁者、有德仁者，有磏仁者……疾乱世而轻死，弗顾弟兄，以法度之，比于不详，是磏仁者也。"并用申徒狄投河之事来说明。申徒狄事又见《荀子·不苟》："故怀负石而赴河，是行之难为者也，而申徒狄能之，然而君子不贵者，非礼义之中也。"朱熹《楚辞集注》："夫屈原之忠，忠于过者也。……吾固已言其不能合于中庸矣，尚何说哉？……盖原之所为虽过，而其忠终非世间偷生幸死者所可及。"

里士多德在《尼各马科伦理学》第五卷对自杀的讨论紧密相关。不过，托马斯仍然没有简单重复亚里士多德的说法，而是给这种说法施加了洗礼。

亚里士多德没有像柏拉图那样过多讨论自杀与灵魂的关系。但是，在柏拉图和亚里士多德那里，灵魂与政治并没有完全分开。培养德性和实现最可能的幸福也是城邦政治的目的。虽然灵魂的美德与政治不免会有冲突，但是，美好生活只能在政治生活中实现。

自从奥古斯丁区分了上帝之城与地上之城后，这种情况就发生了变化。所以，在奥古斯丁看来，当地上法官审判卢克莱西亚的时候，那完全是政治和法律的事，与德性和美好的生活无关。不过，正如西格蒙德（Paul Sigmund）所说的，虽然奥古斯丁的《上帝之城》的主旨在于分开上帝之城和世俗之城，他并没有对人间政治提出什么系统的理论，他甚至认为，人间政治与真正的幸福无关。"统治者即使是基督徒，也只能努力制约人们的权力欲望，在地上之城实现最小限度的争议，从而使天上之城的成员能获得永恒的奖赏。"①因此，在奥古斯丁说卢克莱西亚的行为违背了罗马法的时候，他更多的是对罗马政治自相矛盾与手足无措的嘲讽，而没有提出正面的主张。

托马斯与奥古斯丁的一个重要区别在于，他对人间政治赋予了更多的正面意义。政府有积极意义，也有道德的合理性。哪怕是无信仰的统治者，也可以正义地统治。②因此，当他说自杀者也是反人法的时候，托马斯要比奥古斯丁认真得多。虽然反自然法是自杀的

---

① Paul Sigmund，"Law and Politics," in *The Cambridge Companion to Aquinas*，218.
② Paul Sigmund，"Law and Politics," in *The Cambridge Companion to Aquinas*，218.

三条罪状中的理论核心，但是，反人法所带来的罪并不比反自然法和反神法的罪过小。

托马斯整个思想体系的核心是存在与本质的区分。由于上帝是绝对的本质，他与世间万物的区别并不是奥古斯丁所谓的那种程度上的区别。并不是因为上帝是最好的，人间的一切就不是好的了。由于万物都有自己的本质和自然，所以，万物都有自己的自然之好，都要首先完善自己，然后才谈得上进入绝对的好。说上帝是最终的好，与说万物各有各的自然完美，并不是矛盾的。依循上帝赐给的自然，完善各自的本质，首先是万物分内的事。如果违背各自的自然，万物就已经违背了上帝的命令。正是在这个意义上，人不仅要完善自己的存在，而且要依照自己作为"政治的动物"的本性，组成群体，在社会和政治中生活。

> 人，只是在一般意义上有自然的知识，知道他的生活所必需的是什么，运用理性来从一般原则推导出对人生必需的特定事物的知识。一个人不可能运用自己的理性得到关于万物的知识。因此，他必须生活在社会之中，一个人才能帮助别的不同的人，以不同方式运用理性，一个用于医术，一个用于这种或那种事业。①

人们需要法律和政治，这是出自人的自然要求，是使人达到自身完美的必由之路。托马斯指出，哪怕在伊甸园中纯粹自然的状态，

---

① 托马斯《论政制》（*De Regimine Principum*），英译本见 St. *Thomas Aquinason Politics and Ethics*，New York：Norton & Company，1987，14—15。

仍然存在政治。因为，即使在无罪的状态下，人们之间还是会有各种各样的区别，人们不能靠自己完成所有事情，因此必须有一个对另一个的领导，才能达到共同的好。①

因为人法归根到底是一种自然的必需，所以，它的根基还在自然法。托马斯指出，所有的人法都来自于自然法：

> 在人事当中，一件事之所以是正义的，是因为按照理性的规定是正确的。而理性的第一条规定是自然法，前面说得已经清楚了。因此，所有的人法之所以是法，都因为来自自然法。如果人法中的任何一点与自然法相左，那就不再是法，而是败坏的法。②

人与人之间的关系，并不只是温情脉脉的互帮互助，甚至主要不是靠这种帮助完成的。在谈到如何管理人类社会的时候，托马斯主要诉诸法律的恐惧和惩罚：

> 人都自然地希求德性，但是，人们要得到德性的完美，必须通过某种训练。因此我们看到，人通过制造来获取必需品，比如食物和衣服。他从自然里（靠理性和双手）就开始了这种获取，但是，他和动物不同，自然没有给他足够的衣服和食物。我们很难看到，人怎么能自我完成这种训练……于是，人需要从别人那里获得训练，才能达到德性的完美。对于那些因为好

---

① 《神学大全》，PI Q96. 3—4。
② 同上，PI II Q95. 2。参考 Daniel Westberg, "The Relation between Positive and Natural Law in Aquinas," *Journal of Law and Religion*，V. 10, No. , 1994—1995。

的自然品性，因为习俗，或是因为上帝的赐予，本来就倾向于德性的青年，父母的督促训练就够了。但是由于有些人是卑下的，倾向于罪恶，不容易听信言辞，有必要靠强力和恐惧来限制他们远离罪恶，使他们至少不会作恶，与别人和平相处，他们自己由于惯常如此，于是原来因为恐惧而做的，现在也会自愿去做，变得有德性。这类训练靠恐惧和惩罚来强迫，就是法律的规范。因此，为了让人们和平而有德，有必要制定法律……因为人和别的动物不一样，他有理性的武器，可以用来满足自己的情欲和卑下的本能。[1]

人之所以自然是社会的动物，之所以从一开始就需要法律的威慑，原因有二。第一，人天生不是全知全能的，自己那点微薄的知识不仅不足以达到最终的完美，甚至连满足自然的完美都不够。第二，由于人的堕落，很多人必须靠暴力和强迫才能朝向美德。第一点，就是人的自然缺陷，第二点，是人的原罪。但是归根到底，原罪还是可以追溯到人的自然的不完美。因此，人的这种政治本能，就来自于他不完全的自然完美。

虽然托马斯强调，政治是用来完善人的自然所必需的，甚至还可以帮助人们走向德性，但是，无论是出于上面二者中的哪一点，人法所针对的，都不是人性当中的神性的方面，而是人与生俱来的罪性和自然里的欠缺。表面上看来，托马斯继承了亚里士多德的说法，即认为人都是政治的动物，是因为人固有的缺陷和共同的美好生活。但是，亚里士多德那里所谓的共同美好生活有着更

---

[1]《神学大全》，PI IIQ95.1。

实在的积极意义，而在托马斯这里，更多的却是消极的意义。他的政治并不是朝向最终的美好生活的路径，而是因为人的自然缺陷，为了达到自我完善所不得已而为之的消极措施。而且，根据他上面所说的，那些天生倾向德性的人，并不必然需要政治的约束，可见，政治更多不是针对德性的提升，而是针对堕落的约束与挽救，虽然人法的最终目的在于群体的共同善好。因此，托马斯会更强调恐惧和惩罚这些消极的政治手段。虽然托马斯对自然法的看法没有达到霍布斯那么极端，但是，他这里却已经暗含了霍布斯那里，针对人天生的罪性来建构人间政治的基本理路。而对自杀的政治谴责，也已经不再关涉最终的美好生活，而主要是一种消极的惩罚。

因此，当托马斯讲到政治生活所带来的美好的时候，虽然他也认为这是人间所能追求到的最高的好，并且也是朝向最终美好的必由之路，但是这种好并不是一种整全的好。我们首先要记住他和亚里士多德的这个根本区分，才能谈论他所讲的公共善好。

从托马斯把自杀当作一种谋杀这点来看，说自杀违背了人法，首先是因为，自杀触犯了人法中不准杀人的规定。虽然托马斯没有明确讲这一点，这是欧洲各国禁止自杀最基本的理论假定。除此之外，自杀还在另外一个方面违背了人法："因为每一部分都属于整体。每个人都是群体中的一部分，因此每个存在者，都是群体的存在。因此他杀害自己就伤害了群体。"这一点所讲的，正是说，自杀破坏了群体的公共善好。

强调群体的统一是托马斯的政治学中的一个重要方面。正如武尔夫（Maurice de Wulf）所强调的，托马斯的思想体系非常强调

"在"与"统一"之间的关系。① 上帝赐给每种造物的本质都只有一种。因此，对于没有物质形体的天使，每个天使就是一个种属，而不存在同一种属的两个天使。人和别的被造物之所以会分成一个一个的个体，是因为人的本质必须在物质的存在中证成。而这种个体的区分，并不妨碍本质的统一。所以，每个种属仍然是相互关联的一个整体。从这个意义上讲，所有的人类都是一个整体，彼此之间都有关联。人间的法律虽然不能保证所有人类的统一，却是完成这种统一的必由之路。于是，托马斯强调：

> 每个部分都朝向整体，正如不完美朝向完美，因为人是完美的共同体的一部分，因此，法律必须恰当地把人指引到普遍的幸福……在每一个种属中，主要属于这个种属的，是其余部分的头领，别的属于这个种属的成员，都要服从这个头领……因此，由于法律就是最主要的朝向共同善好的，与每个个体的工作相关的人和别的规定，如果不是朝向公共善好的，都不能成为法律。②

这是从另一个角度，证明了人法的必要。人要回到自然的完美状态，不仅需要个体的完美，而且要尽量完成群体的完美。因为在纯粹自然的状态里，人的本质在整体上是完美的。人们只有在尘世中实现美好的政治，形成幸福的社会，然后才能重新作为一个自然完美的整体，在教会的引领下，朝向最终的美好。而要做到这一点，没有国家和法律是不行的。从这个意义上讲，自杀者无故剥夺了人

---

① Maurice de Wulf，*The System of Thomas Aquinas*，New York：Dover Publications，1959，63.
② 《神学大全》，PI II，Q90.2。

类社会中的一个成员，损害了社会这个整体，所以违背了人法，破坏了人类整体的自然完美，因而是有罪的。

由此可见，托马斯关于人群的学说，发展出了两个面向。第一，由于人天生的缺陷和罪性，必须靠国家和法律，人才能克服很多固有的问题，完成自然的完美；第二，自然的整体完美，是人生在世所能实现的最好的事情，并且只有在这个基础上，才有可能在教会的带领下，实现人类整体的拯救。第一个方面，可以看作政治的面向，着重于克服人的罪性，消极地防范人的堕落和不幸；第二个方面，可以看作社会的面向，着重于人的神性或者社会性，积极地实现地上的幸福，从而达到更高的永恒幸福。无论是哪个方面，都既肯定了其正当性，又保持着足够的谦卑，因为世间政治和社会所能达到的，都不是整全，不是永恒的好。永恒的好只能取决于恩典，与世人的努力没有直接关系。

从这两方面看，自杀都是有罪的。从政治的层面看，自杀者犯了一种特殊的谋杀，所以触犯了人法；从社会层面看，自杀者伤害了社会的整体，因而有损于对公共善好的追求。这两点在现代社会中都得到了发展。自杀对政治的冒犯体现在后来惩罚自杀的各种各样的法律规定中（见第六章），它对社会的冒犯则尤其体现在涂尔干以来的自杀社会学中。

但是，托马斯这里没有提到涂尔干的另外一个说法：适量的自杀不仅不会危害社会，而且是有益于社会整体的；如果一个社会中一个自杀的事情也没有，那反而是不正常的。[①] 在涂尔干的分类里，

---

① Emile Durkheim, *Suicide: a Study in Sociology*. New York: Free Press，1951，341，365—366.

甚至有一种很可能有积极意义的"利他型自杀"。

但涂尔干的社会思想，其最初的来源正是在托马斯这里。[①] 托马斯关于社会与政治的学说，并不比涂尔干那里简单。虽然托马斯给自杀定了三大罪状，但是，他暗中还是保留了对参孙等殉道者的肯定。虽然他把这些自杀者都当作极特殊的例外，但是，他无法否定的是，即使从社会效果上来说，某些殉道者的自杀也有利于基督教会的发展。因为他无法否认，虽然每个公民都不仅要维护自身的存在，而且要保持群体的完整，但是，把某些德性（无论基督教的神学三德还是古典的四枢德）看得比生命更重要，也是维护群体所必需的。既然这些德性比生命更重要，那就无法完全避免自杀的情况；甚至只有通过某些自杀，才能使这些德性变得更加崇高。托马斯试图把很多看似无关甚至矛盾的学说统一起来，虽然他的这种综合做得极为成功，但其中所带来的张力也是巨大的。最为突出的一点，大概就是自然、群体生活（政治的与社会的）、整全的好之间的张力。从某种意义上说，分别肯定这三种好，是奥古斯丁以来一贯的努力方向。但奥古斯丁基本上是比较简洁地给这三者排列顺序；托马斯发明了一个"本质"，从而把整全的好与世间的好能彻底分开，也能同时照顾几个方面。但是，不可否认的是，在这三者之间总会存在不可得兼的情况，最集中地体现在人性中的神性与罪性之间的张力。这种张力不仅体现在个体的存在和美德之间，体现在政治的惩罚与社会的美好之间，而且体现在信、望、爱三德之间。无论在自然、社会、宗教这三者中的哪一方面，人性中相反的两种倾向都

---

① 参考李猛：《社会的"缺席"或者社会学的"危机"》，见《二十一世纪》2001 年 8 月号。

在相互冲突。因此，人的生存本能和对整全的希望永远在控诉自杀者，但是，高于生命的道德和良知却总是站在自杀者一边奋力辩护。在发端于基督教文明的现代西方，善恶辩证法变成了希望与良知之争，似乎永难停息。

当托马斯把上帝定义为绝对的本质之后，上帝与万物之间的关系变成了质的不同；从某种意义上讲，这就把整全彻底交给了神，同时也为人间政治争取了道德上的正当。不过，掌管生杀律政的人间君王，也从此永远失去了掌管人的灵魂的权力。在西方，毕竟有教会——上帝的这个人间代言人——来安慰人们的灵魂，但是，对于一个没有神学传统的国家，要靠谁来照顾人们的精神生活呢？

七、死亡、地狱、末日

托马斯的人性学说面临着一个基本的困难。既然他认为，灵魂是人的本质、自然、形式，那么，人们就可以推论出，当人的身体死去了，灵魂也会随之消亡。或者就像《斐多》里呈现的，灵魂不朽并不意味着灵魂不会消失，而是说，灵魂不会死了但依然存在，留下一具灵魂的尸体。但是，这些说法和基督教关于天堂、地狱，以及死后世界的诸多说法都是违背的。托马斯必须找到一种方式，能让人的灵魂在死后依然活下去。

在回答"与身体分离的灵魂是否还能理解"的时候，托马斯就必须解决这个困难。他此处的论证层层辩难，极其复杂。

托马斯首先意识到，这个问题的困难在于，灵魂只要和身体结合，就只能诉诸幻象才能理解。他知道，如果按照柏拉图的说法，认为灵魂与身体结合不是来自灵魂的本性，而只是偶然，这个问题就容易解决了。因为，当灵魂摆脱了身体的羁绊，回归它的自然，就可以像天使们那样，直接用理智来理解，而不必再转向幻象。但是，按照这个说法，如果与身体结合不如分离时理解得好，灵魂和身体结合就不是为了灵魂更好，而只是能让身体更好。这与亚里士多德和托马斯所主张的，质料以形式为目的，是相悖的。但如果抛弃柏拉图的这个说法，认为灵魂的本性就是要诉诸幻象来理解，并且在身体死后，灵魂的本性不会改变，那么人死后，灵魂就是没有理解能力的，因为它没办法转向幻象了。这是第一步的困难。

为了解决这个困难，托马斯说，灵魂可以有两种存在方式，一种是与身体结合，一种是独立存在。在两种存在方式中，灵魂的本性都保持不变。与身体的结合，是灵魂本来的存在方式，但换一种方式存在，也未尝不可。就像一件物体，本应待在适合其自然的地方，但是当待在不适合它的自然的地方时，它的本性并没有改变。因此，虽然灵魂本来应该和身体结合，靠诉诸幻象来理解，但是当灵魂与身体分离之后，它只需要直接诉诸理智，就能理解了，就像天使们一样。但是这里马上又产生了一个疑问。每种事物的自然都是其最好的状态。直接诉诸理智理解显然比诉诸幻象理解好。而上帝所确立的灵魂的自然，应该让自然的理解模式更高，不会需要与身体结合才能做到。那么，灵魂为什么必须与身体结合呢？这是第二步的困难。

托马斯指出，诉诸理智诚然是更高的理解方式，但是，当灵魂用这种方式理解时，只能获得不完美的知识。所有的理智实体都是靠神性之光的照耀，而得到理解的能力。理智之光的第一原则是单一和简单的。被造物的理智越是离第一原则遥远，这光分化和散开得越多，就像一束离心的光一样。上帝通过他自己的本质理解万物；较高的理智实体通过更高的形式来理解，但毕竟是用少数的、更普遍的形式来更有力地把握事物，因为他们的理智力量就是这么有效；而较低的实体，则用更多、更不普遍、更不有效的形式来把握，因为没有更高的理智力量。如果更低的和更高的实体接触同样普遍的形式，因为其理解能力不那么有效，于是就不能完美地认识事物，而是会发生变动和混乱。因此，人要能得到各种事物完美的、恰当的知识，就要按照自然设定的方式，与身体结合，通过能感觉到的事物来获得认识。当灵魂离开了身体，虽然能用更高的模式来理解，却无法得到完美的知识。[①] 这就如同说，用肉眼看总比用眼镜看更好。但对于一个视力不好的人来说，用肉眼看虽然更直接，但却看不清楚，还不如戴着眼镜看东西。因此，虽然灵魂本来是身体的形式，应该与身体结合，但是它也可以独立存在而保持理智，只是理智不那么完善。

随后，托马斯还要面临一个更严峻的问题。既然灵魂脱离身体后是纯粹的形式，没有形体，它就不受空间的约束，不可能待在什么地方，那么，死人的灵魂又怎么会进天堂地狱呢？如果这个问题不解决，天堂、地狱、复活、末日审判、永生、永罚等问题都会面临困难。托马斯说：

> 虽然就其存在而言，精神的实体不会依赖于什么物质，但是，上帝是通过精神的媒介来管理物质世界的，就像奥古斯丁在《论三位一体》和格列高利在《对话》里说的。因此，说物

---

① 《神学大全》，P IQ89.1。

质实体和某些精神实体相配，也是可以的，比如，越高贵的物质也适合越高贵的精神。因此，哲学家根据运动的秩序，来安置不同的形体的顺序。虽然在人死后，灵魂不会接受什么物质，成为这些物质的形式或决定机制，但是，根据它们的高贵程度不同，它们会得到适应自己的物质场所。它们在那里，按照非物质的事物的方式存在，但就好像是在一个场所似的。越是品性高的，越是离处在最高位置的第一实体近，就是离上帝近。《圣经》上说，它们就住在天上。那些分有完美神性的灵魂，我们认为就在天上；而那些不被允许分有神性的，我们就把它们放在相反的地方。①

这段并不怎么好理解的解释的意思是，严格说来，死人的灵魂并不真的存在于地下一个叫做地狱的深渊或天上一个叫天堂的地方，而是说，这灵魂相对于最高存在的远近，会有一个"位置"。比如我们说，某人的思想离真理很远，并不是说，他的思想和真理之间有一个物理距离；或是某人的道德已经到了圣人的境界，也不是说这人就一定在曲阜或圣人四周。这里说的，都是精神距离。说某人的灵魂到了天堂，只是说，他的灵魂已经非常接近完美的第一存在了；说他的灵魂到了地狱，只是说，他的灵魂离绝对存在太遥远了。作为物质场所的天堂地狱之说，只是比喻。

如果天堂地狱只是比喻，托马斯会面临又一个困难。如果死人的灵魂没有感觉能力，② 甚至连物质场所都没有，那么，他们怎么会

---

① 《神学大全》，Suppl. Q69. 1。
② 《神学大全》，Suppl. Q70. 1。

感到地狱之火的燃烧，又怎么会受到折磨呢？

有人认为，这地狱之火，和灵魂所在的"位置"一样，只是一种比喻的说法，并不是真的火。但托马斯反对这种说法，因为《圣经》上明明写着，魔鬼和它的天使要遭受烈火焚烧（《马太福音》25：41）。但是魔鬼和灵魂一样，当然没有物质形体。对于这个棘手的问题，托马斯综合了好几种说法，认为，"按照火的自然，火可以和一种非物质的精神相结合，就好像说，放在一个地方的东西和那个地方相结合了；于是，作为神的正义的工具，这火能够控制被缚的灵魂，因此，这火真的会伤害精神的实体。灵魂看到这火就会被伤害，就如同被火折磨一样"。① 折磨地狱中的灵魂的，并不是物质的火，而是火中的精神实体。当灵魂看到这实体时，就会感受到折磨。

解决了这几个问题，托马斯就可以谈末日的复活了。既然死后的灵魂能够认识，但又不能认识得最好，那么，它最后就需要和身体结合，形成一个完整的自然人。那时候，所有的灵魂都要回到自己的身体里，而且所有的器官都会复活，保持完整；每个复活的人都具有完美的自然，因此无论死的时候是小孩还是老人，复活时都是三十多岁的壮年，成长已经结束，衰老尚未开始，而且不再需要饮食、睡眠、生育。这些特点，是圣徒和罪人共有的。他们都回到了伊甸园中的纯粹自然，或者说赤裸生命的状态。这些是每个人都应该有的完美自然，无善无恶，可善可恶，并且都是不朽的。②

那些得到祝福的圣徒们的身体，由于灵魂绝对控制身体，除了

---

① 同上，Suppl. Q70.3。
② 《神学大全》，Suppl. Q79—81。

这些自然的特点，还会变得不可伤害；极为"精细"，感觉完美；极为敏捷迅速；视觉极为清晰。[①] 而那些被责罚者的身体，在很大程度上也是完美的。他们如果生前有残疾，复活后都去除了残疾，并且身体也是不会朽坏、不会死亡的。但是，这些身体虽然也不会受到伤害，他们的灵魂会痛苦和悲伤，身体仍然沉重滞窒。[②] 他们所受到的惩罚，更大程度上还是精神的折磨，而不是身体的痛苦。

圣徒和罪人拥有共同的完美自然。圣徒不会因为他的神圣而提升自己的自然，而只是在上帝的帮助下把自然的各个特点发展到最极致，并且在灵魂上享受完美的幸福；罪人也不会因为自己的罪孽而丧失自然，甚至比地上的人拥有更完美的身体。他们所受的折磨，主要也是灵魂上的。但是，因为人的自然就是灵魂，他们的灵魂之间也没有本质的不同。只是圣徒的灵魂里充满了喜乐和幸福，罪人的灵魂里充满了仇恨和罪恶。

柏拉图那里并没有物质意义上的不朽。所谓灵魂的不朽，并不意味着个体的人会永远存在下去，而是说，灵魂只要在，就是有生命、不腐败的。哪怕灵魂不再存在，它也是"不朽"的。奥古斯丁把永生和永罚都当了真，不仅人们的灵魂是不死的，而且身体也是永远存在的。但是，第二次死亡的概念使这种存在痛苦不堪。于是，哪怕是不朽的，也可能是死的，而那所谓的不朽，正是一种永远存在的尸体。在托马斯这里，对自然的强调使"不朽"变得更没有意义了。既然所有人的灵魂和身体都会不朽，并且所有人在复活之后都不会有现在这种肉体的痛苦，那么，格贝和辛弥亚所最怕的，似

---

① 同上，Suppl. Q82—85。
② 同上，Suppl. Q86。

乎都变得没意义了。一个真正的基督徒，最怕的应该不是肉体的死亡，而是自己的罪。基督教中的"至善"观念似乎把柏拉图想说的更简单、更直接地讲了出来。既然人们本来就不必怕死，那么，自杀不是更不应该有罪了吗？

但是，恰恰是在这个似乎不必怕死的体系里，托马斯又强调自我保存，要求人们不能寻死，否则就是对自然犯罪。自杀者的灵魂，似乎总是在遥遥地望着最高的存在。虽然她明明知道在天尽头有个绝对的美好生活，但是因为自惭形秽，就把自己困死在这个远离天庭的黑暗角落，对绝对存在只能敬而远之。这，是不是就是自杀者死后所受的惩罚呢？

托马斯不仅使格贝和辛弥亚所说的那种不朽丧失了意义，严格说来，他也把每天祈祷的基督徒的救赎抛入了不确定状态。真正确定的，还是地上的生活，包括人们的生死爱欲和世俗美德，也就是人们最真切的"自然"。他的这个"自然"带来了两个后果：一方面，人们为了保存自然而做的一切从此堂而皇之地有了价值；另一方面，异教哲学家所推崇的美德又重新占据了世俗生活的中心位置。前者孕育了现代以来"人"的观念和自然权利，后者则催动了古典思想的复兴。而这两个看似相反的过程，其实是一个思想后果的两个方面。

在古典思想里，柏拉图和亚里士多德虽然有很大不同，但是他们都从身体和灵魂两个方面理解人性。奥古斯丁那里增加了灵性这第三极，从而把灵肉之分确定化了。而托马斯又恢复了灵肉之间的密切关联，不过，一切都取决于绝对本质。托马斯用亚里士多德哲学对基督教的改造，并没有回到奥古斯丁之前的希腊思想，而是在新的哲学意义上进一步确定了上帝主宰之下的灵肉二分原则。从此以后，灵魂与身体都具有自身的神性，可以被当作理性的对象来进行科学的研究和理解，没有哪个更好，也没有哪个必然邪恶。恰恰是因为身体也在上帝的保佑下"从良"了，双方的关系反而变得更加复杂。

第五章　但丁：没有身体的身体

就在托马斯·阿奎那去世的 1274 年，佛罗伦萨城中与贝阿特丽丝的一次邂逅，使九岁的但丁·阿利及耶里感到了美好生活的召唤。几十年后完成的《神曲》，正是但丁借助维吉尔的古典智慧追寻托马斯的神学理想，又在这神圣的旅途中理解美好尘世生活的过程。

在但丁生活的时代，托马斯主义的神学以及经过托马斯诠释的亚里士多德主义的哲学占有了绝对的正统地位。虽然但丁未必在刻意诠释托马斯的思想，但他的整个思考笼罩在托马斯主义的支配之下，是没有疑问的。[1] 虽然在很多时候，但丁是在让亚里士多德回答他未曾问过的问题。[2] 不过，这并不意味着但丁仅仅是在为托马斯—亚里士多德主义给出一个诗意的图解。但丁是一个有着伟大原创力的诗人和思想家，这并不是因为他在托马斯的体系之外给出了什么新的独立观念，而是说，他一方面将托马斯主义与民间的基督教信

---

[1] Phillip Henry Wicksteed, *Dante and Aquinas*, London: J. M. Dent, 1913.

[2] Etienne Gilson, "Dante's notion of a shade: Purgatorio XXV," in *Dante and Philosophy: Nature, Cosmos, and the Ethical Perspective*, edited by Richard Lansing, London: Routledge, 2003, 346.

仰结合起来，① 一方面也把对人性、生活乃至政治的新理解包含在了他的诗歌之中。同样是托马斯主义的神学体系，在但丁手里已经展示出对美好生活与政治理想的一种新理解，使他成为中世纪与现代欧洲之间的桥梁。

但丁《地狱篇》第十三歌中对自杀的形象描述，无可争议地成为中世纪自杀探讨最深刻、最形象的总结，同时也为现代的自杀思考开辟了路径。要理解这首诗里对身体与灵魂的关系的讨论，我们必须参照《炼狱篇》第二十五歌当中斯塔提乌斯的论述。在那里，但丁完善了托马斯难以解决的死后灵魂进入地狱的问题，让死人的灵魂为自己制造出一具空气的身体。但丁按照他的理论把自杀者安排在地狱第七层第二环的树林中，这不仅是对死后世界的一种想象，而且是对自杀的一种重新理解：自杀者的灵魂已经无法为自己造出一具人形的身体，而只能囚禁在植物的身体当中。这棵树恰恰体现了自杀者对自己的价值的理解，其中既渗透着他们的悲惨命运和狂妄自大，也深刻体现着诗人对他们的同情。自杀者就像所有地狱中的灵魂一样，恰恰是通过自己的罪展示出了人的价值。

我们首先借助但丁的描述，来想象一下第十三歌中的主角生前死后的故事。②

---

① Etienne Gilson，"Dante's notion of a shade：Purgatorio XXV，" in *Dante and Philosophy：Nature，Cosmos，and the Ethical Perspective*，edited by Richard Lansing，London：Routledge，2003，71.

② 第一节内容根据《神曲·地狱篇》第十三歌写成。本章所引《神曲》译文，均用黄国彬译本（北京：外语教学与研究出版社，2009 年）。另参考 Charles Singleton 六卷的英译本及注释（*The Divine Comedy*. translated，with a commentary，by Charles S. Singleton，Princeton：Princeton University Press，1989—1991）。

一、葡萄园中的彼得

神圣罗马帝国皇帝兼西西里国王腓特烈二世的大臣皮埃尔·德拉·维涅（Pier della Vigna，意为"葡萄园中的彼得"）虽然出身微贱（以"葡萄园"为姓，或许就是因为这一点），但才华出众，忠于职守，得到了腓特烈二世的信任。1246年，他被任命为西西里王国的宰相，大权在握。皮埃尔也是一个很有成就的诗人。他最早提倡用意大利语方言写诗，曾经是但丁的楷模。但是，腓特烈二世后来变得猜忌多疑，又加上权臣陷害，皮埃尔被以谋反罪投入监狱，在里面备受折磨，刺瞎了双眼。他在监狱中痛不欲生，最后自杀而死。

这位皮埃尔虽然对腓特烈大帝忠贞不二，但是他恃才傲物、特立独行的风格必然给自己树敌极多。在宫廷政治当中，像皮埃尔这样狂妄得近乎天真的文人遭到忌妒和陷害，几乎是不可避免的。[①] 而这样一个道德上绝对自信、才华上目中无人的诗人，选择自杀是一个很能理解的结局。

在皮埃尔用暴力强行夺去了自己的肉体之后，他的灵魂就不再生长在腓特烈大帝的葡萄园里，而是按照地狱门口的怪物米诺斯的安排，飘飘摇摇，落在了地狱第七层第二环当中的树林里。这个树林里并没有为它安排好的地方，它只是懵懵懂懂地随风落在一处，

---

① Patrick Boyde, "Inferno XIII," in *Cambridge Readings in Dante's* Comedy, edited by Kenelm Foster and Patrick Boyde, Cambridge: Cambridge University Press, 1981, 12—13.

然后这个灵魂就像一种生长极快的斯佩尔塔小麦一样，在那里发芽破土，迅速变成幼苗，然后长成一棵野生灌木。这个树林里的树木，树叶都不是绿色的，而是黝黑的；树枝不是直溜光滑的，而是疙疙瘩瘩、曲里拐弯的；树上结不出果实来，而是长满了毒刺。

高傲的诗人皮埃尔哪怕是在死后，也没有改变自己的性格。他不仅仍然希望能够抒发自己对腓特烈大帝的忠贞不贰，而且仍然喜欢玩弄那些美丽的词藻。但是，当他变成了黑色的树木之后，他却没有口来表达这一切了。失去了言说器官的皮埃尔，陷入了巨大的苦闷和孤独之中。

但没过多久，皮埃尔突然闻到一阵恶臭，同时也感到一阵剧痛，原来有一只怪鸟落在了这棵新树的枝杈上面，她尖利的爪子已经抓破了皮埃尔的树皮。她虽然长着鸟的身体，却有一张少女的脸，面色像饿鬼一样苍白。她的身体极为肮脏，硕大的肚子上的羽毛满是粪污。诗人皮埃尔如果能见到①这只怪鸟，一定会想起维吉尔在《埃涅阿斯纪》卷三所描写的哈尔皮。维吉尔曾说，任何从冥河斯提克斯冒出来的瘟神或别的凶神恶煞都无法和这种妖怪相比。当年特拉刻的国王菲纽斯因为泄露了天神的秘密，宙斯把他的眼睛弄瞎，然后就派哈尔皮前去折磨他。哈尔皮们抢夺菲纽斯的食物，抢不完的就用粪便污秽。后来，菲纽斯的两个儿子把哈尔皮赶出王宫，她们就来到了达斯特洛法德斯岛上。她们在那里曾经抢劫埃涅阿斯一行的食物，并且预言他们直到饿得吃桌子的时候，才会安顿下来。② 看

---

① 正如 Singleton 在注释里指出的，这个皮埃尔没有嘴，我们也有理由认为，他可能是没有眼睛的。而但丁并没有明确告诉我们，他能否看见。第十三歌中的两个自杀者似乎都没有"看到"但丁和维吉尔。

② 维吉尔：《埃涅阿斯纪》，卷三，278—287；杨周翰译本，59—60。

来不知道什么时候，这些哈尔皮真的渡越斯提克斯河，来到了地狱之中。

皮埃尔来不及细想，已感到身上的痛越来越剧烈，原来那只哈尔皮正在一口一口地啄食他黑色的树叶。她每啄一口，皮埃尔就感到一阵疼痛，同时，就有黑色的血从树枝上的伤口处流淌出来。哈尔皮在树枝上待的时间越长，她的爪子在皮埃尔的树枝上陷入得也越深，黏稠的黑血也就从她爪子的下面汩汩地冒出来。皮埃尔从未忍受过这样的疼痛，于是不禁大声呻吟起来。他厉声质问哈尔皮："你为什么要啄痛我？"那只哈尔皮阴惨惨地说道："如果不是我吃你几片叶子，你怎么能说出话来？你该感谢我才对，为什么还要骂我？"皮埃尔这才意识到，他已经能说出话来了。那被啄破的地方，已经变成了他的嘴，黑血和呻吟声一起流淌了出来。但是，他却感到自己的声音和原来不同了，而是变得像刮风一样，咝咝地吹过去，若隐若现，显得分外凄惨。就在这时，又有几只哈尔皮落在了皮埃尔的树枝上，大概因为他是刚刚长成的树，他的树叶尤其鲜嫩美味，所以那些哈尔皮特别喜欢吃他的叶子。没有多久，皮埃尔的整个枝干就涂满了自己的黑血和哈尔皮们的粪便；同时，他也觉得自己浑身上下都是嘴，都在呻吟嚎叫。但他再也不像刚才那样渴望说话了，因为他只有在感到疼痛和流血的时候，才能够发出声音，而这声音，一定是凄凉的呻吟和咒骂。

那只领头的哈尔皮名叫凯莱诺。就是她，当年向埃涅阿斯等人作出了那可怕的预言。而今，她一边吃着皮埃尔的树叶，一边作出了另外一个预言："可怜的灵魂啊，你就永远作我的美味吧。每当你的树叶长出来，我们都会前来美餐一顿的。这将永无终结。因为你既然已经抛弃了你的身体，你将来再也没有机会重新穿上它了。等到世界末日的时候，别的灵魂都会和自己的身体重新结合。但只有你们这些自杀者没有这个权利。到时候，你们也会取回你们的身体，不过，你们这已经变成树木的灵魂，却没有办法穿上它。你们只能把自己的身体挂在树枝上，把它拖回到地狱中来。那个时候，我们这片繁茂的树林会变得更加有趣。我们不仅会吃着你们的树叶，看你们流淌着黑色的血，听你们那吱吱的呻吟声，而且还会看到林立的尸体，挂在这弯弯曲曲的树丛①之中。"

皮埃尔听着凯莱诺的预言，想象着尸体林立的景象，早又挨了哈尔皮重重的一啄，那新增的口中吱吱地一声大喊，黑血已经滴到了地上。皮埃尔此时又想起了自己在宫廷中的景象，也想起了遭到陷害之后的惨状。他一直念念不忘的是，他的冤枉至今没有昭雪。他真希望自己有朝一日能回到地上，告诉人们他是多么忠于腓特烈大帝，他是遭到了多么大的冤枉。但从凯莱诺的这番话看，这是不可能的了。他真希望自己能再次挣脱这身体的牢笼，但是，这树形的身体却不像原来的血肉之躯那样，可以抛弃掉了。

当维吉尔带着但丁来到了这座黑树林的时候，皮埃尔已习惯了这里面的痛苦和恶臭。他已经长成了一棵比较高的树，② 不仅要遭受哈尔皮的啄食，而且还经常有很多黑狗在树林里追逐因赌博荡尽家财者的鬼魂。这些鬼魂和黑狗都会碰断他的树枝，给他带来痛苦，也会给他带来更多表达自己的机会。

但丁在维吉尔的指引下，折断了皮埃尔一根很小的枝条。当时并没有哈尔皮落在皮埃尔身上，本来正在遭受折磨的间歇中休息的

① Singleton 在注中指出，这些树都是灌木，而不是乔木。
② 根据 Singleton 的解释，树木的高低和德性是相关的。德性越高的自杀者，树木就越高。这一点和后面谈到的人性和灵魂问题很有关系。

他一下子感到了刺骨的疼痛，于是他对但丁大喊起来："干吗撕我？干吗要把我摧残？难道你怜悯之心已全部丧失？我们本来是人，现在变成了树干。我们即使是毒蛇，你的手也不该这么凶残。"

在和但丁的谈话中，皮埃尔一再强调他对腓特烈大帝的忠心和清白，希望但丁返回地上之后能够为他洗刷污名。当但丁听到这位自杀而死的诗人以华美文雅的辞藻恳求他为自己洗刷清白的时候，他的心情一定非常复杂。皮埃尔之所以遭到陷害，本来就是因为他恃才傲物和过于自负，而他之所以会自杀而死，也是因为无法承受名誉被污的命运。他虽然没有犯什么真正的罪，但热爱虚名这一点就足以使基督教伦理难以宽恕了。哪怕是在死后，皮埃尔虽然知道自杀是一件不义之事，但他丝毫没有为自己的爱慕虚荣而自责或忏悔，而是仍然想着有朝一日能够得到昭雪，而且这种念头越来越强烈。他虽然知道自己抛弃身体是件大罪，却仍然把现在的身体当作牢笼，徒劳地想着再次挣脱它。

二、第二个身体

第十三歌并不很长但令人看一眼就难忘记的描述，使皮埃尔成为《地狱篇》中写得最成功的角色之一。但丁用树木的形象来展现自杀者的罪，虽说在基督教史上是前无古人的，但其基本思想却与基督教对自杀的一贯谴责完全符合。首先，自杀者之林是地狱第七层的第二环，而第七层主要是用来惩罚暴力之罪的。但丁与奥古斯丁和托马斯一样，将自杀当作谋杀的一种，当作对自己施加的暴力。但丁所用的树木形象和哈尔皮一样，也是来自《埃涅阿斯纪》第三卷。在维吉尔笔下，特洛伊人波利多鲁斯在被杀害之后，也长成了树，它的枝条就是刺死波利多鲁斯的长矛。[①] 但丁借用树木的形象来写自杀者，同样强调了自杀者的暴力特征。其次，自杀的基本罪状，是对自己这个正义之人做的不义之事，但丁在这一点上，也完全继承了基督教对待自杀的一贯态度。

但是，但丁这短短的叙述却也为我们提出了两个难以解释的困惑。第一，自杀者的灵魂不仅变成了树木，而且还会流血，会感到疼痛。托马斯正是因为灵魂不会遭受身体的痛苦，而一再修正和阐释地狱天堂的说法。出于托马斯主义传统的但丁，怎么会让死后的灵魂具有如此明显的身体特征呢？第二，但丁说，自杀者的灵魂在末日审判的时候，不会和身体重新结合。末日之时居然有人的身体不会真正复活，这恐怕是《神曲》中最离经叛道的观点了。因此，卜伽丘在评注这一段的时候说，这种说法简直是异端邪说。[②]

这两个难点的核心，都是灵魂与身体的关系。而对这个问题，但丁在《炼狱篇》第二十五歌里借助斯塔提乌斯之口，有一段非常详细的解释。当时，但丁因见到饕餮者的灵魂在炼狱中能够被饿瘦而产生了疑问。灵魂是没有形体的，怎么会有胖瘦的区别，又怎么会有饿瘦这种惩罚呢？为了让但丁理解这一点，斯塔提乌斯首先解释了人的灵魂的形成过程。此处，斯塔提乌斯所遵循的，是托马斯—亚里士多德主义的生物学。其基本观点是，人的形成包含了植物、动物、人这由低到高的三个阶段。斯塔提乌斯的叙述，就首先从人的受精开始：

---

① 维吉尔：《埃涅阿斯纪》，卷三：32—63。杨周翰译本，153。

② Giovanni Boccaccio, *The Life of Dante*, New York：Garland，1990.

经脉即使口渴，也不会吸取完美的血液；却让它像事物一样，在桌上留下，被人拿了去存聚；然后在心脏接受生化的力量，再把力量传送给肢体；一如别的血，在经脉中给肢体形象。经过再消化，这种精血就下输，从一个不便明言的部位中滴入天造地设的器皿，接触另一人的血，并与之相融。其中一种，因源头美善而秉持活跃的属性；另一种则生性被动。前者融入了后者，就蠢然开始把它凝结；后者成了形，会再由前者赋生，成为可塑的物质。主动的能量成为灵魂的时候，跟植物的灵魂相同；不同的地方，在于后者已抵岸，前者在游走生变，且具备感觉，可以弛张，像海绵一样。

在这一阶段，男女受精之后，就形成了胎儿，但是它还处于极为初级的阶段。其生命的动力形成灵魂，类似植物的灵魂。斯塔提乌斯随后讲道：

> 然后，它进一步成为种子，为创造官能而派用场。孩子呀，这能量会成长，也会伸舒；它的源头是生化者的心。在那里，天性会照顾所有的手足。

斯塔提乌斯所说的这第二个阶段，指的就是动物阶段，即人已经具有类似动物的灵魂，已经有了运动的各种器官和官能，但还没有人的理性。最后一个阶段，也就是形成人的阶段，是最关键的。斯塔提乌斯这样说道：

> 你呀，请敞开胸怀去接受真理。告诉你，一旦脑部的接合

过程结束，在胎内变得完美无比，万动之源就眷顾它，因自然的大能，造出这样的精品而欣悦，并呼入力量充盈的新精神为它催生。在脑里，新精神见到活跃的外物，就加以吸收而合为魂魄，靠自己就可以生长观照。

在这最后一个阶段，上帝赋予了人理性的灵魂，使人超出了植物和动物，成为最完美的被造物。

对于人与植物和动物的关系，但丁在《会饮》中有过更加明确的叙述。我们可以把它抄录于下，与斯塔提乌斯的话相对照：

> 生物靠植物性的力量生存，在这一力量的基础上，是感性生命，即视觉、听觉、味觉、嗅觉、触觉；这种植物性力量可以自身形成一种灵魂，就像我们在植物身上看到的。离了植物力量，感觉力量不能存在；除非是活着的，否则就不能感觉。这种感觉力量是理智力量的基础，即理性，因此，在有生命的必朽之物中，找不到有理性力量而没有感性力量的，但是有没有理性力量而有感性力量的，比如我们在哺乳类、鸟类、鱼类，以及各种野兽中看到的。而能包含所有这些力量的，是所有当中最完美的。人类的灵魂，因为具有最高的力量，即理性，而是高贵的，像一个永恒理智那样参与神性。[1]

将这两段放在一起，我们可以清楚地看到但丁思想中基本的人性结构。首先，人不仅高于植物和动物，而且包含了植物和动物所

---

[1] *The Convivio of Dante Alighieri*，III：2，London：J. M. Dent，1924.

有的基本官能。其次，人的灵魂和身体的官能是密不可分的。植物和动物都可以形成其各自的灵魂，而人的灵魂则是在胎儿发育到一定程度以后，由上帝赋予的人的自然。这种看法，与托马斯关于灵魂与身体的基本理论完全一致，即灵魂是身体的形式、自然和本质，身体是人的质料。没有灵魂，就没有人的生命；没有身体，灵魂也无法存在。[①]

依照这一说法，但丁也会像托马斯那样，面临灵魂如何脱离身体而单独存在这样一个问题。既然灵魂是生命的动力，而且不能脱离身体存在，那么，人死之后，灵魂怎么会依然存在，而且进入地狱、炼狱、天堂这样不同的空间，甚至还会表现出只有身体才有的各种特征呢？这些没有形体的灵魂怎么会感到疼痛，怎么会遭受折磨，怎么会被饿瘦，怎么会变成树木，怎么会流血呢？

我们在上一章看到，托马斯在碰到类似问题时，费好大力气作了并不那么有说服力的辩护。因为他把地狱中的很多惩罚理解为精神性的和比喻的，更否认真的存在地狱这样一个物质性的空间，但丁完全不能用托马斯的解释来说明他笔下的地狱中的惩罚。

另外，托马斯那里的地狱惩罚只是很简单的"永恒之火"。《圣经》里面并没有提到不同的罪人要遭受不同的惩罚，因此教会就一贯延用"永恒之火"这一简单的说法。圣格列高利已经感到这一讲法并不合适，于是提到，纵欲者和纵欲者在一起受惩罚，贪婪者和贪婪者在一起受惩罚。不过，这些罪人所遭受的仍然一概是永恒之火的烧灼。

[①] 对但丁这一理论的详细分析，可参见 Patrick Boyde，*Dante：Philomythes and Philosopher：Man in the Cosmos*，Cambridge：Cambridge University Press，1981，270—295。

而但丁不仅为地狱找到了一个明确的地理位置，详细解释了地狱的形成原因，[①] 并且为不同的灵魂安排了不同的惩罚方式。他所面临的困难，比托马斯大得多。仍然是借助斯塔提乌斯的口，但丁描述了人死之后灵魂的状况：

　　　　拉克西斯再没有麻纱可绕，魂魄就脱离肉体，潜带着人性和神性的精华一起向远方高翔。其他官能，这时都喑哑不灵。不过这时候，记忆、脑力、意志运作时，却比以前更活跃，更澄明。说来神妙，灵魂并不会栖迟，却自动向河岸之一下堕，在那里首先对旅程取得认识。在那里，一旦有空间把它包裹，生生不息的能力就射向四方，形态跟活于肢体的时候相若。大雨后，空气中如果水云茫茫，并且有外来的光线映照聚集，就会色彩缤纷而焕然成章。魂魄的力量也如此，它停在哪里，就在哪里以潜力盖下印信，使空气的形态也随着转移。新的形态，会跟着魂魄前进，就像火舌之于火焰；火焰去到哪里，火舌就同时来临。由于形态以这种方式彰显，因此又称为魅影。就这样，魅影为视力等感觉而器官是添。因此，我们有了说笑的本领，并且能流泪，能叹息。我们的叹息，你在山上也许已听得分明。就这样，魂影按欲望和其他情意对我们的影响而具备形态。你所以惊讶，就是这个道理。

_____

① 在但丁的地理概念中，北半球全是陆地，南半球全是海洋，耶路撒冷就在北半球的中心，地狱的入口就在耶路撒冷下面、耶稣受难的地方。南半球的中心是炼狱山。炼狱山顶是伊甸园，再往上就是天堂。魔鬼鲁西反堕落的时候，从天上掉下来，由南半球进入地球，所以把南半球砸出一个大坑，使南半球全是海洋。鲁西反掉到地心，遭受整个地球的压力，在他的头上，就形成了地狱。他所在的地心，是罪孽最重的地方，越往上罪孽越轻。参见《神曲·地狱篇》第三十四歌。

但丁依然遵循托马斯的基本思想，认为灵魂在脱离了肉体后，虽然丧失了肉体所有的能力，但是因为它的精神活动更加直接，所以就变得更加敏锐。地狱中的那些灵魂，都能预言未来的事，却无法看到当时发生的事，或许这就是对托马斯这一说法的一种诠释：脱离身体的灵魂，看得更直接、更敏锐，但是无法获得完美的知识。

　　与托马斯不同的是，但丁认为这些灵魂并不会脱离身体独立存在，而是立即获得了一具新的身体。死人的灵魂不仅拥有造物主吹给他的那口灵气，即神性的能力，而且仍然带有其中所包含的植物和动物灵魂的潜力，即发育出肢体和运动器官的能力。而作为其身体的本质的灵魂，不可能脱离这种身体而独立存在。于是，死人的灵魂根本没有独立存在的可能，而是一旦肉身死亡，就马上通过另外一具身体来实现自己。只不过，它所使用的质料不再是血肉和骨骼，而是湿润的空气。按照吉尔松的说法，这具身体，如同灵魂的分泌物。它就像蚕丝和蛛网一样，是灵魂在它周围分泌出的一个自我实现的空间。①

　　但丁的这套说法用托马斯—亚里士多德主义完美地解释了鬼魂们在地狱中所受的苦。甚至它看上去比托马斯自己的说法更托马斯主义。虽然受过现代科学洗礼的读者恐怕很难理解斯塔提乌斯所说的这段话，并且即使在理解之后，也只能把它当作玩笑来看，但正像吉尔松所说的那样，但丁对自己的这套说法是认真的，而且这是一种非常科学化的解说。就像但丁的天文学和地理学一样，他的生

---

① 这一节的论述均大量参考了吉尔松的研究。见 Etienne Gilson, "Dante's Notion of a Shade: Purgatorio XXV," in *Dante and Philosophy*: *Nature*, *Cosmos*, *and the Ethical Perspective*, editedby Richard Lansing, London: Routledge, 2003, 340—358。

物学同样有着非常严谨的结构和推理，而且我们从中可以清楚地看到后来各种相应科学理念的雏形。更重要的是，这套科学的说法，构成了但丁认识宇宙、自然、人类的一个基本架构。

三、树人皮埃尔

于是，死者的灵魂们重新穿上了自己分泌出的新身体，通过这个身体感受外界的各种刺激，传达自己的各种情感，承受各种折磨，表达喜怒哀乐。所以，那位皮埃尔在死后不仅会感到疼痛，会流血，而且还会继续自负和虚荣地存在下去。

地狱第七层中的鬼魂们所受的惩罚，体现的是对自然的翻转或变形。这一层中的景象，大多是反自然的，比如河中流淌着鲜血、头上落下火雨；这一层中出现的鬼怪，大多是半人半兽的形象，比如半人半马的肯陶尔、人首鸟身的哈尔皮；而这一层中出现的人物，也大多具有按照自然本不该有的特征，比如杀人者失去了说话的能力，自杀者则变成了树木。之所以如此，是因为暴力是违反自然的。[①]

因此，自杀者所遭受的被变成树木这种惩罚，所针对的，正是自杀者违背了自然法这一条基本罪状。但是，用变成树木这种特殊方式来惩罚，究竟意味着什么呢？

按照斯塔提乌斯所讲的人性学说，人和植物之间并不是那么格格不入。在胚胎发育的过程中，形成植物性灵魂是第一步，然后再

---

① Richard Lansing, "Dante's Conceptof Violence and the Chainof Being," in *Dante and Philosophy：Nature，Cosmos，and the Ethical Perspective*, edited by Richard Lansing, London：Routledge, 2003，154—155.

相继变体成动物的灵魂和人的灵魂。而自杀者的灵魂在强行与自己的肉体脱离后，也像别的灵魂一样，携带着人所特有的神性能力和人性能力的潜力，它的人性能力要发挥作用，分泌出一个新的身体来。但显然，自杀者的灵魂似乎丧失了分泌出一个人形身体的能力，只能长出一棵树。这棵怪树，就是自杀者用空气为自己造出的一个新身体。

斯塔提乌斯的叙述中暗示，死者的灵魂在制造出新的身体时，有一点与活人不同：活人的胚胎从小发展到大，经历了植物、动物、人这三个阶段，每一个阶段不仅有相应的身体，而且有相应的灵魂。但是，死者的灵魂一开始就是成熟的，所以，当这个灵魂再度形成一具身体的时候，不需要再从小到大，从植物到动物到人这样发展成长。而自杀者的情况却与众不同。虽然他们的灵魂和别的死者灵魂一样成熟，但自杀者并不是一下子就拥有了一个自己的身体，而是先成为种子，落在第七层的地上，然后再慢慢生长发芽，最后长成一棵树。

斯皮策（Leo Spitzer）对这个问题有一段很精到的分析："身体的生命被完全毁灭后，灵魂继续存在，而它生长的可能性被斩断了，哪怕长成另外一个身体也不成；第二个身体，也就是植物形状的身体，和第一个身体没有关联，而是在死亡把身体强行剥离灵魂之后的新生所带来的产物。"① 其他灵魂的第二个身体，是对第一个身体的复制，因为他们的灵魂与身体的分离不是自愿的，是不得已的自然结果或外力所致。所以，他们不需要重新回到胚胎状态，再发育

---

① Leo Spitzer, "Speech and Language in *Inferno XIII*," in *Dante：A Collection of Critical Essays*, edited by John Freccero, Englewood：Prentice- Hal, 1965, 79.

成长。但自杀者的身体不同，它是自杀者强行剥夺的，一旦丢掉，就再也不会取回来了。因此，自杀者的灵魂无法复制出另外一个一模一样的身体，而只能重新回到胚胎状态，重新生长。灵魂化为种子，再慢慢长成树木，这是第二次胚胎发育。但这一次，它却不能经过植物、动物的阶段，最后变成人形，而只能停止在第一个阶段了。按照斯塔提乌斯在《炼狱篇》第二十五歌和但丁在《会饮》中的说法，这个阶段，是灵魂和生命最低的发育形式。没有了植物性力量，任何生物都不能生存。因此，灵魂要把自己实现出来，最起码也要有植物性力量。自杀者于是就停留在了这最低等的阶段。

雅科夫（Rachel Jacoff）指出，皮埃尔灵魂的这种变形是对保罗所说的一段话的戏仿："你所种的若不死就不能生。并且你所种的不是那将来的形体，不过是籽粒，即如麦子，或是别样的谷，但神随自己的意思给他一个形体，并叫各等籽粒各有自己的形体。"[1] 自杀者所有的就是这样一个形体，他们的身体并没有像别的灵魂那样，成为实现自己的正面工具，反而成了幽囚自己的监牢——而这，正是自杀者在抛弃身体时对自己身体的本来理解。[2] 皮埃尔的灵魂呆在这树形的身体里，不仅一动也不能动，甚至连表达自己的能力都被剥夺了。只有在感到被哈尔皮啄破的剧痛时，他才能够表达一下自己，血液随着声音一起流淌出来（注意斯塔提乌斯在血液和灵魂之间建立的关联）。

---

① 《哥林多前书》15：36—38。

② Rachel Jacoff，"The Body in the *Commedia*，" *in Dante and Philosophy*：*Nature*，*Cosmos*，*and the Ethical Perspective*，editedby Richard Lansing，London：Routledge，2003，129—130.

四、末日审判

我们理解了皮埃尔的灵魂为什么会变成树木，为什么会流血，以及为什么会感到疼痛，从而也就能够理解这个树人和其他死者的另外一个重大区别，即他在末日审判的时候无法真正穿上自己的身体。

皮埃尔向维吉尔和但丁解释说："自弃的东西，没理由再取回。"这是自杀者的灵魂无法与身体结合的根本原因，其中的道理与他变成树人的道理是完全一致的。

但丁遵循托马斯的说法，认为灵魂是身体的自然和本质，身体是灵魂的工具和表达方式。灵魂不可能离开身体存在，它必须通过身体来实现自己。自杀者的灵魂和其他灵魂一样，仍然保存着记忆、理智、意志这些神性的功能。但是，他们的灵魂却对自己的身体施加暴力，破坏了身体与灵魂之间的和谐结合。它生长出植物性的身体，完全是同灵魂的这种暴力特点相符合的。既然这样的灵魂无法再长出人形的身体，那么，它也就不可能和自己生前的身体重新结合。这个灵魂将永远被囚禁在那植物之中。即使在末日审判的时候，虽然它可以把身体取回来，而且，按照托马斯的说法，这身体应该是三十岁左右、最完美、最健康的身体，但是这个暴力的灵魂已经不配再使用这样的身体了；它已经重新长出了一具与自己相匹配的身体。这样，它就只能把那完美健康的身体挂在树枝上，继续遭受这永无休止的折磨。虽然但丁的说法看上去不符合基督教关于末日审判的正统观念，却是依循了托马斯主义的道理推导出来的。

说地狱之中的惩罚与末日审判后的情形是一样的，就预设了这样一个前提：罪人在地狱中受惩罚所依循的道理，与末日审判以后所依循的道理，是同一个。如果是这样，我们就要问，这两种惩罚之间究竟有什么关系。这就涉及中世纪基督教关于死后世界的神话一个很模糊的地方。

吉尔松指出，但丁这里必须回答经常困扰着中世纪神学家们的一个问题：灵魂们在死亡和末日复活之间，究竟待在什么地方，是一个什么状态？一个相对简洁的解释是，灵魂在人死后什么也不做，直到末日复活以后，才接受审判，要么获得永生，要么遭受永罚。但《圣经》中几次明确提到人死之后的状态的文字，使神学家们无法安然接受这样的解释。于是，托马斯认为，灵魂们在死后会接受一次审判，然后进天堂或下地狱。等到末日复活之后，人们还要接受另一次审判，然后进入永生或遭受永罚。[①] 这能解释得通《圣经》里的相应段落，却又带来了新的困难。它除了讲到没有肉身的灵魂怎么会受折磨之外，还讲出了两次审判。这两次审判之间，除了发生的时间不同，以及所针对的是灵魂或是灵肉结合的人不同之外，还有什么更实质的区别吗？如果两次审判的结果都完全一样，那为什么要有两次呢？难道地狱中的灵魂要从地狱中走出来，然后再回到地狱中吗？难道天堂上的灵魂也要从天堂上下来，然后再回到天堂上去吗？如果两次审判的结果不一样，这种不同又是怎么产生的？难道两次审判不都是上帝完成的，所针对的不都是人们生前的所作所为吗？

但丁除了用空气的身体解决了灵魂受罚的问题，还通过地狱中

---

① Etienne Gilson, "Dante's Notion of a Shade: Purgatorio XXV," in *Dante and Philosophy: Nature, Cosmos, and the Ethical Perspective*, edited by Richard Lansing, London: Routledge, 2003, 134.

的不同惩罚，为这两次审判案中提供了一个解释。奥尔巴赫（Eric Auerbach）指出，但丁所描述的死后世界中的种种情景，其实就是末日审判之后的基本情况。末日审判与初死时的审判没有什么不同，只不过会更加强化当时的这种状况而已，而不会带来什么实质性的改变，不会再发生什么新事情。① 在这个死后的世界，时间是停滞的，灵魂们不可能再犯下新的罪行，也不会再做什么新的好事。一切都已经决定了，但丁所看到的，不过是不断的展示和重复而已。

因此，在末日审判之前，皮埃尔的灵魂会拖着他那粗大黝黑的树干，遭受哈尔皮的啄食和黑狗的骚扰，在受伤的时候会呻吟和嚎叫以表达自己。等到了末日审判之后，他不会离开地狱，也不会改变惩罚的方式，而只是除了这个树状的身体之外，还要把他的肉身挂在树枝上，然后继续遭受哈尔皮和黑狗的折磨，日复一日，年复一年，永无休止。他所遭受的，就是奥古斯丁所谓的第二次死亡；他的灵魂，就是一具柏拉图笔下不可能有的灵魂的尸体。

五、地狱中的人性

和托马斯一样，但丁非常看重身体与灵魂的结合。像皮埃尔这样擅自伤害自己身体的人，是针对自己的自然犯了大罪。所以，当他无论在地狱中还是在末日中遭受审判的时候，他都无法获得本来应有的身体。这样一种特殊的刑罚，揭示了自杀之罪的特殊性。论

① Eric Auerbach，*Dante：Poet of the Secular World*，Chicago：The Universityof Chicago Press，1974，142.

严重程度，自杀当然无法和地狱更下层的罪相比。但是，自杀者却是地狱中唯一一类无法重新获得肉身的灵魂；从这个意义上讲，自杀之罪甚至可以说是最不可宽恕的罪。

不过，即使是这样大的罪，也只是伤害了人性中的一个方面，并没有破坏灵魂中"神性的力量"，即记忆、理智、意志的能力，也就是奥古斯丁所谓的内在三位一体。皮埃尔的灵魂没有重新分泌出肉身的能力，但是却仍然能够回想地上的美好生活，担忧自己在尘世中的名誉，盼望但丁能够帮自己平反昭雪。而且，按照斯塔提乌斯的说法，死者的灵魂的这些能力，只会比生前更加灵敏。当然，在地狱里的折磨之下，这些敏锐的功能只能使鬼魂们更加痛苦。

灵魂在地狱中的这种状况，隐含着但丁对人性的一个核心看法：人从上帝那里得到的灵魂中的神性，是无论何时何地都不会消失的。哪怕是犯了十恶不赦的大罪的恶人，他的灵魂也永远是神圣的。这灵魂可能遭受各种各样的折磨，可能承担最大的诅咒，但是其内在的神性，是任何外在力量，无论人、魔鬼，天使，乃至上帝，都不可能强行剥夺的。由此我们可以理解，为什么哪怕对于地狱中的灵魂，但丁都常常表现出由衷的敬意。因此，但丁越是呈现出死后世界的神学结构，就越是在描绘人性的高贵和伟大。当他在幽灵们当中旅行的时候，他一方面是在思索神学问题，另一方面，却也把人性空前地凸现了出来。在《神曲》当中，神与人之间并不是对立的，而是相互证成和揭示的。

但丁并不是靠赞美抽象的人来做到这一点的。他完整地保存了每个人生前的精神整体，通过非常具体的形象展示人性的价值。但丁之所以能做到这一点，是因为他强调，每个人的灵魂都是上帝创造的。斯塔提乌斯的那段话揭示了但丁的一些基本哲学、神学乃至科学立场。在他这里，人既是由人繁殖的，也是上帝创造的，甚至可以说，人先是由人繁殖的，然后才被上帝创造出灵魂。斯塔提乌斯说，在胎儿发展到一定阶段时，上帝都要给人吹一口气，来创造灵魂。这是在这一段中几处《圣经》典故中的一个。上帝所吹的这口气，使每个具体的灵魂都是神圣的。①

由于每个灵魂都是神圣的，人的神圣就不是反映在人们之间共同的东西，反而体现在千差万别的个性当中，甚至包括罪人的个性。每个个体都是神性在人身上的一种展现，都是值得赞美的，哪怕这种展现以罪的方式实现。正是因此，但丁并没有把道德和罪过拟人化，而是选择了描写一个一个具体的人。② 而死后的鬼魂，恰恰最鲜明地展现了这种个性。

奥尔巴赫指出，但丁之前的人们在谈到死后灵魂的时候，"他们要么把所有的死人抹平，成为幽冥之界里的某种存在，在其中，个体的性格被毁了或削弱了；要么以一种粗暴的道德主义，把善良者与得救者同邪恶者与受罚者分开，完全摧毁地上的关系。……使《神曲》与所有其他对彼岸世界的描写完全区别开的是，人在地上的性格整体被保存和确定了下来。"③ 就像我们在皮埃尔身上看到的，他不会因为经过了死亡而改变，也不会在受到惩罚之后悔悟。相反，皮埃尔生前的虚荣、自负，以及对皇帝的忠心都变得更加强烈。那些导致了他的自杀的性格丝毫没有减弱。哪怕在变成树木之后，他仍然念念不忘腓特烈大帝的功德，不忘自己对他的忠心耿耿，对那

---

① Patrick Boyde，*Dante：Philomythes and Philosopher：Man in the Cosmos*，Cambridge：Cambridge University Press，1981，278—279.

② 同上，289。

③ Eric Auerbach，*Dante：Poet of the Secular World*，Chicago：The University of Chicago Press，1974，89—90.

些陷害他的人自然是咬牙切齿，甚至仍然对自己的身体充满憎恨。见到但丁时，他最牵肠挂肚的，是希望但丁回到地上后能够为他洗刷冤屈。同时，我们也不要忘了，皮埃尔对但丁说的话，完全依照他写诗时的风格。

但丁在地狱里见到的灵魂，不仅丝毫没有改变他们在地上的性格，而且还最集中、最全面地代表了他们的精神品性。在人间的时候，每个人有各种各样的伪装，面临各种各样的情境，别人很难真正了解他的总体性格。但是到了地狱中，他失去了任何伪装，也不再面临任何具体情境，而是将全部的自我赤裸裸地展现出来。地狱中的形象是对其性格的"延续、强化，和诠释"。①

正是因为这一点，死后的世界才是一个没有时间和历史的世界。鬼魂们不会再有什么变化，也不会再行善作恶；它们所做的，只是在上帝的正义面前充分展示自己在人世中的所作所为。"于是，时间性的事件被删除了，只有记忆保存了下来，现实只是通过记忆进入了彼岸世界。"②

但丁的这种描述已经不再依赖于亚里士多德说的艺术原则，而是一种基督教的产物。③ 但丁的这种技艺，与当时的基督教绘画艺术异曲同工。只有在这样一个神学的宇宙结构当中，但丁才能够如此痛快淋漓地描摹人性的现实。"但丁把神性的真理揭示为人类的命运，揭示为有谬误的人的意识中'存在'的元素。这一元素只能很

---

① Eric Auerbach，*Dante：Poet of the Secular World*，Chicago：The University of Chicago Press，1974，154 页。
② 同上，143 页。
③ 同上，91 页。

整脚地参与神性的存在，却得不到完成和实现。"①

《神曲》对每一个鬼魂的描述都极为凝练，但就在寥寥几笔当中，却把每个人身上的神性和罪性都充分展现了出来。每个人身上都会体现出最高存在的影子，他们的知识、记忆、意志都会在某种程度上与最高存在相似，但是，他们是以不完美甚至罪的方式呈现出这些的。这种与神的相似性就构成了他们的神性，那种不完美和欠缺就构成了他们的罪性。皮埃尔对腓特烈大帝的忠诚、对美好生活的热爱、对道德操守的坚持，都体现了他的高贵，但他执著地坚持对人的忠贞，把对美好生活的热爱变成了爱慕虚荣和自以为是，把对道德操守的坚持变成了轻狂自负、恃才傲物，这又体现了他的罪性。皮埃尔这具树形的身体，本身就包含着极为复杂的含义。这既是他的罪性的集中体现，也是他的神性的极端张扬。这两个方面非常悖谬地体现在这株奇怪的树干上。可以说，但丁对自杀者的谴责，恰恰凸现了他对皮埃尔这个灵魂的尊重。正是因为皮埃尔的灵魂是高贵的，所以他才会遭受如此离奇的惩罚。

但丁的诗篇把中世纪神学对人性的思考推到了最高峰，也作了一个诗意的总结。在他这里，人之所以是神圣的，是因为每个人的灵魂中都有上帝的形象。基督教的神学图景为人性的充分展开提供了一个基本的架构。但人的神性既不体现在人的道德品质中，也不体现在人对神学信仰的认识上，更不体现在抽象的"人"的观念中，而是内在于人的灵魂结构，并体现在每个人具体的性格中。他对皮埃尔的尊重，并不是对抽象人性的尊重，而是对具体的这个人的个

① Eric Auerbach，*Dante：Poet of the Secular World*，Chicago：The University of Chicago Press，1974，94.

性的尊重。展现了上帝的神圣形象的，并不只是人类整体，而且是每个人具体的灵魂；哪怕是在罪人的灵魂中，我们看到的也是神圣。当每个人在思考、回忆、意愿的时候，哪怕他这些精神活动之中充满了罪恶和谬误，也充分揭示了人性中神圣的方面。每个人的神性和罪性甚至都互为表里，几乎不可能单纯地表现出神性或罪性。

我们在这样一种人性观之下，再回过头来看自杀究竟是怎样一种罪。自杀者伤害自己的身体，其罪恶并不仅仅是因为抛弃了上帝所创造的身体，也不仅仅是因为破坏了身体与灵魂的统一，这个行为甚至也已经践踏了灵魂本身，因为没有了身体，灵魂就失去了实现自我的工具。那么，自杀者就是运用灵魂的功能，阻止了灵魂对自己的实现和展示，是人性对自我的摧残，是正义之人对自己所做的不义之事。于是，自杀者就最集中地体现了人性中神性和罪性之间互为表里的关系。自杀者有欠缺的灵魂通过自杀这一举动，试图最充分地实现自己对美好生活的追求，但是把人性中的罪性极端展现了出来。或许正是这种悖谬，使我们在皮埃尔的故事中看到更多的是同情，而不仅仅是谴责。[①]

正是因为自杀之罪呈现出如此悖谬的特点，我们也就可以理解但丁对另外一些自杀者的处理。但丁并没有把所有的自杀者都放在地狱第七层第二环。[②] 最令人震撼的是，加图虽然身兼三种但丁认为的大罪（异教徒、自杀者、与恺撒为敌），他却没有出现在地狱中的

---

① Francesco De Sanctis，"Pier dele Vigne，" in *Dante：The Critical Heritage*，edited by Michael Caesar，London：Routledge，1995，590.
② 我们在地狱第一层的灵薄狱里看到了卢克莱西亚，在第二层的奸淫者当中看到了狄多。而刺杀恺撒的布鲁图斯和卡西乌斯，以及出卖基督的犹大，则被放在了地狱的最下一层，撒旦的嘴里。

任何一层，而是到了炼狱山的脚下，看管炼狱的大门。① 但丁并没有忘记加图是个自杀者，甚至还借维吉尔的口提醒读者，加图是自杀而死的："自由的宝贵，为自由牺牲的人自能揣摩。这道理你也明白。在尤提卡，你为自由牺牲而不以为苦；衣褐脱下后，到了大日子就烨烨生辉。"② 加图和皮埃尔一样，对自己这个正义之人行了不义之事。他自杀的原因越是无辜，他就越不该杀死自己。我们在第三章奥古斯丁对加图的评价中已经看到了这一点。那么，他就尤其应该变成树木。可是，加图不仅在炼狱山下现出了人形，而且他的身体还会在末日审判时"烨烨生辉"。其原因，是因为加图捍卫的是自由，所以热爱自由的但丁也就追随维吉尔在《埃涅阿斯纪》中的安排，没有把他放在自杀者当中。但这并不意味着，神性与罪性的悖谬在加图这里没有。我们最多只能反过来看加图身上的这对悖谬：他是以有欠缺的灵魂，来投入到追求自由的伟大事业之中，从而使自己的罪性成就了其神性。和所有思考自杀问题的思想家一样，自杀中的这对悖谬完全可能推导出完全相反的结论。当不久之后，卢克莱西亚和加图这些自杀者更频繁地出现在欧洲人的视野中的时候，西方的人性观也就会呈现出更加不同的面貌了。

---

① 见 Charles Singleton 对《炼狱篇》第一歌第 31 行的注。Dante Alighieri，*The Divine Comedy*：*Purgatorio*：*Commnetary*，translated with a commentary by Charles Singleton，Princeton：Princeton University Press，1991。

② 《炼狱篇》第一歌 71—75。

第三部分

现代自杀问题的诞生：英国个案

第六章　英国病

　　壮烈的自杀故事早就随着罗马帝国的衰落和基督教会的兴起而消失了踪迹。但是，当现代欧洲的新罗马——大英帝国逐渐崛起的时候，自杀忽然又成了很流行的话题。古罗马的自杀者们在英国纷纷复活了。本来不以音乐见长的英国，却诞生了伯塞尔的《狄多与埃涅阿斯》这样著名的歌剧；卢克莱西亚以卢克利斯的名字不断成为英国诗人们钟爱的主题；[①] 著名诗人安迪森的悲剧《加图》不仅在舞台上取得了巨大的成功，甚至导致了不少英国人仿效加图而自杀；莎士比亚的《裘力斯·恺撒》把自杀者布鲁图斯写成了一个英雄，而他的《安东尼与克莉奥佩特拉》使"罗马人的死法"成为自杀的代名词；塞涅卡的文

---

① 在十六、十七世纪的英国，直接关于卢克利斯的诗歌和戏剧至少包括莎士比亚的叙事诗《卢克利斯受辱记》(*The Rape of Lucrece*，1594)、黑武德 (Thomas Heywood) 的悲剧《卢克利斯受辱记》(*The Rape of Lucrece*，1630)、费兰德尔 (Philander) 的叙事诗《塔昆与卢克莱西亚的故事》(*The History of Tarquin and Lucretia*，现存 1669 年的第二版，初版时间不详)、米德尔顿的《卢克利斯的鬼魂》(*The Ghost of Lucrece*，作为续诗刊于 1600 年版莎士比亚的诗的后面)，以及夸利斯 (J. Quales) 的《被逐的塔昆》(*Tarquin Banished*，作为续诗刊于 1655 年版莎士比亚的诗的后面)。参见拙文《生的悲剧，死的喜剧》。

章更是成为古典教育的教材，为英国绅士们津津乐道。

但就在"罗马人的死法"流行起来之后，"英国病"（English Malady）却逐渐成为自杀的新的别名。孟德斯鸠在《论法的精神》中一个非常著名的段落写到，由于这个岛国气候阴郁，而且这个种族的人民天性灰暗，所以，英国人比较喜欢自杀。① 虽然古罗马的自杀英雄常常成为英国人钦慕的对象，这个生性阴郁、多愁善感的新罗马对待自杀的态度却要复杂得多。

我们只要随便翻翻十七世纪英国的报刊和各种小册子，就会从这样的标题上体会到英国人对待自杀的态度——

1653："一个精神困窘的人的离去"，或"一个天才的叙述"，讲的是原克罗奈尔·威利团的士兵的马斯·闵斯于 3 月 17 日星期四，在伦敦的圣基尔斯·克里普利门教区对本人实施的自愿谋杀，还有他亲手写的信的原件，是在他做这件事之前那一刻才交给他妻子的，而收信人，是至高上帝的所有圣徒。他在信里告诉他们他自己的不满和辛劳，从而为自己的行为正名。本文还叙述了他的奇怪的观点，他杀死自己的过程，以及其他经过调查的事，这些都在 3 月 18 日星期五经过了证实，并且有在验尸官检查之前的宣誓为证。②

1676：从大桥街传来的不幸而值得探讨的消息，或，对太轻浮或太沉迷的爱人的一个警告，这是一个年轻学徒（他在大

---

① Charles de Secondat Montesquieu, *The Spirit of the Law*, Cambridge：Cambridge University Press，1989，241—242.

② 本章出现的英国十六、十七世纪的原始资料，除极少数是从哈佛大学图书馆得到的外，大多来自电子资源 Early English Books Online，见 http：//eebo. chadwyck. com.

桥街从事贩帽生意）的完整而真实的故事，他与一位女子相爱三年，突然觉得遭到她的忽视，在上个月即 3 月 21 日星期二饮鸩而死；在教堂埋葬几日后，被迁往福利桥的大街上。1676 年 4 月 3 日发自奥尔登堡。

1684：迫害之苦的典型，约翰·柴尔德对生活的真实叙述和值得探讨的结局，他在 1684 年 10 月 30 日凄惨地自毁而亡。

1700："离牛津一步之遥"，或"一篇疯狂的杂文"，写的是可敬的克里克先生，据说，他是为爱而自缢的［1700 年 6 月 18 日，星期二］，里面也写了她的情人的性格。（是的，他死了！那可怜的、不幸的天鹅，死在美丽的爱情里，但是却是虚妄的爱；她把那牧羊者做了燔祭，献给她的高傲）

这些叙述有谴责，有同情，有悲哀，有怜悯。在这些报道和叙述的正文，那些不知名的作者往往先发一通感慨，哀叹人类命运的悲惨或魔鬼的阴险，然后再进入正题，叙述自杀者的故事。一翻开这些小册子，一个阴郁和焦虑的英国形象就扑面而来。这里所讲的自杀故事，和罗马的那个故事已经非常不同了。随着现代人对人的"自然权利"的理解和对人的内在价值的肯定，对自杀的谴责和肯定几乎同时高涨起来。在这一章，我们将循着自杀者那干涩的呻吟，努力进入当时英国的人性结构。

一、约翰与艾米

英国的自杀故事的开端，是极为严厉而可怕的惩罚。早在古希腊文化中，对自杀的惩罚就已经是民间信仰的一部分，也常常会成为法律的规定。到了中世纪，这种倾向更与基督教对自杀的谴责结合在一起，同时也愈益明确地变成法律的规定。不过，无论在中世纪的英国还是其他欧洲国家，这种惩罚始终难以得到严格的执行。

对自杀的真正法律惩处，主要发生在都铎王朝（1485—1603）和斯图亚特王朝（1603—1714）。[1] 这一方面是因为都铎王朝实行了政治改革，大大强化了国家权力；另一方面，是因为新教逐渐在英国传播开来。国家权力的加强，使国家不仅深入到偏远乡村，而且把更多的私人生活纳入自己的管辖范围，而新教的发展，不仅没有削弱基督教的影响，反而使整个英国社会更充分、更彻底地基督教化了。因此，英国现代社会的第一步，既不是自由民主，也不是世俗化，而恰恰是集权与宗教化。[2] 在中世纪，虽然神学家和教会否定自杀，虽然国王和法律谴责自杀，但平民百姓不仅不理解高深的神学道理，而且这个问题也是国家法律鞭长莫及的。中世纪的欧洲只能说是教会统治的欧洲，整个社会却没有充分基督化。反倒是在与罗马教廷日渐决裂之后，英国国王才与新教的牧师们一起，不仅占领了普通百姓的心灵，也闯进了他们的私人生活，这才真正把他们的权力深入到了社会的毛细血管。

都铎王朝留下的验尸纪录并不多。在一项难得的历史研究中，佛布斯（Thomas Forbes）检验了 1590 年 5 月到 11 月之间在伦敦及

---

① Michael MacDonald and Terence R. Murphy，*Sleepless Souls：Suicide in Early Modern England*，Oxford：Oxford University Press，1993，15.

② Michael MacDonald and Terence R. Murphy，*Sleepless Souls：Suicidein Early Modern England*，76.

其近郊所做的 35 个验尸报告。其中有 7 个死于自杀（此外，有 13 个死于事故，12 个死于疾病，2 个死于谋杀，1 个死于过失杀人）。① 虽然这个样本很小，但这样大的比例还是惊人的。而另一项对都铎王朝更大范围的研究显示，在所有暴死之中，有 12% 死于自杀。②

这 35 个案例中的第一个，约翰·约翰逊，就是一个自杀者。佛布斯提供了非常详细的验尸报告：

> 依靠上帝的恩典，英吉利、法兰西、爱尔兰的女王、信仰的捍卫者，并享有此外诸多头衔的主权者伊丽莎白在位的第 32 年的 5 月 23 日，礼拜六，在伦敦城安排并执行了一个检验，具体是在伦敦的阿尔德门行政区的圣凯瑟琳教堂的教区，女王陛下治理的该城市的验尸官托马斯·威尔布拉汗在现场，针对的是伦敦的约翰·约翰逊的尸体，他本来是伦敦的磨坊主，自缢，当时躺在地上，已经死亡，有陪审员们的誓言为证。本行政区和附近三个行政区的善良而忠诚的人们，包括拉尔夫·奥尔尼比、克里斯托佛·克拉克、约翰·马西、理查德·琼斯、巴纳德·沃纳、尼古拉斯·沃伦、理查德·阿肯、乔治·特纳、威廉·特德福德、约翰·华尔伦德、威廉·扎德、威廉·威利勋、理查德·哈尔博罗，按照本城的习俗和惯例起誓，调查这个约翰·约翰逊是因何缘由、如何、何时死去的。他们起誓说，在星期五，即依靠上帝的恩典，英吉利、法兰西、爱尔兰的女王、信仰的捍卫者，并享有此外诸多头衔的主权者伊丽莎白在位的

---

① Thomas R. Forbes, "London Coroner's Inquests for 1590," in *Journal of the History of Medicine and Allied Sciences*, 1973, Vol XXVIII, 376—386.
② 同上，386。

第 32 年的 5 月 22 日，这一天下午 3 时左右，此约翰·约翰逊正好独自在他的住所的一个卧室里，这个住所就在该教区和行政区内。约翰·约翰逊眼前没有对上帝的畏惧，而是被魔鬼的怂恿所鼓动和引诱，于彼时彼地，用长一厄尔、值一法寻的一条绳子，于彼时彼地，此人约翰·约翰逊就把绳子拿在手里，把这条绳子的一端系在三个铁钉上，这铁钉在一个门柱的上方。他把同一条绳子的另一端绕在自己的脖子周围，于彼时彼地，情节恶劣，出于自愿，构成"自我谋杀"，他的恶意矛头指向上述的主权者女王，自缢身死，反对上述主权者女王的和平、尊严，等等。于是，该约翰·约翰逊于彼时彼地，当场死亡。陪审团在此誓言下，说该约翰·约翰逊依上述方法杀死、谋杀了自己，情节恶劣、出于自愿、怀有恶意，是"自我谋杀"，反对女王陛下的和平等等。这个约翰·约翰逊不是用别的方式方法死的。在他自己进行此谋杀时，他有各种不动产和动产，价值 5 先令，现在在施赈员爱德华·格林的代理保管下，归女王陛下使用。我，即上述验尸官，以及上述陪审员各自就这次调查盖章作证。于此年日完成。

其他验尸报告也都依照同样的格式撰写。在这里，我们可以看到当时的法律对待自杀的基本态度。这个不幸的约翰的主要罪状，是"情节恶劣，出于自愿，怀有恶意"，因而构成了自我谋杀罪（felo de se）。他不仅丧失了对上帝的畏惧，而且其恶意的矛头直指伊丽莎白女王陛下，或者说，指向了英国主权（sovereignty）。

当时的法学家达尔顿对自杀的性质和惩罚做了清晰的界定。他在讨论各种谋杀罪的时候，把"自我谋杀"放在第一个来谈，而不是像托马斯那样放在最后。他说："我们应该注意，自我谋杀是对上帝、对国王、对自然的冒犯，无论就程度还是性质而言，都算作谋杀。在实施之前，他在心里盘算和决定杀死自己，应该是比杀死他人更重的冒犯。"①

显然，这三条理由就是托马斯·阿奎那自杀谴责的英国翻版。他和托马斯一样，认为自杀比其他谋杀更加恶劣，应该遭到更加严厉的惩罚。

达尔顿继续指出，如果自杀者头脑清醒，那么，他们的财产就应该没收，他们的尸体带着绳索，由一匹马从房子里拖出来，到一个指定的用来惩罚或羞辱的地方，尸体挂在绞刑架上。如果没有官长的命令，谁都不能取下。②

而对约翰的定罪，所依据的正是达尔顿在此所说的理由。因为约翰的行为被认为直接冒犯了伊丽莎白女王所代表的英国主权，所以他的财产被没收充公，完全归女王所有。而对自杀者尸体的惩罚和羞辱，在具体细节上虽然各有不同，但其目的和大体仪式是一致的。佛布斯为我们提供了验尸官威尔布拉汗的另外一个案例，我们可以从中看到，验尸官是如何执行这一处罚的。

在佛布斯所研究的 7 个自杀案例中，对案例 25 的艾米·斯托克斯的验尸在圣伯托尔夫教区进行，得到了教区书记的记录，因而比其他案例更加完整。佛布斯在他所著的《阿尔德门编年史：莎士比亚时代伦敦的生与死》中抄下了这一记录：

---

① Michael Dalton，*The Countrey Justice*，Printed in London，1630，235.
② 同上，236。

验尸官托马斯·威尔布拉汗想检验住在约翰·安色尔的院子里的锯木匠亨利·斯托克斯的妻子艾米·斯托克斯是怎么死的。1590年9月7日，大约上午9时，她在上述安色尔先生的院子里，锯木坑上面自己的卧室里，自缢而死。其死亡方式如下所述。她把一根细绳绕过自己的卧室的房梁，把它系在这根房梁上，然后把绳子做成一个扣，套住自己的脖子，站在一个三腿小凳上，然后用一只脚把小凳踢开。后来人们发现，小凳倒在这个卧室的花上和边上。陪审团和验尸官调查到，她叛离了上帝，以自缢的方式谋杀了自己。于是验尸官作出决定，要把她从这所房子里抬到城边上的一个路口，用一根粗木棍压在她的胸口上，连木棍一起埋葬。木棍可以被行人看见，他们就会记住，谁若是犯下同样的罪，就会遭到同样的惩罚。于是，在1590年9月7日晚上8点或9点，该艾米-斯托克斯就这样葬在了麻雀街角外的一个十字路口，也就是当初十字架所在的地方。她大约30岁。

在这个对自杀者的典型惩处中，我们可以看到这样几点。首先，埋葬的地点要在一个路口，十字路口或丁字路口都可以。这应该起源于条顿民族以人祭祀的仪式。早期的条顿民族用罪犯祭祀，就在路口设立祭坛，罪犯的尸骨就埋葬在那里。后来，死刑也在路口执行，死刑犯和自杀者都在那里埋葬。在中世纪，夜幕降临以后，路口通常被当成恐怖的地方。人们认为那里经常有恶鬼出没，所以有时候会在那里立一个十字架。艾米所葬的那个路口，当初就是有一个十字架的。其次，用木棍压在胸口，就是压在心脏上，这与吸血鬼的传说相关，这样的木棍可以阻止吸血鬼逃出墓穴来害人。后来，木棍也用在了自杀者身上，用意应当是阻止自杀者的鬼魂骚扰生前的同伴。再有，埋葬需要在夜间举行。据说，这和异教传统中的冥界与黑暗女神赫卡特相关。另外，或许这也是为了在行人稀少的时候举行。

圣伯托尔夫教堂的记录表明，自杀者一律不准葬在教堂的墓地，但连杀人犯和被处决的犯人都可以葬在教堂。在佛布斯发现的 1573 年 8 月 27 日的一份教会记录中，自杀者的尸体根本不用"埋葬"（bury）这个词，而是简单地说成"抛在地下"（put in the ground）。

直到二百多年后，这一关于自杀的法律才得到了修改。1823 年，英国议会颁布了《改变和修正关于自我谋杀者的遗体埋葬的法律的决议》。其中规定，验尸官或别的官员以后不准擅自把自我谋杀者埋在路边，但可以指导对这些尸体的埋葬，不再用木棍压在尸体身上，而且可以在教堂墓地埋葬。不过，这项决议仍然坚持，必须在验尸之后的二十四小时之内埋葬，而且要在夜间 9 点到 12 点之间埋葬，谁也不准为这样的死者举行基督教的葬礼。虽然有这些改动，保守些的教会仍然很不愿意把自杀者葬在教堂的墓地里。①

我们并不知道，这种惩罚是不是到 1823 年之前真的都在执行，还是只在都铎王朝和斯图亚特王朝期间，才得到了严格执行。但不论其执行情况如何，国家的态度都是非常清楚的。在约翰和艾米的两个案子中，都是由验尸官插手，来处罚不畏惧上帝或背叛了上帝的自我谋杀者。即使后来国家慢慢不再执行这条法律了，那也不能

---

① Thomas Forbes，*Chronicle from Aldgate：Life and Death in Shakespeare's London*，New Haven：Yale University Press，1971，164—169.

说明，国家就不再插手这件私事，而只能表明，对个体生死的治理，已经可以有别的方式来执行，而不必一定要靠这种野蛮的惩罚了。1823 年这条法律虽然修改了一些内容，但对待自杀的否定和惩罚态度并没有改变。

我们可以清楚地看到，对自杀的惩罚完全符合福柯所描述的现代国家的治理术（governmentality）。自杀和疯癫与犯罪一样，成为国家治理的重要对象。统计技术、法律手段、医学知识都充分运用在了自杀问题上。

虽然自杀问题集中了国家的各种治理技术，但谁都很清楚，都铎王朝对自杀的惩罚毕竟只是仪式性和象征性的。达尔顿在谈到对自杀者的处罚时也讲到，由于根本不可能在自杀者死亡之前处罚他，所以，他其实不会感受到这种处罚。但是在法律上，验尸官对自杀者的惩罚相当于事实上的惩罚。①

正是因为这种惩罚的象征性，对自杀的治理与对疯癫和犯罪的治理都不同。连死都不怕的人，难道会在乎这种死后的仪式吗？哪怕惩罚再残酷，它也很难起到惩前毖后的作用，英国的自杀率并没有因为这种残酷惩罚而有明显的降低。② 但是，哪怕这种法律不会减少自杀率，甚至哪怕这种法律只是一纸空文得不到执行，英国议会仍然要认真地起草和修改它。治理自杀的真正目的，并不是要在多大程度上减少自杀率，而是因为，这是英国赖以立国的政治原则和法律原则的要求。虽然自杀不会得到真正的治理，但是如果不治理

---

① Dalton, *The Countrey Justice*, 236。
② 参见 "1629—1800 年间大伦敦地区每一千死亡中的自杀数"，S. E. Sprott, *The English Debate on Suicide from Donne to Hume*, La Sale; Open Court, 1961, 159—161; "1485—1659 年的自杀数字," *Sleepless Souls*, 30。

自杀，就势必威胁到一些更根本的原则。因此，当时的英国必须有这样一条法律。这更多是出自政治原则的需要，而不是出于实际的治理目的。面对这样一条看似可笑的法律规定，我们更需要问的问题是，究竟是什么原则，使英国人认为，有必要坚持举行这样有名无实的惩罚仪式。

我们前面已经看到，无论从理论上看，还是从实践上看，当时对自杀的处罚是宗教与政治携手完成的。宗教与国家合作的这个事实，不仅说明了当时对待自杀的宗教与政治态度，而且已经提示我们，恰恰是因为新教的观念，慢慢塑造了新的政治取向，以及在这个基础上实行的现代治理术。因此，我们首先要看当时英国的自杀学揭示出了关于人性的什么观念，然后再来看这种人性观念之上的政治理念。

二、良知的冲突

1581 年，剧作家拿撒尼尔·武德斯（Nathaniel Woodes）在伦敦出版了喜剧《良知的冲突》。① 此剧虽然没能成为文学经典，在当时的影响却不小。该剧中的"哲学家"这个角色的原型是意大利的新教徒斯皮拉。斯皮拉自杀的故事传到了欧洲各国，特别是英国。《良知的冲突》只是很多描写斯皮拉故事的文学作品中的一个。1638年，拿撒尼尔·培根（Nathaniel Bacon）出版了《对 1548 年弗朗西斯科·斯皮拉的恐怖处境的描述》，成为记述斯皮拉故事比较权威的

---

① Nathaniel Woodes，*The Conflict of Conscience*，1581，Oxford：Malone Society，1952.

英文文献。① 对斯皮拉故事的不断演绎和思考，颇能代表英国人当时对待自杀的态度。我们下面的叙述，将主要参考培根的版本。

住在帕多亚的斯皮拉博闻强志，才华横溢，而且家境殷实，与妻子和 11 个孩子过着幸福的生活。1548 年一个偶然的机会，他接触到了路德宗的新教学说，立刻被深深地吸引住了。于是他开始在家庭和朋友之间宣扬路德宗，痴迷得浑然忘记了所有其他事。然后，他逐渐公开传道，轰动了整个帕多亚地区，也引起了天主教会的警觉。教会要求他必须公开否定这些邪说，不然就要离开妻子和孩子，离开所有朋友和所有财产，离开意大利。斯皮拉开始陷入苦闷与焦虑之中。虽然他曾几次鼓起勇气，但最后由于害怕教廷迫害所带来的颠沛流离之苦，还是屈服于教会的威胁，分别在威尼斯和帕多亚的西塔戴拉进行了忏悔，否定了路德宗，请求天主教的宽恕。就在进行了第一次忏悔之后，惴惴不安的斯皮拉听到了基督的声音："斯皮拉，你在这里做什么？……难道你真的觉得永生的生命是那么没有价值，你宁愿为了此世的生活而抛弃它吗？……"斯皮拉向很多朋友请教，结果大家都认为他还是应该继续忏悔，否则就会失去妻子和孩子。就当他在西塔戴拉又一次否定了路德宗的时候，他也又一次听到了基督的声音："你这个可恶的家伙，你否定了我，你抛弃了你的遵从，你丢掉了你的誓言。那么，你这个叛教者，你就等着接受永世诅咒的惩罚吧！"培根写道："他的身心都在颤抖不已，他一下昏厥在路上。身体的宁静似乎很快就到来了，但从此以后他的心灵再也找不到一丝的平和与安静，而是永远处在无休止的折磨之

---

① Nathaniel Bacon，*A Relation of the Fearefull Estate of Francis Spira：in the Yeare 1548*，Printed in London，1638.

中。他相信自己被抓在了伟大上帝报复的手中：他无休无止地听到基督宣布那永恒的可怕惩罚。"从此以后，斯皮拉陷入了极度抑郁的状态。他相信自己被魔鬼附了体，已经遭到了上帝的抛弃，就像该隐和犹大一样。他的朋友们把他带到帕多亚大学，请许多医生和神学家来帮助他。他和这些博学的来访者进行了旷日持久的辩论。本来就以雄辩和博学著称的斯皮拉向人们证明自己是上帝的弃民，已经无法得到拯救，说得人们哑口无言。他几次表示要自杀，神学家们却坚持和他辩论下去。最后人们用尽了医学、神学和巫术手段，还是无法把斯皮拉从魔鬼的手中夺回。斯皮拉离开帕多亚大学回到家里，不久就自杀而死。

令人感到尤其惊异的，并不是斯皮拉的死，而是，斯皮拉死后，与他辩论的神学家佛格理乌斯（Paulus Vergerius）和格利鲍尔都斯（Mattheus Gribauldus）都皈依了新教。佛格理乌斯甚至抛弃了在意大利的家庭和事业逃到了瑞士。他说，就是与斯皮拉的辩论促使他作出了这么重大的决定。两位神学家和别人一起，在 1550 年整理出版了斯皮拉的故事，并几乎立即流传到了英格兰。在以后的三百年中，斯皮拉的故事据说被写成了英国所有可能的文学体裁。

斯皮拉的故事为什么会有这么大的影响？难道真的仅仅像表面上那样，这个故事有利于新教战胜天主教，以及警告人们不要自杀吗？至少对于格利鲍尔都斯和佛格理乌斯来说，事情不会这么简单。在他们看来，斯皮拉虽然是被诅咒的自杀者，但他在辩论中的立场不仅有着巨大的说服力，而且足以改变自己的一生。恰恰是那些使斯皮拉判处自己死刑的理由，最终说服了他们。

斯皮拉究竟对他们讲了些什么呢？

神学家努力劝导斯皮拉，说他感到的一切都是魔鬼的幻象。斯皮拉坚持说，他知道有一个军团的魔鬼在他身上。而且由于他否定了基督，这些惩罚是完全正当的。格利鲍尔都斯像所有否定自杀的神学家那样，对斯皮拉说："我非常相信，基督要严厉地惩罚你，但是他将来会宽恕你的，他已经为你准备好了他的仁慈，不久就会降临到你的身上。"斯皮拉说："我的身体陪着我受了一生的苦，主愿意救出我的灵魂吗？抚平我的良知，这负重的良知。"斯皮拉在神学家的帮助下向上帝祈祷和忏悔，涕泪交流："啊，主，请把我也带到你的国中吧，请不要把我拒之门外。……主给了我们每天的面包，我已经有了足够的粮食来喂养我的这个躯壳。但是还有另外的一种面包，我卑微地乞求你的荣光中的那块面包；没有它，我知道我只是一个死人……主你看啊，我被诱惑了，主，帮助我使我能够逃脱；看啊，敌人已经战胜了我；救救我，请带我离开这个暴君。"佛格理乌斯和格利鲍尔都斯一时都很兴奋，以为这些话表明圣灵已经在斯皮拉身上起作用了。但是，斯皮拉很快就更加变本加厉地说他看到了魔鬼就在他的身边。它们爬到了椅子上，上到了他的床上，发出各种各样奇怪的声音。那些皇皇大论的神学说教被这些挤眉弄眼的小鬼打得一败涂地。神学家们终于放弃了辩论，转而求助于驱魔的巫术。

究竟是什么在折磨斯皮拉？为什么他能够那么虔诚而清醒地向上帝祷告，却无法恢复对基督的希望？那模糊了的眼睛、颤抖而无助的声音、捶胸顿足的祷告，难道真的不能为他带来基督的原谅吗？

斯皮拉说得很清楚，那使他无法恢复希望的就是"负重的良知"。附体斯皮拉的魔鬼，就是那些使他叛教的人，是他对尘世幸福的贪恋，是那已经餍足的躯壳。但是，真正致他于死命的，并不是这些使他背叛的魔鬼和人，而恰恰是他的良知对自己的罪过的承认、忏悔和痛斥。他无比真切地认识到了自己的罪孽和身上的魔鬼。恰恰是这种认识使他无法再看到救赎的希望，而只能死去。斯皮拉的困境，正是基督教的"望德"之矛盾的极端强化。我们已经看到了望德所包含的内在张力：望德并不是简单地保持希望，而是在已经对尘世彻底绝望之后，再对本来不可能的救赎保持希望；要在良知彻底否定了自己在尘世的大罪之后，再盼望基督的救赎。在中世纪，虽然已经存在这样一个逻辑，但是神学家们并没有充分思考对尘世的绝望与对得救的希望之间的张力，因为这对张力在他们那里还没有充分展现出来。不过，到了新教，这种张力却表现得极为尖锐。

在第四章，我们谈到过《罗马人的故事》里面"论良知"那则故事，本来是奥古斯丁否定了的卢克莱西亚的自杀，现在反而被用来正面比喻良知对灵魂的清洗。这个比喻虽然未必尽合奥古斯丁的原意，却悖谬地表明，自杀正是基督教的良知原则的极端体现。不过，良知毕竟只是这个故事的一半。仅仅靠良知，人们只能否定尘世之罪，还没有真正进入天国。要进入天国，仍然要对救赎充满希望。这种希望，正是保罗所说，毫无根据、凭空的希望。要平衡良知与希望这两种完全相反的心理，谈何容易！

良知带来的往往是对自己的罪过的不安与焦虑，而希望所要求的，是在罪孽深重的时候仍然向往最终的救赎。可是，人们怎么可能痛悔自己的罪过又抱有得救的希望呢？难道几句忏悔真的就能使惶惶不安的良知获得宁静吗？比起天主教来，新教更加强调内在的良知，更加强调绝对的希望，同时也更严厉地把自杀与魔鬼的诱惑联系起来。人们永远无法揣度谁是上帝选民时，只能无缘由地抱着绝对的希望，而一旦新教徒相信自己不是选民，那绝望也是彻底的。接受新教神学已深的斯皮拉当然会认为，他的大罪已经足以使基督彻底抛弃他；那似真似幻的基督训示，更把最后的一丝希望抹去。恰恰是因为对灵魂得救的巨大希望，使斯皮拉开始厌倦自己的躯壳；恰恰是深知自己罪孽深重的他，受到了无休无止的良知折磨。佛格理乌斯这些天主教神学家天真地认为，他的忏悔是圣灵的作用，其实这恰恰是良知打击之下绝望的呼号。斯皮拉何尝不爱基督，但他知道自己的躯体已经与基督无缘。正是因为他那么深爱着基督，他才愈加感到罪孽深重的身体已经变成了魔鬼。他要获得那块灵魂的面包，必须挣脱自己的身体这个魔鬼的折磨。

1684 年 10 月 30 日，伦敦的年轻教士约翰·柴尔德（John Child）的自杀再次引起了轰动，甚至被视为斯皮拉故事的再现。两个故事确实很像。柴尔德本来是浸信会牧师，攻击贵格会颇为有力。据说，因为他害怕迫害和考虑自己的尘世名声，柴尔德于 1682 年表示放弃信仰，要与英国的各教派和解。但是，这样的叛教行为不仅没有带来荣华富贵，反而使柴尔德饱受良知折磨之苦。1684 年，他自缢而死。柴尔德的死立即引起了广泛的讨论。那些攻击他的教派的人认为，这是上帝对这个异端教派的惩罚；[1] 但那些同情他所属的教派的，则把他的叛教行为与斯皮拉对比，认为是背叛使他们难逃撒旦的诱惑。[2]

1688 年出版的小册子《迫害之苦的典型，约翰·柴尔德对生活的真实叙述和值得探讨的结局，他在 1684 年 10 月 30 日凄惨地自毁

---

[1] Anonymous，*Sad and Lamentable News from Brick-lane in the Hamlet of Spittle-Fields，or a Dreadful Warning to Suchas Give Way to the Temptations of the Devil，in the Deplorable Example of Mr. John Child Once Famous Anabaptist Teacher Who Falling into Despair Committed a Barbarous and Unnatural Murther Upon his Own Person*，printed in London，1684.

[2] 参见 Macdonald and Murphy，*Sleepless Souls*，67。

而亡》收集了对柴尔德的故事的各种讲述、柴尔德和友人的通信，以及他与朋友们的一系列对话。在正文之前，编者特意附上了一篇讨论良知的序言，题目是"关于良知的性质与功能的几点说明"。

这篇小文的基本观点是，基督徒有两个生活的指导，一个是上帝借助自然之光写在人们心灵上的，一个是上帝写在《圣经》上的。基督徒靠良知甄别善恶，爱他的邻人，但要靠上帝的命令来决定生活的道路。没有后者，生活是不合法的；没有前者，生活是非理性的。在作者看来，异教哲学家凭着自然的理性之光能够区分善恶，这就是良知上所写的律法。虽然这也是上帝的启示，人们可以依照它发现上帝的部分真理，但仅仅靠这个是不足以过上美好生活的。因此，基督徒还要依靠《圣经》，也就是依靠对上帝的绝对信仰，才能够弥补良知。良知本身虽然是好的，但是完全可能被用作坏的目的。如果不靠《圣经》的支持，仅靠良知是不足以过上美好生活的。[①]

面对斯皮拉和柴尔德这样悲惨而恐怖的故事，人们对良知的功能似乎发生了怀疑。本来，良知是帮助人们忏悔罪恶、追求幸福的，是人们在心灵中认信上帝的媒介，为什么这么柔软的良知反而会杀人呢？就像那本小册子的编者所说，这温柔的言语怎么会变得比刀剑还可怕？他们自己得出的结论是，良知虽然是好的，却可以用作坏的目的。这看上去很像当初奥古斯丁以来关于自由意志的说法：虽然灵魂和自由意志是好的，却可以用于坏的目的。在基督教的思想传统中，恶的起源恰恰在于人在被造物中有很高的地位和能力，

---

① Thomas Plant & Benjamin Dennis, *The Mischief of Persecution Exemplified*；*by a True Narrative of the Life and Deplorable End of Mr. John Child*，*who Miserably destroyed himself*，*Oct. 13*，*1684*，Printed in London，1688.

使人作恶的和使人行善的起源在于人心中的同一种功能。人性之所以会表现出善恶二端，并不是因为人性中本来就有善的部分和恶的部分，而是因为灵魂的复杂性，使人既能为善也能为恶。而在没有上帝之光照耀，从而使人们无法虔心向善的时候，这种既可以为善，也可以作恶的灵魂和良知，就自然无法接近至善，也就是，一定会去作恶了。

斯皮拉和柴尔德的自杀故事，正是良知堕入罪恶的一种体现，但悖谬的是，即使这种背离上帝的行为，也恰恰是以非常基督教的方式表现出来的。斯皮拉和柴尔德并不是没有认识到至善上帝的存在。恰恰是因为他们坚信上帝的至善和公正，他们才愈加感到自己罪孽深重、不可饶恕。

不过，"良知"和"自由意志"的概念毕竟不同。自由意志本来就没有假定必然的善恶，人们完全可能自由地行善和自由地作恶，说自由意志是非善恶的，应当是更容易理解的。但是，如果说良知也可以是非善恶的，甚至说坏的良知，就如同说"圆的方"那般自相矛盾。怎么会存在坏的"良"知①呢？

归根到底，之所以会出现"坏的良知"这种悖谬的说法，还是因为，基督教中所假定的至善是不可以人间的善恶观念测度的，甚至是不能以人自以为的虔诚来测度的。良知所能控制的，只不过是人间行为的善恶，却不足以控制人是否真能臻于至善。因此，那些自以为可以凭良知甄别善恶的人，所具有的只能是坏的良知，而斯

---

① 表面看上去，这样一种理解是受了中文"良知"这个词，甚至阳明心学的影响。西文的 conscience 一词字面上确实没有"良"的意思，而是指从内心出发的知识。不过，就人们对这个词的普遍理解而言，它指的主要是对善恶的知识。因此，"良知"仍然是对这个词最好的译法。

皮拉和柴尔德所具有的,则是渎神的虔诚,是一种不信之信。他们信得越深,越是无法臻于上帝;他们的良知越是起作用,他们离真正的至善就越遥远。从这个意义上讲,良知并不是非善恶的,而恰恰是过于区分善恶了,反而远离了真正的美好。

要克服良知的这个问题,所需要的不仅是对人间罪恶的忏悔,也不仅仅是对至善上帝的认识和信仰,而且还有爱和希望。斯皮拉和柴尔德这些虔信的教徒,却因为缺少这种没有根据的希望,而堕入了绝望和自杀。

因此,面对自己的罪恶时良知的彰显并不是最终得救的充分条件。小册子编者的话应该理解为:当人们的良知充分展开时,即当人们不仅有了对至善上帝的充分认识,而且能准确区分尘世生活中的善恶时,人们就处在了堕落和拯救之间的边缘,面临两种可能性。

这正是马洛笔下的浮士德博士所面临的选择:到底是接受天使承诺的救赎,还是接过魔鬼递给的匕首?[①] 这并不取决于人的道德、智慧和良知,而是取决于人的毅力、希望,甚至命运。

三、自我保存

"痛苦与快乐总是相伴而行",这永远是自杀研究的核心问题。人生在世固有的善与恶,永远是哲学必须思考的问题。主张性善和性恶的不同思想家,并不是分别只看到了世界的一个面向,而是试

---

① 马洛:《浮士德博士》(*Doctor Faustus*),5.1.59;Indianapolis:The Odyssey Press,1981。

图从人性的一个角度出发，来给世界提供一个总体的理解。基督教原罪论的独特之处在于，它把人固有的神性和潜在的罪性（或者反过来说，固有的罪性和潜在的神性）凝缩在了一起，创造出了一个超越善恶，但又兼具善恶的人性。从奥古斯丁到托马斯，再到但丁，都是在讲述这样一个人性的故事。而到了现代英国，人性中这种潜在的张力就尤其尖锐地表现出来，特别是体现在针对自杀的种种思考和政治制度上。

于是，关于人性的讨论就不再集中于灵魂与身体的关系上，也不再集中于善恶之争，而是逐渐把"自我保存"这个看上去没有丝毫道德色彩的概念当成了焦点。从思想渊源上来说，对自我保存的强调，当然来自托马斯的自然法学说（见第四章）。到了十七、十八世纪的英国，这种说法一方面演变为关于生命保存的种种现代哲学和医学学说，另一方面则发展出了一套更加现代的自然法系统。而这两个角度都对自杀问题有明确的说法。

1637 年，约翰·西姆（John Sym）发表了《保存生命反自戕书》（*Life's Preservative against Self-Killing*），并自诩为第一部专门讨论自杀问题的著作。而这本书立论的核心，就是自杀违背了对自己生命的保存。

西姆首先把人的生命分为"自然生命"和"灵性生命"两部分。一般所说的生命，就是"自然生命"；一般所说的自杀，也就是对身体的自我谋杀。而这个自然生命，就是《腓立比书》1：22 所说的"在肉身活着"的生命。而所谓在肉身里活着，并不是为了满足肉身的欲望，也不是按照肉身的要求，指引人们自己身体中的智慧和意志，而是，住在脆弱而有罪的身体里，受到各种烦扰和软弱的折磨，是逐渐消逝的、暂时的生命，就像使徒雅各所说的，"你们原来是一片云雾，出现少时就不见了"（《雅各书》4：14）。①

西姆随后却指出，这个自然生命虽然充满了罪性和痛苦，但仍然是甜美的、值得保存的、宝贵的。第一，只有在灵魂与身体结合的时候，人才能保存完整的自我，才能为上帝服务，才能为自己得到救赎，所以，自然生命是甜美的；第二，上帝使自然生命的丧失成为可怕的和痛苦的，所以人们仍然要努力保存这个生命；第三，在世界上，没有什么东西比生命更宝贵和亲密了，因为，只有在灵魂与身体结合的时候，人才能保持他的存在，才能享用上帝给的种种赐福，才能让人不断完善自己。因此，人们必须通过祈祷、饮食、愉快、医药来保存自己的自然生命，抗拒死亡的威胁。西姆甚至指出，过于狂热的宗教情感会伤害到人的身体，也是应该避免的。②

在西姆看来，自然生命之所以是短暂和痛苦的，是因为它远离了上帝；而它之所以还是甜美、宝贵、值得保存的，其终极原因仍然在上帝那里。自然生命虽然短暂易逝，但没有它就无法朝向上帝。所以，自然生命是远离上帝的神圣赐予。

但在这各种宗教式的说法当中，西姆又并不怎么协调地放进了丧失生命的恐惧这样一条。比起另外两条理性的论证来，中间这一条和上帝的关系最小，虽然西姆还是给了一个宗教式的说法，但未免牵强些；不过，也恰恰是这一条，是更基于人的自然本能和情感，似乎更能让人信服。

生命是否是宝贵的和值得保存的，在大多数人看来，这是一个不言自明的问题。谁都知道，生命当然是宝贵的，死亡是可怕的。

---

① John Sym，*Life's Preservative Against Self-Killing*，Printed in London，1637，8—9.
② 同上，9—21。

但是，如何以哲学思考来面对这个问题，却并不是一件那么想当然的事。比如在《斐多》中，苏格拉底就把对死亡的固有恐惧当作一个需要安慰的孩子，而根本不会给这种恐惧正名。奥古斯丁在谈到两次死亡的时候，更是把死亡当作对人的惩罚，对死的畏惧同样是对罪的惩罚，而不可能有什么积极的意义。在他那里，只有勇敢地面对死亡的人，才能获得在天国的永生。托马斯虽然认可自我保存的意义，也把死亡当作最大的坏事，但他并没有从正面肯定对死的恐惧。虽然怕死从来都是人之常情，但在古典和中世纪的作家那里，怕死要么被当成懦弱和不成熟的表现，要么被看作需要克服的人性弱点，却很少有人从对怕死的肯定出发来发议论。

西姆出自基督教的传统，在基本的说法上秉承奥古斯丁和托马斯以来的传统。但是，他用怕死这种心理来证明自然生命的重要和不可丧失。当然，西姆还不能直接从人的本能来为怕死的情感正名，而要在基督教的总体框架下，来谈论怕死问题。他在定义自然生命的时候已经谈到了，自然生命之所以可贵，并不是因为肉身的欲望，更不是从肉身自己的需要来衡量的。因此，如果要把前面的这个说法贯彻到底，就不能简单从身体的痛苦和折磨的角度来为怕死正名。于是西姆说："上帝这样命令，使灵魂从身体的分离总是让人的感受非常恐怖，还带着痛苦和悲伤；这不仅在于两个甜美的伴侣从此要分离了，而且在于，二者共同的、自然的、个体的生活，要完全毁灭，在于依赖并且朝向人的完美的舒适行为和情感被割裂。正是因为人会自然地努力保存他的生命，厌恶自我谋杀，所以这会剥夺他如此多的好处。"①

　　看这一段议论，除去最开始加上了"上帝这样命令"几个字之外，所讲的都可以从人的自然情感来理解。灵魂与身体的分离、个体生活的毁灭、舒适行为和情感的割裂，虽然西姆文绉绉的说法似乎在强调这不是仅仅出于肉体的感受，但这些毕竟都会使肉体感到疼痛和悲伤。死亡之所以是可怕的，本来是因为，人们是留恋尘世生命的，是贪生怕死的。无论以多么文雅的语言来谈，这都是出于人自然本性的一种基本情感。

　　西姆的讨论，甚至不仅仅是关于"丧失生命"这一段的，他整本书的主旨都在试图从基督教的角度论证，这种自然的怕死之情不仅是正当的，而且是用来反对自杀的重要理由。于是他说，这种自然情感是上帝安排的。是上帝使死亡显得那么可怕，从而让人充满了痛苦和悲伤。这样，当人们在死亡面前战栗恐惧、涕泗交流的时候，就不能完全怪人的懦弱。相反，倒是那种面对死亡无所畏惧，甚至主动冲向死亡的人，是应该遭到谴责的，因为他们抗拒了上帝赋予人对死亡的恐惧，在该害怕的时候不害怕，对该珍惜的不珍惜。

　　从理论上讲，西姆为怕死所做的辩护，是可以从托马斯的神学那里找到根源的。前面谈到，托马斯已经不再像奥古斯丁那样，把上帝的至善当作人间善好的无限延伸，而是把他当成与各种具体的存在者完全不同的"本质"。从这样一种神学出发，托马斯尊重任何存在的自然，而人的自然的一种表现，就是自我保存。托马斯并没有从这个自我保存的说法进一步推论，为怕死正名，但我们如果从这一点出发，就有可能推出，既然自我保存是人的自然，而死是自

————————————
① John Sym, *Life's Preservative Against Self- Killing*, Printed in London，1637，9—10.

我保存的反面，那么，人们当然应该不喜欢死亡，也就是应该畏惧或至少是讨厌死亡。按照托马斯的理解，虽然灵魂比身体等级更高，但没有身体的灵魂仍然是不完美的，所以人在末日审判的时候，仍然要恢复灵魂与身体的结合。既然从死亡到末日来临之前，人的自然都处在一个不完美的状态，那么，活着的人应该期待末日审判，而不是期待死亡。如果是这样，人害怕灵魂与身体分离这样一个不完美、不自然的状态，当然就没什么好奇怪的了。而西姆对生死的种种看法，正是与托马斯这些说法相符合的。也就难怪他会得出结论，人们对死亡的恐惧是自然的。人如果充分按照这种自然来表达自己畏惧的情感，也就没有什么不合适了。

这样一种对怕死的正名，乃至对自我保存的正名，虽然在理论上与托马斯的神学一脉相通，但是标志着一个非常重要的变化。怕死，一直是西方哲学中的重要主题，甚至是很多基本问题的出发点。西姆一改古典思想和中世纪神学中要克服怕死的基本出发点，竟然认为人们的恐惧因为是上帝赋予的，就应该得到肯定；它不仅得到了肯定，而且还因为直接来自于上帝而有着高于人间道德的地位。人们完全靠对死的恐惧来堂而皇之地战胜良知的谴责，这反而被认为是虔诚的。而谁若是像斯皮拉和柴尔德那样，因为良知的折磨而连死都不怕了，反而会被打入地狱。

西姆在谈到自杀动机的时候，讲了因为良知的困惑而导致的自杀。他完全理解，人所遭受的别的苦难，都不过像鞭子打在外衣上一样，但是心灵中遭受的折磨，就如同打在裸露的肌肤上一样，尤其难以忍受，甚至是比死更难以忍受的。如果人真的像这样遭受了良知的折磨，那就必须超越自我去寻求帮助，否则就一定会被自己压垮。无疑，这种外在的援助，只能来自万能和至善的上帝。[1] 但是，为了获得这种超越性的援助，西姆知道，仅仅靠不断的祈祷未必就够。因此，在谈到对自杀的预防的时候，他特别提到，人们除了坚定信仰、检点自己的行为之外，还要使自己害怕，让自己一旦想到自杀的后果就不寒而栗。[2] 于是，对死亡的恐惧不仅是人们抗拒自杀、珍爱生命的原因，而且得到了正面的运用，成了预防自杀的有效手段。

怕死竟然真的战胜了良知。这究竟意味着什么？难道怕死变成了继信、望、爱之后的新德性了吗？无论如何，恐惧都不可能被当成德性。对怕死的肯定，并不构成一种新的道德体系，而是提出了一种完全没有道德内涵的概念。在人们蔑视怯懦、主张用爱智的生活克服死亡恐惧的时候，虽然这种恐惧从来都是存在的，但人们并不认为存在一个非善非恶的中间状态，因此，面对死亡的时候，要么是以怯懦的方式向死亡屈膝投降，要么是以勇敢和智慧的方式战胜死亡。那个时候，自杀之所以不对，是因为自杀表现出的是鲁莽，而不是智慧。如果是像苏格拉底这样智慧的人去自杀，那也就没有什么错误可言了。中世纪的神学家们虽然有一套超越善恶的神学道德，还用这套道德来肯定身体的神圣性，甚至讲出了一种无善无恶的伊甸园状态，但这种超越善恶的人性观毕竟没有落在每个具体的血肉之躯上面。但丁的说法是针对个体人性的，但他使用的毕竟是诗歌的比喻。而当西姆这些现代人把这种无善无恶的人性观充分展开之后，我们才看到，一个无善无恶的人究竟是什么样子的。他拥

---

[1] John Sym, *Life's Preservative Against Self- Killing*，Printed in London，1637，217—219.
[2] 同上，316。

有上帝赐给的所有自然特点，既可以用这些自然特点去行善，也可以用这些自然特点去作恶。他浑身只有一副强壮的骨骼和肌肉，有一副完整而敏感的神经体系。他会哭，会笑，会恐惧，会感动，会忧郁，会喜悦。他还谈不到什么伟大的追求，也还没有任何卑鄙的想法。任何道德概念都不适用于他。他的最大快乐就是活着，对他的最大威胁就是死亡。其他的一切喜怒哀乐都从这两个基本情感中引申出去，但现在还没有引申。他所需要的，只有食物、医药，也许还有武器。这样的人，可以非常简洁地概括为"怕死的人"。西姆的一切分析和讨论，针对的就是这样一个怕死的人。

四、怕死的人

对怕死的人论述最精彩的，无疑是霍布斯。比起西姆来，霍布斯的讲法冷酷得多，智慧得多，当然也重要得多。西姆这里的怕死与上帝之间的关联，在霍布斯那里似乎被取消了。不过，这种取消究竟有多彻底，倒恰恰是这个名不见经传的西姆能帮我们看得更清楚些。

霍布斯在讨论人性的时候，往往首先从自然感觉出发，这无论在《论人性》、《论人》，还是《利维坦》中都一样。但是，他在一些不显眼的地方，仍然会透露出自然哲学与上帝的关联。在《论公民》中，他指出，这些自然是在代上帝统治世界。[①] 在《利维坦》的开

---

① Thomas Hobbes，*Man and Citizen*，Indianapolis：Hakett Publishing Company，1993，290—291.

头，他在正式讨论自然之前也指出，自然，就是上帝制造和统治世界的技艺。①

大体而言，西姆和霍布斯所遵循的是同一个逻辑。只不过，西姆是在大段的宗教话语中，偶尔透露出对人的自然情感的肯定，而霍布斯是在对人的自然情感的系统论述中，偶尔会谈到这些情感与上帝的关联。霍布斯把西姆的道理又向前推进了一步。

于是，霍布斯眼里的人，就是一个根本不出于善恶观念、完全遵从自然法则的人。这样的人第一重要的不是灵魂，不是道德，更不是灵性，而是身体和身体的各种官能，也就是各种感官。霍布斯在不同的著作中一遍又一遍讨论同样的问题，试图把人的定义降到最低，从纯粹物理和自然的意义上来理解人性，目的正是要先去除一切社会属性、道德属性，再来理解人。

在这些身体感官的基础上，霍布斯逐渐进入到人的心灵和情感。但是，他所研究的不是灵魂，而是心理；他所关心的不是求善去恶的选择，而是趋利避害的本能。甚至人的德性，也需要在这种物理学的基础上寻找根据。人这种动物，当然是喜生恶死的。

在霍布斯笔下的人身上，怕死这种情感有着非常重要的作用。他说："使人们趋向于和平的情感，是对死的恐惧、对舒适生活的必需品的欲望，以及通过努力能获得这些物品的希望。理性提出了方便的和平条款，人们可以就它们达成共识。这些条款还可称为'自然法'。"② 使人从战争走向和平的，是恐惧、欲望、希望，全都围绕自我保存。人们为了自我保存而畏惧死亡，为了自我保存而热爱衣

_____

① Thomas Hobbes, *Leviathan*, Cambridge: Cambridge University Press, 1992, 9.
② 同上，90。

食，为了自我保存而希望得到越来越多的衣食。在这三者当中，恐惧是第一种，其实就是通过对自我毁灭的畏惧，表达了对自我保存的信靠。

欲望和希望，都是肯定性的概念，都非常容易理解。但这三者之中第一位的，为什么要用否定性的概念来表达呢？正是因为，那种天生就有欲望并且希望得到越来越多的人，却不是处在一个快乐的处境下，能够无休止地追求和攫取，而是在一个资源匮乏、你争我夺的世界，是一开始就被原罪主导的世界。于是，正如信仰是对普遍不信状态的否定，恐惧，即对安全的追求，是对无法获得安全这种普遍状态的否定。要想得到普遍认可的自然法，这种天赐的福祉，必须首先用人性中本来就有的恐惧，来压制住人生来就置身其中的原罪状态。

在霍布斯冷峻的笔下，一个社会之外的、纯粹生物性的人既不是痛苦的，也不是快乐的。他所具有的，只是各种各样的自然倾向。这些倾向会使他必然有恐惧、欲望和希望，同时又必然在身体和心灵中都是平等的。同样有欲望，又有相当能力的人，由于总无法避免追求同样的事物，彼此之间就成了现实的或潜在的敌人，出现了所有人对所有人的战争。这样，人的生命就变得孤单、贫困、污秽、粗野、短暂。① 因此，是人的某些自然倾向，必然会使人走向战争状态，走向自我的毁灭。这就是霍布斯版的原罪。

当然，这样的人也有着潜在的获救品质。那是因为，追求自我保存的自然人是怕死的，是希望和平和安全的。如果谁能够为他带来和平与安全，他只要具有理性，就会接受。不过，任何人都无法

---

① Thomas Hobbes，*Leviathan*，Cambridge：Cambridge University Press，87—89.

靠自己把自己救出这个悲惨状态，只能靠一个外在于他的社会契约。这个社会契约，就是霍布斯版的福音书。

归根到底，使人堕落和使人获救的，都是同样的自然本能：自我保存。是这种本能，使人不但怕死，而且有欲望和希望。因此，这样一个没有任何道德观念、只有各种本能的人，就是霍布斯改写了的伊甸园中人。他天真无邪，可以堕落而尚未堕落，可以得救而无法得救。[1]

霍布斯借用了罗马的一句谚语，把这样的人比作狼。[2] 阿甘本指出，狼的这个比喻来自欧洲流传很久的人狼神话。据说，人狼是在月圆之夜变成狼的人，在夜间出没，主要吃婴儿和死尸，在欧洲的民间故事中是非常可怕的一个怪物形象。中世纪的教会认定狼是魔鬼的化身、撒旦的奴仆，而精神分裂症和很多其他精神疾病的患者则一律被当作人狼看待。到了 13 世纪，不相信人狼存在的人甚至被教会当作异端。"变狼狂"（Lycanthropy）这个词至今还保留在精神医学中，专指想象自己是狼的一种精神病。20 世纪西方电影中，我们也可以见到人化为狼这样的主题。[3]

虽然人化为狼这样的故事首先让人们感到恐惧，但这样的恐惧却与对魔鬼或吸血鬼之类的恐惧不同。像阿甘本所引用的那个彼斯科拉福雷特（Bisclavret）男爵的故事，就是一个狼人遭到迫害的故事。狼人这样的传说，讲的往往是两个方面。当人变成狼，那就会

---

[1] Helen Thornton. *State of Nature or Eden*：*Thomas Hobbes and his contemporaries on the Natural Conditionof Human Beings*，Rochester，N. Y.：University of Rochester Press，2005.

[2] Hobbes，*Man and Citizen*，89.

[3] Giorgio Agamben，*Homo Sacer*，Stanford：Stanford University Press，1995，104—111；吴飞：《生的悲剧，死的喜剧》，"思想与社会"系列之《宪法与公民》，上海：上海人民出版社，2004 年，第 462 页。

非常可怕，因为这是身边熟悉的人突然变成了凶猛的怪物，会比一般的魔鬼猛兽还要恐怖。但反过来，如果是狼变成了人，我们看到的就是凶猛的野兽变成了彬彬有礼的绅士。狼人之所以那么值得琢磨，是因为他会在兽性和人性之间相互转换。而霍布斯所讲的自然状态，并不是已经变成狼以后的混乱厮杀，而是尚未变成狼的这个中间状态。所以他才会说："所以，战争的本质，并不在于实际的厮杀，而是在于可知的倾向。"① 而他在《论公民》中谈到"人对人是狼"的时候，我们不能忘了，他在上面还说了一句："人对人是上帝。"他还说，这两种说法都是对的。② 这就是伊甸园中那个得到上帝的宠爱却尚未认识基督、必将遭受魔鬼的诱惑但还没有吃禁果的中间状态。

这就是现代人从物理学和生物学的角度来对待人性的哲学实质。这样的人所拥有的，除了骨骼、血肉、筋腱之外，还有喜怒哀乐这些基本情感。他可以成为大善，也可以成为大恶；他既有成圣的潜质，也有堕落的可能。霍布斯用物理学、生物学、心理学的语言重新描述了伊甸园中的亚当和夏娃。正是在这样的人性基础上，霍布斯才建立起利维坦这个人造人。这样的人造人使每个个体的人都走出了自然状态，成为公民。但是，利维坦自身仍然是一个巨大的自然人。所以，霍布斯在《论公民》里面会解释上面那两句话说，公民和公民之间是上帝，而国家和国家之间是狼。③

这样的人性与自杀有什么直接的关系吗？我们只要仔细看一下霍布斯的描述，就会发现，当他说"所有人对所有人的战争"的时

---

① Hobbes，*Leviathan*，88—89.
② Hobbes，*Man and Citizen*，89.
③ Hobbes，*Man and Citizen*，89.

候，他并没有严格限定，是所有人对所有其他人的战争。那么，从理论上讲，这就应当包括人们对自己的战争。虽然霍布斯在写下这句话时未必明确想到了这一层，但这一点也并不是断章取义、穿凿附会。当时的法律之所以把自杀算作谋杀的一种，其理论依据也是一样的：杀人之为罪，并不是仅仅在杀死别人的时候才算；杀死自己和杀死别人一样恶劣，甚至还要更恶劣一些。而战争的最高状态，不就是相互杀戮吗？自杀当然是针对自己的一种战争。

那么，如何在这样一种人性观念之下，来理解针对自己的战争呢？在《一个哲学家与英格兰普通法学者的对话》中，霍布斯借哲学家之口指出，因为人的本性都是倾向自我保存的，所以没有人会主动杀死自己，那些自杀者一定是头脑不清醒，是疯子。[①] 可见，霍布斯似乎难以理解，一个头脑清醒的人，怎么可能发动针对自己的战争。我们在后文还会看到，正是霍布斯这样的观念，使自杀问题逐步进入精神医学的领域。

但在我看来，用精神医学来化解这个问题，只是现代人处理自杀问题的又一种努力。这样的努力，并不能取消从自然状态理解自杀的视角。而后来涂尔干在研究自杀问题的时候，说自杀往往是社会功能出现问题时发生的事，正是以另外的语言说出了这个意思。[②] 社会功能出现了问题，就是社会不能满足控制和引导人本性的功能了，其实就是说，人重新回到了自然状态。对比涂尔干在《孟德斯

[①] Thomas Hobbes，*A Dialogue between a Philosopher and a Student of the Common Law of England*，translatedby Joseph Cropsey，Chicago：The Universityof Chicagopress，1997，116—117. 中译本有几个，比较好的是毛晓秋译本。参见霍布斯：《一个哲学家与英格兰普通法学者的对话》，毛晓秋译，上海：上海人民出版社，2006 年，第 88 页。
[②] Emile Durkheim，*Suicide：a Study in Sociology*，318.

鸠与卢梭》和《人性的两重性及其社会条件》中的论述，[①] 我们更可以确定地说，涂尔干的这种说法与自杀状态的哲学传统有着相当密切的关系。

因此，涂尔干的论述或许也可以帮助我们理解自然状态与自杀问题的关联。在《人性的两重性及其社会条件》中，涂尔干指出，通常被当作灵肉二分的人性都是由个体化的一方面和社会化的一方面组成的。他在《自杀论》中的结论部分则指出，自杀往往是因为个体化或社会化的一方面过强，破坏了人性这两个方面的平衡导致的。[②]

涂尔干的意思是，人性结构如果失去平衡，就有可能导致自杀。比如，如果人的良知过于敏感，无法自我饶恕人们难以避免的一些缺陷，那就可能因为无法承担良知的谴责而自杀。英国的种种自杀案例，很多是因为过强的道德感使自己的良知无法承受，脆弱的人绝望自尽。

如果看罗马那些自杀的案例，这种道德感就比较好解释。罗马的自杀英雄们往往是用高贵的灵魂生活来战胜软弱和充满欲望的身体，从而通过自杀获得了道德的提升。但是从基督教时代开始，这种人性结构就变得复杂起来。人们不仅有一个身体自我，一个道德自我，而且还有一个超越了道德自我的神性自我。这种三元结构最简洁地体现在奥古斯丁的身体（外在人）、灵魂（内在人）、灵性的划分中（西姆在谈到灵性生命时，仍然在使用奥古斯丁的这个三元人类学）。而到了现代，这种三元结构常常以新二元结构甚至一元结

---

① 涂尔干：《孟德斯鸠与卢梭》，李鲁宁等译，上海：上海人民出版社，2003；《人性两重性及其社会条件》，《乱伦禁忌及其起源》，汲喆等译，上海：上海人民出版社，2003 年。
② Emile Durkheim, *Suicide: a Study in Sociology*，318—319.

构的方式表现出来。

比如在霍布斯那里，人性好像被彻底简化为自然身体这样一个一元的结构。身体就是全部，没有单独的灵魂，也没有另外的灵性，一切都从身体及身体的感觉出发。但是，这个一元结构却能生发出几个层面的含义来。霍布斯所面对的这个生理性的身体，并不是柏拉图那里那充满肉欲的身体，反而更接近奥古斯丁那儿中性但神圣的人，因为这个身体虽然只有生物性的功能，却是好的、超善恶的、人类无论如何要保护的。自然状态中的人如果真的陷入了战争，那就成了身体与身体之间的白刃战，这个时候所展现出来的，是一钱不值的身体，似乎更接近于古典思想中所说的肉身。如果这个怕死的人把自己交给了社会契约，成为一个安全和遵纪守法的公民，那么，这个自然人就又有了德性生活，更接近于古典思想中所谓的灵魂生活。

在霍布斯这样一个人性结构中，如何来理解斯皮拉和柴尔德那样的自杀者呢？他们不仅是有道德的公民，而且是虔信的新教徒，而且正是因为非常虔诚、良知发现，所以他们才无法原谅自己曾经犯下的错误。良知和强烈的道德感驱使他们惩罚自己的肉身，把自己这个人当作一个罪恶昭著的躯壳来惩罚。但是，由于他们的身体不仅承载着罪恶的肉身，而且还是无辜的、神圣的、超善恶的和应该保存的，所以，当他们惩罚自己的身体的时候，也惩罚了这个整体性的、超越善恶的自我。

奥古斯丁就提出了"内在人"的概念。这个内在自我，直接来自上帝，是更本真的"我"，反而是我难以真正认识的。在我的内部，竟然存在一个比我更神圣的、陌生的自我，基督教的这种观念一路发展下来，到霍布斯的时候，就变成了生理性自我这样的概念。

比起奥古斯丁的内在自我来，这个生理性的我似乎没有那么神圣和崇高，但不仅有复杂的生理结构，而且有建立在这种结构之上的神秘的心理功能，仍然是我的意识、我的知识、我的理性无法认识的一个自我。于是，现代人需要用显微镜、X 光透视、B 超这样的仪器，才能认识到自我身体这个神秘的存在；需要在各种各样的专家、各种理论的指导下，才能保护自己陌生和复杂的心理健康。如果这个自我出了什么问题，那么，身体和心理都不会是有罪的，有错的一定是我。因此，身体虽然是属于每个人的，但一个自杀者是无权杀死他那神秘、无辜、陌生的身体的。正是因为这样的结构，当人性中的某一方面战胜另一方面的时候，涂尔干才会说，这使自我结构中固有的平衡遭到了颠覆。

这样做的人，就如同对自己发动了战争，就好像变成狼的人吃掉了自己的身体一样。莎士比亚在《特洛伊罗斯与克瑞西达》中借尤利西斯之口，描述了这只狼吞噬自己的结局："权力化为意志，意志成贪欲，/而贪欲这只横行天下的豺狼/受到意志和权力的双重支持，/势必用强力吞噬天下的食物，/最后吞噬它自己。"（1. 3. 121—125）

五、自然权利

正是在这样的人性基础之上，我们才能够明白，所谓的自然权利究竟是什么意思，以及针对自杀的法律究竟是什么意思。

霍布斯在讨论完了自然状态之后，紧接着指出，所谓自然权利，就是"每个人都有的，使用自己的能力，按照他自己的意志，保存自己的自然的自由；也就是说，保存他的生命的自由；并由此推论出，按照他的判断和理性，他认为最恰当的方式做事的自由"。他随后又解释说，这里所说的自由，就是指没有外在阻碍的意思。①

自然权利的第一要义，是生命权。其他的自由和权利，都是由生命权派生出来的、第二位的。既然如此，生命权为什么不能包括放弃生命的权利呢？按照前面关于自然权利和自由的定义，生命权就是针对自己生命的自由，也就是，在使用自己的生命的时候，可以不受外在的任何阻碍。既然如此，基于保护自然权利的现代契约国家，为什么反而不让人们自由地放弃自己的生命呢？

我们若细读霍布斯的定义，就会看到，他所说的自然权利，只是保存自己的自然、保存自己的生命的自由，而不是中性的"随意使用"自己生命的自由。人只有运用各种方式保存自己的权利，却没有以某种方式消灭自己的自由。

这样解读霍布斯的原文，似乎忽视了霍布斯自己所用的"使用"一词。霍布斯自己也确实没有进一步阐释这层意思。但这并不是因为霍布斯过于重视人的自由。恰恰相反，这套自然权利学说并没有使霍布斯真正成为一个自由主义者；倒是后来的洛克，这个把"自由"当作现代契约国家的一项核心任务，并成为真正意义上的自由主义者的思想家，反而把自杀的自由更明确地排除掉了。他恰恰认为，越是为了给人民自由的权利，越是不能给人剥夺自己生命的自由。他更清楚地知道，每个人体内那个陌生的、生物性的自我，是神圣不可侵犯的。这是保障现代人的自由权利的第一原则。

洛克在《政府论》下篇中谈到自然状态和自然权利时指出："虽

① Hobbes，*Leviathan*，91.

然这是一个自由的状态，但并不是一个随便的状态。虽然那个状态中的人有不可遏制的自由来处置自己这个人或自己的财产，但他并没有毁灭自己的自由，也没有毁灭属于他的任何被造物的自由……"① 在同一段里，洛克重复了柏拉图以来禁止自杀的原因：人是上帝的财产，因此，人没有权利杀死自己。但是，洛克这并不是对古典自杀禁令的重复。要理解洛克如何从自然权利的角度来理解自杀问题，我们可以看看他在另外一处如何提出了一种自杀的例外。

　　和柏拉图一样，洛克还是允许某些人在特殊的场合下自杀的。但在他这里，可以自杀的人既不是有神召的，也不是罗马那样的英雄，甚至也不是柏拉图在《礼法》中列举出的种种例外，而是奴隶。他在《政府论》下篇的第 23 段谈到奴隶制的时候说："当他发现，奴隶制所带来的痛苦超过了生命的价值的时候，他有力量反抗他的主人的意志，从而给自己带来想要的死亡。"② 为什么独独奴隶有自杀的权利？洛克在随后一段作出了解释。奴隶制并不是一种公民状态，而仍然是自然状态，是战争状态的延续，是一个合法的征服者与被征服者之间的战争。虽然这个征服者是"合法的"，却在根本上违背了自然法。因为，在理论上，主人可以合法地处置奴隶的生命，而奴隶自己反而无力处置自己的生命。奴隶之所以还活着，是因为主人暂时还没有剥夺他的生命。因此，奴隶制并没有在自然权利的基础上建立一套社会契约，因此并没有摆脱自然的战争状态。

　　但是，为什么在这样的战争状态里，奴隶可以自杀呢？有学者

---

① John Locke，*Two Treatises on Government*，Cambridge：Cambridge University Press，2003，270—271，第 6 段；George Windstrup，"Lock on Suicide"，*Political Theory*，Vol. 8，No. 2（May，1980），169—182。

② John Locke，*Two Treatises on Government*，284，第 23 段。

指出，这里所描述的场景，只是奴隶可以激怒他的主人，从而让主人杀死自己，而不是说奴隶可以自杀。这只是表明，主人有杀死奴隶的权利。① 我认为，这一解释有些牵强：通过激怒主人来求死，只不过是一种间接的自杀而已。而邓恩（John Dunn）认为，奴隶只是有力量杀死自己，但是并没有权利杀死自己。② 虽然此说也有些走极端，但还是有一定的道理。洛克所讲的自然状态和霍布斯的自然状态并不完全相同。他并没有说自然状态就是一个战争状态，而是说，自由的自然状态很容易陷入战争状态。在自然状态里，人们是有所有的自然权利的。但是一旦进入战争状态，那就很难保住这些自然权利，而只能陷入混乱的厮杀之中。而我认为，这个战争状态，仍然像霍布斯那里一样，是包括人们对自己的战争的。奴隶并不是有权利自杀，而是在奴隶制这种特殊的战争状态里，自杀是他为赢回自我保存的权利的绝望的反抗。战争状态中的战争，就是人们为了保护自然权利而进行的斗争。奴隶已经失去了所有自然权利，但是，他并没有失去争取自然权利的权利。他通过激怒主人的间接自杀，既是针对主人的战争，也是本来拥有绝对自然权利的自我对丧失了这种权利的无力的自我的反抗。

因此，洛克在第 23 段对奴隶自杀的允许，虽然和他的绝对自杀禁令有冲突，但是和他关于自我保存的权利的论述并无冲突。按照上面的理解，允许奴隶自杀恰恰强调了人的自然权利的绝对性。哪怕在看上去已经丧失了这种自然权利的奴隶制下，人们仍然可以通

---

① Gary Glenn, "Inalienable Rights and Locke's Argument for Limited Government: Political Implications of a Right to Suicide." *The Journal of Politics v46 issue 1* (Feb., 1984), 84—85.

② John Dunn, *The Political Thought of John Locke*, Cambridge: Cambridge University Press, 1969, 107—110.

过一种手段来争取这种权利。洛克所坚持的，正是后来美国《独立宣言》中所说的，人的自然权利，是不可让渡的权利。哪怕像奴隶这样，虽然在形式上让渡了这一权利，他也不会真的丧失这一权利的绝对性。[1]

我们虽然不能接受格林关于奴隶自杀的具体论述，但他对洛克自杀讨论背后的政治意义的解释还是相当精彩的。这一解释不仅能够从理论上说清楚英国法律对自杀的治理术究竟意味着什么，而且告诉我们，恰恰是对自杀自由的剥夺，从根本上保障了个体的绝对自由，限制了政府的权力。格林甚至认为，洛克只要在谈到限制政府权力的时候，总要把这一说法奠定在自杀禁令的基础上。[2]

还是在前引的第 23 段，洛克说："一个无权处置自己生命的人，既不能靠契约，也不能靠自己的认可，就把自己变成他人的奴隶，也不能把自己置于另一个人随意的权力之下，让他想取走他的生命就取走他的生命。没有人能交出他自己都没有的权利；不能取走自己的生命的人，也不能给别人这个权利。"

洛克之所以同意奴隶自杀，恰恰是因为他坚决反对奴隶制，认为奴隶制根本就不是一种政治形式，而只是战争状态的延续。对奴隶制的坚决反对，体现了洛克的政治自由观念和对无限政府的坚决反对。因为，奴隶制建立在某些人可以完全失去自由这样的前提之上。由这一点，我们就可以看到，洛克所捍卫的自由，与罗马思想中的自由观念的联系和差异。我们在第二章已经看到，罗马人的自由观念，首先是指相对于奴隶而言的自由人的权利。自由人，是指

---

[1] Gary Glenn, "Inalienable rights and Locke's argument for limited government: political implications of a right to suicide." 80—82.

[2] 同上，90。

不被奴隶主奴役的罗马公民，是一种高贵的人。这一观念不是建立在对奴隶制谴责的基础上的，反而恰恰是在存在奴隶制的前提下，才能反衬出自由的高贵。洛克和罗马人一样，也认为奴隶不可能享有这种自由，自由是不受奴役者的一种特权。不过，他不会像罗马人那样承认人的不平等，容忍奴隶的存在，甚至在和奴隶的对比中展示自由的高贵。在他这里，奴隶制在根本上违背了人的自然权利，是一种无法接受的政府形式。

霍布斯在《法学原理》中对奴隶制的问题含糊其辞，但是在《论公民》和《利维坦》中都明确表示，自我保存的权利是绝对的，不可转让。[①] 而洛克则进一步强调了这种绝对性，并且把这当作反对自杀、反对奴隶制、反对绝对权力和无限政府的基础。

如果同意有自然权利的人可以自杀（或者没有自然权利的奴隶不自杀），那就等于说，自我保存的权利不是绝对的，人们在某些时候是可以完全操纵和处置生命的。既然这种自然权利可以被自己破坏，可以被奴隶主破坏，那就也有可能被他人破坏，政府就有理由行使这样的权利，草菅人命。而自然权利的核心是自我保存，如果自我保存的绝对性被破坏了，那么其他的自然权利就更无法得到保障。因此，为了保护自然权利的绝对性，自杀是无论如何不能允许的。

政府对自杀权利的剥夺，恰恰是对生命权利的绝对保护，是一种现代的自由理念。现代人的自由权利是绝对的，但这种自由既不像斯多亚学派和古罗马人认为的那样，人们可以通过自杀来追求灵

---

① Gary Glenn，"Inalienable rights and Locke's argument for limited government: political implications of a right to suicide." 第 91 页注 16。

魂的自由，也不是像无政府主义认为的那样，人想干什么就可以干什么。它指的是，"人"这个神圣的整体，是绝对自由的，不能屈服于任何外在的权力，而这个外在权力，不仅包括他人的和政府的权力，更重要的，是"自我"的权力。绝对的"人"是自我之内最真实的自我，同时也是神秘的、陌生的，需要我来认识和保护的自我。这个自我，我没有权利伤害，别人也没有权利伤害，政府更没有权利伤害。如果我有权利伤害他，那它就不是神圣的，别人和政府也就都有权利伤害他了。任何政治制度，都不能建立在伤害这个自我的基础上，而必须以保护这个自我为首要目的。如果政府违背了自己的职责，伤害了这个神圣不可侵犯的自我，我为了保护这个自我，就可以起而反抗。因此，洛克和霍布斯不一样，坚决捍卫革命的权利；也正是这样一种权利，成为美国独立战争的理论基础。

在这个意义上，我们终于可以明白都铎王朝的自杀法令，以及约翰与艾米的悲惨命运了。英国政府之所以要惩罚自杀者，并不仅仅是为了减少自杀率，也不仅仅因为他们是虔诚的基督徒，更不是因为这个政府霸道蛮横，随意剥夺人们的自由，而是因为，当时的政治权力在一步步深入到人们的毛细血管的同时，也在一步步从人们的内心撤出。甚至那越来越无孔不入的宗教力量，也通过为人心带来自由来实现全民的基督化。当国家以集权的方式确立了自由权利，新教以严密的制度为人心带来拯救，每个人就必须严格臣服在绝对自我的脚下，用自由权利来喂养它，用政治制度来保护它，既不能让它为人的肉体欲望而遭到损害，也不能让它为了人的道德荣誉而做出牺牲。

我们如果再仔细读一遍本章第一节的验尸报告，就会发现，无论是在关于约翰那啰里啰唆的官样报告中，还是在关于艾米那道貌岸然的教会纪录里，我们只能读到死者自杀的方式，以及法庭和教会的处理方式，但是一点也读不出来，这两个可怜的自杀者究竟是为什么死的，他们究竟经历了怎样的故事，遭受了怎样的良知折磨，为什么会屈服于魔鬼的诱惑。不仅这两份报告是这样，我们所能见到的 16 世纪的自杀验尸报告，大多是这样的模式。虽然在斯皮拉和柴尔德的故事中，以及在我们本章开头所引的小册子和报章新闻中，我们能不断看到悲天悯人的好事者的打探和猜测，但这种细节却被完全摒除在了官方和教会的关心之外。

法庭关心的是秩序和权利，教会关心的是心灵和道德，但是，两者竟然都认为，自杀者为什么放弃了自我保存的权利，他们的良知到底有过什么样的经历，并不属于他们关心的内容。这样的事实最明显不过地告诉我们，这种无孔不入的自杀治理术，不仅没有真的把人束缚在法律和《圣经》上，反而给了人们最大程度的自由。法庭和教会严厉而认真地退出了每个公民的内心世界，这个利维坦下的公民，也逐渐严肃认真地把自己当成了一个神圣不可侵犯的"人"。

六、另外一个声音

洛克时代对自杀禁忌的讨论，远比中世纪普遍得多、复杂得多，同时也严厉得多。但是，这并不是唯一的态度。恰恰在对自杀的惩罚被严肃地当作法律来执行的时候，对自杀的辩护也形成了一个强大的声音。

早在西姆发表他的第一本自杀学专著之前二十多年，已经有另外一个人完成了一本反对自杀禁令的著作。这就是大名鼎鼎的形而上学诗人约翰·多恩（John Donne）。但是，他手拿着这本名为《论暴死》（*Biathanathos*）的著作，却犹豫彷徨，迟迟不敢出版。而且，他还在给朋友的一封信中说，书的作者并不是多恩博士，而是一个叫杰克·多恩的家伙。直到他去世之后十多年，他的儿子才违背他的遗愿，于 1647 年出版了这本著作。虽然多恩的著作比西姆的晚出版了几年，但它造成的影响却远大于西姆。多恩作为一个著名诗人、国王的随军牧师、圣公会的神学博士，却在对自杀的法律惩罚最严厉的时候，写下这样一本反对正统自杀禁忌的书，自然是惊世骇俗之至。因此，在此后很长时间里，多恩的书一直成为批判的靶子。17、18 世纪的一些自杀学著作，就是为了批判多恩而写的。不过，从多恩以后，对自杀的辩护与捍卫就成为一个非常有力的声音，一直站在自杀禁忌的传统的对立面。休谟的著名短文《论自杀》就诞生于这个新传统。

多恩的讨论分为三部分：自然法、理性法、神法。这样一种分法大体上对应于托马斯所讲的三个方面：自杀是反自然法、反人法、反神法的。

在托马斯所谈的这三点中，最核心的是"反自然法"。自杀者之所以反社会、反上帝，都是因为他违反了自我保存这条基本的自然法。而在本章前面的论述中，我们通过西姆、霍布斯、洛克看到，这种神学意义上的自然法如何完成了现代转化。在多恩的著作中，虽然关于自然法的部分并不是篇幅最长的，但同样是全书讨论的基点。

在关于自然法的这部分讨论中，多恩的标题是"论自然与法"（Of Nature and Law），而不是像另外两部分那样，"论理性法"（Of the Law of Reason）和"论神法"（Of the Law of God）。这种微妙的不同，并不是因为作者或出版者写错了一个词，而是因为，多恩对自杀禁忌的批判是更根本的，即他所质疑的，并不是自杀合不合自然法，而是，前人对"自然法"的理解是不是本来就有问题。因此他说：

> 自然法这个概念，界定得那么不同和矛盾，使我必须承认，我得读上一百次，才能理解一次，知道作者在某个时候表达的是他的哪一种意思。但我从来没能发现，这能证明他们所谓的违背自然之罪的说法……很难找到本来就是恶或自然就是恶的事情。因为，上帝虽然能命令人杀人，却不能命令人作恶或犯罪。因为整个世界的制造和管理都属于他，他可以随便怎么使用。比如，虽然他可以行神迹，但他不会做违背自然的事，就像奥古斯丁说的那样，"那就是他所使用的万物的自然"。除了这一处，托马斯也说过另外的原则："对于自然地遵从他的在下者，一个在上者无论做什么事，都是自然的。"我们可以安全地推断，我们所谓的罪，没有一样是那么违背自然，以致不能在某一刻变成合乎自然的。①

和那些反对自杀的思想家们一样，多恩同样是从基督教的基本观念出发的，作为一个圣公会的牧师，他对基督教基本原则的坚持反而更强。他在此承认，自然确实体现了上帝的意志，因而是不能轻易违背的。但是，却没有理由因此就认为，自杀一定是反自然的。因为上帝的意志是人不可测度的，上帝所安排的自然同样是人不能

---

① John Donne, *Biathanatos*, 1.7, New York: Garland Pub., 1982.

按照自己的意志揣摩的。他说的上帝不能做违反自然的事，并不是指上帝没有这个能力，而是说，只要是上帝做的，就是自然的，根本不能把"不自然"这样的说法用在上帝这里。

与其说多恩颠覆了基督教正统的自然观，不如说他更彻底地阐释了这套自然观。他一方面引用奥古斯丁的说法，说所有的罪严格说来都是反自然的，另一方面又引用托马斯的说法，指出，原罪在人这里看上去是那么根深蒂固，以至于它好像就是自然的："如果上帝现在大展神奇，再造一个人，就像他当初创造第一个女人那样，用别人的部分骨肉（而不是通过生育）再造出这么一个，我们肉身中的所有弱点都能被去除掉，但原罪却去不掉。"[1]

因此，多恩指出，人其实受制于两个自然法：感性的自然法和理性的自然法。本来，感性的自然法应该引领人们走向理性的自然法。但是，如果人们完全遵循感性自然法的指引，由于人性中固有的懒惰和软弱，那就会原地不动，根本不可能向上走到理性的自然法。这就是保罗所说的："但我觉得肢体中另有个律，和我心中的律交战，把我掳去叫我附从那肢体中犯罪的律。"[2] 这两条自然法有可能是相互冲突的。虽然人们也有可能因违背感性的自然法而犯罪，但是，多恩说，"我并不认为，这种自然法就是那些讨厌自杀的人认为自杀所违背的自然法"。那么，这些反对自杀者所说的，一定就是理性的自然法，"即上帝从他的永恒法中给出的光照"。

多恩抓住了自杀问题的要害。如前面几节所说，在自杀反对者的心目中，自杀之所以有罪，当然首先是因为自杀者毁坏了肉体的

---

[1] John Donne，*Biathanatos*，1. 7，New York：Garland Pub.，1982.
[2] 《罗马书》7：23。

生命。但在他们看来，并不是这个充满欲望的、懒惰而软弱的肉体是神圣不可侵犯的，而是身体中所体现的那个神圣的自我是不容破坏的。但是，在充满欲望的肉体和神圣的身体之间，真的能那么明确地区分开吗？换言之，因为贪生怕死而保存生命和出于虔诚与理性保存生命，真的能全然分开吗？

现代的神圣自我，是在道德自我和欲望自我上面添加的一层非善非恶、陌生、神秘、中性的自我。但是，这层自我并不是和道德自我与欲望自我同一层次的第三个含义，而必须通过这两个层次表现出来。就像奥古斯丁的灵性观念，虽然看上去好像是在灵魂和身体之上加的第三个层次，但也并不是可以同另外两个层次等量齐观的，而必须借助另外两个层次才能够得到了解。因此，奥古斯丁也并不是在所有著作里都严格遵循这样的三元人类学。如果过于执著地看待这个神圣自我，把它当成一个新的教条，反而会把讨论引向更糟糕的状态。多恩正是在这个意义上指出，真正的自然法是理性的自然法，因为理性才是人的"自然"。那么，决定什么是罪的关键，仍然是是否遵循基督徒的法律，而不是是否保存这个身体。

多恩并不是反对自我保存。但他指出，不能把身体的自我保存当成普遍真理和绝对原则。最重要的并不是自我保存，而是自我保存背后的道理：按照理性趋善避恶。作为自然法普遍基础的自我保存，就应该是对善好的自然倾向和欲求，虽然人们认为是好的未必真是好的。如果从这个意义上理解自我保存，自我保存就是对善好的追求。那么，为了信仰而殉道，虽然身体毁灭了，但也应该算是一种自我保存，因为"我们被拣选得拯救，我们当中精华的部分上升了。我们所获得的天堂，当然是好的，而这条性命只是大概可能好……如果我通过死亡得到的确实是一个更大的善好，另外那个更严格的自然法，即理性的自然法，怎么会被违反呢?"①

正是因为多恩更加看重人性中的理性部分，他也比那些反对自杀的人更尊重良知。在谈到良知的时候，他这样概括对手们的观点："有这样一条禁止自杀的道德法，违背这条法律所带来的罪过据说要比违反良知中的任何法律的罪过都要严重。因此，自杀是永远无法宽恕的，即使因为不遵从良知而导致的坏的意志是有罪的，总比破坏那条法律要好，因为那样犯的罪更大。"多恩承认，良知并不是最高的法律，不能作出最高的裁决。但是，也不能把自我保存当作最终的标准。无论良知还是其他一切法律，都必须遵循荣耀上帝这条最基本的法律，这是一切道德判断中最首要的考虑，永远不能被忽视。倘若一个人的自杀是出于荣耀上帝的目的，那么，错误只是微小的，而自杀者荣耀上帝的意志是不容置疑的。在这种情况下，为什么自杀还要被当作罪来看待呢?

表面看上去，多恩似乎是从道德的角度出发讨论问题的。他反对把身体的保存当作最高标准，反对从感性的自然法出发看待问题。这样一个立场，似乎更接近古典哲学家对德性的讨论。确实，多恩不仅用大量斯多亚派和罗马的自杀者来证明自杀可以是很高贵的，而且用很多古典哲学家的理论来论证。那么，他是不是把基督教的信仰道德化，即取消了基督教传统中超越善恶的倾向，从而回到了斯多亚学派的立场呢?

看上去像一个道德主义者的多恩牧师却表达过更加离奇的观点。他认为，只要一个人的良知是清醒的，坚信自己得到了上帝的许可并且在荣耀上帝，哪怕他表现出极端暴躁的热情，做出罪大恶极的

---

① John Donne，*Biathanatos*，2.2. New York：Garland Pub.，1982.

事情，那也不能认为他是在犯罪。他甚至说："也不能仅仅因为一件事看上去是来自魔鬼，就一定得出结论，认为这是罪恶的。"他举出一个例子，魔鬼叫一个女孩踏上朝圣之旅，并让她在某个祭坛那里听一场弥撒，就可以治好她的病。只要人们相信自己是在礼敬上帝，哪怕那其实是魔鬼的假扮，也不是有罪的。因此，"没有什么一定是罪恶的，只要是上帝命令的，就是好的。而自我谋杀并不是自然就是恶的，好像必须上帝命令的才不是恶的。如果上帝命令人自杀，那当然是好的；如果上帝撤销了使自杀成为恶的原因，那它就是中性的。"①

关于良知的这种非常可怪之论，或许可以帮助我们理解，为什么受到魔鬼诱惑的浮士德在马洛那里就堕入了地狱，而到了歌德那里竟然上了天堂。多恩那些看上去像是道德主义的说法，根本上却是更加极端的基督教信仰。在他这里，连良知本身都变成了超善恶的概念。

多恩只承认一个标准，那就是上帝，而人与上帝之间只有一条纽带，就是良知，而法律、道德、自然、理性等等，都是派生的。因为上帝是无所谓善恶的，良知也是无所谓对错的。人们只要认定自己的信仰，不管这是对还是错，都是可以得救的。多恩与霍布斯和洛克一样，也遵循奥古斯丁以来的传统，建立了一个神圣的"内在人"观念，即人的真正价值既不在于肉体的欲望，也不在于灵魂的道德，而是在于良知。

如果说霍布斯和洛克是从身体出发建立了一个超善恶的神圣人性的观念，多恩则是从灵魂和良知出发建立了一个同样超善恶的人性概念。这个"人"不像霍布斯和洛克理解的那样，由血肉和感官组成、中立但是天生就好的"人"，而是由理性和信仰组成，只要有

---

① John Donne，*Biathanathos*，2.8.

坚定的信仰，丝毫不必在乎外在行为的善恶、因信称义的"人"。

霍布斯和洛克的"人"的观念，把人性放在一个非常低但很坚实的基础上，成为现代政治的人性前提，在政治上逐渐实现了政治自由的观念。但这绝不是现代性中对人和对自由概念唯一的理解方式。多恩的人性观念，把人的灵魂抬到了一个极高的高度。这样的观念当然不可能成为政治的人性基础，但是，它却可以成为现代人理解灵魂自由的一个思考方向。现代人的灵魂自由，和斯多亚学派讲的自由虽然有紧密的关联，但本质上并不相同。现代的灵魂自由，强调的是意志的自由和力量、灵魂的解放和爆发、精神的无拘无束。它发展到极端，就是凭借魔鬼和作恶，也能实现精神的自由。而自杀，也常常是实现这一自由的途径。陀思妥耶夫斯基的《群魔》中的基里洛夫，正是这样靠自杀追求自由的（详见第七章）。这一观念同样来自基督教对人性的基本理解，在神学家和诗人多恩这里得到了一次比较系统的表述。

虽然这样一种对待人和精神自由的态度一般而言并不是英国思想的主要特点，但英国人的这些观念里，已经孕育了后来西方思想中很多进一步的思考，只是还没有表述得那么系统、深入和极端。

在多恩死后一百多年，休谟写了《论自杀》和《论灵魂不朽》两篇短文。休谟为自杀辩护的理由和多恩并不完全相同，但同样是基于基督教的信仰。休谟指出，既然世上的一切都是上帝决定的，上帝为什么不能假手于人们自己来结束生命呢？人怎么可能有力量干扰上帝的伟大计划呢？如果说人亲手杀死自己是抗拒了上帝，那么，人拯救自己何尝不是呢？如果本来应该有一块石头掉下来砸死人，但人把它挡开了，那不同样是干扰了自然秩序？"如果我有能力做到，我改变尼罗河或多瑙河的河道不是犯罪。那么，我把几盎司的血放出它们自然的脉管，怎么就是犯罪了呢?"①

休谟强调，人不可以把自己的价值观随便强加给上帝："我们可以很安全地说，凡是我们知道上帝做了的事情，都是最好的，但如果说，他一定要做我们认为最好的事，那就危险了。"而"道德观念的主要来源是人类社会的利益的反映"，所以，"谁要是认为善有善报、恶有恶报，他一旦绕世界走一圈，一定总会觉得很尴尬，发现大部分男女得到的回报和他们的品德都配不上"。②

休谟有很复杂的人性论思想，在此难以简单概括。但从这两篇文章可以看到，休谟同样是把神意当作了最高标准，而不是把人的自我保存，更不是人类的什么道德当成人的本性。这一观念，是休谟为自杀辩护的基本出发点。

休谟在写完这两篇文章后，几乎发生了和多恩相同的事情。他几经犹豫，终于强行从出版商那里取回了即将付梓的文稿。还有一个故事说，由于他没能及时把文稿从一个朋友那里取回，那个朋友在读完这篇文章后，就一边向休谟致敬，一边毅然向自己扣响了扳机。后来，还是霍尔巴哈读到了私下流传的文章，于是把它们在法国翻译出版。两篇文章的英文原版，是在休谟死后一年，才在英国出版的。

多恩即使在自己本来理直气壮的著作中，也已经对《论暴死》的后果有所警惕，渐渐变得闪烁其词了。他在结论中说，虽然自杀本身并不是罪，但是自杀者却往往是罪人，因为他们常常犯有其他的罪。因此，轻易抛弃生命的人大多是得不到拯救的。在没有绝对

---

① David Hume, "Of Suicide," in *Essays Moral，Political，and Literary*，Indianapolis：Liberty Fund，1985，577—589.
② David Hume, "Of the Immortality of the Soul," in *Essays Moral，Political，and Literary*，590—598.

的上帝启示的情况下，一个人最好不要自杀，而上帝的启示是很难遇到的，即使自以为遇到，也很可能是假的。这样，多恩虽然证明了自杀本身无罪，却得出了和奥古斯丁与托马斯相同的结论：在实践中任何人不得轻易自杀。但是，如果我们严格依照多恩自己的逻辑，即使上帝的启示是假的，只要人充满信仰，把它当成真的，不是仍然是可以得救的吗？

多恩和休谟的这种犹豫态度，首先当然是害怕自己的著作会误导人们自杀。而且，如果休谟那个朋友的故事是真的，这样的事情就已经在发生了。不过，也许他们的这种恐惧，还不只是从社会影响这个角度来考虑的。更重要的是，他们也许已经预感到，这样一种思想方式有可能带来更加破坏性的后果；这种对上帝的绝对信仰，离放弃信仰和投降魔鬼不过是一步之遥了。英国思想中特有的明智和机警，使他们不愿看到这样的后果。

在英国的自杀讨论中，为自杀辩护的声音很早就出现了。严格说来，多恩还是西姆的前辈。那么，从正反两方面针对自杀的系统讨论，都是在 17 世纪前期开始的。双方都出于基督教的立场，都受到了古典哲学和科学的巨大影响，都代表了现代英国人对待人性、生命、自由的看法。而且，双方的基本观念，直到今天还都有众多的支持者。

七、忧郁的英格兰

但是，英国法律为什么渐渐不再严厉处罚自杀了？我们不能想当然地认为，是因为那些哲学家和神学家的反对，更不能认为，是温情脉脉的人道主义把自杀者的尸体救出了十字路口的深坑。我们在本章的第一节已经看到，1823 年英国议会颁布的《改变和修正关于自我谋杀者的遗体埋葬的法律的决议》虽然使对自杀的惩罚不再那么严厉，但并没有改变自杀是罪的基本态度。

真正导致了这种变化的，不是哲学家，也不是法学家，而是医生。是他们看到，在那些自杀者悲苦的身上，真正可怕的并不是罪，而是病。

即使在法律惩罚自杀最严厉的时代，也不是没有例外的。都铎王朝的验尸官除了要确认自杀者是否死于谋杀之外，还要调查清楚，自杀者是否头脑清楚。如果自杀者是个精神病患者，他的死亡不是有意造成的，那就可以免予处罚。在此，对自杀的治理与对癫狂的治理交叉在了一起。福柯谈道，这个时候死亡的主题被癫狂的主题取代了，"疯癫就是已经到场的死亡。但这也是死亡被征服的状态"。[①] 对自杀的惩罚之所以把疯子排除在外，并不是因为人们特别同情疯子，而是因为，疯子本来就已经得到了更加严格的治理。

在都铎王朝的时候，这种免予处罚的只是极少数例外。不过也有一些人为了使自己的亲人免于处罚，捏造事实，说他们是头脑不健全者。对自杀者的处罚之所以越来越轻、越来越少，和这样的伪精神病越来越多有关，但这毕竟是一个外在原因。更重要的是，人们逐渐从理论上把自杀与精神病联系到了一起，于是，针对自杀的治理就逐渐与对精神病人的治理合流，自杀本身就被当作诊断精神病的重要指标，逐渐进入了精神医学的领域。霍布斯在《一个哲学

---

① 福柯：《疯癫与文明》，刘北城、杨远婴译，北京：生活·读书·新知三联书店，1999 年。

家与英格兰普通法学者的对话》中对自杀的讨论，颇能代表这种转换的内在原因：

> 法学家：自愿杀死自己的人也属于重罪犯，精通普通法的律师们以及各项制定法都称其为 *felo de se*（自我谋杀者）。
>
> 哲学家：这个称呼不错，因为制定法强制规定的名称就相当于定义，但是我不明白人们怎么会对自己如此 *animum felleum*（心存怨毒），或对自己有那么大的恶意，以至于自愿伤害自己，更不用说杀死自己了；因为从自然上讲，每个人必定要追求对自己有利的东西，并旨在保存自己。因此我认为，如果有人杀死自己，那就是假定他并非 *compos mentis*（心智健全），而是由于某些比死亡更甚的内心痛苦或忐忑不安而神经错乱了。
>
> 法学家：不，除非他 *compos mentis*，否则他就不是 *felo de se*（如爱德华·柯克爵士《总论》第 3 部第 54 页所言），因此除非首先证明他 *compos mentis*，否则他就不能被判为 *felo de se*。
>
> 哲学家：人死了怎能证明？尤其是如果任何证人都无法证明他在临终前像常人一样开口说话。这个问题很难办，你需要把它搞清楚，才能将它视为普通法。①

---

① Thomas Hobbes, *A Dialogue between a Philosopher and a Student of the Common Law of England*, translatedby Joseph Cropsey, Chicago: The University of Chicago press, 1997, 116—117. 中译文见托马斯·霍布斯：《一个哲学家与英格兰普通法学者的对话》，毛晓秋译，上海：上海人民出版社，2006 年，第 88 页。略有改动。

在《利维坦》中，霍布斯是反对任何破坏自我保存的行为的，自杀当然也不例外。而他在此处之所以主张不把自杀当成普通法处理的对象，并不是因为他违背了自己的那条原则，而是因为，他认为自我保存这一条是不证自明的，并符合人的自然，人们不可能以自杀这种方式公然对抗这一条。因此，他根本就不能接受头脑健全的人自杀这样的事，认为凡是如此明目张胆地对抗这条基本自然法的人，一定是不知道基本的好歹，那就是头脑不健全了。

　　现代的法律观念和精神医学都来自基督教。自杀之所以遭到法律的惩罚，其理论起源是在基督教那里，而它之所以被当作一种病，也同基督教对自杀的谴责密不可分。在 16、17 世纪，同现代法律体系一样，现代精神医学也处在逐渐发育的时期。而当时的精神医学，主要工作就是对忧郁症的界定和研究。忧郁症的基本特征是绝望。而自杀之所以遭到基督教的谴责，其基本原因，正是自杀违背了望德。因此，当时的精神医学很自然地就把自杀与忧郁症关联在了一起。英国人在 17 世纪前期发明了自杀（suicide）这个词，逐渐用它取代了"自我谋杀"（self-homicide，self-murder）等含混的说法，成为指代这一行为的专门术语。而第一个使用这个词的，据说是医生托马斯·布朗爵士（Sir Thomas Browne）的《一个医者的信仰》（*Religio Medici*）。①

　　1621 年，英国医生和文学家伯顿出版了百科全书式的著作《忧郁的解剖》（*The Anatomy of Melancholy*）。此书虽然名为医书，却以其渊博的知识和飞扬的文采成为英国文学史上的瑰宝。而这本医

---

① Michael MacDonald and Terence R. Murphy，*Sleepless Souls：Suicide in Early Modern England*，145.

书提到最多的仍然是我们熟悉的良知、希望、自由、高贵、意志和理性这些名词。伯顿把忧郁（melancholy），这种对上帝丧失希望的疾病，当作最典型的癫狂，而自杀则是忧郁最常见的后果或症状。在当时的医学看来，在忧郁的诸多病因当中，最重要的是黑胆汁过多，而黑胆汁这种分泌物则被比喻为"魔鬼的洗澡水"。自杀来自绝望的忧郁，而忧郁又来自魔鬼，这个命题只是把宗教的自杀观医学化了。

对自杀的法律惩罚和医学诊断都脱胎于对它的神学谴责，但又都不是对这种神学语言的复写。伯顿在讲到因忧郁而引起的自杀时虽然重复了当时公认的神学观点，但马上说道："让我仅加一点，在某些情况下，对于那些无论用刀刺还是鞭打，对自身施加暴力，甚至在绝望之中危害他人的行为，如果发现那些人已经疯癫，神志不清，或者因为长期忧郁到了极度，严厉的惩罚应该略加宽免。因为他们不知道自己在做什么，失去了理性、判断，等等一切，就像一艘没有水手的空船，在礁石和沙滩面前必定沉没。"本来对自杀的惩罚就是因为自杀者在魔鬼的诱惑下犯了谋杀自己的罪，而医生们认为疯癫是魔鬼的引诱所致，他们有什么理由阻止对自杀者的惩罚呢？伯顿说，这些犯了杀人罪的人失去了理性，不知道自己在做什么。可是，从托马斯以来神学家们所说的理智不能战胜意志导致的自杀，不就是因为失去了理性吗？伯顿似乎丝毫没有提出神志不清者可以免于处罚的理由，他所说的自杀者不被惩罚的理由，恰恰是在重复神学家和法学家所举出的自杀者应该被惩罚的理由。伯顿明明知道，"把刀刺进别人不过是杀害了别人的身体，而刺进自己却是杀掉了自己的灵魂"，为什么他要对这种杀害灵魂的人网开一面呢？

伯顿讲了两个兄弟的故事。他们因为极度的忧郁而杀害了自己，法庭按照惯例判处他们以那种羞耻的方式埋葬，用来警告世人。但是，法官们再次追究他们的不幸和疯癫的时候，都默默地否定了自己的判决，把他们安静地埋葬了，就像大卫埋葬扫罗那样。这个简单不过的故事说明了什么呢？究竟是怎样的同情心能够抹杀法律的判处呢？"我们可以处置他们的财产和身体，"他说，"但至于他们的灵魂到哪里去，只有上帝知道。……我们也许可以不必像那些人一样如此苛酷和严厉地谴责；爱将要评判一切，希望一切；愿上帝对我们仁慈，一视同仁。"①

难道真的是因为做医生的伯顿有着不同一般的不忍之心，才号召人们对自杀者抱一份同情吗？这一点即使能够解释伯顿的观点，却无法说明不久之后自杀者统统从法律的利剑下转到医院的病床上的现象。也许这种表面的人道主义只是结果，不是原因。

我们可以在伯顿自己的话里找到原因。他不是说那些凶手就是死者吗？既然那些死者就是残暴的凶手，既然那些死者是因为自己的疯癫和绝望而被杀死的，那又何必将沉重的木棒压上那本来已孱弱的灵魂呢？这个看似慈悲的态度，完全可以转写为另外一种更为冷酷的判断：既然那些自杀者自己就是凶手，我们完全不必为他们伸张正义，完全不必为了他们的死而妄加法律惩罚；既然他们因为对上帝绝望而疯癫致死，他们破坏了神圣的自我，那就会遭受应该遭受的惩罚。换言之，自杀者这群失去理智的人，是已经回到自然状态、陷入了战争状态的人，尽管他们仍然有自我保存的意愿，却已经失去了自我保存的能力和理智。伯顿不是告诉我们了吗，他

---

① Robert Burton，*The Anatomy of Melancholy*，New York：Tudor Publishing Company，1921，373—374.

们的灵魂走向哪里，只有上帝才知道？这就是说，活在社会中的人是不知道的，因为那些自杀者不在社会状态。医学并不是对自杀者特别人道，而是根本上把他们排除在了人法与社会的正义之外，甚至排除在了谋杀者的行列以外。

伯顿并没有把所有自杀者都当作忧郁症患者，但是他已经开启了这样一个医学化的过程。更多的人不愿意再从法律的角度，而要从医学的角度来理解一个又一个令人震惊的自杀事件。乔治·切尼（George Cheyne）在《英国病》（*The English Malady*）一书中写道，不稳定的海洋气候使很多小水滴渗进人体的纤维中，使之变得松软柔弱，人们就容易陷入自杀的忧郁中。罗伯特·詹姆斯（Robert James）在《医学词典》（*Medical Dictionary*）中解释说，由于血液和各种体液循环过于不规则，过快、过慢，或过于有力，掌管所有想象和思考功能的头脑就会失去平衡，人就会陷入忧郁。1725 年理查·布莱克莫尔（Richard Blackmore）出版了对臆想症与歇斯底里的研究之后，人们开始用臆想症来理解忧郁与自杀。1765 年，罗伯特·惠特（Robert Whytt）把"抑郁、绝望、忧郁、疯狂"都归为臆想症的症状。[1] 1788 年，威廉·楼利（William Rowley）指出，所有的自杀者都是心智不健全的。[2] 虽然楼利的意见并未得到所有人的接受，但在法律实践上，这几乎已经成了事实。[3]

到启蒙时代末期，自杀主要被当成了一个社会和心理学问题，而不再是宗教和法律问题。[4] 亚当·斯密在 1759 年出版的《道德情

---

[1] George Minois，*History of Suicide*，241—245.

[2] Michael MacDonaldand Terence R. Murphy，*Sleepless Souls：Suicide in Early Modern England*，198.

[3] George Minois，*History of Suicide*，297.

[4] George Minois，*History of Suicide*，301.

感论》中谈到斯多亚派的自杀观念时，也说，由于自杀是忧郁造成的，它不可能是自然的（据说，这一说法是针对休谟的）；同时，也因为自杀的病理原因，对自杀者施加惩罚不仅是荒谬的，而且是不公的，因为承受这惩罚的，将主要是自杀者那无辜的亲属。斯密和伯顿一样，虽然谴责对自杀的法律惩罚，但并没有肯定自杀这种做法。这之所以是不公的，并不是因为自杀是对的，而是因为无辜的人们在代替自杀者蒙受羞辱。[①]

　　人们虽然不再从宗教和法律的角度考虑这个问题，但霍布斯和洛克所讲的人性观念并未消失。这种转化，恰恰以更有力的方式强化了这种观念。启蒙时代以后的科学和哲学，已经基本放弃了神学式的对内在人或灵性的理解，但他们却越来越认可一种中立的、超善恶的人性观念。在这些医生的眼睛里，真正神圣的固然不再是"上帝的像"，但也不是充满德性的灵魂或充满欲望的肉体，而是一个身心健康的人。不论他行为善恶，人本身就是神圣的，研究这个人内部的复杂结构和运动方式就是一项神圣的事业。自杀固然不再是神学意义上的罪，但也不再是道德意义上的英雄之举，而是一种偏离了健康的疯癫行为，理论上甚至是可以治疗的。这些忧郁的英国人虽然好像既摆脱了宗教的束缚，也挣脱了法律的锁链，但是，他们无法脱离那个雾蒙蒙的世界。这世界反而使他们所热爱的自由变得潮湿而柔软，虽然更加珍贵，却也更加难以把捉。

---

① Adam Smith，*The Theory of Moral Sentiments*，Indianapolis：Liberty Fund，1982，288.
感谢渠敬东和林国华分别提醒我注意亚当·斯密的这个段落。

第七章 莎士比亚：多佛悬崖上

我们在上一章谈到，基督教人性观这同一个理论资源，带来了两种完全不同的理解。除了霍布斯、洛克等人的理性的人性观之外，英国也出现了多恩那样以良知和绝对精神自由为标准的人性观。他们对自杀的肯定，就建立在这种人性观之上。在这一章，我们将分析莎士比亚笔下的一个自杀故事，来思考这种追求精神自由的人性观可能带来的后果。

据米诺瓦统计，在莎士比亚的戏剧中，共有 52 次不同类型的自杀故事。[①] 除去这些明确的自杀情节之外，与自杀相关的问题更是充斥了莎翁的剧作。比如哈姆雷特那句著名的 to be or not to be，就一下子指向了自杀问题的核心：尘世生活是否值得过？而在莎剧当中，除去奥赛罗和麦克白夫人的自杀直接体现了基督教文明中自杀的关键——绝望与忏悔，卢克利斯、布鲁图斯、安东尼、克利奥佩特拉

---

① Georges Minois，*History of Suicide*，The John Hopkins University Press，1999，107.
　　另外，参见 James Hanford，"Suicide in the Plays of Shakespeare," in *PMLA*，Vol. 27，
　　No. 3（1912），380—397。

的自杀再现了罗马式自杀中的荣耀、勇敢、爱之外，更加引人深思的，乃是一些自杀故事中似乎很无奈、很荒诞的成分。比如，《哈姆雷特》中奥菲莉亚精神失常后的自杀虽然很符合精神医学的诊断，但还是让读者难以释怀。而罗密欧与朱丽叶在周密的计算后，本来就可以幸福地生活在一起了，却因为小小的误会而双双自尽。同样，安东尼与克莉奥佩特拉的自杀似乎也不像罗马人应该的那样悲壮，反而和罗密欧与朱丽叶的死一样，充满了错误和无奈。这种错误的自杀，就如同莎翁悲剧中无处不见的喜剧成分一样，以冷酷而简洁的调侃，白描出命运中更加不可避免的悖谬。① 所有这些自杀类型，无不体现了莎翁思想的丰富与深邃。莎士比亚对自杀的描写，不仅足以总结当时英国，乃至更早时期对自杀问题的各种思考，甚至预见和涵盖了后世对自杀的很多说法。

　　而在我看来，莎士比亚自杀学中最精彩的一幕，恰恰不是某个自杀成功的故事，而是《李尔王》中葛罗斯特的自杀未遂。葛罗斯特伯爵的双眼被康华尔公爵和里根挖出之后，得知自己的庶子哀德蒙德帮助外人来陷害自己，而自己又冤枉了长子爱德伽，绝望至极，意欲寻死。他选择的自杀方式，是到多佛的海边去跳崖。但是由于他的眼睛已经瞎了，葛罗斯特必须有个向导，才能前往多佛。于是，爱德伽假装疯子"可怜的汤姆"，领着瞎了眼的葛罗斯特走上虚构的多佛悬崖。葛罗斯特纵身一跃，自然没有死成。而在这个所谓的跳崖失败后，葛罗斯特放弃了自杀的念头，决定忍受任何可能的痛苦活下去。爱德伽拯救自己绝望中的父亲的手法可谓奇特而又荒诞，

① Martha Tuck Rozett, "The Comic Structure of Tragic Endings: The Suicide Scenes in *Romeo and Juliet and Anthony and Celopetra* ," in *Shakespeare Quarterly* Vol 36, No. 2 (Summer, 1985), 152—164.

而他对父亲痛苦的玩弄也称得上冷酷和残忍，但不管怎样，这种防止自杀的办法，却是有效的。这样一个奇特、荒诞、冷酷、残忍，但有效的拯救自杀方式，将那么多哲学家、法学家、医生的思考浓缩在了令人泪下的喜剧效果中。

葛罗斯特的多佛一跃，不仅一直是莎剧中最荒诞、最争论不休，同时也最深刻的场景之一，而且也成为自杀研究史上一个非常有趣的个案。对这样一个并不复杂的情节，人们给出了完全不同的解释。奈特（Wilson Knight）依照基督教文明中对自杀问题的传统看法，认为这里传达了一种道德教诲，即人不能陷入绝望的境界，否则就会让撒旦做了自己的向导。① 而佛克斯（R. A. Foakes）却指出，这里同样包含着一种斯多亚派对自杀的赞美。② 但是，考特（Jan Kott）却看出了完全相反的含义：一切都是虚无的，包括天堂；一切都是幻象，甚至包括生死。③ 据后者，莎士比亚不仅没有传达基督教的自杀禁忌，而且没有赋予葛罗斯特的自杀以斯多亚式的高贵和美好，反而是在预示后来的虚无主义。而米诺瓦则把这个荒诞的自杀故事与罗密欧、朱丽叶、奥赛罗，以及罗马人的自杀并列起来看，指出，莎士比亚真正要表达的是："自杀是否有意义?"一个瞎子被一个傻子领着去自杀，结果没有成功，反而要活下去。这是一个无意义的悲剧，因此，这是对哈姆雷特 to be or not to be 的最好回答："这个问题没有意义。"④

---

① Wilson Knight，The *Imperial Theme*，London：Methuen，1965，340—342.
② R. A. Foakes，*King Lear*（Arden Shakespeare 3rd series），London：Thompson Learning，2002，4. 6. 33—4note.
③ Jan Kott，*Shakespeare*，*Our Contemporary*，Garden City：Doubleday，1964，100—109.
④ Georges Minois，*The History of Suicide*，109—110.

米诺瓦的意思是，在莎士比亚看来，自杀本身并没有固定的善恶含义，莎士比亚真正关心的是自杀背后所要传达的价值，比如爱。我认为，莎士比亚确实没有像奥古斯丁或托马斯那样明确褒贬自杀，但是，哈姆雷特所提出的那个问题绝对不是没有意义的，而我们也已看到，对这个问题的回答，从来不是简单地二者择一。这个看似荒诞的自杀未遂故事，恰恰揭示了自杀行为中非常丰富，甚至相互冲突的含义。至于莎士比亚究竟持有哪一派的自杀观点，我们且不必急于归类。我们很难把莎士比亚归入基督教、斯多亚派，当然更不把他当成虚无主义者或存在主义者。但是，如果我们承认，所有这些都是对人类生存处境的严肃思考，那么，我们就可以换一个角度来看，即莎士比亚在多佛这场戏里所描写的自杀有复杂的理解可能，可以呈现出基督教、斯多亚派，乃至后来虚无主义的思考所指向的不同面相。莎士比亚没有替任何一个派别说话，他在揭示生活本身，在探讨自杀问题本身。换句话说，莎士比亚此处仍然以自己的方式描画出了"痛苦与快乐总是相伴而行"这个古老的命题。我们把葛罗斯特的自杀放在《李尔王》整部戏中，特别是葛罗斯特父子三人的故事中，就会同时看到基督教、斯多亚，乃至虚无主义对自杀的理解，而爱德伽对葛罗斯特乃至整个英国政治的拯救，也为现代社会中愈来愈重的自杀病提供了一副令人深思的药方。

一、天神的戏弄

葛罗斯特本来是个平庸、轻信，而且迷信的老人。年轻时的偶然一次放纵情欲，使他有了一个私生子哀德蒙德。葛罗斯特落难的直接原因，在于他那几乎有点夸张的轻信。哀德蒙德并不怎么高明地陷害爱德伽密谋弑父，很容易就骗过了葛罗斯特。^① 于是，爱德伽被迫出走，把自己打扮成乞丐和疯子"可怜的汤姆"。由于葛罗斯特放走了李尔王，而且哀德蒙德还向高纳里尔和里根姐妹揭发他和考狄利娅率领的法军互通消息，他在自己的城堡里被抓了起来，被残忍地挖去了双眼。葛罗斯特被挖去眼睛一节，成为世界戏剧史上极为残忍和血腥的一幕，甚至很多演员都无法表演。

葛罗斯特一旦失去了眼睛，反而似乎看透了世界上的一切。本来那么轻信和糊涂的他，不仅一下子想通了自己周围的所有罪恶，而且明白了世界是如何运行的："天神掌握着我们的命运，正像顽童捉到飞虫一样，为了戏弄的缘故而把我们杀害。"（4.1.37—39）他对诸神的质疑虽然只是简单一句话，但是其含义却非常复杂。对哀德蒙德的失望和对爱德伽的忏悔，形成了两种非常不同的情绪。

失去眼睛的葛罗斯特虽然已经感到了黑暗和不公，但对哀德蒙德的信任尚未使他彻底崩溃。他的第一反应，是呼唤哀德蒙德来为自己复仇："一切都是黑暗和痛苦。我的儿子哀德蒙德呢？哀德蒙德，燃起你天性中的怒火，替我报复这一场暗无天日的暴行吧。"（3.7.84—86）里根告诉了他实情："哼，万恶的奸贼！你在呼唤一个憎恨你的人；你对我们反叛的阴谋，就是他出手告发的，他是一个深明大义的人，决不会对你发一点怜悯。"（3.7.87—89）葛罗斯特这才意识到，恰恰是儿子使他遭受了无妄之灾。这个打击远比身体上的疼痛沉重得多，倾覆了他对亲情的所有信任，同时也颠覆了

① 参见 John Elis，"The Guling of Gloucester：Credibility in the Subplot of *King Lear*，" *Studies in English Literature*，*1500—1900*，Vol 12，No. 2（Spring，1972），275—289。

他对神明的至善和正义的信心。这是葛罗斯特质疑神明的第一层含义：人间的正义和爱能否换回相应的回报？虽然我们可以像爱德伽那样说，葛罗斯特遭到亲生儿子的陷害，是对他年轻时的纵欲之罪的惩罚，[①] 但哀德蒙德如此对待他的父亲，无论如何没有道德上的理由。父爱换回了挖眼的酷刑，这种善恶颠倒当然是对至善之神和宇宙秩序的一个挑战。葛罗斯特所遭受的，同约伯所遭受的非常像；而他对天神的质疑，也和约伯的质疑非常像。从这样一个质疑推论，要么根本就不存在天神，要么存在天神，但天神根本就没有正义可言。

但是，葛罗斯特并没有得出不存在天神这样的结论。他是相信神的存在的。不过，这并不是因为他固有的迷信，而是因为他的痛苦的另外一个层次。葛罗斯特在明白了哀德蒙德的陷害的同时，也明白了爱德伽是被冤枉的："啊，我是个蠢才！那么爱德伽是冤枉的了。仁慈的神明啊，赦免我的错误，保佑他有福吧！"（3.7.90—91）这声发自内心的祈祷包含着非常复杂的内涵。首先，他真心希望诸神能保佑处在困顿中的爱德伽，而这不仅意味着神明是存在的，而且他们必须是仁慈的。如果诸神真的是仁慈的，葛罗斯特就已经感到，自己对爱德伽的冤枉是难以赦免的。于是，当葛罗斯特呼唤仁慈的神明的时候，他也为自己判下了不可饶恕的重刑。此时的葛罗斯特，和自杀前的犹大一样，一方面相信神的正义，另一方面也相信自己罪大恶极，从而对救赎彻底失去了希望。葛罗斯特因罪恶而受苦，因受苦而清醒，因清醒而忏悔，因忏悔而绝望，因绝望而想

---

① R. A. Foakes，*King Lear*（Arden Shakespeare 3rd series），5.3.170—171："他在黑暗淫邪的地方生下了你，结果使他丧失了他的眼睛。"

到自杀。这个过程不仅符合基督教文明中最典型的自杀心理学，而且可以完美地验证关于自杀的现代精神医学理论。在这套理论当中，自杀者虽然可能因极度的忏悔而精神失常，但他们并没有失去对世界的感受。恰恰相反，葛罗斯特在失去了眼睛之后，对世界的感觉只会更敏锐、更深刻，深刻得让人恐怖。这种敏锐但脆弱的感受，使我们想起但丁笔下那也是被刺瞎，然后化成了树木的皮埃尔。

但葛罗斯特和传统的自杀者不同的地方在于，他在遭受两种相反情感的交互打击。一方面，他像犹大那样，因为自己的罪过而向诸神忏悔；另一方面，他又因为哀德蒙德的陷害而质疑天神。想到爱德伽的时候，他在深深地自我否定；想到哀德蒙德的时候，他又在抱怨命运的不公。这里，他既不是简单继承了犹大式的因绝望而自杀，也不只是像斯多亚主义者那样为反抗命运而自杀，而是结合了两种自杀动机，这二者的结合，就形成了虚无主义的自杀。

虚无主义的自杀，我们可以借助三百年后陀思妥耶夫斯基在《群魔》中的描写来理解。《群魔》中的自杀者基里洛夫曾有一个著名的自杀三段论："上帝是必须的，因此应该存在上帝……但是我知道并没有上帝，也不可能有……难道你不明白，有这种双重想法的人没法活在这世上吗？"[1] 在莎士比亚的时代，还没有"虚无主义"这个概念。但"天神掌握着我们的命运，正像顽童捉到飞虫一样，为了戏弄的缘故而把我们杀害"这句话，所表达的正是基里洛夫的这个三段论。面对自己冤枉了的爱德伽，葛罗斯特相信甚至希望神明的存在，哪怕神明的存在会让自己不得宽恕；面对陷害自己的哀德蒙德和世上普遍存在的不公，他又知道神明是不存在的，或至少

---

① 陀思妥耶夫斯基：《群魔》，臧仲伦译，南京：译林出版社，2002 年，第 757 页。

是毫无正义可言的。一个既相信神明存在，又知道不可能存在正义的神明的葛罗斯特，怎么可能活得下去呢？

多恩和休谟那种肯定自杀的观念，和基里洛夫这种追求自杀的思想有内在关联。这种对待自杀的态度，和西姆、洛克等人的说法虽然看上去完全相反，却有着相同的思想背景。在身体与心理组成的生物人被当成神圣不可侵犯的时代，人们仍然有着对美好生活的追求，而不能仅仅满足于健康、安全、成功。但是，这种美好生活已经不再是柏拉图的德性追求，而是一种对超验存在和绝对自由的寻求。于是，一方面，人类社会的制度安排以安全、成功、健康，而不是德性为治理目的；另一方面，个体灵魂又以超验自由为最高追求。人们可以像哀德蒙德一样，为了健康、安全、成功不择手段，极力发挥恐惧、欲望、希望这些被肯定下来的本能；而面对弱小和罪孽深重的自我，葛罗斯特这样的个体又会倾心于至高无上的超验存在。这样一个超验存在，原则上是不过问人间善恶的，反而是人间的是非标准要取决于它。但是，人们的生活真的可能不问善恶吗？这样的生活能过得下去吗？基里洛夫的自杀，就是这对矛盾的集中体现。他对死亡的追求，是以杀死自己的方式追求绝对自由，即掌握生死的自由，从而在一个没有上帝的时代，使自己成为上帝。基里洛夫彻底否定了人间的一切价值，甚至包括生命价值。超验自由的追求，成了他的全部意义所在。[①] 人成神的这种追求，正是多恩和休谟思想的极端发展。这一思路，从多恩和休谟的荣耀上帝，变成了基里洛夫的自我神化和癫狂。

如果说，基里洛夫的自杀实验和失败是对这种虚无主义的图解，

---

① 参见洪亮：《〈群魔〉中的基督肖像》，《哲学门》第十五辑，2007 年 7 月。

葛罗斯特的遭遇和思考，则更深地传达了这一思路的内在矛盾。这种极端的态度，并不是只在基里洛夫那样特立独行的哲学家身上才会发生，而是现代社会中任何普通人都可能遇到的。葛罗斯特并不像基里洛夫那样，成天思考大而无当的哲学问题，而是面对自己的双重痛苦无法索解，只能通过自杀来逃脱现实中真真切切的困境。我们可以从葛罗斯特自己对自杀的辩护中理解这一点。

当葛罗斯特站在虚拟的悬崖边上时，他作出了这样的临终忏悔："威严的神明啊！我现在放弃这一个世界，当着你们的面，摆脱我的惨酷的痛苦了；要是我能够再忍受下去，而不怨尤你们不可反抗的伟大意志，我的残息和可厌的自然会自行毁灭的（If I could bear it longer and not fall to quarrel with your great opposeless wills, my snuff and loathed part of nature should burn itself out）。要是爱德伽尚在人世，神啊，请你们祝福他！现在，朋友，我们再会了！"（4.6.34—41）①

这里面最关键的两句话，中文难以传达其微妙含义，所以我们把原文附在上面。而这两句话，正是葛罗斯特为自己的自杀所做的辩护。

研究者们对这里的几个关键词有相当不同的理解，我们且略作分疏。缪尔（Kenneth Muir）在阿登版第二系列的注释中说，"怨尤你们不可反抗的伟大意志"，指的是"开始造反，从而陷入比自杀还要糟糕的罪"。如果这么理解，神明"不可反抗的伟大意志"，就是他们随意处置人类命运，像孩子一样玩弄人类时所体现出的飘忽不定的意志。这样理解，会和葛罗斯特前面对诸神的抱怨相符合，那

---

① 以朱生豪译本为主，参照梁实秋译本，依据 Arden 版第三系列略有改动。

么，他如果继续抱怨诸神，就是在犯比自杀更大的罪。为了使自己不要再犯这样的大罪，他宁可犯下自杀这轻一点的罪。

但按照柏拉图和基督教对自杀的理解，我们还可以把"不可反抗的伟大意志"理解为神明规定好的每个人的死期。而在本剧中，这个意思后来也几次出现过。[①] 怨尤这一意志，就是自行了断，擅自结束自己的生命的意思。那么，葛罗斯特如果继续忍受下去，不反抗神明为他定下的死期，他不久之后自然会慢慢死去。这就完全否定了自杀的意义，他为什么反而要自杀呢？如果采取这一思路，我认为朱生豪先生对 burn itself out 的翻译"会燃尽的"显得有些轻了，而梁实秋先生的译法"自行毁灭"更恰当些。在此，burn out 不应该只是寿终正寝、自然死亡的意思，而是带有强烈否定色彩的"毁灭"自己的意思。那么，葛罗斯特的逻辑是：如果我继续忍受下去，而不擅自结束自己的生命，我的自然就会自我毁灭，使我陷入更糟糕的境地，更悲惨地死去。我认为，这种理解比缪尔的更恰当一些。

但不管我们接受哪一种理解，葛罗斯特都认为，自杀并不是最糟糕的，而有一种比自杀更加糟糕的境地。自杀，就是挽救自己，从而使自己不陷入这种更糟糕的境地，获得尽可能大的自由与尊严的一种方式。这里所隐含的，正是斯多亚派的自杀观。

佛克斯进一步指出，在葛罗斯特自杀未遂之后，他不无懊丧的语言里，表现出了更强烈的斯多亚倾向："难道一个苦命的人，连寻死的权利都要被剥夺去吗？一个苦恼到极点的人假使还有办法对付那僭主的怒气（tyrant's rage），挫败他骄傲的意志，那么他多少还

---

① 参见 4.6.214—215；5.2.9—11。

有一点可以自慰。"（4.6.61—64）佛克斯认为，莎士比亚在写下这一段时，明显是想到了塞涅卡的自杀观和他对僭主尼禄的反抗。而蒙田所表现出的对自杀的斯多亚式态度，很可能影响了莎士比亚。因为在这里，自杀被明确理解为获得灵魂自由的一种方式。[①]

　　佛克斯说莎士比亚想到了塞涅卡和蒙田，当然是因为这里的 tyrant's rage 这一说法。朱生豪先生因此直接译为"暴君的狂怒"。但是，葛罗斯特要反抗的僭主是谁呢？当时李尔还是合法的国王；康华尔和奥本尼虽然都有些觊觎大位，但毕竟没有一个可以像尼禄那样称为僭主的；葛罗斯特的儿子哀德蒙德虽然野心也不小，但当时还只是窃取了葛罗斯特的爵位，根本谈不上僭主，并且，葛罗斯特若把自己的儿子当僭主来反抗，也显得太奇怪了。于是，梁实秋先生干脆就把这里译为"命运的残暴"。在他看来，所谓"僭主"，指的就是反复无常的命运。相比而言，梁实秋的理解应该是更讲得通的，尽管我认为，这里不必直接译出"命运"一词来。另外，虽然葛罗斯特的意思是反抗命运，但鉴于前面他所说的，天神把人类的命运当儿戏，那么，命运自身并没有什么主动权，更应该反抗的，是操纵命运的那些神。这样看来，葛罗斯特所谓的"僭主"，与其说是命运，不如说是命运背后的诸神。那我们就得出了一个非常可怕的结论：当葛罗斯特在他所想象的悬崖边上对神明说话时，与其说他在忏悔，不如说在向神明和命运宣战。

　　这样的理解完全符合我们前面的解释：葛罗斯特告诉诸神，他如果忍受下去，并且丝毫不怨尤诸神那不可反抗的意志，他就会自

[①] 奈特同样也注意到了《李尔王》中的斯多亚主题。不过，他针对的不是葛罗斯特的部分，而是李尔的一些说法，见 Wilson Knight，*The Imperial Theme*，356。

行毁灭，狼狈而猥琐地死去。因此，葛罗斯特虽然明明知道诸神的意志是不可反抗的，他却偏偏要怨尤诸神的意志，要当着诸神的面，放弃掉这个世界，摆脱掉那惨酷的痛苦。

斯多亚派的哲学家虽然会用自杀来反抗命运，获得灵魂的自由与尊严，但他们一般不会认为自己是在反抗诸神。葛罗斯特的斯多亚式自杀观，再次暴露出基里洛夫的那种虚无主义。葛罗斯特是要靠战胜神明来获得自由与尊严，用后世的说法，他就是要杀死上帝，通过自己成为上帝来获得自由。但是，这种反抗永远不可能取得真正的胜利，因为，诸神的意志毕竟是不可反抗的。所以，葛罗斯特的反抗注定是绝望中的反抗，结果也只能是绝望。因此，葛罗斯特的自杀观并不是单纯斯多亚派的、正统基督教的，或是虚无主义的，而是将三者糅合在了一起：是绝望的，以抗争诸神的方式，来获得灵魂的自由和尊严。

如果是这样，爱德伽一手导演的那幕假自杀的喜剧，究竟又意味着什么呢？虽然这场戏里有很强的虚无主义色彩，但我在此处并不接受考特和米诺瓦对多佛一场的虚无主义解释。我只是认为，葛罗斯特的自杀动机里，包含着深刻的虚无主义因素。但是，爱德伽对他的解救并不是虚无主义的，而恰恰是用来对抗这种虚无主义的。

虽然葛罗斯特在很多方面都和传统基督教中绝望的自杀者很像，甚至可以算作一个忧郁症患者，但是，莎士比亚并没有采取一个传统的基督教解决方式：让绝望中的葛罗斯特恢复对永恒善好的信念。从情节上来看，这样的处理并不是全无可能的。既然葛罗斯特的痛苦很大程度上来自他的自责，而他自责的症结又是爱德伽，如果爱德伽这个时候说出真相，原谅这个年迈昏聩的父亲，那么，葛罗斯特是否就可能脱离他的绝望境地，放弃自杀的念头呢？爱德伽那么长时间隐瞒自己，是很难用常理讲清楚的。① 或许就像佛克斯所说的，如果这样做仍然必要，那或许也只是情节的需要：如果爱德伽过早地暴露自己，也就没有多佛跳崖这么精彩的一幕了。②

所谓"情节的需要"，并不是说，莎士比亚为了故弄玄虚，而刻意制造出这么一个场景来。更根本的问题在于，促使葛罗斯特自杀的，并非只有绝望这一个原因。莎士比亚既然是在处理一个杂糅了基督教、斯多亚派、虚无主义的自杀个案，就不能靠解决基督教一方面的问题回避掉另外的方面，而必须在问题本身中寻找答案。具体到情节上，爱德伽自己也正处在魔鬼的折磨中，也未必相信美好的宇宙秩序。他怎么有可能完成"爱"的救赎呢？让同样处于困境中的爱德伽来拯救葛罗斯特，是提出了一个虽然与先前的思想传统紧密相关，但此前尚未提出的一个问题：对于已经陷入虚无中的人，拯救是否还有可能？

在多佛的自杀故事中，爱德伽是另外一个主角，重要性绝不亚于葛罗斯特自己。《李尔王》1608 第一版四开本的完整题目是"李尔王和他的三个女儿的生与死的真实编年史，以及葛罗斯特伯爵的儿子和继承者爱德伽的不幸生活，以及他作为贝德兰姆的汤姆的阴郁而假扮的幽默"（True Chronicle Historie of the life and death of King LEAR and his three daughters. With the unfortunate life of Edgar，sonne and heire to the Earle of Gloster，and his sullen and assumed humor of TOM of Bedlam）。在这个标题里，爱德伽，而不是葛罗斯特，被当作了全剧的第二主人公。而爱德伽的故事中最重

---

① A. C. Bradley，*Shakespeare Tragedy*，New York：Meridian，208.
② Foakes，*King Lear*（Arden Shakespeare 3rd series），London：Thompson Learning，2002，4. 1. 57note.

要的，恰恰是他在当可怜的汤姆时这个阴郁的幽默。说爱德伽是比葛罗斯特更重要的人物，并不仅仅是因为他比葛罗斯特出场更多，而是因为，对命运与生死的理解，并不能仅仅停留在葛罗斯特那不无勇气，但也仍然隐含着深深绝望的命运抗争中。葛罗斯特的豪言壮语虽然悲壮，但在爱德伽的戏弄之下，却显得那么滑稽和荒诞。葛罗斯特对待痛苦和命运的方式，当然不是最高的、莎士比亚最为许可的方式。而爱德伽对自己父亲的善意戏弄和残酷拯救，却把对自杀问题的理解提升到了更高的维度上。不过，我们对爱德伽的理解，却不能限于多佛这个场景。只有在更细致地考察了爱德伽与哀德蒙德之间的冲突和命运变迁之后，我们再回到多佛悬崖上，或许可以获得更深一些的理解。

二、两脚动物

在《李尔王》的自杀学中，爱德伽并不只是一个拯救者的角色。在他装扮成可怜的汤姆时，他就隐晦地表明，自己也曾濒临自杀的绝境："恶魔带着他穿过大火，穿过烈焰，穿过水道和漩涡，穿过沼地和泥泞；把刀子放在他的枕头底下，把绳子放在他的凳子底下，把毒药放在他的粥里。"（3.4.50—54，弗尼斯[1]和佛克斯在此处的注释都很详细）魔鬼的这些伎俩，正是诱惑人自杀的典型做法。[2] 马洛笔下的浮士德就被魔鬼给了一把刀子，而莎士比亚这里的魔鬼学所

---

[1] Horace Howard Furness edits, *King Lear*, A New Variorum Edition, New York: Dover Publications Inc., 1963.

[2] Macdonald and Murphy, *Sleepless Souls*, 38, 59.

根据的哈斯耐特（Samurl Harsnett）的底本，更是把魔鬼这种做法的目的说得很明确（参见弗尼斯和佛克斯的注释）。爱德伽说的虽然是疯话，但总是透出很深的含义。爱德伽后来说自己的职业是捉鬼（3.4.155），其中的一个含义就是战胜那些诱惑他自杀的魔鬼，然后才是帮父亲葛罗斯特捉鬼。而爱德伽之所以能把葛罗斯特从自杀的悬崖边缘拯救出来，首先是因为他把自己救出了魔鬼的诱惑。爱德伽与魔鬼之间的复杂关系，是《李尔王》中非常精彩的一个主题。不过，这个问题可以后文再讨论。现在的问题是，爱德伽是如何从一个轻信甚至愚蠢的青年，变成这样一个屠鬼斗士的？

布莱德利（A. C. Bradley）在逐个分析《李尔王》中的人物时指出，爱德伽是最难激起读者热情的一个，但是他的发展变化却是最可观的。[①] 这已成为很多《李尔王》研究者的一个共识，但他的发展变化究竟意味着什么呢？奥登指出，当李尔、傻子、爱德伽在一起时，我们看到了关于人性的一个大画面。[②] 就像《雅典的泰门》里待在大自然中的泰门一样，在荒野中的这三个人失去了任何社会和政治的遮蔽，成为赤裸裸的人本身。李尔在第一次见到赤身裸体的爱德伽的时候说："唉，你这样赤身裸体，受风雨的吹淋，还是死了的好。难道人不过是这样一个东西吗？……我们这三个人都已经失掉了本来的面目，只有你才保全着天赋的原形；赤条条的人，不过是像你这样的一个寒碜的赤裸的两脚动物。"（3.4.99—106）这段话点出了整部《李尔王》的核心问题：人性究竟是什么？既有这样的人性，人如何获得幸福？爱德伽和李尔都被降到了命运的最低点，

---

① A. C. Bradley，*Shakespearean Tragedy*，New York：Meridian Books，1955，244.

② W. H. Auden，*Lectureson Shakespeare*，Princeton：Princeton University Press，2000，220.

在大自然中展示他们自身的自然。傻子本来就没有什么社会的束缚，一直是一个赤裸裸的人。其实，不仅是奥登所说的这三个人，被剥夺了一切的考狄利娅，被放逐的肯特，还有被挖去了双眼的葛罗斯特，不都是被降为了赤裸裸的人吗？正像傻子所说的："这一个寒冷的夜晚将要使我们大家变成傻子和疯子。"（3.4.76）

变成了傻子和疯子的人，都无法永远呆在这样一个处境里，都要挣扎着回到文明世界。法王认识到，考狄利娅"因为贫穷，所以是富有的；因为被遗弃，所以是最可宝贵的；因为遭人轻视，所以最蒙我的怜爱"（1.1.252—255），把这个已经一钱不值的公主变成了王后。肯特被放逐之后，隐姓埋名、乔装打扮，"到新的国土走他的旧路"（1.1.187），回到了李尔王的身边。葛罗斯特虽然无法恢复他的爵位和健康，却希望通过自杀来反抗他所处的赤裸裸的自然状态。而在所有这些人中，爱德伽最成功地从一个赤裸的人慢慢爬升，直到最后走到了人在世间所能达到的最高位[1]：国王。[2]

但爱德伽并不是剧中唯一能完成这种攀升的人。《李尔王》里还有一个人物，通过自身的不断努力，从遭人鄙弃的下贱地位，慢慢爬向权力的顶峰，只差最后一步就可以当上国王了。这就是爱德伽的弟弟哀德蒙德。他先是处心积虑地陷害了爱德伽，取代哥哥成为葛罗斯特的合法继承人；随后，他又陷害了自己的父亲，取代父亲成为真正的葛罗斯特伯爵；后来，他又周旋于高纳里尔和里根之间，

---

[1] 参考 Wiliam C. Carrol，"'The base shal top th'legitimate'：The Bedlam Beggar and the role of Edgar in *King Lear*，" in David Young edits *Shakespeare's Middle Tragedies：a Collection of Critical Essays*，Englewood：Prentice- Hal，1993，221—238。其中的讨论非常精彩。

[2] 本书的讨论按照对开本，把全剧的最后一段话归给爱德伽而不是奥本尼。按照这一版本，在全剧结束的时候，爱德伽的实际地位应该比奥本尼更高。

意欲杀死奥本尼，最终当上英国的合法国王。①

　　虽然人们总会把这兄弟二人分别列入《李尔王》中善恶分明的两个阵营，②但我们仍然可以发现爱德伽和哀德蒙德之间的很多相似之处。爱德伽陷入了最赤裸裸的自然状态，而哀德蒙德一开始就把"自然"当作自己的女神（1. 2. 1）。在哀德蒙德要陷害爱德伽的时候，他就自称要装成疯人院里的汤姆（1. 2. 135）。哀德蒙德最初要陷害哥哥，但没有置爱德伽于死地，这成为导致他功亏一篑的致命错误；倒是爱德伽，在最后的决斗中，一剑结束了弟弟的性命，从而成为他返回文明世界、最后登基做王的根本转折点。丹比（John Danby）在研究《李尔王》的名著《莎士比亚的自然学说》中说，爱德伽和哀德蒙德都是马基雅维利主义者，其不同只是在于，哀德蒙德是理查三世那样的坏的马基雅维利主义者，而爱德伽是亨利五世那样的好的马基雅维利主义者。③更有不少研究者指出，爱德伽和哀德蒙德一样，身上带着浓重的残酷、阴险、邪恶的色彩，是全剧中最具杀伤力的人物。④这些观察都不为表面的善恶所动，深入到人物行为的逻辑，算得上相当难得的真知灼见。不过，尽管我们承认爱德伽和哀德蒙德之间有重要的相似性，但两个人的根本区别仍然是不可忽视的。我们并不能因为这些相似性而忘记善与恶之间的对

---

① 参考 Wiliam C. Carrol，"' The base shal top th'legitimate'：The Bedlam Beggar and the role of Edgar in *King Lear*，"in David Young edits *Shakespeare's Middle Tragedies：a Collection of Critical Essays*，Englewood：Prentice- Hal，1993，223—224。

② 如 A. C. Bradley，*Shakespearean Tragedy*，211。

③ John Danby，*Shakespeare's Doctrine of Nature*，London：Farber and Farber limited，1967，151.

④ Marvin Rosenberg *The Masks of King Lear* Berkeley The University of California Press，1972；S. L. Goldberg，*An Essay on* King Lear，Cambridge：Cambridge University Press，1974；Stanley Cavel，*Must We Mean What We Say?* New York：Scribner，1969.

立和根本差别。但问题是，莎士比亚并没有简单对待善恶之间的对立，我们必须在这些相同点的基础上，来看待好的马基雅维利主义者和坏的马基雅维利主义者之间的区别。

丹比认为，爱德伽和哀德蒙德分属于两种自然观的传统。爱德伽和李尔一样，属于从胡克到培根一系的"好的自然"的传统，而哀德蒙德则属于霍布斯一系的坏的自然的传统。[1] 不过，丹比并没有花很多笔墨来分析爱德伽，而是主要在李尔那里谈好的自然。另一方面，丹比又认为，莎士比亚对于马基雅维利主义的思考经过了复杂演变，最早的是杀害亨利六世的驼背理查（理查三世），是个奸诈阴险的小人，经过《约翰王》中的约翰王和富康布里奇庶子，发展到《亨利四世》（上下）中的哈尔王子（即亨利五世），就成了一个虽然不择手段，却有着伟大目标的英明君主。不过，莎士比亚在更加成熟之后，又回到了"阴险小人"，即《奥赛罗》中的伊阿古、《麦克白》中的麦克白和《李尔王》中的哀德蒙德。[2] 于是，在《李尔王》中，重新出现了善恶之间的尖锐对立。但是在这个谱系之中，丹比一直没有认真考虑爱德伽的形象，而只是顺带提到，爱德伽也像亨利五世一样，是一个有着善良目的的马基雅维利主义者。无疑，李尔和哀德蒙德之间的对立是《李尔王》中最根本的对立。但是，如果失去了爱德伽这个环节，我们就无法理解这两个极端之间的对立究竟意味着什么，甚至会认为，两种自然观所讲的自然，是毫无关系的两个概念。爱德伽的形象告诉我们，哪怕到了《李尔王》中，莎士比亚也并没有放弃对好的马基雅维利主义者的思考。而所谓好

---

[1] John Danby, *Shakespeare's Doctrine of Nature*，20—42. "自然"问题是《李尔王》的核心问题，也可参考 Wilson Knight, *The Imperial Theme*，340。
[2] 同上，57—101。

的马基雅维利主义者，和李尔王的好的自然与哀德蒙德的坏的自然之间，都有着深刻的关联。另外一个佐证是，丹比也提到，傻子虽然是李尔这个阵营的，但他对世界的理解在骨子里是和哀德蒙德、高纳里尔、里根等人一样的现实主义。[①] 那么，傻子是否仅仅是一个站错了队的马基雅维利主义者呢？要将这些同是洞彻世态炎凉的现实主义者区别开来，或许首先要从他们共有的自然状态谈起。

爱德伽和哀德蒙德都曾经被抛弃在社会秩序之外，从而也最接近于赤裸的自然。相比而言，爱德伽是在遭到陷害之后才回归赤裸人性，慢慢接近自然的。但哀德蒙德从一开始就是自然女神的信奉者，就理解人性中一些很根本的东西。这是因为，他的出生使他处在被遗弃的位置。虽然哀德蒙德相貌英俊、聪明机智，而且还深得葛罗斯特的喜爱，但因为他是父亲情欲之罪的产物，他只能当个名不正言不顺的"杂种"（Bastard）。因此，全戏一开场，在肯特与葛罗斯特的闲聊中，葛罗斯特就羞于承认哀德蒙德这样一个儿子。葛罗斯特这种畏首畏尾的态度，更使哀德蒙德无法忍受他的处境，因而一定要取爱德伽而代之，所以他满怀怨怼地呼唤：

> 自然，你是我的女神，我愿意在你的法律之前俯首听命。为什么我要受世俗的排挤，让世人的歧视剥夺我的应享的权利，只因为我比一个哥哥迟生了一年或是十四个月？为什么他们要叫我私生子？为什么我比人家卑贱？我的壮健的体格、我的慷慨的精神、我的端正的容貌，哪一点比不上正经女人生下的儿子？为什么他们要给我加上庶出、贱种、私生子的恶名？贱种，

---

① John Danby，Shakespeare's Doctrine of Nature，20—42。

贱种；贱种？难道在热烈兴奋的奸情里，得天地精华、父母元气而生下的孩子，倒不及拥着一个毫无欢趣的老婆，在半睡半醒之间制造出来的那一批蠢货？好，合法的爱德伽，我一定要得到你的土地；我们的父亲喜欢他的私生子爱德蒙德，正像他喜欢他的合法的嫡子一样。好听的名词，"合法"！好，我的合法的哥哥，要是这封信发生效力，我的计策能够成功，瞧着吧，庶出的爱德蒙德将要把合法的嫡子压在他的下面———那时候我可要扬眉吐气啦。神啊，帮助帮助私生子吧！（1.2.1—23）

爱德蒙德把自然当女神来崇拜，是因为社会习俗压得他抬不起头来。社会中固有的尊卑观念使他一出生就比爱德伽矮一截，从而也就没有资格继承葛罗斯特的财产和爵位。爱德蒙德不能满足于自己的低贱地位，要反抗这习俗和法律。所以，他信奉人人生而有之的、赤裸裸的自然。在自然这个女神面前，法律和习俗都消失了，真正重要的是强壮与否、英俊与否、聪明与否、清醒与否。在这些方面，他都丝毫不会输给爱德伽，甚至还可能要强一些，那他为什么就低人一等呢？爱德蒙德希望走出这种低贱状态，依靠自然的赐予来达到自己的目的；这自然的赐予，就是他的身体和头脑。一个处在社会等级秩序之外的人，除了这些，还能依靠什么呢？爱德蒙德正是靠了自己的头脑，逐渐取代了爱德伽和葛罗斯特，而成为葛罗斯特伯爵；他又是靠了自己英俊的身体，逐渐赢得了高纳里尔和里根姐妹的爱，从而迈向权力的最高峰。

爱德伽在遭到冤枉之后，乔装改扮，成了疯人院里的汤姆：

　　听说他们已经发出告示提我；幸亏我躲在一株空心的树干

里，没有给他们找到。没有一处城门可以出入无阻；没有一个地方不是警卫森严，准备把我捉住！我总得设法逃过人家的耳目，保全自己的生命；我想还不如改扮做一个最卑贱穷苦、最为世人所轻视、和禽兽相去无几的家伙；我要用污泥涂在脸上，一块毡布裹住我的腰，把满头的头发打了许多乱结，赤身裸体，抵抗着风雨的侵凌。这地方本来有许多疯丐，他们高声叫喊，用针哪、木锥哪、钉子哪、迷迭香的树枝哪，刺在他们麻木而僵硬的手臂上；用这种可怕的形状，到那些穷苦的农场、乡村、羊棚和磨坊里去，有时候发出一些疯狂的咒诅，有时候向人哀求祈祷，乞讨一些布施。我现在学着他们的样子，一定不会引起人家的疑心。可怜的疯叫化！可怜的汤姆！还是点什么；而爱德伽，现在什么也不是了。（2.3.1—21）①

    他不像哀德蒙德那样，一开始就憎恶社会、崇拜自然。爱德伽是被迫陷入了最赤裸的自然境地，变成了"疯人院里的汤姆"。他和哀德蒙德一样，同样不能忍受永远处在这种境地之中，必须想方设法离开这个状态。他不仅没有任何地位和尊严，就连一件遮风挡雨的衣服都没有。他并不想把身体和头脑当作唯一的武器，但是他不得不用自然中仅有的武器来走出自然。于是，他靠自己的计谋打消了葛罗斯特自杀的念头，凭武力杀死了奥斯瓦尔德，从奥斯瓦尔德处得到的书信又为他提供了进一步的计谋（值得注意的是，哀德蒙德陷害爱德伽和葛罗斯特同样都是靠的一封信），最后依靠自己的智

---

① 对于爱德伽的这段独白，我没有按照阿登第三系列归入第二幕第二场，而是依照传统的方式，单列为第三场。

勇双全战胜并杀死了弟弟哀德蒙德，从而获得英国王位。

兄弟二人的经历其实非常相似，都是在赤裸裸的低贱地位中挣扎着，靠身体和头脑，一步步杀出这个地位，最后，两个人在决斗场上兵戎相见，必须要在你死我活的较量中判定，谁能成为国王。而爱德伽之所以最终彻底扭转了局面，完全在于这次决斗的胜利。否则，不仅爱德伽，就连奥本尼和肯特都难免覆灭的后果；哀德蒙德还是会达成他的目标，消灭一切对手，最终成为英国的僭主。

既然爱德伽和哀德蒙德如此相似，既然二人的决斗成为赤裸裸的武力相争，那么，究竟谁胜谁负，到底还有多大意义呢？既然二人都是智勇双全的年轻人，他们在做了国王之后，是不是也不会有太大的区别？如果我们由此就把爱德伽和哀德蒙德完全等同起来，以为他们之间的斗争不过就是赤裸裸的权力之争，恐怕任何一个有常识感的读者都难以认同。如果是那样，爱德伽的胜利就毫无意义，根本不可能带来真正的救赎，反而恰恰印证了葛罗斯特的观点：诸神都在拿人的命运当儿戏，人类既像犹大那样绝望，又像约伯那样无助。"你这样赤身裸体，受风雨的吹淋，还是死了的好。"这样的人既然不仅无法把握自己的幸福，而且也无法把握自己的道德，那还真不如像葛罗斯特和基里洛夫那样，靠自杀来获得自由。

三、恶魔

爱德伽没有自杀，而且还阻止了他父亲的自杀。倒是和哀德蒙德狼狈为奸，并且深深迷恋着哀德蒙德的俊美身材的高纳里尔自杀了。面对魔鬼的诱惑，赤身裸体的爱德伽说自己的职业是"抵御恶魔的战略和消灭毒虫的方法"（3.4.155）。爱德伽并不是无法把握自己道德的人，他也没有像葛罗斯特那样，陷入犹大般的绝望中。他之所以会变得和哀德蒙德一样残忍，是因为他深深意识到，要捉鬼，首先要自己变成魔鬼。基里洛夫说，在没有上帝的世界里，只有靠自杀亲身变成神，才能获得自由。但爱德伽却认识到，在满是魔鬼的世界里，只有靠亲自化身为魔鬼，才能真正战胜魔鬼。

化身为可怜的汤姆，爱德伽一出场，就被傻子当成了鬼："一个鬼，一个鬼；他说他的名字叫做可怜的汤姆。"（3.4.47）但爱德伽向他们解释说，他自己不是鬼，而是"恶魔"跟在他的背后（3.4.50）。这句话该怎样理解呢？究竟是无辜的爱德伽遭到了魔鬼的追赶呢，还是爱德伽已经屈服于魔鬼的威逼利诱，身后总是带着魔鬼呢？在群魔乱舞的时候，这两者之间或许本来就没有区别。那些追逐他的魔鬼，早已进入到爱德伽的心里："恶魔在他心里捣乱的时候，他发起狂来，就会把牛粪当作一盆美味的生菜。"（3.4.138—139）那些鬼怪们千方百计诱惑他自杀，随时随地萦绕着他。可怜的汤姆就像陷入绝境的斯皮拉一样，看到四面八方都是魔鬼："做做好事，救救那给恶魔害得好苦的可怜的汤姆吧！他现在就在那儿，在那儿，又到那儿去了，在那儿。"（3.4.64—67）

看到魔鬼的人也并非只有爱德伽。李尔、葛罗斯特、奥本尼都看到了身边的魔鬼。所谓看到魔鬼，不只是说，他们看到了别人是魔鬼，他们还看到了自己身上魔鬼的痕迹，也就是自己的罪性。这些人都不是灵知主义者，当他们认识到世界中的恶的时候，他们并不坦然以正义自居。因此，当李尔看出了女儿们的不孝，当葛罗斯特被挖去了眼睛却看懂了世界，当奥本尼摆脱了对妻子的迷恋，看出那是一个人首的怪物时，他们看到的并不是一个黑白分明的世界，而是一个罪恶无所不在的世界。因此，他们同时也都看到了自己身上躲也躲不开的罪性，甚至在看出这罪恶的时候，未必就再也不会作恶或犯错。葛罗斯特恰恰是在看出了李尔的昏庸和轻信以后，犯了他最大的错误：轻信哀德蒙德，冤枉爱德伽。奥本尼在认清了妻子的恶魔本质后，仍然和她一起抗拒考狄利娅的军队，最终导致了考狄利娅的惨死。正像奥本尼所总结的那样："要是上天不立刻降下一些现形的精灵（visible spirits）来①，惩罚这种万恶的行为，那么人类快要像深海的怪物一样吞噬自己了。"（4.2.47—51）郭达德（Harold C. Goddard）正确地指出，奥本尼所做的这个比喻，正呼应了《特洛伊罗斯与克瑞西达》（1.3.121—125）中尤利西斯所谈到的那只贪婪的狼，在吃完了身外之物之后，最终会逐渐把自己也吃掉。② 这只狼，不就是霍布斯所说的自然状态中相互残杀的狼人吗？不过，奥本尼毕竟没有用狼的比喻。他说的是深海怪物。而深海怪物，更像那些狼人们为了自保而组成的利维坦。利维坦本身，何尝不是一个巨大的狼人呢？在人类建立了利维坦之后，虽然公民之间不再相互为战，但人间的恶并没有就此消失，而是集中到了利维坦的身上。这个利维坦，或许也会把自己吞噬掉。这就是人的罪性可能带来的最可怕结果：被自己变成的狼吃掉。正像上一章所说的，这正是现代社会中自杀问题的本质含义。

---

① 朱生豪把 visible spirits 翻译成"明显的灾祸"，梁实秋译为"现形的天使"，理解似乎刚好相反，但梁实秋的应该更正确。我想，既然莎士比亚刻意避免基督教词汇，此处似乎不宜译为天使，还是保留 spirit 本来的含义，同时保留这里的含糊性为好。

② Harold C. Goddard, *The Meaning of Shakespeare*, v2, Chicago: The University of Chicago Press, 1961, 139.

有趣的是，奥本尼这句话马上就应验了。话音刚落，就有人来报，康华尔公爵在挖葛罗斯特的第二只眼睛的时候，遭到了一个仆人义愤的反抗，受伤不治而死。葛罗斯特在被挖眼之前，就已经向上天诅咒："我总有一天见到上天的报应降临在这种儿女的身上。"（3.7.80）葛罗斯特的诅咒也立即就实现了，仆人甲拒绝做康华尔的爪牙，挺剑向他刺去。莎士比亚笔下的诅咒，似乎总能实现。在《理查三世》里，玛格莱特王后还为诅咒理论作了一个精彩的说明："夜间莫熟睡，白天要节食；把昨日的欢乐对照今日的忧伤；设想你的孩儿们比过去还可爱，设想他们的凶手比现在还狠毒；夸大损失，就更能衬托出祸首的凶残。这样反复思量，自然会教会你如何诅咒。"（4.4.118—123）但是，人们真的能依靠诅咒来报复世间的种种罪恶吗？这些报应的实现，真的就证明了神明的正义吗？如果真是这样，为什么葛罗斯特在知道了仆人甲刺中了康华尔之后，还是认为神明只不过在拿人的命运当儿戏呢？更重要的是，如果这种报应真的是存在的，那又如何来解释考狄利娅的战败，以及最后考狄利娅和李尔的死呢？

归根到底，这些诅咒的实现，并不是上天降下的报应，也不是正义的末日审判，而恰恰是人们用来伸冤报仇、以暴易暴的罪恶。玛格莱特王后在《亨利六世》里从来不是什么善良的角色，难道在遭遇了苦难之后，到了《理查三世》里就能向天使们发号施令了？哈姆雷特对于自己父亲的鬼魂的要求犹豫不决，难道不正是因为这种要求里面，包含着浓重的邪恶和乖戾之气？同样，在葛罗斯特和奥本尼的诅咒实现之后，葛罗斯特并没有感到正义得到了伸张，反而更深地看到了神明们处置人类命运的随意。如果报应能随着人们的痛苦、愤怒、仇恨，甚至怨毒，就召之即来，这不正是《亨利六世》（上）里面，那些听从贞德召唤的鬼怪吗？这些鬼怪的存在，怎能表明人间的正义？葛罗斯特所能看到的，世界运行的法则，就是这样的冤冤相报、以暴易暴；因此，哪怕他看到了康华尔遭到的报应，他也不会认为，正义真的得到了伸张，神明最后还是会眷顾善良。这就是世界的本质，这就是人的自然。

爱德伽所看到的，正是这样的自然，不仅四面八方都是魔鬼，而且连他自己身上也附着了难以摆脱的罪性。魔鬼随时随地都跟在自己背后，不但随时有可能吃掉他，而且会激发自己身上的罪性，让他吞噬自己。

这个每天与恶魔为伍的人，所看到的已经不再是悲剧，而是喜剧。不是吗？面对随时围在他身旁的魔鬼，爱德伽不再恐惧，也不再满腔愤怒，反而和他们厮混在一起，做了相互调笑嬉戏的朋友。于是，当他在谈到自己身边的鬼怪时，口气里透出的并不是恐怖和义愤，而是熟稔的朋友般的责骂："留心那跟在我背后的鬼。不要闹，史墨金！不要闹，你这恶魔！"（3.4.136）谈起那些各式各样的魔鬼，爱德伽叫得出他们的名字，知道他们各自的特点，清楚他们的脾气秉性，讲起来简直如数家珍："这就是那个叫做'弗力勃铁捷贝特'的恶魔；他在黄昏的时候出现，一直到第一声鸡啼方才隐去；他叫人眼睛里长白膜，叫好眼变成斜眼；他叫人嘴唇上起裂缝；他还会叫面粉发霉，寻穷人们的开心"（3.4.112—116）；"地狱里的魔王是一个绅士；他的名字叫做摩陀，又叫做玛呼"（3.4.139—140）；"五个魔鬼一齐作弄着可怜的汤姆：一个是色魔奥别狄克特；一个是哑鬼霍别狄丹斯；一个是偷东西的玛呼；一个是杀人的摩陀；一个是扮鬼脸的弗力勃铁捷贝特，他后来常常附在丫头、使女的身上"（4.1.61—66）。

爱德伽和他的父亲一样，已经非常清楚，既然生活在人世间，那就不可能完全消除罪恶。不过，面对这样的罪恶，爱德伽没有像他父亲那样陷入极度的忏悔与自责；当然，他也没有像李尔那样，悲愤地呼唤天地神明来惩罚罪恶——这在葛罗斯特父子那里，都是不可能的。他采取的策略倒和奥本尼有些相似，是栖身在恶魔之中，来逐渐战胜恶魔。爱德伽这样介绍他自己："一个心性高傲的仆人，头发卷得曲曲的，帽子上佩着情人的手套，惯会讨妇女的欢心，干些不可告人的勾当；开口发誓，闭口赌咒，当着上天的面前把它们一个个毁弃，睡梦里都在转奸淫的念头，一醒来便把它实行。我贪酒，我爱赌，我比土耳其人更好色；一颗奸诈的心，一对轻信的耳朵，一双不怕血腥气的手；猪一般懒惰，狐狸一般狡诈，狼一般贪狠，狗一般疯狂，狮子一般凶恶。不要让女人的脚步声和窸窸窣窣的绸衣裳的声音摄去了你的魂魄；不要把你的脚踏进窑子里去；不要把你的手伸进裙子里去；不要把你的笔碰到放债人的账簿上；抵抗恶魔的引诱吧。"（3.4.83—96）

这段话的前半部分说的五毒俱全，指的似乎不是爱德伽，更像哀德蒙德。但到了后面几句（从"不要让女人的"开始），却又转了回来，又在劝人们谨慎小心，不要受魔鬼的诱惑而做了错事。这两部分完全矛盾的内容如何放在了一起？这里把看上去如此相反的内容放在一起，就是为了表现出爱德伽性格中的矛盾：一个不甘被魔鬼引诱的人，却走到哪里都跟着一群魔鬼，摆脱不了自己身上的罪性。一方面，他时刻都想着要抵抗恶魔的引诱；另一方面，他已经变得和豺狼虎豹一样，深深陷入了魔鬼当中。

爱德伽和奥本尼都与魔鬼们为伍，于是就都不免会沾染上更多的罪性，所以也就只有他两个最终适合做下一任人王，成为利维坦的代言人。而更加追求神性的考狄利娅和李尔都不再适合这样的世界，不能再做人间的王后和国王，心中一直挂念着更重大的事业的肯特，也不适合这样的职责。

不过，这是否就意味着，人间之王一定是一个魔鬼，而根本不存在王道荡荡的清明政治呢？说到最后，是不是爱德伽和哀德蒙德已经变得完全一样，无论哪个胜利、哪个当王都毫无分别了呢？如果是这样，尘世生活还有什么希望可言？那么，爱德伽与葛罗斯特的区别只是在于，葛罗斯特还保留着一点对正义与美好生活的留恋，爱德伽却完全失去了这种善良的品质。爱德伽对葛罗斯特的拯救，也就真的完全成了魔鬼的引诱，将父亲拖到了更加堕落和颓废的地步，完全丧失了对罪恶的反抗能力。那么，随着考狄利娅和李尔的死，以及奥本尼与爱德伽的接掌社稷，美好生活也就彻底断送了。

四、只有爱，真切的爱

但《李尔王》的观众都知道，爱德伽不是坏人，和弟弟哀德蒙德一定有很不同的地方。可是，这种不同的根基究竟在哪里呢？

丹比已经说了，《李尔王》中人物的根本区别，在于两种截然不同的自然观。可是，爱德伽和哀德蒙德的自然却有着那么多相似的地方。两个人的自然一旦被降到最低点，都可能充满着暴力和阴谋，都是会变成狼的人，都会精心算计、残酷杀戮，而且不顾手足亲情。那么，丹比所说的好的自然又从何而来呢？

《李尔王》中的每个人，甚至莎士比亚笔下的大多数人，都不是十恶不赦的恶棍。哪怕在坏人做坏事的时候，我们还是总能发现一点美好的东西。高纳里尔和里根虽然恶毒，她们对哀德蒙德的爱是毫不含糊的；奥斯瓦尔德虽然卑劣，他对高纳里尔的忠诚却不容置疑；哀德蒙德虽然邪恶阴险，他的身上也不是没有一点点光明之处。且不说他最后的忏悔，就是他对姐妹二人的爱，纵然包含着很多政治的考量，他见到两个人的尸体时，仍然会在内心里被触动。

我们在本书不断回到苏格拉底的"快乐和痛苦总是相伴而行"这个问题；尤其是在基督教思想传统中，人身上的神性与罪性总是纠结在一起。在莎士比亚这里，我们同样会看到善恶之间的这种悖谬与辩证。善恶之间存在复杂的关系，这一点已经无需重复。但现在的问题在于，这样一种辩证关系以怎样的方式呈现出来，如何影响着人间的痛苦与美好？

当哀德蒙德处在受人鄙视的"杂种"地位的时候，他虽然处心积虑地要陷害爱德伽，但他并没有忘记葛罗斯特的爱（1.2.17）。甚至从某种意义上说，哀德蒙德陷害爱德伽的动机之一，就是为了独占葛罗斯特的爱。那时的哀德蒙德还没有萌生陷害亲生父亲之心。同样，当爱德伽即将变成可怜的汤姆时，他也想到了人人都需要的爱："有时候发出一些疯狂的咒诅，有时候向人哀求祈祷，强求一点爱。"（2.3.19—20）

处在自然状态中的哀德蒙德和爱德伽都是缺乏或根本没有爱的，他们都强烈渴望得到爱；为了得到这本来无法获得的爱，他们就必须想办法来强夺或巧取。于是，哀德蒙德和爱德伽都在打主意，用自己仅有的政治手段（欺骗、哀求、抢夺）来获得爱。对爱的渴望使他们都朝魔鬼迈进了一步，都开始懂得政治的行事方式。

哀德蒙德一步步施展他的权术，不仅使自己相继取代了爱德伽和葛罗斯特，而且还逐渐赢得了高纳里尔和里根的爱，俨然已有取代奥本尼的趋势。不论我们如何不喜欢哀德蒙德和高纳里尔，甚至不管我们如何憎恨高纳里尔对丈夫的不忠，她对哀德蒙德的爱本身，却丝毫没有邪恶的含义。这是哀德蒙德的邪恶的政治生涯中又一朵闪亮的火花。

但恰恰是高纳里尔的爱，毁灭了哀德蒙德、高纳里尔、里根三个人。奥本尼虽然早已因为高纳里尔对待自己父亲的态度而称她为魔鬼，但并未和她决裂，而且还和她一起出兵，抗击考狄利娅和李尔。可能他还相信，虽然高纳里尔不是一个好女儿，也许她还是一个爱自己的好妻子。只有在爱德伽把从奥斯瓦尔德那里截下的信交给奥本尼之后，他才意识到，妻子早已背叛了自己，因而才下定决心，要和哀德蒙德与高纳里尔决裂。结果，哀德蒙德被爱德伽杀死，高纳里尔见到自己的阴谋被揭穿、哀德蒙德又被刺中之后，毒死了妹妹里根，然后自杀。

哀德蒙德为了独占父爱而进入政治，最后却被爱情毁灭。他的每一个阴谋虽然都有很强的马基雅维利色彩，但仍然总是和爱有着扯不断的关联。很多研究者指出，哀德蒙德陷害爱德伽的计策其实漏洞百出，很容易识破，但葛罗斯特竟然那么轻易就相信了。[①] 哀德蒙德若是不依仗父亲对他的爱，这么拙劣的办法怎么可能奏效呢？后来，经过历练的哀德蒙德越来越成熟，也越来越心狠手辣。他不仅依靠父亲对自己的信任抓住了父亲的把柄，而且还有意玩弄高纳里尔和里根的爱，在姊妹二人之间周旋，以谋求最大的政治利益。他利用姐妹感情的最后这一招比起当初陷害爱德伽的那一手来，不

---

① A. C. Bradley, *Shakespeare Tragedy*，207；John Elis，"The Guling of Gloucester：Credibility in the Subplot of *King Lear*，" *Studies in English Literature*，*1500—1900*，Vol 12，No. 2（Spring，1972），275—289.

知要高明了多少倍，却功败垂成，毁在了深爱他的高纳里尔身上。哀德蒙德的兴衰覆灭告诉我们，所谓的政治现实主义都不可能是纯粹的功利主义。要成为真正的功利主义者，就更加需要人情练达，不仅需要，而且必须依靠情感来谋求政治成功。因为政治必须在一个充满感情的世界中进行，真正高明的政治家并不是一个毫无感情的机器，而必须学会熟练地运用各种各样的感情。但是，人们越是陷入感情之中，政治权术就越是不纯粹；感情反而会在最关键的时候成为政治的障碍，因为感情是最不讲策略的。

虽然爱德伽对爱的渴望丝毫不弱于哀德蒙德，甚至还远远超过了他，但爱德伽一直没有真正接触爱。他在第一次见到李尔等人的时候，就大声呼喊："做做好事，救救那给恶魔害得好苦的可怜的汤姆吧！"（3.4.59）但是李尔等人都自身难保，怎么可能来救他？葛罗斯特出现后，还当着他的面骂自己的儿子忘恩负义，骂得可怜的汤姆一阵阵发冷。

后来，爱德伽遇见瞎眼的葛罗斯特，带着他来到多佛，却没有相认。虽然葛罗斯特几次表示自己对不起爱德伽，并且向爱德伽祝福，但是爱德伽并没有接受父亲的祝福和爱，而总是和这本来应该属于他的爱擦肩而过。① 卡洛尔说，爱德伽从穿上衣服开始，就走出了赤裸状态；在多佛"悬崖"之后变成了农民，更是回到了人间世界，从此一直上升，直到回到英军的营帐当中。② 但我认为，在爱德伽没有恢复他的姓名，没有得到父亲的爱之前，就一直是一个

---

① 参考 Stanley Cavel，"The Avoidance of Love：a Reading of *King Lear*，" in *Shakespeare's Middle Tragedies*，189。

② Wiliam C. Carrol，"'The base shalltop th'legitimate'：The Bedlam Beggar and the role of Edgar in *King Lear*"。

nothing，或者说，是一个没有回到人间世界的赤裸裸的两足动物。那时候，他有的只是身体和头脑，粗猛的力气和对爱的渴望。但是这力气不会为他争得荣誉，这渴望也不会为他获得真正的爱。在这个过程之中，爱德伽和他的父亲都是被剥夺了一切的、赤裸裸的生命，无家可归，漫无目的地在荒野中游荡，遭到通缉，人人得而诛之。爱德伽知道被爱却不能接受；葛罗斯特想爱却不知道该去爱哪一个。

爱德伽真正回到人间来，并不是在他击败了哀德蒙德、获得了应得的"葛罗斯特伯爵"的称号之后，而是在他向自己的父亲揭示真相时。只有那时，两个人才都从赤裸的人变成了享有爱、有尊严、有价值的人："直到约摸半小时以前，我已经披上甲胄，虽说希望天从人愿，却不知道此行究竟结果如何，便请他为我祝福，才把我的全部经历从头到尾告诉他知道；可是唉！他的破碎的心太脆弱了，载不起这样重大的喜悦和悲伤，在这两种极端的情绪猛烈的冲突之下，他含着微笑死了。"（5.3.192—198）

在爱德伽的政治攀升中，爱同样起了非常重要的作用。但是爱对于爱德伽的意义，却和哀德蒙德那里完全不同。爱德伽虽然极度渴望被爱，甚至想到像乞儿那样去巧取豪夺，但是，他并没有真正把爱当作谋略或暴力的目标，更没有玩弄或利用爱。甚至在相当长的时间里，爱德伽根本就没有得到一点爱。在没有得到爱的时候，他在政治上也就毫无作为。他和奥斯瓦尔德的拼杀只能看作自然状态中的自我防卫；杀死奥斯瓦尔德虽然为他战胜哀德蒙德打下了第一步基础，但是并没有成为一个有实质意义的政治成就。不过，我们必须注意到，虽然爱德伽没有真正得到爱，对父亲的爱却是他做一切事情的根本动力。哪怕是多佛悬崖上的欺骗和自杀显得有些残酷，那也是出于对父亲的爱。这是为了救葛罗斯特而冷静构想出来的奇谋。可以说，对父亲的爱是使爱德伽走出自然状态的动力，虽然这个爱的目标总是若即若离，无法得到；而他的马基雅维利式手段，则是走出自然状态的路径。爱德伽要最后回到人世间，最关键的，并不是使人们都知道他就是爱德伽，而是坦然要求和接受葛罗斯特的爱。

我们若是认为爱德伽是残忍的，根本原因就在于，他始终在回避父亲的爱。明明知道已经被父亲原谅了，他还是不肯用自己来安慰葛罗斯特的忏悔；明明知道自己不会因为暴露真实身份而发生危险，爱德伽始终坚持乔装改扮。他的这种做法不仅是在有意欺负瞎了眼睛的老父，而且也被认为是毫无必要的。[①] 所以，在最后回忆起这一段的时候，爱德伽认为，自己犯了一个巨大的错误（5.3.191）。

爱德伽的这个做法究竟是否是个错误，已经很难说清楚。但有一点是可以肯定的：恰恰是因为爱德伽没有贸然接受葛罗斯特的爱，一方面，他做的每件事都一板一眼、深思熟虑；另一方面，对父亲那引而不发的爱，始终是他做这一切事情的动力。如果爱德伽一开始就和葛罗斯特相认，他一定不会那么从容地把葛罗斯特骗到"多佛悬崖"上，然后再把他从自杀的幻想中解救出来；如果爱德伽很早就沉浸到与葛罗斯特重逢的喜悦之中，他一步步揭穿和击败哀德蒙德的计划也不会这么顺利地展开。爱德伽之所以迟迟不和父亲相认，并不是因为他特别残忍。他在第一次见到瞎了眼的葛罗斯特的时候就说："怎么会有这样的事？在一个伤心人的面前装傻，对自己、对别人，都是一件不愉快的行为。"（4.1.39—41）"我不能再假

---

① A. C. Bradley，*Shakespeare Tragedy*，208.

装下去了……可是我又必须。"（4.1.55，57）爱德伽的几次旁白，都足以显示出他激烈的思想斗争。他深深知道，自己这种装疯卖傻的行为，对父亲是很残酷的。但是他每次都意识到，自己实在是不得已而为之。当爱德伽最后说自己的乔装打扮可能错了的时候，与其说是在忏悔和认错，不如说是这种思想斗争的继续。他从来都没有以捉弄父亲为乐，每次继续演下去，都是迫不得已。正是对父亲深厚的爱，使他一忍再忍，而不会直接面对这种爱。在此，爱以非常隐晦而节制的方式表达着自身。爱德伽的谋略，可以说都是他对父亲的爱的自我表达。

爱德伽和哀德蒙德的根本区别，并不在于爱德伽的自然是好的，哀德蒙德的自然是恶的。两个人的自然都是善与恶的交织，两个人都是在罪恶的世界中挣扎着，去求取自己的那一份爱和幸福。但在爱德伽那里，谋略是爱的一种表达方式，但又不受情感的干扰；在哀德蒙德那里，爱成了谋略的工具，但又时刻干扰着他的谋略。

因为爱德伽的谋略是用来表达爱的，所以，哪怕他混迹在魔鬼中间，也并没有变成真正的魔鬼；也正因为他的爱是以谋略的方式节制地表达出来的，他不会像高纳里尔和里根那样，用语言来挥霍自己的爱。他的爱始终是含蓄、坚强、醇厚的。哀德蒙德那里的爱，要么是阴谋的目标，要么是谋略的工具，爱似乎从来没有自身的意义。因为爱从来不会有自身的价值，所以，他的谋略总是和他的爱相冲突。在对待爱德伽和葛罗斯特的时候，他靠扼杀一切真正的爱来获得成功；在高纳里尔和里根那里，爱沦为政治斗争的筹码和牺牲品；而最终，他的政治前途又彻底毁在了爱情上面。

正如考狄利娅所说，"只有爱，真切的爱"（But love，dear love，4.4.28）才能够在这混乱的世界中重建秩序。这种说法似乎已经成了现在的套话。而哀德蒙德的故事告诉我们，对"爱"的强调不能停留在说爱是存在的；更重要的，是要理解爱是什么，怎样处理爱与政治的关系。说爱是最终的依据，并不是说，那看似充满罪恶的世界，其实是充满爱的。如果是这样，葛罗斯特所认识的世界秩序似乎又不对了，而考狄利娅和李尔最终的失败与惨死，似乎也无法解释了。毕竟，世界并不是如此完美和有序的，葛罗斯特的醒悟也并不是虚假的。而要理解爱德伽这样的人如何来面对这个似乎没有任何意义可言的世界，我们需要回到多佛悬崖上的那一幕。

五、准备时机成熟即是

如果说，爱德伽初次见到被挖了眼睛的葛罗斯特时有必要伪装自己，是因为当时有个八十多岁的老头在场；在老人离开后，就只剩下爱德伽和葛罗斯特两个人了，爱德伽还有什么必要来继续伪装呢？他实在是应该和父亲相认了。从一般情理上来讲，这个说法不无道理。但是，当时爱德伽究竟有没有继续伪装的必要，并不在于是否有旁人在场，而在于，他的计划是否需要伪装。而是否需要继续伪装的关键在于，他是否在那个时候就可以接受葛罗斯特的爱。在当时的情况下，爱德伽一定是认为，只有继续保持伪装，他才有可能彻底打消父亲自杀的念头。爱德伽心里埋藏着对父亲的深爱，但是，他并没有用这爱来拯救葛罗斯特。他似乎并不相信，当你把爱展现在别人面前时，别人会因为珍惜世界的美好而热爱生命。爱虽然伟大，但不能随便当工具来使用。对爱的滥用不仅会糟蹋爱，而且会妨碍事情的解决。爱德伽的一切策略都出自爱，但是，爱本身绝对不能代替深思熟虑的策略。

　　爱德伽这样的考量背后，隐含着对爱的一种理解。"爱"是基督教文明中非常核心的一个德性，但是，爱之所以重要，并不在于爱可以让世界更有秩序；爱的力量，也不在于它会平息纷争、弥合裂痕。爱德伽没有把爱用在任何事情上。爱之所以重要，就是因为爱本身是可贵的，而不是因为爱能给人带来别的什么东西。爱是属神的，而不是属人的，珍惜爱的人，会使自己的灵魂富足，却未必能靠爱获得人间的荣华与和平。在多佛的这一幕，虽然爱德伽是出于爱来拯救葛罗斯特的，却不是使用爱来拯救他。

　　葛罗斯特之所以要自杀，也并不是因为他失去了爱。他心里深深爱着爱德伽，而且也很清楚爱德伽是爱自己的；即使对于那个陌生的乞丐，他也慈爱有加。葛罗斯特并没有怀疑世界上有真爱存在，只是绝望于命运的不公，痛悔自己的过错，希望以自杀的方式来找回自己的灵魂自由。如果这个时候爱德伽就现身，对他说"父亲，我是爱你的"，那完全是药不对症，不仅丝毫不能消除葛罗斯特的绝望和悔恨，也无法让他重新获得灵魂的自由。爱德伽要想彻底把葛罗斯特拯救出来，那就必须想出一个办法，同时针对葛罗斯特自杀时兼有的基督教、虚无主义、斯多亚的三种动机。爱德伽认为最有效的办法，就是让葛罗斯特真的去死一回。这样反而会比奥古斯丁和托马斯的说教更有效。

　　要让葛罗斯特彻底摆脱魔鬼的诱惑，爱德伽决定自己扮成魔鬼，真正诱惑他一次。这正是爱德伽捉鬼的一贯思路，也是爱德伽自己摆脱魔鬼诱惑的基本策略。从一知道葛罗斯特要去寻死开始，爱德伽就没有丝毫反对。他欣然答应了葛罗斯特，要带他前往多佛悬崖，但是也告诉他，在自己的身体里同时有五个魔鬼。于是，葛罗斯特在这个魔鬼缠身的乞儿导引下，走向了多佛。

爱德伽虽然没有把葛罗斯特带上悬崖，但他们确实到了多佛。斯奈德（Susan Snyder）指出，多佛是《李尔王》这部戏中出现的唯一一个地名，当然也是非常重要的一个地方。对于备受折磨的李尔和葛罗斯特来说，这里是痛苦的最低点——葛罗斯特要到多佛来寻死，李尔在多佛认为自己已经死了，到了地狱里——，但同时也是人们获得拯救的地方。到了最后一幕，全剧中所有的重要人物（除了傻子之外）都集中到了多佛。① 多佛意味着死亡，也意味着再生。自杀本来是在哪里都可以完成的，而葛罗斯特却偏偏要费尽周折，一定要到多佛去死。

到了多佛之后，虽然葛罗斯特已经屡屡生疑，② 爱德伽还是让他相信，自己已经站在了一个险峻陡峭的悬崖上面。于是，葛罗斯特在作了一番临终忏悔、嘱咐神明要保佑自己的爱德伽之后，就跳了下去。爱德伽虽然精心安排，但还是很担心，极度绝望中的老父这一摔倒，是否真的会死。所幸的是，葛罗斯特终究没有因此丧命。爱德伽假装当地的一个农民，惊叹葛罗斯特从那么高的悬崖上掉下来怎么会安然无恙。于是他问葛罗斯特："刚才在那悬崖的顶上，从你身边走开的是什么东西？"（4.6.48—49）葛罗斯特回答说，那不过是一个可怜的乞丐。但爱德伽却说："我站在下面望着他，仿佛看见他的眼睛像两轮满月；他有一千个鼻子，满头都是像波浪一样高低不齐的犄角；一定是个什么恶魔。所以，你幸运的老人家，你应

---

① Susan Snyder，"*King Lear*：a Modern Perspective，" in *King Lear*，Folger edition，edited by Babara Mowat and Paul Werstine，New York：Washington Square Press，1993，289—299. 感谢成官泯和张辉使我注意到了这篇文章。
② Harold C. Goddard，*The Meaning of Shakespeare*，v2，150—151.

该想这是无所不能的神明在暗中默佑你，否则绝不会有这样的奇事。"（4.6.69—73）

在这里，莎士比亚以自己的方式，生动模拟了魔鬼如何诱惑人自杀。但他并没有简单重复这种故事当中的道德或宗教说教，而是赋予了非常微妙而精细的含义。那个领着葛罗斯特走上悬崖的乞儿当然是魔鬼。当时的爱德伽不仅不可能给绝望中的葛罗斯特带来什么希望，而且自己也处在悲惨的绝境。这时候的他自己未必能看到多少希望，只能靠与魔鬼们调笑嬉戏来自娱自乐，又用什么来安慰对世界已毫无信心的父亲呢？他不能告诉父亲，世界本来还是充满正义的，因为他自己也见不到正义；他也不能说，父亲没有犯罪，因为他的境况本身就在证明着父亲的罪；他同样不能告诉父亲，不要去挑战诸神，如果诸神确实是不义的，那凭什么来阻止葛罗斯特以自己的方式追求自由呢？

爱德伽似乎完全接受了父亲的前提：人们总是罪孽深重，不依靠神明，就没有得救的可能；但神明毫无正义可言，把人的命运当成儿戏。那么，他必然也会推出葛罗斯特或基里洛夫那样的结论：在这样的情况下，人是活不下去的。于是，他变成了魔鬼，带着葛罗斯特去跳崖。爱德伽的行为，只不过是在帮助葛罗斯特把他的基督教的、斯多亚的、虚无主义的自杀学贯彻到底。

但是从悬崖上跳下去以后，葛罗斯特并没有死。葛罗斯特的自杀未遂，究竟意味着什么？爱德伽说："你应该想这是无所不能的神明在暗中默佑你，否则绝不会有这样的奇事。"但是，神明保佑葛罗斯特使他不死，难道就意味着神明是正义的吗？葛罗斯特对于他自杀未遂一事已经作出了解释："难道一个苦命的人，连寻死的权利都要被剥夺去吗？"（4.6.61）如果葛罗斯特认为自己冤枉爱德伽是不义的，那么，他的自杀就既是对自己的惩罚，也是自我的忏悔。如果神明剥夺了他对自己的惩罚和忏悔，那又谈得上什么正义呢？

自杀未遂这个奇迹，并没有否定葛罗斯特此前关于神明、命运、世界的任何看法。爱德伽的说法里最能打动他的，是关于那个乞儿的话。他忽然意识到，原来和他在一起这么久的同伴，那个带着他走上悬崖的可怜的汤姆，竟然是个魔鬼。而汤姆平时念念叨叨的鬼呀魔呀的，恰恰印证了这个说法："我现在记起来了……你所说起的这一个东西，我还以为是个人；它老是嚷着'恶魔，恶魔'的；就是他把我领到了那个地方。"（4.6.75—79）虽然葛罗斯特并没有改变关于世界的看法，但是他受到了这关于魔鬼的说法的震撼，才对刚才的事情有些后怕。正是因为这一点，爱德伽所说的神明默佑的话也起了作用：正是因为与魔鬼相伴的经历太恐怖了，所以神明的保佑也就显得非常宝贵和值得感谢。于是，葛罗斯特才承诺，以后要好好活着："从此以后，我要耐心忍受痛苦，直到它有一天自己喊了出来，'够啦，够啦，'那时候再撒手死去。"（4.6.75—77）

严格来讲，爱德伽并没有改变葛罗斯特的世界观，但是，他调动了父亲的情感，使他陡然生发出对魔鬼的恐惧和对神明的感激。虽然神明仍然是武断的，仍然不会按照正义的原则来安排人们的命运，但是，如果被这么武断的神明随意赐给一个好的命运，那不是更加值得感激吗？人毕竟是卑微的赤裸裸的两脚动物，毕竟是贪生怕死的，他对正义、美好、善好的观念，不过是些毫无价值的意见而已；在伟大而不可测度的神明面前，人的这些理论才真正如同小孩的游戏。一旦魔鬼突然降临，一旦神明露出一点慈悲，人就会完全放弃自己的理论，感激涕零地拜倒在神的面前。葛罗斯特再也不希求战胜神明来获得自由，再也不抱怨神明把人的命运当儿戏，再也不去随意处置自己的过错。对于世界上无所不在的痛苦，他决定忍受下去，直到神明愿意收走他，再听话地撒手死去。痛苦不会消失，不会变成快乐，更不会得到回报，而是要"耐心忍受"。李尔教育葛罗斯特要耐心（4.6.174），爱德伽劝他要"忍耐"（5.2.9）。正像佛克斯指出的（见 2.2.459—460 注），《李尔王》中屡屡出现的"忍耐"暗中呼应了保罗的话："患难生忍耐，忍耐生老练，老练生盼望，盼望不至于羞耻，因为所赐给我们的圣灵将神的爱浇灌在我们心里。"①

葛罗斯特现在达到的这个状态，非常生动地传达了基督教文明中，特别是新教以来所强调的神明的绝对不可知和信仰者对不可能的救赎的盼望——而这正是基督教"望德"的真实含义。在爱德伽和葛罗斯特这里，神明已经不再是奥古斯丁所讲的那个美好事物的无限延伸和放大，也不再是托马斯那里存在的本质，而是一个绝对的、不可测度的，甚至武断的至善。在这样一个至善的上帝面前，人只能毫无保留地敬畏和服从，不能擅自做出自己的判断，也不能狂妄自大地挑战神明。自杀，无论是葛罗斯特的，还是基里洛夫的，都是对神明的一种最大挑战。人要绝对服从上帝，必须放弃控制自己生命的念头，而要无条件地服从神明对生死和命运的安排。葛罗斯特在得知了魔鬼的故事后的后怕，以及基里洛夫在实施自杀时的惨状，都表明，人哪怕是再自信、再伟大，也无法战胜神明。

不过，这同时也还意味着，葛罗斯特对世界和命运的判断并没有错。只有在面对绝对至善的上帝时，这些观念才显得滑稽和荒谬。但是，无论是从世界的现实来看，还是从人的理性来看，这些说法

---

① 《罗马书》5：3—5。

都无可辩驳。人们不能用自己的善恶和正义观念来规范上帝，但这并不意味着，人间就没有自己的善恶和正义观念——虽然这与上帝的至善相比，根本算不上什么美善和正义。在尘世生活中，人们仍然必须形成自己的道德规范和德性观念——哪怕这些观念最后证明是错的。葛罗斯特在多佛的顿悟只是让他提升了灵魂，并没有使他解决面对世界的种种疑惑。正是因此，他后来又几次犹豫，是否应该抛弃生命。

就在他放弃了自杀的念头之后，葛罗斯特见到了疯癫的李尔。李尔离开以后，葛罗斯特对诸神呼喊："永远仁慈的神明，请停止我的呼吸吧；不要在你没有要我离开人世之前，再让我的罪恶的灵魂引诱我结束我自己的生命。"（4.6.212—215）李尔教育他要有耐心，似乎加强了葛罗斯特活下去的勇气，但是疯癫的李尔这一幕，却使他对人间的幸福更加失望。葛罗斯特的这几句祈祷词极为悖谬。一方面，他认识到自杀是不对的，因而希望千方百计阻止自己自杀；但阻止自杀的方式呢，却是祈求神明让自己早早死去。这岂不如同假手他人的变相自杀？对于此时的葛罗斯特来说，放弃自杀的念头，并不意味着眷恋人间的美好；他在人间仍然找不到真正的美好，反而更真切地理解了世界运行的方式（4.6.144—145）。葛罗斯特对世界的绝望在进一步加强。他仍然不认为，神明会给人间带来正义；只不过，正是因为他对世界更加绝望，他对彼岸的幸福反而增加了信念；正是因为神明不能带来人间的正义，他要跟随神明去寻求彼岸的、他尚不知道的正义。绝望转化为了无缘由的希望；虚无，恰恰带来了超越此世的信仰。他不再像基里洛夫那样，要挑战诸神的权威了；斯多亚式的自由观，变成了绝对超验的自由信念。因此，他仍然像以前一样，厌弃着此世的生命；只是，他不能以渎神的方式，妄自结束这生命。这样一个绝对超验的信仰并没有改变他对世界的看法，但根本上升华了他的世界观，使他的深刻蒙上了一层神圣的面纱。

写到这里，我们会觉得，爱德伽用来解决葛罗斯特的问题的，不仍然是那个绝对超验的存在吗？这不就是葛罗斯特和基里洛夫一直追求的绝对自由吗？难道那引导他们否定一切人间价值的，此时反而会带他们走出自杀的绝境吗？确实，这个神的观念并没有使葛罗斯特真正放弃厌世的念头。但莎士比亚的高明之处就在于，他并没有停留在这里，而是在这种看上去是基督教内部的解决方式中，创造了完全不同的可能性。葛罗斯特在放弃自杀之后并不知道自己该选择什么样的生或死，也不知道究竟是什么力量在引导着他。在这个时候，仍然是一个疯子在引导着瞎子赶路。不过，无论是疯子的指引，还是瞎子的摸索，都不是没有意义的；而这意义，也许只有在最后应许的结局中才会显露出来。

就在葛罗斯特祈祷后不久，仿佛诸神就送来了一个机会：奥斯瓦尔德遇到葛罗斯特，扬言要杀掉他，于是葛罗斯特欣喜地引颈就戮："但愿你这慈悲的手多用一些气力。"（4.6.227）后来，葛罗斯特听说李尔和考狄利娅的军队战败之后，再次表露了想死的念头："不，先生，我不想再到什么地方去了；就死在这地方也好。"（5.2.8）佛克斯由此认为："爱德伽对他父亲的绝望的治疗并未完全成功。"但是，葛罗斯特从多佛悬崖以来的表现完全一致。他既然看清楚了世界上无法消除的荒谬和不义，就从来没有从绝望中走出；虽然对神明的绝对信仰打消了他自杀的念头，求死却是他一贯的希望。他念兹在兹的，是自己归天的日子早点到来，但又不肯因此而触犯神明，所以对爱德伽的话也非常赞同："人们的生死都不是可以勉强求到的，准备时机成熟即是。"（5.2.9—11）此时想死的葛罗斯特，和多佛悬崖之前求死的葛罗斯特还是非常不同的。在那个时候，他一心想超越这令人绝望的虚无世界，挑战不可理喻的诸神；而今，他再也不想挑战诸神，而是在超验的"神明"带领下，待在早已烂透的人世间，等待着一个时刻；只不过，他有时候过于性急，不够耐心，甚至根本不知道，那个最关键的时刻，究竟对他意味着什么。

那么，葛罗斯特所等待的，究竟是怎样一个结局呢？爱德伽向我们转述了葛罗斯特的最后时刻："直到约莫半小时以前，我已经披上甲胄，虽说希望天从人愿，却不知道此行究竟结果如何，便请他为我祝福，才把我的全部经历从头到尾告诉他知道；可是唉！他的破碎的心太脆弱了，载不起这样重大的喜悦和悲伤，在这两种极端的情绪猛烈的冲突之下，他含着微笑死了。"（5.3.192—198）

我们若是推算时间，这就发生在战争结束之后不久，即爱德伽劝葛罗斯特耐心等待之后不久。葛罗斯特等了不到一天，就被他的神明迎接到了天上。不过，这个结局一定和他想的都不一样。他没有死在奥斯瓦尔德这样的奴仆的剑下，也没有无声无息地倒在乱军之中，而是微笑着死在了自己亲爱的儿子怀中。这个最终的结局，究竟是一种出人意料的爱呢，还是从世界的罪恶中的终极解脱？

在这个结局当中，葛罗斯特明白了至少三件事：第一，他第一次清楚地看到，自己的错误造成了爱德伽多大的痛苦；第二，一直在陪伴和保护着自己的，就是儿子爱德伽；第三，多佛的悬崖是假的，根本没有什么奇迹。他的儿子既是引诱他跳崖的那个魔鬼，也是把他从绝望之地救出的天使和神明。这三点无一不是巨大的震撼。

对葛罗斯特来说，爱德伽所遭受的痛苦意味着，人的冷酷、不公、无助、罪性远比他想像的深重。他最开始所抱怨的，即诸神根本没有什么正义可言，不仅不是错的，反而被进一步证明了。而更重要的是，葛罗斯特已经知道了，他并没有走上过多佛的悬崖，他并没有从那里跳下来过，并没有什么魔鬼，也没有出现什么奇迹。那么，他是不是会因为知道了真相而重新陷入绝望的境地，要重新寻找真正的悬崖呢？如果连奇迹都没有了，连那个绝对至善的神明都没有了，那是不是会陷入更大的虚无？这是不是尤其证实了他对世界和神明的悲观看法呢？

不过，葛罗斯特在进一步否定了世界和神明的同时，也看到了一个更大的奇迹，那就是爱德伽的爱。这个奇迹的发生，并不是因为有什么超自然的力量插手，而是因为人性中的好的方面竟然会如此坚韧和强大，能够最终克服人性中固有的罪性。人的命运真的是不可把握，但这并不是因为神明的玩弄，而是因为人性中的恶竟然会造成如此可怕的后果，而在充满人间的罪恶之外，竟然还会有那么意想不到的美好。

能够拯救他的，只有自己的亲人，就是那随时可能反目成仇、随时可能恩将仇报的儿子。真正的奇迹并不是神明显现的，而是他的儿子创造的。尤其是在知道了爱德伽所遭受的巨大痛苦后，这种爱就更加不可思议。疯子领着瞎子走路，所朝向的目的地，根本就不是多佛的悬崖。如果说，葛罗斯特最终达到的还是一种超验的话，那就既不是基里洛夫那样的绝对自由，也不是他在"多佛悬崖"下所认为的，对神明的服从和敬畏，而是爱德伽创造的爱。

葛罗斯特刹那之间体会到了人性中两个方面最极端的表现形态。只有这个时候，他才真正看到了世界的运行方式，他才理解了人这种两脚动物究竟是怎么回事。究竟是否存在一个超越人间万物的至善上帝，看上去是一个宗教性的观念；但莎士比亚有意把这个问题放在异教背景之下，使我们能够超越基督教的观念来思考这个问题。^① 我们可以把葛罗斯特用宗教语言表述的问题理解为：在处处充满罪恶的人间，还有没有一种让人心安的美好生活？在多佛跳崖以前，他认为在人间已经不可能存在这种生活，于是就要通过死亡来获得真正的平静；在多佛跳崖之后，他仍然认为人间不可能存在美好生活，但爱德伽使他意识到，自杀并不能让他真正心安。于是，他只好忍耐着生活的痛苦和乏味，期待着冥冥中一个安静的结局。他只是模糊地认识到，这结局会终结他的一切痛苦，至于如何终结，他却毫无概念，所以只求速死。而到了最后，是爱德伽的爱为他在这样的人间创造了美好生活，终结了他的痛苦。在人人相互为敌的人间，这样的爱是不可预期的，但并不是违背人性的。它就像神迹一样，是可遇而不可求的。葛罗斯特的幸运，不在于他从悬崖上掉下来没有死，而在于爱德伽的以德报怨。葛罗斯特微笑着死去这个最终结局，其真正意义并不在于，他可以不再过问人间的一切；而在于，他毕竟在人间苦乐的极端体验中微笑了。只有这种微笑，才能使他对抗生死之间的巨大虚无。

六、应许的结局

《李尔王》并不只是关于个体灵魂和救赎的一部戏，而且还是一

---

① 虽然《李尔王》故事的历史原型发生在异教时代的英格兰，但莎士比亚直接参照的本子《莱尔王》（King Leir）中有大量的基督教词汇。另外，葛罗斯特的故事来自锡德尼（Philip Sidney）的《阿卡迪亚》（Arcadia），其中也有单数大写的 God 这种基督教的上帝观。而在《李尔王》中，这两个来源中的基督教的词汇都被删去了，这样一种处理应该是有意的。另一方面，《李尔王》中明确的基督教观念也不容忽视。莎士比亚一方面思考基督教中的一些问题，另一方面又避免直接使用基督教的词汇，这一点是《李尔王》全剧不可忽视的重要特点。

部政治戏。葛罗斯特、考狄利娅、李尔这些善良的人物纷纷死去，虽说是求仁得仁又何怨[①]，但是，英国的命运究竟交给谁，仍然是一个需要回答的重要问题。李尔对考狄利娅说，他们宁愿待在监狱里，像鸟儿那样唱歌，品评宫廷中各种各样的消息，不再去管那些帝王将相升沉起落的勾当（5.3.8—10）。不但李尔和考狄利娅没能靠这些来面对命运，莎士比亚更不能以这样的话来应付他的读者和观众。

英国政治的命运，现在就掌握在爱德伽和哀德蒙德两兄弟的手中。谁能够在决斗中取胜，谁就是英国的主宰。但不管谁取胜，都要有一个人杀掉自己的兄弟。这个模式，似乎不幸又陷入了自古以来不断上演的建国悲剧之中。奥古斯丁曾经叹息，地上之城，往往建立在兄弟相残的基础上。该隐杀了自己的弟弟亚伯，于是建立了人间的第一座城以诺；罗慕洛杀了弟弟雷姆斯，于是建立了罗马。[②]同样，秦王李世民杀了自己的哥哥和弟弟，从此出现了辉煌无比的贞观之治。这似乎已经注定，地上之城不可能是绝对正义的；城中的生活，也不可能是绝对美好的。要得到完美的幸福，只能进入天上之城。这似乎进一步印证了葛罗斯特对世界的认识，也进一步为爱德伽的变成魔鬼提供了理由。

如果从亲人成仇这个意义上来看，爱德伽和哀德蒙德的兄弟相残，只不过是又一个例证而已。统观整部《李尔王》，除去早死的康华尔不太明显之外，所有主要人物都和自己的所有亲人成了仇敌。李尔放逐了考狄利娅，不久后就和另外两个女儿反目。高纳里尔和里根本来狼狈为奸，最后却为了哀德蒙德而变成敌人，高纳里尔毒

[①] Harold C. Goddard，*The Meaning of Shakespeare*，*v2*，163—169；R. A. Foakes，"Introduction to *King Lear*," in King Lear，Ardenedition，the third series，31，34.
[②]《上帝之城》，15：5。

死了里根后自杀。考狄利娅遭到父亲的放逐，又和两个姐姐兵戎相见。奥本尼和高纳里尔夫妻之间也反目成仇。葛罗斯特一家也同样混乱，父子兄弟之间相继为敌。葛罗斯特的描述非常切题："亲爱的人互相疏远，朋友变为陌路，兄弟化成仇雠；城市里有暴动，国家发生内乱，宫廷之内潜藏着逆谋；父不父，子不子，纲常伦纪完全破灭。"（1. 2. 106—109）

李尔本来想在爱的基础上重整国家秩序，却造成了全面的纲纪紊乱、礼坏乐崩，整个英国陷入了绝对的自然状态。葛罗斯特一开始就道出了自然状态中基本的生活模式，而在他发现自己也无可避免地陷入这个状态，甚至还参与了灾难的制造时，他终于看清了世界运行的方式。正是因为葛罗斯特看明白了世界，他看不到自己该往哪里走。葛罗斯特的自杀企图，深刻道出了如此混乱的自然状态之中的绝望。

面对这样的混乱，人们尝试了几条重整政治秩序的道路。哀德蒙德和理查三世一样，是个彻头彻尾的马基雅维利主义者，完全否定了爱，甚至对于不期而至的爱情，也纳入了自己的精打细算之中；奥本尼则是一个道学家，他为李尔和考狄利娅的正直所震撼，宁愿舍弃与妻子的爱，也要在道德的基础上重建政治秩序；考狄利娅则把一切建立在爱的基础上，要凭着自己对父亲的满腔赤诚，来恢复父亲的宝座；爱德伽的路线是第四条，他完全陷入了魔鬼的包围之中，无暇来考虑道德和亲情，虽然始终保持着对父亲的深爱，却以非常冷酷的方式把父亲救拔出绝望状态，慢慢回到人间。

在这四条路线中，只有哀德蒙德的和爱德伽的是有政治力量的，因此，正是他们两个相遇在决斗场上。奥本尼虽然正直，但他的努力走向了他的目的的反面。他明明知道李尔和考狄利娅是好人，但面对考狄利娅带领的法军，竟然分不清敌我，看不透"保卫英国"的谎言，大败法军，使自己的朋友当了阶下囚。考狄利娅一片爱心，怎奈她带领的军队是根本没有战斗力的，面对狡猾阴险的哀德蒙德，毫无还手之力。当然，按照一些研究者的解释，考狄利娅是基督的形象，李尔在她那里所追求的，也是灵性的救赎，而不是政治的成功。① 我无意否定这一层面的意义；而且也恰恰是在这个层面的映射下，爱德伽的胜利才更有意义。不过，考狄利娅和李尔毕竟无法带来政治上的成功，实现不了人间的王道。

而哀德蒙德和爱德伽与这两条路线都不同。他们都不是以爵爷或王后的名义，依靠道德和感情来重整纲纪的。兄弟两个的起点都非常低，甚至完全被赶出了人间秩序；只有他们，才尝到了自然状态中的真实感觉。因此，只有他们才了解当时纲纪紊乱的真正含义。虽然兄弟二人还是有着重要区别，但两个人都清楚，在最后关头，决定胜负的既不是道德，也不是爱，而是赤裸裸的武力。

既然这个世界已经礼坏乐崩，要重建秩序，就不能幻想拾回原来的礼乐教化。葛罗斯特一家都深深认识到了这一点。哀德蒙德不仅早就知道，而且根本不相信他父亲那套充满迷信的解释。他一开始就崇拜自然，丝毫不顾道德和亲情。葛罗斯特和爱德伽只不过在慢慢向他学习而已。葛罗斯特后来终于明白了世界运行的规律，但他不肯屈就以侍奉毫无情义的自然女神，心中的正义感把他驱赶到了多佛悬崖上。在魔鬼包围下的爱德伽同他的父亲和弟弟一样，也很清楚这世界运行的方式，不过，他并没有完全放弃对美好生活的

---

① Harold C. Goddard, *The Meaning of Shakespeare*，*v2*，163—169.

向往，反而以极为残酷的方式，表达出了对这种美好的坚守。我们可以说，哀德蒙德一开始就不相信至善的存在；葛罗斯特相信或至少是希望至善存在，但冷冰冰的现实叫他无法找到解释；爱德伽谦卑地相信至善的存在，但他从来不会把至善滥用在人间事务中。而在自然状态里，在这些从来没有听说过基督之名的人们当中，所谓的至善，就具体表现为人间之爱。

哀德蒙德虽然不看重爱，但爱还是不请自来；而且，高纳里尔和里根对他的爱在他的政治前途上起到越来越重要的作用，使冷血的哀德蒙德不仅不能无视，而且必须好好利用。"哀德蒙德还是有人爱的。"（5.3.237）何止是有人爱的？两个双双为他殉情：一个为他被毒死，一个为他自杀。同样的爱如果以另外的面目出现在歌德、托尔斯泰，甚至莎士比亚自己的笔下，常常会成为被赞美的对象。高纳里尔和里根的爱，丝毫不比少年维特、安娜·卡列尼娜、罗密欧与朱丽叶的爱逊色，但是，在《李尔王》中，同样的爱没有带来灵魂的升华，反而导致了哀德蒙德的覆灭。

《李尔王》的读者和观众或许早已深深厌恶哀德蒙德、高纳里尔、里根这三个人，会觉得他们的死是罪有应得；而按照丹比的说法，哀德蒙德信奉的是邪恶的自然，那么这突如其来的爱就根本和他的自然无关。但是，我们若是细细琢磨，却会发现，哀德蒙德的错误，恰恰在于他没有把冷酷的原则贯彻到底——而且他也不可能贯彻到底，因为，玩弄高纳里尔和里根的感情的哀德蒙德，企图把新秩序建立在爱的基础上，虽然这个建造方式可能是马基雅维利式的手段。哀德蒙德的政治计划之所以失败，和李尔与考狄利娅的政治计划失败的原因完全一样：建立在爱的基础上的政治必将失败。哀德蒙德陷入了深深的忏悔，以高纳里尔和里根的至死不渝来自我安慰，还"想做一件违反我的自然的好事"（5.3.241—242）。一个坏人，怎么会因为爱德伽的几句话而幡然悔悟？哀德蒙德并没有真正理解自己的自然：在他崇拜自然女神的时候，他不可能真正放弃任何人都不可须臾离开的爱，那同样深深扎根在他的自然中。现在，哀德蒙德的政治生命已经完结，但自然生命依然在喘息，他再度回到了自然状态，却突然发现，原来自己不仅是被人爱的，而且还可以爱别人。

而爱德伽则不同。他顶盔掼甲出现在哀德蒙德面前时，是完全以一个复仇者的姿态上阵的。他深深爱着的老父刚刚死去，爱德伽现在无牵无挂；面对自己的兄弟，爱德伽也已毫无手足之情可言，他胸中只有仇恨。爱德伽对哀德蒙德的胜利，似乎把哀德蒙德试图贯彻、但不可能真正贯彻的政治原则贯彻到底。李尔驱逐考狄利娅的那一刻，标志着以爱为基础的政治的失败，但这种政治的彻底破产，却是在哀德蒙德被杀的那个时候；哀德蒙德陷害爱德伽，标志着以自然状态为基础的政治尝试的开始，而这种政治的真正成功，却是在爱德伽登上王位的那个时刻。哀德蒙德说得不错："命运的车轮整整转了一圈；我现在落到这个地步。"（5.3.172）这句话的意思，并不仅仅像佛克斯所解释的那样，是说哀德蒙德最初说的话在他自己身上应验了。它真正的意思是，本来想杀爱德伽的哀德蒙德，而今被爱德伽杀死了；本来想用阴谋和暴力篡夺王位的哀德蒙德功亏一篑，现在爱德伽却做到了。哀德蒙德被逐回了自然状态，爱德伽才是名正言顺的葛罗斯特伯爵和下一任国王。

爱德伽在决斗的时候能做到更冷酷，并不是因为他没有爱。在中性但神圣的现代人性观中，神性和罪性是任何人的自然中都有的两种可能，关键并不是把自然当作好的还是坏的，而是如何安置自然中必然会有的爱和必然会有的恨。李尔和哀德蒙德都把爱当作政治的基础，从而不仅毁了政治，而且也毁了爱；但爱德伽从变成可怜的汤姆开始，就有意把自己的爱深深隐藏起来，表面上成了一个冷酷的魔鬼。最开始的时候，他还会为自己对父亲的欺骗而感到不安，时不时想暴露出一点爱；但是，爱德伽慢慢学会了把爱看作灵魂之事，丝毫不再因为妇人之仁而耽误大事。哪怕在拯救父亲这件事上，他都坚持运用理性，艰难地压抑着自己的情感。等到和哀德蒙德决斗时，我们不知道爱德伽究竟是已经完全丧失了对哀德蒙德的手足之谊，还是重建秩序的需要使他再度压抑了依然存在的兄弟之情。总之，决斗完全是政治之事，没有掺杂任何儿女私情。正是这关键的一点，使爱德伽最终战胜了哀德蒙德。

也同样是这一点，使我们明白了，爱德伽究竟是在什么意义上，说天神是公正的（5.3.168）。他这句话，显然是在回应葛罗斯特关于命运无常、天神拿人当儿戏的说法。但是，他并没有否定葛罗斯特已经认清楚的世界的运行规律，也没有仅仅在强调因果报应。爱德伽知道，命运本来就是偶然的，世界永远充满了罪恶和不公。哀德蒙德和高纳里尔姐妹遭到的惩罚，以及葛罗斯特为情欲付出的代价，纵然都是应得的报应，但李尔和考狄利娅的死去（而不像《莱尔王》里那样，得到一个大团圆的结局）却完全不符合因果报应的规律。如果完全以人世间的得失来衡量人的幸福，那么，天神永远算不上是公正的。天神真正的公正，乃是在于，他们会让对至善充满信心、真心看重爱的人有机会创造灵魂的安宁与幸福。而这一点，正是葛罗斯特在最终放弃自杀之后悟出的道理。

全剧结尾处的李尔，已经丝毫不再关心人间的打打杀杀；他满心所想的，都是考狄利娅。他真心在乎的，完全是属灵的爱与喜乐；[1] 但这种属灵的追求的具体体现，则是对亲人的绝对之爱。已经获得了政治全胜的爱德伽和奥本尼，仍然遵奉李尔为王；其实，这已不是政治意义上的遵奉，因为他们知道，陷入疯癫的李尔已经不可能执掌天下。已经深具政治智慧的爱德伽，现在无论如何不会把政事交给李尔；不过，他们却把灵魂中最宝贵的部分让给这种追求，因为只有这样，靠理性运行的政治才能忠诚地保卫人们的幸福。

《李尔王》，常常被当作莎士比亚最悲观的一部戏。在四大悲剧当中，这一部的结局是最悲惨的。考狄利娅和李尔的死，比起哈姆雷特、奥赛罗、麦克白的死来，都要让人震撼，因为这既不是与罪恶的世界同归于尽的悲壮之死，也不是英雄自我惩罚的忏悔的死，更不是坏人罪有应得的惩罚的死，而是毫无来由、毫无必要的死，是在好人眼看已经全胜的时候的死。这样一种对世界的最终否定，就像葛罗斯特的自杀一样，隐隐昭示着现代思想对人类命运一种新的思考方式：虚无主义。而基里洛夫的自杀，正是这种思考方式在自杀问题上的集中体现。不过，在这个应许的结局当中，我们却不能忘了爱德伽的胜利。

他的胜利，恰恰也使《李尔王》中的政治世界终结在最光明、最有希望的地方。郭达德说，我们需要重新理解考狄利娅的死和李尔的死，认为李尔其实是误以为考狄利娅活了过来，才在兴奋中死去的；这样，或可改变这部戏的悲观主义色彩。[2] 这样的说法虽然确有道理，但毕竟过于单薄，难以服人。考狄利娅和李尔最后的精神

---

[1] A. C. Bradley，*Shakespearean Tragedy*，234；Harold C. Goddard，*The Meaning of Shakespeare*，v2，169.

[2] Harold C. Goddard，*The Meaning of Shakespeare*，v2，169—171.

归宿，必须对应着爱德伽的政治成功，才能得到更好的理解。爱德伽没有像哈姆雷特那样，通过与对手同归于尽来战胜邪恶，而是以堂堂之阵、正正之旗击败了自己的兄弟。他丝毫没有踌躇地杀死亲弟，他的政治成功，恰恰是父亲临终时祝福的体现，正如父亲的生命是他的拯救的体现。在他这里，清醒的政治理性是靠醇厚的爱来支撑的；醇厚的爱也是通过政治理性来实现的。爱与政治的彻底分离，保证了二者的相互支撑和完善。

领着葛罗斯特走上悬崖的爱德伽，通过对世界的最终否定，实现了对爱的肯定，从而也在尘世政治中挑战了虚无主义。正是在这个意义上，葛罗斯特和爱德伽的自杀学通过总结斯多亚和基督教的自杀学，一方面昭示了未来的虚无主义，一方面已经暗暗指向了救治虚无主义的一种可能。至于这种救治能否成功，就并非莎士比亚要回答的问题了。

主要参考文献

《圣经》（和合本），南京：中国基督教三自爱国运动委员会、中国基督教协会，2003 年。

Anonymous，*Gesta Romanorum*，translated and edited by Charles Swan and Wynnard Hooper，New York：Dover Publications Inc.，1959.

Anonymous，*Sad and Lamentable News from Brick-lane in the Hamlet of Spittle-Fields，or a Dreadful Warning to Such as Give Way to the Temptations of the Devil，in the Deplorable Example of Mr. John Child Once Famous Anabaptist Teacher Who Fall-ing into Despair Committed a Barbarous and Unnatural Murther Upon his Own Person*，Printed in London，1684.

Agamben，Giorgio，*Homo Sacer*，Stanford：Stanford University Press，1995.

Alighieri，Dante，*The Convivio of Dante Alighieri*，London：J. M. Dent，1924.

Alighieri，Dante，*The Divine Comedy*，translated，with a commen-tary by Charles S. Singleton，Princeton：Princeton University Press，1989—1991.

但丁：《神曲》，田德望译，北京：人民文学出版社，2002 年。

Alvarez，Alfred，*The Savage God：A Study of Suicide*；New York：Random House，1972.

艾弗瑞兹：《野蛮的上帝》，台北：心灵工坊，2005 年。

Anderson，Olivier，*Suicide in Victorian and Edwardian England*，Oxford：Oxford University Press，1987.

Aquinas，Thomas，*Commentary on Aristotle's Nicomachean Ethics*，Notre Dame：Dumb Ox Books，1993.

Aquinas, Thomas, *Summa Theologica*, Westminster, Maryland: Christian Classics, 1981.

Aquinas, Thomas, *Summa Theologiae*, Madrid: Biblioteca de Au-tores Christianos, 1978.

Aquinas, Thomas, *St. Thomas Aquinas on Politics and Ethics*, New York: Norton & Company, 1987.

Aquinas, Thomas, *The Demalo of Thomas Aquinas: with facing-page translation by Richard Regan*, Oxford: Oxford University Press, 2003.

Aquinas, Thomas, *Opusculum: De ente et essentia, diligentissime recognitum*, Casali: Marietti, 1957.

Auden, W. H, *Lectures on Shakespeare*, Princeton: Princeton Uni-versity Press, 2000.

Auerbach, Eric, *Dante: Poet of the Secular World*, Chicago: The University of Chicago Press, 1974.

Augustine, *Sancti Aurelii Augustini hipponensis episcopi Opera omnia, Patrologice cursus completus. Series [Latina]*, Parisis: venit apud editorem, 1844—1865.

奥古斯丁:《忏悔录》,周士良译,北京:商务印书馆,1997 年。

奥古斯丁:《论三位一体》,周伟驰译,上海:上海人民出版社,2005 年。

奥古斯丁:《上帝之城》,吴飞译,上海:上海三联书店,2022 年。

Bacon, Nathaniel, *A Relation of the Fearefull Estateof Francis Spira: in the Yeare*, 1548, Printedin London, 1638.

Behl, John, *Asceticism and anthropology in Irenaeus and Clement*, Oxford: Oxford University Press, 2000.

Bobzien, Susanne, *Determinism and Freedom in Stoic Philosophy*, Oxford: Oxford University Press, 1998.

Boccaccio, Giovanni, *The Life of Dante*, New York: Garland, 1990.

Bostock, David, *Plato's Phaedo*, Oxford: Clarendon Press, 1986.

Bouillard, Henri, *Conversion et grâce chez s. Thomas d'Aquin, étude historique*, Paris, Aubier, Éditions Montaigne, 1944.

Boyde, Patrick, "Inferno XIII," in *Cambridge Readings in Dante's Comedy*, editedby Kenelm Foster and Patrick Boyde, Cambridge: Cambridge University Press, 1981.

Boyde, Patrick, *Dante: Philomythes and Philosopher: Man in the Cosmos*, Cambridge: Cambridge University Press, 1981.

Bradley, A. C., *Shakespeare Tragedy*, New York: Meridian, 1955.

Burnell, Peter, *The Augustinian Person*, Washington D. C: The Catholic University of America Press, 2005.

Burton，Robert，*The Anatomy of Melancholy*，New York：Tudor Publishing Company，1921.

Caesar，Michaeleds，*Dante：The Critical Heritage*，London：Rout-ledge，1995.

Carroll，William C. ，" ' The base shall top th'legitimate'：The Bed-lam Beggar and the role of Edgar in *King Lear*，" in David Young edits *Shakespeare's Middle Tragedies：a Collection of Critical Essays*，Englewood：Prentice- Hall，1993.

Cary，Philip，*Augustine's Invention of the Inner Self*，Oxford：Ox-ford University Press，2000.

Cavell，Stanley，*Must We Mean What We Say?* New York：Scrib-ner，1969.

Cavell，Stanley，"The Avoidance of Love：a Reading of *King Lear*，" in *Shakespeare's Middle Tragedies*，1993.

贡斯当：《古代人的自由与现代人的自由》，阎克文等译，上海：上海人民出版社，2005 年。

西塞罗：《论老年，论友谊，论责任》，徐奕春译，北京：商务印书馆，2005 年。

Cui，Zhiyuan，"Bush Doctrine and Neo- Conservatism：A Chinese Perspective"，in David Held & Mathias Koenig- Archibugi（ed. ），*American Power in the 21st Century*，Oxford：Polity Press，2004（崔之元：《布什原则、西方人文传统、新保守主义》，《读书》，2003 年第 8 期。

Dalton，Michael，*The Country Justice*，Printed in London，1630.

Donne，John，*Biathanatos*，New York：Garland Pub. ，1982.

陀思妥耶夫斯基：《群魔》，臧仲伦译，南京：译林出版社，2002 年。

Dunn，John，*The Political Thought of John Locke*，Cambridge：Cambridge University Press，1969.

Durkheim，Emile，*Suicide：a Studyin Sociolog*，. New York：Free Press，1951.

涂尔干：《孟德斯鸠与卢梭》，李鲁宁等译，上海：上海人民出版社，2003 年。

涂尔干：《人的两重性及其社会条件》，《乱伦禁忌及其起源》，汲喆等译，上海：上海人民出版社，2003 年。

Echstein，Jerome，The Deathday of Socrates，Frenchtown，New Jersey：Columbia Publishing Company，Inc. 1981.

米歇尔·福柯：《疯癫与文明》，刘北城、杨远婴译，北京：生活·读书·新知三联书店，1999 年。

Fitzgerald，Allan，O. S. A. eds，Augustine through the Ages，Cam-bridge：William B. Eerdmans Publishing Company，1999.

Forbes，Thomas，"London Coroner's Inquests for 1590，" in *Journal of the History of Medicine and Allied Sciences*，1973，Vol XX‐VIII.

Forbes, Thomas, *Chronicle from Aldgate: Life and Death in Shakespeare's London*, New Haven: Yale University Press, 1971.

Foster, Kenelm, and Patrick Boyde ed, *Cambridge Readings in Dante's Comedy*, Cambridge: Cambridge University Press, 1981.

Freccero, John eds, *Dante: A Collection of Critical Essays*, edited by John Freccero, Englewood: Prentice- Hall, 1965.

Geddes, W. D. , *Phaedo of Plato*, Willams& Norgate, 1863.

Gilson, Etienne, "Dante's notion of a shade: Purgatorio XXV," in *Dante and Philosophy: Nature, Cosmos, and the Ethical Per-spective*, editedby Richard Lansing, London: Routledge, 2003.

Gilson, Etienne, *Dante and Philosophy*, Gloucester: P. Smith, 1968.

Gilson, Etienne, *The Christian Philosophy of Saint Augustine*, New York: Vintage Books, 1967.

Gilson, Etienne, *The Christian Philosophy of St. Thomas Aquinas*, New York: Random House, 1956.

Glenn, Gary, "Inalienable Rights and Locke's Argument for Limited Government: Political Implications of a Rightto Suicide." *The Journal of Politics v46 issue*1 (Feb. , 1984) .

Goddard, Harold C. *The Meaning of Shakespeare*, Chicago: The Universityof Chicago Press, 1961.

Goldberg, S.L. , *An Essay on King Lear*, Cambridge: Cambridge University Press, 1974.

Griffin, Miriam, "Philosophy, Cato, and Roman Suicide" (I, II), in *Greece & Rome*, Vol XXX, No. 1, No. 2 (April, Octorbor), 1986.

Griffin, Miriam, *Seneca: a Philosopher in Politics*, Oxford: Oxford University Press, 1992.

Gross, J. , *Entstehungsgeschichte der Erbsündendogmas: Von der Bibel bis Augustinus*, Vol. 1, Munich: Ernst Reinhardt, 1960.

Hanford, James, "Suicide in the Plays of Shakespeare," in *PMLA*, Vol. 27, No. 3 (1912) .

Harrison, Carol, *Beautyand Revelation in the Thought of Saint Augustine*, Oxford: Oxford University, 1992.

何怀宏:《道德、上帝与人》, 北京: 新华出版社, 1999 年。

Hobbes, Thomas and John Bramhall, *Hobbes and Bramhall on Lib-erty and Necessity*, edited by Vere Chappell, Cambridge: Cam-bridge University Press, 1999.

Hobbes，Thomas，*Human Nature and De Corpore Politico*，Ox-ford：Oxford University Press，1999.

Hobbes，Thomas，*A Dialogue between a Philosopher and a Student of the Common Law of England*，translated by Joseph Cropsey，Chicago：The Universityof Chicagopress，1997.

霍布斯：《一个哲学家与英格兰普通法学者的对话》，毛晓秋译，上海：上海人民出版社，2006 年。

Hobbes，Thomas，*Leviathan*，Cambridge：Cambridge University Press，1992.

Hobbes，Thomas，*Man and Citizen*，Indianapolis：Hakett Publish-ing Company，1993.

洪亮：《〈群魔〉中的基督肖像》，《哲学门》第十五辑，2007 年 7 月。

Hume，David，"Of Suicide，" in *Essays Moral，Political，and Liter- ary*，Indianapolis：Liberty Fund，1985.

Hume，David，"Of the Immortality of the Soul，" in *Essays Moral，Political，and Literary*，1985.

Jacoff，Rachel，"The Body in the *Commedia*，" in *Dante and Philos- ophy：Nature，Cosmos，and the Ethical Perspective*，edited by Richard Lansing，London：Routledge，2003.

Knight，Wilson，*The Imperial Theme*，London：Methuen，1965.

Kott，Jan，*Shakespeare，Our Contemporary*，Garden City：Double-day，1964.

第欧根尼·拉尔修：《名哲言行录》，马永翔等译，长春：吉林人民出版社，2003 年。

Lansing，Richard eds，*Dante and Philosophy：Nature，Cosmos，and the Ethical Perspective*，London：Routledge，2003.

Lansing，Richard，"Dante's Concept of Violence and the Chain of Being，" in *Dante and Philosophy：Nature，Cosmos，and the Ethi- cal Perspective*，edited by Richard Lansing，London：Routledge，2003.

李猛：《社会的"缺席"或者社会学的"危机"》，见《二十一世纪》2001 年 8 月号。

林国华：《埃涅阿斯的幻梦或自由作为帝国的技艺》，《思想与社会·宪法与公民》，上海：上海人民出版社，2004 年。

刘小枫：《拯救与逍遥》，上海：上海人民出版社，1988 年。

Livius，Titus，Ab urbe condita. Oxford：Oxford University Press，1914，1919.

Locke，John，*Two Treatises on Government*，Cambridge：Cambridge University Press，2003.

Lubac，Henryde，"Tripartite Anthropology，" in *Theology in History*，San Francisco：

Ignatius Press，1996.

马丁·路德： 《论意志的绑缚》，见《路德文集》，上海：上海三联书店，2005 年。

Mac Donald，Michael and Terence R. Murphy，*Sleepless Souls：Sui-cide in Early Modern England*，Oxford：Oxford University Press，1993.

Marlowe，Murray，*Doctor Faustus*，Indianapolis：The Odyssey Press，1981.

Minois，Georges，*Historyof Suicide*，Baltimore：The John Hop-kins University Press，1998.

乔治·米诺瓦：《自杀的历史》，李佶、林泉喜译，北京：经济日报出版社，2003 年。

Montesquieu，Charles de Secondat，baron de，*The Spirit of the Law*，Cambridge：Cambridge University Press，1989.

Murray，Alexander，*Suicide in the Middle Ages*（Oxford：Oxford University Press，1998—）.

O'Daly，Gerard，*Augustine's Philosophy of Mind*，London：Duck-worth& Co. Ltd，1987.

O'Donovan，O，*The Problem of Self Love in Augustine*，New Ha-ven：Yale University Press，1987.

Pegis，Anton Charles，*At the Origins of the Thomistic Notion of Man*，New York：Mc Millan，1963.

Pegis，Anton Charles，*St. Thomas and the Problem of the Soul in the Thirteenth Century*，Toronto：Pontifical Instituteof Mediaeval Studies，1976.

Plant，Thomas，& Benjamin Dennis，*The Mischief of Persecution Exemplified；by a True Narrative of the Life and Deplorable Endof Mr. John Child，who Miserably destroyed himself*，Oct. 13，1684，Printedin London，1688.

Plato，*The Republic of Plato*，translated with an interpretive essay by Allan Bloom，New York：Basic Books，1991.

柏拉图：《理想国》，郭斌和、张竹明译，北京：商务印书馆，1986 年。

Plato，*Plato's Phaedo*，edited by John Burnet，Oxford：Oxford Uni-versity Press，1989.

Plato，*Plato's Euthyphro，Apology of Socrates，and Crito*，edited by John Burnet，Oxford：Oxford University Press，1977.

Plato，*The Laws of Plato*，translated with an interpretive essay by Thomas Pangle，New York：Basic Books，1980.

Plutarch，*The Lives of Noble Grecians and Romans*，New York：Modern Library，2000.

Portalie，Eugene，*A Guide to the Thought of Saint Augustine*，Westport：Greenwood

Publishing Company，1975.

Rist，John，Augustine：*Ancient Thought Baptized*，Cambridge：Cambridge University Press，1994.

斯坦利·罗森：《〈国家〉：诠释札记》，李峻译，《哲学门》，第六卷（2005）第二册。

Rosenberg，Marvin，*The Masks of King Lear*，Berkeley：The Uni-versityof California Press，1972.

Rozett，Martha Tuck，"The Comic Structureof Tragic Endings：The Suicide Scenes in *Romeo and Juliet and Anthony and Celope-tra*，" in *Shakespeare Quarterly Vol 36*，No. 2（Summer，1985）.

Sage，A，"Le péché originel dansla pensée de saint Augustin，de 412 a 430，" *Revue des Études Augustiniennes*，15（1969）.

撒路斯提乌斯： 《喀提林阴谋》，王以铸、崔妙因译，北京：商务印书馆，1996年。

Sanctis，Francesco de，"Pier delle Vigne，" in *Dante：The Critical Heritage*，edited by Michael Caesar，London：Routledge，1995.

Schofield，Malcolm，*The Stoic Idea of the City*，Chicago：The Uni-versityof Chicago Press，1999.

Seidler，Michael，"Kant and the Stoics on Suicide，" *Journal of the History of Ideas*，July，1986.

Seneca，Lucius Annaeus，*Seneca in Ten Volumes*（Loeb Classics），Cambridge，Mass.：Harvard University Press，1917—1972.

Shakespeare，William，*King Lear*（A New Variorum Edition），edi-tedby Horace Howard Furness，New York：Dover Publications Inc.，1963.

Shakespeare，William，*King Lear*（Arden Shakespeare 2rd series），edited by Kenneth Muir，London：Routledge，1991.

Shakespeare，William，*King Lear*（Arden Shakespeare 3rd series），edited by R. A. Foakes，London：Thompson Learning，2002.

Shakespeare，William，*King Lear*（The New Folger Library Shake-speare），edited by Babara Mowat and Paul Werstine，New York：Washington Square Press，1993.

Shakespeare，William，*King Richard III*（Arden Shakespeare 2nd series），edited by Antony Hammond，London：Routledge，1981.

莎士比亚：《李尔王》，朱生豪译，上海：上海古籍出版社，2002年。

莎士比亚：《李尔王》，梁实秋译，台北：远东图书公司，1991年。

Shneidman，Edwin and Norman Farberow，"The Logic of Suicide，" in Edwin Shneidman and Norman Farberow ed, *The Clues to Sui-cide*, New York: Mc Graw- Hill, 1957.

Sigmund, Paul, "Law and Politics," in *The Cambridge Companion to Aquinas*, Cambridge: Cambridge University, 1993.

Smith, Adam, *The Theory of Moral Sentiments*, Indianapolis: Lib-erty Fund, 1982.

Snyder, Susan, "*King Lear*: a Modern Perspective," in *King Lear*, Folger edition, 1993.

Sorabji, Richard, *Emotion and Peace of Mind: From Stoic Agita-tion to Christian Temptation*, Oxford: Oxford Univeristy Press, 2002.

Spitzer, Leo, "Speech and Language in *Inferno XIII*," in *Dante: A Collection of Critical Essays*, editedby John Freccero, Engle-wood: Prentice- Hall, 1965.

Sprott, S. E., *The English Debate on Suicide from Donneto Hume*, La Salle: Open Court, 1961.

Staffner, H., "Die Lehre des hl. Augustineus über das Wesen der Erbsünde," *Zaitschrift für katholische Theologie*, 79 (1957).

Strachan, J. C. G., "Who did for bid suicide at Phaedo 62b?" *The Classical Quarterly*, 1970.

Sym, John, *Life's Preservative Against Self- Killing*, Printedin London, 1637.

Syme, Ronald, *The Roman Revolution*, Oxford: The Oxford Press, 1985.

塔西佗：《历史》，王以铸、崔妙因译，北京：商务印书馆，1981 年。

塔西佗：《编年史》，王以铸、崔妙因译，北京：商务印书馆，2002 年。

Taran, Leonardo, "Plato, Phaedo, 62A," in The American Journal of Philology, Vol. 87, No. 3 (Jul. 1966).

Te Selle, E, *Augustine the Theologian*, Oregon: Wipfand Stock Publishers, 2002.

Thorton, Helen, *State of Nature or Eden: Thomas Hobbes and his Contemporaries on the Natural Condition of Human Beings*. Ro-chester, N. Y. : University of Rochester Press, 2005.

Vanneste, A, "Le decret du Concile de Trente sur le peche origi-nal," *Nouvelle Revue Theologique*, (88) 1966.

维吉尔：《埃涅阿斯纪》，杨周翰译，北京：人民文学出版社，2000 年。

Warren, James, "Socratic Suicide," in *Journal of Hellenistic Stud-ies*, 121 (2001).

Westberg, Daniel, "The Relation between Positive and Natural Law in Aquinas," *Journal of Law and Religion*, V10, Number1, 1994—1995.

Wicksteed, Phillip Henry, *Dante and Aquinas*, London: J. M. Dent, 1913.

Windstrup, George, "Locke on Suicide", *Political Theory*, Vol. 8, No. 2 (May, 1980).

Wirszubski, Ch. , *Libertas as a Political Idea at Rome during the Late Republic and Early*

Principate，Cambridge，Cambridge Uni-versity Press，1950.

Woodes，Nathaniel，*The Conflict of Conscience*，1581，Oxford：Malone Society，1952.

吴增定：《尼采与柏拉图主义》，上海：上海人民出版社，2005 年。

Wulf，Maurice de *The System of Thomas Aquinas*，New York：Dover Publications，1959.

Wymer，Rowland，*Suicide and Despair in the Jacobean Drama*（Brighton：Havester Press，1986.

Young，David eds，*Shakespeare's Middle Tragedies：a Collection of Critical Essays*，Englewood：Prentice- Hall，1993.

章雪富：《基督教的柏拉图主义》，上海：上海人民出版社，2001 年。

周伟驰：《奥古斯丁的基督教思想》，北京：中国社会科学出版社，2005 年。

自杀作为中国问题

无言的游魂

——"理解自杀"札记之一

2002 年，客居中国近二十年的加拿大医生费立鹏（Michael Phillips）和他的中国同事在国际权威医学杂志《柳叶刀》（*Lancet*）上发表了《中国自杀率：1995—1999》（Suicide Rate in China：1995—1999）一文，正式向世界公布，中国的自杀率已达十万分之 23（大约相当于美国的两倍）；中国一夜之间变成了自杀率最高的国家之一。同年年底，费立鹏大夫又在回龙观医院主持成立了"北京心理危机研究与干预中心"。一时之间，自杀问题成为继艾滋病问题之后，整个世界关注的又一个中国医疗问题。费立鹏大夫对中国所作的贡献，常让人想起他的同胞白求恩大夫。

首先吸引了海内外自杀学家（suicidologist）的，并不仅仅是这么高的自杀率，而是中国式自杀的特殊模式：为什么中国有那么多妇女自杀，那么多农村人口自杀，那么多年轻人和老年人自杀，而不像西方大多数国家那样集中在男性、城市、中年人？这里面表现出的差距，并不只是一个简单的数字分布问题。自杀集中于男性、城市和中年人，都可以用涂尔干的经典自杀理论里来解释，因为这些人群更容易遭受社会失范的冲击，更大程度面临现代性所带来的异化、孤独、疏离群体这样的问题。而现代社会中年轻农村妇女的自杀，这是使涂尔干的自杀理论，甚至于他的整个关于现代性的判断，都有些手足无措的现象。

尤其让西方自杀学者感到困惑的是，中国的自杀者中只有63%的人患有精神疾病，而不像西方多数国家那样至少有90%。不能说中国的自杀与精神病完全无关，63%并不是一个很小的数字；但是，如果像西方精神医学那样把自杀与抑郁症紧密相联，这个比例又不够大。

中国的自杀现象既不能恰当地归入涂尔干所讲的三种类型，又不太像是来自精神医学所讲的抑郁症，那么，这个现象到底意味着什么呢？有什么样的理论，能给中国的自杀问题一个社会科学解释，从而可能找到"干预"或"预防"的入手点？

有些自杀学家指出，中国的抑郁症患者远比想象的多，63%这个数字源于错报或漏报。中国的自杀问题，和别国的自杀问题没什么不同，完全是一个精神医学问题。因此，普及和发展精神医学知识，是解决自杀问题的必由之路。还有学者认为，由于农药这种自杀工具极其烈性，很多本来应该归于自杀未遂的案例因无法抢救，而变成了自杀成功。其实，中国真正可以算作严格意义的自杀的案例并不多，是农药的烈性和医疗条件的恶劣无意中造成了自杀率高的假象。而中国所谓的妇女自杀率高，其实质是妇女自杀未遂率高，而这本来是世界上的普遍现象。基于这样的判断，甚至有人敦促中国农业部改善农药的生产和储存，以此来避免自杀未遂的意外致死率。当然，更具社会科学修养的学者也会指出，中国年轻的农村妇女自杀率高，完全是因为农村妇女的社会地位依然低下，性别歧视依然严重。

就在自杀学诸公争得热火朝天的时候，我正被困在华北一个拥挤的县医院的急诊室里，一边等待前来就诊的自杀未遂者，一边失望地翻看着他们的治疗记录。这是我对中国自杀现象的人类学研究处在最低谷的时候。

在治疗记录的病因栏里，隔不久就可以看到"农药中毒"、"甲胺磷中毒"、"1605 中毒"、"氧化乐果中毒"的字样。如果不是在夏天，所有这些都会是自杀案例；但如果是在夏天，那你就很难判断，这究竟是服食了农药，还是在田间作业的时候不小心喷在了身上。虽然几乎每一两天就会有"喝药"的病人来到急诊室，但是，没有一个的病因写的是"喝农药"或"自杀"。虽然我可以判断出大多数自杀未遂者，但是，这个急诊室里最让我感到疑惑的是，为什么他们从来不区分"自杀"与"误喷农药"，或者说，为什么他们从来不把占所有患者三分之一以上的自杀者当作单独一类的病人？费立鹏的统计数字，在他们这里究竟有什么意义？在县医院的医生看来，自杀与车祸、天灾、事故没有什么不同。而他们所负责的，只有洗胃。在他们这里，"自杀"并不是单独的一类事件。那么，这是不是因为他们不是精神科大夫呢？

幸好，这个县里已经成立了一个精神病诊所。但这个诊所里的状况反而让我更加疑惑。精神科医生所关心的，似乎仍然和自杀者所关心的不是一码事。不仅绝大多数自杀未遂者或有自杀意念的人不会来这个诊所看病，而且，即使来了，也总觉得没有什么大的收获。

这已经是我第二次感到失望了。我最先来到这个县，并没有到县医院，而是直接找到了公安局。那里的法医给我看了五六年间非自然死亡的记录，并且逐个解释调查和侦破的结果。其间确实有不少自杀者。他告诉我，每当县里发现一具无名尸体，或是出现了一起恶性死亡事件，公安局都要派人调查，并且会留下记录。但是，调查的目的首先是看这是不是一起谋杀，或者是否有人有直接责任。如果确定是一起自杀事件，公安局就不会再过问了，除非随后会有什么恶性纠纷。"因为自杀不是公安局职权之内的事。我们无权过问。"

公安局和医院之所以让我失望，并不是因为他们不能帮我找到自杀个案。从他们的档案里，我已经找到了很多线索。他们让我真正感到疑惑的地方是，"自杀"，似乎是地方政府逻辑之外的一件事。公安局和医院都可能和自杀发生关系，这是因为自杀往往和谋杀或疾病相关。公安局之所以会处理一些自杀问题，是因为自杀与谋杀经常搅在一起，分不清楚；医院之所以会处理自杀问题，是因为自杀者往往需要身体或精神的治疗。他们所关心的，都不是自杀本身。

而且，这也不是因为这两个单位玩忽职守或没有尽到责任，而是因为，自杀这样的事是在任何公共机关职权之外的事。在中国的地方政治里，没有一个单位的职权里会包括自杀这一项。不管自杀，恰恰是因为这两个单位"行不出其位"，忠实地履行着它们应尽的职责。

因此，当我试图从地方上找到自杀率统计时，完全徒劳无功。县里有人口的数字，也有每年出生和死亡的数字，但就是没有自杀的数字。为什么和怎样记录自杀的数字呢？谁来负责做这件事呢？

这个现象马上又提醒我们，费立鹏的研究揭示了一个极为明显的问题：他说中国的自杀率至少从 1995 年就这么高了，怎么我们就不知道呢？不仅不知道，怎么我们好像毫无感觉呢？更重要的是，这么高的一个数字，怎么好像根本就没有影响到社会的稳定和发展，没有影响到安定团结呢？

民间传说，自杀而死的鬼是最可怕的鬼，因为他们郁积了满腔的忿戾之气，四处游荡，找不到替身就无法投胎转世。但是，现在中国的这些冤魂，似乎并没有找什么替身，反而无声无息地被大风吹走了，活着的人仍然若无其事地过日子，根本没有理会他们的存在。

面对这样的现象，我首先想到的是，那些自杀学家所提出的问题，是不是从根子上就问错了呢？在中国的政治分类图式里，是不是根本就没有自杀这一项，而我们应该把这几十万的自杀者要么分为农药中毒者、安眠药服过量者、抑郁症患者，要么分为非谋杀死亡者、意外缢死者、无故堕水者呢？

我终于说动了急诊室大夫，他们允许我穿上白大褂，去访谈已经脱离危险的自杀未遂者。我想，我终于可以问清楚，这些年轻的农村妇女为什么要喝农药，他们究竟和美国那些城市中年男子有什么不同。我的第一个访谈对象是个三十出头的妇女，喝了几口氧化乐果，当时早已脱离危险。在她的床头，她的母亲和丈夫都在陪床。自杀未遂者本人很乐意和我讲她的故事。她说她三年前开始到一个庙里去烧香，我还没有听明白烧香和她的喝药有什么关系，来探望的亲戚邻居就陆陆续续进病房来了。她一边和大家打招呼，一边继续讲她的故事。她娘家的一个姑姑听她讲到烧香的事，就纠正她说，那是两年前，不是三年前，但马上引起了她婆家一个亲戚的反驳。我实在不知道，两年和三年这样的差别会有什么样的关系，但她床头的娘家人和婆家人竟然已经大吵起来。前来探视的街坊邻居看她们吵得不可开交，就认为我是一切麻烦的制造者，把矛头对准了我："你是这里的大夫吗？大夫有问这种问题的吗？""家务事，你管得了？"

我始终没有弄清楚这个小小的细节为什么如此敏感，但已经被狼狈地赶出了病房。我尴尬地意识到，我所问的这种问题，不仅是警察或大夫所不该问的，而且是老百姓们不愿意被问的；但我也同时感到，清官所管不了的家务事，并不真的是可有可无的事，而是在公安局和医院的逻辑之外的，老百姓的生活里至关重要的事。他们之所以不愿意让我问这样的问题，并不是因为这问题不重要，而恰恰是因为这样的问题那么深地嵌入了他们的日常生活，和他们最敏感的神经勾连在一起。自杀，当然触及了老百姓们最关心的一些隐秘问题；每年几十万的自杀和几百万的自杀未遂，既然已经触及了那么多老百姓的幸福问题，怎么可能不是中国社会的一个大问题？我们每天生活在这么多冤魂中间还不自知，怎么可能不是一件可怕的事？也许他们至今都还没有向我们的社会索要替身，但是，那无声却依然凄厉的哭喊恐怕早已在慢慢消耗着我们的元神。当哈姆雷特看到鬼魂出现的时候，难道一定要等到鬼魂作祟才认为存在问题吗？

离开公安局和医院以后，我的想法逐渐发生了变化。公安机关和医疗单位所关心的是，人们是否会陷入暴力、谋杀、疾病、疯癫这样的不幸，但大多发生在家庭里的中国式自杀，更多涉及的是，人们怎样才能过上好日子，或者说，怎样才能获得幸福。防止不幸和获得幸福虽然紧密相关，却属于两个问题。对于这对区分，中西哲人都有过一些说法。比如在《理想国》第二卷开篇就区分过，健康只是不那么不好而已，要追求好的生活，还需要另外的努力。而孔子在使人"免而无耻"的刑和使人"有耻且格"的礼之间的区分，与我们现在讨论的几乎就是同一个问题。警察执行的是刑，只能避免不公和不安全；同样，医生所能做的，也只是避免疾病和不适。家庭中的自杀问题关系到的是个人的幸福和尊严，和这些都没有直接关系。

只有在这个观念之下，我才觉得有自信面对那些无比琐碎但又可以夺人性命的争吵。无论国内外的媒体，所热衷报道的自杀事件，大多是与更大范围的不公与政治相关的；但是中国农村自杀的绝大部分发生在家庭之中，来自夫妻之间、婆媳之间、父母子女之间，和兄弟姊妹之间的争吵。因此在我想询问某个自杀个案的故事的时候，人们常常会说："能有什么事儿？家里还能有什么大事？两口子之间还有什么解决不了的问题吗？"

在农村里的那几个月，我见到更多的不仅不是什么公粮纠纷导致的命案，也很少有因为男女地位不平等或所谓的包办婚姻而导致的自杀事件，而是一个又一个琐碎的故事，甚至一半以上发生在本来关系很好的家庭之中。一对两口子仅仅因为小事争吵起来，话赶话互不相让，丈夫嚷嚷着再不行就喝药，妻子也毫不示弱，对他说："药就在这儿，你敢不敢喝？"丈夫毫不含糊，拿起来就喝。一对夫妻拌嘴赌起气来，丈夫说："我喝了药你敢不敢喝？"妻子也不示弱："我为什么不敢喝？"丈夫喝下一口，含在嘴里；妻子一点也不胆怯，举起瓶子就喝了一大口，咽了下去。一个孩子迷上了电子游戏，让母亲一筹莫展。母亲又一次把屡教不改的儿子从游戏厅里揪了回来后，对儿子的发誓许诺根本不再信任，哪怕把笤帚疙瘩打折了也觉得丝毫无益，一气之下，跑出去就喝了农药。桩桩件件，不是令人惋惜，就是让人哭笑不得。看起来，好像这些都是可以避免的事故，不是悲剧，而是闹剧；大概这些死鬼也没有索人性命的恐怖和阴森。但是，这么多家庭里都在发生原本可以避免的事故和闹剧，这么多人都因为大不了的琐事以命相拼，难道这还不足以构成大事？这么多闹剧凑在一起，难道还不构成中国农村社会的悲剧？中国人是不是已经陷入了这样拿生命当儿戏的地步？

按理说，弥漫社会的这种浮躁虚骄之气似乎已经让政府不能不采取点行动。可是，面对这些近乎滑稽的悲喜剧，不仅没有哪个机构有权干预，甚至也没有恰当的理由来干预。谁能禁止夫妻之间吵架？谁能规定父母教育孩子不准生气？谁能规定人们在吵架时不准喝药？谁能强迫人们获得生的勇气和智慧？更重要的是，人们似乎觉不出来，这样的琐碎事情对安定团结是不是真的有什么威胁。无论政府还是老百姓，都不愿意把这些事情变成公共事件。让这些事情继续发生下去，我们似乎也能好好过下去。

既然自杀问题是现代政府无法负责，老百姓自己也不愿意被管的事情，那么，我们这些外人一厢情愿的介入，是不是真的在多管闲事？现代社会不是要给老百姓充分的自由吗？现代性不是要求尊重人们的隐私吗？并且，我们的传统不是早把家务事放在了清官管辖的范围之外了吗？

但是，面对这样的社会风气和这么高的自杀率，恐怕很少有人会说，这事情不应该管。而对社会全面的理性控制，让人们在真正意义上有追求幸福的自由，同样是现代性的应有之义。

自杀问题的真正悖谬之处或许正在这里。一方面，居高不下的自杀率无疑表明了，这个社会存在严重的问题，人们的幸福生活受到了威胁；另一方面，这种极为私人化的幸福问题，无论从哪个角度说，都是外力难以有效干涉的。一方面是柔软的内心世界和琐碎而复杂的私人空间；另一方面是冷冰冰的政治权力和公共生活。明明是无法下手、一下手必定伤人的局面，却又不能不管，必须采取措施。谁能逼人幸福？强迫来的幸福，还能称为幸福吗？面对类似的问题，西方中世纪后期的许多国家，都严厉规定不准自杀，自杀者的尸体都要给以非常严厉的处罚。但是，这种处罚也只不过是流于形式而已，更多是给活人看的表演，而不能让死人感觉到惩罚。难道有什么人真的有权力或能力扭转另外一个人的自由意志吗？

也许正是在面对这个问题的时候，本文开头谈到的那些西方自杀学家的思考，才变得有意义起来。既不能干涉人的自由和隐私，但是又必须提高整个社会的福祉的西方现代社会，在几百年的摸索中逐渐形成了对待自杀的一些基本技术。早期现代那严厉的惩罚仪式虽然未必有什么真正的法律效力，却并不真的只是徒具形式的表演。如果没有这套仪式，也许就不会有后来涂尔干的自杀社会学和精神医学中的自杀学。附着在自杀问题上面的现代性根本悖谬并没有消解，对自杀是否是罪的争论也没有销声匿迹，但精神医学基本上接过了关照自杀问题的责任。自杀者的尸体已经不必遭受侮辱和惩罚，但自杀者的灵魂却要面临精神分析甚至药物控制的权力之手。

因此，自杀学家面对中国自杀现象时所产生的好奇和兴趣，并非完全出自专业上的牵强附会。他们所面临的基本困难，和我在那个嘈杂的医院里遇到的困难，并没有根本不同。我们都已经体会到，在中国这个特殊语境下，同样的现代性悖谬呈现出了相当不同的样态，我们已经无法采取同样的技术来关照中国人的幸福生活。只要我们认准这个现代性悖谬里的根本张力，自杀学家们所提出的专业问题，还是可以大大加深我们的思考。也许正是在与涂尔干和弗洛伊德等人的对话中，我们才能更深地了解我们自己的生存处境。

面对这些鬼魂，我们不得不问出"To be or not to be"的问题，只是，也许不得不蹩脚地说成"活下去还是不活"。莎剧的中译者们所面临的这个尴尬，也正是中国面对西方自杀学的尴尬。只不过，也许恰恰是这种尴尬，反而成为我们的一个机会。

　　田野研究中的一幕始终萦绕着我的思考。当我和我的一个向导谈到他们村子里的自杀事件时，他给我介绍了三四个，都是毫无精神障碍的自杀者的故事。然后我问他还有没有，让他一定要想清楚，一个也不要漏掉。他想了想说："也不是没有了，但是还有什么疯子傻子，那不算自杀，没什么意义，不用说了。"经不住我的百般乞求，他说："这个傻子是我的一个表弟，什么也不懂，整天在外面疯跑，胡言乱语。有一次他又胡说起来，我实在听不下去了，就打了他一巴掌，叫他不要说了。他挨了打，回到家里边，喝了农药就死了。"他轻描淡写地说着，好像并不是在给我讲述另一个个案，而是在告诉我，这个个案是多么不值得讲，多么算不上自杀。他不仅笑嘻嘻地讲着他表弟的死，甚至毫不掩饰地告诉我这是他的一巴掌造成的。这个傻子的故事不仅让我感到了巨大的震撼，而且让我深切体会到，我们完全是在一个非涂尔干的世界里研究自杀。因为，无论涂尔干还是现代精神医学，一个基本的假定都是，自杀总是发生在非正常状态下，要么是一个社会偏离了正常状态，要么是一个人的精神状况偏离了正常状态。但是，这位向导却认为，只有正常人的自杀才"算"自杀，傻子的自杀根本算不上是自杀，没有任何意义，不值得去研究。

　　这已经不是我第一次听人们说，疯子傻子的自杀不算自杀了。每次我都感觉到，尽管不能说中国没有因精神疾病或社会失范而导致的自杀，但是，人们心目中的"自杀"，只可能发生在正常人的正常生活当中，是人们在过日子过程中发生的悲剧（或闹剧）。我们面临的，并不是一个简单的文化体系之间的相对差异，而是重新理解自杀这种人类社会中普遍悲剧的另外一种可能性。因此，我们不能满足于做出现象上的区分和文化上的解释，甚至不能满足于理解中国当下的自杀问题本身。当我们说到中西自杀现象的差别时，我们不是简单地在说，中国人就没有西方人那样的因抑郁症、孤独寂寞，乃至良心谴责而发生的自杀。中国人和西方人一样，也会绝望，也会忏悔，也会疯癫。这些都是人类普遍具有的问题。我们研究自杀问题，不是仅仅为了找出中国人自杀的特殊模式和文化解释，而是要以自杀问题作为一个入手点，从中国人切实的生活体验中，理解中国人的人生道理和苦恼，从而能够从中国人的角度，重新理解人类社会中更加普遍的问题和痛苦，找到一种中国式的美好生活。因此，理解现实的自杀现象只是这项工作最表面的一个维度。更重要的，一方面是更深入思考现代自杀学的理论传统和深层关怀，另一方面是更地道地回到中国的思想传统本身，使中国的文明传统能够成为重新建构现代生活的主要力量。

涂尔干《自杀论》的出版，已经有一个世纪了。我们正面临着涂尔干的祖国曾经面临的同样的问题，但已不能从涂尔干的著作里获得解释。自杀问题给我们揭示的，并不是干巴巴的数字和那些变了形的尸体，而是游荡在现代中国上空的几十万鬼魂。哈姆雷特的那个问题，中国人不仅要给出自己的问法，而且要给出一个满意的中国式答案。这样的回答所提供的，并不仅仅是一种为西方自杀学填补漏洞的地方性知识，而必须为现代文明重新理解自己所陷身的悖谬做出贡献。就像哈姆雷特一样，这个回答不仅是为了那些不眠的鬼魂，更重要的，是为我们自己找到一种更有尊严的生活。

"唯一的哲学问题"
——"理解自杀"札记之二

    自从加缪在《西西弗神话》里把自杀说成唯一真正严肃的哲学问题，自杀学家就喜欢用这句话来装点门面。但不论怎样夸大这句话的含义，恐怕加缪自己也不会把它理解为，只有研究自杀的哲学家才是哲学家，凡是和自杀无关的，都不是哲学问题。诚然，在西方哲学传统中，很少有哲学家完全没有谈过自杀问题；但真正像陀思妥耶夫斯基、叔本华、加缪这样把自杀当成如此重要的问题的，却也不多。

    要真从哲学的角度来理解自杀，我们还不能只看哲学家的讨论，毕竟，在二十世纪自杀学的建构中，很少有严格意义上的哲学家参与其中。自杀学家主要栖身的学科是自杀社会学和精神医学；而到今天，已经基本上形成了精神医学独霸天下的局面。不仅充满数字和医学分析的精神医学里看不出什么哲学意味，就连颇具哲学气质的涂尔干，恐怕《自杀论》要算他最没有哲学味道，从而也最不好读的一部著作了。那么，自杀究竟在什么意义上是"唯一的哲学问题"呢，或者说，社会学与精神医学面对的自杀问题，与陀思妥耶夫斯基和加缪这样的哲学家所面对的自杀问题，乃至中国的农村妇女所面对的自杀问题，是不是同一个问题呢？刘小枫先生《拯救与逍遥》的绪论"诗人自杀的意义"恐怕是当代汉语学界追问自杀问题最经典的文献了，但他把"因世俗事务的偶然脱节引起的自杀"完全排除出哲学论域。这样一种排除，不仅是因为实证的自杀学很难直接与哲学关联，而且，中国现实的自杀现象，更难以给出一个哲学解释。

难道涉及生命意义的这种大事，真的只能用数字和病名来解决吗？要在更深刻的意义上理解中国自杀现象的哲学与政治意涵，我们首先要理解，精神医学家的分析和涂尔干的统计数字背后，究竟有没有一个哲学问题？如果有，他们是在提问什么样的哲学问题？这和加缪等人的问题是不是同一个？

虽然美国当前的自杀学已经变得极端实证化和医学化，但美国自杀学之父施耐德曼（Edwin Shneidman）却是一个很有哲学头脑的医生。他研究自杀和死亡问题的背后，一直贯穿着一个相当深刻的问题：一个人能否理解他死后的存在。正是从这个角度出发，他和法博罗（Norman Farberow）一起给出了一个理解自杀问题的逻辑判断。他们认为，自杀这种看似非理性的行为，背后往往有这样一个三段论："自杀的人会获得重视；如果我自杀，我会获得重视；所以我自杀。"他们指出，这个逻辑推理中的错误在于，自杀者把自杀的"我"和获得重视的"我"混淆了。前者是主我，后者是宾我。自杀者误以为，"我"在自杀之后还会获得重视。但已经死去的"我"不会作为主体享受别人给的重视。我们在想到自己死后的情形时，经常无意中以为自己在死后仍然有感知。而让人真的想像一个自己不存在的死后世界，其实是非常困难的。这种死后仍然存在的"我"的假象，被施耐德曼称为"后我"（post-ego）。

施耐德曼这个极为聪明的分析，用自己的方式表达了圣奥古斯丁以来对自杀者的一个基本判断：误把非存在当作安静和更好的存在。奥古斯丁认为，没有人真的会追求不好的生活，但并不是每个人都能认识到什么是好的生活。在他看来，只有存在才是好的，非存在不可能是好的。自杀者面对生活中的困苦，真正向往的是一种更好的存在，而不是非存在，但因为自己没有认识到什么是真的好，所以才会犯下这样的错误。同样，在施奈德曼看来，自杀者和所有别的人一样，并不是真的没有求生和追求"好的生活"的本能欲望，而是因为判断错误，把明明是最不好的死亡，当作摆脱当下痛苦生活的方式。自杀者的逻辑，就是"饮鸩止渴"。

但是，施耐德曼并没有解决对自杀的伦理争论。他为自杀所做的这个诊断，恰恰也揭示了自杀者自杀的理由。因为施耐德曼也承认，虽然自杀者无法享受死后的尊严并因此而快乐，但是，给予宾我的这种重视确实是存在的，死者并非一无所得。如果仅仅因为不能感知就认为这种所得没有意义，那么，是不是一切值得为之去死的德性都是假象呢？

施耐德曼并不是完全没有意识到这个问题。他在很多讨论自杀和死亡的著作里，都流露出对人类生存状态的无奈和矛盾。"人之死"恐怕并不是一个简单问题，而体现了什么是好的生活和什么是不好的生活之间的悖谬。如果不是因为好的生活之中常常隐伏着巨大的危险，不好的生活也恰恰可能是完成美好生活的必由之路，哈姆雷特就不会那么徘徊犹豫了。很多自杀学家都知道，首先要理解自杀者背后使他不得不然的理由，才能进一步讨论，这是不是一种恰当的解决方式。

比起施耐德曼来，涂尔干说得更加明确。《自杀论》中常常被忽视的结论部分告诉我们，虽然自杀往往反映了社会秩序的问题，但是，一个完全没有自杀的社会却是低俗和危险的。因为，一方面，一个社会必须通过自杀清除一些必须清除的分子；另一方面，自杀往往体现了一个社会张扬的高贵德性。如果没有什么比生命更重要、从而让人们愿意为之去死的德性，这个社会怎么可能真正美好？而既然这里有比生命重要的美德，又怎能避免自杀的发生？

涂尔干的这种说法，源于他对自杀的基本看法。在讨论了利己型、利他型、失范型这三种自杀形态之后，他总结说，自杀的真正根源，在于人性当中固有的个体性和社会性。只有在社会性与个体性保持平衡时，人才处在正常的生活状态。如果一个社会过于强调个体性，那就可能造成过多的利己型自杀；如果这个社会过于强调社会性，就可能造成过多的利他型自杀；如果这个社会整体上失去稳定，就会带来失范型自杀。他所谓的这种个体性和社会性，到底是什么意思？

在一篇题为《人性的二重性及其社会条件》（The Dualism of Human Nature and Its Social Conditions）的文章里面，涂尔干说，这里所谓的个体性与社会性，就是每个人都具有的身体和灵魂。他认为所有文化中都存在的灵肉二分，就来自任何社会都要赋予人们的两重性。

而这种关于人性两重性的说法，会让我们很自然地联想到精神分析学派所谈到的爱（Eros）和死（Thanatos）两个本能。虽然弗洛伊德自己没有谈很多自杀问题，但是据说，正是自杀问题使弗洛伊德感到，仅仅用"爱"是无法解释人的一切本能的，于是才开始思考死的本能。而弗洛伊德的弟子莫宁格（Karl Menninger）在《反对自己的人》（*Man Against Himself*）里则完全用两种本能的斗争来解释自杀问题。

虽然涂尔干的社会学研究对精神医学的自杀研究造成了不小的冲击，但是，这两个表面上不同的自杀学传统，并不是截然对立的。涂尔干的学生哈布瓦赫指出，涂尔干的研究并不排斥心理学的自杀解释。社会学家吉登斯更是给涂尔干所讲的自杀类型都给予了心理学的诠释。他指出，罪感往往会导致涂尔干所谓的利己型自杀，而利己型自杀往往是并不真正想死的自杀未遂；羞感常常会导致失范型自杀，失范型自杀往往是志在必死的成功自杀。从这样的角度看，社会学知识从另外一个角度重新理解了心理学对自杀的诊断。涂尔干只是反对把社会现象还原为心理甚至生理因素，但并不反对自杀的心理学解释；而社会学所提供的解释模式也不否认，各种社会原因可能是通过影响精神状态，再导致自杀的。自杀学的这两个传统最根本的共同之处，正在于它们都借助于对人性和正常状态的理解来解释自杀。于是，涂尔干把自杀理解为不正常社会中的现象，而精神医学认为，自杀是不正常的个人行为。

涂尔干与莫宁格所共同诉诸的人性二重性，并非仅仅为了解释人的两种行为模式，而是把好的生活与坏的生活之间的这种相互纠缠追问到了人性的根本。人们之所以会犯下自杀这种充满德性的大罪，乃是因为最根本的人性就是善与恶的相互纠缠。

关于现代社会的人性状况，我们特别参考了意大利思想家阿甘本的"牲人"（*homo sacer*）概念，虽然与他的理解并不完全相同。"牲人"本来是罗马法中的一个概念，指的是一类可以被任何人杀死，但是不能用来祭祀的人。① 阿甘本认为，到了现代西方，"牲人"成为对人的概念的基本假定；而牲人的"赤裸生命"（bare life），则成为最基本的无善无恶的生命形态。

不过，阿甘本未能讲到的是，这种赤裸生命，也恰恰被现代人神圣化了。一方面，霍布斯将自然状态中的人理解为充满危险、随时可以被杀也可以随时杀人；但同时，他们也像卢梭所写的那样，享有最充分的自由。对自然状态的两种理解，只不过是对自然状态两个方面的强调。而所谓的"自然状态"的两个方面，就是人性的两个特点。在自然状态的基础上建立起来的利维坦，并不仅仅是为了遏制自然的战争状态，而且也要保护自然的自由状态。因此，自然状态不仅是建立国家的出发点，而且在其中包含了这个国家最崇尚的美德。

霍布斯所说的"所有人对所有人的战争"，并不是"所有人对所有其他人的战争"，其中当然也可以包括人们对自己的战争。而自杀者这种反对自己的人，正是自然状态中的一种特殊形态的人。自杀，不过是把赤裸生命的自然状态以一种极端的形式体现了出来。而涂尔干那里的自杀者，正是逃离了社会状态，重新回到自然状态中的一种人。这些人要么是彻底回归了自然的罪性，要么是充分展现了自然的神性——或者用涂尔干的概念，"社会性"。而悖谬的是，他所讲的这种社会性并不是只有在社会中才会有的，而是任何人都有的人性中的一部分。与其说是社会创造了人的社会性，不如说是人的社会性创造了社会。这种所谓的社会性，不正是人性中那种固有

---

① 对"牲人"概念的理解，特别感谢张旭教授的澄清，对 *homo sacer* 的不同理解，是本版与此书初版最大的差别，参见张旭：《什么是 *homo sacer*？》，刊于《基督教文化学刊》，2021 年春季号，第 2—20 页。

的神性吗？

　　自然状态，包含了人的生命可能降到的最低程度，同时也包含了人有可能达到的最高境界。在这样一种人性观的基础上建立的政治，不仅要避免和控制人性中固有的罪性，而且要张扬其中包含的神性。但是，这两者之间并不能那么清楚地分开。一个处在最低的罪性中的人，很可能也具有最高的德性。甚至可能他的神性就体现在其罪性之中。而西方文明中关于自杀问题的争论，其症结就在这个地方。加缪说自杀是唯一的哲学问题，其真正的原因，或许就在于，自杀最深地体现了人性中的罪性与神性的紧密纠结和矛盾。当罗密欧与朱丽叶因为命运的阴差阳错而双双倒下的时候，当少年维特为了爱情向自己叩响扳机的时候，难道他们仅仅是误把死亡当成了美好？很多时候，爱、自由、信仰这些高贵的美德，是只有靠丧失生命才能捍卫的；但是，对自己生命的抛弃，又一下子跌入了血腥的暴力之中。自杀问题，最集中体现了现代西方文明的人性观念。而涂尔干所谓的用社会事实来解释自杀的说法，其背后的真正假定，恰恰是这样一种人性观。

　　这种人性观的根源，就在基督教关于创世和堕落的那个神话中。说人是一种兼有神性和罪性的存在，不正是对人是按照上帝的形象造的、但又犯有原罪这个假定的另一种说法吗？无论是自杀社会学还是自杀心理学都强调，自杀者的最大特点是绝望。用"绝望"来判断人与美好生活的关系，当然是基督教信、望、爱三德中"望德"的产物。只有到了基督教那里，"绝望"才和不信、无爱一起，成为超越一切的最大罪恶。正是基督教对绝望者的谴责，才从根本上塑造了现代西方的自杀话语。基督教中的绝望问题，并不是一般所说的对前途失去希望，而是对自己被救赎的绝望，如同一种最彻底的忏悔。悖谬的是，基督教一方面让人们不要对尘世生活和人间美德抱有过大的希望，另一方面又不准人们失去救赎的希望。换句话说，基督教要求人们不断地否定尘世生活和自己的欲望，否定得越彻底越好，但是又不能彻底到把自己的生命也一同毁掉的程度。正如使徒保罗所说的："我们得救是在乎盼望。只是所见的盼望不是盼望。谁还盼望他所见的呢。但我们若盼望那所不见的，就必忍耐等候。"（罗马书8：24—25）

基督教中这种对信、望、爱的强调和对保存生命的坚持，已经在孕育着一种相当现代的自然观，即，人的存在本身就是神圣的，不管是好人还是坏人。而人的神圣性又往往体现在他具有理性的灵魂这一点上。灵魂的一个基本特点是有自由意志，但自由意志是使人有可能作恶和堕落的根本原因。恰恰是使人犯罪的自由意志，使人成为神圣的。我们由此就可以理解，为什么恰恰是人会犯罪这一点，体现着人性中神圣的方面。

这种对人本身的神圣性的强调，创造了一种超越善恶的人性观念。人的神圣性不再取决于是否有德性。人逐渐不再是充满德性的灵魂与充满欲望的肉身的组合，而成为由神经组成的心理与由生理机能组成的身体的组合。心理和身体的健康变得比道德善恶更加重要，而自杀，哪怕出于再高尚的目的，也成为破坏健康的一种病态行为。

西方文明中最典型的自杀者，乃是《麦克白》中的麦克白夫人和《悲惨世界》中的沙威。他们首先是恶人，但又不永远是恶人，而是终于良心发现。恰恰是这种深刻的忏悔使他们无法原谅自己从前做的坏事，从而走上了轻生之路。他们恰恰是非常符合基督教的基本德性的，因为他们认识到了自己的罪，并且严厉而彻底地否定自己。但这种否定并不能拯救他们，而是坚决地把他们送入了地狱。

这种良心发现导致的自杀到了新教就更加突出了。在十六十七世纪，我们不时能读到，某个雄辩而渊博的基督徒坚定地认为自己就是被基督抛弃的人，是必然堕入地狱的罪人，甚至能用自己的神学理论驳倒诸多神学家，从而走向自杀。韦伯告诉我们，新教伦理的入世苦行给自认为是上帝选民的信徒带来了救赎的希望和奋斗的勇气；但是，这样的教徒一旦相信自己就是被抛弃的罪人，那绝望也是不可救药的。

也正是在这样的背景下，一方面，各个兴起中的现代国家规定了对自杀者的种种严厉处罚；另一方面，逐渐发展中的精神医学也开始为绝望的自杀者开出新的诊断书。英国的著名医生和文人伯顿（Robert Burton）的煌煌巨著《忧郁的解剖》（*The Anatomy of Mechanloly*）不仅是现代精神医学的奠基之作，也是英国文学史上的经典文本。伯顿把忧郁症的生理起源与神学话语结合起来，指出，忧郁症往往是黑胆汁过多引起的，而黑胆汁则是魔鬼的洗澡水，因为魔鬼总会潜伏其中，诱惑人们自杀。这种诊断在现代医学看来也许显得幼稚，但它一方面上接基督教神学对人的生理与心理的基本看法，另一方面也开启了现代精神医学的种种尝试。"绝望"逐渐成为抑郁症的一个基本特征；而自杀与抑郁症之间的关联，并不是因为有什么"科学"的依据，而是因为，二者的主要特征都是绝望。这种绝望，正是伯顿笔下的魔鬼洗澡水。就在几十年前，欧洲的两个生物学家还惊喜地发现，是人体所分泌的色洛托宁（serotonin）缺失导致了自杀。这种说法，与伯顿的黑胆汁理论真有异曲同工之妙。

写到这个地方，我们似乎已经以知识考古学的方式追溯到了现代自杀学的源头，同时也能清楚地看出来，产生西方自杀观念的一些根本环节，是中国思想中没有的。对于不相信上帝创世的神话，甚至也不相信上帝存在的中国人来说，这样的自杀学当然不能解决一切问题。也许，我们应该完全另辟蹊径，建构中国的自杀理论。但是，正像那些自杀者一样，在好像达到了最崇高境界的时候，我们同时也来到了最危险的环节。下一步应该怎么办，并不是那么不言自明的。我们是不是因为朱丽叶与祝英台属于完全不同的两个文化，就把基督教文明当中的自杀学贬为另一种地方性知识抛弃掉，然后，再用我们自己的地方性知识，重新把祝英台迎回话语的中心呢？

问题当然不是那么简单。我们如果刻意回避朱丽叶，不自觉地用"地方性知识"，这另外一种产生于基督教文明的话语，来为祝英台梳妆打扮，那是不是又把她重新变成了一个朱丽叶？我在自己的研究中，曾经几次想就此回到中国理解祝英台，但每次都归于失败。自杀问题似乎揭示了我们的学术话语中很多根本的问题。也许，要真正弄懂祝英台的一颦一笑，我们暂时还是要回到朱丽叶的身边；要成就雍容大度而又美轮美奂的中国式生活，我们又怎么可能排斥朱丽叶的存在？

我们不能因为终于发现了西方文化与我们的区别，就轻易放弃对它的研究；如果是那样，我们辛辛苦苦造出来的中国式"地方性知识"，最多也不过陈列在大英博物馆中，成为诸多供人猎奇和欣赏的文物中的一个。悖谬的是，要回到最纯粹的中国式生活，恰恰需要对西方文明更地道的了解。

因此，我们不得不走得更深一点。在现代西方自杀学话语里，不论是哲学的、宗教的、医学的，还是社会科学的，都有两个基本组成部分：一个是善与恶之间的纠缠，一个是存在。自杀学的基本理论，来自于对人这种兼具善恶本性的存在的考察。当中国文明与这种自杀学相碰撞时，最根本的困难产生在对"存在"的接受，而不是对善恶之争的理解。这正是翻译哈姆雷特的 To be or not to be 时产生的困难。我们并没有像西洋人那样，把生命当作一种存在者，也没有把死亡当作这种存在者的消失，因此，如果让哈姆雷特像现象学家那样说中文，就会显得极为不伦不类。在我看来，在诸家译本中，还是卞之琳先生译的"活下去还是不活"最符合中国人的感觉，虽然可能很不符合英文原文。

虽然我们不会把生命当成一种存在，不会从赤裸生命的角度来想问题，但是，这并不妨碍我们理解善与恶的相互纠缠，尤其是现代以来对这种悖谬的种种表述和解决。在我看来，基督教文明是从罪性与神性的存在出发，来理解人类追求美好生活的过程中的这对基本吊诡，从而发展出了蔚为壮观的现代自杀学。要理解中国的自杀问题，也必须理解善与恶的这对基本矛盾。

因此，世界自杀学的真正源头，还不是伊甸园中那个非常偶然的神话，而是这个神话所要回答的哲学问题：都要追求美好生活的人，为什么总是充满了罪性？基督教的神话告诉我们，这种关系，来源于上帝与他所创造的人之间的紧张。这个神话说法表述为哲学语言就是，人和超验的存在，或者说绝对的美好之间，同时存在着亲和与紧张的关系。如果以为，这一切都仅仅是夏娃的偶然不坚定造成的，那么，人们一定会认为，如果夏娃不那么轻信，或者如果那条蛇不来诱惑，他们的后代们不就不必为他们背黑锅，从而也就不会有自杀了吗？换句话说，不相信夏娃的故事的中国人，没有经历过被创造和堕落的我们，不是不应该具有这样的罪性，从而不应该陷入自杀这种悖谬中吗？把一切都归给夏娃和亚当的偶然堕落，可谓胶柱鼓瑟；而以为没有伊甸园里的故事，就不会堕落，从而也不会陷入自杀，可真是掩耳盗铃了。

但只要我们把掩在耳朵上的双手放下来，我们听到的未必是喑哑而恐怖的铃声，而可能是非常美好的音乐。那并不一定是教堂里才会唱的《弥赛亚》，而往往是赞美人类共有的美好生活的《欢乐颂》；那也不一定是让绝望的灵魂惊恐的《魔鬼圆舞曲》，而可能是每个人都必须面临的《命运交响曲》。

自杀作为中国问题
——"理解自杀"札记之三

中国人并没有诞生于基督教的各种观念,没有《圣经》里那样的上帝,没有伊甸园,没有堕落,没有原罪观念,当然也没有自然状态和赤裸生命。因此,中国文化中不仅没有诞生涂尔干和莫宁格那样的自杀学,而且,"自杀"也很少作为一个独立的问题,成为思想争论的焦点。虽然伯夷、叔齐的自杀和管仲的不自杀都曾成为争论不休的事件,但是,其争论的核心并不像加缪说的那样,是尘世生活值不值得过,以及自杀是否应该,而是别的重要问题。夷齐与管仲的故事里真正重要的问题都是,人臣应该如何尽忠和保持气节。太史公那里讨论生死问题的核心,也是在什么情况之下的自杀可能重于泰山,什么情况下的自杀就会轻于鸿毛。在他们这里,自杀本身并不具有独立的意义。

谈中国自杀问题的人常常用"身体发肤,受之父母"这样的观念来理解中国人的生命和身体观念,以为,这些构成了与基督教中相平行的自杀禁忌。这种说法并非完全没有道理,但是,如果这样对比中西观念，就太机械了。中国人喜欢叫人在自杀前考虑一下父母的感受和儿女的命运，而且这样的考虑确实挽救了不少想死的人，但这样的观念和西方的自杀禁令完全不同，而是使自杀问题服务于孝顺和慈爱这些更高一级的德性。相对而言，当基督徒说人的生命属于上帝时，表达的是一种更有实质意义的哲学观念。因为上帝在哲学意义上可以理解为最高和超验的"好"，所以，这样一个命题与"受之父母"的说法不可等量齐观。

还有论者以另外的方式把中国的观念与基督教观念机械对比，认为基督教对自杀是否定的，而中国和日本与印度一样，对自杀持肯定的态度，并举出屈原为例。殊不知，屈子虽然得到了历代的赞美，古今对他的微词也颇不少，严肃的儒者很少毫无保留地褒扬他；而尽管基督教否定自杀，基督徒但丁却让为罗马共和国自杀的加图守护炼狱的大门。

上述论者虽往往号称从中国文化本身理解自杀问题，却总因未能消化西方的很多观念，反而不能回到真正的中国传统。其实，自杀学是否会在中国有一个独立的位置并不重要，我们也没有必要一定在中国找到与西方对应的身体与生命的归属。而认为中国对自杀持肯定态度，未必就真的能把中国观念与西方观念区别开来。也许，中国人本来就不刻意肯定或否定自杀这件事。而所有这样的说法，都和那些游荡的鬼魂毫无关系。

中国典籍中独立讨论自杀的并不很多。倒是明清的小说和笔记中有一些有趣的讲法。比如，纪昀在《阅微草堂笔记·滦阳消夏录》中有一则故事：一个人在山中赶路，无处投宿，就到了一个山洞中，在那里遇到一个老僧，后来才发现那是个缢鬼，幸好，老僧无意加害于他。老僧和他讲了很多关于自缢的道理，于是他询问找替身是怎么回事，老僧回答说："上帝好生，不欲人自戕其命。如忠臣尽节，烈妇完贞，是虽横夭，与正命无异，不必待替。其情迫势穷，更无求生之路者，愍其事非得已，亦付转轮；仍核计生平，依善恶受报，亦不必待替。倘有一线可生，或小忿不忍，或借以累人，逞其戾气，率尔投缳，则大拂天地生物之心，故必使待替以示罚；所以幽囚沉滞，动至百年也。"他们进而讨论到自缢者死时的情状，老僧说："凡人就缢，为节义死者，魂自顶上升，其死速；为忿嫉死者，魂自心下降，其死迟。"老僧自己也是因为他不愿说的事情自缢的，本来也应该寻替代才能脱生。但他因一念之仁，不肯加害行人，后来也感动了上天，在经过了一段折磨之后，自行投胎去了。

这位老僧讲得很清楚，自杀者并没有一定的命运，他们死后的归属完全是由导致他们自杀的理由决定的。倘若这理由符合道德，他们就会得到好的结果；倘若这理由本身是恶意的，那就不会得到好的结局。这个说法代表了中国文化中对自杀问题的一般看法。自杀本身没有好坏，关键在于自杀的理由。之所以这样，恰恰是因为，中国文化中不仅没有一个至善的上帝（老僧所谓的"上帝"，和基督教中的"上帝"完全是两回事），而且没有一个附着了最基本善恶观念的"赤裸生命"。而本文开头谈到的那些说法，都无意中仍从西方框架出发，以为中国人的生命也是一个"being"，中国人的生活，也在追求一种至善的存在；他们所做的，只是试图在这个框架中添加不同的内容。

我这样说，并不是认为，"生命"的概念在中国文化里就没有意义；也不是说，自杀只是附属于各种道德教条的一个次要问题。关键在于，我们如何理解中国文化中的生命观念，以及生命中的善恶冲突。

中文的"命"作为名词，确实可以用来指生命，对应于英语中的"life"，比如我们会有"性命"、"丧命"之类的词，并且给了这个名词一个特定的量词"条"。看起来，死亡就是丧失生命这个东西。但是，这个命却很难用形容词来修饰。如果说"命好""命不好"，指的往往是命运，而不是生命。因此，严格说来，中文里并没有柏拉图所讲的那种"good life"，而只有"good fortune in living"。不过，这个"好命"又和"good life"的外延大体相当，指的是过一辈子好日子。只是，good life 是说，把生命这种"存在"中的好的东西发挥了出来；而"好命"则是说，一辈子不受厄运侵扰，过得很幸福。西方的 good life，是一个好的存在；而中国的"好命"，却是指一种过得好的日子。死亡，并不是对生命的否定，而是生命的一个环节。明白道理的中国人，都不会妄想长生不老，而是关心，在自己的一辈子里，能够获得怎样的命运，包括怎样死去。因此，严格说来，"怕死"并不是中国思想最根本的一种焦虑。

关键的区别正在于此。中国文化中对生命的基本观念没有把它当作一个静态的存在，因此生命本身也就无所谓好坏，而只有过得好还是过得坏，这种把生活当成一个过程的说法。如果一定要在中国文化中找到一个与 bare life 相对应的概念，我想莫过于"过日子"。"过日子"和 bare life 一样，是最基本的生活状态，除去了任何善恶修饰，但本身又包含着各种善恶的可能。而与 *homo sacer* 相对的，则莫过于"做人"。这两个概念中，都包含着明确的主动含义，即无论是生活还是人性，重要的都不是一个静态的状态，而是一种动态的展开，即，能否把日子过得好和把人做好。善恶都是在这个过程中的展开。

对于中国人而言，生活必须在过日子的过程中进行，才能得到好的或不好的命。命运就是生命的展开；而生活的好坏，又取决于命运的好坏。过日子又必须在家庭之中展开。因此，关键之处在于一家人过日子的走向，也就是生活的"理"或"道"。最高的往往是一种过日子的理则或道路，而不是另外一个至高的存在。这些概念并不是古代书生的陈腐之言，而是我们周围活生生的世界。哪怕是再深地浸淫于西学中的中国人，若是不能明白过日子的道理，也无法过上幸福和有意义的生活。

"做人"，是与过日子紧密相关，又有所不同的一个概念。人们除了在过日子的过程中应对变幻无常的命运之外，还要成就自己的气节和生活境。严格说来，命运永远是人无法主动控制的，因此，过日子的好坏最终未必取决于人的选择；但为人的高度，却更多取决于做人的境界。

天本无情，或者说，中国人并不承认一个至善的宇宙秩序。天赐给人的，一方面是变幻莫测的命运，一方面是人自己的心性。人们可以依靠心性来在一定程度内改变自己的命运，但这既不是绝对的，也不应该是最终的目的。而在过日子的过程中涵养自己天性中的气节与仁心，则应该是更重要的。

自杀所追问的问题，既是一种过日子的道理，也是对做人之道的一种思考。自杀者要么是想尽节完贞，要么是为了逞其戾气，总之，是为了达到一种自以为好的人生境界，而做出的选择。自杀是好还是不好，关键在于自杀是否符合过日子和做人的道理。

圣人已然许可，"杀身成仁"、"舍生取义"都是值得追求的，因为"仁"和"义"都会使人获得更高贵和有尊严的境界。在不得已的时候，抛弃性命来成就一个纯洁而有尊严的生活，当然比忍辱苟活要好。不过，孔子在称赞伯夷、叔齐的时候，却又说"我则异于是，无可无不可"。而像管仲那样，不仅没有舍身取义，而且还投靠了敌人，孔子不但不认为没有什么不好，反而说他比那些"自经于沟渎而莫之知"的匹夫匹妇更好。孔子的意思，并不是说伯夷、叔齐这样的名人就可以自杀，而一般老百姓因为出不了名就不能自杀。这"自经于沟渎"的匹夫匹妇，应该包括了伯夷、叔齐这样的人。他们虽然是为了某种德性而死的，但他们的生活毕竟没有达到最高的境界，无法和九合诸侯、一匡天下的管仲相比。管仲的投敌虽然未始不是德行有亏，但他的功业却足以弥补这点缺憾，并且有可能在这个过程中涵养出更高的人生境界。所以孔子仍然"如其仁"。因此，最重要的并不是是否坚持了某种德性，而是是否在过日子的过程中活出了意义，是否让自己的人格达到了最高的境界。

所以，哪怕是屈原这样的人物，不仅遭到了扬雄的讥讽，就是朱子在注楚辞的时候，也批评他没有达到中庸之道。最无保留赞美屈原的，大概要算太史公司马迁。但就连他也惋惜说："又怪屈原以彼其材，游诸侯，何国不容，而自令若是。"在司马迁自己犹豫是否应该了断此生的时候，屈原的例子没有使他自杀，反而使他决定活下去。

这几位著名的自杀人物，都表现出了杰出的人格和节操，但没有达到最高的人生境界，比起孔子、司马迁、朱子的人生境界，都要差一截。无论是孔子的无可无不可，还是司马迁的忍辱负重，可以说都接近了人生的中道；而这几位自杀者，却不得已而陷入了狂狷之道。《韩诗外传》里称他们为"硁仁"。这是"仁"的最末一种，比"圣仁"、"智仁"、"德仁"都要低一个档次，其基本特点是："廉洁直方，疾乱不治，恶邪不匡；虽居乡里，若坐涂炭；命入朝廷，如赴汤火；非其民不使，非其食弗尝；疾乱世而轻死，弗顾弟兄，以法度之，比于不祥，是磔仁者也。"《韩诗外传》还评价这些人说："夫山锐则不高，水径则不深，行磔者德不厚，志与天地拟者，其为人不祥。"

这些自杀者并不是没有很高的德性和节操，但是他们德不厚，人不祥。这样一种评价，和西方的自杀者相当不同。在基督教文明里，自杀要么是罪，要么是美德，或者两方面冲突地纠结在一起，从而形成一种"德性之罪"，从中可以看到善恶之间的巨大张力。中国的自杀同样也有善恶之间的一种深刻悖谬，但却是德性追求与人生境界之间的悖谬，即，并不是毫无保留地追求美德就能达到最高的人生境界。

这种悖谬在管仲和屈原那里并没有表现为尖锐的张力；因为，在古典时代，问题只是人生境界是否还可以更上一层楼，是否能达到更加中和的程度。因为人生不是一种 being，中庸之道也并不是一个至善的存在，所以这两者之间并没有激烈的冲突。自杀只不过是以不够高的方式表达和证成了一种美德而已。但是，如果我们不看这些面临大节大义的古人，而面对当前中国的普通农民，尤其是那些农村妇女，冲突就凸现出来了。

如果按照纪晓岚笔下那个老僧的分类，当代中国的自杀者恐怕很少是为了什么尽节完贞，如果现在还有哪个妇女是为了保护贞操而自杀，恐怕也会被目为怪人。绝大部分的自杀者是他所说的那种"或小忿不忍，或借以累人，逞其戾气，率尔投缳"的人。不过，这些人没有像老僧说的那样来寻替代，而是淹没在嘈杂的人群之中，默默地消失了。

我们若观察这些被老僧否定掉的自杀者，就会发现，他们也不是那么简单的（不要忘了，讲述这个道理的老僧本人，就是一个寻替代的缢鬼）。导致他们自杀的虽然不是君臣大义或贞节操守，但也是一种气，虽然被称为"戾气"。也许他们所诉诸的理由完全不值得拼上一条命，但是，其中毕竟包含着自己的尊严和人格。他们也是为了争一口气，而忘记了过日子的大局，与屈原自杀的道理并没有根本的不同，只是发生在更狭小的生活世界里而已。早在前现代的中国，《金瓶梅》里宋蕙莲的自杀和《红楼梦》里金钏与尤二姐的自杀，都可以归入这种类型。她们诚然没有过上最幸福的生活，但毕竟为自己保存了最后一点骨气。

而到了现代，尤二姐的生活世界似乎也并不比屈原狭小多少了。不仅忠臣义士的人格，就是每个普通个体的生命和幸福，也被提升到与民族大义几乎相当的地位。一个普通女子的自杀，常常被赋予"反封建"的意义，反而显得更加高贵和重要。

1919 年冬天，长沙城里一个名叫赵五贞的普通女子在新婚的花轿里割腕自尽。虽然细究起来，这不过是一件很寻常的婚姻冲突，也许赵五贞根本没有什么新思想，也根本没有反封建、反旧式婚姻制度的意思，我们甚至不能完全排除她有精神障碍的可能，但是，这个小小的事件所激起的讨论却一浪接着一浪，似乎并不亚于梁巨川与王国维的自杀所引起的争论。光毛泽东一人就连续发表了九篇文章讨论赵五贞的自杀。老僧那里的"戾气"，在毛泽东这里变成了"自由意志"和"人格"。不过，他也批评赵五贞，说自杀并不是一种正确的方式，获得幸福的真正办法，应该是社会革命。

毛泽东的逻辑和古人的说法并没有太大的不同，只不过，他不再关心那些忠臣节妇，而把目光瞄准了普通人。他看到，普通人的自杀往往是为了捍卫自己的人格和自由意志，都有各自的道理；但是，自杀并不能使他们获得幸福。

他不仅在自杀观念上实现了这种根本性的转变，而且真的通过社会革命改变了中国的社会风俗和家庭制度。从此，中国家庭中去除了父权制的权威，政权、族权、神权、夫权都不再成为束缚自由意志的绳索，任何人都获得了独立追求幸福和人格尊严的权利。在现代中国革命当中，家庭革命大概要算最彻底、最成功的一个方面了。大多数中国人，至少在这个层面上实现了平等，甚至自由。

那么，在五四运动将近一个世纪之后的今天，这么高的自杀率到底意味着什么呢？国内外都有人得出结论说，这说明，中国仍然是一个父权社会，家庭和性别革命都还没有完成。但是，任何做过一点实地研究的人，都很难同意这么简单的说法。回龙观医院的女医生李献云大夫对我说："仅仅因为妇女自杀率高，就说中国妇女地位低，这也太简单了。"女教授皮尔森（Veronica Pearson）在跟踪了一个农村妇女的自杀全过程之后，也得出结论，自杀的妇女未必就处在被压迫的地位。

比起这些学者的说法来，一位农村老者的话更让我深思："女的为什么这么爱自杀？就是因为妇女的地位太高了。"他的老伴在一旁默默点头。这两位老人自己的女儿就是在与丈夫的吵架中自杀而死的。老两口和自己的女儿没有矛盾，他们的说法完全是一种客观的判断和评价。

作为学者，我当然不敢贸然接受这种政治不正确的说法。不过，这位老人却提醒我们，事实与很多学者想当然认为的正好相反。虽然不能说当今中国完全没有因受压迫而自杀的个案，总体而言，自杀并不是这个层面上的社会政治问题。人们恰恰是因为获得了更大的独立空间，所以有更多的权利来追求独立人格和尊严，"逞其戾气，率尔投缳"有了更多的理由。就像我遇到的很多农民所说的："过去儿媳妇就跟奴隶似的，公婆怎么打骂都可以，那是受多大的苦？那时候她怎么不自杀？现在，人们地位都平等了，有点小别扭，动不动就喝药。""现在的人，气性太大了。"

一旦"戾气"被正名成了"独立人格"，人们突然发现，自己的生活处在如此深刻的一个矛盾之中：没有独立人格和面子，日子总是过不好；但是，对独立人格和面子的过分追求，却有可能让自己把命也丢掉。伦理生活失去了权威的约束，并不见得就会自然而然地变好。依靠人们的情感和自觉的伦理生活，反而变得更加艰难。中国的自杀者往往并不是游离于社会常态之外的人，而恰恰是对某些社会规范和道德过于认真的人。古人对"磏仁"的评价完全可以用在他们的身上："行磏者德不厚，志与天地拟者，其为人不祥。"而比起古代那些磏仁者来，这些匹夫匹妇似乎又谈不上什么人生境界。他们死了也就死了，连寻替代都不能做到。

自杀往往来自"委屈"或"冤枉"，而家庭中的"委屈"又总是与感情纠缠在一起。最要命的是，很多时候，感情不但不会减弱家庭中的冲突，反而会强化彼此的矛盾。因为家庭成员之间彼此总有一个感情的期待，如果对方没有表现出自己预期的反应，这样带来的挫败感是尤其强的。年轻母亲因为儿子不听话而气急了自杀，并不是因为自己恨儿子，恰恰是因为爱儿子。一对恩爱的夫妻从来没有红过脸，但仅仅因为丢了一台录音机，丈夫责怪妻子看守不严，妻子觉得受了委屈，就喝药而死。这当中的逻辑其实很清楚："你这么不体谅我，我没办法澄清；我就是要死给你看，让你后悔，看没了我你怎么过日子。"如果不是发生在彼此顾惜的亲人之间，这样的赌气行为根本不会出现。而恰恰是因为家庭成员之间彼此依赖、相互看重，反而会不断发生把自己的亲人推向死亡的悲剧。亲人之间，往往是冤家。这就是孟子说的，亲人的"怨慕"。

在屈原那里并不怎么尖锐的矛盾一旦在现代中国的小人物身上重新展开，我们发现，在过日子和做人这样普通的事情之中，竟然隐藏着如此多的冲突和危险。

过日子和做人从来都不是一个静止的状态，而是命运展开的一个过程。而命运的展开首先要在家庭之中实现，也就是要在家庭成员的互动之中发生。过日子本身就是人与人不断发生关系的一个政治过程。而人与人之间的关系，无非是"爱"与"恨"两种。一般说来，一家人怎么会有恨的道理？诚然，家庭中的主旋律是爱；但是，爱也是在不断的冲突和矛盾中来维持的。只要有不同的人，就一定会有差异冲突，会有不同意见，会有争端；如果没有这些，就连爱也不可能。如果没有"撒娇"或"嗔怒"之类的矛盾，怎么可能有真正的人间之爱？而这所谓的"撒娇"和"嗔怒"，就是爱之中夹杂着的"怨"。爱需要一定程度的"怨"才能变得活泼和真实；但是，一旦"怨"变得认真了，就可能演变成"赌气"；而赌气要是超过了一定的限度，就可能什么都不顾了。所谓的"委屈"，往往就是因为表达"爱"的一个环节没有把握好，从而不小心把"撒娇"变成了吵架或者误会。而很多家庭中的自杀，常常不过就是过于当真的"撒娇"而已。

"爱"（即"慕"）与"恨"（或者"怨"）之间的纠葛，就是善恶纠缠的中国版本，也是德性追求与人生境界之间的悖谬的现代版本。家庭中很多这样的琐事既不会给人带来屈子行吟那样悲壮的感觉，也很难让人们像哈姆雷特那样陷入深刻的思考。不过，这些简单得不能再简单的故事，和这些普通得不能再普通的农民，所提出的问题，却是同样严肃的。如何在现代处境下维护人格的尊严，同时又过上幸福的日子，是这些自杀者督促我们问的问题。如果不能回答好这样的问题，不仅每个人都可能变成潜在的自杀者，而且还可能有不知多少灾难，在等待着我们。

"为生民立命"是否可能

——"理解自杀"札记之四

当前中国的自杀问题，既不仅仅是偶然的琐碎争吵，也不只是简单的精神卫生问题，而是现代性中的善恶之争在当代中国的显形。在中国，善与恶之间的这对张力，没有体现为涂尔干那里的人性二元，也没有表现为弗洛伊德那里的双重本能，而是展现在家庭中爱与怨的纠葛，社会精神气质中对独立人格的推崇与和谐地过日子之间的冲突。要从根本上解决这个问题，不是控制农药的保管能做到的，更不是发展精神医学就可以完成的，而必须有更长远的文化考虑，为现代中国人找到真正能安身立命的办法；换句话说，这需要一套真正能够安顿人心的现代政治和文化。在这个过程中，西方的现代性进程和中国的古典传统，无疑是不可或缺的两个重要资源。

不过，这个问题难就难在，我们既不可能照搬西方的方法，也不可能回到古代，而是必须找到现代中国的方法来安顿人心。要安顿十几亿中国人的人心，又不是个人的体悟就可以做到的，而是一个政治和社会问题。但是，在崇尚个体自由的现代社会，"为生民立命"的政治还有可能实现吗？

人心政治的这个困境，是现代性的一个根本困境，也是善恶之争本来的一个含义。现代国家的一个基本理念就是，政治无权干预人心，哪怕是正面推扬。现代国家和古希腊城邦不同，并不以人们的德性提升为根本目的，而是小心谨慎地划定了自己的职权范围。利维坦的基本理念，就是防止人与人的战争（包括人与自己的战争），把自然界、疾病、他人甚至自己造成的各种危险挡在人们的大门之外，在最大限度上杜绝不幸，而不是提升幸福。提升幸福的任务，要么交给了上帝，要么交给了个人。

经基督教文明洗礼过的人们相信，为善的根源，都在人性当中；作恶的根源，同样也在人性当中。理论上，政治应该抑制人性中恶的一方面，同时发扬善的一方面。但是，由于人性很难如此截然二分，至善的行为中常常就包含着恶的种子，甚至可能善恰恰是通过恶来表达的（就像我们在自杀问题中看到的那样），因此，当政治一旦以惩罚罪恶的名义来插手人心的时候，很有可能会摧毁人性中善的一面；所以，政治根本就无权触动人心。"治大国若烹小鲜"，现代文明之下的人心，就是这脆弱的"小鲜"；必须把小鲜烹调得鲜嫩可口，但又不能真正碰到小鲜，因为稍一不慎，就会使它骨断筋酥。弗洛伊德面对现代文明的束缚时那样犹豫不定；他知道，若是把人们的利比多都释放出来，那一定是灾难性的；但是，文明与制度对本能的羁绊，又从根本上妨碍了人们的创造力。涂尔干面对自杀问题时同样惶惑，他一方面主张社会性地降低自杀率，另一方面却又担忧，完全没有自杀发生的国家，一定会变成没有出息的国家。这些严肃批判现代文明的人，都不会轻易呼喊回到古代，不仅因为这是不可能的，而且因为这未必就是好的。所以，这些思想家往往会陷入一种矛盾之中，既想保住自由，又不忍割舍对德性与幸福的肯定。

现代政治不但不能提升人心中的德性，也无权惩治人心中的罪恶，而只能从制度上做出各种各样的安排和规定，最大程度理性化地防范可能出现的种种不幸。这种理性控制一方面越细越好，最好能深入到每个人的毛细血管；另一方面，它又不能真正触及人心一丝一毫的跳动。最大程度地控制每个个体，恰恰是为了给每个人最大可能的自由。

西方现代政治不再干预人心的幸福，并不意味着人心问题被整个文明抛弃了。一方面，人们相信，上帝所创造的个体只要获得了最充分的自由，自然就会朝向最好的生活；另一方面，虽然政治并不干涉，但毕竟有各种各样的宗教组织会来照顾人心。本来，政治之所以无权管理人心，就是因为有必然向善的自由意志或至善的上帝。

但是，当同一个问题在中国提出的时候，我们却没有这么一个至善的上帝来照管人心。如果没有上帝的关怀，我们还能放心大胆地把人心的幸福抛出政治的职权之外吗？

在中国的政治观念中，"为生民立命"和"为万世开太平"从来都是不可偏废的两个方面。礼乐征伐，从来都是现实政治中不可缺少的几个维度。不但需要兵马刑政来维护人民的安全，而且要有礼乐教化来促进人们的幸福。没有前者，国家就会是软弱而无力的；没有后者，就会流于严刑峻法、国祚不永。所谓"霸王道杂之"，乃是经营天下的必由之路。"清官难断家务事"只是表明了家庭纠纷的复杂，却没有把家庭生活完全当作政治之外的事情。

但到了现代中国，一方面，个体自由得到了空前的张扬；另一方面，家庭与政治两个领域被彻底分开。清官不仅难断，而且根本就没有权力来断家务事了。人心的教育与提升，要么完全变成了政治之外的领域，要么成为服务于政治运动的润滑剂，而不再具有独立的意义。当政治运动需要的是淳厚的人心与道德时，当然看不出这种政治的问题；但是一旦政治的发展变成了以经济繁荣为核心，从而不得不依托于人人为己的心性，这种政治的弊端就立即暴露了出来。当前的自杀率就是明证。

虽然各种各样的宗教群体方兴未艾，但要把安顿人心的任务寄托在这些宗教上面，恐怕终究会归于失望。虽然不能排除一些个体会在某些宗教中寻找心灵的寄托，但是，由于中国的现代政治与现代民情都和西方迥异，不是在宗教话语的展开与演化中形成的，中国的政治和宗教之间，不可能形成西方那样的辅翼与张力。更何况，这种模式就是在西方也越来越显得捉襟见肘，未必就是最有效的方式。而中国传统文化的复兴虽然看上去比西方宗教更有希望，但是，如果不经过现代人的重新诠释和践行，种种古训就可能完全流于空疏的教条，甚至会使人们变得更加顽固和傲慢。

中国不存在一个政治之外的至善上帝，同时又不可能把传统文化建构成西方那样的宗教。似乎这一切都逼迫着中国政治重新思考礼乐教化的问题。但是，用政治权力来执行礼乐教化，又往往会从根本上威胁到现代性的一些基本原则，使人们无法追求自由，当然也就不可能获得现代意义的幸福，无疑是非常危险，甚至根本不可能的。那么，现代中国政治是不是根本就无法关心人的幸福，不仅无法形成西方那种恺撒与上帝相互分离又相互依托的局面，也无法回到霸王道杂之的时代，而只能困在这样一个尴尬的处境中？

这样一个处境，就是我在公安局和县医院里碰到的那种尴尬。

虽然谁都知道人命关天，谁都知道自杀是可怕的事，谁都知道，大批大批的自杀者哪怕不直接威胁到安定团结，也仍然是不可等闲视之的现象，但就是没有哪个机构来管这样的事。我经常听到，警察们在谈到某个自杀者的时候，感慨叹息；他们明明知道是什么事情导致了这样的悲剧，却无法为死者伸张正义，因为这样的事情根本不属于法律处理的范围，他们无权惩罚一个并没有犯法的坏人。我也知道，无论出于好奇，还是通过躲也躲不过的流言，对于喝药的病人究竟为什么自杀，急诊室的医生们往往是知道十之八九的。他们同样会唏嘘慨叹，但是丝毫帮不上忙。警察和医生，大多是有同情心的人，他们的无能为力不是出于他们的冷漠，而是出于制度的冷漠。

这种制度的冷漠，确实为每个人追求自己的自由和尊严创造了相当大的空间；但是，难道一个负责任的现代政治，就是要把人们抛入这无边无际的自由空间中，去任他们自生自灭吗？如果是那样，温情脉脉的家庭也会慢慢变成残酷的战场。

不能重新为生民立命，就根本无法谈到为万世开太平。如果不能为人们找到一条不但自由，而且淳厚，不但高贵，而且快乐的过日子的道路，我们哪怕不会堕落成一个没有出息的民族，也会变成一个冷酷的国度。关心人心的政治，不是可不可能的问题，而是无论如何要完成的任务。

如此重大的一个问题，当然不是靠这样一篇小文章就能轻易理清的，也不是仅仅靠自杀这一个问题就能讲透彻的。只有更深入地研究中西两方面的诸多相关问题，我们才可能有一个更清楚的想法。但我们大致还是能看到，这里的关键在于，我们自身的善恶之争，是如何在现代性的处境下展开和凸现出来的。我们之所以不能照搬西方的结构，根本上还是因为，我们的处境和他们并不是完全一样的。而这种不同，虽然可能会带来更大的困难，却也未尝不会带来更大的机遇。

中国人没有"赤裸生命"中的善恶之争；中国人性论中的善恶冲突，来自命运在过日子的过程中逐渐展开时的各种可能性。同样，即使到了现代，中国人也没有把至善交给一个上帝（或者说，一个至善的宇宙秩序），更没有经历因上帝距离人间越来越远而导致的空虚和焦虑。无论是个体人格与过日子之间的张力，还是家庭之中爱与怨的纠葛，根本上还在于人生中道的内在张力。中道不仅是极难达到的，而且刻意去做往往还会画虎不成反类狗，导致"乡愿"的结果。

过日子的至善境界一下子变得很遥远，并不是因为我们把至善交给了上帝，而是因为，我们不再满足于过被人强迫的生活。现在的多数中国人认为，获得独立人格和基本的自由，乃是一个有尊严的人过好日子的应有之义。如果在家庭生活中得不到尊重，逆来顺受、忍气吞声，哪怕是得到四世同堂的天伦之乐，也不再算是什么幸福的日子了。现代生活，要求每个个体去独立地寻找中道，而不再有那么一个现成的过法。现代的日子之所以这么难过，就是因为这日子变得更加细腻和微妙，需要每个人在更加变幻不定的命运中，捕捉每一个美好的瞬间，绕过每一个细小的诱惑和陷阱，一点一点塑造自己的人格和德性；日子还是要一天一天过。虽然这使生活变得更艰难，但这种独立和自由仍然是有价值的。毕竟，没有自由的幸福，还是可能会蜕变成悲惨。

哪怕是在制度森严和秩序井然的古代家庭里，幸福的日子也从来不是那么容易获得的。中国人一直都懂得，礼乐教化只不过能帮助人们理解过日子的道理，用一些规矩来对人们循循善诱，使人们学会发乎情，止乎礼义，但并不能取代过日子本身。如果做人没有达到一定境界，哪怕任何事情都循规蹈矩，也未必能过上真正幸福的日子。正如荣国府里最打动人心的，并不是严格的制度和繁琐的礼数，而是每个个体的命运，在一个一个场景中的逐渐展开和塑造。我们不能因为今天的问题，就否定自由的意义。

不过，对幸福生活更深的反思，毕竟能帮助我们进一步理解过去一个世纪家庭革命的真正意义。这场革命并没有直接给人带来幸福，而只是给人制造了独立追求幸福的自由空间。约束人们过日子的方式的纲常秩序被瓦解了，人们必须直接面对自己的个体命运，不能依靠任何外在的优势和依托，而要自己学会在复杂的人际关系中过日子和做人的"理"。但就像任何现代国家中所发生的一样，更大的自由，也往往意味着更多的无助；更广阔的空间，往往也会使人更加手足无措。道路没有了清晰的界标，是因为相信每个人都可能凭着自己的力量走上正路，而并不意味着无论怎么走都是平坦无虞的；对于做不到"从心所欲不逾矩"的人来说，一不小心就有可能跌下悬崖。

所以，我们不再有法律来逼迫夫妻之间相互依赖和关爱，谁也不必担心因通奸而犯罪，因为这属于个人的自由；但这并不意味着，现代人可以不再顾忌自己所爱的人是否和人通奸，而是说，每个人都必须学会爱自己的爱人，并被对方爱，从而避免悲剧的发生。同样，我们也不再有法律强制儿女必须孝顺和服从父母，因为这也是个体自由的应有之义，因此，虐待和不赡养老人的儿女，再也不会得到忤逆的罪名；但这也不意味着，现代的老人被虐待时就会感到幸福，而是要让人们自己学会，在不伤害任何人的尊严和自由的前提下，同时能够维持真正的天伦之乐。孝顺，永远是子女对待父母的基本要求。法律也不可能逼迫婆媳之间维持和睦的关系，和婆婆吵架再也不是什么大不了的罪名；但是，这同样不意味着，相互吵架的婆媳就能够过上舒服的日子。婆媳之间必须学会彼此尊重，并且能够和睦地过日子。

在我采访过的 200 个自杀个案中，有因为通奸或嫖妓而导致的妻子的自杀、丈夫的自杀，还有第三者或"小姐"的自杀；有因为儿女不孝顺而导致的老人的自杀，当然也有因为父母的管教导致的子女的自杀；而婆媳关系的问题，不仅可能导致婆婆或儿媳妇的自杀，在中间左右为难的儿子与丈夫的自杀，同样也不乏其例；此外，诸如兄弟姊妹、妯娌连襟，凡是家庭之内的各种关系，都有可能带来可怕的悲剧。而很多悲剧的发生，固然有些是因为家庭之中已经形成无法化解的矛盾，但同样有很多，不过是因为一时的赌气和想不开。

被解放了的家庭，虽然没有那么森严的等级制度和压力了，其中的关系却变得更加复杂和难以把握。我们不能天真地认为，没有了纲常和等级，中国就不再有人际关系和家庭政治。任何一对关系，都不能简单诉诸道德伦理的要求就能调节好，而都成了要花一番心思才能处理好的"家庭政治"。妇女那么爱自杀，当然不是因为妇女地位太高了，也不是因为妇女天生小心眼和爱赌气，而往往是因为妇女总是处在更复杂微妙、更难以处理的关系之中。我同样听到很多人慨叹，在婆媳关系当中，处境最困难的，既不是婆婆，也不是儿媳妇，而是处在中间位置的儿子和丈夫。正是因为这越来越复杂的关系，人们之间的爱和怨会更复杂地相伏相倚，才使中国人陷入了中国特色的善恶之争当中。

面对"人们的气性越来越大"和"人际关系越来越复杂"这样的状况，我们已经无法诉诸三纲五常来规范人们的行为，也不可能把人心的政治附加给警察和医生。毕竟，懂得骨气和尊严的人，是获得解放和启蒙了的人。五四以来的家庭革命不仅不是毫无意义的，而且是现代人有尊严的生活的首要条件。

但这样一个人心大解放的局面，不会在根本上改变人们过日子和做人的"天理"，而只是逼着每个人直接面对生活事实和命运本身，学会自己依靠良知、体会天理。而国家或知识分子所要做的，是帮助人们逐渐接近这些道理，而不是把道理强加给人们。干预和预防自杀的实践，已经为我们提供了思考这个问题的一个空间。

面对中国这么高的自杀率，虽然很多学者和媒体竞相报道，但是真正认真干预和处理这件事的机构却非常少，因为这实在是一个无从下手的工作。北京的一个非政府组织"农家女"早在 1996 年就敏锐地感觉到，自杀是农村妇女中一个非常严重的问题。于是，《农家女》杂志的主编谢丽华在杂志上开办了"她们为什么走上了轻生之路"的专栏，关注自杀问题。到 2002 年，"农家女"开始在河北正定做自杀干预与预防的工作。

主持自杀干预的项目官员许容从一开始就意识到这里面的困难。如果刻意劝解农民不要自杀，不仅很难真正做到，而且未必会有效果；更何况，在没有发生自杀之前，谁能知道应该对哪个人做工作呢？这个颇具女性主义色彩的组织，本来要从妇女身上入手；但是逐渐发现，如果片面地帮助妇女反抗她们的丈夫，那只会使家庭矛盾更加尖锐，结果适得其反。哪怕谁家的自杀真的是因为丈夫压迫妻子，也不能靠帮助妇女反抗丈夫来解决。至于因为父母不公和婆媳不和而导致的矛盾，更是不能过于较真，从帮助受害者争取权利的角度入手。至于实际工作中所遇到的一些过于执着甚至歇斯底里的妇女，更不能让"农家女"这个外援成为她们的政治资本。"农家女"不能把自己卷入任何地方政治和家庭政治中，以致无法脱身；但是要真正起到作用，又不可能不深入到各个具体的政治结构当中。

在干预工作的初期，"农家女"根本就不敢宣称自己是针对自杀的，而是从各个方面来帮助农民改善生活质量。它帮助农村妇女寻找致富门路，捐赠书籍，帮助农村成立小型图书馆，在各村发展文艺活动，并把相关的内容渗透到书籍和文艺活动当中，然后从各地延请专家学者，为农民上课，既讲解各种具体的健康知识和农业技术，也帮助他们处理心理问题和社会关系。同时，"农家女"在北京总部先后举办了好几期培训班，把各地的活动骨干和有自杀未遂经历的妇女请到北京，为她们开课培训。几年下来，在开展项目的三个县六个村，都没有发生自杀死亡的事情。虽然这里不无偶然，但项目开展后农民精神状况得到的改变，是任何到过这几个村的人都不得不承认的。2005 年春节，项目官员许容接到的第一个拜年电话，就是一个曾自杀未遂的妇女打来的。她说，多亏"农家女"的活动使她开了窍，这是她结婚以来第一个不在吵架声中度过的春节。

虽然"农家女"的工作能有多大代表性还很难讲，但它至少告诉我们，通过教育，使人们逐渐学会过日子的道理，完全是可以尝试的一条路径。而这样做的效果，绝不仅仅是降低自杀率而已。教育（或者说"教化"），或许是在礼法政治退出私人空间之后，仍然可能触及中国人心性结构的唯一政治形态。而天理本来就是依靠教育和劝说，而不是依靠法律和强力来使人认识的。

但是这个"天理"究竟是什么，却也不是一个那么容易回答的问题。原则上，它一定和传统儒家的"天理"观念有着血脉的关联，并且一定要铆在现代中国人过日子的心性命运之中；另外，面对来自西方的现代性，它不仅应该吸纳雅典和耶路撒冷对心性问题的思考，而且必须能够包容"自由"、"平等"这些最基本的现代政治理念。面对所有这些重大问题，对自杀的理解，只是为我们提供了一个思考的契机；而"农家女"的经验，也不过为我们找到了一些灵感而已。要从根本上理解这些，目前的一切都还远远不够。

"为生民立命"的事业，就是要帮助每个个体找到自由过日子的道路，要最大程度地保证每个个体的自由，同时又使更多的心灵变得幸福。个体如果得不到更大的自由空间，也不可能获得心灵的幸福；但如果没有心灵的幸福，这样的自由又往往显得过于寒冷。对这个问题的根本解决，不仅会使我们逐渐走出现在的尴尬境地，而且必将帮助整个现代世界重新理解自杀现象，理解善与恶之间的吊诡。从更大的方面来看，自杀问题所激发我们的，并不仅仅是降低自杀率，而是通过重新理解人心，重新构造中国的政治观念：立足于中国生活的快乐与痛苦，充分吸纳泰西哲人对人心的诠释和政治努力，找回安身立命的天理，再造世界历史，才是值得一试的人心政治。

子曰："是亦为政，奚其为为政。"

改造人心的政治
——"农家女"农村妇女健康支持小组评估

一 引言

受农家女文化发展中心谢丽华秘书长的委托，我负责评估农家女的自杀干预项目。农家女的自杀研究与干预项目是 1996 年开始的。在此之前，谢丽华秘书长在工作中渐渐意识到，自杀是农村妇女中经常发生的问题，于是，开始在《农家女》杂志（前身为《农家女百事通》）上开设"她们为什么走上轻生之路"的专栏，倾听有自杀未遂经历或自杀倾向的农村妇女的心声，派人到全国各地蹲点研究，并编辑出版了《中国农村妇女自杀报告》一书。到了 2002 年，农家女的自杀项目已有六年的基础，于是成立了农村妇女健康支持小组，开始系统的自杀干预与预防工作。

2005 年 2 月 26 日至 3 月 12 日，我与"农家女"的许容和唐茂珍一起，到河北省的正定、青龙、海兴三县成立农村妇女健康支持小组的村庄作评估考察。在这三个县，我们和有过自杀未遂经历的村民、各个村庄的一般村民、县乡村各级干部，都做了比较深入的访谈。作为访谈的辅助，我们还发放了 500 份调查问卷，收回 492 份，其中女性 407 份，男性 85 份；这当中除了已经成立了农村妇女健康支持小组的六个村子外，还有一个没有成立支持小组的村子（青龙县花果山村）的问卷 37 份，包括男性 22 份，女性 15 份。对比我在孟陬县（化名）所做同一主题的田野研究时所看到的情况，我认为，农家女的实践工作非常深入细致，在一些地方已经结合当地的文化和社会结构，带来了可观的影响和变化；这独一无二的项目有着深远的意义。

二 当前中国的自杀问题及其背后的理论困境

在以费立鹏教授为首的回龙观医院向全世界公布了中国近年的自杀率之后，中国的自杀问题，已经引起了海内外学术界、海内外媒体，国内各个社会政府部门的重视。从《农家女》上开设专门栏目以来，人们也逐渐把自杀当成了一个有解决可能的问题。现在，说自杀是中国社会的一个严重问题，恐怕已经不会引起什么疑义了。但是，究竟如何来理解中国自杀现象背后的意义？要在哪些方面采取相关措施，才能预防和降低中国的自杀率？或者更一般性地讲，自杀问题除了引起人们关心自杀本身之外，还在中国社会和文化的哪方面提出了更重要的问题？对这些，现在仍然没有一致的看法。自杀究竟是不是公共卫生和流行病学问题？中国人的自杀究竟是不是精神疾病引起的？女性自杀率偏高是不是意味着现代以来的性别和家庭革命尚未完成？对这些问题仍然有着完全不同，甚至截然相反的回答。

且不管人们如何理解这些问题，至少有两点是没有疑问的。第一，这是现代中国历史上第一次把自杀当作一个问题来认真看待；第二，中国自杀现象的独特性，对传统社会学和精神医学中的自杀研究范式都提出了有力的挑战。而这两点也就意味着，中国人在理解和面对自杀现象的时候，不能套用任何既有的模式。一方面，中国历史上没有为我们提供一套应对自杀问题的路数；另一方面，脱胎于基督教文明的西方自杀学同样无法解决中国的问题。因此，当项目官员许容刚刚接手"农家女"这个项目时，她觉得"一点头绪也没有，一切都要从头做起，要在实践中创造出一套适合农村社区建设的工作模式，真不是一件简单的事。"

我们在项目评估中发现，在没有成立健康支持小组的花果山村，有 35.14% 的人认为，自杀完全是个人的事，别人的干预没有用；在成立了健康支持小组的村庄，还有 20.44% 的人同意这样的说法。其实，是否同意这样的说法并不仅仅在于思想是否开放、是否见过世面，而更在于，干预自杀，本来就没有成为现代中国政治治理的题中之义。

我在我的研究中发现，在一个普通的地方政府，干预自杀的任务不能归给任何一个既有的政府部门。公安机关是维持社会秩序的，只处理谋杀，不处理自杀；医院，包括精神病医院，只负责一般意义的治疗，而不管人们为什么自杀，也不管怎样干预和预防自杀。这两个机关是最有可能和自杀发生关系的机关，但没有一个对自杀负有责任。我们并不能因此而责备这些机构渎职；这些机构不管自杀，并不是因为它们不负责任，而恰恰是因为它们忠于职守，做到了"行不出其位"。而且，一个地方的自杀率有多高，看上去也不会影响这个地方的安定团结和经济发展，这些衡量政绩的基本标准。这样看起来，自杀完全与国家和社会无关，都是纯粹私人的事，政府和社会团体完全应该顺其自然。不仅政府没有干预的动力，而且本人也不愿意被干预。

在健康支持小组成立之初，"农家女"就遇到了很多这样的问题。本来，有些地方官员满心想把项目拉到自己的地方，原指望可以引来投资和发展，谁知道却弄来这么个烫手的山芋。在项目开展起来以后，很多地方官担心项目会不必要地暴露自己治下的阴暗面。在青龙县的一个村，村干部和村民听说项目是以自杀为主题的，就非常不客气地把许容拒之门外。而在项目开展以后，也有些村民不欢迎项目干预自己的私事；有些人高高兴兴地接受了培训，结果反而因此引来了人们的指指点点，使自己在村里抬不起头来。

我们或许会抱怨，这些政府官员和村民思想太守旧，太不开化了。但仔细想想，问题并不这么简单。恰恰是他们太不守旧了，所以地方官员才很实际地关心本地的经济发展，所以普通农民才自觉地捍卫自己的私人空间，有了强烈的隐私意识。政治的经济化和私人的独立空间，恰恰是现代社会的标志。如果现在的哪个地方官员不管自己的经济发展，人们不关心自己的隐私，那才奇怪呢。所有这些现象都表明，正是因为人们的思想已经相当现代化了，所以项目才会遇到这么多的困难。因此，如果指望人们会随着社会和经济的发展而自然变得更欢迎这样的项目，那完全是不现实的梦想。如果中国社会像现在这样变得越来越现代，"农家女"的项目只可能越来越不受欢迎；要开展这样的项目，不能靠社会的恩赐，只能靠自己创造出活动的空间。

不过，话又说回来，虽然农家女项目遇到的都是现代社会的必然处境，但直接面对自杀问题，却也是很多现代国家一开始就提出的课题。早在十六世纪的都铎王朝时期，英国就已经每周统计自杀率了；而对自杀问题的最早理论论述，也出现在十七世纪初期的英国。从中世纪末期开始，自杀问题就成了欧洲各个国家法律中必须面对的问题。和他们相比，中国对自杀现象的关注和思考，已经是太晚了。

但我们毕竟和西方国家不同，我们没有一个像基督教的自杀禁忌那样严厉的文化传统，把自杀从一开始就规定为无法获得赦免的大罪。因此，当中国面对突然发现的自杀率的时候，颇有些茫然若失和不知所措。不仅自杀的概念和定义不那么简单和直接，而且自杀究竟是怎样一种社会问题，在我们这里也变得含糊不清了。

如果不清楚自杀是怎样一种问题，当然也就不知道从哪里下手来干预自杀；而要是能成功地干预自杀，当然也能帮助我们理解中国的自杀问题究竟意义何在。这正是农村妇女健康支持小组的第一个重要意义。正是小组的活动使人们明白了，自杀究竟在什么意义上成了中国的社会问题。

三　针对人心的社会组织

这个小组名字叫"农村妇女健康支持小组"，但它并不是简单的医学或健康机构，此处的"健康"必须更广义地来理解。农家女机构把项目的内容称为"心理健康"，但所谓的"心理健康"也不是精神医学意义上的健康，而是灵魂或者说心灵的健康。因此，身体和心理健康方面的知识普及，只是这个小组活动内容中相当有限的一部分。

小组本来是为自杀而来的，但之所以不能把小组称为"自杀干预小组"之类，不仅是因为那样的名字太刺激，而且，如果把项目的内容一开始就定位为劝阻人们自杀，则是本末倒置，根本不会起到实质的效果。因此，探讨怎样才能干预自杀，就是探讨自杀是怎样的社会问题的过程。在这个过程中，中国人没有像西方人那样通过惩罚自杀者的尸体来减少自杀，也没有通过医学手段来治理人们的生命，而是要通过提高心理健康来预防自杀。小组中开展的活动看似简单，但目的是让人们能进行健康的学习、娱乐、交流活动，把农民们从麻将桌上拉走，从各自为政变为相互促进，取代在很多地方已经瘫痪了的乡村政府的组织职能，文艺活动不仅给人们带来了享受，而且还以各种方式劝善，强化日常生活中的各种伦理道德。

看上去，"农家女"这个组织有着强烈的女性主义色彩。但是，健康支持小组的目的并不是延续一个世纪以来的性别革命和家庭革命。谢丽华主编的《中国农村妇女自杀报告》是农家女自杀干预的第一个成果。书中所展示出的自杀的复杂性早已超出了一般女性主义的思考范围。其中所归纳的自杀的深层原因（文化谬种、教育滞后、组织缺损、道德废弛、经济压力）都告诉我们，要解决自杀问题，必须在根本上重建乡土中国。

在接触了一些自杀未遂者和自杀者家属之后，项目官员许容也切身感受到，如果片面站在自杀者一方，过于强调为妇女争取权利，不仅不会给妇女们带来幸福，而且还会激化原有的家庭矛盾，把事情弄得更糟。面对主要由家庭矛盾造成的中国式自杀，真正能解决家庭矛盾和纠纷的，并不是简单地帮助弱者进行革命和反抗，而是想办法维护家庭的和谐。这一点正是中国自杀问题的要害。而健康支持小组这样的定位完全改变了现代中国社会运动的革命和暴力色彩。"健康支持小组"不是要推翻某种社会制度，不是要建立某种社会秩序，也不是要扶持某个阶级或某个群体，当然更不是直接帮助人们致富，而是以社会组织的方式干预人们的心灵，帮助人们过好日子。用一个社会组织来提升心理健康和帮助人们过好日子，这就是农家女农村妇女健康支持小组解决自杀问题的独特途径，也是这个项目对现代中国的最大意义。

新中国成立以来，中国不是有过很多的社会组织和运动，并且采取过各种方法来改变人们的思想和意识吗？这些组织和运动不都是旨在提高人民的幸福，从而让老百姓过上更好的日子吗？为什么说农家女的项目同这些组织和运动不同呢？

说自杀干预项目与这些运动不同，并不仅仅是因为这个项目就比从前的运动和革命更加成功，取得了更好的效果，而是说，这个项目在中国社会中的定位是前所未有的。现代中国确实有过不少改变人们灵魂的组织，甚至可以说，这些组织构成了现代中国历史相当核心的一部分。但是，无论是自上而下的政府机关，还是自下而上的民间组织，最终目的都不是为了改造灵魂。它们要么是为了完成某种革命而改变人的认识，要么是帮助人们获得外在的利益。没有一次运动或一个组织是直接针对人的心灵本身的，好像在传统礼教被废除后，人的精神和心灵就完全成了私人的事，社会政治只有在利用人们的思想时，才会来改变人们的观念，而不为人心本身负责。于是，主流政治面对无数的政治与社会努力所催动的经济增长和制度变迁，一方面志得意满，一方面又茫然若失。现代中国政治，似乎已经没有力量面对那干涩而饥渴的心灵，不能理直气壮地照管那餍足却麻木的眼睛。"衣食足而知礼节"这句古训，在现代中国完全成了空话。但是，社会规律并没有因为人们的忘记而停止作用。这些无根的心灵要么迅速被各种各样的宗教占领，要么漫无目的地跳脱放浪，时不时撞进自杀的深渊。

任何仔细考察了中国农村自杀现象的人都会发现，自杀根本不是运动或革命能解决的问题。我们既不能像防非典那样全民防自杀，也不能领导可能自杀的人去消灭导致他们自杀的那些亲人。自杀不是一般所理解的疾病，而是涉及人的尊严和权利；自杀往往牵连到很多冲突，但这些冲突又往往和情感纠缠在一起。面对常常导致自杀的争吵，干预者不可能帮助其中一方去吵，也不可能禁止他们吵，甚至常常无法责怪争吵中的任何一方。事实是清官难断家务事，但要解决自杀问题，这个家务事却又必须得碰。农家女项目所面临的最大挑战就是，如何让社会努力在家庭中起作用；而要在家庭中起作用，根本上是关照人心。农家女的"清官"，不仅切切实实要断家务事，而且还要整齐人心。面对如此细致的问题，任何革命和运动都显得过于粗暴和不恰当了。

说到底，农家女的自杀项目所要做的，是平民教育。但对农民的教育并不是课堂和书本上的专业培训，而是灵魂与道德的净化，以及生活方式的提升。这种教育比学校中的教育要复杂得多、困难得多，在更根本的意义上是一种政治。从这个方面来讲，谢丽华和许容主持的农家女自杀干预项目从精神上与梁漱溟和晏阳初的平民教育一脉相承。

农村妇女健康支持小组的活动内容正是基于这样的考虑：第一，农家女为每个小组提供少量资金（每年一千元）作为启动经费，并赠给每个小组电视机、DVD 机、光盘，为开展活动的必需品；第二，小组大多成立文艺队，或是与村里原有的娱乐形式相结合，用歌舞文艺来调动农民的积极性，促进村民的身心健康；第三，农家女赠给各村各种书籍，让各个小组成立小型图书馆，小组成员定期读书学知识；第四，小组组织农村妇女谈心，帮助解决生活中无法解决的问题；第五，协助村委会修桥补路，开展一些有益乡里的公益活动；第六，组织各个小组之间相互参观，并且到农村工作搞得好的外地参观学习；第七，不定期地请各方面的相关专家来村庄，为小组讲课。

除了各个小组的活动外，农家女还在北京举办了四期培训班。一方面，这个培训班可以把有自杀未遂经历的农村妇女集中起来，经过各方面专家的培训，和姐妹之间的相互帮助，起到强化作用。另一方面，培训班可以培养干预自杀的种子，在成立小组的村子提高工作质量，在没有成立小组的村子推广经验。事实证明，四期培训班都收到了非常明显的效果。有些妇女在村庄的小组活动中很难转变，但是经过几天的培训就发生了巨大变化，甚至成为支持小组的骨干。

四 深入地方政治结构

农家女项目这样的特点和性质，也决定了它的运作方式从一开始就要深深嵌入到各地的社会和政治结构当中。各地具体的权力关系、文化网络、人员的能力，甚至家族结构，都和农家女项目的开展有着密切的关系。

在农家女开展活动之前，乡村一级的妇联组织基本上是计划生育的执行机构，在各地的政治结构中处于边缘地位，多数也很难起到和睦乡里、组织妇女的作用。农家女要开展妇女健康项目，必须借助妇联组织进入。不管通过什么方式推选，多数项目点的村妇代会主任自然成为健康小组的组长，因此，是否有一个热心、能干，并且得到上下支持的妇联主任很重要。在少数村子，由于妇代会不健全，妇女推出了能干的普通妇女当了小组长，但工作起来就不免遇到一些阻力。而县一级妇联主席的合作也非常重要。地方政府官员千差万别，各地妇联状况也千差万别。有的妇联一把手只关心上级政府的任务，很少深入乡村，因此对农家女在村一级实实在在的活动不感兴趣；有的县的妇联主席一心想拉项目，完成招商引资指标，对于没有经济利益的农家女项目没有兴趣；有的县的妇联主席多年和"农家女"打交道，比较了解 NGO 的工作方式，配合默契；有的县在妇联之外创办了较好的民间组织，为项目执行打下了良好基础。

在开展项目的三个县里，青龙县具有优越的政治条件，因为青龙县前妇联主席许凤琴创办的"青龙县农家女健康促进会"，在最基层的农民当中，有很好的信誉，为农家女的活动打下了扎实的基础。"农家女"项目官员根本不需要打通县政府里的各个环节，就可以直接下到村里。许凤琴会长在东蒿村物色到了杰出的妇联主任李桂民。虽然李桂民未能获得村委会的全力支持，但是她已经把活动开展得非常红火。在收回的调查问卷中，100% 的人们知道健康小组，84.61% 的人经常参加小组的活动，100% 的人读过《农家女》杂志，并且人们都清楚小组干预自杀的目的，希望能开展更多活动。在青龙县的另外一个村三十六磙子，村长和支书刚刚带着村民摆脱贫穷，也大力支持健康小组的活动。但是，这个村的妇联主任却并不关心小组，所以小组的活动无法像东蒿村那样广泛开展。在这个村，只有59%的人知道健康支持小组，参加活动的人就更少，对于健康支持小组是做什么的，村民们的回答五花八门，很少人把它和自杀联系起来。健康支持小组还是有些成员热情很高，大家都希望下一届妇联主任能把小组的活动开展起来。

在海兴县，妇联主席寇艳春极力把项目拉到了自己县里，县里分管妇联的杜书记也非常支持小组的活动。每次下乡，寇主席都全程陪同。在张王文村，村里政治斗争复杂，前任村委会有积怨，不久前迫于压力而改组，村里一度陷入没有村委会的瘫痪状态。刚刚上任的村支书和村长对小组活动都十分支持，但是妇联主任仍然是旧班子里的成员，本来对小组也有一些热情，但现在已经不再参与小组的活动。男女村民都有对小组的自发热情，村长的参与程度都大大超过了妇联主任。知道健康支持小组、经常参加活动的，和读《农家女》杂志的都达到了100%。后程村的支书本来非常支持小组，但是由于小组没能带来经济利益，很快就不再过问小组的事了；这个村子的村委会不健全，根本就没有妇联主任。小组长张金霞是一个普通的农村妇女，完全靠自己的能力和热情把小组支撑了起来。虽然张金霞很能干，但她的家庭并不富裕，她家中的困难使小组的号召力也打了折扣。在这个村，也有100%的人知道小组和读《农家女》杂志，有77.05%的人经常参加活动。

在正定县，正当干预项目开展了大半年的当口，县妇联主席人事变更，新上任的妇联主席对项目要有一个熟悉的过程。但上曲阳村的健康支持小组是所有小组中发展最好的一个，这得益于该村妇联主任康计荣的能干，以及天时、地利、人和等各方因素，她在上曲阳村土生土长，在村里人缘极好，而且家庭经济状况也是村里比较好的，健康支持小组得到两委的大力支持，小组在村委会里有一间很大的活动室。村民对小组活动的参与热情极其高涨。在我们分发问卷期间，村民们都争先恐后地来抢，形成了我们在别处都无法见到的局面。知道健康支持小组的人和读《农家女》的人都达到了100%。在 146 份回收到的问卷中，有 83.40% 的人积极参与，虽然比率不如东蒿村，但绝对人数大大超过了东蒿村。正定县的另外一个项目点本来设在西叩村，而且西叩村经过一段时间的发展已经颇有规模，但是，由于西叩村的妇联主任在换届选举中落选了，新的妇联主任对农家女项目不熟悉，没有太大兴趣，项目只好换到了城杨庄。评估期间我们得知，在 2005 年正月一个月的时间里，西叩连续发生三起自杀事件，三位妇女喝药身亡，这究竟是不是偶然，已难确定，但听那里的村民说，小组撤了之后，文艺队一次都没活动过。城杨庄的妇联主任刘小征本来非常能干，但是因为突然中风，无法理事。健康支持小组的事务，完全靠小组其他成员支撑，效果明显下降。另外，该村的村主任因贪污而收审，也给城杨庄的工作带来了不便。虽然如此，该村知道小组、参加活动、读《农家女》的人数还是都达到了被调查人的 100%。

这几个村子彼此之间都不一样。活动开展有的成功些，有的弱些，但是没有一个是一开始就一帆风顺的，而是都经历了各种各样的困难，有些困难现在已经克服，有些困难仍然有待克服。这些问题并不意味着项目开展中的问题，反而恰恰证明项目已经深刻地进入了人们的政治生活，与每个地区复杂的权力结构发生了关系。如果不和这些具体问题近身交手，自杀预防也不可能在日常生活中起作用。

表一　开展健康支持小组的各村情况

村名	小组长是否妇联主任	村委会情况	小组长个人情况	小组活动
上曲阳	是	非常支持	富裕，有威望，有能力	开展很好
西扣	原来是，后被选下	原来比较支持	有一定威望，有能力。	被选下后，小组瘫痪
城杨庄	是	本来支持，但村主任现被收审	有威望，有能力，中风恢复期	活动很少
东蒿村	是	不很支持，但乡政府支持	有威望、有能力，家里比较富裕	开展很好
三十六磴子	是	非常支持	不做工作	活动很少
张王文	不是，另有妇联主任不管	新上任的村委会支持	有热情，有顾虑	有一些活动
后程	不是	刚开始支持	有能力，有威望，但家里困难	存在困难，但活动不少

五　在情感和冲突之间

自杀之所以成为现代社会中一个备受争论的问题，是因为它涉及人生的善恶之间的根本悖谬。自杀者往往是因为对于某种德性过于执著率尔轻生。于是，几个世纪以来的自杀学家都对究竟是应该因自杀者的不智谴责他们，还是因他们的美德赞美他们，而争论不清。中国的自杀者同样常常处在爱与怨的矛盾之中。家庭矛盾之所以常常导致人赌气自杀，并不仅是因为家庭成员之间互相怨恨，而恰恰是因为他们之间有感情，有强烈的相互依赖和预期。这种情感依赖与矛盾冲突交织在一起，常常会引起自杀。在农家女的项目点，很多村民也对我说，如果不是在乎对方，并且也知道对方在乎自己，谁也不会赌气喝药。在所调查的村民中，40.43%的人认为，家庭纠纷是自杀的主要原因，在家庭中的各对矛盾中，71.62%认为夫妻矛盾最容易导致自杀。而夫妻之间，往往是情感和冲突最容易交织在一起的一对关系。

正是因为这个根本的悖谬，我们无法一味地同情自杀者，也不能只谴责自杀者家中别的成员。自杀干预的基本出发点，是要帮助自杀者和他们的家人共同过上好日子，而不是帮助他们打倒自己的亲人。因为这一点，农家女的工作就需要做到以下这几个方面。

第一，如前所述，不能一味劝止别人自杀，而要整体提高人们的生活质量和家庭和谐。第二，农家女并不是为农村妇女提供某种依赖或外援，而是帮助他们理解生活的道理，使他们能更加独立地过上好日子。第三，仅仅妇女参加，其实起不到支持妇女健康的作用，因为每个家庭的和睦都不是妇女单方面能办到的。因此必须尽量争取男性的理解、配合，甚至参加活动。

正是因为做到了这几点，健康支持小组改变了很多家庭的面貌。

比如在上曲阳，华英（本文涉及的自杀者和自杀未遂者，均非真名）和她丈夫靠经营木器厂而致富。但是在富裕起来以后，丈夫就在县城里包了一个情人，还和她生了一个女儿。华英为此非常痛苦，几次想自杀。在健康支持小组成立以后，华英找小组的组长康计荣谈过几次，希望得到帮助。康计荣无法劝华英离婚，也没有办法改变他们家的状况。在两年前康计荣和我谈起这事的时候，她根本没有什么信心，觉得华英夫妇早晚会离婚。后来华英积极参加小组活动，还到北京参加了培训。随着她的信心日益增长，她也逐渐说服丈夫，让他和那个情人断了关系。两个人把木器厂包了出去，重新开始做生意，一年的时间精神状态改变很大。据上曲阳的小组成员们说，健康支持小组在村里营造出一个积极向上的气氛，使很多人从此不再赌博，也使很多人增加了生活的信心。尤其是小组的文艺队的演出，借助艺术的形式宣扬孝敬、讽刺外遇，造成了相当有效的惩恶扬善的语境。应当说，他们表演的小品《东哥和巧巧》直接带来了华英丈夫的改变。在健康小组成立以前，经常会有自杀的事情发生；但这两年一直没有。虽然说这里面可能有偶然因素的作用，但从中多少还是能看出小组的效果。

在城杨庄，一个媳妇琼芳因为和丈夫赌气而自杀，留下了一儿一女两个孩子。当村里刚刚成立小组的时候，许容老师到琼芳家里，发现家中一片凌乱，琼芳的丈夫在外打工，满头白发的婆婆照顾孙子孙女，满面愁容，屋子里也凌乱不堪，一看就没有什么生活的希望。于是，健康支持小组邀请他们参加活动，还不时帮助他们，逐渐改变了老人的心态。半年多后，老人的精神状态发生了变化，屋子也整洁了许多，好像日子从此有了盼头。

东蒿村的愁予也是很典型的一个例子。她结婚之后总是和丈夫吵架拌嘴，一不顺心就对丈夫有各种抱怨，还经常以喝药威胁丈夫，家里的日子过得很不好。后来村里成立了健康支持小组，她一点也不积极。小组长李桂民知道她有自杀倾向，就让她到北京农家女学校参加学习。愁予对此一点兴趣也没有，完全是被强拉到北京的。在培训班的课堂上，她一点也听不进去，每次都低着头坐在角落里，一言不发。一直到培训班即将结束的时候，她才渐渐把许容老师的话听了进去，主动找许老师深谈几次，回家后就彻底变了个样子。她换个角度思考，认识到丈夫对自己其实是很好的，以前的很多争吵是自己造成的。她和丈夫一起承包了一个废品收购站，干得非常起劲，很快就红火起来。2005 年春节，她没有起床就给许容打电话拜年，因为这是她在结婚后过的第一个没有吵架的春节。

后程村的瑶华有过很复杂的经历。她现在的丈夫和她谈恋爱时已是有妇之夫，他的前妻因为他和瑶华之间的感情离他而去。瑶华给他家带来了很大伤害，于是在没有什么思想准备的情况下嫁了进来。由于瑶华的这段经历人们都知道了，婆家人对她很不好，就是村里的人对她也总是指指点点。长期处在这样的状态中，瑶华对生活一点兴趣也没有，完全陷入了自暴自弃的境地。在她和公公婆婆发生冲突的时候，丈夫总是帮助父母。有一次，就是在丈夫因瑶华和公公拌嘴而打她的时候，她喝下了农药。在健康支持小组成立之初，瑶华对小组的活动一点也不积极。2004 年春天，她勉强到北京参加了农家女学校的培训。在小组最初几天，瑶华和愁予一样，心不在焉、一言不发。再加上土里土气的粗布衣服，完全是一个沉默寡言的村妇。但是在小组的最后一天夜里，许容听到敲门声，开门后见到一个苗条的漂亮少妇。许老师仔细一看，原来是瑶华。思想已经发生触动的瑶华完全改变了自己的形象。她向许老师诉说了自己的经历，许老师鼓励她重新找回希望。瑶华回到村里就完全变了一个人，对生活恢复了信心，一切事情都肯认真思考和对待了。夫妻俩的日子也开始越过越好。

像这样的案例还有很多。针对不同的情况，"农家女"采取了非常不同的策略，对有些人给以物质帮助，对有些人帮助寻找致富门路，对有些人帮助劝说家人，对有些人则鼓励他们重新做人。但所有这些策略都指向一个目标，就是帮助村民们找到生活中的希望和信心，使人们认真对待自己和别人的过错与优点，更理性地面对生活中的机会与挫折。每一个自杀事件，哪怕看上去再简单，背后都有一个复杂得说不清的故事，不仅无法靠批评一个人扭转局面，而且也很难靠一两次谈话改变人的生活。因此，健康支持小组的作用，不在于针对一人一事的说服和帮助，而在于营造健康向上、自强不息的生活环境，形成一个能让人仔细反思的气氛。所以，在小组成立之初，很多人没有在村子里发生变化，但是在北京农家女学校的课堂上改变了。这就是因为，学校里有村中的小组尚未形成的气氛。随着小组的逐渐发展，有些人只参加村子里的小组活动就可能发生改变。只有到村中小组也能起到这样的作用的时候，这个自杀干预项目才算收到了切实的成效。说到底，自杀干预并不是让外人一个一个地去断家务事，而是让人们学会解决家庭矛盾的方法，学会在情感和冲突之间找到平衡，从而能够既维护了自己的尊严，又保护了家庭的和睦；既能一件一件地办好事情，又能让日子过得越来越好。

六　结论

在当前的中国农村，人们经常抱怨，现在的村委会什么也不管。我们在调查中发现，只有 14.02% 的人认为，他们有了不可解决的问题还会找村委会。虽然村委会仍然是村一级政府，但是人们对它失去了信心和亲近感。虽然在一些公事上可能还要靠村委会，但是很难把自己的幸福寄托在村委会上面。很多人安于各自为政的局面，埋头干自家的事，只管自己致富就行了。但他们却逐渐发现，这样下去，哪怕钱再多，也还难以过上真正的好日子。仅仅依靠自家，并不会获得一家的真正幸福。说到底，人还是社会的动物，没有一个共同体的支持，只靠自家的努力是不行的。因此，农民们会想出各种办法来寻找集体。

在这样的情况下，农家女的妇女健康支持小组，成为发展新的农村集体组织的一个范例。在文化传统上，这种组织直接继承了宋明以来的乡约组织和梁漱溟、晏阳初乡村建设与平民教育的思路；在机构上，这种组织依托各个村庄的妇联组织；在理念上，这种组织吸收了现代社会学和精神医学中关于自杀问题的理论；在经济上，农家女不靠投入大量资金的办法来养起几个典型村来，而是用很少的投入，调动农村妇女的主动性。这几方面的结合，形成了既不同于传统，也有异于西方的现代中国自杀干预新模式。并且，这个项目完全具有推广的可能性。如果用改造人心的活动来充实各地的妇联组织的工作，不仅会革除地方政府中的官僚习气和机构臃肿的毛病，而且会为各地的农村工作带来一个新的局面，摆脱农村发展的固有模式，使"改造人心"成为一个切实可行的政治事业。农家女在各地农村的草根式做法，以及在北京开展的全国农村妇女的培训项目，都证明，这个项目的推广完全是有益的、可行的，效果可观的。

在村一级成立妇女健康支持小组这个项目到现在已有两年多，已经取得了相当可观的效果。在我们所调查的几个村子，最近两年都很少有自杀事件的发生。更重要的是，这样一种组织模式，是现代中国历史上的一个创造，对于解决当前农村社会中的很多问题，都会带来很多启发；对于重塑现代中国的家庭伦理和社会风气，也有着重要的理论意义。但两年的时间毕竟还是太短，很难形成一个成熟的组织模式；三个县的范围也太窄，很难说明这样的形势是否适应整个中国的需求。要使这样的实验发挥它可能发挥的更大作用，最重要的，还是把这个项目继续深入地进行下去和推广开来。在我看来，农家女自杀干预项目的下一步工作，应该是继续推广、扩大，和深化小组的活动，把活动范围从妇女推广到更大的人群，并且为全国各地的农村培养更多种子。

死也要活着

——对余华《活着》的一种解读

一　命

"死也要活着"，还有什么比这句话更荒谬的吗？死了怎么可能活着？丢了命怎么还能保命？

这个看似荒谬的说法，是《活着》中的老全临死前讲的。当时，福贵、春生、老全三个人被困在了淮海战场中的一个小村子。面对人民解放军泰山压顶般的攻势，三个人随时都可能突然死去。老全是个老兵油子，他传授经验说："老子大小也打过几十次仗了，每次我都对自己说：'老子死也要活着。'子弹从我身上什么地方都擦过，就是没伤着我。春生，只要想着自己不死，就死不了。"

然而，两个丝毫没有经验的年轻人活了下来，这个拼命想活下去的老全，却被一颗流弹击中了。老全的死比他说的那句话还要荒谬。他以前之所以不死，也许只不过是因为侥幸而已。只要想着自己不死，就真的能不死吗？子弹，或者说命运，难道真的会因为你的想法而绕过你的身体吗？

但真正最荒谬的，既不是老全那句话，也不是他的死，而是《活着》这部小说本身。讲的明明是一个又一个死亡的故事，为什么叫《活着》？《活着》中的人物，或者说，所有活着的人们，又有哪一个不是想着自己不死、希望自己长命百岁的？但是，残酷的命运却一个也不肯放过，最后只剩下了一个叫福贵的老人，和一头叫福贵的老牛。

无疑，"死也要活着"这句话，是整部小说的题眼，也是余华对中国人的生命智慧的一句悖谬的概括。这句概括所呈现给我们的，首先不仅是它字面上的矛盾，而且是它在捉摸不定的命运面前的荒谬。而要理解这样的命运面前的生命意义，则首先要理解"命"究竟是什么含义。

汉语中的"命"既是命运，也是生命的意思。命运，不过就是生命的走向。命运之所以捉摸不定，是因为并没有一个宇宙道德秩序来指引每个人的生命走向。并不存在一个独立于生命之外的命运；而没有在命运中的展开，也就谈不上生命，同样不存在一个与命运无关的生命。生命和命运，是一个过程的两个方面。一个人的命运，就是或偶然或必然的生活环境与个人选择共同展开的生命走向。因此，为了保命而抗争命运，并不一定是与命运背道而驰，而是承担厄运、开拓好命的过程。人与命运的关系，更多像是一种游戏，而不是战争。

余华在提到他的这本小说的时候说："作为一部作品，《活着》讲述了一个人和他的命运之间的友情，这是最为感人的友情，因为他们相互感激，同时也相互仇恨；他们谁也无法抛弃对方，同时谁也没有理由抱怨对方。"

这句话概括得再好不过。命运伴随着每个人的生命，它对人的基本态度不是敌对，而是无情。命运本身不会依照道德标准，不会和谁妥协。它是完全随意的，会把人推向谁也不知道的方向，虽然会无意中给人造成痛苦，但也会无意中给人带来幸福。"过日子"，就是品尝命运所给的所有幸福和痛苦的过程。不论人愿不愿意，只要有命在，就无法逃脱命运。"混日子"，就是完全消极地承担痛苦，同时以守株待兔的方式等待幸福。老全所说的"死也要活着"，是坚韧地面对命运的一种态度。这种态度不一定使人获得幸福，却是获得幸福生活的必要力量和条件。

余华如此概括"活着"这种基本处境："作为一个词语，'活着'在我们中国的语言里充满了力量，它的力量不是来自于喊叫，也不是来自于进攻，而是忍受，去忍受生命赋予我们的责任，去忍受现实给予我们的幸福和苦难、无聊和平庸。"这正是"过日子"的基本内容。

二　战场

老全那句点题的话出现在战场上，并不是偶然的，因为恰恰是战争，最能体现人与命运之间的较量，以及这种较量的不可测度和荒谬。在战争中，特别是现代战争中，老全这样的士兵同命运的斗争没有任何规则可言。能否在战场上保命，不取决于智慧，不取决于道德，不取决于是否做过亏心事，也不取决于枪法或武功，甚至不取决于所打的仗正义与否和是否会得胜，而完全取决于，是否能碰巧躲过没有眼睛的子弹。火药和子弹的发明为战争赋予了一种非常彻底的哲学意义：生死抉择完全交给了没有任何确定性的命运。究竟怎样，才能在战火纷飞的战场上活下去？

人们第一个能想到的办法，是"逃"。逃就是以退出的方式回避命运的不确定性。福贵从刚被抓壮丁的时候，就想过这个办法了。和福贵一起被抓壮丁的县太爷的仆人跟连长死磨硬泡，算是挣得了一个逃的机会。不过，逃跑却是一个比打仗更危险的游戏。连长举起枪来对着仆人，仆人则转身疯跑，能不能保住性命，就看子弹和两条腿哪个更快。幸亏连长枪法不准，仆人才侥幸捡了条命。

这个惊心动魄的逃跑场面让福贵死了当时逃走的心，不过他还是幻想着过一段再跑。同行的老全连他的这种想法也打掉了。老全有两个理由。第一是夜里不断传来的枪声。逃兵被抓回来都毙掉了。这些逃跑的人根本就躲不过子弹和军队。第二是老全自己的经验。他逃过很多次，倒是没有被追上，但却被别的部队抓去了。在电影版的《活着》里，老全还给了第三个理由：就是别人都逃跑了也不该逃，逃也逃不走，还是会被解放军抓住，真不如乖乖等着当俘虏。

不过，至少有两个人不适用于老全的前两个理由：仆人和连长。那个仆人虽然差点儿送了命，毕竟是活着回去了。连长在大势已去之后，裹了一大笔钱扭着想跑。他的部下连连开枪，连长也像那个仆人一样撒腿"疯跑起来"，而且总算逃远了。我们不知道他们两个人以后的命运，不过可以想见，县太爷的狗腿子虽然逃过了连长的枪子，但他怎么可能躲过后来的急风暴雨呢？连长虽然没有被部下打中，可他真能逃出人民军队的重重包围吗？

这几个理由加在一起，我们知道逃是绝对没有用的。要么是根本逃不走，要么是出了虎穴又入龙潭，要么是就算逃回家也还得等待新的战争。任何人都躲不过命运，自以为逃跑了就能取消命运的不确定性，不过是掩耳盗铃。人们只有认认真真回到战场上来，想办法在战争中活下去。

在战场上，除了面对随时飞来的子弹之外，还要抢夺救命的食物；哪怕躲过了所有的子弹，没有吃的还是活不下去。因此，在战争中与命运较量的第二个办法，就是"抢"。如果说，逃跑和躲避枪弹还能够保证人们轻易不被打死，抢食物就不仅需要迎着枪弹跑上去，而且还要和自己的弟兄们相互厮杀。

已经快要析骸而炊的士兵们一直在进行着抢吃的斗争。起先是一袋袋大米从飞机上投下来，抢到大米的人要由人端着枪保护着回到坑道。后来变成了空投大饼，"弟兄们像牲畜一样扑上去乱抢"。

在这段故事里，并没有谁在抢大饼中被打死，但不断有人为了抢大饼被流弹击中。像福贵身边的一个人，就在抢大饼的时候被打掉了半个脑袋。在当时的场景下，即使有人为了抢大饼被打死，也和被流弹击中没什么两样。国军弟兄之间与其说是在你死我活地争抢，不如说是在进行一场奔向活命的赛跑。那些被打死的，是在这场比赛中输掉的人。

"逃"和"抢"，是面对子弹纷飞的战场时的两种态度。"逃"，就是通过退出战场来保命；抢，就是迎着子弹去和命运赛跑。因为人们永远无法真正退出战场，"抢"这种"所有人对所有人的战争"成了在战场上保命的唯一有效办法，虽然迎着子弹冲上去有可能让人死得更快。靠"抢"这种更危险的方法来保命，应该就是老全所谓"死也要活着"的意思：拼着命杀出一条血路来。

既然是拼着命来保命，那就既有可能保得住，也很有可能保不住。那个为了抢大饼而被削去半个脑袋的人，就真的把命拼掉了。

老全自己多少次都保住了命，最后一次却还是被子弹打中了。但这并不意味着老全的办法是错的。在不能一定保住性命的时候，唯一能做的就是在绝望中保持希望，勇敢地同盲目的命运较量。

在《活着》中的这个战场上，战争是为了什么，对手是谁，甚至战争的结果谁输谁赢，都是次要问题。真正重要的是，战场上的每个士兵都在和命运进行着殊死的较量。这种较量里没有任何妥协的余地，逃不掉，躲不过，无法作弊；这种较量不讲任何情面，命运不管老少、不问品德，该杀就杀，谁也不会放过。就像余华的整部书一样，战争是一个寓言，一个关于命运的寓言。根本没有什么至善的力量分配命运，也没有"善恶有报"这回事。冥冥苍天本是无情之物。战争最集中地体现了命运的这个特点，但并不是只有在战争中才是这样的。正如无人可以真正逃离战场一样，也无人可以真正逃脱命运的摆布。

于是，聪明的人知道没有办法逃离与命运的较量，就要采取各种办法来"抢"，也就是靠"死也要活着"的办法来对抗命运。人们不是单个生活的，所以就可能相约共同和命运争抢。命运的最大特点，在于它是毫无规律可循的；而众多的人要活得下去而且活得好，一个自然的方法就是制订规则。制订规则成了对抗命运的一招棋。而赌博，就是通过规则与命运较量的一种方式。

三 赌博

赌博其实有两套规则。第一套，就是出牌的最基本规则，原则上，谁都不能犯规。如果只按照这一套规则，首先是命运决定了每个人抓到什么样的牌；不过，对打牌的熟练程度、思维的敏捷、算计的严密程度，都有可能扭转命运。在这里，人们用打牌的技巧来对抗命运。但是，由于打牌的技巧就像抢大饼的办法一样，毕竟是保不准的，为了确保战胜命运，人们又会通过作弊来进一步赢得好运。本来，如果只有一个人作弊，他的赢牌将是毫无疑问的。由于很多人看出来这是确保赢牌的一个好办法，于是纷纷作弊，甚至彼此之间也知道对方在作弊。这样，就出现了赌博中的第二套规则，就是如何能够作弊而又不被看出来的规则。真正赌博的行家，是掌握了这套规则的人。

沈先生和龙二就都是赌博的行家。沈先生能做到只赢不输，龙二却能小输大赢。沈先生的经验道出了赌博的道理："赌博全靠一双眼睛一双手，眼睛要练成爪子一样，手要练成泥鳅那样滑。"眼疾手快，是作弊和赢牌的必要条件。福贵在解放后也明白了，赌博的赢家都做手脚。赌博真正遵循的不是玩牌的规则，而是操纵牌局和作弊的本事。沈先生和龙二都深谙此理，知道要赢都得靠作弊。不过，这并不妨碍他们之间的较量。两个人比的不是谁会玩牌，而是谁作弊作得高明。

沈先生和龙二的决胜局是这种赌博之道的精彩战例。如果完全按照玩牌的规则，两个人已经难分高下。谁手里有一张黑桃 A 就可以赢。于是，两个人都从袖管里拿出了一张黑桃 A，身手之快都达到了化境。不过，龙二却抢先亮出了这张牌。沈先生明明知道龙二作弊，却只能认输。谁都清楚，这里拼的不是牌技，而是赌技，就是作弊的身手。

一旦作弊也成了一种规则，它就不仅无法起到消除不确定性的作用，反而制造了更多的不确定因素，使高手之间的输赢同样受制于命运，而不仅仅是赌技。沈先生输给龙二，只不过是因为他偶尔慢了一下；如果反过来，是沈先生先出的牌，或者是他采取别的作弊方式，那结果可能就会完全不一样了。

其实，作弊的道理和逃跑是相似的。这两种方法都是想通过逃出与命运的游戏，取消命运中无法把握的不确定因素，从而确保自己万无一失。但结果，却有可能带来更多的不确定性，使最后的胜负更难逆料。

当然，对于福贵这样不懂赌技的人来说，他的输和龙二的赢都是没有丝毫疑问的。龙二靠着自己作弊的手段，轻松闪开了赌场上的所有不确定因素，赢得了徐家的全部产业。而且，龙二在赢了这一局之后，完全退出了赌场，彻底清除了赌输的可能性，安安稳稳地当起了他的富家翁。急流勇退，一直是中国政治智慧中非常重要的一招，看起来就是一种极为高明的"逃"。所谓功成身退、见好就收，是在最恰当的时候退出赌局，从而取消命运的不确定性的一种办法。这种办法是不是就能巧妙地战胜命运，从而使自己完全把握生活的确定性，立于不败之地呢？

龙二没有想到，就在离开赌场的同时，他已经不知不觉地进入了另外一个更大的、更可怕的赌场。急流勇退不仅没有为他带来后半生的荣华富贵，反而送掉了他的命。解放军打过来之后，刚刚成为暴发户的龙二被当成了地主恶霸。龙二虽然能急流勇退离开赌场，却不能识实务地与人民政府合作，反而负隅顽抗，死守自己那份家业，结果等来了枪决的下场。在这场赌博中，他是彻底输掉了，结局不仅不如沈先生，简直连福贵也比不上。

他和沈先生对局的时候，毕竟双方还是知己知彼的，都清楚对方有什么花招，都知道该靠什么规则赢牌和作弊，比的只是谁作弊更手疾眼快、更神不知鬼不觉。但是，龙二和人民政府玩那局牌的时候，却根本不知道等着他的是什么，根本不知道在那样的情况下该出什么牌，这里面的不确定性实在太多了。龙二尽管聪明绝顶，在袖子里藏再多的牌，这个时候却不知道该摸哪一张了。他满以为人民政府只不过吓唬他一下，以为能够扛过这一关，结果却送了命。

龙二何曾逃出赌场？有哪一个人真的能逃得出命运的控制？凡是能把"急流勇退"这一招运用得好的人，都不是慌慌张张地落荒而逃了，而是在深知了政局中的规则和作弊的办法之后，把退隐当作一张王牌打出去。秦朝的王翦深知功高必震主的道理，才在出征之前用广买田宅的办法消除秦始皇的猜忌；汉代的张良清楚"狡兔死、走狗烹"是必然的趋势，才靠退隐免祸；司马懿装病，只不过是为了迷惑曹真，出其不意。这些人的手法看似消极，却是非常聪明的制胜之法，而不是龙二那样的逃跑。他们都明白，命运永远不可能服输，永远不可能受骗，生活这局牌里面永远没有一劳永逸的法子。只有积极、警醒、勇敢、深思远虑、未雨绸缪的人，才能在这局牌中取胜。

因此，当福贵听到处决龙二的那五声枪响之后，他的第一反应，不是感到善恶到头终有报的轻松，也没有庆幸自己逃过了这一劫，而是露出了更深的恐惧：

> 我往家里走去时脖子上一阵阵冒冷气，我是越想越险，要不是当初我爹和我是两个败家子，没准被毙掉的就是我了。我摸摸自己的脸，又摸摸自己的胳膊，都好好的，我想想自己是该死却没死，我从战场上捡了一条命回来，到了家龙二又成了我的替死鬼，我家的祖坟埋对了地方，我对自己说："这下可要好好活了。"

虽然庆幸祖坟埋对了地方，但这是捡了个大便宜该有的样子吗？所谓"大难不死必有后福"，是福贵在吓唬了自己几天之后才想到的。那他这里说的"好好活"是什么意思？龙二的死更多引起的是同病相怜，而不是庆幸什么福气（电影版的《活着》生动表现了这种同病相怜）。福贵看到的不是向他招手的福神，而是命运的变幻无常和可怕。龙二本来已经赢了徐家的房产和土地，结果却输掉了命。这捉摸不定的命运，原来是靠逃跑、作弊、急流勇退都根本无法战胜的。无常的力量不仅丝毫不弱于战场上，甚至更可怕。战场上毕竟可以看到纷飞的子弹，可是生活中连怎么丢了命都不知道。

所以，当福贵说"这下可要好好活了"的时候，他虽然不乏侥幸，却绝不仅仅是在庆幸自己的福气。相反，这是在无常命运面前打的一个激灵。他的言下之意是："这下可得小心了，别像龙二一样丢了命。"想了几天之后，福贵说不用吓唬自己，是因为他明白了，就是再小心也没用。厄运不是靠小心谨慎就能躲过去的。所谓必有后福云云，并不是真的认为厄运就永远不会找到自己，而是明白了，面对这么无法把捉的命运，没有别的办法，只能放宽心，该怎么做就怎么做。要相信自己是有福的，才能活得下去，也才有机会真的得到好运。所以他才会告诫自己："这就是命。"

后面所发生的一切都在不断强化着这个道理。命运，永远是无法把捉、无法欺骗、无法逃避的力量。生活永远是一场赌博。虽然人类的规则和制度都是为了克服命运中的不可确定性，但没有任何制度真能彻底消灭命运的不确定性。在正式和非正式的规则之外，人们永远有作弊的办法，而作弊，又在不断形成新的规则。任何制度的道理，和赌博都是一样的。福贵的亲人一个个死去，无一不是被变幻莫测的命运突袭击中了。

福贵的儿子有庆的死就是一个例子。医院中的献血制度，本来是为了克服疾病所带来的生命的不确定性；政治中的官僚制度，本来是为了克服犯罪和混乱所带来的秩序的不确定性。但是，这两种用来克服命运的不确定性的制度一旦相遇，却有可能造成新的不确定性。当干部享有特权变成一种人们心照不宣的常规的时候，人们不再抱怨这种违规，而把等级的差别变成了新的规则。于是，当得知县长的女人和自己的校长需要献血的时候，小学生们不仅没有什么怨言，反而像过节一样争先恐后起来。如果这种规则能够正常运转下去，消除任何意外，让各个地位的人都各得其所，也未尝不好。然而，在有庆光荣地被选上献血之后，却发生了新的意外：只有有庆的血型才对，而病人需要的血又很多，那个抽血的医生似乎又技术很差。友庆竟然被抽血抽死了。在有庆死了以后，福贵才知道，那个县长就是春生。患难兄弟之间似乎结下了无法化解的仇怨。命运耍弄的，又岂止是福贵一家人。

四　自杀

据说，正是为了对抗官僚制度带来的不确定性，才爆发了"文化大革命"。但革命的风暴无疑会带来更大的不确定性。制度化的暴力好像把人们抛回到了战场上，使人们更加无法把握自己的命运。就是在这新的战场上，春生再也无法逃过去了。他遭到了残酷的批斗，每天被吊起来打。不过，这暴力还没有夺走春生的生命。春生不是在"死也要活着"的冲锋中死去的，而是在忍受不下去的时候上吊死的。福贵评价这件事说："一个人命再大，要是自己想死，那就怎么也活不了。"

春生的死在"逃"与"抢"之外提出了第三种态度：自杀。如果说，逃是以掩耳盗铃的方式躲避命运带来的不幸，抢是以破釜沉舟的方式迎上去向命运抢夺幸福，自杀，则是在无法承担厄运的情况下与命运同归于尽。这种方式，把人与命运的游戏真的变成了战争，而不能以无可无不可的方式与命运周旋。本来，命运是生命的走向，与命运抗争的目的应该是获得好的命运，如果放弃了生命，与命运的斗争又有什么意义呢？

但自杀给"活着"的意义提出了一个重要问题：如果只能屈辱地活着，生命又有什么价值呢？人是不可能逃出命运的统治的；哪怕人的命运再好，也终有一天是要死的。而且，人造的各种规则还在不断给人类带来新的灾难和不幸，那么，这些规则是不是毫无意义，只不过让人把如梦的一生拉得稍微长一点呢？人为什么死也要活下去？

自杀的人，并不是真的不愿意活着，而只是以彻底拒绝生命和否定厄运来表达出对美好生活的渴望和认同。他们不能混日子，宁肯不要生命，也不愿苟活。这种做法虽然和所谓的"死也要活着"不同，却有相似的道理，我们可以把它概括成"死也不要活得窝囊"，或者"死也要好好活着"。和"死也要活着"一样，自杀仍然是同命运的抗争。

不过，自杀也有和逃跑相似的地方。自杀者和逃跑者一样，要逃避命运的不确定性和其中的苦难。只不过，逃跑者希望侥幸得到好运，自杀者却根本不抱这样的幻想。

由此可见，自杀，是把逃和抢的办法结合了起来。而这三种办法的出发点，都是对不好的命运的拒绝和对更好的生活的追求。这一点使它们都同一般的"混日子"区别开来。"死也要活着"虽然似乎把目标仅仅铆在"活着"上，它却和"混日子"的态度有着根本的区别。"活着"的力量，在于这句话背后的气概。

但又有谁能做到彻底"混日子"呢？谁的生命中没有一点理想和盼望，没有一点基本的好恶和支撑呢？谁能完全任凭自己的命运随意变幻，让自己的生命随波逐流呢？余华遇到的福贵并不是什么圣贤，甚至可以说一生庸庸碌碌，无所作为。但是，他不也一直抱着一个重振家业的理想，到最后还要买一头老牛吗？

活着的力量，并不在于这好的命运本身，而在于追求美好命运的气概，是人的内在修养。无论是春生自杀的原因，还是福贵和家珍劝他的理由，都在于对生命/命运的一种内在理解。

五　还命

在春生想到自杀的时候，家珍对春生说："你还欠我们的一条命，你就拿自己的命来还吧。"这无疑是整部小说里最有力量的话之一，是任何读过此书的人都很难忘记的。但要理解这句话的含义，却并不容易。

由于春生无意中导致了有庆的死，他欠下了福贵家的一笔命债，双方对此都难以释怀，但谁也不知道应该怎么还这笔债。表面上看，这是关于生命的一笔债；但它同时更是关于命运的债。当了县长的春生在女人生孩子的时候就能得到特权，而这特权却夺走了有庆的生命。但他并没有直接夺走有庆的命，而是在他侥天之幸的时候，使有庆大祸临头。使家珍真正耿耿于怀的，是命运为何如此不公和残酷。春生欠下他们一家的，是好命，这笔债既不能用钱财还，也不能用性命还，甚至不能通过让春生倒霉、把两家的命运翻转过来还（即使这能办得到）。

如果仅仅是什么人出于恶意杀死了有庆，虽然有庆也不会活过来了，但偿命毕竟是一种还债的办法。对命运的纷争远比对生命的争夺复杂得多。春生想用钱财来赎罪，家珍却认为这是根本不能接受的办法，不肯答应。如果让春生像龙二那样被枪毙，或是被红卫兵打死，福贵和家珍也同样不会释怀。那样虽然春生也倒了霉、丢了命，有庆并不会活过来，福贵和家珍也挣不到什么。归根到底，这种债是没法还的，因为春生根本无权给福贵好命，更无力让死人活过来。

命运是生命的展开，命运不可还的特点，生命同样具备。哪怕是在杀人这样的情况中，虽说可以报仇偿命，可是这种还法永远不会像还债那样，恢复到欠债之前的状态。生命不像钱、大饼，甚至血那样，是可以转让和分配的物品。对于别人的生命，只能剥夺，不能随便给予，更无法分配、转让，或偿还。因此，法律对杀人偿命的规定也只能做到同样剥夺凶手的生命，却无法真正陪给死者一条生命。死者的家庭只能永远承担丧亲的厄运，哪怕把凶手株连九族也没用。严格说来，被杀者永远不可能获得真正的公正。

既然如此，有庆这笔债是不是就无法还了？那么，福贵和家珍会难受一辈子，春生也会内疚一辈子。福贵对春生说："春生，你欠了我一条命，你下辈子再还给我吧。"这是一个非常无奈的解决办法：你没有办法还债，我们不让你还，但我们永远记得这笔债，那就一辈子仇恨和别扭下去。

倒是总也不能原谅春生的家珍想出了化解这段恩怨的还债方法。就在春生说想要自杀的那个夜晚，家珍说出了她的名言："你还欠我们的一条命，你就拿自己的命来还吧。"

家珍这句话的意思可以这么理解：春生偷掉了本来属于有庆的生命/命运，那么，他的命就应该归徐家所有，但这并不意味着徐家可以随便剥夺春生的生命，而是说，徐家有权影响春生对他的生命/命运的抉择。徐家没办法把握春生的命运，无论是让他发迹还是倒霉，都不能，但他们可以作用于春生的决定，就像春生自己的决定可以影响自己的命运一样。这样，按照家珍的说法，既然春生欠徐家一条命，他就把选择命运的权利给了徐家。因此，他没有权利用自杀的方式放弃自己的命运，相反，他已经取代了有庆，像徐家的一个家庭成员一样，为了徐家，不能随便结束生命。

这样，家珍的话就是对此前福贵的劝说的补充。福贵劝春生想想父母和女人孩子，不能随便去死；而家珍告诉春生，自从害了有庆之后，他对徐家也有一份同样的义务了。于是，虽然家珍仍然不肯原谅春生，却愿意把他当成亲人一样，建立一种性命相连的关系。这种还债方式没有忘记过节，但也没有以复仇的方式发生，而是随着时间的流逝，在各自命运的展开中，渐渐淡化了过去，泯灭了仇怨。它所体现的，并不是精打细算的公平交易，而是人对人的胸襟和关怀。在根本上，家珍没有制订什么规则，也没有取消命运的不确定性，而是用人的内在品格和关爱战胜了命运的残酷。

六　造福

但福贵和家珍的爱不仅没能挽救春生的生命，就连他们自己的孩子都救不了。整部小说里充满了出人意料的死亡。春生的女人输血害死了有庆，凤霞生孩子的时候大出血而死，悲伤中的家珍也很快病死，凤霞的丈夫二喜在干活时出了事故被夹死，二喜的儿子苦根竟然吃毛豆被撑死。到头来，只剩下了孤老头福贵。

命运依然无情。福贵一家每当过日子有了点起色，厄运就会找上门来。每当一家人的生活其乐融融的时候，往往就隐藏着巨大的灾难。福贵似乎从来没有离开那个战场，也永远没有结束他的赌博。

不过，这部小说的震撼力并不在于残酷的命运本身，而在于残酷的命运与幸福的家庭生活之间的碰撞。命运的残酷是生活的本来状态，人不可能根本改变；但是，命运并不是上天赐给人的唯一礼物。人还有他可以培养和改变的性情。人虽然不能取消命运的不确定性，却能用自己的气节寻求尊严，用爱来建造幸福。人对外在的环境没有多大影响力，但对自己的内在品质，却有着绝对的主动权。虽然一次次的死亡会带来无奈的悲凉，人之爱却在这无奈的悲凉中创造着只属于人的幸福。甚至可以说，没有一点内在价值，人用规则控制命运的活动就会变得毫无意义。

因此，活着，即人与命运的斗争，包括两个方面，一个是制订规则并在规则中生活，尽量减轻命运中的不确定性，另一个是涵养自己的性情，追逐尽可能好的命运。任由完全没有规则的命运支配，人是没办法活下去的；但要彻底消除命运的不确定性，是不可能的。如果人们把制订规则当成目的，只会疲于奔命。除了制订规则之外，人还要学会在生活中培养自己的内在品格。这种品格会帮助人取消命运的不确定性，成为更加宝贵的财富。所以，余华见到的福贵虽然已经一无所有，阅历却都成了他的资本，使他懂得了很多人生的道理，活出了味道。而真正混日子的人，并不见得是没有什么成就的人。哪怕家财万贯、子孙满堂，到头来活得毫无境界，"一大把年纪全活到狗身上去了"，才是混了一辈子日子的人。

　　把这两方面完美地结合在一起，就是不懈追求美好生活的自强不息的造福过程。这个过程，就会形成余华所谓人与命运的友情。《活着》中的悖谬是毋庸置疑的，就像"死也要活着"这句话中的悖谬一样。但既然死是早晚的事，人所可能获得的幸福，恰恰就在于在无情的命运面前悖谬地创造幸福。这种悖谬越大，生命的意义就越大。

理解自杀与文化反思（代跋）

说实话，自己的名字与自杀连在一起，这是我当初连做梦也不会想过的事。在上本科时读到《自杀论》，我只是按照一个文科学生应有的态度，向鼎鼎大名的涂尔干报以敬而远之的崇拜，对这本枯燥无味的著作不仅丝毫没有兴趣，对涂尔干的理论也没有什么感觉。后来在读到加缪的《西西弗神话》时，也只是泛泛看过，几乎没留下任何痕迹。

刚到美国读书的时候，我对将来写什么论文，并没有明确的概念。当时更多想继续硕士期间的宗教研究。所以，半年之后，当我的导师凯博文教授建议我做自杀研究的时候，我毫无心理准备。

当时是 2000 年初，费立鹏教授的研究成果虽然还没有正式发表，自杀还没有在国内外形成 2002 年以后那样的热点，但在圈内，中国自杀率很高这件事已经成了基本的共识。费教授在《文化、医疗与精神医学》（*Culture，Medicine and Psychiatry*）上面刚刚发表了《中国的自杀与社会变迁》的文章，又到凯教授的课上讲过，所以，一直关注中国医疗问题的凯教授对自杀产生了浓厚的兴趣，总想物色一个学生去研究。我不知道，这位特立独行但绝对智慧的教授是不是在招我的时候对我该写什么论文已经有预谋了。有几位更加独立的师兄师姐不愿作这个血淋淋的题目，拒绝了凯教授的安排；但我在盘算了一段时间之后，犹犹豫豫地答应了下来。

这倒不完全是因为我不敢违抗师命，而是在权衡之后，我逐渐意识到，自杀并不是一个简单的现实社会问题，而是一个很有文化意味的题目。通过对它的研究，我有可能对一向关心的生活方式问题有进一步的认识。更何况，有什么哲学问题比生死更重要呢？

虽然把这个题目接受了下来，但在很长时间里，我对怎样入手都没有什么概念。这还不仅在于，对自杀的实地调查将是一个极为困难的事情，而且，面对浩如烟海、又好像相互间毫无关系的哲学、社会学、医学的自杀问题著作，我一点头绪也没有。于是，我暂且把自杀研究本身搁了下来，而是集中更多的精力，尽量学习在哈佛能学到的知识。毕竟，到美国来不能只为了写一本论文，更重要的是学一些在国内学不到的东西。虽然哈佛已经颇为衰落，但值得我学的东西还是太多了。

在康桥的五六年里，我杂七杂八听了一些古典学、政治哲学、宗教学、艺术史的课程。几乎每一门课对我都是巨大的刺激。这倒不完全在于所讲述内容的精深和学问的广阔无边，而是更多在于，我发现自己以前对西方文化是多么无知，很多想当然的观念是多么没有根据。本来一向痴迷于中国文化的我，被西方文明的博大传统深深吸引住了。曾经有很长一段时间，我有意回避中文书籍和与中国相关的问题，希望能把自己更彻底地沉入到西方的文化氛围之中。我随身只带了两件与中国文化有关的东西：一盘古琴磁带，一本海子的诗。实在忍不住的时候，才会听听古琴和读读中文诗，这种奢侈常常把我感动得恍兮惚兮。

置身于西方文化的环境中，体会最多的并不是具体的知识和学问，而是一种生活上的差异。从到美国的第一天起，就感到从未有过的冲撞。在最简单不过的吃饭、穿衣、走路、购物，以及与人的交往上面，我都变得不自信起来，文化上的震撼更不用说。相信这些是所有到过美国人都会有的感觉。但是，我们每个人并不是在简单地欣赏这种异国情调，而是在有意无意地反思，这种差异和我们有什么关系，对我们自己的生活到底有什么意义。

而自杀问题背后的生死观念，逐渐使我自然进入到对这种差异的思考之中。在把自己沉在西方文化中一段时间以后，我慢慢地找到了一些感觉。在艺术史系的汉伯格教授的课"上帝的形象"之中，我一下子接触了大量的中世纪圣像画，受到了极大的震撼。一个大雪纷飞的下午，我在佛格艺术史图书馆里，抱着落满灰尘的画册，翻检着一种特殊的耶稣像"微若尼卡"，想起基斯洛夫斯基的电影《微若尼卡的双重生命》，于是写出了《微若尼卡的第三重生命》这篇文章。后来，在拉丁语课上又读到李维对卢克莱西亚自杀的叙述，觉得李维的文字古雅有力，简直和《史记》一样脍炙人口；几乎同时，在曼斯菲尔德教授的"政治哲学史"课上读到了马基雅维利的《曼陀罗》中卢克莱西亚的故事。对两个卢克莱西亚的思考形成了《生的悲剧，死的喜剧》这篇文章。

现在看来，两篇文章本身虽然写得并不好，对我来说却相当重要。因为它们使我找到了一个进入西方文明传统的思考角度，同时也使我真正开始了对自杀问题的实质研究。《生的悲剧，死的喜剧》中通过对李维、奥古斯丁、马基雅维利、米德尔顿、莎士比亚笔下的几个卢克莱西亚的形象的比较，梳理了自杀观念从古典到现代早期的演变，并试图从中思考相应的人性结构与政治安排的变化。这里的基本思路，支配了我后来对西方自杀学传统的全部思考。

在对西方自杀学有了一个清晰的观念之后，我回过头来再想中国的问题，虽然还是没有同样清晰的思路，但毕竟知道应该从哪里入手了。归根到底，中国当前的自杀问题要从两个角度来理解。一方面，是要思考自杀这种现代问题在中国表现为什么状态；另一方面，是如何在现代的情境下理解中国人的生死观念。中国的自杀问题，就是中国的现代性问题的一个反映。

我终于开始准备在中国的田野调查了。除了凯教授总是兴奋得莫名其妙之外，大多数师友对我的研究非常担心："死去的人，你怎么研究他呢？""人家那么伤心，能跟你说吗？""不拿大棍子把你打出来就好。"还有一位好心的师姐，叮嘱我在去田野之前一定要找个庙或道观什么的烧上一炷香，以抗拒自杀者身上的邪气。

虽然我并没有感觉到什么邪气，自杀研究中的困难当然碰到了。我这一向躲在书斋中的学生本来就不擅长和人交往，更何况向陌生人询问人家如此忌讳的隐私，就更是难上加难了。所幸的是，我母亲帮我找了各种各样的熟人关系，来逐步和人接近，我需要做的，几乎就只有提问题本身了。

在国内做田野研究的那年，我正好三十岁。我一边品味着一个又一个自杀的故事，一边在这无比艰难的研究中反思着自己对做人之道的理解。我慢慢体会到，这两件事，归根到底是一个问题，因为，要理解中国农村中的自杀现象，就要理解自杀者的人生究竟发生了什么问题。于是，很多本来被我视为繁文缛节、俗不可耐的东西都有了新的意义，贾宝玉所不屑一顾的"世事洞明皆学问，人情练达即文章"反而显得很有价值了。对照几年来所看到的西方文明，中国文明虽处在衰微之中，我却渐渐体会到了它更深的内涵和生命力。礼乐文明也许早已被否定和抛弃，但恰恰是这被当作封建陋习的礼，在人们的生活中始终是性命攸关的事情。而听着一个个普通农民讲述着他们对"理"、"气"、"命"、"良心"的理解，我也想起了以前读过的理学书籍。今天的民情人心虽然和几百年前已大不相同，但我约略可以体会，历代大儒的智慧一定是紧紧扣住普通百姓的心性的。他们的思考根本不是故纸堆里的学问，也不是玄而又玄的冥想而已，而一定是有着深刻的生活意味与政治关怀的哲学思考。要理解中国人对生死问题的意义，要诊断出当前中国究竟出了什么问题，通过世道人心理解先贤的个中深意，自是我辈可以尝试的路径。

于我而言，对一个一个自杀者的访谈，与一个一个农民的交往，成了至关重要的"格物"；在这当中体会出一点道理，就是慢慢的"致知"过程。如果做学问无助于改变自己的气质和做人之道，又算得上什么学问？如果对中国现代性的理解不铆在对世道人心的思考上，又怎么可能体会出文明的底蕴？只是，三十岁才明白这一点，也许有点太晚了；人际交往中已经养成的一些毛病已经根深蒂固，至今也无法改变过来。所幸由此之悟，对于以后的思考和人生，必定还会略有裨益。

正当我在田野中的时候，非典爆发，我先是被困在农村里很长时间，后来又在沧州父母家里闲待了两个多月。这当中做不了什么事，就一边总结我对西方传统的研究，一边慢慢咀嚼自己在田野里的经历。对于西方自杀学的一些具体讲法，也许还需要进一步琢磨，但对于它的文化脉络，我相信自己已经有了比较到位的把握；中国的自杀现象为什么没有涂尔干说的那些特点，在医学上为什么如此独特，我也已经大体有了眉目。不过，要提出怎样的理论解释，却还颇费踌躇。如果使用社会学或医学的传统概念，一定要接受这些概念背后的一些文化理念，而这是我不愿意的。既然要理解中国，那就要从中国人自己的概念中找，找到相应于西方人关于生活和人性的一些基本观念，但这应该又是中国自己的，能够解释中国的现象。经过一段时间的思考之后，我想到了"过日子"和"做人"这两个国人生活中最基本的词。这两个词在我们的生活中显得如此普通，以至很少人反思它们究竟是什么意思；而一旦我们从西方反观它们的时候，却会发现，其中对人生和人性的理解是那么独特，以至很难找到一种译法能传达其中的含义。

从这两个概念出发，我试图理解中国文明中的人性涵义和人生智慧，然后在这个基础上，才有可能知道现代中国的问题到底出在什么地方。后面的任务仍极为艰难，我们理解中国似乎比理解西方还不容易，因为已经有太多或真或假的西方学问侵入了我们的思考体系，使我们很难真正纯粹地理解自己的古人。要切身地理解中国自身，我们要做的并不是有意抗拒西方的思想，而是更深地理解西方传统和它对我们已经形成的影响，然后才能真正回到中国，并以中国的方式改造现代世界，就像当年对待佛教那样。而中国文明消化佛教用了几百年的时间，我们怎么可能希图在一代人当中就完成这一任务，更怎么可能在一项自杀研究中完成？一代人只能做一代人的事情。倘若真的能把现代人生活方式中的一些基本概念搞出点头绪，已经很不错了；至于对中国文化的重新理解，或许只能大体憧憬一下，但愿能对后人有点启发。

我深知自己必然的局限，因此只能尝试着思考我们现在的生活状况，并由此慢慢体会我们久已听不懂的古圣人言。不过，此间确实还是有所收获。我越来越认识到，一方面，现代社会有些根本特点是共通的，比如，中国和西方在进入现代时都会出现高自杀率；但另一方面，中国人对现代以及其中一些基本特点的理解就和西方人根本不同。我在美国感到最大的一个震撼就是，美国人远远不像我们曾经想象得那么自由和民主，而且远远不像现代中国人那样具有反叛精神。毛主席所说的"造反有理"，就是很多中国人内心深处对现代社会的理解。"文革"之后，这种理解不仅没有消失，反而被加强了。所以我们骨子里是把齐天大圣、梁山好汉、贾宝玉这样的人物当作了自己的偶像。而这样一种理解，在我看来，是用中国文明中固有的"气"的观念来理解一种自由民主的制度。然而，这只能把人从旧制度的束缚中解救出来，却还没有给人一套新的伦理来安身立命。所以，我们现在大多数人不懂得怎样过好日子，也没有认真思考自己该怎样做人。这就是很多自杀的原因所在。

我对这样的思考之所以比较自信，是因为它根本上是一种自我反思。我所想到的毛病，大多是我自己犯过或正在犯的毛病。但对于究竟怎样解决这些现代问题，如何建立新的中国伦理，既保障自由又能让人安居乐业，我并不知道。但我知道的是，这一定应该是在充分理解了西方带来的现代性之后，依据中国的文明资源重新生出的一种文化形态。它既不可能是一种来自西方的文明传统，也不可能靠固执地抗拒西方获得。轻率的保守主义、自由主义、民族主义，以及各种各样的左派运动或宗教狂热，都可能带来巨大的危险。

回到美国之后，我一边按照这些想法写出我的田野研究，一边继续思考西方问题。两个研究平行展开。虽然我最关心的是中国问题，但自感学力有限，觉得对中国的理解总是差强人意。此间，我翻阅了古今很多相关材料，尝试解读了很多文献，却总是觉得欠点火候。吾友李猛提醒我可以仔细看看余华，因为他的小说里和我关心的问题更接近。我重读了《活着》和《许三官卖血记》，并写出一篇对《活着》的解读。虽然自己仍不满意，但因为需要尽快结束学业回国，所以就按照其中的一些讲法，完成了英文的田野研究的写作。

同时，对西方自杀问题更系统的疏理已经开始，并在回国后不久完成，就是《自杀与美好生活》这本书。而田野研究的中文版，却迟迟没有动笔。我希望它能够和英文版有些大的不同，能够把后来这两年的思考容纳进来，但愿它能够在明年脱稿。

我回国后没有多久，汪晖先生即约我在《读书》上谈一谈对自杀的研究，于是草草写成了四篇札记，包括了我这两项研究中的主要方面，很多想法都不成熟。没想到，这几篇短文竟在读者中引起了不小的反响。此处重刊，略增一些内容，但主要部分不变，虽然后来的想法已经有些不同。

我与"农家女"已经合作多年。2003年做田野研究时，谢丽华老师和许容老师就让我去过他们的项目点。2005年我为农家女的项目做的评估报告也收录在此。其实，我对自杀的研究更多集中于文化问题，对现实操作并没有太多了解，只是农家女几位老师的为人做事之道让我看到了更多的希望。

至于最后的一篇《死也要活着》，和我在美国写的那篇解读已经相去甚远。甘阳老师和我谈到这个文丛之后，我有意把对《活着》的解读放进来，但因为对以前那篇很不满意，所以几乎完全重写一遍，也许，可以算是写中文版田野研究之前的准备吧。

总之，这里所收的文章都是札记和随笔，无论从语言上还是讲法上都相对随意一些。希望它能够成为两本专著的概括和补充。至此，虽然有一本书还没有开始动笔，但贯穿我博士和博士后期间、长达七年的对自杀问题的思考应该告一段落了。所幸的是，在美国这样一个高度专业化的教育制度中，我的博士生活没有仅仅耗在一本博士论文上，而是为自己未来的思考作了一些必要的准备，因为无论在中西文化两个方面，这项研究都使我想到了很多值得进一步挖掘的问题（这实在要感谢深具人文修养的凯博文教授。没有他看似武断的安排，我是无论如何不会主动去研究自杀的。而自杀研究打开了我的思路，使我无论在西学还是中学，都有了不一样的想法。看来，教育中的专制未必没有好处）。但更重要的，也许是它使我在而立之年开始自觉地批判自己和摸索做人之道，在如此纷繁的环境中，还能依靠读书慢慢回归生活的自然。我们对于复杂的中国社会能了解多少，对未来的中国文化能贡献多少，实在不可强求；但我们能否对自己负责，使自己这沧海一粟不会变得连自己都找不回来，却是应该可以留意的。

2006 年 8 月于沧州

图书在版编目（CIP）数据

浮生取义：外两种/吴飞著. —上海：上海三联
书店，2024.3 重印
  ISBN 978 - 7 - 5426 - 7819 - 5

  Ⅰ. ①浮… Ⅱ. ①吴… Ⅲ. ①自杀−社会问题−研究−
中国 Ⅳ. ①D669.9

中国版本图书馆 CIP 数据核字（2022）第 153170 号

浮生取义（外两种）

著　者／吴　飞

责任编辑／徐建新
装帧设计／一本好书
监　制／姚　军
责任校对／王凌霄　张　瑞

出版发行／上海三联书店

　　　　　（200041）中国上海市静安区威海路 755 号 30 楼
邮　　箱／sdxsanlian@sina.com
联系电话／编辑部：021 - 22895517
　　　　　发行部：021 - 22895559
印　　刷／上海展强印刷有限公司

版　次／2024 年 1 月第 1 版
印　次／2024 年 3 月第 2 次印刷
开　本／640 mm×960 mm　1/16
字　数／640 千字
印　张／55
书　号／ISBN 978 - 7 - 5426 - 7819 - 5/B・786
定　价／168.00 元（上下册）

敬启读者，如发现本书有印装质量问题，请与印刷厂联系 021 - 66366565